丛书编委会

编委会主任：赵素萍

编委会副主任：王　耀　李宏伟　喻新安　杨　杰

中国特色社会主义道路河南实践

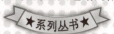

系列丛书

中原崛起之路

【上册】

ZHONGYUAN JUEQI ZHILU

主编 喻新安 副主编 刘道兴 丁同民 谷建全

人民出版社

策划编辑：娜　拉
责任编辑：娜　拉　刘　伟　顾杰珍
封面设计：肖　辉
责任校对：张　红　周　昕

图书在版编目（CIP）数据

中原崛起之路：全 2 册 / 喻新安　主编 . –北京：人民出版社，2013.2
（中国特色社会主义道路河南实践系列丛书）
ISBN 978 – 7 – 01 – 011780 – 5

I. ①中…　II. ①喻…　III. ①区域经济发展–研究–河南省　IV. ① F127.61

中国版本图书馆 CIP 数据核字（2013）第 036193 号

中原崛起之路
ZHONGYUAN JUEQI ZHILU

（上、下册）

喻新安　主编

刘道兴　丁同民　谷建全　副主编

人 民 出 版 社 出版发行
（100706　北京市东城区隆福寺街 99 号）

北京中科印刷有限公司印刷　新华书店经销

2013 年 2 月第 1 版　2013 年 2 月北京第 1 次印刷
开本：710 毫米 × 1000 毫米 1/16　印张：51.5
字数：790 千字　印数：00,001 – 10,000 册

ISBN 978 – 7 – 01 – 011780 – 5　定价：50.00 元（上、下册）

邮购地址 100706　北京市东城区隆福寺街 99 号
人民东方图书销售中心　电话（010）65250042　65289539

深入贯彻落实科学发展观

——持续探索"两不三新"三化协调科学发展路子

卢展工

河南省第九次党代会提出，持续探索不以牺牲农业和粮食、生态和环境为代价的新型城镇化、新型工业化、新型农业现代化三化协调科学发展的路子，是从根本上破解发展难题的必然选择，是加快经济发展方式转变的具体实践，是中原经济区建设的核心任务。走好这条路子，必须充分发挥新型城镇化的引领作用、新型工业化的主导作用、新型农业现代化的基础作用。

在某种意义上，河南是中国的一个缩影，农村人口多、"三农"问题突出，持续探索"两不三新"三化协调科学发展的路子，是改革开放以来河南省历届省委、省政府团结带领全省广大干部群众持续探索的一个创造性成果，充分彰显了科学发展观的真理力量，充分彰显了科学发展观的实践价值，是中国特色社会主义道路在河南的生动实践。深刻理解这条路子，必须把握以下几点：

第一，倒逼机制。这条路子不是我们凭空想出来的，而是河南省发展面临的诸多困难和问题倒逼出来的。一是不牺牲农业和粮食、生态和环境的承诺形成了倒逼机制。不牺牲农业和粮食、生态和环境，是中央的要求，是人民的期盼，更是河南的承诺。一方面，不牺牲农业和粮食首先不能牺牲耕地，就河南省目前的农业生产力发展水平来看，在今后相当长一段时期内，没有足够的耕地作保障，要做到粮食稳产增产，到2020年达

到 1300 亿斤是不可能的。另一方面，对河南这样一个人多地少的内陆省份来说，城市发展需要土地，工业发展需要土地。既要做到耕地不减少、粮食稳产增产，又要保障城镇化、工业化用地需求，就要求我们必须研究探索一条新的发展路子。二是河南省"三农"问题突出的状况形成了倒逼机制。目前，我省60%的人口生活在农村，但农村生产力发展水平还比较落后，农业生产规模化、组织化程度不高，农民生活水平还比较低。比如，农村的水、电、路、气等基础设施很不健全，文化、教育、卫生等公共服务设施也很不完善；农民建的房子没有产权，不能抵押融资，无法带来财产性收入。提高农业生产力的发展水平，解决农民的柴米油盐酱醋茶等民生问题，改善农民的生产条件、生活方式、生活环境，维护保障农民的各项权益，都非常突出地摆在了我们面前。三是推动城乡统筹和城乡一体、破除城乡二元结构、促进三化协调发展的要求形成了倒逼机制。我们过去提出的工业化、城镇化、农业现代化，都没有充分考虑农村发展的问题。传统的城镇化是农民进城的城镇化。现在河南外出务工人员达到二千五百多万，他们很难在务工的城市安家落户。2008年国际金融危机爆发后，河南省有九百多万外出务工人员返乡，给我们造成了很大压力。中央提出要破解城乡二元结构，统筹城乡发展，形成城乡经济社会发展一体化新格局。在实际工作中如何破解城乡二元结构，如何推进城乡统筹和城乡一体，过去我们始终没有找到好的切入点和结合点。推进新型农村社区建设，找到了统筹城乡发展的结合点、推进城乡一体化的切入点、促进农村发展的增长点，从而抓住了三化协调发展的着力点，使得协调有了希望、互动有了希望。正是这些倒逼机制，促使我们必须探索、走好这条路子。

第二，引领理念。新型城镇化是城乡统筹的城镇化，是城乡一体的城镇化，是包括农村在内的城镇化，是破解城乡二元结构的城镇化，是着力实现更均等、更公平社会公共服务的城镇化。新型城镇化的引领作用，体现在能够为新型工业化、新型农业现代化提供重要支撑、保障和服务。在新的发展阶段，没有新型城镇化就没有新型工业化，就没有新型农业现代化。从引领新型工业化来看，如果没有城市搭建的载体平台，没有城市集聚的生产要素，没有城市提供的相关服务，大型企业、高科技企业就发展不起来，新型工业化就无法推进。随着河南城镇化水平的提高，城市的基础设施更加健全，教育、文化、餐饮、住宿、旅游、休闲等服务更加完善，吸引了富士康等国际知名企业在豫落户。新型城镇化引领新型工业化发展，还体现在提供劳动力资源、土地资源上。例如，在中原内配股份有限公司调研时，企业负责人跟我们讲，新型农村社区建设的推进，将提供充足的劳动力和建设用地，支撑企业不断做大做强。从引领新型农业现代化来看，随着农业生产力的发展，生产关系必须作出相应的调整。现在一家一户分散经营的小农经济模式很难适应大面积机械化生产和现代化管理的需要，只有提高农业生产的规模化、组织化程度，才能实现农业现代化。推进新型城镇化，可以促进农村社会精细分工和农村劳动力转移就业，可以加快农村土地流转、促进农业规模经营，为推进新型农业现代化创造条件。新型城镇化的引领作用，体现在能够扩大内需、增加投资，有效支撑经济社会发展。最大的内需潜力在新型城镇化，最大的内需市场在农村。坚持新型城镇化引领、推进新型农村社区建设，既能够促进农村扩大投资、增加消费，又能够促进农村公共服务水平提升，成为经济社会发展一个新的重要增长点。从农民愿望来说，农民最渴望、最需要的是建房，建有产权、有公共服务设施的住房。现在，河南省农村进入了新一轮建房高峰期。推进新型农村社区建设，让农民在新型农村社区建房，既可以扩大固定资产投资，又可以拉动房屋装修、家具家电等消费。同时，政府为新型农村社区配套建设公共基础设施，促进城市公共服务向农村延伸，也可以扩大投资。

建设新型农村社区，必须把握好原则方向、基本要求，注重运作、科学运作、有效运作。一是政策引领。要切实把新型农村社区建设研究透，把有关政策制定好，让农民群众知道有什么好处，让干部知道怎么干，让有关部门知道怎么支持。我们已经探索了很多好的做法，积累了很多好的经验，下一步要逐步规范、不断提升、形成政策，充分发挥政策的引领作用。二是规划先行。设计理念不一样、规划水平不一样，效果就会大不一样。现在很多人把城市规划和城市建筑设计作为艺术来做，这个理念很好。我们要以对广大农民负责的态度，着眼长远，认真对待，通盘规划，逐步实施，真正高水平规划建设新型农村社区。三是突出主体。要突

出农民的主体地位，坚持让农民主导，让农民全程参与新型农村社区的规划布局、方案制定、监督管理、收益分配等各个环节。四是保障权益。建设新型农村社区就是要为群众谋利益。要切实保障群众的各项权益，决不能从中谋取利益。值得一提的是，新型农村社区建设不是搞福利分房，还是老百姓自己建房。五是规范有序。建设新型农村社区是河南的一个创新。我们既要和现有的政策衔接，把政策用足用够用好，又要坚持依法依规、规范操作、有序推进。六是拓展创新。河南省各地基础不一样，区位不一样，条件不一样，经济发展水平也不一样，在推进新型农村社区建设中会遇到很多不同的困难和问题，需要我们去探索、去创新、去试验，逐步研究解决。河南省之所以没有进行统一部署，没有出台相关文件，就是考虑到还有很多具体问题需要深入研究，急于出台文件会限制基层的创新创造。七是互动联动。上下级之间要加强互动，各方面要加强联动，使人才、资金等各种要素流动起来、发挥作用。八是一体运作。建设新型农村社区，不仅仅是建设部门、发展改革部门的事情，也是各级党委、政府和各个部门共同的事情。要加强统筹协调，真正形成上上下下、方方面面的合力。总之，要通过新型农村社区建设使三化真正互动起来，不断加快新型城镇化、新型工业化、新型农业现代化进程，不断加快民生改善步伐，为中原经济区建设提供有力支撑。

第三，"三新"内涵。新型城镇化，新就新在把农村涵盖进来，形成新的城镇化概念、新的城镇化体系、新的城镇化规划布局。统计上主要用城镇化率这一指标来衡量城镇化水平。城镇化率是指城镇人口占总人口的比例。现在有些地方城镇化率比较高，但实际上城市的公共服务水平并不高。如果城市聚集大量没有技能、没有就业的人口，即使人口规模很大，发展水平也不可能高。我们在推进新型城镇化过程中，一定要在完善城镇公共服务、提升城镇化水平上下工夫，而不能单纯地扩大城镇人口规模。新型城镇化意味着整个城镇体系的不断完善，意味着大中小城市、小城镇、新型农村社区的互动联动、协调发展。当前，河南省区域性中心城市、县城和中心镇的发展水平并不高，亟须进一步提升。一方面要注重新型农村社区建设，为提升大中小城市的发展水平打好基础；另一方面要注重大中小城市和小城镇的协调发展。新型工业化，新就新在科技含量高、信息化涵盖广、经济效益好、资源消耗低、环境污染少、人力资源优势得到充分发挥，这是我省推动工业化进程的方向。对河南这样一个发展中省份来说，推进新型工业化既需要提升层次水平，也需要扩大总量规模，不断加快发展步伐。新型农业现代化，新就新在以稳定和完善家庭联产承包责任制为基础，不断提高农业的集约化、标准化、组织化、产业化程度，使更多农民从土地的束缚中解放出来。改革开放初期我们实行家庭联产承包责任制是一项重大的改革举措，现在建设新型农村社区、推进新型农业现代化同样是一项重大的改革举措。这一生产关系的调整，是由当前的农业生产力发展水平决定的。如果还是一家一户的分散经营模式，农业生产力就很难发展，"不牺牲农业和粮食"就很难实现。新型农村社区体现了新型城镇化、新型工业化、新型农业现代化之间的互动联动关系。一些地方通过建设新型农村社区，农民变成了社区居民，住进了配套设施齐全的楼房，生活水平有了很大提高；很多人进入企业工作，实现了劳动力就近转移，推动了新型工业化发展；农民自愿把土地交给专门的农业合作机构进行规模化、组织化经营，有效地提升了新型农业现代化水平。

第四，着力协调。科学发展观是以人为本、全面协调可持续的发展观，统筹兼顾是科学发展观的根本方法，也是领导干部的根本领导方式和工作方法。统筹兼顾就是要注重协调。领导干部要在协调上下工夫，注重研究解决发展中的不协调问题，协调推动三化互动联动、一体运作，协调推动政治、经济、文化、社会建设以及生态文明建设，协调上上下下、方方面面的力量，使全省一亿人民的共识不断凝聚、合力不断增强。探索走好这条路子，最大的难题也是协调。我们不能就城镇而城镇、就工业而工业、就农业而农业，要下工夫研究如何协调，在协调中促进三化更好地发展。"协调"是新型城镇化的创新所在、重点所在、关键所在。只有牢牢抓住新型城镇化作为引领，才能推动新型城镇化、新型工业化、新型农业现代化协调发展。

（本文系河南省委书记、省人大常委会主任卢展工同志2012年8月在河南省新乡市、焦作市调研时的讲话节选）

目　录

第一章
中原巨变：中国特色社会主义的生动诠释

2012年6月17日，中共中央政治局常委李长春在河南省考察时指出："河南是中国的一个缩影。中原地区在中国最有代表性、最有典型性。从地理位置看，河南地处中部地区；从人口规模看，河南是一个拥有1亿人口的发展中大省；从社会结构看，河南是一个典型的农业省份，而中国是一个农业国，河南在社会结构上很有代表性；从历史地位看，河南是中华民族的祖根地，是中华民族传统文化的摇篮，在文化上很有代表性。河南这样一个地方发生天翻地覆的变化，对于反映中国的面貌变迁最有说服力。""可以说，河南的变化在全国有着不可替代的典型意义。"研究中原崛起之路，就是要通过分析中原全景式的变化，揭示中原巨变的社会背景、深刻原因和全局意义，进一步坚定走中国特色社会主义道路的自觉性。

第一节　中原的历史变迁

中原一词从现存文献最早可见于《诗经》，如《小雅·南有嘉鱼之什·吉日》："瞻彼中原，其祁孔有"；《小雅·节南山之什·小宛》："中原有菽，庶民采之"；但这些中原并非完全是地域概念，而是"平原、原野"的意思。作为地域概念的中原，是以河南省为主体，包含河南省周边部分地方的广大地区。

一、历史上的中原

"中原"是我国历史上一个非常重要的地域概念。作为特定地域概念的中原，历史所指范围并不一致，大体来说，是以古豫州为起点，以河洛地区为重心，其地理范围不断扩大，遍及整个黄河中下游地区。依据中原地区历代政区的变迁和文化影响，大致可以将中原的四至界定为：西临华山，北至太行山—漳河一线，南界沔水—淮河一线，东达泰山—泗水一线。主要包括现在的河南省全部，河北邢台以南，湖北枣阳、襄樊、郧县以北、陕西华山以东、山西长治市、晋城市、运城市，山东聊城市、菏泽市和泰安市部分区域，安徽宿州市、淮北市、阜阳市、亳州市、蚌埠市等。中原自古以来就是主导整个中华文明发展的核心地域，自远古以来，我们的祖先就生息繁衍在中原大地上，创造了裴李岗文化、仰韶文化、龙山文化等令世人赞叹的史前文化。

"中原"的核心区域在河南。河南是中华文明和中华民族最重要的发源地。4000多年前，河南为中国九州中心之豫州，故简称"豫"，且有"中州"，"中原"，"中土"之称。从中国第一个世袭王朝夏朝，至清王朝覆灭的4000余年历史中，河南省处于全国政治、经济、文化的中心地域长达3000年，先后有夏（夏邑阳翟—许昌禹州、斟鄩—洛阳偃师）、商（亳、南亳、殷都、朝歌）、西周(成周洛邑)、东周、西汉(初期)、东汉、曹魏、西晋、北魏、隋、唐、武周、后梁、后唐、后晋、后汉、后周、北宋和金等20多个朝代在河南省定都，经济社会文化发展曾几度达到鼎盛。中国八大古都中，河南省有四个，即商王朝都邑郑州、殷商故都安阳、十三朝帝都中京洛阳和七朝古都东京开封。考古证实，中华文明的起源、文字的发明、城市的形成和国家的建立，都与河南省有着密不可分的关系。北宋都城开封"八荒争辏、万国咸通"，人口逾百万，货物集南北，是当时最为繁荣发达的国际大都市，被誉为"中华第一神品"的《清明上河图》生动描绘了东京汴梁的盛世繁华，而同一时期的英国伦敦人口还不到5万。在北京奥运会开幕式上展示的造福全人类的中国古代四大发明，全部源自河南省。河南省历史上农业比较发达，五谷即"稻、黍、稷、麦、菽"（稻谷、高粱、大豆、麦子、玉米），除稻谷外，起源地之一都在河南省，其中河南省小麦种植有 7000 年的历史。[①] 中原儿女为中华民族的发展进步作出了不可磨灭的贡献。

中原大地处于北方，辽阔广袤，自远古以来就是北方民族与中原民族交错杂居的地带，中华各族人民之间的往来，通过各种渠道，在这里汇聚。从历史的发展顺序看，先秦时期的戎狄，秦汉时期的匈奴、鲜卑，魏晋南北朝时期的柔然、敕勒，隋唐时期的突厥、回纥、奚，五代十国、宋辽金时期的契丹、沙陀、女真，元明清时期的蒙、满等族都在北方这块土地上有过形成、发展、壮大和相互融合的历史。

南宋以后，由于大规模战争和自然灾害频发等多种原因，河南省逐渐退出了我国历史舞台的中心。特别是近代以来，"水旱蝗汤"四大灾害肆虐中原地区，严重破坏了河南省的生产力，造成民不聊生、积贫积弱，到新中国成立前夕已经成为一个贫穷落后的省份。1949 年，河南省人口为 4174 万人，占全国总人口的 7.7%；工农业总产值为 21.02 亿元，仅占全国工农业总产值的 4.5%；人均工农业总产值为 50.3 元，比全国平均水平低 41%。

二、河南省的区位与资源

河南省是中国的缩影。河南省地处黄河中下游，土地面积 16.7 万平方公里，人口 9820 万人，人口密度 592 人，是全国人口密度最大的地区之一。

河南省地处我国第二阶梯向第三阶梯的过渡地带。从政区和交通地位来看，河南省处于居中的位置。以河南省为中心，北至黑龙江畔，南到珠江流域，西至天山脚下，东抵东海之滨，大都跨越两至三个省区。若以河南省会郑州为中心，北距京津塘，南下武汉三镇，西至关中平原，东至沪、宁、杭，其直线距离大都在 600—800 公里之间。河南省承东启西、通南达北的地理位置，决定了其在全国经济社会活动中的重要地位。

---

① 胡廷积：《厚重儒学文化在河南》，《中州儒学文化》2010 年第 1 期，第 17 页。

河南省全省地形呈西高东低之势。省境之西耸立着太行山和豫西山脉。豫西山脉是秦岭的东延部分，秦岭进入豫西向东呈扇状展布。伏牛山是豫西山地的主体，山势雄伟高耸，海拔 1000—2000 米，被誉为全省的屋瓴。桐柏山脉、大别山脉拱卫于省境之南，海拔一般在 1000 米以下，为淮河、长江的分水岭。太行山脉与豫西山脉之间的黄河两岸分布有黄土丘陵区。豫中屹立着巍峨峻峭的中岳嵩山。省境东部为辽阔的黄淮平原。

河南省位于我国内陆腹地，具有承东启西、连南通北的区位优势，在全国现代综合运输体系和物流体系中具有重要地位，是全国重要的物资和产品集散交换中心，东中西互动的战略平台。

综合交通运输枢纽。河南省位于我国内陆腹地，具有承东启西、连南通北的区位优势，是中国多方向跨区域运输的交通要冲和多种交通运输网络交汇的枢纽地区，承担着全国跨区域客货运输的重要任务，在全国现代综合运输体系和物流体系中具有重要地位。2011 年，高速公路通车里程5196 公里，连续多年居全国第一；铁路通车里程 4203 公里。高等级公路密度在中西部处于明显优势。中原地区的交通线路路网密度远高于全国平均水平，运输周转量在全国的比重也远高于其经济总量在全国的比重。

全国货物集散中心。作为综合交通枢纽，郑州在公路、铁路和航空到全国各地平均运输成本方面与武汉、西安、重庆相比具有明显的优势。独特的区位优势和发达的立体交通体系大大降低了河南省对外交流的成本，使河南省成为全国重要的物资和产品集散交换中心。郑州社会消费品零售总额在中西部省会城市中位于前列，以郑州商品交易所、郑州粮食批发市场、华中棉花交易市场为代表的期货和现货市场功能不断增强，一批大型专业批发市场不断壮大，大市场、大流通格局正在形成。郑州已成为全国重要的货物集散地。

东中西互动战略平台。地处中部地区的中心地位，区位、交通、经济发展水平等决定了河南省在东中西互动中的战略平台作用。一方面，河南省将承接更大规模、更高层次的东部地区产业和资本的梯度转移，延伸和放大东部的辐射效应，支持西部大开发的推进，同时通过引进资金、技术、人才，进一步调整河南省的资源配置和经济结构；另一方面，河南省可以为西部地区原材料、产品以及资源、劳动力等向东部乃至海外输出发挥通道作用。同时，通过积极参与西部大开发，可以为河南省经济发展赢得更大的市场空间和发展余地。

河南省矿产资源丰富。目前全省已发现矿产资源中，居全国首位的有钼矿、蓝晶石、铸型用砂岩、天然碱、水泥配料用黏土、珍珠岩、蓝晶铸岩等8种，居前5位的有27种，居前10位的有47种。优势矿产可归纳为煤、石油、天然气"三大能源矿产"，钼、金、铝、银"四大金属矿产"，天然碱、盐、耐火黏土、蓝石棉、珍珠岩、水泥灰岩、石英砂岩"七大非金属矿产"。依托丰富的资源，河南省发展起了以轻纺、食品、冶金、建材、机械、电子、石油、化工为主体，门类齐全，具有一定规模的工业体系。

三、河南省的基本省情

河南省第九次党代会报告指出，应清醒地认识到，河南省人口多、底子薄、基础弱、人均水平低、发展不平衡的基本省情没有从根本上改变。认识河南省的基本省情，是加快中原崛起河南省振兴的基础和前提。

（一）"人口多"

河南省户籍人口近一个亿。人口压力尚未转化为人才优势。劳动力整体素质偏低，劳动年龄人口中初中及以下学历的占79.1%。2008年全省人才总量929万人，占总人口的9.3%，低于全国10.5%的平均水平。农村实用技术人才和技能型人才缺乏，农村劳动力中80%为初中以下文化程度，接受过职业技能培训的不足1/3。创新人才比较少，每万名从业人员中从事科技活动人员数仅为20人，不到全国平均水平的一半。城镇技能型人才和专业技术人才缺乏，2009年河南省中等职业学校在校生人数仅占全国的8.8%，技工学校在校生人数仅占全国的6.1%；专业技术人才占全省总人口的2.5%，低于全国3.4%的平均水平。高端人才尤为缺乏，目前在豫工作的"两院"院士仅有17人，周边的湖北、山东、陕西分别是55人、31人、37人。河南省第一产业富余劳动力多，目前全省农村有4700多万劳动力，虽然已经有2000万实现转移就业，但这些转移就业的农村劳动力还有不少没能扎根城市、实现稳定就业。

（二）"底子薄"

河南省城镇化发展滞后。2009年河南省城镇化率为37.7%，比全国平均水平低8.9个百分点，与沿海省份相比，分别比广东、浙江、江苏和山东低27.4、21.6、18.3和11.6个百分点，分别比湖北、山西、湖南、江西和安徽低9.2、9.1、6.1、5.3和4.5个百分点。城市规模小，综合承载力不强，既难以吸纳和支撑大量的农村人口向城市转移，也难以形成对农村发展的有效辐射带动。技术创新能力不高。2009年全省全社会研究开发费用占生产总值的比重为0.8%，不足全国平均水平的一半。创新成果比较少，2008年全省专利年申请量和授权量分别为广东的18.4%和14.7%、江苏的14.9%和20.6%；技术市场交易额只有25.4亿元，仅占全国的1%；据科技部测算，2008年河南省科技进步指数为37.4%，低于全国平均水平17个百分点。服务业发展落后。2009年，河南省服务业增加值为5630亿元，占GDP的比重为29.1%，低于全国平均水平13.5个百分点。2008年，河南省农业劳动生产率为9253元／人，相当于全国平均水平的84.5%。

（三）"基础差"

工业竞争力不强。2008年，河南省采掘工业、资源加工和农产品初级加工业占规模以上工业增加值的70%，其中建材、有色、化工、钢铁、电力、煤炭等能源原材料行业占工业总量的比重达55.5%左右，高新技术产业占规模以上工业增加值的比重仅为19.2%，装备制造业占规模以上工业增加值的比重仅为16.2%。开放型经济滞后。从外贸依存度看，2009年河南省仅为4.7%，低于全国平均水平40.1个百分点。核心城市带动能力不强。省会郑州2008年经济首位度为16.3%，位居中部省会城市之末。基础设施和基本公共服务落后。农村水电路气等基础设施和教育、卫生、文化等公共服务设施建设严重滞后。虽然实现了行政村"村村通"，但"村村通"公路标准不高、等级较低等问题突出。融资总量小。2009年年新增贷款3068亿元，仅相当于浙江和江苏的1/3。2009年，贷款年均增长13.1%，低于全国平均水平3.5个百分点。资本市场发育滞后。2009年年末，全省境内外上市公司总数65家，其中A股仅有40家，占全国的比重不足3%。

（四）"人均水平低"

2009 年，河南省经济总量尽管位居全国前列，但人均 GDP 为 20477 元，相当于全国平均水平的 81.3%。2009 年城镇居民人均可支配收入为 14372 元，比全国低 2803 元，相当于全国平均水平的 83.7%，居全国第 16 位；农民人均纯收入为 4807 元，比全国低 346 元，居全国第 17 位，相当于全国平均水平的 93.3%。2009 年河南省人均消费额为 6768 元，比全国平均水平低 2000 多元，居全国第 18 位。万元 GDP 所产生的职工工资为全国平均水平的 80% 左右，2008 年河南省机关、事业单位干部职工的收入在全国排第 25 位。2009 年河南省人均财政总收入仅 1928 元，为全国平均水平的 37.6%。2009 年全省人均消费支出仅是全国平均水平的 75.7%，人均存款是全国平均水平的 45.1%。

（五）"发展不平衡"

城乡居民收入和生活水平差距较大。2000—2009 年，城乡居民收入绝对差距由 2780 元扩大到 9565 元；城乡居民消费支出绝对差距由 2515 元扩大到 6178 元。从消费类别看，2009 年城镇居民人均用于文化教育娱乐的支出为 1048 元，是农村居民的 4.5 倍；用于医疗保健的支出为 876 元，是农村居民的 3.6 倍。地区发展不平衡。从省辖市看，2008 年，省辖市人均 GDP 高低差扩大到 32570 元，是 2000 年的 3.9 倍；人均财政一般预算收入最高与最低之差为 3246 元，是 2000 年的 5.5 倍。从县域看，发展差距更大，人均 GDP 最高的县（市）是最低的县（市）的 9 倍，人均财政一般预算收入最高县（市）是最低县（市）的 46 倍。

第二节　河南省发展的综合优势

河南省作为中原的核心区域，除了地理位置的优势外，还有"大、根、粮、群"的优势，即大省优势、民族血脉之根的优势、粮食生产优势、城市群的优势。

（一）大省优势

河南省是中国的缩影，是人口大省、农业大省、经济大省和文化资源

大省。

人口总量大。河南省是全国第一人口大省，2009 年年底 9967 万人，占全国的 7.5%，占中部六省的 26.6%。处于劳动年龄阶段的人口超过 7000 万，占全省人口总量 72% 左右，位居全国第 1 位。作为生产力第一要素的人力资源，在促进中原崛起、河南省振兴中起着基础性、战略性和决定性作用。

经济规模大。河南省是全国重要的经济大省，2009 年全省生产总值接近 2 万亿元，居全国第五位，中西部第一位，分别占全国和中部地区的 5.8% 和 27.6%。财政收入、固定资产投资、社会消费品零售总额均居中部第一。全国新兴工业大省，2009 年全部工业总产值达到 9858.4 亿元，位居全国第五位、中部第一位。全国粮食第一大省，至 2009 年，河南省粮食总产已连续 4 年超千亿斤，连续 10 年居全国第一，每年调出 300 亿斤原粮及加工制成品；河南省油料产量居全国第 1 位，肉类产量居全国第 2 位，棉花产量居全国第 3 位，为保障全国的粮食安全作出了重要贡献。

文化资源丰度大。河南省地下文物、馆藏文物、历史文化名城、重点文物保护单位数量均居全国第一；中国 20 世纪 100 项考古大发现中河南省有 17 项。洛阳龙门石窟和安阳殷墟是世界文化遗产。以裴李岗文化、仰韶文化、河南省龙山文化为代表的考古学文化，以夏商周文化、汉魏文化、唐宋文化为代表的中原历史文化，以老子、庄子、张衡、许慎、张仲景、吴道子、杜甫、韩愈、岳飞为代表的名人文化，以新县鄂豫皖苏区首府、确山竹沟中共中央中原局所在地为代表的红色文化，博大精深。以白马寺、少林寺、相国寺和龙门石窟为代表的人文景观，以嵩山、南太行、伏牛山、大别山、桐柏山为代表的山水景观，以汴绣、钧瓷、汝瓷、官瓷、唐三彩、南阳玉雕、朱仙镇木版年画、汤阴剪纸、浚县泥塑、淮阳泥泥狗为代表的民间工艺，以宝丰民间演艺、濮阳和周口杂技、豫西社火、豫南民间歌舞等为代表的民俗文化，异彩纷呈。作为全国戏曲大省，豫剧享誉海内外，曲剧、越调等地方剧种，魅力独特。

发展潜力大。河南省经济正处于市场经济的转型时期和快速发展阶段，有着巨大的发展潜力和增长空间。人力资源开发潜力大。作为中国人口第一大省，劳动力资源丰富，开发潜力大。市场潜力大。河南省有近亿人口的消费和不断提高的消费需求，为经济增长提供了巨大的内需市场；河南省正处于工业化、城镇化加速阶段，城乡之间发展的不平衡性为经济发展提供了广阔空间。民营经济发展潜力大。与沿海发达地区相比，河南省民营经济规模总量偏小，总体实力不强，只要营造良好环境，破除发展障碍，民营经济就能快速发展。外贸增长潜力大。多年来，河南省的出口额不仅与沿海省市差距十分明显，即使与中西部的部分省份也存在差距，因此，将出口培育成为拉动经济增长的可持续动力，潜力巨大。

（二）民族血脉之根

中华民族血脉之根因黄河冲积形成的中原沃土而发端，因中原的引领而前进，因中原的勃兴而昌盛，因中原的先进而远播，因中原的坚韧而绵延。中原文明的发展轨迹是华夏文明的完美体现和浓缩。

河南省是中华民族主要发祥地。河南省是华夏民族早期主要居住的地方，也是今天绝大部分中国人的祖居之地。中华民族有伏羲、神农、黄帝、颛顼、帝喾等 12 大人文始祖，他们大都出自河南省或主要活动于河南省。由中华人文始祖衍生出了数以千计的姓氏，以中原沃土为家，流布全国乃至世界的各个角落。据考证，在依人口多少而排序的前 100 个中华大姓中，有 78 个姓氏直接起源于河南省，有 98 个姓氏的郡望地在河南省，这些姓氏涉及当代华人的 90%。可以说，中华民族的血脉之根在河南省，中华姓氏由此发源，众多民族在中原融合，中原后裔遍布世界各地。河南省被全球华人公认为追思先祖懿德的祖根之地、传承中华文明的心灵故乡，成为海内外中华儿女魂牵梦绕的寻根谒祖圣地。

河南省是中华文明的主要源头。博大精深、源远流长的中原文化，是中华文明长河的源头和主流，是中华民族优秀传统文化的传承与根脉之所在。中国最早的文字——甲骨文，正是在这里诞生；新石器时代的裴李岗文化、仰韶文化等考古学文化，都发生在河南省。夏、商、周三代，被视为中华文明的根源，同样发端于河南省。作为东方文明轴心时代标志的儒道墨法等诸子思想，也是在研究总结三代文明的基础上而生成于河南省的。中国的四大发明——指南针、印刷术、造纸术、火药，正是从这里向世界传播；连接东西、享誉世界的丝绸之路，正是从这里起步。就连来自远方的宗教——佛教，也首先在这里安家落户。古往今来，在河南省孕育

和产生的众多思想学说，交相辉映，积淀升华，铸就了中国传统文化的灵魂，深刻影响着中华民族精神的形成。

河南省是华夏儿女的精神家园。厚重的根源文化对我们来说，是一笔巨大的财富，是华夏儿女的精神家园。它是激励华夏儿女的精神源泉。一方面，历史的辉煌凝结着华夏儿女的伟大创造，是提升自信心的重要来源。另一方面，历史的沧桑铸就了华夏儿女的奋斗精神，是增强进取心的强大动力。它是凝聚华夏儿女情感的精神支撑。厚重的根文化具有广泛的凝聚力，让人认同；具有强烈的震撼力，让人亲近；具有强大的穿透力，让人共鸣。它是推进社会和谐的精神动力。中原根源文化蕴涵着以和为贵、和而不同、和以处众、内和外顺等丰富的和谐思想，是构建和谐社会的精神源泉。

（三）粮食优势

河南省是全国第一粮食大省，在确保国家粮食安全中发挥着至关重要的作用。

总产量大。2009年河南省粮食总产达到1078亿斤，占全国粮食产量的1/10。特别是从全国13个粮食主产区30年粮食产量的变化看，河南省粮食在全国所占的地位更加重要。

增产潜力大。目前，全省还有6000多万亩的中低产田，玉米、水稻等秋季高产粮食作物种植面积和单产还有望进一步扩大和提高，随着国家粮食战略工程河南省核心区建设的稳步推进，粮食增产潜能将进一步释放。按照国家规划，2020年河南省粮食生产能力要新增260亿斤，占全国新增加1000亿斤的四分之一多，稳定达到1300亿斤，占全国粮食生产能力11000亿斤的九分之一以上，调出原粮和粮食加工制成品550亿斤以上。

转化能力强。作为全国第一粮食大省，河南省粮食加工能力位居全国首位，粮食加工能力、肉类总产量均居全国第一位，成为全国畜牧养殖大省和食品工业大省。全省各类粮食加工企业达2624家，所生产的面粉、挂面、速冻食品、方便面、味精等市场占有率均为全国第一，河南省已成为全国最大的肉类生产加工基地、全国最大的速冻食品加工基地、全国最大的方便面生产基地、全国最大的饼干生产基地、全国最大的调味品生产加工基地。

（四）城市群优势

中原城市群在经济密度、可达性、辐射带动等方面都优于中部其他城市群，是中部地区乃至全国的战略支点。

经济密度高。2008年，中原城市群经济密度为1799.3万元／平方公里，在全国七大城市群中仅次于山东半岛城市群的2743.5万元／平方公里；人口密度为679.9万人，在七个城市群中位居第一，是最低的沈阳经济区人口密度的两倍。

可达性强。中原城市群郑州到其余8个城市的交通总里程为896公里，是中原城市群内所有城市可达性最强的城市，此外，其他8个城市可达性总里程多在1000—1500公里之间。随着城际铁路、城际公路等快速交通的发展，有望率先形成半小时经济圈，进而有利于产业整合、资源整合和经济协作区的较快形成。比较而言，作为山东半岛城市群的中心城市，济南到其他7个城市的交通总里程为1994公里，青岛超过2000公里。武汉城市群中，虽然武汉与其余8个城市的交通往来比较方便，但其余8个城市之间的往来线路却不是很方便。成渝城市群中重庆与成都之间交通联系较为发达，但是重庆与城市群中的其他城市的交通联系较弱。

带动作用大。中原城市群由于享有区位、资源、交通、文化等优势，在河南省乃至中原经济区经济社会发展中处于核心和领先地位。2009年中原城市群生产总值占全省总量的57%，地方财政一般预算收入占全省的64%，城镇固定资产投资占全省的78%。建设与发展中原城市群，将其各自原有的种种优势在实现更大范围内优化整合成整体优势，以乘数的方式增强其集聚与辐射功能作用。充分发挥中原城市群的支撑作用，对推进中原经济区的发展，实现中部地区崛起，促进东中西区域协调发展意义重大。

第三节　中原崛起的探索过程

河南省委、省政府探索推动中原崛起，最早可追溯到1990年。根据

对相关资料进行梳理，这一历程大致可分为探索起步、系统形成、拓展丰富、全面提升四个阶段。

一、探索起步阶段

从 1990 年到 2002 年，省委、省政府针对河南省人口多、经济发展水平低的省情，确立了"团结奋进、振兴河南"的指导思想，制定了"一高一低"的战略发展目标，提出了开放带动、科教兴豫、可持续发展和城市化四大战略。

（一）侯宗宾任省委书记、李长春任省长期间的河南省委、省政府（1990.03—1992.12），确定了"团结奋进、振兴河南"的指导思想和"一高一低"的战略发展目标，首次提出要实现"中原崛起"

1. 提出了"团结奋进、振兴河南"指导思想。侯宗宾任省委书记后，在 1990 年 11 月召开的省五次党代会上，提出了"团结奋进、振兴河南"的指导思想。会议提出，在经济工作上，必须坚持"科教兴豫、教育为本"的战略方针；必须坚持以农业为基础、工业为主导；必须坚持深化改革，扩大开放，努力探索计划经济与市场调节相结合的路子。在战略布局上，要以黄河经济带为龙头，重点发展中州平原，积极开发丘陵山区。

2. 确定了"一高一低"的战略发展目标。1991 年 1 月，河南省委五届二次全会确定了"一高一低"的战略发展目标，即经济发展速度和效益要略高于全国平均水平，人口增长速度要低于全国平均水平。

3. 首次提出要实现"中原崛起"。时任省长的李长春同志 1992 年 1 月以《加快改革开放，实现中原崛起》①为题撰文，提出："中西部地区是我国能源、原材料工业生产基地，又是广大的工业消费品市场，这都是促进沿海工业发展不可缺少的因素。实际上，沿海与内地在经济上是一种相互依存、互惠互利、共存互荣的关系。因此，从全国一盘棋的战略出发，为促进东、中、西部经济的协调发展，必须加快中原的振兴和崛起"，并指出，"在党的十四大精神指引下，中原一定能够再度崛起"。

---

① 李长春：《团结奋进　振兴河南》，中共中央党校出版社 1997 年版，第 386 页。

（二）李长春任省委书记、马忠臣任省长期间的河南省委、省政府（1992.12—1998.02），围绕"一高一低"战略发展目标，大力发展县域经济，全面实施开放带动、科教兴豫和可持续发展三大战略，提出了加快中原城市群发展、加快全省工业化进程的思路

1. 首次提出使河南省成为中西部发展较快的地区之一。在 1995 年 12 月召开的省六次党代会上，李长春同志提出，"九五"时期河南省经济社会的基本思路是：积极实施科教兴豫战略、开放带动战略、可持续发展战略，着力加强第一产业，强化提高第二产业，积极发展第三产业，加快基础设施建设，加速工业化、城市化进程，保持经济发展速度略高于全国平均水平、人口自然增长率低于全国平均水平，使河南省成为中西部发展较快的地区之一。其中，科教兴豫战略、可持续发展战略首次列为河南省的经济社会发展战略。

2. 把发展县域经济作为加快河南省发展的重要突破口。1993 年 3 月底，河南省委、省政府决定将巩义、偃师、禹州等综合实力排名前 18 位的县（市）确定为改革、开放、发展的"特别试点县（市）"，赋予其部分省级经济管理权限，实行特殊政策，让它们实现高起点、超常规、大跨度、跳跃式发展。这就是著名的"十八罗汉闹中原"。1993 年 5 月，李长春同志在《奋进》杂志上撰文指出，从河南省实际情况出发，加速县域经济发展，是关系到振兴河南省战略全局的大事，也是我们抓住机遇、加速发展的一个重要突破口。

3. 提出要探索出一条农业省加快工业化进程的新路子。1993 年 1 月，李长春同志在全省农村工作会议上强调，农业大省实现工业化，必须首先立足于丰富的农副产品所提供的工业原料，坚持强农兴工的路子，把两者统一到"围绕农字上工业"上。1995 年 8 月，在同全省理论界部分专家座谈时，他再次指出，就河南省的实际来讲，必须围绕"农"字上工业，上了工业促农业。强农兴工，协调发展，走出一条农业省加快工业化进程的新路子。这条路子，既强化了农业基础，又找到了加速工业化进程的突破口。

4. 提出了加快中原城市群发展的思路。在 1995 年 12 月召开的河南省六次党代会上，李长春同志提出，必须进一步优化和拓展生产力布局：抓

紧抓好郑州商贸城建设，使其逐步成为有较强吸引力、辐射力的经济中心城市，在全省发挥龙头作用；加快以郑州为中心的中原城市群的发展步伐，着力培植主导产业，逐步成为亚欧大陆桥上的一个经济密集区，在全省经济振兴中发挥辐射带动作用。

5. 全面实施"开放带动战略"。1994 年，河南省委五届九次全会首次作出了全面实施开放带动战略的重大决策，李长春同志提出要把对外开放提高到振兴河南的战略高度，摆到经济工作的突出位置。

（三）马忠臣任省委书记、李克强任省长期间的河南省委、省政府（1998.02—2000.10），提出"东引西进"战略

1999 年，根据党中央、国务院提出"国家要实施西部大开发战略"要求，河南省委、省政府提出了"东引西进"战略。"东引"就是充分发挥河南省区位、市场、劳动力资源丰富等优势，吸引东部产业、技术、资金等，推动河南省产业改组、改造和升级；"西进"就是积极参与西部大开发，加强河南省与西部省区的经济技术合作，大力开拓中西部市场，努力提高河南省农产品、工业消费品等投资类产品在西部市场的份额。

（四）陈奎元任省委书记、李克强任省长期间的河南省委、省政府（2000.10—2002.12），制定了"两个较高"目标，提出加强粮食基地建设，推进城市化战略

1. 提出了"两个较高"目标。在 2001 年省人代会上，通过了省"十五"期间经济社会发展的总体思路，即以发展为主题，以经济结构调整为主线，以改革开放和科技进步为动力，以提高人民生活水平为根本出发点，继续坚持"一高一低"目标，实施科教兴豫、开放带动、可持续发展战略，推动经济发展和社会全面进步。会议指出，要在保持经济快速增长的同时，把质量和效益放在突出位置，实现国民经济较高的增长速度和较高的增长质量。

2. 作出了建设全国粮食基地的决定。2001 年 8 月，河南省委、省政府作出"建设全国重要优质小麦生产和加工基地与建设全国重要畜产品生产和加工基地"的决定。当年，河南省粮食总产首次跃居全国第一。

3. 首次提出城市化战略。陈奎元在 2001 年 10 月召开的省七次党代会工作报告中指出，"十五"及今后一个时期，河南省的经济社会发展要继续坚持科教兴豫、开放带动、可持续发展战略，积极实施城市化战略，推进工业化进程，认真落实"十五"计划《纲要》提出的"八项措施"。

二、系统形成阶段

李克强任省委书记、李成玉任省长期间的河南省委、省政府（2002.12—2004.12），明确了中原崛起的标志，制定了总体目标，确定了三化基本途径，系统阐述了中原崛起的内涵。

（一）正式提出中原崛起概念

2003 年 3 月，河南省委书记李克强在参加全国人代会期间接受人民日报记者采访，正式提出"中原崛起"概念，并指出："目前我国经济正由东向西梯度推进，世界性产业转移也由我国沿海向内地延伸，河南省这样一个中部省份要紧紧抓住这个机遇，充分发挥区位优势和比较优势，加快工业化和城镇化，推进农业现代化，努力实现在中原崛起"。

（二）以省委全会和全会决议的形式，系统提出了中原崛起的总体目标、基本途径、发展布局、战略举措

2003 年 7 月，河南省委七届五次全会通过了《河南省全面建设小康社会规划纲要》，确定河南省全面建设小康社会的总体目标是：在优化结构和提高效益的基础上，确保人均国内生产总值到 2020 年比 2000 年翻两番以上，达到 3000 美元，基本实现工业化，努力使河南省的发展走在中西部地区前列，实现中原崛起。基本途径是：加快工业化进程，走新型工业化道路；加快城镇化进程，充分发挥城市的聚集辐射带动作用；用工业理念发展农业，推进农业现代化。发展布局是：实施中心城市、中心城镇带动战略，发展县域经济，在全省形成中原城市群经济隆起带和豫北、豫西、豫西南、黄淮地区各展所长、优势互补、竞相发展的格局。战略举措是：坚持扩大内需；不断深化改革；强力实施开放带动；千方百计扩大就业；坚持科教兴豫；坚持可持续发展。

（三）首次明确中原崛起三个标志

2003 年 11 月 24 日，新华社《瞭望》周刊第 47 期发表了对李克强同志的专访。在这次专访中，李克强同志明确表述了中原崛起有三个标志："首先一个重要标志就是，再经过近 20 年的努力，经济发展水平要达到全

国当时的平均水平；这不仅是河南省的发展水平上了一个大台阶，对国家的发展也是一个重大贡献。其次，就是要在全省基本实现工业化；到 2020 年，非农业劳动力要占到 60% 以上，城市人口占 50% 以上，使河南省真正由农业社会进入工业社会。再次，河南省的发展要走在中西部地区前列；使主要经济指标，特别是质量和效益指标经过努力走在前列。"一个月后，河南省委召开七届六次全会，李克强同志在会上又一次阐述中原崛起的内涵问题，指出："中原崛起的目标，核心是经济内容，也包括了人文指标和社会稳定的内容。实现中原崛起，加快经济发展是第一要务，同时，必须推进经济政治文化协调发展，必须改革发展稳定全面推进。"

（四）围绕中原崛起的宏伟目标，确定把开放带动作为加快河南省经济发展的主战略

2003 年 8 月，省委、省政府召开了全省第四次对外开放工作会议，首次明确提出把开放带动作为加快河南省经济社会发展的主战略，并出台了《关于加快发展开放型经济的若干意见》。

三、拓展丰富阶段

徐光春任省委书记、李成玉任省长(2008 年 4 月调整为郭庚茂)的河南省委、省政府(2004.12—2009.11)，进一步拓展丰富了中原崛起的任务和目标，全面推进中原城市群发展，提出了加快"两大跨越"、推进"两大建设"的发展思路。

（一）提出了"中原崛起总目标"

2005 年 4 月，徐光春在鹤壁、安阳调研时提出了"中原崛起总目标"，包括"农业先进、工商发达、文化繁荣、环境优美、社会和谐、人民富裕"六个方面的内容。这六个方面既相对独立，又紧密联系、相互影响，共同构成中原崛起的总目标。

（二）制定了中原崛起的阶段性目标和"两大跨越、两大建设"的发展思路

2006 年 10 月召开的省八次党代会明确了中原崛起的历史任务、今后五年的奋斗目标和加快"两大跨越"(经济大省向经济强省跨越，文化资源大省向文化强省跨越)、推进"两大建设"(和谐社会建设和党的建设)的发展思路。会议提出，实现中原崛起，就是要按照科学发展观的要求，经过坚持不懈的努力，基本实现工业化，人均生产总值等主要发展指标赶上或超过全国平均水平，建成惠及全省人民更高水平的小康社会，建成农业先进、工业发达、文化繁荣、环境优美、社会和谐、人民富裕的新河南省。2007年10月，河南省委八届四次会议提出建成"农业先进、工业发达、政治民主、文化繁荣、社会和谐、环境优美、人民富裕"的新河南省。与省八次党代会提出的目标相比，增加了政治民主内容，由六个方面变成了七个方面。

（三）全面推进中原城市群建设

2006年3月，河南省出台了《中原城市群总体发展规划纲要》，明确了中原城市群发展的总体思路、主要目标、空间布局和主要任务，提出要构建以郑州为中心、洛阳为副中心，其他省辖市为支撑，大中小城市相协调，功能明晰、组合有序的城市体系，加快培育郑汴洛、新郑漯（京广）、新焦济（南太行）、洛平漯四大产业带。在中原城市群核心区建设上，首次提出优先推动郑汴一体化发展的思路，重点推进功能、城区、空间、产业、服务、生态"六个对接"，加速郑汴一体化进程。

（四）提出了加快黄淮四市发展的区域经济发展思路

2007年2月，河南省政府召开会议，专题研究区域经济协调发展问题。5月，河南省委、省政府召开加快黄淮四市发展工作会议，印发了《关于加快黄淮四市发展若干政策的意见》，提出了加快黄淮四市发展的总体要求和目标。

（五）提出建立文化改革发展试验区

2008年12月，在全国率先建立"文化改革发展试验区"，力争在文化改革发展上闯出一条新路，推进文化强省建设。

四、全面提升阶段

卢展工任省委书记、郭庚茂任省长的河南省委、省政府（2009.12—2012.10），适应国内区域竞争的新形势，提出并成功谋划中原经济区，明晰了河南省在全国发展大局中的重要地位和作用。

（一）提出了"四个重在"（重在持续、重在提升、重在统筹、重在为民）的实践要领，"四个明白"（学明白、想明白、说明白、做明白）工作要求，以及破解"四难"（人往哪里去，钱从哪里来，粮食怎么保，民生

怎么办）的工作重点

卢展工同志提出"把这些年河南省在发展中形成的、经过实践证明是正确的发展思路整合起来，持续地做下去"。要求深入思考和研究"什么是中原"、"什么是中原崛起"、"为什么要中原崛起"、"怎样实现中原崛起"等基本问题，促使河南省上下提升了认识问题的新境界。

（二）大力实施建设中原经济区、加快中原崛起河南省振兴总体战略

2010 年 11 月，河南省委召开八届十一次全会，审议并同意《中原经济区建设纲要（试行）》。同月，河南省第十一届人民代表大会常务委员会第十八次会议通过《关于促进中原经济区建设的决定》。2011 年 9 月，国务院下发《关于支持河南省加快建设中原经济区的指导意见》（国发〔2011〕32 号）。2011 年 10 月河南省九次党代会提出："紧紧围绕富民强省目标，全面实施建设中原经济区、加快中原崛起河南省振兴总体战略。"

（三）持续探索不以牺牲农业和粮食、生态和环境为代价的新型城镇化、新型工业化、新型农业现代化三化协调科学发展的路子

河南省九次党代会明确，探索这条路子，是从根本上破解发展难题的必然选择，是河南省加快转变经济发展方式的具体实践，是中原经济区建设的核心任务。走好这条路子，必须充分发挥新型城镇化的引领作用、新型工业化的主导作用、新型农业现代化的基础作用。

（四）着力推动务实发展、建设务实河南，全面推进"一个载体、三个体系"（以产业集聚区为主的科学发展载体和现代产业体系、现代城镇体系、自主创新体系）建设

强力推动开放招商，取得了"一举应多变"、"一招求多效"的综合带动效应。以承接产业转移为主要途径，以重大项目建设为抓手，产业集聚区综合效应日益显现，已成为转型升级的突破口、招商引资的主平台。加强载体建设。加快城乡建设和城镇化进程，综合承载和支撑能力进一步提高。

（五）切实用领导方式转变加快发展方式转变

探索实施土地开发利用管理"三项机制"，开展农村土地整治和城乡建设用地增减挂钩，推进存量土地集约挖潜，基本保障了经济社会发展用地。积极创新投融资机制，有效整合利用政府资源、资产、资金、资信，发挥财政资金引导作用，支持投融资平台扩大融资规模。扎实推进重点领域改革。强力推进煤炭企业兼并重组，产业集中度显著提升。

第四节　中原崛起的主要成就

近年来，河南省上下在党中央、国务院的正确领导下，不断解放思想、坚持科学发展，经济社会发展进入了当代历史上最好的时期之一。纵观河南省又快又好发展的实践，可以说，河南省实现了四个方面的巨大变化。

一、经济实力跃上新台阶

改革开放之初的 1978 年，河南省 GDP 总量 162.9 亿元，列全国第 9 位。2011 年，河南省 GDP 总量由 1992 年的 1279.75 亿元增加到 27232.04 亿元，经济总量稳居全国第五位和中西部地区首位。全部工业增加值 1.39 万亿元、全社会固定资产投资 1.78 万亿元、社会消费品零售总额 9453.7 亿元。金融机构人民币各项存款余额 26646.2 亿元、贷款余额 17506.2 亿元。

经济结构明显优化。2011 年，二三产业比重达到 87%。河南省高技术产业增加值增长 50% 以上，高于规模以上工业增速 30 个百分点以上。产业集聚区规模以上工业主营业务收入 1.8 万亿元，占全省比重超过 40%。2012 年一季度河南省高技术产业增加值同比增长 110.6%；六大高成长性产业增加值同比增长 24%，其中智能手机、大型成套装备、智能电网设备、汽车整车、服装、米面制品、畜肉制品、软饮料等终端产品均保持 20% 以上的增长。2011 年全省城镇化率达到 40.6%。非公有制经济占全省比重 61% 以上。

质量效益持续改善。2011 年，全省财政总收入 2851 亿元，增长 24.3%；一般预算收入 1722 亿元、支出 4246 亿元，分别增长 24.6%、24.3%。规模以上工业企业实现利润突破 4000 亿元，增长 30% 以上。万元生产总值能耗下降 3.57%，化学需氧量、二氧化硫、氨氮排放量分别下

降 3.08%、4.85%、1.27%，圆满完成国家下达的指标。

开放招商取得重大突破。2011 年，全省进出口总额 326.4 亿美元、利用外商直接投资 100.8 亿美元、利用省外资金 4016.3 亿元。来豫投资的世界 500 强、国内 500 强企业分别达到 100 家和 128 家，富士康等一批国际型、龙头型、基地型企业战略布局河南省。

城乡居民生活水平不断提高。2011 年，全省城镇职工平均工资 34203 元；城镇居民人均可支配收入 18195 元、农民人均纯收入 6604 元，扣除价格因素实际增长 8% 和 11% 左右。城镇基本养老、基本医疗保险覆盖人群分别比 2007 年增长 5.2 倍和 2.4 倍，新农保和城镇居民养老保险实现了从无到有的制度全覆盖。

二、现代农业建设取得新进展

巩固提高粮食综合生产能力。多年来，河南省毫不动摇地抓紧抓好粮食生产，用占全国 1/16 的耕地生产了全国 1/10 以上的粮食，养活了占全国 1/13 的人口，同时每年还输出原粮及制成品 300 亿斤。全省耕地保有量持续稳定在 1.2 亿亩左右，基本农田稳定在 1.0175 亿亩以上，积极推进粮食生产核心区建设，加快推进中低产田改造，大力开展大中型灌区改造和小型农田水利建设。优质粮比重达到 75% 以上，小麦玉米水稻优良品种覆盖率稳定在 95% 以上。2011 年粮食总产量 1108.5 亿斤，连续 8 年创新高、连续 6 年超千亿斤。2012 年夏粮总产达到 637.2 亿斤，比上年增产 10.9 亿斤，实现"十连增"。

深入推进农业结构调整。高效经济作物种植面积不断扩大，畜牧业规模化养殖水平稳步提高。2011 年，肉、蛋、奶产量分别达到 660 万吨、400 万吨和 320 万吨，均增长 3% 以上。支持特色优势农业发展和农业产业化经营，2011 年，省级以上重点龙头企业新评定 335 家、达到 622 家，农民专业合作社净增 7868 家、达到 3.4 万家。

农业科技和机械化水平进一步提高，疫病防控和农畜产品质量安全监管得到加强。切实改善农村生产生活条件。落实国家强农惠农政策，2011 年，财政惠农补贴 167.8 亿元，增加 18.6 亿元。2011 年，新解决 508 万农村居民和学校师生饮水安全问题，新增农村户用沼气 21.3 万户，有 103.3 万农村贫困人口实现稳定脱贫。

三、工业昂首迈向工业强省

1978 年工业总产值占全国的比重仅为 3.7%，居全国第 12 位。多年来，河南省把工业作为实现中原崛起的主导来谋划，坚定不移地走新型工业化道路，工业迅速发展壮大，成为经济发展的强大筋骨。不仅实现了由传统农业大省向新兴工业大省的历史性跨越，在全国统计的 191 个工业行业门类，河南省有 185 个，其中 123 个在全国具有竞争优势。

工业整体实力显著增强。到 2011 年，全省全部工业实现增加值 13949.32 亿元，占全省生产总值的比重为 52.9%，比 2002 年提高 11.9 个百分点，分别相当于第一产业所占比重的 4.1 倍和第三产业所占比重的 1.8 倍。

工业的主导地位得到强化。2011 年全部工业对全省生产总值增长的贡献率为 70.6%，比 2002 年提高 21.4 个百分点，分别比第一产业和第三产业高 66.1 个和 49.1 个百分点。其中，非公有制工业占规模以上工业增加值的比重从 2002 年的 19.9% 上升到 2011 年的 71.5%，对规模以上工业增长的贡献率达 80.1%，成为推动全省工业经济增长的主要力量。

主导产业规模壮大。2011 年，六大高成长性产业在全省工业经济中的比重为 55.3%。高技术制造业逐渐发力。随着富士康等一大批高技术企业入驻河南省，高技术制造业实现增加值占全省规模以上工业增加值的比重上升至 5.3%。高载能行业结构调整成效显现。2011 年，全省六大高载能行业实现增加值占全省工业的比重为 40.7%，比 2002 年下降 4.6 个百分点。

四、基础设施和生态建设不断加强

基础支撑能力显著增强。加快推进城市新区规划建设，郑州、洛阳、新乡、许昌等城市新区建设成效显现。推进高速公路网、快速铁路网、坚

强智能电网、信息网、水网和生态系统为重点的"五网一系统"基础支撑体系建设取得明显成效。京港澳、连霍高速公路改扩建和跨省通道建设进展顺利,县城 20 分钟上高速通道工程全面展开。2011 年,高速公路通车里程 5196 公里,连续多年居全国第一;按照"米"字形布局大力推进铁路项目建设,石武客专省内工程基本完工。铁路通车里程 4203 公里。航空枢纽建设取得新进展,郑州机场客运吞吐量突破千万人次大关,进入国家一类机场行列。加快推进水利基础设施建设,燕山水库通过国家竣工验收,南水北调中线工程河南省段建设加快推进。覆盖河南省全省、通达世界,技术先进、业务全面的信息通信基础网络已成为支撑河南省经济发展、方便百姓生活的重要力量。

生态环境质量明显改善。与河南省经济社会发展同步,河南省环境保护事业走过了波澜壮阔的历程,迎来历史上的最好时期。"十一五"期间,国务院确定河南省主要污染物化学需氧量(COD)和二氧化硫排放总量要在 2005 年的基础上分别削减 10.8% 和 14% 以上。为实现上述目标,河南省采取了加强环保重点工程建设、大力推动产业结构调整、积极开展清洁生产审核等措施。2007 年年底,全省 COD 和二氧化硫排放量分别削减 3.76% 和 3.7%,首次呈现"双下降",污染减排实现了重大转折。建立健全长效机制,大力淘汰落后产能,积极推进环境综合整治。河南省淮河流域水污染防治工作采取了有效措施,淮河流域水质改善明显,达到了 1994 年淮河治污以来的最高水平。2011 年万元生产总值能耗下降 3.5% 左右,化学需氧量、二氧化硫排放量分别削减 1% 和 3%,环境质量继续改善。

五、河南省城镇化进入快车道

新中国成立之初,河南省城镇人口只占总人口的 6.4%。新中国成立特别是改革开放以来,河南省高度重视城镇化在全省经济社会发展中的引领作用,坚持把加快城镇化进程作为全省经济社会发展的主战略,尤其是 20 世纪 90 年代以后,通过"十八罗汉"闹中原、加快中原城市群发展、加快郑汴融城步伐等战略性举措,使河南省城镇化进入了快速发展的轨道。

21世纪以来，河南省在提出实现中原崛起的目标后，城镇化战略不断发展完善，逐渐探索和形成了一条实现中原崛起的新型城镇化之路。河南省早在2001年的政府工作报告中，就提出调整城乡结构，坚持大型中心城市、中小城市和小城镇三头并举的方针，积极稳妥地推进城镇化。之后，河南省先后制定了《加快城镇化进程的决定》、《关于进一步促进城镇化快速健康发展的若干意见》等文件，提出了大中小城市"三头并举"的方针，构建中原城市群，规划建设郑东新区和洛南新区，统筹城乡一体化，实施中心城市带动战略，完善城镇体系，构建郑汴新区增长极等一系列战略措施。

2008年以来，省委、省政府提出进一步完善中原城市群规划，着力构建以郑州为中心的"一极两圈三层"现代城镇体系，促进全省城市功能互补、向心发展、共同繁荣。2011年，全省城镇化率达到40.6%，比2001年提高了16.2个百分点，年均提高1.6个百分点。河南省已初步探索出了一条城乡统筹、城乡一体、产城互动、节约集约、生态宜居、和谐发展，大中小城市、小城镇、新型农村社区协调发展、互促共进的新型城镇化道路。

第五节　中原崛起与中国特色社会主义

一、中原大省崛起的历程

（一）确立中原崛起目标

邓小平在南方谈话中强调："抓住机遇，发展自己，关键是发展经济。"根据这一重要精神，河南省从本省实际出发，开始制定自己的发展规划及其战略构想。为加快实现河南省振兴，党的十六大刚刚闭幕，河南省委、省政府便立即和有关部门讨论如何实现"中原崛起"的问题。2003年3月，时任河南省委主要负责同志在"两会"期间正式提出"中原崛起"概念。同年7月，河南省委七届五次全会通过的《河南省全面建设小康社会的规划纲要》，正式确立了中原崛起的战略目标，即"在优化结构和提

高效益的基础上，确保人均国内生产总值到2020年比2000年翻两番以上，达到3000美元，基本实现工业化，努力使河南省的发展走在中西部地区前列，实现中原崛起"。

2005年8月，胡锦涛总书记视察河南省，提出了"河南省要在促进中部崛起中走在前列"的目标任务，从更高层次定位了中原崛起的目标，使全省人民深受鼓舞和鞭策。

2009年年底，新任河南省委主要负责同志开始谋划中原经济区战略。2011年9月，国务院印发《关于支持河南省加快建设中原经济区的指导意见》（以下简称《指导意见》），明确提出到2020年，"把中原经济区建设成为城乡经济繁荣、人民生活富裕、生态环境优良、社会和谐文明，在全国具有重要影响的经济区"，从而使中原崛起的目标更加清晰和具有时代感。

（二）中原崛起的历史进程

中原崛起是中国特色社会主义道路在河南省的生动实践，是历届河南省委、省政府带领全省亿万人民，砥砺奋进，实干实效，全面建设小康社会的宏大工程。

20世纪90年代初，河南省开始了中原崛起的初步探索，明确了"团结奋进、振兴河南"的方针，确立了"一高一低"（经济增长高于全国水平，人口自然增长率低于全国水平）的目标，作出了"围绕农字上工业，上了工业促农业"的决策，提出了建设中原城市群的思路。90年代后期，河南省实施了可持续发展、科教兴豫、开放带动三大战略。进入21世纪后，河南省开始系统布局中原崛起战略任务，明确了"加快工业化、城镇化、努力推进农业现代化"的发展路径，提出并开始实施开放带动主战略，推动以郑东新区为核心的大郑州建设。2006年4月，中共中央、国务院印发《关于促进中部地区崛起的若干意见》。河南省抓住这一难得的历史机遇，对中原崛起进行了新的部署。

2009年以来，河南省各级党委和政府以创新的勇气谋发展，坚持一个战略，即全面实施建设中原经济区，加快中原崛起、河南省振兴总体战略；一条路子，就是持续探索不以牺牲农业和粮食、生态和环境为代价的新型城镇化、新型工业化、新型农业现代化三化协调科学发展的路子；一个要领，就是"重在持续、重在提升、重在统筹、重在为民"的实践要领；一个形象，就是务实发展、务实重干的形象，从而推动了河南省经济社会的持续前行，迎来了历史上少有的良好发展局面。

（三）中原崛起的良好势头

2011年是河南省发展历史上具有里程碑意义的一年。这一年，河南省持续、延伸、拓展、深化中原崛起战略，凝聚全省人民的智慧和力量，不断完善建设中原经济区战略构想，推进中原经济区发展列入国家"十二五"规划纲要、全国主体功能区规划，以国务院出台《指导意见》为标志，建设中原经济区正式上升为国家战略。

今天的河南省，在全国的战略地位越来越重要，其经济社会发展正处于史上最好时期。全省上下深入贯彻落实科学发展观，坚持"四个重在"实践要领和"四个明白"（学明白、想明白、说明白、做明白）工作要求，大力实施建设中原经济区、加快中原崛起河南省振兴总体战略，持续探索不以牺牲农业和粮食、生态和环境为代价的新型城镇化、新型工业化、新型农业现代化三化协调科学发展的路子，切实用领导方式转变加快发展方式转变，着力推动务实发展、建设务实河南省，全面推进"一个载体、三个体系"（以产业集聚区为主的科学发展载体和现代产业体系、现代城镇体系、自主创新体系）建设。河南省经济社会发展总体持续、总体提升、总体协调、总体有效，中原崛起呈现出好的趋势、好的态势和好的气势，为"十二五"乃至今后很长一个时期奠定了发展基础，创造了发展条件，积蓄了发展势能。

二、河南省对中原崛起之路的新探索

河南省第九次党代会作出了持续探索不以牺牲农业和粮食、生态和环境为代价的新型城镇化、新型工业化、新型农业现代化三化协调科学发展路子的战略抉择。自此，河南人民踏上了探索中原崛起之路新的历史征程。随着探索实践的不断深化，这条中原崛起之路愈来愈清晰。

（一）破解发展四道难题

探索新型三化协调科学发展路子的直接动因。邓小平同志曾经深刻地

指出："发展起来以后的问题不比不发展时少。"在充分肯定业已取得的成绩的同时，河南省的决策者们也清醒地认识到，人民日益增长的物质文化需求同落后的社会生产之间的矛盾并没有从根本上改变，人口多、底子薄、基础弱、人均水平低、发展不平衡的基本省情没有从根本上改变，"钱从哪里来、人往哪里去、粮食怎么保、民生怎么办"四道难题需要破解的局面没有从根本上改变。

这"三个没有根本改变"，客观分析了河南省发展中存在的突出矛盾和问题，深刻揭示了河南省发展的阶段性特征。这些问题归结起来，就是工业化、城镇化、农业现代化三化不协调。这种不协调是阻碍河南省发展，制约加快建设中原经济区、全面建成小康社会的大难题，给河南省经济社会发展带来了一系列困难。不破解这些难题，河南省发展的既定目标就无望实现。为了加快中原崛起、河南振兴，确保让1亿河南人民与全国人民一道迈入更高水平的全面小康社会，河南省开始探索破解这一发展难题之路。这便成为河南省探索新型三化协调科学发展路子的直接动因。

(二) 坚持"两不牺牲"

探索新型三化协调科学发展路子的倒逼机制。"两不三新"三化协调科学发展的路子，是改革开放以来河南省干部群众和历届省委、省政府持续探索的成果。走好这条路子，前提是要做到"两不牺牲"，即不牺牲农业和粮食、不牺牲生态和环境。河南省是中国第一农业大省，是全国重要的粮食生产核心区，承担着确保国家粮食安全的重任。国以粮为本，民以食为天。胡锦涛总书记指出："能不能保障国家的粮食安全，河南省的同志肩上是有责任的。"近10年来，温家宝总理每年都到河南省来视察，每次都以考察粮食生产情况为重点。河南省地跨长江、淮河、黄河、海河四大流域，又是南水北调中线工程的水源地。河南省的生态和环境安全，事关国家经济社会发展全局。

河南省的特殊省情和在全国发展大局中所处的历史地位，决定了它不能重蹈一些地方在发展经济中削弱粮食生产、牺牲生态环境的老路。着眼于全国大局，河南省向全国人民作出了"两不牺牲"的庄严承诺。一诺值千金，责任重如山。践履这一庄严承诺，倒逼河南省探索新型三化协调发展路子，既稳定粮食产量又保障和改善民生，既着力解决"三农"问题又有效解决三化协调互动问题，在不减少耕地面积、巩固粮食生产优势地位的前提下加快推进工业化、城镇化进程，增强河南省的综合实力，使全省人民同全国人民一道迈入全面小康社会。

（三）新型城镇化引领

探索新型三化协调科学发展路子的创新实践。工业化、城镇化和农业现代化是人类文明进步的重要标志，是现代化建设的基本内容。同步推进城镇化、工业化和农业现代化，是推进现代化建设必须科学把握和始终遵循的客观规律。我国是一个区域发展很不平衡的大国，实现城镇化、工业化和农业现代化三化协调、同步发展，不可能只有一条路子、一个模式，各地必须从自己的实际出发，走出有本地特色的三化协调发展路子。河南省农村人口多、农业比重大、保粮任务重，"三农"问题突出，是制约三化协调发展的最大症结，其中，人多地少是制约三化协调发展的最现实问题，城镇化水平低是经济社会发展诸多矛盾中最突出的聚焦点。

根据这一实际，河南省在探索实践中创造性地走出了一条新型城镇化引领三化协调科学发展的路子，突出强调新型城镇化的引领作用。这样做，既符合河南省情，又符合经济发展规律和科学发展观的要求。新型城镇化在三化协调发展中起着战略性、全局性和关键性的作用。城镇化水平低是河南省推进三化协调发展的短板，也是实现河南省三化协调发展的潜力和动力所在。随着社会发展，城镇对产业培育、经济发展、民生改善的作用日益突出。坚持新型城镇化引领是实现三化协调发展的内在要求，是破解河南省四道发展难题的根本途径。

（四）建设新型农村社区

从发展现状看，河南省虽然已是全国工业大省，但还远不是工业强省；2011 年河南省的城镇化率为 40.6%，远低于全国水平。要保证 1 亿河南人民特别是 6000 万农民届时同全国人民一道步入更高水平的小康社会，必须加快推进新型城镇化和新型工业化。但是，搞工业项目需要用地，推进城镇化需要占地，没有地，招商引资项目不能落实，城镇发展规划无法实施。对于全国第一人口大省河南来说，土地本来就是一种不可再生的稀缺资源，更重要的是河南省又作出了"两不牺牲"的庄严承诺。为了国家粮食安全，河南省 1.18 亿亩耕地的红线无论如何不能

碰！建设用地从哪里来？这个历史性难题，曾使河南省决策层为之犯愁、纠结。

在探索实践中，河南省找到了破解这一历史性难题的突破口——建设新型农村社区。在有条件的地方，引导在自然村落独门独院散居的农民有序迁入新型农村社区居住，把他们的宅基地置换出来，实现土地的节约集约利用，就可有效缓解建设用地刚性需求与保护耕地硬性约束的矛盾，同时还可以促进农村土地流转，加快土地的集聚和集中，推进农业现代化的进程。

三、探索的内在价值

河南省在奋力实现中原崛起的实践中，持续探索新型三化协调科学发展之路，谋的是河南省的事，解的却是全国发展的题。河南省的探索和实践，是贯彻落实科学发展观的有益实践，是破解"三农"问题的重要尝试。河南省的经验和做法无疑对全国具有重要借鉴意义。改革开放以来，特别是邓小平南方谈话以来，全国各地都在竞相发展，在实践中探索适合自身发展的路子，创造了不少经验模式，譬如温州模式、苏南模式等。

应当说，这些经验模式在一定时期对我国经济的振兴产生了良好的示范和带动作用。在新的历史条件下，河南省的实践探索及其发展路子和模式，也具有比较突出的示范典型性和代表性。这是由河南省基本省情与中国基本国情的高度相似性，以及河南省发展阶段与中国发展阶段的高度契合性所决定的。

从某种意义上说，河南省是中国的缩影，河南省是缩小了的中国，中国是放大了的河南省。无论从地理位置、人口规模，还是从社会结构、历史地位上看，无论是就面临的发展任务来说，还是就需要破解的发展难题而言，河南省都是中国所有省份中最具代表性和典型性的一个省份。河南省所破解的发展难题，可以说就是中国所要破解的发展难题。河南省探索走出的发展路子，其意义和价值远远超出了区域性的层面。河南省对新型三化协调科学发展路子的持续探索及其鲜活经验，对建设和发展中国特色社会主义具有典型的样板示范作用和重要参考借鉴价值，在助推中原崛起、加快河南省振兴的同时，还印证、丰富和拓展了中国特色社会主义道路。

第六节　经验与启示

新中国成立后，特别是改革开放以来，中原大地发生了辉煌巨变。河南省务实发展稳步推进，经济社会发展呈现出好的趋势、好的态势、好的气势。这些都得益于中国共产党的正确领导和社会主义制度的巨大优越性，得益于改革开放带来的思想解放的春风和科学发展的理念，得益于河南省广大干部群众砥砺奋进、实干实效的生动实践。

一、党的领导是中原巨变的政治保障

办好中国的事情，关键在党。只有坚持党的领导才能集中力量办大事。党的领导，不是一个抽象的概念。具体来说，就是通过制定正确的方针路线政策来凝聚人心，鼓舞士气，引领和推动经济社会发展。"河南河南何其难！"曾经的富庶繁华之地一度打上"古、土、苦"的烙印，成为贫穷、落后、愚昧的象征。如何彻底改变这种面貌，成为关涉亿万中原儿女切身利益的大事情。从"团结奋进、振兴河南"，到"奋力实现中原崛起"，到"两大跨越"，再到"务实河南"；从"一高一低"，到"两个较高"，再到三化协调。正是河南省历届党委政府根据地方发展实际提出相应的指导思想和发展目标，并随着形势的变化将它们不断丰富和提升，为中原巨变提供了正确的方向遵循。党的领导的政治保障作用还体现在各级党组织的凝聚力和战斗力上。新乡刘庄曾经有"方圆十里乡，最穷属刘庄"之称。新中国成立后，正是有了党组织的坚强领导，有了好带头人史来贺，刘庄才发生了翻天覆地的变化，在1.5平方公里的土地上创造了人间奇迹，走上了共同富裕的道路。目前，刘庄兴建了第三代新型农民别墅，村民全部免费搬进了每户472平方米的新居，并且配有中央空调、生活污水处理、休闲健身广场等设施。

二、解放思想是中原巨变的思想先导

思想是行动的先导，解放思想是创造性实践的先导。没有解放思想，实事求是，中原大地就不会有波澜壮阔的创造性实践，就不会有今天生机盎然、欣欣向荣的景象。河南省是农业大省，农耕文明的思想负担比较沉重。20世纪90年代，对"修高速公路、上机场项目"的质疑，使我们看到了"一左一旧一小"习惯思维束缚；对"长垣模式"的激烈争论，使我们看到了姓"资"姓"社"的困扰；这些问题都是通过解放思想消除了观念上的桎梏，最终走上了发展前进的征途。进入21世纪，中原地区传统农区工业化现代化的任务越来越紧迫。河南省提出以工业化为先导的三化协调发展。随着实践的深入和形势的发展变化，河南省与时俱进，遵循规律，将新型城镇化引领放在重要位置，持续推动了新的三化协调。这些都是解放思想，实事求是的结果。近年来，河南省以转变领导方式加快发展方式转变的形式掀起了新一轮推动思想解放的热潮。舞钢张庄新型农村社区就是解放思想的成果。"这在过去简直是做梦都不敢想的事！"张庄社区农民领到房屋所有权证和集体土地使用证时兴奋地说。舞钢大胆解放思想，以先行先试的魄力给农民发"两证"，并允许新型农村社区内居民住宅用地流转、房屋所有权在一定范围内转移，使农民有了合法的资产性收入，将他们手里原来的死资产变成了现在的活资本，调动了他们的积极性和创造性。事实上，正是许许多多这样鲜活的解放思想的实际行动促成了中原地区的辉煌巨变。

三、依靠群众是中原巨变的重要法宝

群众路线是党的一切工作的生命线。尊重群众的首创精神，充分发挥人民群众在创造历史中的伟大作用，这是中原巨变的内生动力和重要法宝。河南人具有普普通通、踏踏实实、不畏艰险、侠肝义胆、包容宽厚、忍辱负重、自尊自强、能拼会赢的性格特征。张荣锁、高耀洁、任长霞、魏青刚、洪战辉、王百姓、谢延信、李文祥等等，中原地区人才辈出，群星灿烂。亿万河南省群众都像他们一样具有"平凡之中的伟大追求、平静之中的满腔热血、平常之中的极强烈责任感"的精神特质。开中国发展乡镇企业之先河的是河南省群众。20世纪70年代，巩义回郭镇群众自发行动起来发展企业。目前回郭镇已成为著名的铝加工集聚区，铝加工总量占全国市场的21%，有几个主要产品在国内市场享有绝对的价格调控权。建设新型农村社区是人民群众的发明创造。十几年前，濮阳西辛庄村就建起了一排排亮丽的别墅，发展成为基础设施齐全的新型农村社区。今年又挂牌更名为西辛庄市，周围15个村的群众自愿并入，希望过上城里人的生活。人民群众的智慧是无穷的。在党的正确领导下，正是这些拥有无尽创造力的人民群众锐意进取、群策群力，掀起了一场场改天换地、气壮山河的发展热潮，拉开了中原崛起的大幕。

四、社会主义制度是中原巨变的制度基础

社会主义制度是以公有制为主体的，有利于集中力量办大事。"一五"时期，国家集中力量建设156个重点项目，其中10项放在中原地区，奠定了河南省工业发展的基础。20世纪60年代，为了同内涝、风沙、盐碱"三害"作斗争，在兰考形成了"亲民爱民、艰苦奋斗、科学求实、迎难而上、无私奉献"的焦裕禄精神；为了抗击旱魔，解决人民群众的用水问题，在林州形成了"自力更生、艰苦创业、团结协作、无私奉献"的红旗渠精神。这些充分彰显社会主义制度优越性的精神成果，后来发展成为中原人文精神的主体，激励着亿万中原儿女为实现中原崛起河南省振兴而努力奋斗。进入改革开放新时期，邓小平提出"贫穷不是社会主义"的著名论断，强调要"让一部分人先富起来，然后让他们带动大家一起致富"。河南省又涌现出一批先富带后富，促进村民共同富裕的带头人。"我富起来了，不能忘记生我养我的裴寨村，不能忘记对我恩重如山的裴寨人"，这是辉县裴寨村党支部书记裴春亮掷地有声的话语。裴春亮富起来后个人出资3000万元，建设裴寨新村让村民免费入住，并通过多方引资和村民自愿入股创办了投资4亿元、日生产能力4500吨的环保节能水泥厂，带领群众大步迈向小康。这就是社会主义制度的力量和优越性所在。

五、改革开放是中原巨变的动力源泉

改革开放的实质就是解放和发展社会生产力，推动我国社会主义制度自我完善和发展，赋予社会主义新的生机活力。改革开放后，河南省干部群众解放思想、勇于探索，建立和完善了社会主义市场经济体制，发展了社会主义市场经济；进行了国有企业改革，推动了非公有制经济的快速发展。"长垣模式"就是解放思想、深化改革的典范。长垣县是豫北黄河岸边的一个贫穷小县，北洼南滩，风沙盐碱，地下无矿藏，地上无资源，是典型的"零资源"县。

近年来，长垣通过发展非公企业实现了"冰火两重天"般的变化，彻底告别了贫困与落后，入选中国中部百强县、建设创新型国家百强县、中国创意（中小）城市50强，成为了河南省乃至全国县域经济发展的一个成功样本。在进行体制改革的同时，河南省积极推进对外开放。1992年，河南省提出开放带动战略；2003年"升级"为开放带动主战略；2012年又将对外开放上升为"基本省策"。通过对外开放，2011年全年河南省实际利用外商直接投资突破100亿美元，实际到位省外资金突破4000亿元，外贸进出口总额突破300亿美元，增长70%以上，其中出口增长80%左右。所以可以说，正是改革开放为中原辉煌巨变注入了动力、增添了活力。

六、科学发展是中原巨变的关键所在

简言之，科学发展就是按规律办事。这个问题讲起来很简单，做起来不容易。按规律办事，不仅要有认识规律、把握规律的能力，更要有为民负责的情怀和敢于担当的政治勇气。20世纪90年代初，河南省根据农业大省的实际，遵循传统农区工业化的独有规律，确立了"围绕农字上工业，上了工业促农业"的发展思路，制定了"以农兴工、以工促农，农工互动、协调发展"的发展战略，提出"工业、农业两篇文章一起做"和"工业化缓慢、农民增收困难两道难题一起解"的方针，推动了工业农业互动发展。21 世纪初，根据河南省现代化进程呈现的阶段性特征，河南省七次党代会提出要"加快工业化、城市化进程，促进农业现代化"。2003 年制定的《河南省全面建设小康社会规划纲要》作出"以工业化为先导，大力推进工业化、城镇化和农业现代化"的决定，突出了工业化在三化协调发展中的带动作用。随着实践的深入，河南省对工业化、城镇化、农业现代化的逻辑关系和实践困境认识越来越深刻，提出探索一条不以牺牲农业和粮食、生态和环境为代价的三化协调科学发展路子。这条"两不三新"三化协调发展路子最大的特征，就是强化新型城镇化的引领作用，并将新型农村社区作为统筹城乡发展的结合点纳入五级城镇体系，在就地城镇化上作了有益探索。这样的探索为全国同类地区的发展创造了经验、提供了示范。

第二章
解放思想：改革发展的重要法宝

改革开放以来，河南省始终把解放思想作为现代化建设的主线，以解放思想为总开关，探索改革发展之路，破解改革发展难题，走出了一条不断解放思想、深化改革开放、推进科学发展、加快崛起振兴的路子，实现了由传统农业大省向全国重要的经济大省、新兴工业大省和有重要影响的文化大省的重大转变，推动中原经济区上升为国家战略，谱写了波澜壮阔、浓墨重彩的绚丽篇章。

第一节　消除"一'左'一旧"思想的影响

"一'左'一旧"，是制约河南省改革开放和现代化建设的最大思想障碍。"一'左'"，是指"左"的思想禁锢，"一旧"指的是小农经济旧观念的束缚。河南省改革开放的航船在破除"一'左'一旧"的坚冰中奋勇前行。

一、"一'左'一旧"：制约河南省改革发展的命门

（一）"左"的思想影响深重，小农经济旧观念根深蒂固

"左"的思想的根源主要是理论和实践相脱节，主观和客观相背离。左的思维方式的一个重要特点是提出问题、认识问题不是从实际出发，而是从本本和教条出发，脱离现实，违背规律，抑制创新，窒息了经济社会发展的活力。

2009 年世界邮展开幕式

小浪底调水调沙

追溯历史，"左"的思潮对河南省浸润日久，危害深重。20 世纪 50 年代后期的反右运动，全国划定右派 55 万人，河南省就高达 7 万人，人数之多，株连之广，为全国之最。"大跃进"期间的浮夸风，河南省首开先河。全国第一个人民公社——河南省遂平县嵖岈山人民公社"率先放出中国北方粮食低产田高产卫星"，从此引发了一股席卷全国的欺上瞒下的浮夸风。十年动乱，河南省是派性斗争的重灾区。

1978 年开展的真理标准大讨论，使人们摆脱了"两个凡是"的束缚，推动了马克思主义思想解放运动。河南省委积极推动思想解放，着力打破长期盛行的教条主义精神枷锁，推动了对"文化大革命""左"的错误的全面纠正，为河南省的改革开放和经济建设提供了重要的思想准备。然而，由于河南省受极左思潮影响深远，彻底清除极左遗毒绝非朝夕之功。

制约河南省改革发展的另一个突出问题是，农耕文明积淀深厚，小农经济旧观念根深蒂固。不思进取、小富即安、不敢闯、不敢冒，不敢为天下先，等等，都是小农经济旧观念的突出表现。小农经济旧观念与市场经济和社会化大生产格格不入，是河南省发展市场经济的重要障碍，是改革开放的重要障碍。

河南省委认为，改革开放总是迈不开较大的步子，一个重要原因就是在思想观念上，没有完全冲破左的思想禁锢和小农经济旧观念的束缚。这个问题不解决，就不可能开启河南省的改革开放和现代化建设。对于河南省来说，解放思想的首要任务，就是从"一'左'一旧"的观念和思维方式中解放出来。

（二）"一'左'一旧"的主要表现

河南省委、省政府从本省实际出发，剖析了"一'左'一旧"的十大表现[1]。一是存在离开解放和发展生产力看问题的现象，以经济建设为中心的思想树立得不够牢固。二是不敢大胆吸收和借鉴资本主义发达国家的先进经营方式和管理方法。三是把计划经济同市场经济对立起来，认为计划经济就是社会主义，市场经济就是资本主义。四是对个体经济、私营经

---

[1] 侯宗宾：《解放思想、抓住机遇、加速改革、推进开放——在中共河南省第五届委员会第四次全体会议上的讲话》，《河南日报》1992 年 3 月 16 日。

济不是看作社会主义的有益补充，而是把他们视为异己力量，对家庭联产承包责任制不是看作集体经济的新的经营形式，是一项长期的基本制度，而认为是权宜之计；对一部分地区和一部分人先富起来的政策，嘀嘀咕咕，动摇怀疑；认为共同富裕就是绝对平均主义，留恋大锅饭。五是把企业当成政府的附属物，思想观念和领导方法停留在单一的计划经济的水平上。六是冲不破条条框框的束缚，认为本本可靠，条条安全。七是把发展工业与发展农业对立起来，把粮食生产与多种经营对立起来。八是抓不住机遇，对发展缺乏应有的紧迫感。九是对改革开放中涌现出的先进典型和新生事物缺乏满腔热情的支持。十是怕字当头，不敢闯，不敢冒，固步自封，安于现状，不思进取。省委强调，推动改革开放，必须着力破除上述"左"的思想和旧的观念。

二、反"左"破旧：河南省解放思想的破冰之旅

1992 年的春天，邓小平在视察南方过程中发表了对中国改革开放具有重大影响的讲话，深刻地阐明了社会主义本质以及怎样建设社会主义等一系列重大理论和实践问题，提出了判断改革是非成败的"三个有利于"标准。南方讲话后，新一轮思想解放大潮在全国迅猛展开。在这次思想大解放中，河南省紧密结合自身实际，着力破除"一'左'一旧"。

河南省委强调，河南省面临第二次改革大潮的重大机遇，同时也面临区域竞争的不利态势。全国形成了沿海、沿边、沿江、东西南北对河南省的夹击之势。必须解放思想，破除"一'左'一旧"的束缚，加快改革开放步伐，才能抓住机遇、奋起直追。对"左"的影响和旧的观念，如果不下决心加以解决，就不可能在改革开放中做到思想更解放一些，效果更好一些，就不可能搭上 90 年代经济大发展这班车。

1992 年 1 月，时任河南省省长的李长春深刻阐明和揭示了破除"一'左'一旧"的着力点。他强调指出："要克服一'左'一旧的思想影响，必须继续在'五破五树'上下功夫。一是破除计划经济体制下形成的旧观念，树立社会主义市场经济的新观念；二是破除'姓社姓资'的思维定势，树立以'三个有利于'为标准的新观念；三是破除一切靠本本、条条的旧

习惯，树立实事求是、一切从实际出发，敢闯、敢试、创新的新观念；四是破除传统封闭的'内陆意识'，树立扩大对外开放、以开放促发展的新观念；五是破除消极畏难、无所作为、小进则满、小富即安的小农思想，树立艰苦奋斗、开拓进取、干大事业、求大突破、上大台阶的新观念。"①

河南省委要求全省广大干部群众以学习邓小平南巡讲话为动力，推动全省思想大解放，坚决冲破"一'左'一旧"的思想束缚，把广大干部群众的思想认识统一到党的基本路线上来，统一到发展社会主义商品经济的观念上来，坚持用"三个有利于"作为检验真理的标准，大胆吸收和借鉴人类社会创造的一切文明成果，把当今世界各国包括资本主义发达国家的先进经营方式和管理方法拿来为我所用。坚持实事求是的思想路线，一切从实际出发，不唯书，不唯上，要唯实。发扬敢闯、敢冒、敢试的精神，创造性地开展工作，更好地推进改革，在全省创造干事创业大环境，理直气壮地支持改革者。

三、以解放思想破禁区、理思路、聚共识、促发展

（一）凝聚"团结奋进、振兴河南"发展共识

1990年11月，河南省五次党代会召开，省委书记侯宗宾作了题为《团结奋进，振兴河南，为夺取社会主义现代化事业的新胜利而奋斗》的报告，提出了"团结奋进，振兴河南"的指导思想。"团结奋进，振兴河南"，这看似平常的八个字，在河南省历史上却具有划时代的意义。从此，河南省结束了"文化大革命"遗留的派性纷争，摒弃了人们习以为常的斗争思维，把工作重心真正转移到了发展经济上来，聚精会神搞建设，一心一意谋发展。1992年1月，时任河南省省长的李长春以《加快改革开放，实现中原崛起》②为题撰文，首次提出要实现"中原崛起"。从此，"加快中原崛起、实现河南振兴"，成为历届河南省委、省政府和全省干部群众一以贯之的奋斗目标。

---

① 李长春：《团结奋进　振兴河南》，中共中央党校出版社1997年版，第392页。
② 李长春：《团结奋进　振兴河南》，中共中央党校出版社1997年版，第386页。

（二）制定"一高一低"发展目标

1991 年是"八五"计划和新的十年规划开局之年。这年的 1 月 20 日，河南省五届二次全会召开。会议从河南省的基本省情和发展的客观实际出发，确定了"一高一低"的战略目标，即经济发展速度和效益要略高于全国平均水平，人口增长速度要低于全国平均水平。

1992 年 1 月，河南省省长李长春全面阐述了"一高一低"目标的内涵及其意义。他指出："90 年代河南省经济发展的战略目标是：在提高经济效益和整体素质的前提下，经济发展速度要高于全国平均水平，人口增长速度要低于全国平均水平，简言之，就是'一高一低'"。实现"一高一低"战略目标，是实现河南省小康建设目标的重要前提。"要努力使'八五'计划的主要经济指标提前 1 年实现，10 年规划提前 3 年实现，坚决把人口控制在原定计划内，到本世纪末，使主要人均经济指标接近或赶上全国平均水平，国民生产总值在 1990 年的基础上再翻一番半，全省实现小康。"① 他着重强调指出："提出'一高一低'奋斗目标，是立足河南省实际作出的正确选择。这是面对新的国际国内形势，利用大好历史机遇改变河南省面貌的需要；是进一步解放生产力，增强河南省综合经济实力的需要；也是不断提高人民生活水平，保证本世纪末河南省能够实现小康的需要。改革开放 14 年来，河南省经济虽然取得了较大发展，一些主要的经济总量指标居于全国前 10 位，但人均指标大多比较靠后，城市职工收入和农民人均纯收入低于全国平均水平。经济比较落后，又制约着各项社会事业的发展。因此，河南省绝不能再按常规走老路。唯一正确的选择，就是按照'一高一低'的发展战略要求，持续、快速、健康发展。"②

围绕"一高一低"目标，河南省从实际出发，大力推进工业化进程，大力实施"小康""富民"工程，大力发展县域经济。为了加快县域经济发展，河南省解放思想，大胆突破，实施扩权强县的体制改革，将巩义市等 18 个县（市）确定为改革、开放、发展的"特别试点县（市）"，赋予

---

① 李长春：《团结奋进 振兴河南》，中共中央党校出版社 1997 年版，第 393—394 页。
② 李长春：《团结奋进 振兴河南》，中共中央党校出版社 1997 年版，第 394 页。

其地市一级经济管理权限和部分省一级管理权限，实行特殊政策，推动其高起点、超常规、大跨度、跳跃式发展。"十八罗汉"闹中原，促进了县域经济发展，缩小了城乡差距。在重点抓好经济发展这个根本任务的同时，河南省着力强化计划生育工作，严格执行现行生育政策，千方百计稳定低生育水平。经过努力，短短几年间，就使河南省的主要人均经济指标有了大幅度的提高。

（三）制定符合河南实际的发展战略

解放思想开阔了发展视野，理清了发展思路。1995 年 12 月，河南省六次党代会召开。省委书记李长春在《努力实现我省社会主义现代化建设第二步战略目标，为胜利跨入 21 世纪而奋斗》的报告中提出，积极实施可持续发展、科教兴豫、开放带动战略。

2001 年 10 月，河南省七次党代会召开，省委书记陈奎元郑重地提出要实施城市化战略，加快城市化进程。他分析指出："目前我省城市化水平低，大多数人口仍然依附于农业。这种状况不尽快改变，我省的经济就不可能持续快速健康发展，全面建设小康社会的目标就难以实现。我们要把城市化作为一项重要的战略来抓，努力缩小与全国水平的差距。要充分发挥优势，积极创造条件，培育壮大区域性中心城市，大力发展中小城市，积极发展小城镇，形成大中小城市共同发展的格局。"[1]

四大发展战略对河南省经济社会发展发挥了重要作用，并且得到了一以贯之的持续完善和提升。开放带动战略在持续中提升，由重大战略上升为主战略，又由主战略上升为基本省策；科技兴豫战略在持续中提升，教育成为建设人力资源强省的主要抓手，河南省的高等教育、职业教育实现了跨越式发展；可持续发展战略在持续中提升，实施了生态省建设，大力推进节能减排；城市化战略在持续中提升，从中心城市带动战略到中原城市群战略，从坚持以工业化为主导、以城镇化为支撑、以推进农业现代化为基础到突出新型城镇化引领，开创了农业大省独具特色的新型城镇化道路。

（四）实施发展大交通，促进大流通，建设大市场的发展举措

河南省地处中原、连南贯北、承东启西的地理区位，决定了其在全国

---

[1]　陈奎元：《在中国共产党河南省第七次代表大会上的报告》，人民网 2002 年 5 月 21 日。

交通体系和经济发展格局中的重要战略地位。但在 20 年前，交通滞后严重制约着"天下之中"的"地利"的发挥：郑州每天军地两用机场航班就三五个，开车从南阳到郑州 200 多公里要用 8 个小时。因为交通滞后，河南省曾经与前来考察投资的外商失之交臂。面对这一切，河南省委明确提出：冲破"一'左'一旧"思想禁锢，发展大交通，让中原通起来、活起来、流起来！此后，历届河南省委、省政府持续重视交通发展，经过 20 年的持续努力，河南省高速公路通车里程居全国之首，高铁、航空快速发展，已成为集公路、铁路、航空为一体的综合交通枢纽。

大交通促进大流通、大市场。郑州商贸城建设成绩斐然。郑州期货交易所交易行情信息通过路透社、彭博咨讯、易盛信息、世华信息等 10 余条报价系统向国内外同步发布，在国内外影响日益扩大。物流会展等现代服务业发展迅速。国务院《关于支持河南省加快建设中原经济区的指导意见》，把中原经济区定位为全国区域协调发展的战略支点和重要的现代综合交通枢纽。河南省将充分发挥区位优势，加速生产要素集聚，强化东部地区产业转移、西部地区资源输出和南北区域交流合作的战略通道功能，加快现代综合交通体系建设，促进现代物流业发展，形成全国重要的现代综合交通枢纽和物流中心。

第二节　打破"姓资姓社"的桎梏

长期以来，由于"左"的思想影响，人们习惯于把市场经济看成是资本主义，把计划经济看成是社会主义。1992 年春邓小平发表南方谈话，在神州大地刮起了强劲的思想解放的春风。以学习邓小平南方讲话为强大动力，河南省进一步解放思想，冲破"姓资姓社"的桎梏，着力排除制约河南省改革发展的思想障碍。

一、"三个有利于"：停止"姓资姓社"的无谓争论

20 世纪 90 年代初，国内出现了对改革开放"姓资姓社"的质疑和诘难。

一些人对中国刚刚兴起的市场化改革提出质问：到底是推行资本主义化的改革，还是社会主义的改革？中国又到了一个发展的关键时刻，面临着新的重大抉择。对此，邓小平在视察南方的谈话中一针见血地指出："要害是姓'资'还是姓'社'的问题。判断的标准，应该主要看是否有利于发展社会主义社会的生产力，是否有利于增强社会主义国家的综合国力，是否有利于提高人民的生活水平。"①从此，"三个有利于"成为人们评判一切工作是非得失的根本标准。

"三个有利于"标准的提出，停止了"姓资姓社"的无谓争论，把改革开放推向一个崭新的阶段。河南省干部群众深入学习邓小平南方讲话精神，认真查摆河南省思想解放中存在的问题。在对待改革开放问题上，一些人把计划经济同市场经济对立起来的观念根深蒂固。一些人总是拿计划来排斥市场，排斥价值规律的作用，不敢把企业推向市场，担心这一推就推到了"资本主义"的轨道，于是顾虑重重，该放开的放不开，严重地制约了市场作用的发挥。一些人把"三铁一大"（铁饭碗、铁交椅、铁工资、大锅饭）等当作社会主义的标志守着不放，把个体经济、私营企业、租赁、招标、兼并以及股票等，视为资本主义的专利，横加指责。所以，当改革发展的每一举措遇到"姓资姓社"的质疑时，就会因担心政治上出岔子而裹足不前。

邓小平南方讲话发表后，河南省委要求全省广大党员干部特别是各级领导干部通过学习，联系实际摆脱思想枷锁，走出思想误区。为强力推动全省思想大解放，省委书记李长春强调指出，改革开放和现代化建设的实践证明，思想观念是个总开关，不启动总开关一切都谈不上。启动思想观念这个总开关，必须做到"五破五树"：一是破除抽象的"姓资姓社"的思维定势，树立以"三个有利于"衡量全部工作标准的观念；二是破除自然经济、计划经济体制下形成的旧观念，树立社会主义市场经济的新观念；三是破除一切靠本本的旧习惯，树立解放思想和实事求是相统一、一切从实际出发，敢闯、敢试、敢于创新的新观念；四是破除传统封闭的内陆意识，树立扩大对外开放，以开放促发展、促改革的新观念；五是破除

① 《邓小平文选》第三卷，人民出版社1993年版，第372页。

消极畏难、无所作为、小进即满、温饱即安的小农经济思想，树立自力更生、艰苦奋斗、开拓进取、干大事业、求大突破、上大台阶的新观念。"五破五树"为全省解放思想指明了方向，确定了重点。全省干部群众按照"五破五树"的要求，全面推进思想解放，在事关河南省改革发展的重大问题上达成共识。广大干部群众深刻认识到，计划经济多一点还是市场经济多一点，不是社会主义与资本主义的本质区别，社会主义的本质是解放生产力，发展生产力，消灭剥削，消除两极分化，最终达到共同富裕。此后，河南省坚持不争论、埋头干，抢抓机遇，发展经济，坚持"先干不评论、先试不议论、实践作结论"。

二、"抓大放小"：推进国有企业改革

"抓大放小"，是 20 世纪 90 年代我国经济改革的重大举措，其目的是通过存量资产的流动和重组，对国有企业实施以市场和产业政策为导向的战略性改组。"抓大"，是指国有大型企业在收缩战线的同时做大做强，优化国有经济布局，提高产业集中度和竞争力，保持国有经济的主导地位。"放小"，是指采取联合、兼并、租赁、承包经营、股份合作、出售等形式，放开搞活国有小企业。

1995 年 9 月，党的十四届五中全会通过《中共中央关于制定国民经济和社会发展"九五"计划和 2010 年远景目标的建议》，要求着眼于搞好整个国有经济，提出"搞好大的，放活小的"，在重点抓好一批大型企业和企业集团的同时，区别不同情况，采取改组、联合、兼并、股份合作制、租赁、承包经营和出售等形式，加快国有小企业改革改组步伐。

按照中央精神，1996 年 5 月，河南省政府批转了省经贸委等部门《关于放活国有小型企业的意见》和《关于促进企业兼并联合的意见》，要求各地紧紧围绕经济体制与经济增长方式的根本转变，以建立适应社会主义市场经济需要的现代企业制度为目标，以明晰产权关系为突破口，以股份制和股份合作制为主要形式，以调整产品结构和企业结构、提高企业经济效益为重点，区别不同情况，采取多种形式，加快全省国有小型企业改革步伐。1997 年，省委、省政府两次召开放开搞活国有中小企业工作会

议，总结推广先进经验，加快推进国有中小企业改革。1998 年 4 月，再次召开了全省"抓大放小"电视电话会议，出台了《关于"抓大放小"和解困再就业工作的若干政策意见》，制定了 24 条推进国有企业改革的政策措施。

在"抓大"方面，根据国有企业发展实际，河南省确立了"突出重点、适当兼顾、重视现状、着眼发展"的"抓大"原则，确定了一拖集团、安钢、双汇、洛阳石化等 63 家企业为省重点企业，进入省"抓大"范围。

在"放小"方面，河南省坚持"一厂一策、规范操作、突出重点、讲究实效、稳定发展"的原则，选择 17 个县（市）作为"放小"试点。党的十五大后，河南省各地"放小"步伐加快。在此过程中，重视把产权改革与结构调整有机地结合起来，通过调整所有制结构、资产重组，对国有中小企业的体制、机制进行脱胎换骨的改造，促进资源的再配置；把国有企业改制改组与企业解困、职工再就业结合起来，使困难企业焕发生机，职工得到妥善安置。到 1998 年 6 月，已改制的国有中小型企业，股份制占 30.8%、股份合作制占 16.9%、兼并联合企业占 12.8%、租赁经营占 9.8%、破产占 9.8%、出售占 5%、其他形式占 14.7%。

通过"抓大放小"，河南省国有企业改革取得了显著成果，特别是中小企业改革，明晰了产权关系，形成了适应市场经济要求的法人治理结构，促使企业主动面向市场，加强经营管理，提高了经济效益。同时，资本结构的多元化，使职工和企业"连利连心连行为"，股东和职工更加关心企业的生产经营，主动参与企业管理决策，生产积极性空前高涨。

三、"放开放心放手"：大力发展非公有制经济

1992 年 12 月，河南省委、省政府发布了《关于进一步加快私营经济发展的决定》，要求不断解放思想，积极支持个体、私营经济的发展。翌年 2 月，河南省政府召开会议，要求国有经济、集体经济、个体经济、私营经济、股份制经济、联营经济、外商投资经济、港澳台投资经济以及其他适应河南省实际的各种经济类型都要全面发展。河南省各级党委和政府在认真贯彻中央和省委、省政府精神的过程中，提高了对发展私营经济的

认识，全省的私营企业主和个体工商户也逐渐消除了思想上的种种顾虑。

尽管如此，非公有制经济发展还是引起了理论界和学术界的激烈争论。其中对"长垣模式"的评价颇具代表性。长垣地处黄河的"豆腐腰"区段，面积1051平方公里，60%的耕地和人口在黄河滩区、背河洼地区。过去长垣是一个典型的农业县，无基础、无资源、无资金，自然灾害频繁。20世纪90年代，长垣立足当地重商的传统，确立了"民营立县"战略，明确提出了"不重比例重发展，不重属性重作用"，在全县大力倡导敢富、争富的新观念，使群众解除顾虑，放胆、放手创业。在政府的倡导下，长垣人民解放思想、开拓创新、敢闯敢干、民营经济不断壮大，特色产业蓬勃兴起，经济总量迅速扩大。到90年代末，非公有制经济已经占据县域经济半壁江山，被多家媒体称为"长垣模式"。然而，非公经济过半的现实引起了"是不是社会主义"的质疑。

长垣案例表明，"左"的思想依然是制约河南省改革发展的严重障碍。针对"左"的思想影响，河南省进一步加大思想解放的力度。2003年4月，河南省召开全省非公有制经济工作会议。河南省委书记李克强明确提出，要把大力发展非公有制经济和民营经济作为贯彻落实党的十六大精神和全面建设小康社会、实现中原崛起的重大举措，并对全省非公有制经济发展进行了全面动员和部署。同年5月，河南省委、省政府出台了《关于进一步促进非公有制经济发展的决定》，提出了发展非公有制经济的指导思想、目标和原则，进一步放宽非公有制经济的准入领域和准入条件，为非公有制经济提供了良好的发展环境。

2005年1月，河南省委书记徐光春在全省民营企业表彰大会上强调指出，要从根本上消除发展非公有制经济的思想障碍和疑虑，真正把大力发展非公有制经济作为实现中原崛起的重要力量。在这次表彰大会上，徐光春明确提出对民营经济要"政治上放心、政策上放开、发展上放手"。他指出，政治上要放心，就是要从根本上消除发展非公有制经济的思想障碍和疑虑，大力宣传使全社会都关心支持非公有制经济的发展，使奉公守法、事业有成的非公有制经济人士社会上有地位、政治上有荣誉、经济上有实惠。政策上要放开，原则上凡是国家没有明确禁止民营资本进入的行业、领域，都要向民营资本开放。对非公有制经济的发展不限比例、不限速度、不限规模、不限经营方式，使各类市场主体在同一起跑线上平等竞争发展。把国家和河南省鼓励、支持和引导非公有制经济发展的政策措施落到实处。发展上要放手，进一步转变政府职能，建立健全社会化服务体系，加强和改进对非公有制经济的监管服务，着力为非公有制经济发展创造良好环境，让非公有制经济在一个开放的、法治的市场空间中自主成长。这就是所谓的"三放"方针。从此，该方针成为河南省发展民营经济的重要指导思想。

2005 年 2 月，国务院颁布《关于鼓励支持和引导个体私营等非公有制经济发展的若干意见》。全面系统地提出了推进非公有制经济发展的 36 条政策规定。河南省结合自身实际，深入贯彻落实中央精神。河南省委、省政府决定，以解放思想为突破口，进一步提高对发展非公有制经济战略定位的认识，真正在思想上把非公有制经济由"附属"、"补充"转变为社会主义市场经济的"重要组成部分"，切实消除对非公有制经济的歧视，创造各种所有制经济公平竞争的制度环境。2006 年 6 月，河南省政府出台了《关于贯彻国发［2005］3 号文件鼓励支持和引导非公有制经济发展的实施意见》，提出了一系列扶持非公有制经济发展的政策措施。

"三放"政策促进了非公有制经济得到了快速发展。2011 年年底，全省非公有制企业达 38.3 万户，非公有制经济占全省 GDP 的比重 61% 以上，新增就业人数占 80% 左右，民营经济已成为推动河南省经济增长的重要支撑力量。

第三节　克服封闭保守的内陆意识

作为一个内陆大省、农业大省，河南省长期受传统农业文化的影响，思想保守，观念陈旧，成为市场经济发展的重要阻碍。因此，河南省在历史上曾经丧失过一些发展机遇。改革开放以来特别是 20 世纪 90 年代以来，河南省把克服封闭保守的内陆意识作为解放思想的重要着力点，坚决破除发展中的思想障碍、体制障碍和政策障碍，坚决破除人们的小农意识和小富即安思想，在全省上下积极营造求发展、思发展、谋发展的浓厚氛围，

为河南省的发展释放出了无穷的能量。

一、以思想大解放促进内陆大开放

（一）内陆意识的内涵及影响

马克思主义认为，存在决定意识。包括地理环境在内的客观存在，对人们的思想观念、行为方式具有不可忽视的影响。河南省地处内陆腹地，相对封闭的地理环境以及相对稳定的农耕生活，使人们形成了封闭保守、狭隘短视、安于现状、不思变革的"内陆意识"。这种意识成为制约河南省对外开放的重要因素。

在经济全球化市场化的大背景下，开放是区域经济社会发展的最大动力，越是内陆地区越需要开放。实现中原崛起、河南省振兴，必须把对外开放置于突出重要的战略地位。而要扩大对外开放，首先必须通过解放思想克服封闭保守的内陆意识。改革开放以来特别是近20年来，河南省一以贯之抓开放，开放带动被置于日益重要的战略地位。开放带动战略定位的提升过程，是河南省广大干部群众思想解放的过程，是不断克服内陆意识、增强开放意识的过程。

（二）克服内陆意识、以开放促发展促改革

1991年3月，河南省委、省政府在郑州首次召开全省对外开放工作会议。大会讨论了省委、省政府关于进一步加快对外开放工作的决定和相关政策措施，安排部署"八五"期间全省对外开放工作。这次会议形成了《加快全省对外开放工作的决定》以及14个配套性政策文件。在这次会议上，河南省委、省政府针对内陆省份干部群众思想观念落后的现实，提出以"五破五树"为抓手，进一步解放思想，破除"左"的思想影响、旧的观念束缚，强化改革开放、开拓进取、勇于拼搏、敢打必胜观念。"五破五树"的重要内容之一，就是破除传统封闭的内陆意识，树立以开放促发展、促改革的新观念。

1992年2月，河南省委就进一步加快全省对外开放工作召开专题会议，明确提出了"思想再解放一些，胆子再大一些，步子再快一些，效果再好一些"的要求。会议强调要下大决心克服内陆意识，增强大外贸、大

外经、大旅游意识，实行全方位对外开放。同年 11 月，河南省委五届五次全会通过了《中共河南省委关于贯彻落实党的十四大精神，加快改革开放和现代化建设的决定》，强调要"抓住关键环节，扎扎实实地做好对外开放工作"，"调动一切积极因素，加快形成多层次，多渠道、全方位对外开放格局"。

为进一步推动开放带动主战略的实施，2005 年 7 月，河南省委、省政府提出了"换脑子、挖根子、变法子、装轮子、闯路子"的对外开放"五子登科"新思路。"换脑子"就是要换掉旧思想，树立"大开放、大发展，不开放、不发展"的新观念。"挖根子"就是坚决铲除小农经济意识，把"红眼病"、"地方保护主义"等狭隘思想剔除出去。"变法子"就是革除一切影响发展的体制弊端，不断创新制度、政策，改进工作方法。"装轮子"就是装上开放型经济发展的轮子，形成国内发展、国际发展两个轮子一起转的经济运行模式，使省内发展与对外开放两翼齐飞。"闯路子"就是着力转变对外贸易增长方式，提高出口竞争力，吸引国际资本、国外企业来河南省投资创业，占据更多的国际市场份额。会议要求全省上下进一步解放思想，更新观念，用观念政策上的突破，求得工作实绩上的突破；用工作思路上的创新，求得工作面貌上的创新；用思想认识上的飞跃，求得发展速度上的飞跃。

二、省外即外：以对外开放新思维走出内陆意识

（一）省外即外：拓宽对外开放的视野

2007 年 5 月，胡锦涛总书记到河南省视察工作。针对河南省的对外开放问题，总书记希望河南省"积极扩大对内对外开放，加强与国内其他地区的横向经济联系，不断提高对外贸易和利用外资的质量和水平"。胡总书记的重要指示为河南省创新开放思路、拓展开放视野指明了方向。全省上下解放思想、更新观念，着力打破地处内陆、开放条件先天不足的畏难情绪，摒弃只有向国外开放才算开放的旧观念，确立省外即外的新理念，着力革除制约开放型经济发展的旧体制、旧政策、旧办法，闯出一条速度快、质量高、影响大、效益好的全方位对外开放新路子。省外即外的

实质，是以开阔的眼光、开放的姿态，立足省域，统筹外向型经济和内需型经济发展，统筹对外开放和区域合作，统筹国际合作和省际交流。在省外即外的对外开放新思路、新政策的指导下，河南省大力加强与浙、粤、沪、鲁、苏等沿海发达地区和中央企业的联系，积极引进省外资金、企业、项目，有力推动了河南省的国企改制、结构调整和产业升级。

（二）东引西进：着力扩大对内开放

为更好地抓住全球产业结构调整和我国东部沿海地区产业转移的有利时机，以开放促改革促发展，河南省实施了"东引西进"战略。省委、省政府2001年11月批转了省经贸委《河南省实施东引西进工作方案》。该《方案》对河南省东引西进合作的区域、方式、合作范围以及合作的重点作出了明确规定。2003年7月，省委、省政府把"强力实施开放带动，不断扩大东引西进"作为重大战略举措写入《全面建设小康社会规划纲要》。

在东引西进战略实施过程中，河南省抓住国家实施西部大开发战略的机遇，发挥承东启西、连南贯北的区位优势和综合资源优势，大力开展与东部地区的经济合作，利用发达地区资金、技术、人才和管理经验，推动河南省产业改组、改造和升级。着力吸引东部企业来河南省建立生产基地，利用东部地区对外优势带动河南省产品出口。着力加强与跨国公司、大财团在华机构的联系，通过他们吸引国外的资金、技术、人才。利用沿海、沿边省份外贸渠道多、信息灵通等优势，扩大河南省产品间接出口规模。同时，积极开拓中西部市场，提高河南省产品在中西部地区市场占有份额。鼓励有实力的企业通过兼并、联合、租赁、参股等形式，参与中西部地区的产业结构调整。支持优势企业与中亚各国开展经贸合作，拓宽合作领域。

"省外即外"的开放理念，"东引西进"的开放战略，体现了河南省对外开放意识的持续提升，体现了对外开放战略举措的更加务实。河南省由此进入了全方位对外开放的新阶段。

三、开放带动从主战略上升为基本省策

近20年来，河南省把解放思想作为推进对外开放的先导工程，思想

解放推动内陆大省的大开放，开放带动战略在全省经济社会发展总体布局中的地位持续提升。

（一）1994年正式提出和实施开放带动战略

1992年8月，党中央、国务院批准包括郑州在内的17个省会为内陆开放城市。为加快对外开放步伐，1994年7月河南省委五届九次全会集中研究了对外开放工作，提出了全面实施开放带动战略，并制定了相应的措施。河南省委书记李长春在这次全会上强调指出，实施开放带动战略势在必行，实施这一战略的条件已经具备。他要求全省各级党委和政府要深刻"把握开放带动战略的内涵，狠抓关键环节，把对外开放提高到一个新水平"[①]。1995年，河南省把开放带动战略与科教兴豫战略、可持续发展战略一道并列为经济社会发展的三大战略。

（二）2003年开放带动战略上升为主战略

2003年8月，河南省委、省政府召开了全省第四次对外开放工作会议，出台了《关于加快发展开放型经济的若干意见》。这次会议首次明确提出把开放带动作为加快河南省经济社会发展的主战略，进一步将对外开放提到了前所未有的重要地位。为贯彻落实开放带动主战略，河南省委办公厅、省政府办公厅出台了关于分解落实《关于发展开放型经济的若干意见》的通知。2003年12月，中共河南省委组织部和河南省对外开放工作领导小组办公室联合制定了《关于发展开放型经济的考核办法》，将发展开放型经济列入干部政绩的考核内容，作为干部考评和使用的依据之一，有力推动开放带动主战略的实施，在全省掀起了强力实施开放带动主战略、努力扩大对外开放、大力发展开放型经济的高潮。河南省干部群众的开放意识得到了空前的提升，对外开放的氛围进一步形成，对外开放的力度进一步加大，对外开放的政策举措进一步完善。

2004年5月，河南省委书记李克强在会见"聚焦新河南省"全国电视新闻记者河南省异地采访团全体成员时指出："河南省地处中原内陆地区，要加快发展，必须不断加大对外开放的力度。近几年，河南省适应经济全球化趋势加剧、我国经济由东向西梯次推进的大趋势，把开放带动作

---

① 李长春：《团结奋进 振兴河南》，中共中央党校出版社1997年版，第410页。

为发展的主战略，大力实施'东引西进'战略，加强与兄弟省（市、区）的经济联系和经贸合作，通过不断加快对外开放进程推进中原崛起目标的实现。"①

2006年5月，为进一步推动全省的对外开放工作，河南省委、省政府出台了《加快实施开放带动主战略指导意见》，进一步明确了加快实施开放带动主战略的指导思想、总体要求、目标任务、工作重点以及保障措施。《指导意见》的出台对全省实施开放带动主战略，大力发展开放型经济，进一步提高河南省全方位对外开放水平具有重要指导意义。随后相继出台了一系列政策措施，并实行重大外资项目跟踪制度。

（三）2012年对外开放上升为基本省策

2012年1月，河南省长郭庚茂在河南省第十一届人民代表大会第五次会议上所作的《政府工作报告》中明确2012年八项重点工作时，第一项就是要求持续扩大对外开放，不断提升全局带动作用。他着重强调指出："对外开放是基本省策，是决定河南省前途命运的关键抉择。坚持实施开放带动主战略，继续把对外开放作为应对复杂局面和破解各种制约最直接、最有效、最综合的战略举措，打造内陆开放高地，以开放促发展、促改革、促创新、促转变、惠民生。"②

从1992年提出和实施开放带动战略，到2003年开放带动升级为主战略，再到2012年上升为"基本省策"。对外开放战略定位的"三部曲"，是内陆大省对外开放意识的"三级跳"，集中体现了对外开放在河南省经济发展总体布局中地位的持续提升，集中体现了河南省干部群众破除内陆意识的思想解放脉络。

四、搭建开放平台，建设内陆开放高地

为更加积极主动地扩大开放，加快形成全方位、多层次、宽领域的开

---

① 李克强：《把真实变化中的新河南介绍给更多的朋友》，新华网河南频道2004年5月25日。
② 郭庚茂：《2012年河南省政府工作报告》，《河南日报》2012年1月18日。

放格局，建设内陆开放高地，河南省大力推进对外开放平台建设。全省各地设立了不同层级的高新技术开发区、经济开发区、产业聚集区、承接产业转移示范市、各类综合改革试验区，建立了中部地区首个综合保税区——郑州综合保税区。进一步加大综合交通枢纽建设力度，着力建设全国物流中心和国内集散分拨中心、郑州航空经济区和国际航空货运中心。尤其是河南省近几年来重点建设的 180 个产业聚集区，成为全省承接产业转移的重要载体，极大提升了河南省外向型经济的规模与水平。

随着基础支撑条件不断完善，河南省已经具备接纳高水平、大规模产业转移的条件和能力。以富士康为代表的一批大块头项目落户河南省，有力推动了河南省开放型经济跨越式发展。2011 年进出口总额 326.42 亿美元，比上年增长 83.1%，同比提高 51.1 个百分点。其中：出口总额 192.40 亿美元，增长 82.7%；进口总额 134.02 亿美元，增长 83.5%。机电产品出口 84.09 亿美元，增长 226.8%；高新技术产品出口 57.09 亿美元，增长 830.0%。全年新批准外商投资企业 355 个。全省实际利用外商直接投资 100.82 亿美元，增长 61.4%，同比提高 31.2 个百分点。实际利用省外资金 4016.30 亿元，增长 46.4%。2011 年，河南省进出口、进口和出口增速均高于全国平均水平 50 个百分点以上。进出口增速排名全国第 2 位；进出口总值全国排名第 14 位，比上年提升 2 位。在中部 6 省排序中，2011 年，河南省进出口总值居第 2 位，进出口增速在中部排名第 1。①

第四节　不求所有，但求所在

20 世纪 90 年代，受"一'左'一旧"的影响，河南省一些地区和部门片面注重"所有"，把国家（或集体）控股和本地控股作为不可逾越的底线，导致国企改制和招商引资步履艰难。在这一背景下，"不求所有，但求所在"观念的提出，冲破了片面追求所有权的束缚，带来了一次思想大解放，破除了国企改革和招商引资的障碍，开创了河南省对外开放和企

---

① 资料来源：河南省统计局：《2011 年河南省国民经济和社会发展统计公报》。

业改制的新局面。

一、淡化"所有"，以更加开放的心态促进国企改制

"不求所有，但求所在"，就是在所有制上不一味计较"公有、私有"，在地域上不一味计较"本地、外来"，而是看重企业在此经营发展，其创造的 GDP、税收和就业为我所用，支撑和推动区域经济社会发展。

注重"所有"，一个很重要的方面是注重"国有"，这种观念说到底是"左"的思想在作怪，是"左"的思想在所有制领域中的表现。不从注重"国有"的思想束缚中解放出来，国企改革就寸步难行，市场经济的细胞和微观主体就难以生成和发育，社会主义市场经济体系就难以建立起来。

1992 年邓小平南方谈话发表后，河南省抓住机遇乘势而上，冲破传统公有观念的束缚。坚持"三个有利于"标准，制定和实施了一系列重要举措，大力推进国企改革。1994 年省体改委制定了《河南省国有小型工业企业股份合作制意见》，积极探索多种资产经营形式。推进企业采取兼并、租赁、拍卖、利用外资"嫁接"改造、划小核算单位、实行"一厂多制"等多种形式进行改革，全面放开搞活国有小企业。

1998 年以后，河南省的国企改革进入到了以国有经济结构和布局调整为前提，以实施"抓大放小"为重点，以产权制度改革为核心，以建立现代企业制度为目标的新阶段。2003 年 4 月，省委、省政府出台《关于进一步深化国有企业改革的决定》，要求坚持以邓小平理论和"三个代表"重要思想为指导，进一步探索公有制特别是国有制的多种实现形式，大力推进国有企业改组改造，积极推进股份制，发展混合所有制经济，建立规范的现代企业制度，努力实现企业体制、机制和管理创新，从整体上搞好国有经济。河南省经贸委、省委组织部等十一个部门联合制定了《关于国有企业产权改革的意见（试行）》。该《意见》规定，全省地方国有企业，原则上均应实施产权制度改革，实现投资主体多元化。该《意见》明确提出，鼓励社会资本参与国有企业改制；鼓励企业员工持股、经营管理层控股、经营者持大股。国有中小企业净资产提倡全部由受让方买断，实现国有资产全部退出。与此同时，河南省以全方位的开放促进国企改革，大力支持外资、内资、民资参与国企改革重组。

二、注重"所在"，用更加长远的眼光吸引外来资金

注重所有的另外一层内涵，是过分看重企业是否属于本地所有，对本地企业关爱有加，对外来企业排斥打压。这是小农经济旧观念支配下封闭保守、盲目排外和地方保护的突出表现。河南省清醒地认识到，加快改革发展，既要从过分注重国有公有的"左"的思想禁锢中解放出来，又要从一味计较本地所有的小农经济旧观念中解放出来。坚决摒弃所有制歧视和地域歧视，以海纳百川的胸怀吸纳各类发展要素。坚持不求所有、但求所在所用，对于地处内陆、引资难度大的河南省来说，尤为重要和迫切。

为此，河南省委、省政府制定了《关于加快发展开放型经济的若干意见》，强调把利用外资作为发展开放型经济的重中之重。充分利用好国内外两个市场、两种资源，抓住全球产业结构调整和我国东部地区产业转移的有利时机，推动河南省国有企业改革和非公有制经济发展，促进经济结构的战略性调整和经济增长方式的转变。坚决打破地区、部门、所有制和行业垄断，拓宽引资渠道。除国家明令禁止的领域外，一律向境内外客商开放。鼓励和支持非公有制企业引进外资，开展国际经济技术合作，提高河南省非公有制经济发展水平。鼓励外资参与国有企业改革。鼓励和支持外商采取收购、兼并、联合、重组等形式，嫁接、改造国有企业，推出一批资产优、效益好、潜力大的国有企业向外商转让，以存量换增量，以产权换资金，改造传统产业和老工业基地。

河南省委、省政府强调要积极吸引省外资金。吸引省外企业通过联合、兼并、租赁、参股、控股等形式参与河南省企业改组改造，建立生产、加工基地。引进省外资金兴办的企业在土地使用、规费减免、奖励等方面享有与外商投资企业同样的待遇。

为全面拆除对外开放"藩篱"，省委、省政府明确规定，未经法律授权，任何部门、单位和个人不得对外商投资企业进行检查和评比，严格依法行政，规范政府行为，建设诚信政府。

为进一步优化投资环境，2005 年 7 月，河南省委、省政府召开全省优化投资环境打造诚信社会电视电话会议，省委书记徐光春强调，全省的思想必须开放、开放、再开放。要下大决心"挖根子"，彻底铲除小农经济意识，把"只要我发展、不要你发财"的"红眼病"意识、"开门招商、关门打狗"的地方保护主义等小农经济狭隘思想剔除干净。严肃查处"乱罚款、乱收费、乱摊派、乱检查"行为，对搞"四乱"和"吃、拿、卡、要"的单位和人员，要严肃追究直接负责人和有关领导的责任。各级各部门要坚持做到"诚信、互利、放开、热情"，着眼长远发展，树立共赢理念，营造亲商安商环境，使投资者在河南省安居乐业，放心发展。

三、观念一变天地宽，思想解放推动了国企改革、招商引资和民营经济发展

（一）思想解放推动了国企改革

"不求所有，但求所在所用"，有力推动河南省的国企改革。国有大型企业通过股份制改造和重组，培育了一批具有自主知识产权、知名品牌和市场竞争力的大企业集团。河南省对铝工业、煤炭、化工、水泥等行业进行了战略重组，优化了国有经济布局，推动国有资本从竞争性行业退出。进一步推动了商贸、粮食、供销等非工业企业改革，基本完成省直单位所属企业改革。国有小企业通过股份制、股份合作制等吸引外资和民营资本，实现了产权多元化。截至 2008 年，河南省 98% 的国有工业企业实现股权多元化。与 2002 年相比，国有及国有控股工业企业户数减少 60%，资产总额增长 63%，利税增长 2.2 倍。

产权改革极大激发了企业活力，提高了企业自主创新能力和市场竞争力。其中，宇通客车就是一个典型案例。宇通的前身是具有 30 年历史的国有企业——郑州客车厂。1993 年 2 月，原郑州客车厂进行股份制改革，成立郑州宇通客车股份有限公司。1993 年 12 月，宇通按照《公司法》和建立现代企业制度的要求，通过股权多元化对产权结构进行调整，形成了国家控股、法人参股、职工持股的制度框架，确立了现代企业制度，从此，企业走上了发展的快车道。2003 年年底，在宇通改制 10 周年之

际，国内主流媒体聚焦"宇通现象"。宇通由一个名不见经传的小厂，成长为闻名全球的一流大型客车生产商，以年平均递增50%以上的业绩改写着共和国客车工业发展史。10年间，宇通的产能放大了20倍，产值放大了近百倍。2010年，宇通客车以41169辆的销量超过奔驰跃居第一位。2011年，宇通销售客车46688辆，再次稳居世界第一。"宇通奇迹"来自思想解放，来自改革创新。

（二）思想解放推动了非公有制经济发展

"不求所有，但求所在所用"，为非公有制经济大发展打开了闸门。非公有制经济在社会主义市场经济体系具有极为重要的地位和作用。无论是深化国有企业改革，调整和优化我国的经济结构，实行经济体制和经济增长方式的根本性转变，还是建立全方位、多渠道、多领域的就业体系，保持社会稳定，都需要大力发展非公有制经济。为此，河南省以解放思想为先导，着力破除"左"的思想影响，制定和实施一系列支持非公有制经济发展的重要举措，营造各种经济成分公平竞争的环境，促进非公有制经济快速发展。

1992年12月，河南省委、省政府颁布《关于进一步加快私营经济发展的决定》，要求各级党委、政府及有关部门，不断解放思想，破除"一'左'一旧"的观念，积极支持个体、私营经济的发展，并就放宽经营范围、发展多种经营形式、扩大从业人员、优化经营环境、简化办证手续等作了具体规定。1993年2月，河南省政府召开会议，要求国有经济、集体经济、个体经济、私营经济、股份制经济、联营经济、外商投资经济、港澳台投资经济以及其他适应河南省实际的各种经济类型都要全面发展。

党的十五大之后，河南省进一步加大了"抓大放小"的力度。国有经济布局调整、国有中小企业和乡镇集体企业改制，为私营经济的大发展带来了契机。河南省委、省政府明确提出要把大力发展非公有制经济和民营企业作为全面建设小康社会、实现中原崛起的重大举措，对促进非公有制经济发展工作进行了全面动员和部署，同年5月，河南省委、省政府出台了《关于进一步促进非公有制经济发展的决定》，提出了发展非公有制经济的指导思想、目标和原则，进一步放宽非公有制经济的准入领域和准入条件。

经过多年发展，非公有制经济对全省经济发展的支撑作用显著增强。

私营经济成为河南省发展速度最快、爆发力最强、最具活力的经济增长点，撑起了河南省国民经济的半壁江山，成为中原崛起的重要推动力量。以工业经济为例。2010年，全省规模以上工业企业中非公有制企业达到18500家，比2009年增加1909家，占全省工业企业的90.3%，比"十五"末期提高23.0个百分点；实现增加值增长21.8%，快于全省平均水平2.8个百分点。"十一五"期间，全省非公有制工业年均增长24.7%，快于全省平均水平4.5个百分点；占全省工业经济总量的比重从"十五"末期的44.6%提高到2010年的70.2%，对全省工业增长的贡献率从"十五"末期的63.7%提高到2010年的76.5%。[①]

（三）思想解放推动了招商引资

"不求所有、但求所在所用"，有力推动了河南省招商引资。从2004年以来，河南省引进省外资金的数量一年一个大台阶，有力支持了河南省经济的跨越式发展，成为河南省对外开放的一大亮点。大解放促进大开放，大开放促进大发展。地处内陆的河南省正以日益开阔的视野，日益博大的胸襟，海纳百川，迎接八面来风。

东引西进战略实施以来，河南省发挥区位、市场、劳动力资源丰富等优势，吸引了东部的产业、技术、资金、人才、管理经验和机制，推动了全省产业改组、改造和升级。河南省引进省外资金范围扩展到浙、粤、沪、鲁、苏、闽等沿海发达地区和中央企业。2005年河南省引进省外资金500多亿元，2006年省外资金超过1000亿元；2004年到2007年，世界500强企业有42家落户中原。2008年河南省进一步完善招商引资政策措施，全年实际利用外商直接投资40亿美元、省外资金1800亿元，分别增长30%和18%。

国际金融危机爆发以来，面对复杂多变的国际经济形势，河南省进一步提升了引进省外资金在全省经济发展大局的战略地位，把引进省外资金作为保增长、保民生、保稳定、调结构、促转型、保态势的重大举措，进一步加强与央企和国内外优势企业合作，促成了一批战略性合作重大项目。2009年实际利用省外资金2202亿元，增长19.1%。2010年继续把招

---

① 河南省统计局：《2010年及"十一五"时期河南省工业经济发展报告》。

商引资作为带动全局的关键性举措，在激烈竞争中成功引进富士康等一批龙头企业和重大产业项目，提升了河南省承接转移的影响力和吸引力。郑州新郑综合保税区获得国家批准，成为中部地区首个综合保税区。全年实际利用省外资金 2743.4 亿元，增长 24.6%，是历年来招商规模最大、来豫客商和签约项目最多、合同金额最高、招商成效最好的一年。2011 年河南省把开放招商作为"八策"之首和综合性战略举措强力推进，富士康电子、格力电器等一大批投资规模大、科技含量高、带动能力强的龙头企业和项目战略布局河南省。全年实际到位省外资金突破 4000 亿元，增长 46%。2012 上半年，河南省先后举办了豫京津经济技术合作洽谈会、2011 豫沪经济合作交流会、2011 年河南—港澳经贸交流活动等一系列重大招商活动，共签约项目 648 个，投资总额超过 6380 亿元人民币。

尤其值得强调的是，"不求所有、但求所在"的理念，有力推动了河南省与央企的合作。许多地方着眼长远发展，不计较控股权，不重视一时的得失，以超前的战略眼光引进央企。例如，焦作市先后与中国铝业、中国昊华签订了股权有偿和无偿转让协议，由两家央企控股万方铝业和风神股份。之后，中国兵器装备集团等一批体量大、科技含量高、综合带动力强的项目相继落地，带动焦作的经济规模、产业层次和竞争力上了一个大台阶。焦作是河南省与央企合作的一个缩影。"十一五"时期，全省与央企合作的全面深化，中石油、中石化、中国铝业、国电集团、大唐公司、中钢集团、恒天、华润、中粮和中核等央企进驻河南省。一拖、洛铜、洛玻、许继、平高等一批重点企业通过与央企战略重组，步入了发展的快车道。央企在河南省的投资不断加大，合作领域不断拓展，目前在豫央企各级企业和研发机构已达 240 余家，涉及装备制造、电子信息、交通、能源、城市基础设施、社会事业等重点领域，资产规模超过 5000 亿元，已成为中原经济区建设的重要支撑。

第五节　破除行政思维束缚，突破河南看中原

解放思想，突破行政思维，站位全国大局，用区域经济理念谋划河

南省发展，是河南省建设中原经济区的重要方法论。正是这一突破和解放，极大提升了区域发展顶层设计中的全局意识和战略思维，使河南省进一步理清了发展思路，开阔了发展视野，使中原崛起的发展战略得到了质的飞跃和提升，以河南省为主体的中原经济区战略构想确立为国之方略，中原崛起获得了国家级的平台支撑，河南省迎来了千年等一回的发展机遇。

一、突破行政思维，用区域经济的视角看中原

（一）中原崛起急需发展平台

中原崛起是河南省历届省委、省政府一以贯之的奋斗目标。2009年11月底，省委书记卢展工河南省履新伊始，考虑的首要问题是如何持续推进和早日实现中原崛起。当时，河南省在全国区域竞争格局中所处的地位不容乐观，在中国经济版图的四大经济板块中，东部地区已率先发展，西部大开发成就显著，东北老工业基地正重新振兴。尤其是2008年以来，国家细化区域发展布局，相继出台了一系列支持区域经济发展的政策，多个省份的区域发展战略上升为国家战略层面。在区域发展竞争与合作中，河南省缺少国家级平台支撑的困境日益凸显。靠什么撑起中原腹地崛起？搭建什么样的发展平台有利于实现中原崛起？如何搭建这种平台？卢展工念念不忘的就是这个事关中原崛起全局的重大战略问题。当时正值河南省争取区域战略上升为国家战略的关键时刻。卢展工经过调研认为，要解放思想，跳出行政思维的模式，用区域经济的理念，站位全国大局，对中原崛起的总体战略进行重新梳理、系统研究和拓展提升。

（二）突破行政思维束缚，用区域经济审视中原

中原经济区顶层设计的过程，是思想不断解放、认识不断提高、思想方法不断创新的过程。其中一个重要的方面就是突破行政思维束缚，用区域经济审视中原，研究中原。用区域经济的视角、理念和思想方法审视河南省，构建中原经济区的客观基础和可行性一目了然。

第一，中原自古以来客观存在。从历史演进看，"中原"作为我国历史悠久的地域概念，自古有之。

第二，中原地区地缘人文条件接近，具备整合发展的基础条件。相近相似的地理条件和地缘人文因素，是构成中原经济区的内在纽带。

第三，中原地区经济联系密切，区域协作有现实基础。中原地区跨地区、跨省域的区域协作早已程度不同地开展。1982 年，晋冀鲁豫 4 省 13 市共同组成了"中原经济协作区"。1986 年，豫皖苏鲁 20 市组成了"黄淮经济协作区"；晋陕豫三省 4 市建立了"黄河金三角经济协作区"。

第四，发展阶段相近或相同，面临的问题和主要任务大体类似。中原地区都面临着解决"三农"问题、统筹城乡发展的迫切问题，面临着如何在不牺牲农业和粮食的前提下，加快推进工业化和城镇化，实现经济发展和人民富裕的问题。这些相同相似的阶段特征有利于实现中原地区的深度融合。

第五，中原地区是一个相对独立的经济区域。该区域远离珠三角、长三角、环渤海等经济高地。河南省会郑州，距离环渤海最大的城市北京 800 多公里，距离长三角最大的城市上海 1000 公里，距离珠三角最大的城市广州超过 1600 多公里，因而该区域受我国沿海三大增长极的辐射、带动和影响较小。中原地区的相对独立性，构成了经济区的重要条件。①

区域经济思维使人们从规律的层面充分认识到了构建中原经济区的现实可行性，增强了对中原经济区上升为国家战略的信心，从而统一了思想，凝聚了共识。

（三）尊重区域经济规律，谋划中原崛起的战略支撑平台

用区域经济的思维谋划河南省发展，需要跳出行政区的局限，用经济区的概念去思考问题。经济区是客观存在的经济活动区域，是以中心城市为核心，以地理联系和历史文化渊源为基础，以内在的经济关联为纽带、在全国分工格局中担负专门职能的地域生产综合体。行政区是国家实施政治控制和社会管理的特定地域单元。实践表明，以行政思维组织经济运行，割断了地区间合理的经济协作关系，阻碍了地区间横向联合的开展和合理的地区专业化分工，抑制了区域扬长避短和突出特色，损害了区域经济发展和国家整

---

① 喻新安：《中原经济区建设的意义和路径》，《郑州日报》2010 年 8 月 13 日。

体经济的效率。用行政思维和行政手段组织经济活动是计划经济遗留的旧的思维方式，在经济全球化、市场化的背景下，必须突破这种陈旧思维方式的禁锢，才能为市场经济疏通经络，为区域经济发展搭建广阔的平台。

用区域经济的理念谋划河南省发展，需要尊重区域经济的一般规律，需要解放思想，回归实事求是、尊重规律的科学精神。在研究中原经济区战略构想的过程中，河南省委、省政府始终尊重科学，尊重知识，尊重规律。组织了包括河南省社会科学院、河南大学、郑州大学等高等院校和科研机构在内的数十名专家，集中研究。专家们依据中原地区历史变迁和文化影响，按照定量计算和定性分析相结合的方法，运用断裂点模型，确定了中原经济区的空间范围。根据区域经济学的基本理论，分析了建设中原经济区的重大战略意义。正是基于这些规律性的认识，才有了谋划中原经济区的系统思路，才有了对中原经济区战略定位、战略布局的准确把握。在专题研究中原经济区问题的省委常委会上，相关专家应邀发言。专家学者的研究成果和意见建议在省委中原经济区决策中发挥了重要作用。

二、突破省域范围，站位全国大局看河南省

（一）跳出河南看河南，谋一域先谋全局

突破行政思维包含两层含义，一是破除行政思维、用区域经济理念和思维方法谋划经济发展，二是突破行政辖区的地域局限（行政权力范围）谋划区域发展战略，站位全局，融入全局，树立全局意识和战略思维。全局意识和战略思维，是境界，是能力，更是思想解放。这种全局意识和战略思维在中原经济区谋划过程中发挥了极为重要的作用。

谋一域要先谋全局。谋划区域发展必须跳出区域，站位全局。只有这样，才能找准区域在全局中的战略定位。同时，突破省域，站位全国，也是尊重区域经济规律的内在要求和必然选择。在提出中原经济区战略构想和推动其上升为国家战略的过程中，河南省委、省政府始终把区域发展与国家总体发展有机结合起来，着眼于以河南省的发展服务于全国大局。站位全国大局看河南省，更加彰显了河南省的特殊性。河南省是中国的缩影，谋河南的事，实际上就是破解中国的题。建设中原经济区所要破解的

诸多难题，正是中国现代化进程中所面临的共性问题，特别是在城乡统筹、三化协调、破解"三农"等方面。在这个视角下审视河南省，河南省在全国大局中的重要性一目了然，建设中原经济区的必要性一目了然。建设中原经济区，不仅直接关系河南省的经济社会发展，而且对全国经济社会发展都具有重要意义。

（二）站位全局，中原经济区的战略构想得到广泛认同

在上报国家有关部门的研究报告中，河南省提出了建设中原经济区的五大战略意义。一是巩固提升农业基础地位，保障国家粮食安全。河南省作为全国传统农业大省和粮食生产核心区，粮食产量占全国的1/10，小麦占全国的1/4，在保障国家粮食安全中肩负着极其重要的责任。建设中原经济区，集中力量建设粮食生产核心区，不断提高农业技术装备水平，建立粮食和农业稳定增产的长效机制，有利于巩固提升农业基础地位，促进农业的可持续发展，为保障国家粮食安全作出更大贡献。二是破除城乡二元结构，破解三农难题。河南省作为三农大省，在这个事关全局的问题上探索创新、先行先试，对全国具有重要意义。三是促进三化协调发展，为全国同类地区探索路子。河南省作为人口大省、农业大省和新型工业大省，解决好三化协调发展问题具有典型性和代表性。建设中原经济区，结合河南省实际，加快建立以工促农、以城带乡、产城互动长效机制，探索走出一条不以牺牲农业和粮食、生态和环境为代价的三化协调科学发展的路子，不仅是实现这一地区又好又快发展的内在要求，而且可以为全国同类地区推进现代化探索路子、积累经验。四是加快中原地区发展，是中国全面建设小康社会目标的需要。中原地区作为中国的缩影，人口多、底子薄、基础弱，特别是人均水平与全国存在着明显差距。如果这一地区不能与全国同步实现小康，将延缓全国实现小康社会的进程。加快中原经济区建设，促进经济持续发展、社会繁荣稳定、民生持续改善，事关亿万中原人民切身福祉，事关全国全面建设小康进程大局。五是带动中部地区崛起，促进区域协调发展的需要。中原地处我国中心地带，经济总量、人口总量在中部地区举足轻重。加快建设中原经济区，充分发挥区位、人口、农业、文化等综合优势，有利于培育形成全国重要的经济增长板块，支撑和带动中部地区崛起；有利

于强化东部地区产业转移、西部地区资源输出和南北区域交流合作的战略通道功能，促进全国区域协调发展。

突破行政思维，站位全国大局谋划河南省发展的战略思维，使人们全方位认清了建设中原经济区的重要意义。2010 年 10 月 7 日，"中原经济区汇报座谈会"在北京召开，多位国家领导人参加会议。卢展工书记在发言中强调，建设中原经济区"有利于国家区域经济布局的进一步完善"，"有利于国家统筹协调梯次推进发展重大战略的实施"。这是站位全国大局作出的重要论断。正是这种大局意识、规律意识和战略思维，使得中原经济区战略构想一经提出，迅速得到专家学者的高度认同，得到党中央国务院的高度重视，在短短不到一年的时间内，中原经济区列入国家"十二五"规划，国务院出台了《关于支持河南省加快建设中原经济区的指导意见》。历届河南省委、省政府呕心沥血持续谋划和推进的中原崛起战略终于上升为国之方略，河南省发展站在了更加宽广的平台和更高的起跑线上，自北宋以来长期塌陷的中原地区迎来了历史性的重大战略机遇。

第六节　重新认识自我的学习交流和创新实践活动

解放思想的根本目的，是破除制约科学发展的思维方式、行为方式、领导方式以及体制政策障碍，推动科学发展、务实发展。为此，2010 年下半年后，河南省在全省深入开展了以"一文九论十八谈"及"新九论"为载体的学习交流和创新实践活动。学习交流促进了全省干部群众的思想解放，进一步理清了中原经济区的发展思路，促进了领导方式转变，河南省战略定位越来越清晰、发展战略越来越清晰、发展路子越来越清晰、转变方式越来越清晰、务实发展越来越清晰。

一、科学发展关键在转：领导方式转变

（一）解放思想是转变领导方式和发展方式的总开关
破解经济社会发展中的矛盾和问题，根本途径在于加快经济发展方

式转变。在建设中原经济区的过程中，我们面临着转变发展方式的艰巨任务。破解"新老四难"需要转变发展方式，推进"两不三新"需要转变发展方式。而这一切都建立在解放思想转变领导方式的基础上。必须以解放思想促领导方式转变，以领导方式转变加快发展方式转变。正如河南省第九次党代会报告所指出的那样，办好河南省的事情，一定要坚持解放思想，在改革开放上求突破。着力改变落后僵化的思维模式，敢于突破制约科学发展的观念障碍，不断提高战略思维、创新思维、辩证思维能力。

以实事求是推动科学发展，是解放思想的根本宗旨和核心要义。以解放思想促领导方式转变，就是要抛弃一切违背实事求是、阻碍科学发展的思维方式和领导方式，牢固确立实事求是的科学精神、务实重干的工作作风、求实求效的工作方法。抓领导方式转变，是针对河南省情的思想解放，既紧扣河南省实际，也契合解放思想的初衷。

在谋划中原经济区的关键时期，2010年6月3日，省委书记卢展工在人民日报发表署名文章，提出"用领导方式转变加快发展方式转变"，强调要从"明确发展目的、保持清醒忧患、持续正确思路、改进方式方法"四个方面转变领导方式。之后，河南日报、河南省广电局围绕卢展工书记的"一文"陆续推出"九论"、"十八谈"、"新十八谈"、"十八谈映象版"、"新九论"等。这次学习教育活动始终紧扣科学发展这个时代主题，紧扣以领导方式转变加快发展方式转变这条主线，紧扣河南省情和建设中原经济区的中心任务，形式新颖，内涵丰富，入脑入心，收到了以解放思想促进观念转变，弘扬创新精神，推动务实发展的良好效果。有的放矢的解放思想促进了全省领导方式转变，一种新的学习之风、务实之风、为民之风正在形成，领导方式和发展方式转变取得实质性突破。

（二）务实发展：以解放思想促领导方式转变的落脚点

河南省第九次党代会强调指出，转变领导方式要体现在改进工作作风上，着力于"实"，重实际、说实话、办实事、求实效，真正把心思和精力放在研究问题、解决问题、推动工作上，在抓具体求突破求深入求落实上下功夫，在抓基层打基础上下功夫，在实施项目带动上下功夫；着力于"正"，做到作风正派、维护正义、弘扬正气。

1. 坚持"四个重在"实践要领促转变

"四个重在"是河南省贯彻落实科学发展观的重要抓手，是河南省解放思想、转变领导方式的着力点。卢展工强调指出："办好河南省的事情，最根本的是深入贯彻落实科学发展观，把中央精神与河南省实际结合起来，坚持重在持续、重在提升、重在统筹、重在为民的实践要领，真正使经济社会发展转入科学发展的轨道。这是河南省这些年发展所把握的基本理念和基本经验。"

"持续"是科学发展观的重要体现。"持续"，就是持续科学发展的意识、持续科学发展的思路、持续科学发展的举措、持续科学发展的进程，把坚持持续作为检验领导干部人品官德的试金石，做到不动摇、不懈怠、不刮风、不呼隆、不折腾。"提升"是推动科学发展加快经济发展方式转变的必由之路。通过解放思想提升发展理念、通过改革开放提升发展动力，通过体制创新和科技创新提升发展质量，通过项目带动、创新带动、品牌带动、服务带动，提升领导水平和运作能力。"统筹"是科学发展观的根本方法和内在要求。"为民"是科学发展观的核心，是"四个重在"的落脚点。

2. 坚持"三具两基一抓手"的工作方法促转变

"三具两基一抓手"是贯彻"四个重在"的工作方法。"三具"，就是做任何事情一具体就突破、一具体就深入、一具体就落实。"两基"，就是抓基层、打基础。"一抓手"，就是以项目带动为抓手和载体，围绕项目建设形成加快经济发展方式转变的合力。"三具两基一抓手"创造性地提出了科学发展观在具体实践中的"操作规程"和运作方法，对贯彻落实科学发展观、转变领导方式和发展方式具有重要的指导意义和很强的针对性，体现了实事求是，尊重规律，不尚空谈，务实重干的方法论原则。

3. 坚持"五重五不简单"，以务实重干的用人导向促转变

建设中原经济区关键在做，做的关键是人。坚持"四个重在"，推动务实发展，归根结底要落实到务实用人的组织路线和人事制度。为此，卢展工提出要坚持"五重五不简单"的原则，树立务实重干的用人导向。即：重群众公认，但不简单以推荐票取人；重干部"四化""德才"，但不简单以求全年龄和文凭取人；重干部政绩，但不简单以一时一事的数字取人；

重公开选拔，但不简单以笔试和面试取人；重干部资历，但不简单以任职年限取人。"五重五不简单"，是河南省干部人事工作方面极为重要的思想解放和务实改革。2012年下半年，河南省拿出20个重要的副厅级职位进行公选。此次公选很多方面在全国首开先河，年龄完全放开，打通学界政界，堪称不拘一格务实选人的创举，体现了思想的空前解放，体现了举措的空前务实。

（三）解放思想实打实，务实发展静悄悄

"一文九论十八谈"的学习教育活动是一场"立足于做，立足于转，立足于实，立足于效"的"实打实"的思想解放，是"解河南省的难，破发展的题"的实践创新。没有红头文件，没有层层动员，却似春风化雨，润物无声。"解放思想实打实"，带来了"务实发展静悄悄"。

——持续和提升历届河南省委、省政府关于推进中原崛起的发展思路，全力推进中原经济建设。目前建设中原经济区的气势已经形成、效应开始显现。继国务院指导意见出台后，国家为支持中原经济区建设，正在细化相关政策，搭建支撑平台。中原经济区的建设使河南省成为国内外客商的投资热土，一个自强不息、务实发展、开放包容、充满生机的河南省，正以崭新的姿态展现在世人面前。

——紧紧抓住建设中原经济区的历史机遇，持续推进三化协调发展，主要经济指标呈现持续向上的态势。2012年全省夏粮总产量637.2亿斤，比上年增产10.9亿斤，连续10年创历史新高，连续5年超过600亿斤。主要经济指标较快增长。2012年上半年，全省规模以上工业比上年同期增长15.4%，固定资产投资增长23.6%，社会消费品零售总额增长15.5%，地方公共财政预算收入增长16.0%。

——坚持创新驱动，结构调整显效果。工业结构进一步优化，一些长期积累的结构性矛盾得到逐步解决。高成长性产业和高技术制造业快速增长、比重上升。2012年上半年，全省六大高成长性产业增长19.0%。高技术制造业增长76.2%。产业布局进一步优化。以项目集中布局、产业集群发展、资源集约利用、功能集合构建，人口向城镇转移"四集一转"为基本内涵的产业集聚区建设成效显著，上半年全省产业集聚区工业增加值同比增长22.7%，对全省工业增长的贡献率达到53.5%，拉动全省工业增

长 8.2 个百分点。产业集聚区投资增长 38.5%，产业集聚区投资对全省投资增长的贡献率为 68.1%。①

——坚持统筹协调，促进经济社会发展、城乡发展、各项事业全面发展。大力推动中心城市组团发展，中小城市内涵式发展，稳步推进新型社区建设，大量农民实现"家门口"就业，过上了和城里人一样的生活。全省上下干事创业的热情高涨，汇聚成建设中原经济区的强大合力。

二、"两不三新"：推进三化协调科学发展的实践探索

（一）三化协调：为破解全国发展难题探路

三化协调发展是我国全面建设小康社会和现代化进程中面临的重大课题。三化协调发展的核心命题，是破解保障粮食安全与富民强区之间的矛盾、经济发展与生态环境保护之间的矛盾，促进城乡之间、区域之间、经济社会生态之间的协调与可持续发展。

就河南省来说，破解这一矛盾，一方面必须解放思想，跳出就农业说农业、就农村说农村的惯性思维和路径依赖，大力推进河南省的工业化城镇化进程，拉长短板，提高工业反哺农业、城市支持农村的能力。为此，河南省从 20 世纪 90 年代初开始，就把发展工业提到了重要议事日程，21 世纪初，进一步实施城市化战略。由此，河南省初步形成了工业化城镇化农业现代化三化协调发展的基本思路。另一方面，河南省必须避免走沿海地区传统工业化城镇化的老路，即避免以牺牲农业和粮食、生态和环境为代价。纵观世界发展进程，一些国家由于没有处理好三化关系，坠入"中等收入陷阱"，农村凋敝，经济停滞，城乡差距拉大，两极分化严重，进而引发社会动荡，现代化进程受阻。从国内情况看，一些率先发展起来的地区由于对三化协调问题没有给予足够重视，工业化城镇化的推进导致耕地面积减少，粮食产量下降，生态环境退化，一些传统的鱼米之乡成为粮食净调入省。

承担保障国家粮食安全重任的河南省，必须走出一条不同于东部沿海

---

① 河南省统计局综合处：《上半年全省经济形势分析》，河南省统计网 2012 年 7 月 18 日。

发达地区的现代化道路，即不以牺牲粮食和农业、生态和环境为代价的三化协调科学发展道路。走三化协调发展之路，不仅是河南省自身发展的内在要求，也是为全国同类地区探索发展道路的迫切需要。中央的重托，人民的期盼，河南省责无旁贷。三化协调没有现成的经验可资借鉴，需要河南人民以思想解放为动力，以科学发展观为统领，坚持"四个重在"，大胆改革创新，勇于先行先试，把中原经济区建设成为三化协调科学发展的载体和平台。

（二）"两不牺牲"：立足大局的庄严承诺

1. 保障国家粮食安全，河南人的胸怀与气魄

1994 年，美国世界观察研究所所长莱斯特·布朗在《世界观察》杂志上发表了题目为《谁来养活中国?》一文，引起了巨大反响。布朗从日本、韩国的经历中得出结论：人均耕地少的国家和地区，在快速工业化的过程中往往伴随着耕地的大量流失和粮食的大量减产，从而引发粮食危机。时至今日，"布朗之问"依然在警醒着中国。作为 13 亿人口的大国，中国只能自己养活自己。粮食安全始终是国家安全的基础。我国粮食供需长期处于脆弱平衡的态势，在现代化建设过程中，解决好粮食问题是重中之重。把国家粮食安全的主动权掌握在中国人自己手里，这个原则任何时候任何情况下都决不能有丝毫动摇。

作为全国第一粮食生产大省，保障国家粮食安全，河南省负有特殊的责任。河南省粮食总产占全国的 1/10，特别是作为"国人口粮"的小麦占全国的 1/4。从 2003 年到 2012 年，河南省夏粮总产量实现"十连增"。2012 年，河南省夏粮增产 55 万吨，夏粮总产量 3186.1 万吨，成为唯一超过 3000 万吨的省份，稳居全国第一位。河南省是为数不多的粮食净调出省之一。在全国 13 个粮食主产省中，河南省的贡献和地位举足轻重。

胡锦涛总书记指出："能不能保障国家的粮食安全，河南省的同志肩上是有责任的。"党和国家领导人到河南省视察工作，始终念念不忘的是农业，每次视察的重点是粮食。长期以来，由于粮食生产比较效益低下，河南省始终面临保粮与富民之间的矛盾。然而河南省确保国家粮食安全的弦从来没有放松，初步走出了一条不以牺牲农业为代价的工农业协调发展之路，农业生产连续多年保持强劲发展势头。

2. 不牺牲生态和环境：着眼子孙后代的责任担当

生态环境是人类生存与发展的基础，保护生态环境是可持续发展的重要内涵，是生态文明建设的根本要求，也是中原经济区建设的重要任务。首先，从地理位置看，河南省地跨长江、淮河、黄河、海河四大流域，大别山、太行山、伏牛山三山环绕，又是南水北调中线工程的水源地，因此，河南省的生态建设和环境保护关系国家生态安全的全局，不容有失。其次，生态安全是粮食安全的基础，粮食安全包括数量安全和质量安全。粮食数量安全需要良好的生态环境做基础，粮食的质量安全更是离不开高质量的生态环境。第三，建设中原经济区需要稳定和谐安全有序的社会环境作保障，而生态和谐、环境安全是社会和谐和安全的重要方面，是构建和谐社会的重要基础。

然而，毋庸讳言，在目前的技术条件下，经济活动对生态环境的影响是客观存在的。而技术模式的创新和经济发展方式的转型需要一个过程。在这种背景下，河南省向中央和全国人民庄严承诺，决不以牺牲生态环境为代价。这是对 1 亿河南人民的高度负责，是对子孙后代的高度负责，是对全国生态安全的高度负责。承诺的背后，是胆识，是勇气，是大局意识和责任担当。

三、创新城镇体系和城镇化路径，突出新型城镇化的引领作用

（一）创新发展思路，以新型城镇化引领三化

卢展工在河南省第九次党代会报告中指出，要强化新型城镇化引领，统筹城乡发展、推进城乡一体。突出城镇化引领作用，把以新型城镇化引领三化协调发展作为中原经济区建设的核心战略。这是河南省在新的历史条件下作出的符合省情的重大战略抉择，是蕴含巨大发展能量的思想解放。

20 世纪 90 年代以来，河南省发展持续提速，发展成效日益明显，工业连续多年保持两位数增长，经济总量 2007 年以来稳居全国前五；粮食连年增产。然而，城镇化率低始终是河南省发展的短板，成为制约河南省三

化协调、城乡协调发展的瓶颈，成为"三农"难题的症结。实现河南省三化协调、城乡协调发展，必须从拉长短板即从提速城镇化上寻找突破口，以城镇化为工业发展构筑承载平台、开辟市场空间，为农业的规模化、产业化、集约化、组织化提供空间载体，为破解"三农"难题寻找治本之策。新型城镇化引领，是中原经济区协调三化、统筹城乡的必由之路。

城镇化的路径创新，新型城镇化引领三化的战略决策，实际上是河南省情倒逼的结果，是河南省务实发展的必然选择。卢展工在河南省第九次党代会报告中指出，从河南省的实际看，农村人口多、农业比重大、保粮任务重，"三农"问题突出是制约三化协调的最大症结，人多地少是制约三化发展的最现实问题，城镇化水平低是经济社会发展诸多矛盾最突出的聚焦点，这一状况对城镇化模式转变形成倒逼压力，要求我们必须创新城镇化的发展思路和路径。卢展工在焦作市调研时，进一步阐释河南省面临的倒逼机制。不牺牲农业和粮食、生态和环境的承诺形成了倒逼机制，河南省"三农"问题突出的状况形成了倒逼机制，推动城乡统筹和城乡一体、破除城乡二元结构、促进三化协调发展的要求形成了倒逼机制。多重倒逼，促使河南省进一步解放思想，努力探索新型城镇化引领三化协调科学发展的新路子。

抓住了新型城镇化引领，就抓住了河南省经济社会发展的牛鼻子，抓住了协调三化和统筹城乡的牛鼻子。从工业化初期以强农兴工为主要任务，选择工业主导为先，到现在提出新型城镇化引领三化协调发展，是对河南省情和发展阶段性特征的准确把握，是基于经济发展规律的科学抉择，是在解放思想基础上对中原崛起之路的持续探索和创新提升。

（二）建设大郑州，昂起中原崛起的龙头

早在李克强主政河南省时期，河南省就大力实施中心城市带动战略，启动了建设大郑州和中原城市群。河南省解放思想推动中心城市跨越式发展的"杰作"，莫过于"建设大郑州"的构想及其实践。"建设大郑州"的成功实践，当属郑东新区"五年成规模"的神奇壮举。郑东新区的建设过程就是思想不断解放的过程，解放思想贯穿了郑东新区规划、建设、管理的每一个环节。多年前，郑州规划在老军用机场建设一个"港澳新城"，用于扩大城市规模和吸引投资，时任河南省长的李克强听取汇报后，明确

指示要用世界眼光，高起点、大手笔规划郑东新区，确定了郑东新区开发
建设的大框架，并且强调要引入组团式发展的城市规划新理念，摒弃摊大
饼的传统城市发展模式。面对东区建设遇到的困难和问题，不等不靠，通
过解放思想创新机制，破解了一个个发展瓶颈，实现了东区开发建设的跨
越式发展。[1] 如今，郑东新区已经发展成为一个现代化、国际化的新城区。
截至 2011 年 5 月底，累计完成固定资产投资超过 1100 亿元，开工项目约
500 个，房屋开发面积 2400 多万平方米，绿化面积 1400 多万平方米，建
成区面积 65 平方公里，入住人口超过 30 万。充满生机与活力、大气恢宏、
环境优美的郑东新区，成为展示河南省形象的"窗口"和"名片"。

栽下梧桐树，引得金凤来。郑东新区优美宜居的环境、完善的基础设
施和城市功能吸引大批知名企业尤其是企业总部和金融机构入驻。目前郑
东新区入驻企业达 5000 余家。其中包括汇丰银行在内的金融机构 103 家。
中石化、麦德龙、马士基等 80 家国内外 500 强地区总部、分支机构或项
目落户，大唐、华能、国电等电力巨头纷纷抢滩登陆。

郑东新区是河南省城市新区建设的代表作。建设郑东新区的实践，充
分验证了提升城市品位对高端产业的吸引效应，有力诠释了新型城镇化
引领产业聚集的巨大功能。如今，大郑州的龙头带动作用日益显现，全
省 18 个省辖市纷纷学习推广郑州经验，大力推进新区建设和组团式发展，
显著提升了中心城市的承载力和辐射带动力。传统农村大省正以中原城市
群的强势隆起支撑中原崛起。

（三）底层突破、就地转移：城镇化模式的重大创新

河南省的新型城镇化，新就新在城乡统筹发展、城乡一体化发展，突
出了引领新型工业化的主导作用、引领新型农业现代化的基础作用。这一
突破是一场影响深远的重大思想解放和蕴含巨大发展能量的社会变革。

1. 理念创新：突破二元思维

传统的城乡分割的二元思维存在诸多弊端：一是城乡在基础设施、公
共服务、社会管理等方面分设分治，导致农村有新房而无新村，难以享受

---

① 喻新安等：《中国新城区建设研究——郑州新区建设的实践与探索》，社会科学文献出
版社 2010 年版。

城市文明的福祉和改革发展成果。二是资源浪费。一方面，农村宅基地无序扩张，土地资源浪费严重；另一方面，农民世世代代把财富消耗在建房上，严重制约了自我积累、自我发展。三是由于人居环境差以及产权缺失，制约了农民财产性收入的增加。尤其需要指出的是，城镇化的核心应当是"化农"，而二元分割的传统城镇化只重"造城"，无视"化农"，是排斥甚至抛弃农村的城镇化。城乡差别之所以越来越大，"三农"问题之所以愈演愈烈，根子就是二元分割的传统城镇化。实践表明，城乡分割的二元思维难以为继。解放思想，跳出二元思维，实现涵盖农村的城镇化，把农村发展与城镇化对接，是破解"三农"难题的根本出路。

2. 路径创新：底层突破、就地转移

在传统城镇化推进过程中，中心城市外延扩张以农民失地为代价，农民工异地转移以农村的空心化为代价，两者都导致农村发展资源的流失。农民工背井离乡，"留守"引发的社会民生问题日益突出。此外，单一的异地城镇化延缓了河南省城镇化进程。河南省新型农村社区建设是继"离土离乡"的城镇化、"离土不离乡"的城镇化之后探索的第三条道路，即"既不离土也不离乡"的城镇化。既不离乡也不离土的城镇化，就是通过基础设施、公共服务、社会管理与城镇接轨，实现农村的就地城镇化，是农民带地转移，实现有产的市民化。这一路经创新有利于涵养农村发展资源，有利于提速农业大省的城镇化进程，有利于缓解农民工外出务工、家属留守带来的社会问题。

3. 机制创新：内生驱动、藏富于民

在传统的中心城市外延扩张型城镇化过程中，周围农村属于被城镇化。农民处于被动状态，宅基地、承包地被一次性买断，农民获得一次性补偿后失去可持续的生存资源。在这种被动的城镇化中，农民很容易沦为"三无"农民（无土地、无业、无社会保障）或城市贫民。新型农村社区——就地城镇化是农民发挥主体作用的主动城镇化。农户是城镇化的主体，城镇化过程中农户承包地、宅基地等权属关系不变，承包地只是在有偿自愿的基础上流转经营权，其承包权和收益权不变，从而避免了农民财富的流失。农民从一次性获得征地补偿转变为可持续地分享城镇化进程中土地升值收益和不动产租金收益。主动城镇化实现了农民从"三无"到"三

有"的转变，既激活了农村要素，又保护了农民利益。

4.形态创新：城乡复合、融合发展

新型农村社区是城乡复合体。新型农村社区作为河南省城镇体系的末端，其重要特征之一是城乡复合，这是其区别于传统农村的重要特征，也是其有别于传统城市的重要特征。新型农村社区既有现代城市文明的基本元素，在基础设施、公共服务、社会管理等方面与城镇接轨，又保留乡村文明的健康元素，包括田园风光、第一产业、具有地方特色和民族特色的建筑形态等，是远离城市病的健康宜居的生产生活共同体。

5.体系创新：增强城镇化所蕴含的发展能量

把新型农村社区纳入城镇体系，使得原来的四级体系变为五级体系。这一体系创新是一场蕴含着巨大发展能量的深刻变革。新型农村社区是三化互促共生的交集点，具有引领"人口向社区集中、项目向园区集中、土地向规模经营集中"的重要功能。尤其值得强调的是，五级城镇体系中，只有新型农村社区这个层次能够节约大量土地，从而破解三化协调发展的土地制约。

把新型农村社区纳入全省城镇体系，这一重大创新使得新型农村社区的性质、定位和作用发生了根本性的改变，使得以建设新农村为主要目标的农村经济社会发展大思路发生了革命性的跨越。其革命性意义在于，开辟了底层突破、就地转移的新型城镇化路径，找准了统筹城乡发展的结合点，建构了工业化、城镇化、农业现代化三化协调发展的战略基点，抓住了破解"三农"难题的突破点。河南省建设新型农村社区的实践与探索，使"缩小城乡差别、破解三农难题、推进农村现代化、全面建设小康社会"这个关涉经济发展和社会和谐、关涉中国特色社会主义事业、关涉中国现代化进程的历史性命题进入实质性的破题阶段。

从农业大省提出和实施中心城市带动战略，到强调新型城镇化引领；从以郑州军用机场搬迁为契机提出的小郑东新区的初始设想到大郑东新区，到郑州新区、郑州都市区；从中原城市群战略到中心城市组团发展、中小城市内涵式发展，到新型农村社区聚集发展，全面构建统筹城乡、协调三化的新型城镇体系；从城乡分割的二元思维到新型农村社区的城乡一体、就地转移、底层突破，体现了河南省城镇化战略的持续提升，体现了中原崛起推进思路的持续提升，体现了历届河南省委、省政府一以贯之的思想解放。

第七节　经验与启示

改革开放 30 多年河南省经济社会发展的实践充分证明，解放思想是推动中原崛起河南省振兴的根本动力。改革创新需要思想解放，对外开放需要思想解放，科学发展需要思想解放。思想解放的程度决定改革发展的步伐与成效。建设中原经济区，面临着大量的新情况、新问题、新挑战，必须一如既往以解放思想为先导，推动先行先试，创新发展战略，改革体制机制，破解发展难题。

一、解放思想是改革发展的总开关和原动力

解放思想是河南省改革发展的总开关和原动力。中原崛起河南省振兴进程中每一个大突破、每一次大跃升，都得益于思想解放，根源于思想解放。思想大解放带来发展思路大拓展、发展战略大提升、发展成效大提高。改革开放以来尤其是近 20 年来，河南省的解放思想在 7 个方面取得了重大突破。"七大突破"成就了河南省的改革发展，成就了新中国成立以来河南省发展最快最好的 20 年。

——破除"左"的干扰。河南省冲破了"左"倾教条主义的思维定势，冲破了"姓社姓资"的枷锁。从"一大二公"的传统所有制理念中解放出来，极大激发了经济社会发展的活力，开启了改革开放的航程，国企改革顺利推进，非公有制经济快速发展，社会主义市场经济体系得以建立。河南省非公有制经济的贡献率从 1978 年的 3.6％跃升为 2000 年的 36.9％，到 2011 年，这一比例已超过 61％。

——突破"旧"的桎梏，河南省冲破了因循守旧的小农经济旧观念和计划经济时代的旧模式。从"等靠要"的精神状态和常规发展思想中解放出来，摒弃小富即安、小进即满的小农意识，摒弃畏首畏尾、按部就班的

保守意识，不断摆脱对传统发展理念和发展方式的路径依赖，激活创新意识和内生动力，深化改革，扩大开放，推动河南省经济社会发展不断迈上新台阶。

——克服封闭保守意识。河南省着力破除坐井观天、夜郎自大的内陆意识，内陆大省全力建设开放高地。把开放带动确立为主战略和基本省策，把对外开放作为应对复杂局面和破解各种难题的最直接、最有效、最综合的战略举措。内陆开放高地的政策支撑和硬件建设日益完善。大力推进产业集聚区建设，大力发展产业集群，全力打造产业招商全球平台。实施产业链招商，推进两集融合，开放型经济风生水起。经济总量和产业层次得到大幅度提高，成为稳居全国前五的经济大省。

——清理僵化的重农观念。重视农业和粮食是正确的，但僵化的重农观念是错误的。进入21世纪，河南省开始摆脱一味注重粮棉油的传统思维和路径依赖，把工业化提上了重要日程。2003年制定的《河南省全面建设小康社会规划纲要》，第一次把工业化置于三化之首。近年来，河南省逐步形成了装备制造汽车及零部件、能源化工、有色、食品等战略性支撑产业。大胆突破传统的工业化模式，走出了一条不以牺牲农业和环境为代价的新型工业化道路。大力推进工业的聚集发展，大力承接产业转移。工业短板拉长后，反哺农业的能力显著增强，促进了农业的机械化、良种化水平的提高。同时，河南省在全国率先取消了农业税，率先实行对农民直补到户，激发了农民种粮积极性，促进了农业持续发展，粮食产量连年增长，形成了工农业互动协调发展的良好局面。

——突破"行政思维"，提出中原经济区战略构想，并且推动其上升为国家战略。正是借重思想解放，河南省在谋划中原崛起大战略中突破行政思维，突破省域行政范围，尊重区域经济规律，站位全国发展大局，确立了着眼全局谋划区域发展的战略思维，使得中原崛起顶层设计获得了质的飞跃，中原经济区的战略构想在短时间内获得党中央国务院的高度重视和顺利批准，成功搭建了支持中原崛起的战略平台。

——突破城乡分割的二元思维。按照城乡统筹理念，河南省着力提升中心城市的辐射带动作用，着力增强中小城市的承载承接作用，着力构建以新型农村社区为战略基点的新型城镇体系，开创了以底层突破、就地转移为重要特征、以统筹城乡一体为基本目标的新型城镇化道路，找到了新型城镇化引领三化协调发展的抓手和切入点。河南省的新型城镇化战略彻底跳出了城乡分割的二元思维，把农村发展与城镇化对接，实现城乡一体化发展，从而找到了破解"三农"难题的根本出路。

二、务实发展是解放思想的出发点和落脚点

务实发展是解放思想的根本目的和内在要求，解放思想是务实发展的基本前提和重要保障，是推动务实发展的强大动力，是实现务实发展的根本路径。二者相互促进，相互依存。实践证明，办好河南省的事情，关键靠务实。以解放思想促进河南省务实发展需要着力强化六种意识。

（一）强化发展意识：解放思想的根本目的是为了加快发展

发展是第一要务。改革开放以来尤其是近 20 年来，河南省经济社会发展取得了引人注目的成就。但是必须清醒地看到，河南省人口多、底子薄、人均水平低、发展不平衡的基本省情没有改变。必须始终咬定青山不放松，一心一意谋发展。为此，要始终把破除制约发展的思想观念和体制机制作为河南省解放思想的根本任务。当前，改革进入深水区域和攻坚阶段，更需要加大思想解放力度。以解放思想推动关键环节和重点领域的改革开放，促进经济社会平稳较快健康发展，推动经济再上新台阶，着力把"蛋糕"做大，增强人民群众过更幸福生活的经济实力。要紧紧扭住发展，始终致力发展，大力推动发展。

（二）强化问题意识：围绕破解发展难题进行解放思想

解放思想的根本目的是为了破解发展难题，推动经济社会又好又快发展。要树立强烈的问题意识，以解决经济社会发展面临的突出矛盾和重大问题为着力点，确定解放思想的内容、主题、方式、方法和切入点；要善于从本地实际出发，发现问题，研究问题，寻找解决问题的思路和办法。要坚定不移地实施新型城镇化引领三化协调科学发展的战略，着力探索破解新老"四难"之策，着力探索有利于加快中原经济区建设的新模式、新体制、新机制，着力探索产城融合之路、土地集约利用之路、劳动力就地转移之路、开放合作之路、承接产业转移之路。

（三）强化规律意识：解放思想要尊重科学、尊重规律

要把尊重科学、尊重规律作为解放思想的重要原则，以解放思想促进领导方式和发展方式的转变，着力破除违背科学、违背规律的思想观念、政策措施和体制机制。要在解放思想中探索规律，把解放思想落实在实事求是、尊重规律上。决不能把解放思想异化为无视客观规律的标新立异、哗众取宠，异化为口号标签的花样翻新和表演作秀。要高举中国特色社会主义伟大旗帜，以邓小平理论、"三个代表"重要思想为指导，深入贯彻落实科学发展观，解放思想，改革开放，凝聚力量，攻坚克难，坚定不移沿着中国特色社会主义道路前进。

（四）强化人本意识：实现好发展好保护好人民群众的根本利益

以解放思想推动务实发展，就是要从片面注重GDP的"物本位"中解放出来，从过分注重官员政绩与升迁的"官本位"中解放出来，树立以人为本、民生为重的执政宗旨和发展理念。要着力破除一切违背人民群众利益的思维方式、价值观念、体制机制和政策举措，把人民群众满意度作为评价一切工作的根本标准。坚持发展为了人民，发展依靠人民，发展成果人民共享，实现好、保护好、发展好人民群众的利益。千方百计保障和改善民生。进一步关注贫困人口，关注老区、山区群众脱贫致富，进一步扩大社会保障面，提高保障水平，多为群众办实事、办好事、解难事，不断提高人民群众的幸福感。

（五）强化实干意识：解放思想关键在做

空谈误国，实干兴邦。务实发展关键在做，解放思想要落实于做。中原经济区成为国之方略，河南省迎来千年等一回的重大机遇，能否抓住机遇，关键在做。要坚持"四个重在"的实践要领，坚持"三具两基一抓手"的工作方法，把风气搞正，把工作做实，重基础、重基层、重长远、重项目、重运作，创造经得起实践、人民和历史检验的业绩。要以发展实效、工作实绩检验解放思想的效果。要树立务实重干，求实求效的工作作风，树立务实重干的用人导向。把求实求效作为解放思想的立足点。

（六）强化学习意识：把学习作为解放思想的动力和基础

要树立务实学习的理念，勤于学习、善于学习。要把解放思想与建设学习型社会紧密结合起来，以学习型社会建设促进思想解放。河南省历时两年多的以"一文九论十八谈"为载体的学习交流活动，是以"务实学习"促进思想解放的成功范例。要认真总结经验，以务实求效为原则，创新学习形式，弘扬优良学风，推动学习型社会建设。各级领导干部尤其要把加强学习作为履职尽责的必修课，通过务实学习，增强准确判断形势、驾驭市场经济、应对复杂局面的能力，增强务实创新、开创工作新局面的能力。

三、解放思想无止境

改革正未有穷期，解放思想无止境。回顾历史，解放思想极大推动了河南省的改革创新、对外开放和科学发展；展望未来，中原经济区建设对解放思想提出了更高的要求。必须清醒认识到河南省的改革发展始终面临历史积淀的影响、路径依赖的羁绊，必须进一步认识到解放思想的长期性，增强解放思想的自觉性，实事求是，与时俱进，始终坚持以解放思想破解发展难题，开辟发展路径。

（一）先行先试，需要进一步破除"一'左'一旧"

中原经济区上升为国之方略，河南省面临重大发展机遇，其中最重要的机遇当属获得"先行先试"权。"先行先试"为河南省开辟了体制政策创新的巨大空间。用好"先行先试"权，河南省就能抢占先机，赢得发展主动权。

能不能抓住"先行先试"这一重大机遇，关键取决于思想解放。思想不解放，不敢试、不敢闯，体制改革与政策创新就放不开手脚，迈不开步子；思想不解放，现有的政策也难以用足用好，甚至守着政策要政策。要充分估计到几十年"左"的思潮浸染、几千年小农经济积淀，对河南人思维方式、行为方式的影响，以持之以恒的韧劲一以贯之地推进思想解放。要进一步破除"一'左'一旧"，摒弃唯上、唯书、不唯实和僵化教条的思维方式，摒弃墨守成规、抱残守缺、封闭保守的小农意识，不断增强务实意识、进取意识、创新意识、开放意识，敢闯敢试，勇于创新，勇于突破，把中央赋予的先行先试权落在实处、用足用活。以敢为天下先的勇气推进体制改革和政策创新，谋划政策创新的重点方向，细化政策创新的领

域内容，探索以项目为抓手的政策创新机制，以政策创新为引领谋划支撑中原经济区的重大载体平台。大力推进承接产业转移示范区、农村金融改革试验区、郑州航空经济试验区等载体的建设，最大程度激发中原经济区的发展动力和创造潜力。

（二）建设内陆开放高地，需要进一步突破内陆意识

建设开放高地，需要进一步解放思想，突破内陆意识。要在现有铁路、公路大发展的基础上大力发展航空运输和内河航运，弥补交通短板，形成海陆空立体化的对外开放通道，彻底打开内陆省份客观存在的地域封闭性，提升河南省的国际化水平。

加快发展航空运输，着力打造内陆航空枢纽。在现代经济对速度、时效的要求日益提高的情况下，航空正在成为继铁路、公路、海运等之后的"第五冲击波"，从全国航空网络的布局建设、航空和产业的互动等方面看，郑州机场具备成为全国乃至全球区域性机场的条件。要以建设郑州航空经济试验区为契机，以郑州综合保税区为依托，大力发展国际航空运输物流，提升郑州机场在全国乃至全球的区域枢纽地位。

重视发展内河航运，实现内陆大省通江达海。大力开发利用内河航道资源，使内河航运这一节能环保的绿色运输方式成为河南省综合交通运输体系的重要构成，成为河南省对外开放的重要通道和产业集聚的重要依托。要按照《中原经济区建设纲要》及河南省"十二五"规划确定的目标，加快高标准航道建设，争取尽快实现沙颍河、淮河、涡河、沱浍河、洪河、唐河、丹江库区等运输需求较迫切的河流和库区的通航，形成通江达海、干支联网、港航配套、船舶先进、畅通高效的河南省航运格局。

（三）推动区域合作，需要进一步跳出行政思维

中原经济区战略构想的提出和上升为国家战略，得益于突破行政思维的思想解放。加强区域合作，推动中原经济区建设需要进一步解放思想。要进一步破除计划经济时代遗留的行政思维，尊重市场经济条件下区域经济发展的客观规律，着力构建中原经济区区域经济合作协调机制、区域合作制度约束机制、互利共赢的利益分享和补偿机制、科学有效的政府绩效评价机制，形成中原经济区整体协同效应和多赢格局。

中原经济区内各地必须真正做到用区域经济的理念重新审视各自的发

展战略，在融入中原经济区的全局中找准自身定位，在区域经济合作中发挥各自优势，在扬长避短、打造特色中加快自身发展，提升中原经济区在全国乃至全球区域经济合作中的整体实力和综合竞争力。

（四）推进新型农村社区建设，需要进一步破除城乡分割的二元思维

河南省把新型农村社区纳入全省城镇体系，开创底层突破、就地转移的新型城镇化道路，在全国首开先河。推进新型农村社区建设，需要进一步解放思想。首先，加深新型农村社区重大意义的认识。要认识到，新型农村社区建设的核心要义是实现城乡统筹、城乡一体，这对河南省这样一个"三农"大省经济社会发展全局具有极为重要的战略意义。其次，要坚持实事求是、尊重规律，推动科学发展。应清醒地看到，河南省各地生产力发展水平存在不平衡性，要从当地生产力发展的实际出发，因地制宜地确定新型社区建设的方式方法和进程进度，不可一刀切、大呼隆。再次，要尊重民意、保护民利、实现以人为本的发展。要把保护好、实现好、发展好群众利益作为新型农村社区建设的出发点和落脚点，使农村就地城镇化过程真正成为农民致富的过程，成为扩大内需、促进经济增长的过程，成为缩小城乡差别实现共同富裕的过程，成为促进社会和谐和公平正义的过程。

第三章
准确定位：立足省情发挥优势的责任担当

准确定位是实现区域科学发展的基础与前提。河南省历届省委、省政府站位全局，勇于担当，根据国内外发展环境的变化，不断深化对省情的认识，准确把握发展阶段的动态演进，持续提升区域发展的战略定位。在新一轮国家区域经济发展格局中，中原经济区上升为国家战略层面，国家进一步明确了中原经济区建设的战略定位，支持河南省探索走出一条不以牺牲农业和粮食、生态和环境为代价的三化协调发展的路子。这是对河南省发展的新定位、新要求，对于促进河南省经济社会又好又快发展，加快实现中原崛起河南省振兴，具有重要的战略意义。

第一节　河南省的基本省情及动态演进

河南省的省情是由多要素、多层次组成的相互联系、不断发展的动态系统。对于河南省情的认识是一个不断深化、不断提升的过程，需要全省上下各个方面长期探索，经过实践——认识——再实践——再认识的反复过程，同时这种认识还必须放在全国大局、区域竞争格局中考虑。这样，才能深刻地认识省情的本质和动态演进的规律性。

一、深刻认识河南省的基本省情

（一）区位优势明显，战略地位重要

河南省在全国的版图上，从政区和交通地位来看，占着居中的地位。以河南省为中心，北至黑龙江畔，南到珠江流域，西到天山脚下，东抵东海之滨，大都跨越两至三个省区。若以省会郑州为中心，北距京津唐，南下武汉，西入关中平原，东至沪、宁、杭等经济发达地区，其直线距离大都在 600—800 公里之内。在历史上，河南省一向是我国人民南来北往、西去东来的必经之地，也是各族人民频繁活动和密切交往的场所。京广、京九、焦枝、陇海、新菏等铁路干线纵横交织于河南省，这种优越的地理位置和方便的交通条件，更加密切了河南省与全国各地的联系。因此，无论从与全国经济联系考虑，还是从相邻省区经济技术交流着想，河南省均处于中心位置，在全国经济活动中有着承东启西、通南达北的重要作用。国家促进中部崛起规划布局的"两横两纵"经济带中，就有"一纵两横"即陇海经济带、京广经济带和京九经济带位于这一区域。国家促进中部地区崛起战略的实施，更加凸显了河南省独特的区位优势。

（二）自然人文资源丰富，开发潜力大

河南省地处我国暖温带及其向亚热带过渡地带，黄河、淮河、海河、汉水四大流域在此区域流淌，气候宜人，自然景观荟萃。河南省矿产资源丰富，是全国矿产资源大省之一。截至目前，已发现的矿种 127 种，其中：能源矿产 7 种，金属矿产 20 种，非金属矿产 61 种，水气矿产 2 种。在已探明储量的矿产资源中，保有资源储量居全国首位的有 16 种，居前三位的有 39 种，居前五位的有 51 种。优势矿产可归纳为煤、石油、天然气"三大能源矿产"，钼、金、铝、银"四大金属矿产"，天然碱、盐矿、耐火黏土、蓝石棉、珍珠岩、水泥灰岩、石英砂岩"七大非金属矿产"。河南省是中华民族和华夏文明的重要发祥地。在 5000 年中华文明史中，河南省作为国家的政治、经济、文化中心长达 3000 多年，先后有 20 多个朝代在此建都、200 多个皇帝在此执政。我国公认的八大古都河南省占有其四，历史源远流长，文化积淀丰厚。

（三）劳动力资源充裕，人口压力大

河南省是人口大省，劳动力资源十分丰富。截至 2010 年 11 月 1 日零时，河南省全省常住人口 94023567 人，与第五次全国人口普查 2000 年 11 月 1 日零时相比，十年间增加了 1465507 人。如果加上长期流动人口的数据，河南省人口肯定超过一个亿，仍然是人口第一大省。其中，满 15 岁到 59 岁人口劳动力资源大概占到七成，总量接近 7000 万人。丰富的劳动力资源不仅能为本地区经济发展提供支撑，而且为全国输出充足的劳动力。同时，河南省也存在农村人口基数大、劳动力素质偏低、就业压力沉重等问题。加快发展教育事业，提高国民素质、把人口压力转化为人力资源优势，这是今后一个时期河南省经济社会发展的重要任务。

（四）土地资源数量有限，区域开发条件差异大

河南省以占全国 1.74% 的土地，养育着占全国 7.5% 的人口，全省人均土地资源仅有 0.07 公顷，不及全国平均水平的 1/4。由于人口基数大，增长绝对数量多，人多地少的状况日趋严重。河南省是全国最古老的农业开发区之一，土地开发利用程度高，目前全省未利用的土地面积为 167 万亩，可利用的后备土地资源，特别是后备耕地资源严重不足。由于受复杂的地貌、过渡性的气候以及水文、土壤等自然因素的影响，使河南省土地资源在地域分布上呈现出明显的差异性。全省耕地面积的 3/4 集中分布在占全省总面积 55.7% 的平原区，而占全省总面积 44.3% 的丘陵土地，耕地面积仅占 1/4。各地区的土地资源开发条件也明显不同。东部黄淮海平原和南阳盆地中部和东南部，水热土组合条件较好，是全省耕作农业的主体，是水浇地和水田的集中分布区，开发条件优越；豫西丘陵山区和南阳盆地边缘岗地区，水土条件相对较差，土地资源开发难度大。

（五）农业生产举足轻重，"三农"问题突出

河南省是我国有着悠久传统的农业大省，也是当今中国最重要的粮食生产核心区之一。全省耕地面积约 1.2 亿亩，占全国耕地资源的 1/16，是全国土地耕种强度最高、农副产品供给能力最高的地区，无论粮食生产、还是肉蛋奶产量在全国都具有举足轻重的地位。河南省粮食产量占全国总产量的 1/10，小麦产量占全国总产量的 1/4。但与此对应，这一区域的"三农"问题比全国其他地方都显得更加突出，农业的弱质地位、农村的落后

洛阳博物馆新馆

焦裕禄同志纪念馆

状况、农民的弱势处境，还没有得到根本改变，农村基础设施脆弱、公共服务不足、农民收入增长困难等问题还很突出，城乡二元结构的矛盾比全国其他任何地方也要大得多。

（六）平均发展水平低，工业化、城镇化任务艰巨

中原经济区产业门类比较齐全，工业基础特别是能源原材料工业、食品工业、装备制造业基础比较雄厚。但与全国平均水平相比，人均经济水平、民生水平和工业化、城镇化水平明显偏低。2010 年，河南省人均GDP 只有全国平均水平的 3/4；人均财政收入不足全国平均水平的 1/4；第三产业占 GDP 的比重比全国平均水平约低 10 个百分点；城镇居民可支配收入只有全国平均水平的 4/5；农民人均纯收入比全国平均水平低近500 元；城镇化率 40.57% 左右，低于全国平均水平 10.7 个百分点。

二、不同时期河南省情的动态演进

（一）"八五"到"十五"时期的两道难题

20 世纪 90 年代前期的河南省，是农业大省、工业小省、财政穷省，主要经济指标在全国居于后列，河南省给全国普遍留下的印象就是穷。工业发展缓慢，农民增收困难是这一时期的主要矛盾，也是困扰河南省发展的两道难题。当时河南省委、省政府在认清这一基本省情的基础上，提出了"围绕农字上工业，上了工业促农业"的发展思路，提出了"一高一低"的发展战略目标，"一高"就是经济发展速度略高于全国平均水平，"一低"是指人口自然增长率低于全国平均水平，在发展路径上提出了"两篇文章一起做，两道难题一起解"的方针，就是工业、农业两篇文章一起做，工业化缓慢、农民增收困难这两道难题一起来解，拉开了促进河南省工农业协调发展的序幕。在《河南省全面建设小康社会规划纲要》中，又提出以工业化为主导，加快推进工业化、城镇化和农业现代化，并提出"用发展工业的理念发展农业"的思路，推出了东引西进、梯次转移、构建以郑州为龙头的中原经济区经济隆起带等战略措施。

经过"八五"到"十五"工农业协调发展的探索，河南省经济发展取得了长足的进步，人民生活水平不断提高，各项社会事业全面进步。

2006 年，在粮食总产量再创历史新高的基础上，工业经济快速发展，规模以上工业增加值突破 3000 亿元、实现利润突破 500 亿元，全部工业销售收入突破 1 万亿元，基本确立了河南省新兴工业大省的地位。这标志着，经过"十五"的努力，河南省经济社会发展站在了一个新的战略起点上，进入了全面提升产业层次、加快经济转型、促进统筹协调发展的新阶段。

（二）"十一五"时期的六大难题

2006 年河南省委八次党代会对河南省情作出了新的判断。八次党代会报告指出，河南省在农业向更高水平发展、为国家粮食安全作出新贡献的同时，实现了由传统农业大省向全国重要的经济大省和新兴工业大省的重大转变，开始了向经济强省、文化强省的历史性跨越。这些转变标志着河南省站在了一个新的历史起点上，成为河南省发展史上一个新的里程碑。在当前和今后一个时期，需要深入研究和着力破解六大难题：一是深入研究和破解经济的结构性矛盾，加快结构调整和产业优化升级步伐；二是经济发展的资源环境约束问题，切实转变经济增长方式，走节约发展、清洁发展、安全发展、可持续发展的路子；三是深入研究和破解"三农"难题，走出一条在农业稳定增产和农民持续增收基础上加快工业化、城镇化的路子；四是深入研究和破解改革滞后带来的矛盾，把更多精力放在培育和增强经济发展的软实力上；五是深入研究和破解开放型经济发展缓慢的问题，真正把发展开放型经济放到促进经济发展主战略的重要位置上来；六是深入研究和破解影响社会和谐的矛盾和问题，切实把经济社会发展转到以人为本、关注民生上来。

以上六大难题，是河南省经济社会发展在新的历史起点上实现新跨越必须着力解决的突出矛盾和问题。破解六大难题的实质，就是适应经济社会发展的阶段性要求，切实把发展转入科学发展的轨道。这是一项长期而紧迫的历史性任务，需要我们不断提高贯彻科学发展观的能力、驾驭全局的能力、处理利益关系的能力、务实创新的能力，以抓住根本、把握大局，立足当前、着眼长远，通过破解难题、创新体制机制，实现经济社会全面协调可持续发展，走在中部地区前列，为促进中部地区崛起发挥更大作用、作出应有贡献。

（三）当前经济社会发展中的"四难"

2010年以来，河南省委书记卢展工经过多次的省情调研后提出，"钱从哪里来、人往哪里去、粮食怎么保、民生怎么办"仍将是我们今后相当长一个时期需要重点思考和破解的难题，是加快经济发展方式转变的出发点，也是加快经济发展方式转变必须破解的难点，是新一届省委对河南省情的新认识。

——"钱从哪里来"，是一个通俗的说法，核心是钱少，根子在效益低。从财政收入上看，河南省的经济总量在2万亿，财政总收入不到2000亿，浙江是总量2.3万亿，财政收入4120亿元，相差了一半；河南省城镇居民收入14372元，居全国16位，农民收入4807元，居全国17位；万元GDP产生的职工工资只有全国平均的80%。

——"人往哪里去"，实质上就是就业问题。这是民生之本，也是我们必须高度重视的问题。当前全省农村有4700多万个劳动力，还有1200多万个需要转移，任务相当艰巨。同时，第二、三产业吸纳就业能力有限。河南省城镇化率只有40.57%，远远低于全国平均水平。上述种种，制约了农村劳动力的转移和城镇就业岗位的增加。

——"粮食怎么保"，涉及河南省的历史担当。河南省是全国重要的粮食生产大省，在保障国家粮食安全方面一直担负着重要职责。河南省不同于东部沿海省份，稳定和发展粮食生产的任务繁重。河南省的农业现代化、工业化、城镇化都要加快发展，但工业化、城镇化和农业现代化三化发展是一个矛盾：因为工业化、城镇化发展，需要土地，但河南省还要坚守1亿亩的耕地红线。在耕地不减少的条件下，保持1000亿斤的产量，到2020年要达到1300亿斤，我们如何保证国家的粮食安全，又要使农民增加收入，同时不耽误工业化、城镇化发展，成了我们面临的难题。

——"民生怎么办"，体现着科学发展观的本质。当前河南省民生领域存在的突出问题是居民收入总体水平不高、社会保障水平低、公共服务能力弱。必须始终坚持把发展社会事业和改善民生作为贯彻落实科学发展观、转变经济发展方式的重要任务，作为扩大消费需求的重要举措，积极扩大就业，合理调整收入分配，不断完善社会保障体系，切实提高公共服务能力。

第二节　准确判断发展阶段

客观把握一个国家或者地区所处的发展阶段及其特征，是制定科学的经济社会发展战略、促进经济社会协调稳定持续发展的重要前提之一，具体体现在对规划、投资、政策安排等方面都具有非常重要的影响。河南省历届省委、省政府，准确把握河南省工业化、城镇化以及经济社会发展所处的阶段，并据此制定出符合省情的发展战略和行之有效的政策措施，持续推进中原崛起河南省振兴。

一、中原崛起视角下河南省发展阶段的历史演进

实现中原崛起，凝聚了河南省决策层励精图治、在中原大地书写壮丽诗篇的坚定决心，道出了亿万中原儿女的共同心声，它不是一般的经济目标，而是立足省情，深思熟虑作出的政治决断。从目标的确立到思路的形成以及实践的推进过程，中原崛起经历了艰辛的历程。

（一）初步探索阶段（20 世纪 90 年代初—2003 年年初）

这一时期，省委、省政府明确了"团结奋进，振兴河南省"的方针；确立了"一高一低"（经济增长高于全国水平，人口自然增长率低于全国水平）的目标；作出了"围绕农字上工业，上了工业促农业"的决策；提出了"中原城市群"理念；推动了县域经济"十八罗汉"闹中原；实施了高速公路、机场等重大基础设施建设。

（二）破题启动阶段（2003 年年初—2004 年年底）

这一时期，省委、省政府制定了《河南省关于全面建设小康社会的规划纲要》；提出中原崛起的目标（实现人均国内生产总值 2020 年比 2000 年翻两番以上，达到 3000 美元）；明确"工业化、城镇化、农业现代化"的三化路径；确定了中原城市群等四个板块的区域布局；提出并实施了开放带动主战略；推动以郑东新区为核心的"大郑州"建设等。

（三）大力推进阶段（2005 年—2009 年年底）

省八次党代会明确提出"两大跨越"（由经济大省向经济强省跨越、由文化大省向文化强省跨越）、"两个建设"（和谐中原建设、党的建设）的任务。省委八届五次全体（扩大）会议，号召贯彻中央"坚持科学发展、着力改善民生、构建和谐社会"三项要求，奋力开创中原崛起新局面，主要包括推进工业强省建设、文化强省建设、和谐中原建设、新农村建设、平安河南省建设、河南省形象建设、党的建设。2005 年以来，中原崛起呈现内涵全面提升、认识全面深化、工作全面推进、成效全面显现的态势。

（四）全面提升阶段（2010 年以来）

虽然经过不懈努力，河南省的发展已经站在新的历史起点上，中原经济区上升为国家战略，中原崛起有了新的战略平台，但是，人口多，底子薄，基础弱，人均水平低，发展不平衡的基本省情仍然没有根本改变。在此认识基础上，河南省委省政府提出，以"四个重在"作为河南省科学发展的总体要求与实践要领，重点解决钱从哪里来、人往哪里去、粮食怎么保、民生怎么办等问题，把对河南省情的认识提升到新的高度。

二、科学判断当前河南省发展阶段的新特征

工业化进程是判断一个国家和地区发展阶段和发展水平的重要标志。当前我国已进入工业化中后期阶段，而河南省正处于工业化中期阶段，落后全国 5—8 年时间，与全国的发展阶段存在明显差异。正是与全国发展阶段的差异，决定了河南省发展的阶段性特征，决定了河南省必须加快发展、科学发展。

（一）经济处于快速增长阶段，是缩小与全国发展差距的黄金时期

工业化进程的不同阶段有不同的发展特点，工业化前期、中期和后期的经济发展大体呈"低—高—低"增长态势。回顾我国及东部地区发展历程，其在工业化中期也经历了经济高速增长阶段。河南省自"十一五"期末进入工业化中期以来，全省经济呈高位增长态势，GDP 增速持续高于全国，经济总量将跃上 3 万亿元台阶，人均 GDP 突破 4000 美元，产业竞争力和经济效益也整体向好，这正是经济发展进入"快车道"的重要表征。从国内外经验看，未来五年河南省 GDP 仍可保持两位数以上增速，有望

接近全国平均水平；这个快速增长阶段大约 8—10 年，未来五年将是河南省加快经济发展、缩小与全国差距的黄金期，我们必须紧紧抓住而决不能错过这一黄金期。

（二）工业化处于快速发展时期，产业转型升级明显加快

工业化进程是产业结构不断演进和高度化的过程，发达国家经验表明，工业化中期阶段以制造业为代表的工业增加值比重一般呈先升后降的倒 U 型变化趋势。我国进入工业化中期以来，工业比重也呈现先升后降趋势。河南省自从 2004 年全省人均 GDP 跨过 1000 美元台阶后，向工业化中期加速推进的特征明显。一是三次产业结构快速变动。2011 年第一产业比重下降到 12.9%，已经低于钱纳里工业化评价体系工业化中期 15% 的标准；第二、三产业比重迅速由 2000 年的 77.0% 提高到 2011 年的 87.1%，年均提高近 1 个百分点。二是工业内部结构优化升级明显，工业内部结构正在逐步从能源原材料工业为重心向以一般加工和技术密集加工工业的高加工度化转变。未来五年，河南省仍处于工业化中期阶段，以工业为主的产业发展和结构调整将明显加快，工业总量将快速增长，工业主导地位更加明显。但是，处于新的时代、面临新的形势，河南省工业化的推进必须突出"新型"二字，加快产业结构高级化、产品层次高端化进程，加快发展高新技术产业和战略性新兴产业，大力提升先进制造业比重，带动现代服务业加快发展步伐。

（三）城镇化处于快速推进时期，"两化"互动和城乡统筹不断加强

当前和今后相当长一段时间，河南省将处于城镇化加速发展阶段。从世界城市发展经验来看，当城镇化率达到 30% 时，城镇化速度会明显大幅增长，城镇化进入加速发展阶段，这一过程一直会持续到城镇化水平达到 60% 以上；当城镇化率达到 60% 后，城镇化重新进入平稳发展阶段。1996 年全国城镇化水平第一次达到 30% 以上（30.48%），当年全国城镇化率有一个明显提升，并一直保持高速发展，标志着我国从 1996 年开始进入城镇化高速发展时期。而 2010 年我国城镇化水平达到 49.95%，表明全国正处于一个城镇化超常发展的新阶段。河南省与国家城镇化发展同步，在 1996 年城镇化发展开始提速，以每年 1.2 个百分点的速度增长，在 2004 年城镇化率接近 30% 的时候（28.9%），以每年 1.7—1.8 个百分

点的速度增长，进入了加速发展的阶段；2011 年，河南省城镇化率达到 40.57%，已进入工业化和城镇化互动互促、快速发展的新阶段。从"两化"发展关系看，河南省城镇化进程总体上滞后于工业化进程，但两者协调性正逐步增强，城镇化与工业化的差距开始缩小。从城乡发展关系看，河南省统筹城乡已取得重要经验，城乡发展的协调性逐步增强，城乡差距得到控制。必须进一步加强"两化"互动和城乡统筹，确保工业化、城镇化和农业现代化良性互动、协调发展。

（四）投资仍是经济增长主动力，但转变发展方式的紧迫性增强

工业化的不同阶段，不同要素对经济贡献的重要性相对不同，在工业化中前期阶段，资本投入仍然是经济增长的主要动力，也是欠发达地区经济腾飞的关键。与全国和东部地区工业化中期的特征相似，当前河南省经济增长仍高度依赖投资拉动，"十一五"以来资本形成对经济增长贡献率平均超过 70%。总体上看，"十二五"时期投资仍然是拉动河南省经济增长的主要动力，要缩小与发达地区的差距，必须保持投资较快增长、继续扩大投资规模。但必须看到，长期以来投资拉动的粗放型发展模式，导致资源消耗过多、环境代价过大、经济效益不高，使人均资源偏低和生态环境脆弱的省情矛盾更加突出。在继续加强投资拉动的同时，必须加快转变经济发展方式，努力扩大居民消费，加大科技创新力度，逐步提高消费需求和科技创新对经济增长的贡献。

（五）人民生活水平处于快速提升时期，全面小康建设进程加快

当前河南省正处于全面建设小康社会的关键期。[1]2000 年至 2008 年，河南省全面小康社会实现程度从 56.6% 提升到 71.6%，年均提高 1.9 个百分点，按照这样的进度，到建党 100 年的 2021 年，河南省小康实现程度可以达到 90% 以上，基本建成惠及一亿人口的全面小康社会。但居民收入水平和生活质量、文化教育等指标实现程度较低，与全国差距较大。国际经验表明，工业化中期也是居民收入和消费快速提升的阶段。其主要特征是国民收入较快增长，中等收入阶层迅速扩大，居民消费需求不断扩张，居民消费结构快速升级，对文化、教育等非物质产品需求快速增长。

---

① 参见河南统计信息网，2008 年河南省全面小康社会进程统计监测报告。

居民消费需求的增长和消费结构的升级又将加快推进经济社会发展和产业结构升级。我们必须处理好加快经济发展与保障和改善提高民生、建设和谐社会的关系，着力缓解和消除河南省全面建设小康社会的薄弱环节和瓶颈制约，进一步缩小与全国全面建设小康社会的差距，为与全国同步实现全面小康建设目标奠定决定性基础。

三、深刻认识全面建设小康社会的更高要求

21世纪的第二个十年，是必须紧紧抓住并可以大有作为的重要战略机遇期，是加快中原崛起、河南省振兴和全面建设小康社会的关键时期，是深化改革开放、加快转变经济发展方式的攻坚时期。今后一个时期，国际金融危机带来的深刻调整仍将持续，国际国内环境继续发生深刻变化，要深刻认识全面建设小康社会的更高要求，加快实现全面建设小康社会的战略目标。

（一）面临的重要机遇和有利条件

一是随着区域经济格局调整，东部地区产业大规模向内地转移，河南省市场、区位、资源、劳动力等方面优势进一步凸显，有利于河南省更好地借助外力实现跨越式发展。经济全球化深入发展，科技创新孕育新突破，有利于河南省发挥后发优势，抢抓产业升级和科技创新机遇，提升发展层次，实现小康社会建设的战略目标。二是国家坚持扩大内需的战略方针，全面实施促进中部地区崛起战略，有利于河南省充分挖掘内需潜力，拓展发展空间，加快推进小康社会建设。三是河南省综合实力进一步提升，基础条件明显改善，工业化、城镇化进程加速推进，产业结构和消费结构加快升级，市场经济体制不断完善，对外开放继续向全方位、多层次、宽领域拓展，有利于河南省增强经济发展内生动力和发展活力。四是中原经济区建设全面展开，河南省在国家发展大局中定位更加明晰、地位更加重要，一大批重大项目进入国家规划，有利于河南省更多地争取国家政策支持，培育区域竞争新优势。五是全省上下思想统一、精神振奋，加快发展、科学发展的意愿更加强烈，有利于激发创业创新潜能，汇聚强大合力，促进又好又快发展，全面建成小康社会。

（二）面临的重大挑战和突出矛盾

一是世界经济增速减缓，国际形势更趋复杂，国内区域竞争日趋激烈，资金、土地等要素约束趋紧，保持平稳较快发展、缩小与全国差距、走在中部地区前列的难度增加。二是结构性矛盾突出，第一产业比重偏高，第三产业比重过低，工业结构中能源原材料工业比重过大，处于产业链前端和价值链的低端，经济增长的质量和效益不高，资源环境瓶颈制约加剧，加快转变经济发展方式的要求十分紧迫。三是城乡统筹难度较大，城镇化发展滞后，农业基础依然薄弱，防灾、抗灾、减灾能力不强，人口多、底子薄、基础弱、发展不平衡的基本省情没有变，统筹城乡协调发展任重道远。四是改善民生难度巨大，人均发展水平和人均公共服务水平低的状况没有变，扩大就业任务繁重，各种社会矛盾增多，经济社会发展中的薄弱环节仍需加强。

面对复杂多变的发展环境和更为艰巨的改革发展任务，必须进一步增强机遇意识、发展意识和忧患意识、攻坚意识，准确把握形势、发挥自身优势，着力破解"钱从哪里来、人往哪里去、民生怎么办、粮食怎么保"四道难题，加快转变经济发展方式，推动经济发展转向内需主导、外需拓展、三化协调、创新驱动的轨道上来，开创科学发展新局面。

（三）实现全面建设小康社会的总体目标

河南省全面建设小康社会的总体目标是：在优化结构和提高效益的基础上，确保人均国内生产总值到2020年比2000年翻两番以上，基本实现工业化，努力使河南省的发展走在中西部地区前列，实现中原崛起。建成完善的社会主义市场经济体制和更具活力更加开放的经济体系。各项社会事业全面发展，社会保障体系比较健全，社会就业比较充分，人民生活更加富足，社会主义民主更加完善，社会主义法制更加完备，人口素质明显提高，可持续发展能力不断增强。

——国民经济持续快速健康发展。把提高质量和效益放在更加突出的位置，实现较高的增长速度和较高的增长质量。到2020年，国内生产总值年均增长9%以上，第二、三产业增加值占国内生产总值的比重达到90%以上，非农劳动力占全部劳动力的比重达到70%以上，城镇人口达到60%以上。

　　——人民群众生活水平和质量显著提高。2020年城镇居民人均可支配收入达到4万元左右，农民人均纯收入达到1.4万元左右，城镇养老、失业、医疗保障水平明显提高，农村社会保障体系初步健全。城乡居民家庭财产普遍增加，居住条件明显改善，户均一套功能配套、宽敞舒适的住房，计算机进入多数居民家庭，家庭轿车拥有率大幅度提高；城乡贫困人口绝大多数实现脱贫，逐步过上富裕生活。

　　——政治建设和文化建设全面进步。人民的政治、经济和文化权益得到切实尊重和保障。基层民主更加健全。依法治省方略全面落实。全省人民的思想道德素质、科学文化素质和健康素质明显提高，形成比较完善的现代国民教育体系、科技和文化创新体系、全民健身和医疗卫生体系。群众文化生活更加健康充实。人民享有接受良好教育的机会。人民健康水平明显提高。

　　——经济发展与人口资源环境相协调。资源利用效率显著提高，生态环境得到较大改善，人口自然增长率低于全国平均水平，整个社会走上生产发展、生活富裕、生态良好的文明发展道路。

第三节　着眼全局找准定位

　　河南省从一个传统农业大省迅速成长为全国重要的经济大省和新兴工业大省，反映着河南省发展定位的深刻变化。探索不以牺牲农业和粮食、生态和环境为代价的三化协调科学发展之路，是新时期省委省政府对河南省发展定位的科学判断，是河南省站位全国、服务大局、融入全局的准确定位，是适合河南省情的科学谋划，对于增强全省人民实现中原崛起目标的信心，加快富民强省步伐，有着十分重要的意义。

一、近20年来河南省基本定位的动态演进

（一）传统农业大省的历史定位

　　长期以来，河南省一直被定位为农业大省。1990年的河南省五次党

代会报告指出，河南省是农业大省，农业牵动国民经济全局；要把工作的重心放在农业和农村工作上，各部门各行业要在发展农业方面密切配合，形成合力，把为农业服务作为自己义不容辞的职责。1995 年的河南省六次党代会报告指出，把农业放在经济工作的首位，坚持不懈地强化农业基础地位。2001 年的河南省七次党代会报告同样强调农业的基础地位，指出农业、农村、农民问题在河南省经济和社会发展中具有特别重要的地位。从这三次党代会报告中可以看出，河南省委一直把河南省定位为农业大省，把农业放在经济工作的首位，这与河南省当时的省情是适应的。

也应该看到，在强调农业和粮食生产的同时，河南省委、省政府也很重视工业和城镇化的发展，出台了很多政策措施。如 1990 年的五次党代会报告指出，既要大力强化农业这个基础，也要加速工业化进程；充分发挥小麦、棉花、烤烟、花生、蚕茧、泡桐和畜产品等河南省农业的优势，大力促进农副产品加工业，走资源加工增值的路子。1995 年的六次党代会，作出了"围绕农字上工业，上了工业促农业"的决策。2001 年的七次党代会报告提出深化国有企业改革，增强企业活力的方针。这些政策措施有效地推动了河南省工业的发展。

（二）向全国重要经济大省和新兴工业大省的战略转变

《河南省全面建设小康社会规划纲要》提出坚持以工业化为主导，以城镇化为支撑，以推进农业现代化为基础，统筹城乡经济社会协调发展的方针，冲破了农业大省定位的束缚，强调工业化的主导地位。2006 年，河南省八次党代会提出，加快两大跨越、推进两大建设，走新型工业化和新型城镇化道路。这些政策措施的出台，确立了河南省工业的主导地位，推动着传统农业大省向全国重要的经济大省和新兴工业大省的转变。2005 年，河南省全省生产总值达 10535 亿元，成为继广东、山东、江苏、浙江之后全国第五个经济总量超万亿的省，除沿海四个省外，位居中西部各省区第一；工业主导地位更加突出，增加值实现翻番，在全国的位次由第七位跃升到第五位，规模以上企业实现利润增长近四倍。经济结构进一步优化，第二、三产业比重显著提高，优势产业得到提升，高新技术产业加速发展，旅游、物流等新兴服务业快速发展。全国优质粮食和畜产品生产加工基地初步形成，粮食产量连创历史新高。河南省作为全国重要的经济大

省和新兴工业大省地位得以确立。

（三）中原经济区五大定位的战略提升

《国务院关于支持河南省加快建设中原经济区的指导意见》明确了中原经济区的发展定位，就是国家重要的粮食生产和现代农业基地、全国工业化城镇化和农业现代化协调发展示范区、全国重要的经济增长板块、全国区域协调发展的战略支点和重要的现代综合交通枢纽、华夏历史文明传承创新区。2011年河南省九次党代会明确提出，持续探索不以牺牲农业和粮食、生态和环境为代价的新型城镇化新型工业化新型农业现代化三化协调科学发展的路子。报告指出，走好这条路子，必须充分发挥新型城镇化的引领作用、新型工业化的主导作用、新型农业现代化的基础作用，从而第一次在党代会上提出新型城镇化的引领作用，这是河南省发展史上的一个重大创新。报告更进一步明确了河南省的发展特征、发展责任和发展定位，在河南省发展史上具有里程碑式的意义。

二、中原经济区五大战略定位的重要意义

（一）国家重要的粮食生产和现代农业基地

多年来，河南省作为全国重要的粮食主产区，粮食产量占全国的1/10强，小麦产量占全国的1/4，不仅满足了近亿河南人自己的吃饭问题，而且每年向省外输出400亿斤左右的商品原粮和粮食制成品，在保障国家粮食安全、稳定国内粮价上，居功至伟。同时，也应当看到，目前河南省的粮食产量基数已经很高，生产成本大幅上升，种粮效益仍然偏低，气候条件存在很大不确定性，农业防灾减灾压力加大，各种支撑要素已经绷得很紧，河南省粮食增产的难度持续增大。《国务院关于支持河南省加快建设中原经济区的指导意见》提出，河南省要加快建设国家重要的粮食生产和现代农业基地，把发展粮食生产放在突出位置，打造全国粮食生产核心区，不断提高农业技术装备水平，建立粮食和农业稳定增产长效机制，走具有中原特点的农业现代化道路，对于保障国家粮食安全，提高河南省农业发展的质量和效益，实现三化协调发展具有重要的现实意义。

（二）全国工业化、城镇化和农业现代化协调发展示范区

20 世纪 90 年代初以来，河南省持续把加快工业化、城镇化、推进农业现代化作为实现中原崛起的基本途径，坚持工农业互动协调发展，探索"以农兴工、以工促农"的有效方式，实现了由传统农业大省向经济大省和新兴工业大省的历史性跨越。然而，随着改革开放的深入和区域发展格局的演变，长期以来传统农区定位的分工角色相对"固化"，导致自身以工补农、以城带乡乏力，"钱从哪里来、人往哪里去、民生怎么办、粮食怎么保"这一"老四难"尚未根本破解，"土地哪里来、减排哪里去、要素怎么保、物价怎么办"的"新四难"接踵而至，探索新型三化协调之路面临协调难度大、压力大等困难和挑战。《国务院关于支持河南省加快建设中原经济区的指导意见》赋予中原经济区先行先试的巨大空间。借助人地双挂钩、资源税、排污权和碳排放交易、考核评价机制等国家赋予的探索权、试点权，在先行先试中不断破解制约三化协调的难题和瓶颈，必将进一步激发方方面面的活力和动力，推动河南省新型三化协调科学发展。

（三）全国重要的经济增长板块

河南省是中华民族和中华文明的重要发祥地，在北宋之前，一直是中国的政治、经济、文化中心。北宋以后，由于战乱和灾荒，河南省逐渐衰落下来，到新中国成立之初，成了全国最贫穷落后的省份之一。1949 年，河南省人口为 4174 万人，占全国总人口的 7.7%；工农业总产值为 21.02 亿元，仅占全国工农业总产值的 4.5%；人均工农业总产值为 50.3 元，比全国平均水平低 41%。特别是改革开放以来，东部沿海省份发展迅猛，西部省份在国家扶持下也加快发展，河南省经济长期发展滞后，中原塌陷的"达摩利克斯剑"悬在了河南人民的头上。为改变这一状况，20 世纪 90 年代初，河南省提出了中部崛起的思路，着力推动中原城市群建设。《国务院关于支持河南省加快建设中原经济区的指导意见》提出，提升中原城市群整体竞争力，建设先进制造业和现代服务业基地，打造内陆开放高地、人力资源高地，成为与长江中游地区南北呼应、带动中部地区崛起的核心地带之一，引领中西部地区经济发展的重要引擎，支撑全国发展的重要经济增长板块。这一定位为河南省加快发展提供了政策支撑，必将成

为中原崛起河南省振兴的重要指引。

（四）全国区域协调发展的战略支点和重要的现代综合交通枢纽

中原经济区位于我国东、中、西部三大地带的交界，也处于长三角、环渤海地区向内陆推进的要冲，交通优势突出，我国主要的铁路、公路干线和第二条亚欧大陆桥都通贯其中，具有承东启西、联南通北的枢纽作用。国家促进中部崛起规划布局的"两横两纵"经济带中，就有"一纵两横"即陇海经济带、京广经济带和京九经济带位于这一区域。近年来，河南省充分发挥区位优势，加快综合交通运输体系建设，大力发展物流产业，形成了大市场大流通的格局，成为承东启西、连南贯北的重要枢纽。《国务院关于支持河南省加快建设中原经济区的指导意见》提出，把中原经济区建设成为全国区域协调发展的战略支点和重要的现代综合交通枢纽，为河南省加快区域经济发展提供了新的机遇。在此背景下，我们要充分发挥承东启西、连南贯北的区位优势，加速生产要素集聚，强化东部地区产业转移、西部地区资源输出和南北区域交流合作的战略通道功能；加快现代综合交通体系建设，促进现代物流业发展，形成全国重要的现代综合交通枢纽和物流中心。

（五）华夏历史文明传承创新区

中原文化是中华文化的根脉。在中华文明进化和发展过程中，中原文化始终引领华夏文明走向和文化发展方向。都城文化、青铜文化、甲骨文化，儒、道、法、佛等元典思想文化，无不以河南省为圆心向外发散。素有中华文化"活"博物馆之称的河南省，至今完整保留着包括文化遗产和非物质文化遗产在内的中华民族文化基因。3000 多年建都史，近 7 万处文物点，数以千计的国家级、省级重点文物保护单位，140 多万件馆藏文物，默默诉说着历史的辉煌。如何使华夏文明在传承中不断创新发展，培育具有中原风貌、中国特色、时代特征和国际影响力的文化品牌，不断提升文化软实力和增强中华民族凝聚力，成为摆在当前中原经济区建设的一道战略命题。《国务院关于支持河南省加快建设中原经济区的指导意见》，明确将打造华夏历史文明传承创新区为中原经济区五大战略定位之一，为中原文化传承发展指明了方向。我们要以此为契机，传承弘扬中原文化，充分保护和科学利用全球华人根亲文化资源；培育具有中原风貌、中国特

色、时代特征和国际影响力的文化品牌，提升文化软实力，增强中华民族
凝聚力，打造文化创新发展区。

三、三化协调科学发展道路的探索与实践

（一）立足省情、发挥优势、勇于担当

立足省情，探寻三化协调发展之路。当前河南省正处于工业化、城镇
化加速推进阶段，应当充分汲取沿海一些地区的教训，积极探索适合河南
省情的三化协调发展的路径和模式。由于当前国际金融危机深层次影响仍
在发酵，国际贸易增速回落，世界经济复苏的不稳定性、不确定性上升，
河南省经济下行压力加大，甚至有"硬着陆"的风险。要进一步提振经济，
实现更有质量的可持续增长，必须将扩大内需作为转方式、调结构的首要
任务。而城镇化是扩大内需和实现未来经济发展的最大潜力所在。据统
计，目前河南省城镇居民消费水平是农村居民的 3.6 倍左右，城镇化率每
年提高 1 个百分点，可以吸纳 1000 多万农村人口进城，进而带动 1000 多
亿元的消费需求和数额更大的投资需求。同时，提升工业发展水平，促进
服务业加快发展并提升其比重，可以为扩大内需、增加就业提供强有力的
产业支撑；保障粮食安全、保护生态环境、发展现代农业，可以为扩大内
需奠定坚实的物质基础。因此，推进三化协调是河南省立足省情谋划发展
的必由路径，也是转方式、调结构、扩内需的战略举措，可以助推河南省
在一个较长的时期保持经济适度较快增长。

河南省的特殊省情决定了特殊的使命。从自然条件看，河南省的土
壤、气候、日照等更适合粮食和农业生产，粮食总量约占全国的 1/10，小
麦产量占全国的 1/4 强，所以，河南省的粮食生产关乎全国粮食安全，只
能加强，不能放松；从发展阶段看，河南省人均 GDP 已突破 4000 美元，
进入工业化、城镇化加快推进和蓄势崛起的新阶段，但主要人均指标低、
城镇化水平低的问题依然突出，必须大力推进工业化、城镇化，努力实现
赶超发展、跨越式发展；从地理位置看，河南省地跨长江、淮河、黄河、
海河四大流域，大别山、太行山、伏牛山三山环绕，又是南水北调中线工
程的水源地，因此，河南省的生态和环境保护关系全局，不容有失。基于

以上情况，确保在工业化、城镇化进程中不牺牲农业和粮食、生态和环境也就成为河南省决策层的不二选择。另外，河南省"三农"问题突出、人多地少矛盾突出，城镇化水平偏低，坚持"两不三新"三化协调之路，方可统筹破解"三农"难题、资源要素等瓶颈制约，寻找到新形势下中原崛起河南省振兴的持久动力和新的发展模式。

（二）站位全国、服务大局、融入全局

在保障粮食生产的前提下探索三化协调之路，是河南省自觉站位全国服务大局的历史担当。作为全国粮食主产区，河南省用占全国6%的耕地生产了占全国10%的粮食，为保障国家粮食安全作出了积极贡献。改革开放以来，在工业化浪潮中，全国13个粮食主产区中粮食净调出省份仅剩6个，但同期河南省粮食总产量一直稳步增加，2011年突破1100亿斤。随着新一轮区域竞争的展开，中西部工业化、城镇化进程将会加速，"粮食怎么保"成为不容回避的问题。加之国际市场高粮价局面短期内难以改变，通过国际市场平衡国内供给不仅空间有限，而且受"大国效应"影响，价格风险和政治风险都将越来越大。如果说在改革开放初期，部分地区以削弱粮食生产上工业尚有一定的历史原因，那么在新的形势下，中西部地区已不可能也不允许再复制传统的工业化、城镇化道路。基于此，河南省把建设粮食生产核心区作为三化协调发展的重要抓手，致力于到2020年粮食综合生产能力提高至1300亿斤，继续为保障国家粮食安全作出更大贡献，这是河南省应有的历史担当。

改革开放以来尤其是21世纪以来，党中央在系统总结历史经验的基础上，作出了推动三化协调发展的一系列重大决策，许多地方也进行了有益的尝试，但"两种不协调"现象仍不同程度存在：一些地方经济发展了，粮食生产却下来了，生态环境被破坏了；一些地方粮食生产、生态环境保住了，但经济发展却长期滞后。实践证明，要做到既避免为推进工业化、城镇化牺牲农业和粮食、生态和环境，也避免因保农业粮食、保生态环境而拖赘经济发展，就必须创新三化协调的内涵和模式。河南省结合自身实际和特色，提出"两不三新"三化协调科学发展的思路，坚持以新型城镇化引领三化协调发展，发挥新型农村社区在新型城镇化引领方面的战略基点作用，推动产业互动、产城互动、城乡互动，努力实现农业增产与农民

增收协同、推动工业化城镇化与保护耕地"红线"协同、同步推进三化与资源环境保护协同，构建起新型工农关系、城乡关系，保护好绿水青山，加快形成城乡经济社会发展一体化新格局。河南省的探索，有可能为全国同类地区创造经验、提供示范，这也是建设中原经济区成为"国之大事、省之大计"的根本原因。

（三）关键在做、关键在实、关键在效

走"两不三新"三化协调科学发展之路，关键在做、关键在实、关键在效。关键在做，就是要注重运作，做到突出运作、科学运作、有效运作。关键在实，就是要解放思想，实事求是，从实际出发。关键在效，就是要更加注重效率、效益、效果、效应，使中央和省委的各项决策部署落到实处、见到实效。

坚持关键在做、关键在实、关键在效，必须把握好以下三个要点：一要转变思想观念。转变经济发展方式，首先要转变思想观念。要坚持在深入学习中转变、在解放思想中转变、在实践中转变，特别是积极探索新型城镇化道路，从农村切入，找准统筹城乡发展的结合点、推进城乡一体的切入点。二要转变领导方式。创新领导方式和工作方法，着力为产业和企业创造良好的发展环境，为老百姓创造安居乐业的生活环境，把群众高兴不高兴、拥护不拥护、赞成不赞成、满意不满意作为评判各项工作的最终标准、最终目标，用领导方式的转变推动经济发展方式的转变。三要转变工作作风。突出"实"，深入基层、深入群众，对基层干部要更多地理解和支持；更多地注重效益、效果、效应，使各项工作更有效率，使干群关系更加融洽。要以作风建设为切入点，以深入开展创先争优活动为契机，切实加强基层党组织建设和干部队伍建设，使党的建设的成效、创先争优活动的成果体现在中央和省委精神的贯彻落实上，体现在我们推动科学发展的生动实践上。

第四节　担当重任探索新路

河南省历届省委省政府始终站位全国看河南，联系大局看河南，

着眼未来看河南，在促进中部崛起、强化东中西互动、服务全国大局中定位河南省，持续探索不以牺牲农业和粮食、生态和环境为代价的新型三化协调科学发展之路，谋的是河南的事，解的却是全国发展的题。

一、20 世纪 90 年代推进工农互动发展的尝试与探索

经过改革开放十多年的发展，到 20 世纪 90 年代初期，河南省粮食盈余不断增加，不仅能满足本省需要，还能输出省外，甚至出现了"卖粮难"问题，粮食系统大面积亏损，农民手中攥着大把"白条"。与此同时，工业状况也不容乐观，乡镇企业发展迅速，但遍地开花、多而不大；国有企业机制转换推进缓慢，效益持续下滑。全省国民经济发展状况不仅落后于全国平均水平，而且落后于周围兄弟省，人均国民生产总值等主要人均经济指标，多数处在全国 20 多位，"农业大省、工业小省、财政穷省"非常形象地概括了当时河南省的总体状况。

1992 年，随着邓小平南方谈话的发表和党的十四大胜利召开，新一轮思想解放在全国范围内展开，河南省决策层开始思考河南省如何选择适合自己的振兴之路。经过许多领导干部到沿海地区考察，大家一致认为河南省的差距主要表现在工业化程度的落后。"无农不稳、无工不富"。工业化是传统农业社会向现代社会迈进的必经阶段，也是河南省实现富民强省的必由之路，但是放弃和牺牲农业去发展工业，不符合河南省农业大省、人口大省的基本省情，同时也会对国家粮食安全构成威胁，影响稳定大局，因此，河南省必须走出一条农业省加快工业化进程的新路子。

1993 年 1 月，时任河南省省委书记的李长春同志在全省农村工作会议上强调，农业大省实现工业化，必须首先立足于丰富的农副产品所提供的工业原料，坚持强农兴工的路子，把两者统一到"围绕农字上工业"上。紧接着省委、省政府制定了"以农兴工、以工促农、农工互动、协调发展"的发展思路，坚持"跳出农业抓农业、围绕农业上工业、上了工业促农业"；"八五"期间，围绕"一高一低"的战略目标，提出了"两篇文章（工业、农业）一起做"和"两道难题一起解（工业化缓慢、农民增收困难）"，作

出了"大力发展食品工业，振兴河南省经济"等一系列重大部署，坚持把农业放在经济工作的首位，同时以优化结构、提高效益为重点，不断加快工业化进程。至此，强农兴工、协调发展的路子逐渐形成，这条路子，既强化了农业基础性地位，又找到了加速工业化的突破口。

二、21世纪初三化协调发展的提出与实践

经过一个时期的艰苦奋斗，河南省国民经济持续快速发展，综合经济实力上了一个新台阶，农业综合生产能力进一步增强，工业整体素质有所提高，人均主要经济指标与全国平均水平差距进一步缩小。但是，国民经济整体素质和效益仍旧不高，经济结构不合理的矛盾依旧突出，部分国有企业发展不够理想，城市化水平低，财政压力加大，出现了新一轮的"卖粮难"现象。通过深入调研，河南省决策层意识到，解决上述问题必须依靠工业，工业的发展能对农产品总供给水平提出更高的要求，能带动第三产业的发展，进而促进城市的繁荣和城市化水平的提高，河南省已经步入了加速工业化进程为主要特征的新阶段，必须在农业大省实现工业化方面寻求新进展和新突破，进一步强化工业发展已势在必行。

2001年10月，河南省委七次党代会报告明确提出，要加快工业化、城市化进程，促进农业现代化，开始进一步强化工业意识、城市意识。2002年11月，党的十六大明确了全面建设小康社会的奋斗目标。2003年，时任河南省委书记的李克强提出，"要用发展工业的理念发展农业"，河南省决策层开始形成"工业化为先导、大力推进工业化、城镇化和农业现代化"的三化协调发展思路。同年，《河南省全面建设小康社会规划纲要》颁布，进一步指出了加快工业化、城镇化、推进农业现代化是河南省全面建设小康社会的基本途径，也是从根本上解决"三农"问题的必由之路；要坚持以工业化为主导、以城镇化为支撑、以推进农业现代化为基础，统筹经济社会协调发展。

沿着这条路子，河南省加大了推进三化协调发展的力度。工业方面，积极改造提升传统产业，大力发展高新技术产业，努力提高装备水平和技术含量，不断推动工业优化升级和持续发展；城镇化方面，出台《关于加

快城镇化进程决定》，提出了全省城镇化发展的指导思想、原则、目标、重点和措施；农业方面，出台《关于推进农业现代化建设的意见》，提出通过提升科技水平、延伸产业链条等工业发展理念，促进传统农业向现代农业转变。工业化主导地位的确定，使河南省工业规模迅速膨胀，2005年，全省工业增加值接近 5000 亿元，工业的振兴大大提高了农业生产水平，同时也增强了城市带动农村的能力，全省 GDP 总量突破 10000 亿元大关，成为全国第五个经济总量超万亿元的省份，河南省开始跨入经济大省和新兴工业大省的行列。

三、新阶段三化协调发展的拓展与深化

经过"十五"（2001—2005）的努力，河南省已成为全国重要的经济大省、新兴工业大省和有影响的文化大省。但是，河南省虽"大"，却不能说"强"，人口多、基础差、底子薄、人均发展水平低的基本省情并没有改变。大而不强，是河南省经济社会发展现状的基本特点。2005 年，胡锦涛总书记视察河南省时明确指出，河南省要抓住机遇，实现跨越式发展，实现更大规模、更高水平发展，在促进中部崛起中发挥更大的作用，走在中部地区前列。面对中央对河南省的期望，河南省决策层准确把握河南省所处的历史方位，科学规划河南省的未来，提出了"两大跨越"的奋斗目标。

肩负着中央的重托和全省人民的希望，河南省开始了由"大"到"强"的跨越之路。这条路子怎么走，河南省八次党代会给出了明确答案，以工业化为主导、以城镇化为支撑、以农业现代化为基础的三化发展之路是河南省已经探索出的符合省情的发展之路。与此同时，决策层也意识到，经过 30 多年改革开放，河南省综合实力大幅提高，进入了工业化、城镇化双加速时期，初步具备了工业反哺农业、城市支持农村的基础和实力，改善工农关系、城乡关系迎来了难得机遇。结合所处的发展阶段，遵循经济社会发展规律，河南省在推进三化发展中必须建立健全以工促农、以城带乡的机制，才可能充分发挥工业化、城镇化对农业发展的带动作用，改变农业和农村经济在资源配置和国民收入分配中所处的不利地位，为农民进城

就业创造条件，推动城乡统筹发展形成新格局。

2006 年 6 月，河南省颁布了《关于加快城乡一体化试点工作的指导意见》，指出要"以加快城镇化为核心，以构建城乡统一的基础设施、公共服务体系为着力点，打破城乡二元结构、统筹城乡发展"。2007 年，河南省委八届五次全会指出，要"坚持在工业化进程中巩固农业基础地位，坚持在城乡互动中培育新的增长极"。加之中央连年出台一号文件聚焦"三农"问题，一整套强农惠农富农的政策体系初步形成，一系列事关农业发展的重大措施密集出台（取消农业税、实行农业生产补贴、放开粮食收购等），"以工促农、以城带乡"的机制逐步完善。

"以工促农、以城带乡"政策措施的出台，极大地调动了河南省广大农民的生产积极性，农业生产进入"黄金期"，粮食产量进入了连年递增的轨道。同时，随着农业生产效率的提高，大量的富余农产品为河南省工业发展提供了重要原材料，超过 2000 万农民走向城市，支撑了工业化和城镇化快速发展。也是在这一时期，河南省农民人均纯收入增速连续超过城镇居民，为工业品生产提供了更为广阔的市场；农村面貌显著改善，城乡差距有所缩小，城镇化进程驶入快车道。河南省在推进三化发展的过程中，工农关系、城乡关系发生了显著变化，为河南省的全面进步打开了广阔空间。

四、新形势下三化协调发展的创新与提升

国际金融危机的爆发，使国际国内发展环境发生了巨大变化。世界经济格局大调整大变革纵深展开，经济复苏的不稳定性、不确定性增多；我国经济增长增速逐步放缓，面临扩内需保增长的艰巨任务。河南省经济社会发展也呈现出了新的阶段性特征，突出表现在发展空间明显拓展与外部环境更趋复杂并存、发展优势凸显与区域竞争压力加大并存、经济平稳较快发展态势持续与转变经济发展方式要求迫切并存等，在这样的背景下，如何用全局的眼光、战略的思维谋划河南省未来发展之路，成为摆在河南人民面前的新命题。

2009 年 11 月底，卢展工同志到河南省履职主政。在当年 12 月份召

开的省委经济工作会议上，卢展工提出：要坚持"四个重在"的实践要领，把这些年河南省在发展中形成的、经过实践证明是正确的发展思路整合起来，持续地做下去。

系统梳理历届省委确立的发展思路，证明三化协调发展的路子是正确的，效果是明显的。但是，面对新一轮经济转型和区域竞争，"钱从哪里来、人往哪里去、粮食怎么保、民生怎么办"的"四难"必须破解，如何汲取沿海地区发展的经验教训，创新三化协调的内涵和模式成为不可回避的问题。

基于此，河南省酝酿提出了建设中原经济区的重大构想。2010年省委八届十一次全会审议并原则通过的《中原经济区建设纲要（试行）》指出："要发挥新型城镇化的引领带动作用"、"在加快工业化、城镇化进程中保障国家粮食安全，推进农业现代化，率先走出一条不以牺牲农业和粮食、生态和环境为代价的'三化'协调科学发展的路子"。2011年9月28日，国务院颁布《关于支持河南省加快建设经济区的指导意见》，指出"积极探索不以牺牲农业和粮食、生态和环境为代价的三化协调发展的路子，是中原经济区建设的核心任务"。2011年10月，卢展工书记在省九次党代会报告中指出，"全面实施建设中原经济区、加快中原崛起河南省振兴总体战略，持续探索不以牺牲农业和粮食、生态和环境为代价的新型城镇化新型工业化新型农业现代化三化协调科学发展的路子"。由此，河南省亿万人民迈上了探索"两不三新"三化协调科学发展路子的新征程。

经过20多年的探索努力，推进中原崛起取得巨大成就，河南省由缺粮大省变成国人大粮仓、大厨房，成为全国重要的经济大省、新兴工业大省和有重要影响的文化大省。河南省地区生产总值由1992年的1279.75亿元增加到2011年的27232.04亿元，居全国第5位；粮食产量由1992年的621亿斤增加到2011年的1108亿斤，总产量占全国的1/10。河南省经济结构发生明显变化，2011年，第二、三产业比重达87%；工业结构日趋合理，全国191个工业种类，河南省拥有185个，新兴工业大省的地位进一步巩固。1992年，河南省工业增加值为481.11亿元，在全国排序中仅居第9位，2011年达到14401.7亿元，跃居全国第5位。交通运输高度发达，高速公路通车总里程达到5196公里，居全国第一。航空运输从无到有，郑州机场客运吞吐量突破 1000 万人次大关，成为我国八大区域枢纽机场之一。河南省经济社会发展总体持续、总体提升、总体协调、总体有效，中原崛起呈现出好的趋势、好的态势和好的气势，为"十二五"乃至今后很长一个时期奠定了发展基础，创造了发展条件，积蓄了发展势能。

第五节　经验与启示

探索充满艰辛，经验弥足珍贵。20 年来，中原大地发生了令人鼓舞的巨大变化，全省综合实力大幅提升、社会事业全面进步、人民生活明显改善。这 20 年，是不断深化省情认识、准确把握发展定位、积极探索科学发展路子的 20 年，是经受严峻考验、努力开拓创新的 20 年，也是河南省历史上综合实力提升最快、城乡面貌变化最大、人民群众得到实惠最多的 20 年。科学分析和系统总结 20 年来立足省情准确定位的经验和启示，对于加快中原崛起河南省振兴具有重要意义。

一、深刻认识基本省情是准确定位的前提

认识省情，是我们明确自己的方位，找准自己定位的必要前提和条件。只有全面、深刻地认识省情，准确、及时地把握省情动态，才能"耳聪目明"、眼界开阔，正确地看待我们的优势，辩证地对待我们的劣势，客观地认识我们的差距和不足，从实际出发，准确定位，科学制定经济社会发展战略和政策措施，走具有时代特征、河南省特色的发展之路，在加快发展的实践中体现时代性、把握规律性、富于创造性。历届省委、省政府坚持从"人口多、底子薄、基础弱、人均水平低、发展不平衡"的基本省情出发，把中央的方针政策与河南省的具体实际有机结合起来，坚持发展这个硬道理，顺应民意、凝聚民心、集中民智，持续探索河南省振兴路子，谋划中原崛起方略。从"坚持把农业放在经济工作的首位"，到"以农兴工、以工促农、农工互动、协调发展"的发展思路，以及"工业化为

先导、大力推进工业化、城镇化和农业现代化"的发展路径，再到《国务院关于支持河南省　加快建设中原经济区的指导意见》提出的"五大定位"，每一次发展定位的提升都更加符合河南省情现状，体现了与时俱进的时代精神，加快了跨越发展的步伐。我们从中能够看出这样一条清晰的脉络，那就是在立足省情、认识省情、把握省情的基础上准确定位，在围绕中原崛起河南省振兴中谋主旋律发展。实践证明，由于在立足省情、认识省情、把握省情的基础上思路对头、定位准确，河南省在中原崛起河南省振兴征程中站上了一个更高的历史起点。

二、科学把握发展阶段是准确定位的基础

科学判断和深刻把握发展阶段性的特征，是准确定位的必备基础和条件。只有正确认识和总体把握经济社会发展的阶段性特征，才能谋势而动，顺势而为，才能准确判断经济社会发展的主流和走向，进一步深化对河南省具体省情的认识，科学把握河南省经济社会发展中的深层次矛盾和问题，进而找准定位，谋划未来，乘势而上，加快发展。河南省历届省委、省政府坚持从经济社会发展阶段的实际出发，准确把握不同发展阶段的时代特征，围绕中原崛起河南省振兴的主旋律，持续而为，准确定位，推动了经济社会平稳较快发展。从改革开放初期强调把农业发展放在首位，到20世纪90年代提出的"农业大省实现工业化"，以及进入21世纪提出的"工业化为先导、大力推进工业化、城镇化和农业现代化"，再到省九次党代会提出的持续探索走一条不以牺牲农业和粮食、生态和环境为代价的新型城镇化新型工业化新型农业现代化三化协调科学发展的路子，以及国务院《指导意见》提出的中原经济区战略定位：国家重要的粮食生产和现代农业基地，全国工业化、城镇化和农业现代化协调发展示范区，全国重要的经济增长板块，全国区域协调发展的战略支点和重要的现代综合交通枢纽，华夏历史文明传承创新区。都是从河南省情和发展的阶段性特征出发，科学探索的结果。实践证明，只有科学认识和把握经济社会发展阶段和发展趋势，才能理清思路，准确定位，使经济社会发展在正确的方向上稳步前行。

三、站位全局勇于担当是准确定位的基石

站位全局，勇于担当，是准确定位的内在要求和基石。只有站在全局的角度看问题、想办法、做决策，才能时刻关注全局、科学把握全局，做到准确定位。只有着眼全局、站位全局，勇于担当，才能认真贯彻落实中央确定的方针政策，确保本地工作与全国大局的合拍共振；才能紧密联系地方实际，在融入全国大局的同时创造性地开展工作，找准定位。河南省是中国第一人口大省、农业大省、是全国重要的粮食生产主产区，承担着确保国家粮食安全的重任。胡锦涛总书记指出："能不能保障国家的粮食安全，河南的同志肩上是有责任的。"近10年来，温家宝总理每年都到河南省来视察，每次都以考察粮食生产情况为重点。历届省委省政府非常注重站位全国看河南省，联系大局看河南省，着眼未来看河南省，在促进中部崛起、强化东中西互动、服务全国大局中定位河南省，加快中原崛起河南省振兴。建设中原经济区，就是我们从全国发展大局出发，自觉着眼全局、站位全局、融入全局提出来的发展战略。国家重要的粮食生产和现代农业基地、全国工业化城镇化和农业现代化协调发展示范区、全国重要的经济增长板块、全国区域协调发展的战略支点和重要的现代综合交通枢纽、华夏历史文明传承创新区这"五大定位"，就是把河南省放在国家区域经济布局、国家统筹协调梯次推进乃至中华民族伟大复兴的宏图大业上来考量。中原经济区本身就是河南省站位全局勇于担当的产物，也必将在服务全局中担当重任大有作为。

四、始终保持清醒忧患是准确定位的关键

始终保持清醒忧患是准确定位的关键所在。只有清醒忧患，才能使我们对存在问题的认识更加深刻，才能使我们抢抓机遇的意识更加强烈，才能使我们对发展的定位更加准确。邓小平同志曾经深刻地指出，发展起来以后的问题不比不发展时少。进入新世纪、新阶段，胡锦涛总书记语重心长地强调，成绩越大，喝彩声越多，我们越要保持清醒的头脑，越是经济

社会向前发展，越是现代化程度不断提高，就越不能忽视可能发生的风险。只要我们始终忧患在心、准备在先，居安思危、防患未然，就一定能够经受住各种考验、战胜各种困难和风险，不断夺取全面建设小康社会新胜利。谋划和建设中原经济区，体现着强烈的忧患意识，是对现实优势与困难的清醒判断，是对未来机遇与风险的洞察预见，也是对亿万人民福祉和河南省前途命运的深谋远虑。围绕中原经济区"五大战略定位"，探索新型三化协调科学发展之路，我们肩负的责任和使命前所未有，承受的压力和挑战前所未有，面对的困难和考验也前所未有，要时刻保持清醒忧患，不沉溺已有的成绩，不回避现存的问题和差距，不畏惧未来的风险与挑战，让中原经济区建设乘势而上，始终保持正确的前进方向。

五、顶层设计科学谋划是准确定位的保障

推动经济社会发展，决不能靠拍脑袋、想当然作决策，决不能违背宗旨、脱离实际地处理问题，必须尊重客观规律，进行顶层设计、科学谋划、科学决策。只有顶层设计科学谋划，才能把中央精神和本地实际紧密结合起来，才能坚定地服从和服务于全国大局，自觉地在大局下谋局部，准确定位，积极主动地搞好局部，支持全局；只有顶层设计科学谋划，才能积极适应国内外形势发展变化的新趋势，努力把握人民群众的新要求、新期待，努力使各项决策体现时代要求，反映客观规律。中原经济区"五大战略定位"就是顶层设计科学谋划的结晶。在定位的具体内涵方面，研究中曾提出过"中西部新型城镇化示范区"、"促进国家振兴的战略腹地"、"全国粮食生产核心区"、"全国文化改革发展试验区"、"全国生态文明建设示范区"、"全国重要的先进制造业和现代服务业基地"等。经过广泛听取各方面意见，严格组织科学论证，最后，从凸显河南省的区位、文化、粮食优势等考虑，确定了中原经济区的"五大战略定位"。回顾这些实践，我们深深感到，顶层设计科学谋划，做到既正确把握客观规律，又敢于坚持按客观规律办事，甚至不惜承担必要的风险，才能作出符合最广大人民群众根本利益、经得起历史检验的正确决策，创造出无愧于时代和人民的业绩。

第四章
把握机遇：经济社会长足进步的成功秘诀

机遇是区域发展的战略性稀缺资源，是区域竞争的重要资本。能否敏锐地发现机遇，大胆地创造机遇，果敢地抢抓机遇，科学地运用机遇，是决定区域发展速度快慢、质量高低的重要因素。在 20 多年来中原崛起的实践探索中，河南省抓住市场取向改革的机遇，充分利用重要战略机遇期，努力走在中部地区崛起前列，成功谋划中原经济区，全力打造郑州航空经济综合实验区，经济社会发展取得了长足进步。实践表明，中原崛起伟大成就的取得，得益于对机遇的认识、把握和利用，当前要深入推进中原经济区建设、加快中原崛起河南省振兴进程，需要进一步增强机遇意识和忧患意识，提高创造机遇、把握机遇、利用机遇的能力和水平。

第一节　抓住市场取向改革的机遇

1992 年春，邓小平南方谈话掀开了市场取向改革的新篇章，为河南省解放思想、抢抓机遇、加快发展带来了强劲东风。伴随着计划体制、价格体制、分配制度、劳动制度、社会保障制度、行政管理体制等全方位市场取向改革的深入进行，河南省也基本上形成了健全统一、竞争有序的现代市场经济体系，经济社会出现蓬勃发展局面，在全国位次开始往前追赶。

一、市场取向改革的起步及其对河南省的机遇

在南方谈话中，邓小平全面分析了当时的国际国内形势，科学总结了十一届三中全会以来改革开放和现代化建设的基本实践和基本经验。邓小平深刻地阐明了社会主义的本质以及怎样建设社会主义等一系列重大的理论问题和实践问题，提出了判断改革是非成败的"三个有利于"的标准，从理论上深刻回答了长期困扰和束缚人们思想的许多重大认识问题。邓小平南方谈话充满了抓住机遇、发展自己的紧迫感，"抓住时机，发展自己，关键是发展经济。现在，周边一些国家和地区经济发展比我们快……"，"要抓住机会，现在就是好机会。我就担心丧失机会。不抓呀，看到的机会就丢掉了，时间一晃就过去了。"①

邓小平南方谈话和随后中共十四大的召开，标志着中国社会主义改革开放和现代化建设事业进入新的发展阶段，走进确立建立社会主义市场经济体制的改革方向、全面建设新体制并初步建立了社会主义市场经济体制、市场经济获得巨大发展的时期。伴随着以社会主义市场经济为取向的改革全面铺开，改革开放进入了全面推进阶段，为河南人民解放思想、抢抓机遇、加快发展带来了强劲东风，河南省的发展思路也逐步明晰，有力地激发了市场经济各主体尤其是民营经济发展的积极性。

二、全方位深化市场取向的改革

为抓住市场取向改革的机遇，这一时期，河南省提出"一高一低"奋斗目标，破除"一'左'一旧"思想束缚，把解放思想、转变观念作为一切工作的总开关，提出越是农业大省越要大力发展工业，推进"公司＋农户"，培育龙头企业，在全省实施"十八罗汉闹中原"，大力推进县域经济发展，实施科教兴豫、开放带动、可持续性发展三大战略等等，并主要围绕落实企业自主权、落实农民的经营自主权等而不断改革计划经济体制、

---

① 《邓小平文选》第三卷，人民出版社 1993 年版，第 375 页。

义无反顾地建立社会主义市场经济体制。

（一）改革计划体制

计划体制是经济体制的重要组成部分和重要外在特征。1992 年 3 月，特别是中共十四大以后为第四阶段。1992 年 3 月河南省政府印发了《河南省计划体制改革若干意见》，提出了深化计划体制改革的基本方向，确立了全省"八五"期间计划体制改革的基本原则。1993 年 12 月河南省委关于贯彻《中共中央关于建立社会主义市场经济体制若干问题的决定》的实施意见中，提出了加快计划体制改革的要求：计划要以市场为基础，总体上应是指导性计划；要进一步转变计划管理部门的职能，由长期以来偏重于计划指标等事务性管理，转向制定中长期发展规划和产业政策，调整重大经济结构和生产力布局[①]。

（二）改革价格体制

价格体制是经济体制的核心组成部分和最重要的外在特征。价格管理体制如何，直接反映着市场作用发挥的程度，反映着市场经济体制建设的进程。市场取向改革以来，价格体制改革明显加快。1992 年年底，河南省商品价格由年初的 73 种（类）减少到 7 种（类），减少了 90.4%，城镇居民定量供应的食油和肉禽蛋价格全部放开，12 个市地放开了粮食购销价格。商业零售价格全面放开，取消了生产资料最高限价。在全省社会商品零售总额中，市场调节比重达 93%，国家定价比重缩小到 7%。到 20 世纪 90 年代中期，市场决定价格的机制基本形成。在全省社会商品零售总额中，国家定价的比重仅占 5%；在农民出售的农副产品总额中，国家定价的比重只占 10%；在工业企业销售的生产资料总额中，国家定价的比重仅占 15%。

（三）改革分配制度

市场取向改革以来，河南省不断深化分配制度改革，逐渐建立起了与市场经济相适应的以按劳分配为主体、多种分配方式并存的具体分配制度体系。在企业工资制度改革上，1992 年，在企业进行包括企业内部

---

① 本部分参考河南省社会科学院编：《河南改革开放 30 年》，河南人民出版社 2008 年版，第 28—34 页。

分配制度的三项制度改革，在完善"工效挂钩"的同时，强调企业有权根据实际需要自主确定工资、奖金的分配形式，把劳动报酬与企业经济效益和职工个人的劳动贡献挂起钩来。1993 年开始，国有企业在职工工资总额增长率低于企业经济效益增长率、职工平均工资增长率低于企业劳动生产率增长的前提下，根据劳动就业供求变化和国家有关政策规定，自主决定工资水平和内部分配方式。1995 年河南省制定了企业最低工资标准。在行政事业单位工资改革上，1993 年 10 月河南省结合机构改革和公务员制度的推行，建立了符合自身特点的职务级别工资制度。此外，随着市场取向改革的深入，个人收入渠道不断扩大，劳动者除了直接的工资、奖金收入和个体劳动所得外，企业发行债券、股票筹集资金，债券、股票的持有者可以凭债权取得利息和按股分得红利，或在股市上投资取得收益；个体经济和私营企业雇佣一定数量的劳动力，给业主带来部分非劳动收入；承包、租赁企业经营者的收入中，还包含了一部分经营风险补偿等等。这些非直接按劳分配的收入只要合法，都应受到国家法律的保护。为此，河南省鼓励城乡居民储蓄和投资，允许属于个人的资本等生产要素参与收益分配，基本形成了以按劳分配为主体，资本、土地、技术、管理等生产要素参与分配的多种分配方式并存的分配格局。

（四）改革劳动制度

劳动用工制度，牵涉到劳动力的合理流动和有效配置，牵涉到劳动力市场的形成和市场机制作用的发挥，是经济体制改革的主要内容。市场取向改革中，河南省对劳动制度改革分三大步进行。首先，改革就业制度，实行在国家统筹规划和指导下，劳动部门介绍、自愿组织和自谋职业相结合的"三结合"的就业方针，改革过去主要靠全民所有制单位招工的单一渠道，转变为全民、集体和个体经济多渠道就业。1993 年，进一步在全省推行了弹性劳动计划，从此不再下达招工指标。1995 年 8 月，河南省政府批转劳动厅关于实施再就业工程的报告。1997 年，全省各级劳动部门加大再就业工程的实施力度，18 个市（含济源市）全部出台了再就业工程实施意见，把再就业目标列入政府考核目标。其次，改革用工制度，新招工人实行劳动合同制。再次，积极探索搞活固定工的新路子，如劳动

组合、择优上岗、合同化管理、编外管理等。在总结用工制度改革的基础
上，劳动制度改革发生了重大转变，由单项突进方式转变为综合配套改
革，紧紧围绕搞好国营大中型企业，实行全员劳动合同制。1994 年 7 月，
《劳动法》颁布以后，制定了《河南省劳动合同制定实施意见》，进一步加
大改革力度，在国有、集体、三资、私营、乡镇企业和个体经济组织全面
实行劳动合同制。

（五）改革社会保障制度

建立新型的、完善的社会保障制度是现代市场经济体制的必然要求。
河南省在市场取向改革中，不断加大社会保障改革力度，逐步建立和完善
多层次的社会保障体系，形成符合社会主义市场经济要求的新型的社会保
障制度阶段。一是推进养老保险制度改革。1995 年河南省出台了《深化
企业职工养老保险制度改革试行方案》，并在洛阳、开封、新乡、安阳等
市进行了社会统筹和个人账户相结合的养老保险制度改革试点。另外，对
机关事业单位和农民的养老保险制度也进行了改革。二是失业保障改革。
1993 年，制定了《河南省失业保险条例》。2000 年，全省失业保险覆盖了
全部国有企业，有 13 个市把范围扩大到集体、私营、三资企业、企业化
管理的事业单位的职工及国家机关、事业单位的合同制工人。三是医疗保
险制度改革。河南省职工医疗制度自改革以来，在公费医疗和劳保医疗上
都进行了一系列的改革和探索。公费医疗，多数市县实行了"三挂钩"，
建立了公疗医院或公疗门诊所，部分市县实行了定包干、定点医疗、少量
自负、超支分摊、节余分享的办法。四是住房制度改革。全省各市地和省
直机关先后出台住房制度改革方案。住房公积金制度逐步推行，租金改革
不断加大力度，公有住房稳步出售，安居工程建设初见成效，集资建房和
合作建房继续发展。一些大中型企业加大房改力度，为企业住房社会化创
造了条件。

（六）改革行政管理体制

市场取向改革以来，河南省围绕着政企分开、政社分开、政资分开，
围绕着大力发展市场经济的需要和谋求经济社会又好又快发展的需要，
不断深化行政管理体制改革，切实转变政府职能，着力打造有限型、责
任型、服务型政府。1992 年 7 月国务院颁布《全民所有制工业企业转换

经营机制条例》，河南省随后制定的《实施办法》，规范了企业和政府的关系，促进了政府职能的转变。1993年，全省政府转变职能的步伐加快，按照省委、省政府关于经济管理权限原则上下放一级的要求，省直各部门进一步界定自己的职能，给市地下放了57项经济管理权限。郑州、洛阳、漯河等多数市地也将原有的权限下放给县区和企业。1994年开始，按照政企分开，精简、统一、效能的原则，在全省逐步全面进行政府机构改革。截至2002年8月，河南省基本完成了省、市、县、乡机构改革，"小政府大服务"的新格局逐步形成。自20世纪90年代末，河南省行政管理体制改革进入以建立与社会主义市场经济体制相适应的行政管理体制为目标的阶段，由过去单纯的人员精减、机构合并转到转变政府职能、实现政企分开、强化政府宏观调控能力上来，政府职能转变取得实质性进展。

三、深化市场取向改革的主要成效

经济体制改革和社会主义市场经济体制建设，牵涉到诸多方面，除上面提到的体制和制度改革外，河南省还在农村经济体制、商业流通体制、财政体制、金融体制、投资体制、物资管理体制、对外经贸体制以及科研体制、教育体制等方面不断深化改革，取得了实质性进展。河南省已初步建成了让市场在资源配置中发挥基础作用的社会主义市场经济体制，而且，经过诸多年的市场体系建设，河南省也基本上形成了健全统一、竞争有序的现代市场经济体系，经济社会出现蓬勃发展局面，在全国位次开始往前赶。

"八五"时期（1991—1995年），河南省GDP年均增长计划目标为6.5%，实际增长13.0%，高于计划目标6.5个百分点；"九五"时期计划目标为10.0%，实际增长10.1%，高于计划目标0.1个百分点。河南省经济总量和人均指标的增长速度均高于全国平均水平，GDP占全国的比重不断上升，人均GDP与全国平均水平的差距不断缩小。GDP占全国的比重由1978年的4.5%提高到2000年的5.1%，提高0.6个百分点。人均GDP由1978年全国平均水平的60.9%提高到2000年的69.4%，提高8.5

个百分点。河南省人口自然增长率从 1992 年起连续 15 年低于全国平均水平[①]。

1991 年，为全面评价我国人民小康生活的实现程度，国家统计局与国家计划、财政、卫生、教育等 12 个部门提出包括 16 项指标的小康生活评价标准。按照这一标准，到 2000 年，河南省小康生活实现程度达 95%，基本实现小康生活目标。其中，目标值按 1990 年价格计算的人均 GDP 要达到 2500 元，2000 年实际完成 2949 元，按 1980 年价格和汇率折合 900 美元，实际完成 1240 美元。从 GDP 总量来看，1991 年全省 GDP 突破 1000 亿元，2000 年突破 5000 亿元，2000 年是 1980 的 7.65 倍。按 1980 年价格计算，1987 年提前三年实现 GDP 比 1980 年翻一番目标，1994 年提前六年实现 GDP 比 1980 年翻两番目标。从人均 GDP 来看，1980 年，全省人均 GDP 为 316.7 元，1985 年突破 500 元，1989 年突破 1000 元，2000 年突破 5000 元。按 1980 年价格计算，1988 年提前两年实现人均 GDP 翻一番目标，1996 年提前四年实现人均 GDP 翻两番目标[②]。

第二节　利用好重要战略机遇期

重要战略机遇期揭示了经济社会发展特定形势下的历史方位，为河南省把握和利用好历史机遇指明了方向。在实践中，河南省进一步明确了"在保持经济社会较高增长质量和效益前提下实现较高发展速度"这一"两个较高"的发展新目标，提出了"加快工业化、城镇化，推进农业现代化"的三化战略，明确了培育和建设"中原城市群"等基本思路，动员全省上下奋力实现中原崛起，全省工业化、城镇化进程明显加快，经济总量迅速扩大，在全国地位不断提升。

---

① 参见河南省社会科学院编：《河南改革开放 30 年》，河南人民出版社 2008 年版，第 12 页；转引自刘永奇主编：《河南省情研究》，河南人民出版社 2008 年版。

② 参见河南省社会科学院编：《河南改革开放 30 年》，河南人民出版社 2008 年版，第 13 页。

一、重要战略机遇期的提出及其对河南省的机遇

"重要战略机遇期"是进入 21 世纪党中央对国际国内形势作出的一个科学判断。2002 年 11 月召开的党的十六大，确立了党在新世纪新阶段的奋斗目标，以及推进各方面工作的方针政策，号召全党全国人民全面建设小康社会，开创中国特色社会主义事业新局面。十六大报告深刻指出："综观全局，21 世纪头二十年，对我国来说，是必须紧紧抓住并且可以大有作为的重要战略机遇期。"

战略机遇期主要是指国际国内各种因素综合作用形成的，能为国家（地区、集团）经济社会发展提供良好机会和境遇，并对其历史命运产生全局性、长远性、决定性影响的某一特定历史时期。从国际看，有着利于我国经济和社会发展的不可多得的条件：一是世界多极化的趋势为我们赢得了有利的外部环境，使我国有可能集中力量发展经济；二是以信息、生命科技为核心的现代科技发展成就，为后进国家以较低成本，在较短时间内追赶发达国家提供了技术和物质条件；三是经济全球化趋势在发展，加入世贸组织，为我国全面参与国际合作与竞争，利用国际先进技术和管理经验、利用外资创造了有利条件。从国内看，21 世纪头一二十年，是中国经济长期发展、社会全面进步的一个十分关键的时期，综合经济实力、国家财力状况和人民收入水平都迈上了新台阶，国内市场巨大并正在急剧扩张，劳动力资源丰富和土地价格低廉，制造业规模齐全并有一定技术水平，在成功克服 1997 年亚洲金融危机之后，进入了新一轮增长周期的上升阶段。

以上对于全国来说的战略机遇期的表现同样适用于河南省，而且由于河南省地处内陆，属于欠发达省份，在某种程度上说，对河南省的机遇更加有利。如果把握得当，经济可以在较长时期内保持快速发展。世界近现代史上不乏一些国家和地区抓住机遇后来居上的成功范例，但也不乏一些未能把握机遇造成社会动荡、经济停滞的沉痛教训。

二、河南省利用重要战略机遇期的决策部署

为把握和利用好重要战略机遇期，河南省委、省政府正式提出并系统布局"中原崛起"的战略任务。2003 年制定的《河南省关于全面建设小康社会的规划纲要》提出中原崛起的目标是，实现人均国内生产总值2020 年比 2000 年翻两番以上；明确"工业化、城镇化、农业现代化"的三化路径；确定了中原城市群、豫北地区、豫西和豫西南地区、黄淮地区四个板块的区域布局；提出并实施了开放带动主战略；推动以郑东新区为核心的"大郑州"建设等。

这一时期，河南省委、省政府在"一高一低"基础上，提出了"两个较高"。"十五"时期是 21 世纪第一个五年计划期，是实现全面建设小康社会奋斗目标的关键时期。为推进河南省全面建设小康社会进程，河南省委、省政府提出"十五"期间，河南省将按照以发展为主题，以结构调整为主线，以改革开放和科技进步为动力，以提高人民生活水平为根本出发点的总体思路，并明确提出要在坚持"一高一低"目标的同时，要通过结构调整，着眼努力实现"两个较高"：在保持经济快速增长的同时，把质量和效益放在突出位置，实现国民经济较高的增长速度和较高的增长质量。

为了确保"两个较高"顺利实现，河南省全省积极推进战略性的结构调整。一是调整产品结构，全面拉长产品链条，提高产品科技含量和附加值，实现产业升级；二是调整产业结构，加快工业化进程，缩小第二、三产业占国内生产总值比重与全国平均水平的差距；三是调整城乡结构，加快城镇化进程，力争全省城镇化率接近全国平均水平；四是调整所有制结构，探索公有制的多种实现形式，大力发展混合经济，积极发展非公有制经济；五是调整人才培养结构，在巩固基础教育的同时，大力发展高中阶段和高等教育，使河南省高等教育毛入学率接近全国平均水平。

在实际工作中，河南省突出抓了八项举措：一是建设两个农业基地，把河南省建成全国重要的优质专用小麦生产和加工基地，成为全国重要

的畜产品生产和加工基地；二是发挥比较优势，着力培养、改造、提升五大支柱产业，有选择地发展高新技术产业，形成新的经济增长点；三是以开发建设精品旅游线为重点，尽快把河南省建成文化旅游大省；四是有重点地加强水利基础设施建设，全面提高抗旱防洪的能力；五是加快路网改造，优先发展高速公路，尽快建成承东启西、连南接北的中原交通大通道；六是充分发挥全省煤炭资源优势，建成一批大型坑口火电厂，使河南省成为全国重要的火电基地；七是以把郑州建成全国区域性中心城市为重点，加快建设郑东新区，积极稳妥地推进城镇化进程；八是加快高素质人才培养，经过五年努力，力争全省普通高校在校生规模翻一番，"十五"期间高校在校生达到 50 万人。

三、利用重要战略机遇期的主要成效

在河南省全省上下共同努力下，到 2005 年即"十五"的最后一年，河南省生产总值增长速度已连续保持在 13% 以上，高于全国平均水平 3 个百分点以上，实现了较高的增长速度和较高的增长质量，GDP 总量达 10535 亿元，成为全国第五个经济总量超万亿元的省份。工业总产值达 5539 亿元，占全省 GDP 总量的 52.6%，与 2000 年相比，经济总量增长 70% 以上，地方财政一般预算收入和支出均实现翻番。河南省开始跨入经济大省和工业大省的行列。与此同时，产业结构调整取得了较大成效，截至 2005 年底，第二、三产业比重达到 82.5%，比"九五"末提高 5.1 个百分点，对经济增长的贡献率达 56.7%。2005 年全部工业增加值 4923 亿元，对经济增长的贡献率达 56.7%。"十五"期间累计转移农村人口 600 多万人，城镇化率达到 30.7%，提高 7.5 个百分点。基础设施建设成效显著，"十五"期间完成固定资产投资 1.3 万亿元，是"九五"时期的 2.1 倍。新增有效灌溉面积 168 万亩、高速公路通车里程 2173 公里、发电装机容量 1349 万千瓦。对外开放取得新进展，"十五"期间累计进出口总额 250.6 亿美元，是"九五"期间的 2.6 倍，其中出口 160.9 亿美元。人民群众得到较多实惠，居民消费价格总水平基本稳定，"十五"期间城镇居民人均可支配收入、农民人均纯收入年均实际增长 9.5% 和 5%，城乡居民人均居住面积分别达到 16.1 和 27.2 平方米。社会事业全面进步，科技进步对经济增长的贡献率进一步提高；普通高校在校生 85.2 万人，比"九五"末增长 2 倍多；医院病床数 20.9 万张，比"九五"期末增长 14.5%；人口自然增长率低于全国平均水平，"十五"期间分别为 6.94‰、6.03‰、5.64‰、5.2‰和 5.25‰，呈现持续走低态势[①]。通过努力，全省经济社会发展站在了新的战略起点上，进入了全面提升产业层次、加快经济转型、促进统筹协调发展的新阶段。

第三节　努力走在中部地区崛起前列

中部地区崛起战略的提出，为中部各省加快发展提供了难得的机遇。河南省紧紧抓住这一历史机遇，把努力加快"从经济大省向经济强省跨越、文化资源大省向文化强省跨越"作为主要目标，全面加快三化进程，着力解决"三农"问题，全面推进社会主义新农村建设，高度重视文化建设和文化产业发展，强力开发河南省厚重历史文化资源，大大提高了河南省的地位，扩大了河南省在国内外的影响。

一、中部崛起战略的提出及其对河南省的机遇

2004 年 3 月，温家宝总理在政府工作报告中，首次明确提出促进中部地区崛起，并指出"加快中部地区发展是区域协调发展的重要方面"。2004 年 12 月，中央经济工作会议再次提到促进中部地区崛起。2006 年 2 月中旬，国务院常务会议专门研究了促进中部崛起问题，会议指出："实现中部地区经济社会又快又好发展，事关我国经济社会发展全局，事关全面建设小康社会全局。促进中部崛起，有利于提高我国粮食和能源保障能力，缓解资源约束；有利于深化改革开放、不断扩大内需，培育新的经济增长点；有利于促进城乡区域协调发展，构建良性互动的发展新格

---

① 数据来源于《2006 年河南省政府工作报告》，《河南日报》2006 年 2 月 7 日。

局。"2006年3月27日，中共中央政治局召开会议，研究促进中部地区崛起工作。4月，中共中央、国务院颁布了《关于促进中部地区崛起的若干意见》，指出要把中部建成全国重要的粮食生产基地、能源原材料基地、现代装备制造及高技术产业基地、综合交通运输枢纽，并出台了36条政策。这标志着促进中部地区崛起正式进入实施阶段。2012年8月，国务院再次出台《关于大力实施促进中部地区崛起战略的若干意见》，加快推动中部发展。

中部崛起战略的提出，无疑对中部地区经济发展带来了政策、资金、技术等方面的支持和帮助。作为农业大省、人口大省，河南省因此面临诸多机遇。一是"三农"的发展机遇。河南省粮食总产量占全国的1/10，其中，小麦占全国的1/4，中部地区的定位之一就是"全国重要的粮食生产基地"，国家加大对中部粮食生产的投入力度，对河南省粮食生产的稳产高产是一个机遇，更有助于推动河南省粮食核心区建设。二是能源原材料行业将面临重大发展机遇。作为能源原材料大省，河南省的重工业结构重，煤电铝化工、钢铁占比高达45%，上游产业占比结构调整难度大，在中部地区崛起的政策扶持下，将进一步按照优化布局、集中开发、高效利用、精深加工、安全环保的原则，拉长能源原材料等行业产业链，增加附加值。三是交通运输枢纽地位得到加强。河南省的区位优势和国家扩内需的背景，决定了在中部崛起中，河南省将会进一步加快交通运输枢纽的发展。四是中部地区"两纵两横"经济带的总体布局将对河南省经济中长期发展产生重大影响，进一步带动河南省区域布局的优化。

二、努力走在中部崛起前列的实践探索

河南省委、省政府积极响应中央的号召，敏锐地抓住中部崛起这一历史性战略机遇，在对河南省新时期所处历史方位作出准确判断的基础上，响亮提出了河南省加快经济大省向经济强省跨越、加快文化资源大省向文化强省跨越的"两大跨越"发展思路。

为抓住中部地区崛起的机遇，一方面，河南省进一步加强与中部地

区其他省份的横向联动。2006 年 9 月 18 日，中部六省省委书记、省长以及部分中央部委负责人会聚郑州，参加"中部论坛"郑州会议，中部崛起的横向合作开始付诸行动。国家有关部委和中部六省政府共同主办的中国中部投资贸易博览会也在 2006 年开始举办，每年一届，目前中博会已成为中部地区规模最大、规格最高、影响深远的商界交流平台。在国家的统一领导和中部六省的合作推动下，2008 年 1 月，建立由国家发改委牵头的促进中部地区崛起工作部际联席会议制度，目的是为了贯彻落实党中央、国务院关于促进中部地区崛起的重大部署；研究促进中部地区崛起的有关重大问题，向国务院提出建议；协调促进中部地区崛起的重大政策，推动部门间沟通与交流。2008 年年初，编制《促进中部地区崛起规划》列入了国务院的工作日程表。2008 年下半年，国家发改委制定的《促进中部地区崛起规划》（初稿）开始下发征求意见，地方和多个部门纷纷提出了许多修改意见。其中各省也分别根据自己的情况，出台编制了相关规划。

另一方面，河南省委、省政府根据中央"促进中部地区崛起"的要求，对中原崛起进行了再动员、再部署。2006 年 10 月，河南省第八次党代会围绕在科学发展观指引下加快中原崛起的主题，提出了加快"两大跨越"、推进"两大建设"（和谐中原建设、党的建设）的历史任务，指出要以科学发展观统领中原崛起，紧紧围绕发展第一要务和促进人的全面发展，按照经济、政治、文化、社会建设"四位一体"的总体布局，实现跨越式发展，实现更大规模、更高水平发展，在促进中部地区崛起中发挥更大作用，走在中部地区前列。

"两大跨越"的战略方针提出后，河南省推出了一系列卓有成效的重要举措。在加快经济大省向经济强省的跨越方面，河南省进一步加大了改革开放力度，以大开放促大发展；大力调整经济结构和产业结构，促进国有经济、集体经济、民营经济、股份合作制经济和第一、第二、第三产业协调发展；强力推进中心城市带动战略，做大做强中原城市群；积极实施区域协调发展战略，大力发展县域经济；加快工业化、城镇化进程，推进农业现代化，用工业理念发展农业，推进农业产业化；大力发展现代农业，巩固农业基础地位；发挥河南省的区位优势，大力发展交通业和物流

业，搞活中原大市场。同时，河南省委、省政府像重视经济建设一样重视文化建设，强力推进文化资源大省向文化强省的跨越，努力构建社会主义核心价值体系和公共文化服务体系，构建具有中原特色的优势文化产业体系，培育文化市场竞争主体，优化文化产业格局，通过"中原文化港澳行"、"中原文化沿海行"等文化推介活动，向海内外强力推介中原文化，宣传河南省改革开放的新形象，强化河南省的文化软实力，增强中原文化的感召力、向心力和影响力。

三、努力走在中部崛起前列的成效

在中央"努力走在中部崛起前列"的要求指引下，河南省坚持不懈做好"三农"工作，深入推进发展方式转变，促进城乡区域协调发展，继续深化改革开放，着力解决关系人民群众切身利益的问题，特别是面对 2008 年国际金融危机对河南省"来得晚、影响深、走得迟"的冲击，全省经济增速大幅下滑，不少企业陷入困境，大量农民工返乡，财政收支矛盾加大，加之严重自然灾害的发生以及长期积累的体制性、结构性矛盾集中显现，经济社会发展面临严峻挑战。面对挑战和考验，河南省认真执行中央应对国际金融危机一揽子计划，齐心协力，快速反应，积极应对，保持了经济平稳较快增长的良好势头，在逆境中迈出了中原崛起新步伐。

2009 年，河南省全省生产总值 19480 亿元，比上年增长 10.7%；地方财政一般预算收入 1126 亿元、支出 2903 亿元，分别增长 11.6% 和 27.2%；全社会固定资产投资 14011 亿元，增长 30.6%；社会消费品零售总额 6746 亿元，增长 19.1%。相关主要经济指标在中部六省中居于前列（见表 4—1）。持续发展态势向好，"一个载体、三个体系"① 建设深入展开，一批重大产业升级、自主创新和基础设施项目加快推进。规模以上

---

① 这是河南省应对国际金融危机冲击、加快经济发展方式转变的具体抓手和基本途径，"一个载体"即产业集聚区，基本内涵是实现"四集一转"——企业集中布局、产业集群发展、资源集约利用、功能集合构建，促进人口向城镇转移。"三个体系"就是现代产业体系、现代城镇体系、自主创新体系。

工业企业利润 2377 亿元，增长 10.7%；规模以上高技术企业工业增加值增长 18.5%。城镇化率达到 37.7%，提高 1.7 个百分点。25 项成果获国家科技进步奖，专利授权量首次超万件。人民生活继续改善，城镇新增就业 116.8 万人，城镇登记失业率 3.5%，低于调控目标 1.1 个百分点。城镇居民人均可支配收入 14372 元，农民人均纯收入 4807 元，分别实际增长 9.9% 和 7.5%[①]。教育、医疗等公共服务保障水平进一步提高。

表 4—1　2009 年中部六省相关主要经济指标比较（亿元，%）

省份 指标	GDP	固定资产 投资总量	地方财政 收入	第二、三 产业比重	实际利用 外资总量	外贸进出 口总额
山西	7358	4769	806	93.5	13.5	85.5
安徽	10063	9710	864	85.1	38.8	156.4
江西	7655	7628	581	85.6	40.2	126.7
河南	19480	14011	1126	85.8	48.0	134.4
湖北	12961	8597	815	86.2	36.6	172.3
湖南	13060	8177	848	84.9	46.0	101.5

数据来源:《中国统计年鉴（2010）》和中部各省 2009 年统计公报。

第四节　成功谋划中原经济区

2009 年年底以来，围绕中原经济区上升为国家战略，河南省委、省政府在系统疏理历届领导班子关于加快河南省发展战略思路的基础上，充分认识新的历史条件下河南省在全国的比较优势和战略地位，解放思想、抢抓机遇，广开言路、集思广益，立足实际、高瞻远瞩，提出了建设中原经济区的战略构想，并正式上升为国家战略，使中原经济区建设成为国之大事、省之大计、民之大业。

---

① 相关数据来源于《中国统计年鉴（2010）》和《2009 年河南省国民经济和社会发展统计公报》。

一、中原经济区提出和谋划的背景

自 2008 年国际金融危机发生之后，人们发现，市场空间仍是广阔的。任何一个地方的发展，必须纳入大区域经济的轨道，才能有出路，有前途。在这种背景下，我国区域经济出现了从未有过的破局性转变，表现出三种积极的现象：地方经济向区域经济转化；产业重组、市场重组得到优化组合；区域协调发展取得了阶段性成果。具体表现为：各地的区域经济联盟、区域合作机制、区域经济空间组合、区域功能分工等，出现了实质性的快速发展。

为应对全球金融危机，抓住经济结构调整带来的新一轮发展机遇，2008 年到 2010 年年初，国家出台了大量的区域发展规划和产业振兴规划，陆续批复了珠江三角洲地区、海峡西岸经济区、江苏沿海地区、关中—天水经济区、中部地区崛起、黄河三角洲高效生态经济区、海南国际旅游岛等十多个区域发展规划。其中，上升到国家层面的区域规划数量超过前四年的总和，速度前所未有。以沿海地区为例，有 10 多个省份都在进行重大战略谋划，争取国家战略性区域政策支持。2008 年以来，国务院批准的沿海区域发展规划和开发举措就有 10 余项。这些区域规划，既有对长三角和珠三角的重新部署，也有将沿海地区相对薄弱的辽宁沿海、江苏沿海、天津滨海、福建海峡西岸、河北沿海、广西北部湾等地区的开放发展升级为国家战略并给予政策倾斜支持。这是 1988 年沿海地区全面开放 20 年后，中央对沿海地区开放开发的重新部署。

归纳来看，这些当时业已出台的区域规划和政策性文件都有很强的针对性，都是有的放矢的，这些区域规划和政策性文件主要集中在四类区域：一是有利于培育经济增长极和提高国家综合国力和国际竞争力的区域，比如长江三角洲的指导性意见、珠江三角洲的规划纲要、江苏和辽宁沿海地区的区域规划等；二是有利于推进国际区域合作和提升对外开放能力的区域，如广西北部湾经济区发展规划、图们江合作开发规划纲要等；三是有利于破解特殊困难和提升自我发展能力的地区，如广西、新疆、西藏、宁夏、青海等地区，国家先后搞了一些促进这些民族地区加快发展的政策性文件和指导性意见；四是有利于探索区域发展、区域管理先进模式的地区，比如上海浦东新区、天津滨海新区、成渝统筹城乡综合配套改革试验区、武汉城市圈和长株潭"两型社会"的试验区等。

陆续发布的区域规划，在拼接着中国"十二五"规划版图的同时，也昭示着新一轮区域发展布局的战略宗旨所在，即摒弃各自为战、盲目发展的"诸侯割据"状态，打破行政区经济发展模式，用区域发展的空间约束，并以国家意志落实为区域规划的顶层发展战略的方式，以求实现科学发展、可持续发展。因为，当前我国区域经济中的一个突出问题，就是在行政区经济的大环境下，一味追求 GDP 增长，致使空间开发无序现象十分严重，资源更加匮乏，生态环境更加恶化。区域经济的持续增长以过度占用土地、矿产、水等资源和环境损害为代价，不同区域都不同程度地存在着忽视资源环境承载力的盲目开发现象。而通过打破行政区经济的发展模式，能在一定程度上遏制盲目开发行为，有助于形成有限开发、有序开发、有偿开发资源环境的局面。

国家大规模展开沿海地区区域规划，是立足全球战略层面的战略部署，有重大的意义。但是，也可能对中西部经济的赶超产生"挤压"。作为全国人口大省、农业大省，河南省承东启西、连接南北，处于沿海经济带沟通西北内陆地区的关键位置，在新一轮全国区域发展布局中理应有所作为。中原经济区的提出与谋划，正是在这样的国家调控区域和指导区域发展的时代背景下酝酿的。

二、中原经济区提出和谋划的历程

中原经济区是以全国主体功能区规划明确的重点开发区域为基础、中原城市群为支撑、涵盖河南省全省、延及周边地区的经济区域。中原经济区客观存在，这一区域山水相连，民风民俗相近，历史文化同脉，经济联系密切，随着经济社会的快速发展，特别是现代综合交通网络的逐步形成，区域内经济联系、人员交往等日益紧密，已经成为地域毗邻、主体突出、经济互补、联系紧密的经济区域。中原经济区优势独特，地理位置重要，粮食优势突出，市场潜力巨大，文化底蕴深厚，发展基础显著增强，

发展活力和后劲不断提升，在全国改革发展大局中具有重要战略地位。

2009年年底以来，河南省认真贯彻落实科学发展观，系统梳理历届省委、省政府确立的发展思路，持续、延伸、拓展、深化中原崛起战略，集中全省干部群众智慧，提出了建设中原经济区的战略构想，制定了《中原经济区建设纲要（试行）》；中原经济区先后列入全国主体功能区规划、国家"十二五"规划纲要。2011年9月，国务院颁布《关于支持河南省加快建设中原经济区的指导意见》，标志着中原经济区正式上升为国家战略，充分体现了党中央、国务院对河南省发展的殷切希望，对河南省亿万人民的关心关爱。省九次党代会深入贯彻落实国务院《指导意见》精神，对推进中原经济区建设进行了全面部署。回顾中原经济区提出和谋划的历程，大致可以分为四个阶段：

一是思想准备阶段。这个思想准备从卢展工书记到河南省就开始了，在2009年12月召开的专家座谈会上，卢书记就谈到"什么是中原？什么是中原崛起"，特别提出要用区域经济发展的观点认识现在、谋划长远，用区域经济的发展理念来谋划中原地区的发展。2010年2月26日，卢书记到省社科院进行调研，提出包括什么是中原，什么是"中原崛起"、河南省的优势和劣势分别是什么等六个重大研究课题。

二是系统研究阶段。随后，省委、省政府成立了由56个人组成的专门课题组，集中四个月，专门研究中原经济区的命题，先后形成《中原崛起若干重大问题研究总报告》及五个分报告、《中原新型城镇化研究》10个研究报告，起草了《加快中原发展建设纲要》等，并最后形成了三个方案，一是中原经济区方案；二是中原新型城镇化示范区方案；三是中原城市群三化协调示范区方案的进一步细化。这些资料翔实、有理有据的研究报告，使中原崛起战略思路的选择奠定在科学研究的基础之上。

三是形成共识阶段。标志性事件是2010年7月2日召开的省委常委扩大会议，是一次研究河南省未来战略的务虚会。这个会议讨论热烈，最后，卢书记在讲话中指出："中心城市、城市群的辐射能力、影响能力是有限的，辐射范围最大为350公里左右。以河南省为主体、涵盖周边的中原地区经济发展水平虽然不如沿海地区，但自成体系，不可能依靠任何其他区域的辐射和带动。"并强调要把决策权交给群众和专家，大家认为干就干，大家认为不干就不干。随后的 7 月至 9 月，省有关方面、各民主党派中央、国家著名学术机构等先后组织多次研讨会、座谈会、论坛，对建设中原经济区战略构想进行深入论证，战略构想得到了经济学界、各民主党派和全省上下的广泛赞同，形成了一个研究、推介中原经济区的高峰、浪潮。特别是在北京举办了五次高规格的研讨会、座谈会，请国内最知名、最权威、最有影响的专家学者点评、会诊、把脉，向他们借力、借智，用他们的宽阔视野、先进理念和真知灼见丰富河南省的认识，使中原经济区不但成为河南省上下的共识，而且成为社会各界的广泛共识。

四是决策实施阶段。2010 年 10 月，省委八届十次全会通过《中原经济区建设纲要（试行）》。2011 年 1 月，中原经济区正式纳入《国家主体功能区划》。2011 年 3 月，中原经济区正式列入国家"十二五"规划。2011 年 9 月，《国务院关于支持河南省加快中原经济区建设的指导意见》正式出台，标志着中原经济区正式上升为国家战略层面。2011 年 10 月，省九次党代会对建设中原经济区进行总动员、总部署、总安排。2012 年 1 月，河南省第十一届人民代表大会第五次会议审议通过《中原经济区建设纲要》。2012 年 8 月，《中原经济区规划》编制正式启动，明确了中原经济区的地理范围。在此过程中，先后就有 30 多个国家部委和多家中央企事业单位，与河南省签署了支持中原经济区建设的合作协议。

三、成功谋划中原经济区的战略意义

建设中原经济区顶层设计的过程，是思想不断解放的过程、认识不断深化的过程、取得广泛共识的过程、赢得多方支持的过程。加快建设中原经济区，有利于国家区域经济布局的进一步完善；有利于国家统筹协调梯次推进发展重大战略的实施；有利于国家形成新的经济增长板块；有利于河南省在全国发展大局中明晰发展定位、发挥自身优势；有利于河南省坚持走一条不以牺牲农业和粮食、生态和环境为代价的"两不三新"三化协调科学发展的路子；有利于遵循经济发展规律特别是区域经济发展规律，更好地深入贯彻落实科学发展观、加快转变经济发展方式，具有重大战略意义。

第一，加快建设中原经济区，是巩固提升农业基础地位，保障国家粮食安全的需要。河南省作为全国重要的农业和粮食生产大省，在保障国家粮食安全中肩负着极其重要的责任。加快建设中原经济区，集中力量建设粮食生产核心区，大力发展特色高效农业，建立粮食和农业稳定增产长效机制，有利于强化新型农业现代化基础作用，为保障国家粮食安全作出更大贡献。

第二，加快建设中原经济区，是破除城乡二元结构，加快新型城镇化、新型工业化进程的需要。中原经济区作为农业大区，农村人口比重大，工业化、城镇化发展相对滞后，城乡二元矛盾突出。加快建设中原经济区，统筹城乡发展，有利于促进城乡一体化发展，改善农村生产生活条件，逐步解决城乡差距大、二元结构矛盾突出的问题；有利于推动土地节约集约利用，为工业发展、城镇建设用地提供保障。

第三，加快建设中原经济区，是促进新型城镇化新型工业化新型农业现代化三化协调科学发展，为全国同类地区创造经验的需要。河南省作为人口大省、农业大省和新兴工业大省，解决好三化协调发展问题具有典型性和代表性。加快建设中原经济区，建立以工促农、以城带乡、产城互动长效机制，探索走出一条不以牺牲农业和粮食、生态和环境为代价的三化协调科学发展的路子，不仅是实现这一地区又好又快发展的内在要求，而且可以为全国同类地区推进现代化探索路子、积累经验。

第四，加快建设中原经济区，是加快河南省发展、与全国同步实现全面建成小康社会目标的需要。河南省作为中国的缩影，人口多、底子薄、基础弱、发展不平衡的基本省情没有根本改变，特别是人均水平与全国其他地方存在着明显差距。加快建设中原经济区，有利于实施扩大内需战略，全面激发发展潜能，加快三化进程，促进经济持续发展、社会繁荣稳定、民生持续改善，与全国同步实现全面建成小康社会目标。

第五，加快建设中原经济区，是带动中部地区崛起、促进区域协调发展的需要。中原地区在全国区域格局中具有难以替代的枢纽地位，无论是经济总量、人口数量，还是农业基础、产业发展，在国家发展大局中都举足轻重。加快建设中原经济区，能够凸显这一地区承东启西、连南贯北的腹地效应，提升战略性枢纽、粮食生产、中原文化、新经济增长板块等核心竞争力，支撑和带动中部地区崛起，促进全国区域协调发展。

第五节　打造郑州航空经济综合实验区

2012 年 7 月，《国务院关于促进民航业发展的若干意见》的出台，为包括河南省在内的中西部地区航空经济发展提供了重大历史机遇。河南省依托郑州国内大型航空枢纽建设，发展以航空物流为重点的航空运输业，促进高端制造业和现代服务业集聚发展，打造"郑州航空经济综合实验区"，并将其作为加快中原经济区建设的战略突破口，致力于打造成为中原经济区发展的引擎和国家内陆开放高地。

一、航空经济的发展及其对河南省的机遇

伴随着国际产业分工持续深化，区域经济竞争突出表现为集聚高端产业能力和城市群综合实力的竞争，对速度、时效的要求日益提高，作为长距离、高时效的主要运输方式，航空正在成为继铁路、内河航运、海运、公路运输方式之后的"第五冲击波"，给人类生产生活带来了深刻影响，对经济社会发展的服务、支撑、带动作用日益突出，在优化全球资源配置中扮演着更加重要的角色，引领催生出航空经济这一新的经济形态。

所谓航空经济，就是在经济全球化背景下，以航空枢纽为依托，以航空运输为纽带，以综合交通体系为支撑，以高时效、高技术、高附加值的产品生产和参与国际市场分工为标志，吸引航空运输业、高端制造业和现代服务业在一定空间内集聚发展而形成的一种新的经济形态。枢纽、产业、都市是航空经济的主要内涵，现代化的航空大枢纽与铁路、公路高效衔接的现代综合交通运输体系是发展航空经济的基础条件，高端产业集中布局、集聚发展是航空经济的重要支撑，宜居、生态、智能化的航空大都市代表城市发展的新形态。航空经济大致可分三类：第一类是航空核心类产业，指直接利用机场资源，主要聚集的是航空运输和航空制造产业链上的企业；第二类是航空关联类产业，指对航空运输方式高度依赖，主要聚

集的是高时效、高附加值型产业以及知识、信息、技术、资金密集型现代服务等新兴产业；第三类是航空引致类产业，指由航空核心类产业、航空关联类产业所引发的客流、货流、信息流和资金流等资源，聚集形成各类辅助、配套和支持型服务产业。

2012 年 7 月，国务院出台《关于促进民航业发展的若干意见》，指出民航业作为我国经济社会发展重要的战略产业，为我国改革开放和社会主义现代化建设作出了突出贡献，针对当前民航业发展中不平衡、不协调的问题，要本着以人为本、安全第一，统筹兼顾、协调发展，主动适应、适度超前，解放思想、改革创新，调整结构、扩容增效的原则，力争到 2020 年，初步形成安全、便捷、高效、绿色的现代化民用航空体系，实现航空运输规模不断扩大，航空运输服务质量稳步提高，通用航空实现规模化发展，经济社会效益更加显著。《意见》特别强调，要选择部分地区开展航空经济示范区试点，通过民航业科学发展促进产业结构调整升级，带动区域经济发展，鼓励各地区结合自身条件和特点，研究发展航空客货运输、通用航空、航空制造与维修、航空金融、航空旅游、航空物流和依托航空运输的高附加值产品制造业，打造航空经济产业链。

《国务院关于促进民航业发展的若干意见》为航空经济发展提供了重大历史机遇，尤其对于中西部地区而言，更是如此。由于地处内陆，中西部地区不仅缺乏资金和技术，市场机会更是缺乏，成为我国经济版图中的发展"洼地"。中西部的某些地区，通过发展航空经济，直接对接国际市场，不仅可以实现人流、物流的快速流动，更为重要的是使信息的即时流动和获取成为可能，从而能够融入全球产业分工体系，变成后发地区经济发展的"高地"，提升当地经济发展的高度，辐射带动周边地区的发展进度。对于河南省来说，国务院《关于支持河南省加快建设中原经济区的指导意见》中明确要求推进郑州国内大型航空枢纽建设，《国务院关于促进民航业发展的若干意见》进一步提出要增强郑州机场的区域性枢纽功能。而且，随着我国民航发展战略布局调整步伐加快和境内外制造业加速向我国中西部地区转移，物流格局必将相应随之变化。因此，河南省亟须顺应国际产业分工持续深化和航空经济深入发展的趋势，抓住《国务院关于促进民航业发展的若干意见》出台的契机，积极培育打造一个体现时代特征、

郑州中原福塔

焦作龙源湖

符合未来发展趋势，能够带动中原经济区发展的综合性开放开发平台。

二、郑州航空经济综合实验区的提出与谋划

（一）郑州航空经济综合实验区的提出

在推进中原经济区建设的过程中，河南省围绕中原经济区的核心任务，持续探索不以牺牲农业和粮食、生态和环境为代价的新型城镇化新型工业化新型农业现代化三化协调科学发展的路子。走好"两不三新"三化协调发展之路，不仅需要统筹规划，更需要选择一个战略突破口，通过先行先试、示范带动，形成中原经济区的对外开放平台、核心增长极和三化协调发展先导区，为整个区域提供公共服务平台，支撑、引领、带动中原经济区建设梯次展开。在选择这一战略突破口的过程中，河南省按照《国务院关于支持河南省加快中原经济区建设的指导意见》中提出的全国区域协调发展的战略支点和重要的现代综合交通枢纽的战略定位，着重思考如何把培育带动区域发展的增长极与发挥交通区位、人力资源等比较优势结合起来，顺应航空运输正在成为继海运、河运、铁路、公路之后拉动区域经济发展第五轮冲击波的规律，积极借鉴美国孟菲斯、路易斯维尔、德国法兰克福等内陆地区发展航空经济的经验，经过深入调研，提出了建设郑州航空经济综合实验区的战略设想，即按照"培育大产业、建设大枢纽、塑造大都市"的理念，依托郑州国内大型航空枢纽建设，建立郑州航空经济综合实验区，通过促进对航空依赖性较强的高端制造业、现代服务业的加速集聚和人口的加快转移，打造三化协调发展先导区，构建带动中原经济区发展的核心增长极，建设郑州航空大都市。

（二）建设郑州航空经济综合实验区的基础

区位适中，空域条件良好，辐射半径大、绕航率低、航班经停和中转比率高，陆路交通体系发达，集疏货物的时效成本和物流成本相对较低，具备集聚航空货物的优势。近年来，郑州大型航空枢纽建设工作全面展开，临空产业快速集聚发展，机场枢纽功能进一步增强。

一是高效衔接的综合交通体系正在郑州形成。"十一五"期间，郑州机场客、货吞吐量年均增长24%和14%，增速居全国前列，运输规模持

续扩大，迈入了全国大型机场行列；中长期规划机场面积 47 平方公里，建设五条跑道，其中规划预留一条专用货运跑道，旅客吞吐能力 7000 万人次，货邮吞吐能力 600 万吨，在全国机场中具有明显潜力和规划优势。机场二期即将开工建设，建成后旅客吞吐能力将达到 2900 万人次、货邮吞吐能力 50 万吨。2011 年高速公路里程达到 5196 公里，居全国第 1 位；铁路营运里程 4203 公里，按照国家规划，省内将形成"四纵五横"铁路网。客运零距离换乘和货运无缝衔接的机场综合交通枢纽建设进入全面实施阶段，连接机场的快速铁路网和高速公路网建设全面展开，陆空高效衔接、多式联运、内捷外畅的综合交通运输体系正在形成，为郑州发展航空经济提供了强劲支撑。

二是航空经济产业链集聚发展正在提速。2010 年 10 月，国务院批准在郑州机场附近建设中部地区第一个综合保税区后，以苹果、富士康为标志的产业迅速进驻该区，仅一年时间就形成了规模生产能力，带动 2011 年全省出口增长 83%，贡献率达到 56.9%。随着中原经济区上升为国家战略，河南省巨大的市场优势、要素成本优势、人力资源优势和产业基础优势不断显现，一批依托航空物流而集聚的电子信息、精密制造、光学材料等产业，正加速向河南省转移。郑州的智能手机产能 2012 年底将达到 1 亿部，成为全球最大的智能手机生产基地。目前，与手机生产配套的精密设备、光电仪器、零组件、模具、材料设计等企业已在郑州及周边地区展开布局，已有一批配套企业落户，国内外一批知名企业即将入驻实验区。河南省与一批跨国公司、国内制造企业、航空运输企业的合作事宜也正在加快推进。

三是对外开放的平台和载体正在不断完善。目前，河南省已在郑州机场附近区域集中布局综合保税区、保税物流中心、出口加工区、国际物流园区、国家干线公路物流港、铁路集装箱中心站等，这些开放平台不仅功能日益完善，而且预留了足够的扩展空间，为发展外向型产业创造了良好条件。此外，河南省还推动实施了"区港联动"、"区区联动"，实现了航空口岸、铁路口岸与综合保税区、出口加工区、保税物流中心等"一站式"通关服务；积极推进跨境贸易电子商务试点工作，不断延伸口岸功能等。随着综合优势的不断显现与提升，航空经济综合实验区将为中原经济区及周边区域搭建更为强大的服务平台。

（三）郑州航空经济综合实验区的目标与定位

郑州航空经济综合实验区以郑州国内大型航空枢纽建设为依托，以郑州航空港区为核心区、郑汴新区为主体区，将在航空运输、扩大开放、通关模式、口岸建设、产业发展、财税支持等方面先行先试，推进体制机制改革和科技创新，构筑中原经济区核心增长极和三化协调发展先导区，推动中原经济区经济社会全面协调可持续发展。通过3—5年的发展，使郑州国内大型航空枢纽地位基本确立，国际航空货运集散中心建设取得明显成效，航空运输核心类、关联类和引致类企业集聚发展形成规模，中西部重要的高端制造业和现代服务业基地初步建成，中原经济区核心增长极、内陆开放高地引领带动作用明显增强。通过10年左右的努力，建成全国重要的航空经济示范区，基本形成国际货运集散中心，基本建成郑州现代航空大都市。

着眼于落实国家对中原经济区的战略定位，着眼于更好地发挥中原经济区在全国经济发展中的战略支点作用，着眼于更好地发挥实验区对中原经济区及其周边地区的服务、支撑、带动功能，郑州航空经济综合实验区将打造成以下五个定位：全国重要的现代综合交通枢纽和国际航空货运集散中心、国家内陆开放新高地、中原经济区核心增长极、中西部地区高端制造业和现代服务业基地、现代航空都市区。

三、打造郑州航空经济综合实验区的意义

第一，郑州航空经济综合实验区将成为中原经济区先行先试的战略突破口。《国务院关于支持河南省加快建设中原经济区的指导意见》的出台，标志着中原经济区正式上升为国家战略。要实现《指导意见》确定的发展定位和目标，必须在统筹规划、全面推进的同时，把落实国家战略与提升自身优势有机结合起来，选择一个战略突破口，通过先行先试、示范引领，形成带动区域发展的强大引擎。建设郑州航空经济综合实验区，就是要依托郑州国内大型航空枢纽建设，大力发展以航空物流为重点的航空运输业，促进高端制造业和现代服务业集聚发展，建设航空大都市，吸引人

口加快转移，构筑开放开发新平台，推动航空经济发展与产业转型升级和培育中心城市有机结合，构建中原经济区核心增长极和三化协调科学发展先导区，实现战略性突破。

第二，郑州航空经济综合实验区将有力地拉动河南省经济增长。据测算，空港每增加 10 万吨航空货物，将创造 800 个工作岗位；每新增一班异国国际直达航班，可为当地增加 1500 多个就业机会。空港规模越大，航线航班愈多，对地区经济的贡献愈大。大型枢纽机场客运量每增加 100 万人，将拉动地方经济增长 0.5 个百分点，增加就业岗位 1 万人。当前，我国航空经济正在进入一个快速发展时期，中西部的航空经济呈现出典型的经济拉动作用，航空经济将成为城市竞争力的重要组成部分。机场作为连接国际工商业大城市的节点，将成为 21 世纪带动城市发展的重要驱动力，成为国家和地区经济增长的发动机。据预测，2006—2020 年，中国民航增长速度将达到 3% 以上。世界旅游组织预测，到 2020 年，中国将成为世界旅游接待大国和第四客源输出地，入境旅游人数将达到 2.1 亿人次，国内旅客运输量将达到 5 亿人次。航空运输业的大发展必将带来航空经济的大发展，作为重要的旅游大省和经济大省，河南省将从中受益。

第三，郑州航空经济综合实验区将有力地促进区域经济协调发展。目前世界上以纽约、东京、伦敦等大城市为龙头形成了世界五大城市群，与之相对应的，也形成了服务于每个城市群的机场群。北京、上海、广州是我国三大国际门户机场，以此为依托，环渤海经济圈、长三角经济圈、珠三角经济圈是我国开放水平最高的地区和经济最发达的地区，也是我国具有综合竞争力的世界级城市群。可以说，京津冀、长三角和珠三角地区机场群的形成也促进了区域经济发展和城市群的建设。河南省是全国重要的公路和铁路枢纽，航空货物的陆路运输衔接优势明显，以郑州机场为圆心，2 小时航程内覆盖人口和 GDP 约为 12 亿人和 43 万亿元，分别占到全国的 90% 和 95%。建设郑州航空经济综合实验区，将进一步增强中原经济区在全国区域协调发展战略中的支点作用。

第四，郑州航空经济综合实验区将有力地推动产业结构调整升级。2010 年，凭借长三角经济腹地的优势，上海浦东机场进出口货物已达到 1236 亿美元，与航空物流产业关联度较强的高科技电子、汽车、纺织、医药产业占据了主要的货源种类。联合包裹（UPS）和敦豪快递（DHL）这两家世界上最大的货运航空公司都已在浦东建设货物转运中心。按照浦东机场货运发展的规划，经过两至三年的努力，浦东机场的货运发展能力将会达到世界第一（现在排名世界第三）。由此可见，航空运输已在产业梯度专业和产业机构调整中发挥着重要作用。

第六节　经验与启示

当前，我国总体上仍处于可以大有作为的重要战略机遇期，河南省也正处于建设中原经济区、加快中原崛起河南省振兴的关键时期，既面临难得的历史机遇，也面对诸多可以预见和难以预见的风险挑战，要进一步增强机遇意识和忧患意识，提高创造机遇、把握机遇、利用机遇的能力和水平。

一、机遇是区域发展的战略性稀缺资源

机遇即契机、时机或机会，通常被理解为有利条件和环境，它是指对特定主体而言的，并非必然出现，但一经出现就可能改变主体的现有状态，促使事物向有利于自身方向改变或发展的事件或条件。作为客观事件或条件，一般说来，机遇对所有的人都是一视同仁的，它决不偏袒任何人，不管是谁，只要他能抓住对他有价值的偶然出现的事件或条件，他就抓住了机遇。尤其对于区域发展而言，机遇具有不可替代的重要战略意义，它能为区域发展理念的提升、要素资源的空间优化配置、经济社会发展效率效益的改进提供新的契机，推动区域发展占得先机、赢得主动、步步领先。

然而，"天予不取，反受其咎"，新机遇呼唤新作为，如果一任机遇流失，则错失的绝不仅仅机遇本身，还有区域发展的落后、停滞乃至倒退。因为，机遇具有不以人的意志为转移的客观性，是客观规律的显露和表现，因而具有空间与地域的内涵，即任何机遇都有其特定的空间边界，只

适应一定范围、一定幅度；同时，机遇的偶然性、非常性和不可逆性决定了其又具有时间的内涵，任何机遇都有其特定的时间边界，不可能与时间同驻。所以，任何机遇都具有两重性，一方面，机遇的出现带来了改变事物现存状态的可能，会给事物的发展开辟新的道路、带来新的质态，如果及时发现机遇并正确把握机遇，就能利用好机遇，使事物朝着有利的方向发展；另一方面，任何机遇同时又都是一种挑战，错过了机遇，不能正确把握机遇，就会失去发展的时机，可能起了大早赶了晚集，处处被动，也可能一败涂地，一蹶不起。所以，区域发展必须识机遇、用机遇，顺势而起、乘势而上、逆势而为、蓄势而进。

众所周知，改革开放之初，沿海地区就是利用开风气之先的政策机遇率先发展起来的；20多年来中原崛起的实践和成就，也得益于对机遇的认识、把握和利用。但是，倘若认真审视其中的历程，就会不无遗憾地发现，无论就全国而言还是就河南省而言，都有没能把握好、利用好机遇的教训，如果在这些曾经错失的机遇面前，在解放思想、实事求是上迈出更大步伐，则会在改革开放、科学发展上实现更大突破，取得更大成就。

二、区域发展要积极创造机遇把握机遇

既然机遇在区域发展中有如此重要的战略意义，那么，在推进区域发展的过程中，就应该用战略的眼光分析机遇，及时把握住机遇，充分利用好机遇，着力探索把握机遇的有效途径。

一是要在把握大势、发挥优势、服务大局中牢牢抢抓机遇。机遇是客观的，对任何主体都没有偏爱厚薄，人人皆可利用，但把握和利用机遇，却需要充分发挥主体的能动性，寻找主观能力与客观态势的契合点，不断调整自身的意识，规范自己的行为，达到主观与客观的统一。要善于把握经济社会发展大势，强化大局意识、责任意识，从全国发展大局出发，自觉着眼全局、站位全局、融入全局，在纷繁复杂的普遍联系中把握地方的发展大局，在不断变化的全局坐标中找准自己的工作定位，准确地制定顺应发展趋势、符合地方实际、具有自己特色的发展方略。实践也证明，一

个区域只有在将其放到全国经济社会发展全局中去审视，深入研究在全局中处于什么样的发展地位、能够发挥什么样的作用、作出什么样的贡献，才能自觉遵循市场经济规律特别是区域经济规律，敢于突破行政区划概念的束缚，找准定位，主动呼应，更好地发挥自身优势，更好地把握机遇、谋划发展、推动工作。

二是要在应对挑战、突破风险、破解难题中不断创造机遇。光想抓住机遇还是被动的，庸者坐等机遇，智者创造机遇。把握机遇不是消极的等待，而是不仅要善于从不利因素中发现有利因素，抓住机遇，而且要善于积极促进矛盾的转化，变不利因素为有利因素，主动去创造有利于自身发展的机遇。区域发展充满挑战、风险和难题，在"逆水行舟，不进则退，慢进亦退"的区域竞争格局中，要想取得突破，必须以奋力解决改革发展中的重大问题、关键问题、突出问题的勇气，敢于应对难题、敢于破解难题、善于应对难题、善于破解难题的胆识，运用新思想、新方法、新措施去创造性地开展工作，危中寻机、化危为机。因此，要更加注重"人均"指标，注意生产总值指标与其他主要经济指标的呼应，注意统筹协调，注意保障和改善民生，在此过程中，以跳起摘高的勇气、顺势而为的锐气，努力实现速度与结构质量效益相统一、经济发展与人口资源环境相协调，实现全面发展、协调发展、持续发展。

三是要在解放思想、先行先试、务实发展中充分利用机遇。机遇仅仅是一种可能性，而不是现实性，其关键在于利用和转换。利用好机遇，实现机遇的价值，就是要抓机遇转化、抓机遇落实，重在真抓实干。为此，要大胆解放思想，不断更新观念，以区域经济的理念和思维谋划区域发展，在争取试点示范和落实区域发展中的重大任务和重大政策中寻求机遇，凡是有利于发展的事都可去探索、去突破、去创新，以此推进思维、模式、结构、效率、机制大突破。要敢于创新、率先突破，勇于先思先谋、抢抓先机，不能守着政策要政策、机遇当前不作为。凡是不违反国家和省委、省政府大政方针的，都可以大胆地试，先干不争论、先试不议论、先做不评论，允许探索中有失误，不允许工作中无作为，从而激发方方面面的活力和动力，在推动区域务实发展中充分利用机遇。

三、要着力提高把握机遇的能力和水平

机遇稍纵即逝，发展时不我待。要及时把握机遇，充分利用机遇，必须着力提高把握机遇的能力和水平。

一要增强机遇意识。机遇总是隐藏在错综复杂的现实社会关系背后，产生于事物的相互联系和发展变化之中，机遇重在发现。增强机遇意识，从某种意义上说，就是增强战略意识、前瞻意识、责任意识。要解放思想洞察机遇，坚持解放思想、实事求是、与时俱进，保持不断进取的精神、坚定不移的信念，遵循客观规律和科学法则，提高预见性和洞察力，及时有效地从事物的发展变化中发现机遇、把握机遇。要遵循规律发现机遇，尊重规律、认识规律、把握规律，按规律运作，适应事物发展的内在规律，充分利用有利条件，把握契机，实现既定的目标。要雷厉风行抢抓机遇，对于区域改革发展的决策，特别是机遇性决策，一定要减少争论，统一思想，达成共识，看准就干，努力在激烈的竞争中抢得先机。

二要提高运作水平。运作落实是把握机遇、实现目标任务的必由之路，要注重运作、敢于运作、善于运作，坚持用创新的理念、发展的办法解决前进中的困难和问题。要注重持续，充分利用不同阶段的战略机遇，把在发展中形成的、经过实践证明是正确的发展思路整合起来，持续地做下去，不动摇、不懈怠、不刮风、不呼隆、不折腾。要注重提升，善于发现契机，找准解决问题的切入点，勇于创新，提升发展理念，转变发展方式，要注重务实，一切从实际出发，立足现有基础，因地制宜，发挥潜力，找准定位，扬长避短，选好突破口，以求真务实、脚踏实地的作风推进各项工作，多做打基础、利长远的事，多做顾当前、谋长远的事。要注重统筹，善于把握契机，不失时机地分层次分阶段地破解难题；善于抓住重点，集中力量解决关键问题；善于创新方法，处理好方方面面的关系，充分调动各方面的积极性，形成推动工作、促进发展的强大合力；坚持以发展为核心，以民生为根本，以协调为关键，统筹推进经济社会发展与资源节约、环境保护和生态建设，努力实现可持续发展。

三要敢于承担风险。风险与机遇是一对孪生兄弟，他们总是同时出现，此消彼长、无休无止。利用机遇常常要冒风险，有时甚至要付出很大代价，而且往往是收益越大、风险越高。把握机遇固然要努力控制风险、规避风险、合理承担风险，但如果不敢承担风险，势必坐失良机。因为，要真正抓住发展机遇，就得有冒险精神，不付出一定代价，不冒一点风险，要想轻而易举地抓住发展的机遇是不可能的。因此，一旦把握机遇，就要尽快采取行动，说干就干。否则，如果慢慢吞吞，行动迟缓，即便别人有"后发劣势"，但照样可以后来居上，超过先识者。当然，也绝不能盲目求快，盲目冒风险，既不能干劳而无功的事情，也不能干劳民伤财、半途而废的事情；既不能不思进取"守摊子"，碌碌无为、得过且过，又要防止不切实际"铺摊子"，搞一些劳民伤财、华而不实的"面子工程"、"政绩工程"、"形象工程"。

第五章
改革推动：各项事业稳步推进的不竭动力

改革开放 30 多年来，河南省委、省政府坚决贯彻落实党和国家有关改革的指示精神和方针政策，立足实际，与时俱进，大胆创新，坚定不移地不断推进各个领域的体制改革，不断进行机制创新，出台了大量的政策和措施，取得了显著成效。特别是近几年来，河南省认真贯彻落实科学发展观，坚持"四个重在"实践要领，不断深化重点领域和重点行业改革，亮点纷呈，强力支持了中原经济区建设和中原崛起大业。改革，为河南省经济社会的发展注入了强大动力，极大地推进了河南省各项社会事业的全面进步。

第一节　不断深化农村各项改革

河南省是全国较早全面推行家庭承包制的省份之一。河南省在全国率先实行农产品奖售的价外补贴政策，推动了农村的市场化改革；河南省在全国率先免除农业税，大大加速了农村税费改革的进程；河南省率先探索土地流转规模经营，加快农业发展方式转变；河南省率先推进新型农村社区建设，加快城乡一体化发展。从较早"大包干"，到率先免除农业税，再到建设新型农村社区，促使河南省农村一次次焕发出蓬勃生机和无穷活力。本节侧重介绍农村税费改革、土地流转改革、建设新型农村社区等内容。

一、率先进行农村税费改革

随着农村经济的发展，到 20 世纪 90 年代初，农村"三乱"（乱摊派、乱收费、乱罚款）现象日益严重，农民负担不断加重。如何减轻农民负担、增加农民收入成为重要的社会问题。1993 年 1 月，河南省委、省政府作出《关于切实减轻农民负担的决定》，提出要坚决取缔乱摊派、乱收费、乱罚款。1993 年 12 月，河南省人大审议通过并颁布《河南省农民承担费用和劳务管理条例》，河南省农民负担监管工作步入规范化、法治化轨道。1993—1996 年，河南省在全省范围内开展了治理农村三乱、减轻农民负担行动。1997 年 2 月，省委、省政府印发《关于贯彻〈中共中央、国务院关于切实做好减轻农民负担工作的决定〉的实施意见》，对减轻农民负担工作进一步作出部署，农民人均负担有所减轻并趋于稳定。

2000 年，河南省作为农村税费改革的试点省份，开始了理顺农村分配关系，构建国家、集体和农民之间新型关系的探索。这一改革的初衷是彻底解决长期以来农民负担减而不轻，不断反弹的"顽症"，从多个层面构筑一种新型的工农关系和城乡关系。

2002 年 3 月 29 日，《河南省农村税费改革试行方案》正式实施，标志着农村税费改革全面启动。改革的主要内容包括：取消乡统筹和农村教育集资等专门面向农民征收的行政事业性收费和政府性基金、集资，取消屠宰税，逐步取消统一规定的劳动积累工和义务工；调整农业税政策，调整农业特产税政策；改革现行的村提留征收使用办法。通过税费改革，全省农业税税率降低到了 7 个百分点。2003 年，河南省除保留收购环节的烟叶特产税外，在全国率先取消了非农业税计税土地上的特产税。2004 年，河南省贯彻中央"一号文件"精神，在全省降低农业税税率 3 个百分点。

在 2004 年 12 月召开的河南省委工作会议上，时任省委书记徐光春郑重宣布：河南省从 2005 年起全面免除农业税。国务院要求全国到 2006 年全部免征农业税，河南省比国务院要求的时间提前了 1 年（2006 年 1 月 1 日全国的农业税全面取消，2 月国家取消农业特产税和屠宰税）。随着

2005 年河南省在全国率先提前一年免征农业税，让延续 2600 年的缴纳"皇粮国税"的历史现象得以终结。2005 年之后，以减轻农民负担为初衷的农村税费改革的使命基本完成，国家对农业农村的政策开始由此前的"以农促工"转变为"以工补农"。河南省 2005 年率先在全国提前一年免征农业税后，全面实施"工业反哺农业、城市支持农村"的强农惠农政策。实施种粮直补、农资综合直补、良种补贴、农机具购置补贴、退耕还林（草）补贴、奶牛良种补贴、生猪补贴、农村劳动力转移培训补贴以及测土配方施肥补贴等制度，极大地调动了农民生产积极性。

二、积极推进农业产业化、现代化

20 世纪 90 年代以来，河南省充分发挥农业大省、人口大省的资源、产业优势，用发展工业的理念发展农业，大力推进农业产业化经营。

1994 年 1 月召开的全省农村工作会议，要求各地大力展开"公司＋农户"等各种形式的贸工农一体化经营，解决好千家万户的分散经营与大市场的衔接问题，推动农业和农民走进市场。这一年，河南省开始出现一批"公司＋农户"的典型，如豫北的永达集团、大用集团，豫南的华英集团，这些龙头企业采用"公司＋农户"和"公司＋基地＋农户"的模式带领当地农户发展生产，增收致富。

1997 年 7 月，河南省政府下发《河南省人民政府关于推进农业产业化的通知》。《通知》要求：一要充分认识加快农业产业化进程的重要性，把推进农业产业化作为当前和今后一个时期农村改革和发展的重大战略措施。二要明确推进农业产业化进程的总体思路和发展目标，进一步提升农业的专业化、商品化和市场化程度。三要注意整体推进和重点突出，着重抓好主导产业、龙头企业和社会化服务体系建设等几个关键环节。同年 10 月 31 日，河南省委、省政府联合发出了《关于推进畜牧产业化经营，进一步加快畜牧业发展的意见》，确定了全省畜牧产业化发展的指导思想和发展目标。从此，河南省农业产业化经营走上了健康、有序的发展轨道。

2002 年，农业产业化经营取得了突破性发展。龙头企业围绕主业发展，注重生产基地建设，加速技术改造，扩大生产经营规模。

2003 年 12 月，省政府出台了《河南省人民政府关于大力推进农业产业化经营的意见》，从财政资金投入、贷款服务、税收优惠政策、农产品流通环境等方面进一步加大了对农业产业化的扶持力度，规范了各项政策。

21 世纪以来，省政府已经出台了一系列推进农业产业化的专门文件，不断完善政策体系，强化扶持力度。全省 18 个市也全部制定了相应的政策措施，扶持龙头企业的发展，极大地推进了农业产业化、现代化。

截至 2011 年年底，河南省全省各类涉农龙头企业 6300 多家，其中国家级重点龙头企业 60 家，省级 562 家。据初步统计，全省省级以上龙头企业固定资产总额 1463 亿元，销售收入 4327 亿元，带动农户 1875 万户，带动基地面积 9094 万亩。全省有 16 家涉农企业在境内外上市。从整体看，涉农龙头企业的规模进一步壮大，对全省工业经济发展支撑作用进一步增强，科技研发能力进一步提高，带动农民增收成效进一步明显。

三、积极推动土地流转，不断深化土地产权和管理制度改革

早在 1994 年，河南省委、省政府在关于贯彻《中共中央、国务院关于当前农业和农村经济发展的若干政策措施》的文件中就提出："逐步建立土地使用权的流转机制，在坚持土地集体所有和不改变用途的前提下，农民承包土地的使用权可以依法有偿转让和入股。少数二、三产业比较发达，大部分劳动力转向非农产业并有稳定收入的地方，可以尊重农民意愿，允许土地向种田能手集中，实行适度规模经营。荒山、荒地、荒滩、荒水的开发经营，提倡集体统一规划，招标承包，实行适度规模经营，承包期可长达 60 年或更长时间，在承包期内，使用权可以继承和有偿转让"。近年来，全省各地认真贯彻落实党的十七大和十七届三中、四中、五中全会精神，坚持把深化农村土地制度改革、推进农村土地承包经营权有序流转，发展多种形式的适度规模经营，作为贯彻落实科学发展观，加快农业经营方式转变和发展现代农业的基础。

（一）积极推动土地流转，发展适度规模经营

近年来，全省多策并举，积极流转土地承包经营权，发展多种形式的适度规模经营。一是搞好确权颁证工作。各地积极推进承包地块、土地面积、承包合同、经营权证书"四到户"，农民土地承包经营权得到较好维护。启动了农村土地承包经营权登记试点工作，选择开封市通许县作为全国登记试点单位。为有效解决家庭承包土地细碎化问题，商丘在全市推行"互换并地"，取得了较好成效。二是建立服务机构。各地坚持在依法自愿有偿和加强服务基础上，积极克服财力不足、人手紧缺、设施陈旧等困难，想方设法建设土地承包经营权流转服务机构。目前全省有 61 个县（市）、660 个乡镇建立了土地流转服务大厅，79 个县（市）、1083 个乡镇有专人负责土地流转服务工作，政策咨询、信息发布、价格评估、合同鉴证、纠纷调处等服务有序开展。三是培育组织载体。把农民专业合作社作为实施土地流转和规模经营的有效载体，充分发挥合作组织在转变农业经营方式中的作用。到 2011 年年底，全省在工商部门登记注册的农民专业合作社达 34464 家，其中 5068 个从事粮食生产的农民专业合作社，耕种土地 1243.4 万亩。四是财政政策支持。不少地方对百亩以上的流转大户给予一次或多次补贴，促进农村土地流转。至 2011 年年底，全省农村家庭承包耕地流转面积 1982 万亩，占家庭承包面积的 20.6%，高出全国 2.8 个百分点，是全国农村土地流转面积占耕地比重较大的省份之一。

（二）进一步深化农村土地产权制度和管理制度改革

一是搞好土地确权，细化权能，探索试行"双挂钩"政策。近年来河南省各地开展了土地确权工作，对集体土地所有权、农民土地承包权进行了确权颁证，同时对土地所有权、承包权、使用权、经营权、收益权等各项权利的权能、权责、权益进行不断细化。为了统筹利用城乡建设用地，河南省一些地方开展了在保持耕地占补平衡的前提下实行城乡建设用地增减挂钩的政策试验。

二是开展林权制度改革。20 世纪 80 年代以来，全省各地推行过以"三定"（稳定山权林权、划定自留山、确定林业生产责任制）为主要内容的林业生产责任制，实施过宜林荒山荒地拍卖、承包政策，虽然对林业发展起到了一定的积极推动作用，但没有从根本上解决集体林地林木产权归属不清、责任主体不明、利益分配不合理等问题。2006 年以后，河南省认真贯彻国家关于推进集体林权制度改革的精神，确定了积极改革、稳妥推进的林改工作原则。2007 年年初，进行了林改试点。2007 年 11 月 21 日，省政府印发《关于深化集体林权制度改革的意见》，全面开展了新一轮的林权制度改革。

三是大力开展土地整治。截至 2011 年年底，河南省净耕地面积 1.2 亿多亩，高出国家耕地保护指标 360 多万亩，全部实现了耕地先补后占，耕地"占补平衡"各项制度得到了较好落实。在探索三化协调科学发展的实践中，河南省进一步丰富土地综合整治的内涵，2009 年，河南省以行政村为单位开展了"千村整治"示范工程。河南省国土资源厅的数据显示：2011 年以来，河南省土地综合整治工作继续"升级提速"，目前在建和规划建设的土地整治项目就有 1600 万亩，超过过去 10 年的总和，预计完工后可增加粮食生产能力 45 亿斤。

四、统筹城乡发展，探索建设新型农村社区

近年来，河南省一些地方先行先试，勇于探索，把建设新型农村社区作为统筹城乡协调发展的突破口，在尊重农民意愿、保障群众利益的前提下，推动农村人口就近就地城镇化，显著改善了农村居民的生产和生活条件，初步探索出一条在农村人口比重大、"三农"问题突出地区加快推进城镇化、实现城乡协调发展的新路子。

（一）积极推进新农村建设

2003 年 1 月，中央农村工作会议指出，必须统筹城乡经济社会发展。2005 年 10 月，党的十六届五中全会提出按照"生产发展、生活宽裕、乡风文明、村容整洁、管理民主"的要求，建设社会主义新农村。为贯彻落实中央关于建设社会主义新农村的有关部署，2006 年 3 月，省委省政府发出《关于推进社会主义新农村建设的实施意见》。同年 8 月，省委、省政府正式印发《河南省 2006—2020 年建设社会主义新农村规划纲要》（以下称《纲要》），确立了河南省新农村建设的战略目标和阶段性目标，指明了新农村建设的方向，为全省农村描绘出一幅崭新的蓝图。本着建设新农

村的目标，河南省进行了大胆改革实践。

2009 年 4 月，河南省信阳市被确立为农村改革发展综合实验区。信阳市紧扣农村改革发展主题，围绕党的十七届三中全会提出的农村六项制度改革，着力创新八个方面的体制机制：一是创新农村土地流转的体制机制。二是创新农村资金投入的体制机制。三是创新农村社会化服务的体制机制。四是创新农村社会保障的体制机制。五是创新支持创业人才投身农业的体制机制。六是创新文化引领社会经济发展的体制机制。七是创新城乡一体化发展的体制机制。八是创新农村组织建设和民主管理的体制机制。

2010 年 1 月，新乡市被省委、省政府确立为城乡统筹试验区。新乡市统筹城乡发展的主要探索做法：秉持以城带乡、以工促农的理念，以产业集聚区和新型农村社区建设为载体，着力推进"城乡发展规划、产业布局、基础设施、公共服务、劳动就业、社会管理""六个一体化"。通过探索实践，新乡市统筹城乡发展取得了明显成效，呈现了良好的发展态势。"耕地得到保护、农民就近就业、居住环境改善、财产性收入增加、农民持续增收"既定上期初步体现，为河南省较大规模推进新型农村社区建设奠定了一定的实践基础，提供了一定的经验。

（二）建设新型农村社区

近年来，河南省一些地方先行先试，勇于探索，把建设新型农村社区作为统筹城乡协调发展的突破口，在尊重农民意愿、保障群众利益的前提下，推动农村人口就近就地城镇化。河南省委、省政府敏锐地发现了新型农村社区这一农村干部群众创造的意义所在，认识到这是一种新的城镇化发展模式，对破解"三农"难题、统筹城乡发展、助推三化协调意义重大，因而给予了强有力的支持和引导。省九次党代会进一步把新型农村社区纳入新型城镇体系，作为战略基点加快推进新型城镇化进程。

新型农村社区不是一般意义上的新农村，而是具有一定规模和良好生产生活环境，并对周边区域具有一定经济辐射作用的新型社会生活共同体。其特点是统一规划设计新址，统一基础设施建设，统一提供教育、医疗等社会公共服务，实现农村基础设施城镇化、生活服务社区化、生活方式市民化。建设新型农村社区，是河南省从根本上破除城乡二元结构，推动城乡一体化发展、协调发展的重大创举，是继土地改革和家庭承包之后，河南省农村社会发生的又一次具有时代特征的重大社会变革。

在省委、省政府的支持引导下，河南省的新型农村社区建设正方兴未艾。21世纪初，新乡等地的基层干部和农民就开始了建设新型农村社区的探索。2010年前后，郑州、平顶山、焦作、许昌、安阳、鹤壁等地各类新型农村社区也雨后春笋般涌现出来。新乡把新型农村社区建设纳入城镇化范畴，让农民离土不离乡、进厂不进城，就地城镇化，按照"政府引导、规模先行、注重风貌、传承文明、就业为本、量力而行、群众自愿、循序进行"的原则，形成了"旧村完善型、村庄合并型、服务共享型、整体搬迁型"等多种建设模式。平顶山市按照"适度规模、科学规划、产业为基、完善设施、注重特色、生态宜居"的要求，将全市92个乡（镇）、2600个行政村、8000多个自然村，规划为36个中心镇（乡）、539个中心村。

目前，新型农村社区在本省已出现多种建设模式，如城镇开发改造模式、郊区联村集聚模式、多村整合联建模式、园区带动模式、强村兼并模式、村企共建模式。伴随新型农村社区建设的是农村基层党的建设、基层民主自治、基层组织管理、基层社会管理的深刻变革。

第二节　深化国有企业改革

要发展市场经济，就必须深化国有企业改革。这是历史的必然，现实的抉择。20世纪90年代以来，河南省不断深化国有企业改革，做大做强了一批国有企业，极大地增强了国有经济的控制力、引导力、带动力。

一、试行股份制，探索建立现代企业制度

党的十四届三中全会通过的《关于建立社会主义市场经济体制若干问题的决定》发布后，河南省企业改革由放权让利为主要内容的政策调整转向企业制度的创新，即通过深化企业改革，转换企业经营机制。改革的主要内容：

一是开展股份制试点，推动企业组织结构调整。股份制作为一种企业组织形式，早在1986年前后开始在河南省出现。1994年以后，中国白鸽实业股份有限公司、中国神马帘子布股份有限公司、洛阳浮法玻璃集团股份有限公司、郑州百文股份有限公司（集团）4家公司已先后向社会公开发行股票并在深圳和上海证券交易所上市。其中，洛玻公司成为河南省首家在境外发行股票（H股）并在香港上市交易的公司。1995年年底，全省股份制试点企业发展到4034家，其中有限责任公司3787家，股份有限公司247家。股份制的试点为建立现代企业制度探索了新路子。

二是探索建立现代企业制度。1994年，河南省政府决定选择100户大中型企业作为建立现代企业制度的试点，河南省体改委拟定了《河南省选择百家企业进行建立现代企业制度试点方案》，同时，提出要积极培育、扶持50户大企业和企业集团。1995年7月，河南省建立现代企业制度试点工作会议在郑州召开。

三是加快国有小型企业的产权制度改革。1994年，河南省体改委制定了《河南省国有小型工业企业股份合作制意见》，积极探索多种资产经营形式，推进企业采取兼并、租赁、拍卖、利用外资"嫁接"改造，划小核算单位，实行"一厂多制"等多种改革形式（蛇吞象现象）。国有小型企业的产权改革加快，截至1996年年底，放开搞活国有小企业的改革在河南省全省推开。

二、"抓大放小"、"有进有退"

党的十五大之后，河南省国企改革进入到了以国有经济结构和布局调整为前提，以实施"抓大放小"为重点，以产权制度改革为核心，以建立现代企业制度为目标，体制、机制、所有制全面创新阶段。改革的主要内容：

一是以"抓大放小"为重点。1998年3月，河南省委、省政府对国有工业企业"抓大放小"及解困再就业工作进行了专题调研，制定了24条具体政策。全省各地以"三个有利于"为标准，以产权制度改革为突破口，采取多种形式全力推进国有中小企业改革。2003年4月，省委、省政府召开全省国有企业改革工作会议，对全省国有企业改革工作进行再动员、再部署。到 1998 年年底，全省列入应改制的独立核算国有工业中小企业 2727 个，已改制 1919 个，改制面为 70.2%；2000 年，据对全省 3286 个国有及国有控股中小企业的调查，已改制的企业 2528 个，改制面为 76.8%；2002 年，全省 3268 个国有及国有控股中小企业已改制 2528 个，改制面达近 80%；2004 年，通过改组、联合、兼并、租赁、承包经营、股份合作、出售等多种形式，国有中小企业普遍进行了改制。据统计，到 2004 年 10 月底，全省共有国有及国有控股工业企业 1665 个，与 2003 年年初比，企业数量减少 740 个，资产总额却增加 344 亿元，资产总额占规模以上企业资产总额的 65.19%。在国有企业总体资产规模扩张中，国民经济基础产业和支柱产业的资产实力得到加强，国有经济的控制力、影响力和带动力也得到了更好的发挥。

二是以建立现代企业制度为目标，推进大中型国有企业进行规范的公司制改造。1999 年，河南省 100 个试点企业建立现代企业制度取得重大成果。公司制度逐步建立，法人治理结构基本形成。截至 2002 年年底，河南省有 352 个重点企业，按《公司法》初步确立了出资人制度。为推进产权主体多元化，河南省积极探索公有制的多种实现形式，要求除少数必须由国家独资经营的企业外，其他国有企业要积极推行股份制，发展混合所有制经济。这种做法优化了国有企业的资本结构，拓宽了国有企业的融资渠道。至 2005 年，90% 以上的国有工业企业实现了股权多元化，国家资本"一股独占"的传统格局得到根本改变。与此同时，企业的法人治理结构也越来越规范。至 2004 年年底，全省 434 个重点企业中，有 237 个股份有限公司和有限责任公司成立了股东会，有 343 个企业成立了董事会，有 304 个企业成立了监事会，95% 以上的股东会、董事会、监事会和总经理都能够行使《公司法》所赋予的权力。"新三会"的建立及行使职权的情况表明，通过建立现代企业制度，企业权力机构、决策机制、执行机制和监督机构相互独立、相互制衡、相互协调的机制基本形成。

三是进一步扩大企业自主权，不断探索创新国有资产管理体制，随着经济体制改革的不断深入，政府直接管理、经营企业的职能得到根本转变，其经济管理职能和国有资产者职能逐步分开，政府通过国有资产授权

投资机构对国有资产进行经营管理，通过宏观经济手段和日趋完善的法律、法规体系，努力为企业进行公平竞争创造良好的市场经济运行环境。重点企业逐步降低了对政府的依赖程度，扩大了经营自主权。全省已改制企业中，总经理由董事会直接任命的比例 2002 年达 61.8%；对中层管理人员的聘用已由政府主体选拔转变为企业总经理自主决定或由总经理提名董事会聘任，比例占到 65.7%。2003 年，代表出资人的国有资产专门监管机构省国资委挂牌运营，这标志着国有资产管理体制进入了一个全新时期。

四是积极探索分离企业办社会职能的途径，探索进行社会保障、再就业制度等各方面配套改革。

三、改制重组、做大做强

从 2005 年开始，国企改革的主要内容为通过改制重组做大做强国有企业，更好地发挥国有经济的控制力、影响力、带动力，同时，进一步做好国有大中型企业的改制工作。

（一）分类推进全省国有企业产权制度改革

至 2007 年，全省共有 4482 户国有企业实施了改革改制，其中有 4111 户企业退出了国有序列。从改制形式来看，股份制改造的有 1580 户，破产的有 1248 户，国有股权出让的有 995 户，兼并重组等其他形式改制的有 659 户。从改制企业所属行业来看，4482 户改制企业中，工业企业 1728 户，全省 98% 的国有工业企业基本实现了股权多元化，另外还有 1584 户商品流通企业和 1170 户的建筑、交通、粮食等其他类型企业实施了不同形式的改制。省直单位所属企业的脱钩改制工作全面推开，30 个省直单位所属的 197 户企业中，有 91 户企业通过股份制改革、破产、撤销、合并等形式实施了改制，共分流或安置职工近两万人。其中国资委监管的 63 户中小企业中，有 36 户已按有关政策完成了改制、脱钩和职工安置，4414 名职工得到妥善安置。

（二）努力搞好大中型企业分离办社会职能和主辅分离辅业改制

针对国有大中型企业承担社会职能多、非主业负担沉重、富余人员多等问题，河南省先后启动了分离企业办社会职能和大中型企业主辅分离辅业改制工作。2003 年年初，全省共有 484 所企业自办中小学校，涉及资产 20 亿元，在职教职工 3 万人，在校学生 36 万人。至 2007 年，共分离企业自办中小学 449 所，其中 121 所省属企业自办中小学和 192 所中央企业自办中小学已全部实现分离移交。全省大中型企业主辅分离辅业改制工作也取得实质进展，省管企业 360 个辅业单位中，90%以上实现了与主业分离，50%左右实施了产权制度改革。

（三）积极抓好重点骨干企业实施结构调整和重组改制

一是通过增资扩股或股权转让等方式引进外部战略投资者，加大同境外和省外等外埠优强企业的合作，重点引入资金、技术、管理等各类生产要素；二是推进省内重点企业的兼并重组，通过"强强联合"整合集中各类优势资源，促进企业规模化、集约化发展，形成产业优势；三是以重点项目带动结构调整和企业重组，在煤化工、铝加工等项目方面实施合作共建，提高规模效益和技术水平，实现互惠多赢，避免重复建设和内耗竞争；四是整合优良资产，培育上市资源，着力推进国有企业改制上市或整体上市，优化股权结构，募集资金，加快发展；五是对陷入困境的重点企业实施改制解困，支持困难企业重新焕发生机。

第三节　大力发展民营经济

改革开放以来，河南省民营经济飞速发展，经历了从无到有、从小到大、从弱到强的快速发展时期，基本形成了结构趋于合理、经济地位举足轻重的新的民营经济发展格局，民营经济为河南省经济社会发展作出了巨大贡献。当前，河南省要进一步解放和发展生产力，加快实现中原崛起河南省振兴，必须促进民营经济更好更快发展。

一、河南省民营经济的发展历程

从 1979 年到 1996 年是个体经济大发展同时私营经济也获得一定发展的时期。1982 年，党的十二大报告提出城乡个体经济是公有制经济的必

要的、有益的补充。1983 年 8 月，河南省委、省政府召开全省农村工作
会议，提出要大力发展专业户、重点户和经济联合体。1983 年 12 月，河
南省城镇集体和个体经济先进表彰大会在郑州召开。会议要求大力发展集
体经济、个体经济。1984 年 3 月，河南省委发出《关于大力发展农村商
品经济的决定》，提出要解放思想，放开手脚，大力发展各种专业户，大
力发展多种经营。有党的方针政策指引，河南省的个体经济快速发展。在
农村，越来越多的农民走出田野，去经商，去办企业，去从事第三产业；
在城市，越来越多的人开始自谋职业、自主创业。

1992 年 12 月，河南省委发布《关于进一步加快私营经济发展的决定》，
要求不断解放思想，破除"一'左'一旧"的观念，积极支持个体、私营
经济的发展，并就如何放宽经营范围，发展多种经营形式，扩大从业人
员，优化经营环境，简化办证手续等作了具体规定。1993 年 2 月，河南
省政府召开会议，要求国有经济、集体经济、个体经济、私营经济、股份
制经济、联营经济、外商投资经济、港澳台投资经济以及其他适应河南省
实际的各种经济类型都要全面发展。

党的十五大后，河南省民营经济进入发展的快车道。十五大之后，河
南省进一步加大了"抓大放小"的力度，在放开搞活国有中小企业的同时，
对乡镇集体企业也进行了以产权制度为核心的改革。国有经济布局调整、
国有中小企业和乡镇集体企业改制，为私营经济的大发展带来了契机，河
南省民营经济开始进入快速发展的新阶段。

党的十六大以后，全国各地都把发展民营经济作为战略重点来抓，新
一轮的竞争也在围绕民营经济全面展开。2003 年 4 月，河南省非公有制
经济工作会议召开，时任省委书记李克强和时任省长李成玉出席会议并作
重要讲话，明确提出要把大力发展非公有制经济和民营企业作为贯彻落实
党的十六大精神和全面建设小康社会、实现中原崛起的重大举措。同年 5
月，河南省委、省政府《关于进一步促进非公有制经济发展的决定》出台，
提出了发展非公有制经济的指导思想、目标和原则，进一步放宽非公有制
经济的准入领域和准入条件。2005 年 1 月，河南省委、省政府召开全省
民营企业表彰大会，授予郑州三全食品股份有限公司等 20 家企业为"河
南省明星民营企业"，授予河南省奥克集团等 100 家企业为"河南省优秀

民营企业"，时任省委书记徐光春、时任省长李成玉亲自为优秀民营企业家颁奖，并提出要坚持政治上放心、政策上放开、发展上放手的"三放"政策，对非公有制经济发展不限比例、不限速度、不限规模、不限经营方式，为非公有制经济发展创造更加良好的环境，使河南省的非公有制经济总量上规模、结构上层次、质量上水平、管理上台阶，有大发展、大突破，在实现中原崛起中作出更大贡献。2011 年，河南省民营经济创造的生产总值占到 60% 以上，撑起了河南省国民经济的半壁江山，成为中原崛起的重要推动力量。

在总量大幅度增长的同时，民营经济的素质也获得极大提高，从过去的"低、小、散"的状态向高层次迈进。一是规模不断扩大，经营领域不断拓宽。民营经济逐步由单体小规模向群体大规模发展；经营领域也由传统的饮食服务、商品流通、建筑等传统产业逐渐向电子、信息等新兴产业和教育、科技等社会事业方面延伸。二是民营企业的科技创新能力不断增强，已经具备了相当的规模和实力，成为促进全省经济社会发展的重要力量。三是增长方式明显转变，管理方式走向科学。大批民营企业走上节约资源、保护环境、集约发展的又好又快的发展道路。在增长方式转变的同时，大批民营企业也实现了从家庭管理向科学管理的深刻转变。一些私营企业积极引入多元产权，进行股份制改造，建立现代企业制度。四是产业集聚效果明显，专业村乡星罗棋布。全省有诸如"纺织之乡"、"建材之乡"、"大蒜之乡"、"布鞋镇"等各类专业村、乡，许昌的档发、金刚石制造，南阳的玉雕，漯河的食品饲料，长垣县的起重设备制造，偃师的保险柜，林州的汽车配件，固始的柳编，荥阳市的希格王玛，郑州的服装加工，巩义的铝电一体化，新乡的新型电池，濮阳的玻璃制品等产业呈现集群集聚的良好发展态势。

二、河南省民营经济的历史作用

改革开放 30 多年来，河南省民营经济从无到有、从小到大，迅速崛起，为全省经济发展撑起一片蓝天，在经济社会的发展中发挥着越来越大的作用。

（一）民营经济已成为河南省国民经济发展的重要力量

民营经济的发展，不仅成为河南省全省经济持续快速健康发展新的增长点，而且有力促进了发展质量的提高和发展方式的转变。目前，全省民营经济广泛涉足矿产资源开发、农牧业生产、基础设施建设、生态环境建设、社会事业、旅游业、服务业等领域，形成了一批有影响、有实力的骨干企业。特别是近年来引进和兴办的一些民营企业，积极参与到资源转换战略、特色优势产业和循环经济发展中，在行业中起到了技术示范、管理创新的排头兵作用。同时，民营经济适应市场需求，大力发展特色动植物资源和农畜产品加工业，在食品、医药、服饰等领域，逐步成为主力军，为特色轻工业的发展作出了重要贡献。截至 2011 年年底，全省非公有制经济单位达 276.84 万个，注册资本 8651.68 亿元，首次超过国有、集体及其控股企业。

（二）民营经济已成为河南省财政收入的重要来源

民营经济在自身获得蓬勃发展的同时，既为地方提供了大量的税收收入，又保证了地方财政收入的稳定增长。河南省实缴税金超过 1000 万元的民营企业 2002 年仅有 38 家，2004 年增加到 99 家，2005 年又增加到 223 家，2006 年猛增到 335 家。2002—2006 年，河南省实缴税金超过 1000 万元的民营企业逐年增长。2009 年，全省纳税总额为 1611.66 亿元，同比增长 6.3%，其中民营企业纳税额占税收总额的 67.05%。这些都显示出民营经济提供税收收入的能力快速增强，对河南省地方财政的贡献越来越大，已成为河南省地方财政收入的重要来源。

（三）民营经济已成为河南省投资增长的重要成分

民间投资占全社会投资的份额稳步上升，国有投资独领风骚的格局被打破，民间投资在全社会投资中的主导地位逐步确立。河南省民营经济完成固定资产投资由 2002 年的 889.43 亿元达到 2011 年的 13896.20 亿元，年均增长 135.7%，高于全社会固定资产投资年均增速 42.0 个百分点。河南省民营经济固定资产投资占全社会固定资产投资的比重由 2002 年的 48.9%提高到 2011 年的 78.2%，提高了 29.3 个百分点。

（四）民营经济已成为河南省推进改革开放的重要动力

首先，在国有企业改革进程中，各类非公有制企业通过兼并、联合、参股、租赁、合作等形式，积极参与国有和集体企业改革，对加快国有企业体制机制转换，增强发展的动力和活力，提高市场化程度发挥了重要作用。其次，民营企业灵活的经营机制及管理方法，为国有企业改革提供了可借鉴的模式；民营企业的发展，为一部分中小型国有企业的联合、兼并、嫁接、租赁和拍卖提供了有效途径；民营企业吸纳大量国有企业下岗职工，也为国有企业改革创造了外部条件。随着民营经济的发展壮大和国有企业改革的逐步深入，全省社会主义市场经济体制已初步建立并在不断完善之中。同时，民营经济已逐渐成为全省对外经贸合作中最活跃、最具潜力的新生力量。

（五）民营经济已成为河南省构建和谐社会的重要参与者

首先，民营经济已成为吸纳就业的主渠道。2011 年，全省非公有制企业提供了 75% 以上的城镇就业、80% 以上的新增就业。民营经济的发展，不仅有效缓解了城镇新增就业人员、下岗失业职工的就业、再就业问题，而且还吸纳了大量的农村富余劳动力，促进了劳务经济发展和农牧民收入增长。其次，这些年一批民间资本陆续投资于教育、文化、卫生、绿化、环保等社会事业，一些先富起来的民营企业家解囊赈灾、捐资助学、扶贫济困，推动了社会公益事业的健康发展。截至 2011 年，全省民营企业大规模慈善捐赠金额已超 10 个亿，民营企业正在成为履行社会责任的重要力量，对促进经济社会协调发展产生了积极作用。此外，民营经济的发展，促使竞争意识、效率意识等现代观念更加深入人心，为形成与社会主义市场经济体制相适应的思想观念和道德体系产生了积极作用。

（六）民营经济已成为河南省技术创新的重要支撑

民营经济的发展不仅表现在数量上，质量也不断提升，整体素质越来越高。2002—2011 年，全省自主创新的 75% 以上，国内发明专利的 70%以上和新产品的 80% 以上来自于中小企业，而中小企业 95% 以上是民营经济。截至 2011 年，全省拥有 1 个国家级和 20 个省级民营科技园区，民营企业已经成为河南省技术创新的生力军。通过创新，解决了一批产业发展中的关键技术难题，使矿山装备、超硬材料、多晶硅、盾构、生物疫苗、锂离子电池等产业的技术水平达到了国内领先或先进，有力促进了全

省高新技术产业的发展。"十一五"期间，全省高新技术产业增加值实现年均增长 20%左右，高于同期工业增长速度 6 个百分点左右。

三、河南省民营经济未来发展趋势

从民营经济现有的发展实力、发展态势、发展环境来看，民营经济作为国民经济的主体地位将更加突出；民营经济将与国有企业和谐发展，享受平等地位，共同构成发展社会主义市场经济的强大力量，而且将继续成为推动市场化的主力。在奋力实现中原崛起河南省振兴的征程中，民营经济将扮演主角。未来河南省民营经济发展将表现出以下几个趋势：

（一）民营经济的地位将进一步得到提升

经过 30 多年的改革实践，民营经济在满足市场需要、促进市场繁荣、优化经济结构、推动科技创新、缓解就业压力和维护社会稳定等方面，发挥着越来越重要的作用，奠定了其"重要组成部分"的地位。随着"两个毫不动摇"、"两个平等"的提出①，以及"非公经济 36 条"、"中小企业 29 条"、"新 36 条"的陆续出台②，河南省民营经济发展将在拓展经营范围，加强自身管理、明晰产权关系、规范运营机制、健全组织结构、建立企业文化、推进企业创新等方面进一步上台阶、上档次。因此，在全面实施建设中原经济区、加快中原崛起河南省振兴总体战略的背景下，河南省民营经济的作用将进一步发挥，地位将进一步得到提升。

（二）民营经济的产业结构与区域结构将进一步优化

进入新的发展时期，民营经济发展得到了国家更多政策支持。允许进入的领域逐渐放宽，已涉及国民经济发展的各个方面，从而为民营经济的

---

① 党的十七大在继续强调"两个毫不动摇"的基础上，提出要"毫不动摇地巩固和发展公有制经济，毫不动摇地鼓励、支持和引导非公有制经济发展，坚持平等保护物权，形成各种所有制经济平等竞争、相互促进新格局"。

② 分别指 2005 年 2 月出台的《国务院关于鼓励支持和引导个体私营等非公有制经济发展的若干意见》（简称"非公经济 36 条"）；2009 年 9 月 22 日出台的《国务院关于进一步促进中小企业发展的若干意见》，即"中小企业 29 条"；2010 年 5 月，国务院发布的《关于鼓励和引导民间投资健康发展的 36 条意见》（简称"新 36 条"）。

大发展提供了宽阔的平台和广阔的天地。同时，随着国有企业改革深化，民营企业将通过兼并、收购等方式参与国企改组改造，进入第二产业尤其是重工业和垄断行业。但在国际金融危机影响的背景下，民营经济也遭遇着"三荒两高"（"钱荒、电荒、人荒"与"高成本、高税负"）的困局。民营经济要得到持续发展，必须在充分利用诸如扶持中小企业、小微企业发展以及促进就业创业等政策的有利因素的同时，加速自身转型升级的步伐，用高新技术和先进适用技术改造和提升传统产业，增强企业的技术创新能力和市场竞争力。此外，当前不但在中原经济区核心区，而且在黄淮四市等欠发达地区，民营经济都已得到较好发展，随着中原经济区建设的深入，未来全省民营经济在地区发展的布局结构上也将进一步优化。

（三）民营企业的国际化水平将进一步提高

在经济全球化过程中，民营企业面临着与国外企业和跨国公司进行更加激烈的市场竞争。但是，我国民营企业由于起步晚，在企业规模、经营管理、技术水平等方面与竞争对手都有较大差距。而且在国际化分工的产业链条中民营企业大多处于附加值低、利润低的中间加工环节。为了赢得竞争中的优势，民营企业必将不断提高其国际化水平。首先，民营企业将实现发展观念的国际化，即树立国际化经营与竞争的意识，在统一的国际规则和市场规则下，将企业的发展放到国际化的大市场中来考虑。其次，民营企业将实现在管理上的国际接轨。主要是在管理理念、管理体制、管理手段和管理方式上与国际接轨，实现从非规范的管理向现代企业的科层制管理的转变。在企业管理方面，要通过合理的制度设计，充分调动员工的积极性，有效发挥各种生产要素在民营企业发展中的作用，降低企业交易费用，优化企业资源配置。最后，民营企业将实现发展战略的国际化。要改变当前在国际分工中的不利地位，制定有针对性的发展战略，促进企业技术创新、管理创新，提高企业核心竞争力，在全球产业价值链中抢占高端地位。

（四）民营经济的经营管理水平将进一步提高

伴随着我国市场经济体制由建立阶段进入完善阶段，民营经济既要按照市场经济要求重新设计自己的发展方向，又要实现自身竞争力的提升，把自己建设成为规范的市场经济运行主体。首先，民营企业将需要

按照现代企业制度的要求，引进和完善法人治理结构，将民营经济的所有权与经营权分开，健全决策机制，完善权力制衡机制和工作组织机制。对于那些家族式企业和以人身信用为基础组建的合伙企业，将通过产权界定，进行股份制改革，建立以资本为纽带的现代企业，提高生产经营者对企业资产的关切度，调动各方面的积极性。其次，新的市场环境和竞争形势要求民营企业加大对民营经济企业家培育力度，建立企业人才流动机制，发现和培养有发展潜力的管理人员，促进企业管理上台阶。最后，特色企业文化建设将越来越被民营企业所重视，进而形成适合企业实际的独特的思想观念、价值标准、经营理念及职业道德规范，增强员工对企业的认同感、凝聚力与向心力，为企业上档次、上水平培育可持续发展的软环境。

（五）民营经济发展的环境将进一步优化

在建设服务型政府的背景下，民营经济发展的环境将进一步优化。首先，政府职能部门将进一步理顺公有制和民营经济的关系，发挥政府服务、引导、协调、监督的职能，建立高效、快捷的服务体系，促进民营经济健康发展。其次，政府将进一步提供民营经济发展的制度保证，完善有关民营经济的法规、方针、政策，为民营经济发展提供财产、市场准入、资本筹措等方面的制度保障，加大制度创新支持。最后，政府将进一步规范中介机构，为民营经济发展构建社会化服务体系。通过健全中介服务机构，为企业提供工商管理培训和职业培训、信息服务以及咨询、诊断等，帮助企业实现制度和技术创新，为企业提供跨行业、跨地区、跨国的企业"联姻"和企业外贸服务等，从而为民营经济提供高效、快捷、全面的服务，切实发挥中介机构的作用。

第四节　持续推进行政管理体制改革

河南省推进的行政管理体制改革内涵丰富、范围广泛，不仅包括大规模的政府机构改革，也包括政府运行机制和管理方式等方面的创新完善。行政管理体制改革，不仅切实转变了政府职能，优化了政府组织机构，提高了行政效能，也使依法行政、服务型政府建设等工作取得了实质性进展。

一、基层管理体制改革的破冰

改革开放初期，河南省以基层管理体制改革为突破，以政府机构改革为主线，开启了本省行政管理体制改革的破冰之旅，此间一系列改革举措为中原崛起战略的实施奠定了体制基础。

（一）以政社分设为内容的乡镇管理体制改革

为适应农村经济形势的发展，中共中央 [1983] 1 号文件提出要改革人民公社体制，实行生产责任制，特别是联产承包责任制，实行政社分设。同年 10 月，中共中央、国务院联合发出《关于实行政社分开建立乡政府的通知》，要求实行政社分开，恢复乡镇政府。根据中央部署，河南在全省范围内分批有序地推进以政社分设为内容的乡镇管理体制改革。

1983 年 1 月上旬，河南省委、省政府确定以原公社的行政范围为基础，一社为一乡，在郑州市和武陟、信阳、沈丘、周口等 37 个县（市）各选 1—2 个公社进行建乡试点；洛阳、许昌、开封地区分别在宜阳、鄢陵、新郑全县范围内进行建乡试点。同年 11 月开始在全省范围内全面开展建乡工作，按乡同步建立中共乡党委、乡政府和乡经济联合社。截至 1984 年 6 月底，政社分设工作在河南省全部完成。全省在 1973 个公社的基础上共建乡政府 1980 个（含民族乡 6 个），在改变农村人民公社体制的同时，建立村民委员会 46383 个，建立村民小组 407714 个。

（二）以市领导县体制改革为核心的地、市行政机构改革

为推进城市经济体制改革，河南省委、省政府于 1983 年 9 月作出《关于地、市党政机关机构改革若干问题的意见》，就地、市级机构设置，人员编制，领导班子配备，老干部妥善安置以及培训问题作出安排。要求以经济发达的城市为中心，以广大农村为基础，逐步实行市领导县的体制，使城市和农村紧密地结合起来，充分发挥两方面的优势，互相依存，互相支援，统一领导，全面规划，促进城乡经济、文化事业的发展。

　　根据上述指导思想，河南省主要从三个方面对地、市级行政机构进行了改革。一是调整区划建设。通过调整区划建设，使全省 12 个省辖市都实行了市带县，共带 63 个县，占全省 110 个县的 57%。撤销了 5 个区行政公署及所属的近百个部、委、局，将同一个地区的双重领导变为统一领导。二是精简机构，紧缩编制。省辖市政府一般设 32—38 个工作部门，行署一般设 23 个工作机构。人员编制根据中央规定，按照城市人口的 3.9% 核定；地区按 13% 的比例精简。三是配备领导班子。市政府正副市长、地区行署正副专员的平均人数由原来的 7.6 人减为 4.6 人，党政领导班子中交叉兼职人数由原来的 64 人减少为 28 人。领导成员的平均年龄为 47.5 岁，比改革前下降 10.2 岁，知识水平显著提高，具有大专文化程度的占 51.5%。

　　实行市领导县体制后，河南省各市逐渐从城乡协调发展的全局出发，依照城乡结合的特点，积极稳妥地分步骤建立起不同类型、不同规模、以城市带动农村的经济网络和经济运行机制，统筹发挥城乡的优势和潜力，进一步加快社会主义物质文明和精神文明建设。

（三）以城市机构改革试点为前沿的基层管理体制改革探索

　　1985 年 5 月，经国务院批准，决定在江门、厦门、衡阳、黄石、自贡、苏州、无锡、常州、马鞍山、绍兴、潍坊、安阳、洛阳、丹东、宝鸡、天水 16 个中等城市进行机构改革试点。此次改革旨在通过组建职责分明、分工合理、运转协调、灵活高效的政府机构，逐步实现行政管理科学化、法制化、现代化，并建立起一套适应有计划商品经济发展要求的包括决策、执行、经济调节、检查监督和信息咨询在内的一整套完整的行政管理体系，为更好地依托城市组织经济，发挥中心城市的作用创造条件。作为全国第一批中等城市机构改革试点市，河南省的安阳市和洛阳市在转变政府职能、调整人员结构、加强行业管理、市区配套改革、改善机构设置以及研究建立人员编制管理自我约束机制等方面都进行了不少有益探索。以安阳市为例，该市紧紧围绕转变政府工作职能这个中心，对市政府机构作大幅度的调整：一是减少中间层次，撤销了重工局、轻工局、二轻局、一商局、二商局等俗称"二传手"的部门，把行业管理职能移交给市经委和新组建的商业委员会；二是本着精简的原则，撤销了一些部门或临时工作机构，同时对一些职能相关或相似的部门予以归并；三是对新建或保留的部门重新定编定员，改变人浮于事的现象。同时，为进一步明确党政分工，撤销了与政府对口的经济工作部、农村工作部等部门，还对原来由政府机构行使的党群工作职能进行了分解。

二、探索构建适应市场经济体制要求的行政管理体制

1992 年 10 月召开的党的十四大，明确指出我国经济体制改革的目标是建立社会主义市场经济体制，并对与之相适应的行政管理体制改革提出了"切实做到转变职能、理顺关系、精兵简政、提高效率"的具体要求。在中央精神指引下，河南省积极探索构建适应社会主义市场经济体制要求的行政管理体制，不仅在政府机构改革方面进行了大胆尝试，也在政府治理机制层面进行了有益创新。

（一）大胆进行各级政府机构改革

一是以"小机关、大服务"为目标的县级机构改革。1992 年 4 月，河南省委办公厅、省政府办公厅转发了新郑县和三门峡市湖滨区实行"小机关、大服务"改革的经验，决定在全省 67 个贫困县、财政补贴县由点到面地实行以"小机关、大服务"为目标，以转变政府职能、分流干部、兴办实体为主要内容的机构改革。同年 5 月 4 日，省政府发出《关于县乡行政事业单位转变职能，加强服务的通知》，要求全省按照"小机关，大服务"的方向，大胆进行县乡行政事业单位改革，转变职能，加强社会化服务。7 月，驻马店地区被省委、省政府确定为"小机关，大服务"改革试验区。12 月召开的河南省县级机构改革试点工作座谈会指出，检验县级机构改革是否成功的具体标准就是要看机构是否少了，人员是否少了，办事效率是否提高了，生产力是否发展了。截至 1992 年年底，全省共有 28 个县（市、区）进行了较大面的机构改革，40 多个县（市、区）进行了部分机构改革，其他县也不同程度地进行了改革。

二是以建立办事高效、运转协调、行为规范的行政管理体系为目标的省直党政机构改革。按照中共中央、国务院《关于地方政府机构改革的意见》部署，河南省直党政机构改革于 2000 年 4 月正式启动。为确保此次

改革顺利进行，省委、省政府特别出台了《河南省省直国家行政机关工作人员定岗实施办法》、《河南省省直国家行政机关机构改革人员分流安排工作实施意见》等相关配套政策。在改革过程中，始终坚持政企分开、权责一致、实事求是、依法行政和精简、统一、效能的原则，并从六个方面采取措施转变政府职能：解除政府主管部门与国有企业的行政隶属关系；不再保留工业、商业等专业经济管理部门，改组行政性公司，其行政职能并入政府综合经济部门；改革行政审批制度；推进事业单位和机关后勤服务体制改革；积极培育和规范社会中介组织；建立高效、协调、规范的行政运行机制。

三是以精简机构、压缩编制为重点的市县乡机构改革。2000 年 12 月，中共中央办公厅和国务院办公厅联合下发《关于市县乡人员编制精简的意见》。2001 年 3 月，河南全省范围的市县乡机构改革拉开序幕。此次改革方案科学，推进有力，仅半年时间就收到了明显成效。例如：通过撤销市县工业、商业等专业经济管理部门，进一步推进了政企分开；通过将原由各级政府部门承担的大型技术性、咨询性、社会性事务，交由事业单位和社会中介机构承担，进一步转变了政府职能；通过调整县级有关主管部门派驻乡镇的机构，下放属于乡镇的管理权，进一步完善了乡镇政府功能；通过精简分流、竞争上岗和双向选择，进一步优化了干部队伍结构、提高了行政工作效率。在此次改革过程中，省辖市政府机构平均精简 9 个，县级政府机构一般精简 4—6 个；市县各部门内设机构精简 20%，省以下行政编制实际精简 24.6%。

（二）积极探索政府治理机制创新

一是实行扩权强县，探索推动县域经济发展的政府治理新机制。1992年，河南省委、省政府确定巩义、偃师、禹州等综合实力排名前 18 位的县（市）为全省改革发展特别试点县，并制定《关于扩大特别试点县经济管理权的意见》，对其赋予省级经济管理权限，促使其超常规、大跨度、跳跃式发展。于是，形成了河南省县域经济"十八罗汉闹中原"的喜人局面。为进一步扩权强县，省政府又于 2004 年出台《关于扩大部分县（市）管理权限的意见》，对巩义、项城、永城、固始、邓州 5 个"区域性中心城市"赋予了省辖市相同的经济管理权限和部分社会管理权限，对新密、新郑、登封等30个经济基础好、发展潜力大、特色优势明显的县（市）进行了相应扩权。2006年之后，又新增中牟等扩权县12个。

二是推行村民自治，完善促进农村繁荣的政府基层治理机制。村民自治在河南省发端于20世纪80年代初期，普遍推行于90年代。1992年，河南省七届人大常委会第29次会议通过《河南省〈村民委员会组织法〉实施办法》，为全省村民自治工作的开展提供了地方法规保障。1994年11月，省委、省政府下发《关于加强基层政权和村（居）民委员会建设工作的意见》，要求依法积极开展村民自治示范活动，搞好村民自治示范村、示范乡（镇）和示范县建设。在村民自治的实践中，河南省各地就建立健全村务公开和科学民主决策制度进行了积极探索，如辉县市的"六公开"办法、中牟县的"联户代表制"、邓州市的"四议两公开"工作法等。

（三）稳步推行国家公务员制度

1993年，《国家公务员暂行条例》正式颁布，并于当年10月1日起正式施行。1994年12月，河南省政府印发《河南省国家公务员制度实施意见》，并成立了以省长马忠臣为组长的河南省推行国家公务员制度工作领导小组，为全省公务员制度的顺利实施提供组织保证。截至1994年年底，全省有47个省直部门和17个市（地）完成了过渡培训工作。

1995年3月，省政府印发《河南省国家行政机关现有人员向国家公务员过渡实施办法的通知》，1996年，省直列入国家公务员实施范围及参照管理的68家单位基本完成了职位分类和人员过渡工作，全省17个市（地）全部成立了推行工作领导小组及办公室，国家公务员制度在市（地）、县、乡的推行工作全面展开。河南省人事厅拟定《全省乡镇实施（参照试行）国家公务员的意见》，助力国家公务员制度在乡镇、街道办事处的推行。

1997年，省直机关推行公务员制度检查验收基本完成，市（地）直属机关入轨运行，部分县（市、区）完成职位分类和人员过渡，乡镇的推行工作全面展开，国家公务员制度在河南省各级政府机关基本建立。

（四）全面推进依法行政

1999年11月8日，国务院颁布《关于全面推进依法行政的决定》之后，

河南省人民政府组织召开了全省依法行政工作会议，对河南省迈向 21 世纪的依法行政工作进行了全面部署。河南省人民政府根据《国务院关于全面推进依法行政的决定》，于 2000 年 2 月 12 日发布了《关于全面推进依法行政工作的通知》，强调：要统一思想，充分认识全面推进依法行政的重大意义；加强政府立法工作，切实提高立法质量；加强和改善行政执法，确保法律、法规、规章正确实施；强化行政执法监督，健全监督制约机制；加强领导，明确责任，保证依法行政顺利进行。

三、着力加强服务型政府建设

2003 年 11 月，河南省直机构改革工作会议举行。时任省委副书记、省长李成玉强调，此次机构改革的重点是进一步转变政府职能，努力建设廉政、勤政、务实、高效的服务型政府。这次会议不仅启动了河南省第五次大规模政府机构改革，也正式拉开了本省建设服务型政府的历史帷幕。

（一）大力推行政务公开，打造廉政、勤政的服务型政府

河南省的政务公开工作始于 20 世纪 80 年代乡村自发性的"两公开一监督"制度，即公开办事制度、公开办事结果、接受群众监督。1998 年，全省乡镇和部分县开始推行政务公开。2000 年年底，河南省开始在一些省辖市级行政机关进行政务公开试点。2005 年，按照中央办公厅《关于进一步推行政务公开的意见》部署要求，全省政务公开工作逐渐向省直各行政部门、各省辖市政府行政机构延伸。2008 年，省政府办公厅制定《河南省政府信息公开指南编制规范》、《河南省政府信息公开目录编制规范》、《河南省政府信息公开保密审查制度》、《河南省依申请公开政府信息工作制度》、《河南省政府信息公开新闻发布会管理制度》和《河南省关于违反政府信息公开规定行为责任追究制度》，使政务公开在河南省的普及性和规范化程度都有了较大进展。经过多年努力，全省政务公开工作的内容不断拓展、载体不断完善、机制不断健全。

（二）有效推进基本公共服务均等化，打造务实的服务型政府

明确政府职责。河南省政府于 2008 年 6 月印发《河南省人民政府工作规则》，明确规定，省辖市人民政府、省人民政府各部门必须认真履行

"强化公共服务，完善公共政策，健全公共服务体系，增强基本公共服务能力，促进本省基本公共服务均等化"的职能。为加强基本公共服务财政保障，河南省建立了民生投入稳定机制。自 2005 年起省委、省政府坚持每年向全省人民公开承诺办好"十大实事"。为确保基本公共服务均等化各项措施落到实处，河南省不断健全行政监督考核机制。坚持把推进基本公共服务均等化、提高政府公共服务能力和水平作为对全省各地、各级和广大干部工作考核的重要内容；加大对政府公共服务决策、执行、考核等环节的监督力度，强化群众对政府服务和民生问题满意度测评。

推动基本公共服务均等化。河南省不断加大财政倾斜度，财政一般预算支出中教育经费占总预算支出的比例不断上升。2006 年，省财政一般预算性教育经费 233.15 亿元，占总预算的 16.2%。2009 年，这一比重增长到 18.1%。为夯实基层医疗卫生服务体系，先后制定《关于深化医药卫生体制改革的意见》、《基层医疗卫生机构实施基本药物制度经费补偿实施意见》等重要政策和配套文件。为完善覆盖城乡的社会保障体系，一方面扩大医疗保险覆盖范围，根据"收支平衡、略有结余"的原则，逐步提高医疗保险待遇水平；另一方面通过开展新型农村社会养老保险试点，统筹城乡基本养老保障。

（三）积极探索大部门体制，打造高效的服务型政府

党的十七届二中全会通过的《关于深化行政管理体制改革的意见》提出，要"探索实行职能有机统一的大部门体制"，并要求"在中央的统一领导下，鼓励地方结合实际改革创新"[①]。根据中央部署，河南省启动了第六次政府机构改革。

一是实行"大厅局"制改革。在省级政府机构改革层面，主要推进工业和信息化、人力资源和社会保障、交通运输、住房和城乡建设、卫生和食品药品监管等部门职能和机构的整合。例如，组建人力资源和社会保障厅为省政府组成部门，将原省人事厅、省劳动和社会保障厅的职责整合划入；组建环境保护厅为省政府组成部门，将原省环境保护局的职责归入旗

---

① 《关于深化行政管理体制改革的意见》2008 年 2 月 27 日中国共产党第十七届中央委员会第二次全体会议通过。

下；组建交通运输厅为省政府组成部门，将原省交通厅的职责归入旗下，增加指导城市客运职责，强化对各种交通运输方式的统筹协调职责。

二是实行"大处室"制改革。根据《河南省人民政府机构改革实施意见》，按照积极稳妥、先行试点、逐步推进的方法，选择新组建的省人力资源和社会保障厅、省工业和信息化厅、省政府研究室、省政府金融服务办公室4个单位，进行"大处室"制试点，整合职责相近的业务处室，合并设置综合处室(10人以下不设处)，并研究出台相关配套政策。"大处室"制改革有效解决了省政府部门长期存在的机构设置过多、职能交叉重叠、内部推诿扯皮、工作效率不高等问题，对稳定干部思想情绪，提高工作积极性起到很大促进作用。

四、扎实开展"两转两提"活动

为更好地推进服务型政府建设，河南省自2008年7月开始在政府系统开展"两转两提"(转变政府职能，转变工作作风，提高行政效能，提高公务员素质)活动，为加快中原崛起河南省振兴提供了有力支撑。

(一)多措并举，持续加快政府职能转变

一是深化行政审批制度改革，通过进一步减少和规范行政审批事项，减少政府对微观经济的干预。截至2010年9月，河南省共发布7批取消行政审批事项的通知，全省取消、下放、不列入许可事项及部门自动取消行政审批事项2300多项，占原有审批事项的87%。为简化行政程序、减少审批环节，省政府于2012年3月出台《关于取消下放调整和保留行政审批项目的决定》，明确取消40项行政审批项目，下放管理层级行政审批项目16项，调整行政审批项目91项，保留行政审批项目485项。

二是加快省直机关所属企业脱钩改制，推进政企分开、政资分开。省人民政府《关于加快推进省直机关所属企业脱钩改制工作的实施意见》出台后，本着"政企分开、政资分开；分类指导、区别对待；先易后难、批次推进；以人为本、规范操作"的原则，对省直机关所办的经济实体和直接管理的国有及国有控股企业（含子公司及分支机构）以及参股企业中的国有股权进行改制。

三是推行省直管县体制改革，通过进一步扩权强县促进政府职能转变。2011 年，省委、省政府下发《河南省省直管县体制改革试点工作实施意见》，巩义、兰考、汝州、滑县、长垣、邓州、永城、固始、鹿邑、新蔡 10 个县（市）成为省直管县，在文件备案和行政考核方面享受省辖市待遇。当年 6 月，省法制办出台《省直管县体制改革试点工作意见》，从法律层面为试点县（市）保驾护航。

四是借助"十项重点民生工程"、"就业促进行动计划"、"人力资源素质提升行动计划"、"安全发展行动计划"等平台，着力发展社会事业和改善民生，不断强化政府社会管理和公共服务职能。仅 2011 年，全省财政用于民生支出就多达 2815 亿元、占财政支出的 66.3%，应届高校毕业生就业率达到 84.1%，城镇基本医保和新农合参保率分别达到 93.8% 和 97%。

（二）实践"三具两基一抓手"，转变工作作风

"三具两基一抓手"由河南省委书记卢展工提出。"三具"就是做任何事情一具体就突破、一具体就深入、一具体就落实；"两基"就是切实抓好基层、打好基础；"一抓手"就是把实施项目带动作为抓手，围绕项目建设形成加快经济发展方式转变的合力。近年来，全省各级政府一直把"三具两基一抓手"作为抓工作、抓落实、转变工作作风的重要工作方法，在优化政务环境、提升政府效能、服务中原经济区建设方面取得了明显实效。

一是规范行政执法行为，优化政务环境。加强对行政征收、行政处罚、行政检查等行政执法行为的监督监察，严格执行涉企"十不准"规定，严肃查纠"吃、拿、卡、要"等行政不作为、乱作为以及假借执法之名行"创收"之实等问题。重点做好行政处罚裁量标准的组织实施和监督检查工作，健全完善行政处罚自由裁量权的内部监管、行政监察和法制监督机制。

二是做好企业服务工作，优化企业生产经营环境。加强企业服务工作动态性跟踪督查，确保服务企业发展各项政策措施落实到位。完善企业环境监测点、重大项目联审联批、外商投资项目审批无偿代理、涉企收费"一费制"等制度，积极构建服务企业长效机制。继续清理行政事业性收

费和经营服务性收费项目，严格执行全国关于取消涉企行政事业性收费的统一规定。

三是开展重大在建项目专项效能监察，优化项目建设环境。继续采取"统一立项、三级联动、分级实施"的方法，选择交通、水利、油气输送等关系国计民生以及中央企业在豫的重大投资项目开展专项效能监察，如南水北调中线工程移民征迁、对口支援新疆发展、高速公路建设、国家开发银行在豫政府类贷款建设项目等。

四是开展产业集聚区建设效能监察，优化产业集聚区建设环境。围绕促进产业集聚区建设，全省统一立项，制定专项工作方案，分级组织实施，开展产业集聚区建设效能监察，着力为产业集聚区健康快速发展营造良好环境，更好地服务经济社会发展大局。

（三）突出重点创新管理机制，不断提高政府行政效能

一是广泛推行涉企行政事业收费"一费制"。为减少企业缴费环节和成本，规范涉企收费行为，河南省在市、县两级推行涉企行政事业性收费"一费制"，由本级政府指定专门工作机构负责组织实施。企业年度应缴费用由"一费制"实施机构集中一次性征收后分别转付相关部门财政专户，执法单位与企业不再发生直接的征缴关系。

二是切实加强行政服务中心（大厅）规范建设。一方面在全省推广成立行政审批机构整建制进驻中心（大厅）的模式，真正实现职能部门"一个机构对外、一个机构履职、一枚印章审批"；另一方面普遍实行行政服务中心（大厅）首问负责、限时办结、服务承诺、责任追究等制度，积极推行联审联批、绿色通道、全程代办、特事特办等措施。

三是全面推进行政效能电子监察系统建设。2010年，河南省基本建成省、市、县三级行政效能电子监察系统，通过设置实时监控、预警纠错、绩效评估、统计分析、投诉处理、信息服务等功能，实现对行政审批、行政征收、行政处罚、行政检查等行政事项效能情况的电子监察。为保证系统规范管理、应用有效，河南省还制定了实施行政效能电子监察网络管理、网上投诉举报受理、电子监察绩效考评等运行管理配套制度。

四是严格开展政府绩效评估和行政问责。一方面科学确定绩效评估的内容、指标和结果运用体系，建立绩效评估专家库，实行政府内部考核与

公众评议、专家评价相结合的评估办法。另一方面注重结果运用，按照奖优、治庸、罚劣的原则，把绩效评估结果运用于公务员任用管理的各个环节和各个方面。严肃查处有令不行、有禁不止和失职渎职等行为，对损害国家、企业和人民群众利益的突出问题，严格依法依纪追究责任。

（四）以整顿和培训为抓手，大力实施公务员素质提升工程

一是以治理"庸懒散软"为主要内容，集中开展机关和干部作风整顿，以治庸提能力，以治懒增效率，以治散正风气，以治软强责任。河南省各级政府及其工作部门按照省委、省政府统一安排，结合实际制定实施意见，围绕机关作风、工作纪律、办事效率等方面开展深入清理排查，通过查纠问题、监督管理和完善制度，不仅全面提升了机关公务人员和干部队伍的职业素养，也有效促进了政风行风的改善。

二是以"创先争优"和"争创人民满意的公务员集体、争做人民满意的公务员"活动为载体，围绕中原经济区建设、经济发展方式转变、"十二五"规划等重点课题，加大对各级公务员的教育培训力度。

第五节　积极进行社会管理体制改革

改革开放以来，特别是近年来，河南省认真贯彻落实中央有关社会管理体制改革的精神，不断推进和深化教育、就业、医疗卫生、社会保障、住房保障、收入分配等领域的体制改革，不断推进社会管理创新，有力推动了河南省经济社会的和谐发展，为加快中原崛起河南振兴奠定了坚实的社会基础。

一、改革教育体制

党的十一届三中全会以后，随着全党工作重点的转移，党中央、国务院对教育工作作出了一系列重大决策和指示。河南省委、省政府在对省情进行认真分析的基础上，采取了一系列有效措施，优先发展教育事业，并且长抓不懈，确保了教育的战略地位。

　　一是改革基础教育管理体制，建立免费义务教育制度。1985年，我国宣布实施九年义务教育后，河南省实行"分级管理"，在20世纪末实现了"基本普及九年义务教育，基本扫除青壮年文盲"的目标。进入21世纪后，进一步完善基础教育管理体制，形成了省级人民政府负责统筹规划实施、以县级人民政府管理为主的义务教育新体制，建立了中央和地方政府分项目、按比例分担的农村义务教育经费保障机制，免费义务教育从农村实施并逐步推广到城市。2004年，农村教育工作得到进一步加强；全省158个县（市、区）全部完成了中小学教师核编定岗工作，编制内教师工资全部上划上级管理；农村中小学危房改造得到较好落实。

　　二是改革高等教育管理体制机制。通过"共建、调整、合作、合并"等措施，大规模地进行教育资源的整合，组建了一批学科综合和人才汇聚的高等学校，重点建设了一批高水平大学和重点学科，推动了高等学校的发展。2000年左右，河南省新组建了5所本科院校，郑州大学、郑州工业大学、河南医科大学合并组建新的郑州大学，河南大学、开封医学高等专科学校、开封师范高等专科学校合并组建新的河南大学。

　　三是改革职业教育管理体制。以就业为导向、以服务为宗旨，推动职业教育从计划培养向市场驱动、从政府直接管理向宏观引导、从传统升学导向向就业导向的转变，推动了校企合作、工学结合，形成了"分级管理、地方为主、政府统筹、社会参与"的新体制和面向全社会、面向人人的职业教育培训体系。2004年，以国家级重点中等职业技术学校或高等职业技术学校为龙头，组建了农业、旅游等9个省级教育集团，带动职业教育向规模化、集约化、连锁化方向发展。

　　四是改革教育行政管理体制。理顺和规范政府与学校的关系，由对学校的直接行政管理向更加重视运用立法、拨款、规划、信息服务、政策指导和必要的行政手段进行宏观管理转变，推动学校形成自主办学、自我发展、自我约束的机制。高校毕业生就业制度改革、学校人事分配制度改革、后勤社会化改革都取得了突破性进展。

　　五是改革办学体制。形成了以政府办学为主体、公办学校和民办学校共同发展的格局。2000年4月，全国第一所本科民办高校郑州黄河科技学院在郑州诞生。2004年，全省各级各类民办教育机构3511所，在校生达109.10万人，其中，民办普通高校10所、独立学院8所。

六是改革教育投入体制。坚持教育的公益性质，建立健全了公共教育财政制度，不断强化政府对公共教育的保障责任；同时，进行了与社会主义市场经济体制相适应的非义务教育阶段成本分担机制改革，鼓励社会、个人和企业投资办学和捐资办学，形成了义务教育由政府负全责，非义务教育阶段以政府投入为主、多渠道筹措教育经费的体制机制。到2004年，以政府投资为主的教育投入体制基本确立。

教育体制改革推动了河南省教育取得了辉煌成就，为河南省经济社会发展提供了坚强支撑。目前，河南省已经形成了普及和巩固义务教育、大力发展职业教育、提高高等教育质量的总体格局，各级各类教育得到了科学协调发展，教育公平取得新进展，教育结构进一步优化，教育资源配置更趋合理，教育质量不断提高。2011年，小学净入学率99.94%，普通初中净入学率99.60%，高中阶段毛入学率90.0%，高等教育毛入学率24.63%。中等职业教育的招生数和在校生数分别占高中阶段教育的51.28%和49.36%，分别比2010年下降2.28个百分点和0.27个百分点。2011年，全省高等教育总规模236.49万人，高等教育毛入学率24.63%。研究生招生1.08万人（其中，博士生337人），比上年增加187人；在学研究生3.09万人（其中，博士生1245人），比上年增加1887人。河南省教育体制改革为实现中原崛起培养了大批人才，作出了重要贡献。

二、改革劳动就业和创业体制

河南省为了改革旧有的劳动制度统得过死、包得过多、能进不能出、一次分配定终身等弊端，1979年以后，河南省对劳动制度改革分三大步进行。

首先，改革就业制度，实行在国家统筹规划和指导下，劳动部门介绍、自愿组织和自谋职业相结合的"三结合"的就业方针。1986年，在安阳市、武陟县探索劳动计划体制改革试点，试行弹性劳动计划，扩大市、县、企业的用工自主权。1993年，进一步在全省推行了弹性劳动计划，从此不再下达招工指标。1995年8月，省政府批转劳动厅关于实施

再就业工程的报告。1997年，全省各级劳动部门加大再就业工程的实施力度，18个市（含济源市）全部出台了再就业工程实施意见，把再就业目标列入政府考核目标。

其次，改革用工制度，新招工人实行劳动合同制。从1982年试点，到1984年在全省新招工人中普遍实行了劳动合同制。从1986年10月起，贯彻《国务院关于改革劳动制度的四个暂行规定》，平稳地废除了"子女顶替"和"内招职工子女"的办法。招工面向社会、公开招收、全面考核、择优录用。建立了待业保险和劳动合同制工人退休保险制度，实行辞退违纪职工制度。同时全省建立了一百多个劳动争议仲裁机关。从1985年开始在国营企业中实行了职工退休费社会统筹。到1988年年底，全省国营企业、集体企业普遍实行了退休费社会统筹。

最后，积极探索搞活固定工的新路子。1991年，在总结前10年用工制度改革的基础上，劳动制度改革发生了重大转变，由单项突进方式转变为综合配套改革。用工制度改革，紧紧围绕搞好国营大中型企业实行全员劳动合同制，试点的企业有65家，6.8万名职工与企业签订了劳动合同。实行优化劳动组合的全民企业6800户，涉及职工170万人。1994年7月，《劳动法》颁布以后，制定《河南省劳动合同制定实施意见》，进一步加大改革力度，在国有、集体、三资、私营、乡镇企业和个体经济组织全面实行劳动合同制。

按照省委、省政府部署和要求，河南省各地区、各部门认真实施了扩大劳动就业的发展战略和更加积极的劳动就业政策。将劳动就业作为保障和改善民生的头等大事，以解决高校毕业生、流动人口、城镇就业困难人员就业问题为重点，着力加大就业岗位开发和政策扶持力度，着力加强公共就业人才服务，着力提升劳动者就业能力，着力推进以创业带动就业。至2011年，"全民创业"工作机制逐步形成。省、市劳动保障部门全部成立主要负责同志牵头的全民创业领导和工作机构。开封、许昌、漯河、济源、平顶山、鹤壁、濮阳、三门峡等市党委政府召开全民创业动员大会，出台促进全民创业的意见。就业服务体系进一步完善。全省绝大多数城市成立了就业指导服务中心，有的城市还成立了创业促进会、创业者协会。各地依托创业服务指导中心，建立创业项目库，举办就业创业项目推介活动，免费为创业者提供项目支持、开业指导、创业培训、政策咨询等就业创业服务。

三、改革收入分配体制

收入分配制度改革是经济体制改革的重要内容。党的十一届三中全会后，农村家庭联产承包责任制打破了长期以来实行的平均主义大锅饭的农业分配格局，极大地激发了农民的劳动积极性，从而带来了农村翻天覆地的变化，农业社会生产力取得了突破性的进展。随着农村的分配制度改革，并取得巨大成效，1984年经济改革的重心由农村转入城市。前期的改革主要是打破平均主义大锅饭，后期的改革主要是建立和完善以按劳分配为主体、多种分配方式并存的分配制度。

一是改革工资制度。工资制度改革包括企业工资制度改革和行政事业单位工资制度改革。企业工资制度改革，全省首先从搞活奖金入手。1979年按照国务院要求，全面恢复了企业奖金制度，采取计件、内部联产计酬、百分计奖等灵活多样的分配形式，着力提高工资的激励作用。1982年后，一部分企业开始实行部分"死"的基本工资同"活"的奖金捆在一起浮动的办法。1984年起，在第二步利改税的基础上，企业奖金由按人头核定从成本中列支改为从企业税后留利中按一定的比例提取。在奖金的使用上，企业开始拥有自主权。1988年全省在全民所有制企业中全面推行了不同形式的工资总额同经济效益挂钩的办法，同时还建立了工资总额同经济效益挂钩的辅助考核体系。1991年后在企业进行包括企业内部分配制度的三项制度改革，把劳动报酬与企业经济效益和职工个人的劳动贡献挂起钩来。1993年开始，国有企业根据劳动就业供求变化和国家有关政策规定，自主决定工资水平和内部分配方式。1995年河南省制定了企业最低工资标准。行政事业单位工资改革主要有两次大的动作。1985年河南省对国家机关、事业单位工作人员实行以职务工资为主要内容的结构工资制。1993年10月河南省结合机构改革和公务员制度的推行，对机关工资制度进行了改革，建立了符合其自身特点的职务级别工资制度。

二是完善分配制度。一方面，通过宏观调节，不断调整社会阶层、群

体以及地区间的分配关系，增加居民收入。河南省积极落实中央有关收入分配改革政策，通过采取提高工资、恢复奖励制度、增加各种津贴、农副产品价格放开等措施，增加居民财产性收入，使居民收入渠道不断拓宽，收入来源日益趋向多元化。同时，有效地调整各种经济主体之间各地区之间的利益分配关系，促进了河南省经济社会的平稳较快发展。另一方面，允许生产要素参与收益分配，发展多种分配形式。改革开放后特别是十五大以后，个人收入的渠道不断扩大。劳动者除了直接的工资、奖金收入和个体劳动所得外，企业发行债券、股票筹集资金，债券、股票的持有者可以凭债权取得利息和按股分得红利，或在股市上投资取得收益；个体经济和私营企业雇佣一定数量的劳动力，给业主带来部分非劳动收入；承包、租赁企业经营者的收入中，还包含了一部分经营风险补偿等等。这些非直接按劳分配的收入只要合法，都受到国家法律的保护。鼓励城乡居民储蓄和投资，允许属于个人的资本等生产要素参与收益分配。以按劳分配为主体，资本、土地、技术、管理等生产要素参与分配的多种分配方式并存的分配格局，基本形成。

四、改革社会保障体制

河南省社会保障制度改革大体经历两个阶段。1978 年至 1992 年为第一阶段，即河南省社会保障制度改革的试验探索阶段。1992 年以后为第二阶段，即加大社会保障改革力度，逐步建立和完善多层次的社会保障体系，形成符合社会主义市场经济要求的新型社会保障制度阶段。

一是推进养老保险制度改革。1987 年开始试点，1989 年全省县（区）以上集体企业及劳动服务公司所属企业实行了以市、县为单位的职工退休费用社会统筹。1991 年后河南省养老保险改革进一步深化：对统筹项目、统筹对象、统筹金提取基数进行了规范统一，推行职工个人缴纳部分养老保险金，在部分企业试行企业补充养老保障等。1995 年河南省《深化企业职工养老保险制度改革试行方案》出台实施，并在洛阳、开封、新乡、安阳等市进行了社会统筹和个人账户相结合的养老保险制度改革试点。另外，对机关事业单位和农民的养老保险制度进行了改革。2009 年，省政府《关于开展新型农村社会养老保险试点的实施意见》下发，社旗、淅川、西峡等 21 个县市区被列入国家首批新农保试点，标志着河南省基本养老保障制度向覆盖城乡居民的目标迈出历史性一步。另外，出台《被征地农民就业培训和社会保障指导意见》，初步建立了被征地农民社会保障制度。印发《河南省企业年金制度实施意见》，建立了企业年金制度。18 个省辖市全部启动城镇居民基本医疗保险试点，参保人数达到 666 万人。

二是推进失业保障制度改革。河南省失业保险制度是 1986 年根据国务院《国营企业职工待业保险暂行规定》建立起来的。1993 年根据国家有关规定，将失业职工的范围扩大到九类十三种人，并制定了《河南省失业保险条例》，报省人大常委会立法。失业保险基金按照以支定收、留有适当储备的原则，统一标准，实行社会统筹。2000 年，失业保险覆盖了全省国有企业，有 13 个市还把范围扩大到集体、私营、三资企业、企业化管理的事业单位的职工及国家机关、事业单位的合同制工人。在安阳、漯河、焦作等市进行了"再就业工程"试点，并在全省全面推广。近年来，河南省积极探索失业保险与促进就业和最低生活保障的联动机制，在郑州等 6 个省辖市开展了失业动态监测报告试点工作。

三是进行医疗保险制度改革。自改革以来，河南省职工医疗制度在公费医疗和劳保医疗两方面都进行了一系列的改革和探索。公费医疗方面，多数市县实行了"三挂钩"，建立了公疗医院或公疗门诊所，部分市县实行了定包干、定点医疗、少量自负、超支分摊、节余分享的办法，初步建立了制约机制和激励机制，从总量上对医疗费用支出进行了一定的控制。20 世纪 90 年代，全省许多市县进行了建立社会统筹医疗基金与个人医疗账户相结合的社会医疗保险制度改革试点。农村合作医疗逐步恢复和完善，开封县、林州市等农村合作医疗办法受到国家的重视，新型的农村医疗保障体系正在全省建立。

四是建立最低生活保障制度。2002 年 2 月，为保障城市居民基本生活，根据国务院《城市居民最低生活保障条例》，省政府制定了《河南省〈城市居民最低生活保障条例〉实施办法》，并于 2002 年 5 月 1 日起实施。此后，全省城市居民最低生活保障制度逐步建立并不断完善。2006 年 4 月 25 日，《河南省人民政府关于全面建立和实施农村居民最低生活保障制

度的通知》下发，决定从 2006 年起在全省建立并实施农村"低保"制度。到同年 7 月各项低保政策得以实施，标志着河南省最低生活保障制度全面建立。

截至 2011 年年底，河南省已基本形成了以社会保险为主体，以社会救助、社会福利、社会慈善、住房保障等为具体内容，以基本养老、基本医疗、最低生活保障制度为重点，以商业保险为补充的社会保障体系构架。普遍实施了城镇养老、医疗、失业、工伤、生育保险等制度，实现了从原来的单位福利向社会保险的转变；建立了政府出资为主体，农民缴费为辅的农村合作医疗制度，实现了医疗费用从原来的完全由个人承担向社会保险的转变；社会统筹机制从原来的全部由国家单一承担责任向社会、政府、单位、个人共同承担责任的转变；城镇职工基本养老保险从原来的单一代际赡养的现收现付制向社会统筹与个人账户相结合的部分积累制的转变，形成了基础养老金加个人账户养老金的混合模式；社会保障体系从原来的单一层次向多层次发展的转变。

五、改革医疗卫生体制

改革开放后，河南省医疗卫生体制改革经历了三个阶段：第一阶段从 1985 年到 2000 年。支持有条件的单位办成经济实体或实行企业化管理，拉开了医疗体制改革的序幕。第二阶段从 2000 年到 2009 年。根据国家医改方案，将医疗机构分为非营利性和营利性两类进行管理。第三阶段从 2009 年开始。医疗改革的重点是解决保障覆盖面窄、治理医药费用上涨过快等难题。我们重点介绍第三阶段的改革。

（一）加快推进基本医疗保障制度建设

扩大基本医疗保障覆盖面。一是妥善解决关闭破产企业退休人员和困难企业职工医疗保障问题。2009 年 8 月，印发了《河南省解决关闭破产国有企业退休人员等医疗保障问题工作方案》。要求通过企业破产财产偿付、土地出让所得、争取中央财政资金、落实地方配套资金和医疗保险基金结余调剂等多渠道筹资，于 2009 年 12 月底前将未参保的关闭破产国有企业退休人员纳入当地城镇职工基本医疗保险。二是稳步提高基本医疗保险待遇水平。2010 年 6 月，全省城镇职工参保人员达到 931.39 万人，城镇居民参保人数达到 1066.2 万人。在全省 30%的县（市、区）实现新农合门诊统筹，依托基层和社区卫生服务机构，从低水平起步，逐步将常见病、多发病的门诊医疗费用纳入医保支付范围。三是提高基本医疗保障管理服务水平。推广参保人员就医"一卡通"制度，实现医保机构和定点医疗机构直接结算。探索建立城乡一体化的基本医疗保障管理制度，并逐步整合基本医疗保障经办管理资源。四是完善城乡医疗救助制度。继续资助农村低保对象、农村五保对象参加新型合作医疗，资助城市低保对象、重度残疾人和城市低收入家庭 60 岁以上老年人、家庭经济困难大学生参加城镇居民基本医疗保险。

（二）逐步实施国家基本药物制度

2009 年 8 月，选择郑州、平顶山、焦作、安阳、鹤壁、济源 6 个省辖市的 50 个县（市、区），在政府建立的基层医疗卫生机构实施国家基本药物制度。河南省医改办起草了《河南省贯彻落实国家基本药物制度的实施意见》、《河南省基本药物集中招标采购方案与实施办法》、《河南省基本药物统一配送实施办法》等配套文件。同时，将国家发改委公布零售指导价格的 296 种基本药物共 2349 个品规，由药品生产企业直接投标，实行省级集中网上公开重新招标采购。

（三）加强基层医疗卫生服务体系建设

加强基础设施建设。2009 年，河南省政府出台医药卫生体制改革实施方案，决定加大建设基层医疗卫生机构的投资力度。方案指出，在以后的工作中将争取国家基本建设和国债资金，抓紧编制健全基层医疗卫生服务体系建设方案，使每个县至少 1 所县级医院和 1—3 所中心乡镇卫生院达到标准化水平，每个行政村都有村卫生室，城市社区都有比较完善的卫生服务网络。

启动卫生人才队伍建设工程。为不断完善农村基层医疗卫生服务体系，河南省从 2008 年开始启动"农村卫生体系建设'五年百亿'工程"、"农村卫生人才队伍建设'51111'工程"、"城市医师支农工程"、"卫生科技创新型人才培养工程"和"医药卫生体制改革试点工程"。目前，河南省正在强力推进"五年百亿"工程，以县级医院建设为"龙头"，带动农村

医疗服务能力的全面提升。2010年，全省新实施的县级医院项目有57个，加上2009年尚未完成的项目48个，全省在建的县级医院项目超过了100个，如此的建设力度、建设规模和建设速度前所未有。

（四）积极推进医疗卫生机构改革

推进医疗卫生机构改革。为配合基本药物制度的实施，改革基层医疗卫生机构运行机制，我省对公共卫生和基层医疗卫生机构的人员编制实行严格核定和严格管理。改革基层医疗卫生机构补偿机制。在核编基础上，落实政府对基层医疗卫生机构核定任务、核定收支、绩效考核补助的管理办法，落实对乡村医生承担公共卫生服务的补助政策。

积极推进公立医院改革试点。根据国家通知部署，河南省紧紧围绕医改总体目标，制定医疗卫生发展规划，整合资源，调整布局，优化结构，加强监管，积极探索公立医院改革试点，切实缓解群众"看病难、看病贵"。选择洛阳、濮阳和漯河3个城市作为公立医院改革试点，洛阳市为国家级公立医院改革试点城市。

六、不断推进其他社会领域的改革

改革住房体制。改革开放后，河南省住房体制改革经历了三个阶段：第一阶段从1978年到1993年，是住房实物分配制度改革阶段。通过提高租金，促进售房，回收资金，促进建房，形成住宅建设、流通的良性循环。1993年后，又开始实行以出售公房为重点，售、租、建并举的方案。第二阶段从1994年到1998年，是住房实物分配向住房市场化改革的过渡阶段。全省各市地和省直机关先后出台住房制度改革方案。住房公积金制度逐步推行，租金改革不断加大力度，公有住房稳步出售；建立以中低收入家庭为对象、具有社会保障性质的经济适用住房供应体系和以高收入家庭为对象的商品房供应体系，建立住房公积金制度；发展住房金融和住房保险，建立政策性和商业性并存的住房信贷体系；建立规范化的房地产交易市场和房屋维修、管理市场；全面推行住房公积金制度，发展住房金融，培育和规范住房交易市场。第三阶段从1999年至今，是住房市场化全面推行阶段。进一步建立健全城市廉租住房制度，改进和规

南阳果农喜摘丰收果实

洛阳石化全景

范经济适用住房制度，逐步改善其他住房困难群体的居住条件，完善配套政策和工作机制，建立多层次住房保障体系建设，加快住房分类供应体制的实施。

1998 年以来，在推进城镇住房商品化的同时，也探索推进了住房保障工作。低收入和部分中等偏下收入家庭的住房困难得到缓解。尤其是廉租住房保障工作逐步推进，廉租住房保障建设规模不断扩大，经济适用房管理进一步规范，并逐步实现与廉租住房政策相衔接；城市和国有工矿企业棚户区改造工作全面铺开，相关政策措施日趋完善；政府公共租赁住房和农民工集体宿舍、外来务工人员公寓等住房政策正在积极进行研究和试点，住房保障工作取得了明显成效。2010 年 4 月，河南省全省累计实施廉租住房保障 25.82 万户，其中发放租赁住房补贴 24.04 万户，实物配租及租金核减 1.78 万户。全省廉租住房保障平均面积标准，由 2007 年人均 8 平方米以下实施保障，提高到目前人均 13 至 16 平方米以下均实施保障；保障家庭收入标准已从城市低保住房困难家庭逐步扩大到城市低收入住房困难家庭，廉租住房保障范围进一步扩大。

改革户籍制度。河南省最早进行户籍制度改革的地方是郑州市，2001 年郑州市推出的一系列关于户籍制度的改革措施。2001 年 11 月，郑州市在河南省范围内率先推行以"降低入户门槛、吸引高层次人才"为主要内容的户籍制度改革，在全国引起了强烈反响。2003 年，根据河南省委、省政府《关于加快城镇化进程的决定》，省公安厅对城镇户籍管理制度作出进一步改革。一是取消城镇入户限制条件，实行以实际居住地登记户口的政策。二是实行有利于吸引人才的户口迁移政策，解决大中专毕业生的入户难题。三是加快城镇及近郊地区无地、少地农民的转户步伐，城市建成区内的都市村庄居民统一转为城市居民户口，纳入城市统一的行政管理。城镇近郊人均耕地少于 0.3 亩的，可在其自愿的情况下转为城市居民户口。2003 年 8 月，郑州市入户政策完全放开，允许外地人员以"投亲靠友"等方式办理户口，在全国都属超前。2005 年，河南省委、省政府制定《关于进一步促进城镇化快速健康发展的若干意见》，河南省户籍管理模式得到进一步改革，外来从业人员进城落户的限制条件进一步降低。《意见》规定，凡是有稳定住所，包括购房和协议租房的外来从业人

员申请迁入户口，居住地派出所要为其办理入户手续，其配偶和子女也可一并迁入。如果用工单位或雇主为外来从业人员提供住所并申请办理集体户口的，所在地派出所要为其办理入户手续，不得设置用工数量和户口指标加以限制。省内农村户口迁入城镇的，允许保留其承包地5年，5年后鼓励实行承包地有偿流转。2011年，河南省政府发布《关于促进农民进城落户的指导意见》，河南省将一举打破城市门槛，所有省辖市将敞开怀抱，欢迎农村务工人员前往安家。这意味着，河南省要放宽进城农民落户条件，逐步实现"居住证"制度，长期以来界限鲜明的城乡二元户籍制度，在河南省正面临全面破冰。

除以上论述到的改革外，河南省还积极推进社会治安、安全管理、环境保护、交通管理、精神文明建设领域等各方面改革，有力推动了河南省的两型社会建设，为实现中原崛起河南振兴创造了良好的社会环境。

第六节　逐步深化文化体制改革

改革开放以来特别是近些年来，河南省在贯彻落实国家各项文化政策的同时，立足河南省文化发展实际，积极推进文化体制改革，大大解放了文化生产力，有力推进了河南从文化资源大省向文化强省的跨越。

一、向市场要效益：改革文化单位的经营管理制度

1978年至1992年是河南省文化事业发展的复苏期与文化体制改革的初试期。1980年2月的全国文化局长会议上明确提出："坚决地有步骤地改革文化事业体制，改革经营管理制度。"1983年国务院政府工作报告也提出，文艺体制需要有领导、有步骤地进行改革。1985年中央办公厅、国务院办公厅批转了文化部《关于艺术表演团体的改革意见》，要求改革全国专业艺术表演团体数量过多、布局不合理的状况，在大中城市，专业艺术表演团体要精简，重复设置的院团要合并或撤销，对市县专业文艺团

体设置也提出了调整的要求。而在 1988 年国务院批转文化部《关于加快和深化艺术表演团体体制改革的意见》和 1989 年中共中央《关于进一步繁荣文艺的若干意见》中，则提出了实行"双轨制"的具体改革意见。与此同时，河南省按照"双轨制"要求，先后出台了相配套的一系列文化经济政策，形成了政府主导、以文补文、多业助文的文化事业新格局。在文化事业单位内部，则主要是模仿经济体制改革的经验，推行以承包经营责任制为主要内容的改革。对艺术表演团体的经费投入也由统包统管变为"差补"、"定补"。市、县的艺术表演团体，有的试行积分工资制，有的试行等级工资或基本工资加奖励等。在新闻出版方面，体制改革主要体现在运行机制改革、发行体制改革、价格体制改革和内部体制改革等几方面。在发行体制上实行以国营书店为主体、多种流通渠道、多种经济成分、多种购销形式、少流通环节的发行体制；书刊价格上取消统一定价体制，对书刊定价实行分级管理；内部体制改革也实行了承包经营责任制为主，增强了新闻出版单位的活力。

随着经济体制改革的深入，非公益性文化事业的产业属性逐步显现出来，文化市场得到了初步的繁荣和发展。1988 年文化部、国家工商行政管理局发布《关于加强文化市场管理工作的通知》，正式提出文化市场的概念，同时明确了文化市场的管理范围、任务、原则和方针。这标志着我国"文化市场"的地位正式得到承认。1989 年国务院批准在文化部设置文化市场管理局，全国文化市场管理体系开始建立。与此相适应，为加强文化市场管理，河南省成立了文化市场管理办公室，各市地县也相继成立相应机构，出台了一系列条例和措施，制定了对经营者的保护措施。各级文化行政部门以行政的、经济的、法律的、舆论宣传等多项措施，进一步加大培育河南省文化市场的力度。河南省文化市场的发展和地位得到了一定的认可和保护。

二、创新体制机制：培育发展文化市场和文化产业

1992 年邓小平同志视察南方的重要谈话发表和党的十四大的召开，明确提出要建立社会主义市场经济体制，标志着我国改革开放和现代化建

设进入了一个新阶段。深化改革，扩大开放，发展社会主义市场经济，既为文化发展奠定了基础、注入了活力，同时也促进了文化体制改革。

河南省文化体制改革在全国经济改革大潮中不断探索不断前行。

一是加强文化市场建设、发展文化产业。2000 年 10 月，中国共产党第十五届五中全会通过的《中共中央关于制定国民经济和社会发展第十个五年计划的建议》，其中第一次在中央正式文件里提出了"文化产业"这一概念，要求完善文化产业政策，加强文化市场建设和管理，推动有关文化产业发展。其时，河南省已初步形成了包括娱乐、演出、电影、音像、书报刊、文物、美术、业余艺术、培训、对外文化交流等主要艺术门类在内的文化市场体系，形成了国有、集体、私营、中外合资、合作等多种经营成分共同开发文化市场的经营体制。到 2009 年年底，河南省有各类民营文化单位 2.5 万家，年营业额 60 多亿元。

二是继续进行文化事业单位改革。在艺术表演团体改革方面，主要是调整团体结构、深化单位内部改革，进行演出补贴改革和考评聘任制改革。1996 年，河南省文化厅制定了深化全省艺术表演团体和省直艺术表演团体改革的意见，对全省艺术表演团体布局进行了重新调整，要求全省艺术表演团体总量控制在 150 个左右。在省直艺术表演团体方面，取消了河南省歌舞团、河南省曲艺木偶剧团，组建了河南省歌舞剧院。在市县剧团发展方面，强调办好县级剧团。随着对专业艺术团体布局的调整，全省专业艺术表演团体的数量由 1992 年的 228 个调整为 2002 年的 198 个。在对文化单位的机制体制创新方面，一部分事业单位实行了企业化处理，一部分事业单位实行了定额补贴。在一些艺术创作和生产中实行奖励竞争机制，在干部管理上普遍实行了聘任制，逐步解决了文化系统分配中的平均主义大锅饭现象。部分专业艺术表演团体的生产经营能力得到加强。

这一时期，河南全省的文化法制建设也不断得到加强，制定了省文化市场管理条例、经营性歌舞娱乐场所管理规定等一批地方性法规。从 1996 年开始，全省实行了证照管理制度，统一印制了"文化市场经营许可证"。全省初步形成了省、市（地）、县（市）、乡（镇）四级管理网络。"横向归口、纵向分级"的管理体制确立下来。

三、改革攻坚：对经营性文化事业单位实行转企改制

党的十六大以来，特别是 2005 年河南省委、省政府召开高规格文化产业发展和文化体制改革工作会议之后，全省上下按照中央文化体制改革有关精神和省委、省政府的总体部署，围绕文化强省建设目标，围绕中原经济区建设、华夏历史文明传承创新区的打造，积极稳妥地推进文化体制改革，推进文化事业单位的转企改制。

（一）出台多部政策文件，为文化事业单位转企改制提供政策支持

2005 年 9 月，河南省委、省政府出台《河南省建设文化强省规划纲要（2005—2020 年)》，把推进文化领域的改革开放摆上了重要位置。要求改革从郑州、洛阳、安阳、商丘等全省文化体制改革综合试点地区先行突破。9 月 12 日，河南省文化产业发展和文化体制改革工作领导小组会议在郑州召开。会议研究审议了政府职能部门制定的关于深化文化体制改革、加快文化产业发展、建设文化强省的若干配套政策，审议了《关于制定〈河南省文化体制改革总体方案〉的工作方案》和省直宣传文化系统第一批改革试点单位。2006 年 6 月和 7 月，省政府先后出台了《关于经营性文化事业单位转企改制中若干配套政策的意见》和《关于省直经营性文化事业单位转企改制中人员分流安置和劳动保障有关问题的意见》，为文化事业单位转企改制提供政策支持。2008 年 12 月，全省文化改革发展试验区建设工作会议在郑州召开。8 个文化资源独特、产业化发展条件较好的市县被确立为河南省第一批"文化改革发展试验区"。2012 年 5 月 9 日，河南省文化改革发展工作会议在郑州召开，会议对全省文化改革发展工作进行安排部署，并排定河南省文化体制改革"时间表"，公布了首批改制名单。各项细致准确的文化相关政策文件，为全省重点文化领域的改革提供了有力指导和政策保障。

（二）经营性文化事业单位改革积极进行，国有文艺院团改革得到稳妥推进

2009 年以来，河南省经营性文化事业单位转企改制取得明显进展。147 家出版发行单位、53 家电影制作发行放映单位全部完成转企改制。河

南出版集团所属经营性事业单位整体改制，被中宣部等部门命名为全国文化体制改革优秀企业。目前，河南日报报业集团、中原出版传媒集团、河南文化影视集团、河南电影电视制作集团、河南有线电视网络集团、河南歌舞演艺集团六大文化企业集团，成为全省文化产业发展的主力军。河南电影公司于2002年改制组建的河南省奥斯卡电影院线有限责任公司，在2009年的全国文化体制改革经验交流会上，被中宣部、文化部、新闻出版总署、广电总局联合授予"全国文化体制改革先进企业"光荣称号，成为全国唯一一家获此殊荣的电影院线。

2009年7月27日，中宣部、文化部下发《关于深化国有文艺演出院团体制改革的若干意见》。从2009年年底开始，河南省全面推进文艺院团改革，创新管理机制，形成崭新的运营模式，这给河南省的文艺院团带来新的生机和活力。截至目前，河南全省188家国有文艺院团已有155家完成改革。2009年11月10日，在原省歌舞剧院的基础上，河南省歌舞演艺集团挂牌成立。体制、机制顺了，各文艺院团动力十足，精品剧目不断涌现。近几年来，我省文艺院团先后创作推出了《风中少林》、《清明上河图》、《木兰诗篇》、《村官李天成》、《苏武牧羊》、《常香玉》、《水月洛神》、《程婴救孤》等一批叫好又叫座的精品剧目，一批艺术名家在艺术上勇攀高峰。

四、双轮驱动：谋求文化事业与文化产业并重发展

近些年来，按照《河南省建设文化强省规划纲要（2005—2020年）》的战略部署，继续深化改革，一方面大力发展公益性文化事业，另一方面大力发展市场化文化产业，双轮驱动，有力推动了文化强省建设进程。

（一）进一步深化文化事业单位内部改革，大力提升公共文化服务能力

全省图书馆、博物馆、文化馆等公益性文化事业单位按照"增加投入、转换机制、增强活力、改善服务"的要求，普遍推行内部人事、收入分配和社会保障"三项制度"改革，实行聘用制和岗位管理制度，建立健全竞争、激励、约束机制，着力提高公共文化服务能力和水平。省图书馆被省人事厅确定为岗位设置改革试点模拟单位，制定了岗位设置改革方案。推行中层干部竞争上岗和全员聘用制度改革。河南省博物院、河南省艺术职

业学院、省图书馆、省文物交流中心、省文化艺术音像出版社等单位还结合自身工作特点，不断改进完善竞争竞聘改革方案，取得了明显效果。如河南省博物院扎实推进"三贴近"改革，改进服务模式，调整布展形式，提高展览水平，收到良好效果。而鹤壁市把图书馆、博物馆、群众艺术馆三馆合一，建成了全省第一家市级文化中心，为市民提供"一站式"文化消费服务，方便他们参与各种文化活动。这种做法盘活了现有公益性文化资源存量，提高文化基础设施的利用率，实现了资源的合理配置，为进一步深化文化体制改革提供了有益的思路。河南省艺术中心则采取全权委托北京保利管理有限公司经营管理，引进先进运营模式，取得了良好的社会效益和经济效益。

（二）创新文化管理体制，推进文化产业发展

2008 年至 2009 年 9 月，河南省委、省政府共确定开封、登封、宝丰、禹州、浚县、镇平、淮阳、新县、濮阳市区和信阳鸡公山 10 个文化资源具有独特性和唯一性、产业发展有一定基础的市（县、区）为省级文化改革发展试验区，从加快体制改革、产业集聚发展、财税扶持、适度扩权、智力支持五个方面给予试验区建设有力扶持。全省以试点先行先试引领带动文化产业的大发展。在相关政策方面出台了河南省人民政府《关于支持省级文化改革发展试验区的若干意见》（豫政 [2009] 51 号），要求各试验区重点在管理体制、事业单位和投融资体制改革方面率先突破。在管理体制改革方面，禹州、淮阳、宝丰等地整合相关部门的行政职能，成立了试验区综合管理机构，统筹谋划试验区建设和文化资源开发。如今，在古城开封，市文化、广电、新闻出版三局合一，组建成立了"开封市文化广电新闻出版局"和开封市文化市场综合执法支队，歌舞剧院、电影公司及所属五县电影公司、电影院转制组建新公司工作全部完成；开封日报社已全面实行采编和经营分离，印务、发行、广告等实现了市场化运营。开封电台的经济频道，电视台的社会生活频道、文化影视频道等已实行企业体制。开封宋都古城文化产业园区已经被命名为国家级文化产业示范园区。

2004 年 7 月，中央宣传部等七部门联合下发了《关于在文化体制改革综合试点地区建立文化市场综合执法机构的意见》，明确提出将改革试点地区地市以下原文化、广播影视、新闻出版部门实行"三局合一"，并

把各自设立的执法机构和"扫黄""打非"队伍调整归并，组建新的按属地管理的文化市场综合执法机构。按照《意见》要求，河南省18个省辖市本级和158个县（市、区）组建了统一的综合执法机构，文化市场执法得到深入推进；9个省辖市本级和118个县（市、区）完成"三局合一"。近年来，河南省积极推进政企分开、政事分开和管办分离，推动政府文化部门把行政管理的重点从办文化向管文化转变，从微观管理向宏观管理转变，从主要管理直属单位向进行社会管理转变。省新闻出版局多年来实行政企一体制，改革后所属出版单位与省新闻出版局脱钩，成功实现了政企分开、管办分离，工作重心转向打击侵权盗版行为和保护知识产权，宏观管理能力明显加强，为我省文化发展营造良好的市场环境服务，有力推动了文化产业发展。

第七节　经验与启示

河南省的改革实践充分证明，改革是突破旧体制旧框框的必由之路，改革是破解经济社会发展难题的关键之举，改革是推动社会各项事业持续发展进步的不竭动力。站在新的起点上，我们必须正确看待改革，正确对待改革，毫不动摇地坚持改革方向，不失时机地推进改革、深化改革、加快改革。

一、改革开放是强省富民必由之路

改革开放30多年来，我国实现了由高度集中的计划经济体制向社会主义市场经济体制的根本性转变，经济社会发展取得了举世瞩目的成就。就河南省而言，改革开放以来，在中共河南省委、省政府坚强有力而正确的领导下，河南省的经济社会发展也取得了一系列骄人成绩。经济年均增长速度高于全国平均速度，达10%以上。不仅经济总量继续稳居全国第五，而且多项经济指标位居全国前列。2011年，全年生产总值27232.04亿元，粮食产量突破1100亿斤，河南省作为农业强省、新兴工业大省的地位进一步巩固。在经济快速发展的同时，河南省的政治、文化、科技、卫生、医疗等社会各项事业也获得了长足发展，全省人民的物质文化生活水平和健康水平获得了极大提高。2011 年全年农村居民人均纯收入 6604.03 元，农村居民人均生活消费支出 4319.95 元。城镇居民人均可支配收入 18194.80 元，城镇居民人均消费支出 12336.47 元。城乡居民的消费水平不断提高，能反映居民消费水平的建筑及装潢材料、家具、汽车、电子出版及音像制品、彩色电视机、数码相机、移动电话等住、行、娱乐类商品销售量持续快速增长。这些辉煌成就的取得正是改革开放的结果。任何从计划经济年代走过来的人都不会否认也无法否认，与改革开放前的计划经济时期相比，广大人民群众的物质文化水平以及所享有的政治、经济、文化等各项社会权利，都发生了翻天覆地的变化。邓小平同志曾断言："坚持改革开放是决定中国命运的一招。"党的十七大鲜明地强调，改革开放是决定当代中国命运的关键选择，是发展中国特色社会主义实现中华民族伟大复兴的必由之路。30 多年的河南省改革开放历程，以无可争辩的事实向世人表明，改革开放是强省富民之路，是推动社会各项事业发展进步的不竭动力。

二、正视改革开放进程中出现的一些问题

绝不能无视改革开放进程中出现的一些新矛盾、新问题，诸如贫富差距问题、城乡差距问题、区域发展不平衡问题、生态环境恶化问题、权力腐败问题、社会治安问题，以及卫生、教育、住房改革中出现的看病贵、上学贵、房价高、就业难问题等等。矛盾和问题是客观存在的。正因此，我们回顾改革、反思改革、总结 30 多年改革的经验教训是很有必要的。但是，我们绝不允许因改革进程存在这样那样的问题而怀疑和否定改革。

对改革中出现的一些矛盾和问题，必须做具体分析。有的是事物发展变化规律使然而必然出现的；有的是认识不到位、措施不配套造成的；有的是经验不足、具体设计不周密造成的；有的是操作过程不规范造成的；还有的是发展和改革在一定阶段不得不付出的代价。总体上看，这些都不是改革方向出了问题。恰恰相反，这些问题在相当程度上是改革不到位、

措施不完善造成的。

就改革的一般规律而言，改革进程中出现这样那样的新矛盾、新问题是自然的、正常的、符合事物发展变化规律的。改革就某种意义上讲，是对原有的社会利益分配格局、分配机制的重大调整，牵涉到各行各业各阶层群体各个人的切身利益，旧的矛盾和问题解决了，又会引发出许多新的矛盾和问题。如实行了以按劳分配为主体、多种分配方式并存的分配制度，允许一部分人一部分地区先富起来，解决了平均主义"大锅饭"问题，但同时又会遇到收入差距、地区差距等问题；实行了市场经济体制，革除了计划经济体制下高度集权管理、政企不分、企业没有生产经营自主权等弊端，但同时又会出现企业在竞争中破产、倒闭，职工在竞争中失业等问题，会遇到如何搞好公共财政建设，搞好社会保障、扩大就业等一系列问题。很显然，矛盾无处不在，无时不有，这正是事物发展的规律。

就改革中出现的一些具体矛盾和问题而言，其原因是非常复杂的。有些问题是与市场经济相伴生的，如收入差距问题、失业问题。只要实行市场经济，就必须面对这些问题。我们只能通过宏观调控、分配调节来缓解这些问题，但不能完全消除这些问题。相比计划体制下人们"普遍就业、共同贫穷"而言，实行市场经济的优越性是明显的，是符合广大人民群众根本利益的。有些问题的出现如腐败问题、贫富悬殊问题、国有资产流失问题、看病难看病贵问题、社会保障不到位问题等，是因为改革方案不尽周密、措施不尽完善或改革尚未到位造成的。解决这些问题的关键还需要深化改革、加快改革，更好地谋划改革。前进中尽管有困难，有阻力，但开弓没有回头箭，改革不能停顿，倒退没有出路。

三、改革正未有穷期

当前，河南省正处于建设中原经济区、奋力实现中原崛起的新阶段，正处于经济社会发展的黄金期和矛盾凸显期。破解发展难题、谋求跨越发展需要深化改革、化解社会矛盾、构建和谐社会需要深化改革。要以科学发展观为指导，坚持"四个重在"实践要领，着力围绕如何破解"四难"，在继续搞好经济体制改革的同时，针对广大人民群众反映比较普遍、比较强烈的问题，针对制约经济社会和谐发展、可持续发展的突出矛盾和问题，加快并深入进行政治体制、行政管理体制、财税体制、社会公共品供给体制、教育管理体制、医疗卫生管理体制、社会保障体制、社会再分配体制、劳动就业管理体制等方面的改革。在改革过程中，要坚持改革方向的坚定性，注意提高改革决策的科学性，增强改革措施的协调性，保证改革利益的普惠性，使改革兼顾到各方面、照顾到各方面，真正得到广大人民群众的理解、拥护和支持，让全体人民共享改革发展成果。就河南省的实际情况以及就加快经济社会发展而言，必须着力搞好以下一些改革，力求有大的突破。

要进一步深化行政管理体制改革。"经济调节、市场监管、公共服务、社会管理"是政府职能的总体定位。要按照这一要求，进一步转变政府职能，调整机构设置，改进审批制度，完善管理服务，着力打造有限型、高效型、责任型、服务型、廉洁型、廉价型、阳光型政府，为经济社会发展提供良好的政务环境。要进一步改进和完善决策机制，促进决策科学化、民主化。要全面推进依法行政。要搞好公务员管理制度改革，加强公务员队伍建设。要建立健全符合科学发展观要求的政绩评价体系，创新地方政府和党政领导干部的政绩考核制度。

要继续深化农村土地制度改革，在土地制度和政策方面先行先试，积极探索实行双挂钩和人地挂钩政策，为探索走好"两不三新"道路拓展空间。加快对供水、供气、供暖等垄断类型国有企业改革，建立起适应社会主义市场经济的市场竞争机制、企业经营机制和政府监管机制。继续优化所有制结构，大力发展非公有制经济。要不断深化科技体制改革，构建以企业为主体的自主创新体系。要深化文化体制改革，大力发展文化产业，推进河南省由文化资源大省向文化产业强省的转变。要进一步加强市场体系建设，进一步发展和规范土地、技术、劳动力、金融、产权等市场。

要深化教育体制、卫生体制、就业和分配体制、社会保障体制、社会管理体制等社会各方面改革。必须针对这些直接关系人民群众切身利益的问题，加快教育、卫生体制改革。要把教育公平作为促进社会公平、构建和谐社会的重要前提，通过强化教育的普遍服务功能，缩小公民受教育的差距，阻断贫困和不平等的代际传递。要围绕强化政府公共卫生管理职能

与合理配置医疗卫生资源，深化卫生体制改革，特别是要搞好农村新型合作医疗制度建设。就业是民生之本。要深化就业体制和分配体制改革，着力解决就业机会和分配过程的公平问题。要以扩大社会保险覆盖面、稳步提高统筹层次为重点，不断健全和完善社会保障体系。要适应市场经济要求，创新社会管理体制，建立健全党委领导、政府负责、群众参与、社会监督的管理格局。

要在全社会上下形成想改革、思改革、谋改革、热改革的良好氛围。各级党委、政府和广大干部要增强改革的责任感、使命感、紧迫感，以更加积极的姿态投入改革，开创本地区、本部门、本单位的改革发展新局面。

第六章
开放带动：内陆大省快速发展的战略抉择

30 多年来，我国通过对外开放，积极融入世界经济体系，充分利用国际市场、世界资源，弥补了我国经济现代化起飞所需要的资金、技术与管理缺口，加快了现代化前进的步伐。河南省作为中部重要的内陆大省，在改革开放的推动下，以少有的速度持续快速发展起来，全省面貌发生了翻天覆地的历史性变化。30 多年伟大的实践充分证明，高举中国特色社会主义伟大旗帜、坚持中国特色社会主义道路、坚持改革开放，是走向繁荣富强和共同富裕的康庄大道的正确选择。

第一节　开放带动战略的提出与实施

随着国内外政治经济环境的变化，河南省通过对外开放，利用两种资源两个市场，提高资源配置效率，扩大就业和推动增长，推动改革进程，逐渐出现了以进出口贸易为中心，利用外资和引进技术、输出劳务和技术、对外承包工程、跨国投资等多种形式全面发展的新格局。实践表明，开放带动成就卓著，意义深远，是河南强省富民、推进三化科学协调发展的根本举措。从实施开放的历史轨迹来看，河南省的对外开放大体经历了四个阶段：

一、确立开放驱动发展战略（1978—1991 年）

1978 年 12 月，党的十一届三中全会召开。以此次全会为标志，我国

进入改革开放的历史新时期。1979 年 7 月，五届全国人大会议通过了《中华人民共和国合资经营企业法》。同月，中共中央、国务院决定在深圳、珠海、汕头和厦门设立经济特区，随后几年特区的成功实践表明，对外开放对现代化建设有多方面的推动作用，人们对开放积极作用的共识开始增加。1984 年 10 月召开的党的十二届三中全会通过了《中共中央关于经济体制改革的决定》，正式把对外开放确定为"长期的基本国策"。

作为内陆省份的河南省为了打开发展的空间，积极探索发展外向型经济的途径和手段。

1979 年，河南省开始尝试利用外资。1980 年，姚孟电厂利用比利时政府贷款 3021 万美元，建设 2×30 万千瓦发电机组项目合同生效，拉开河南省利用外资的序幕。1981 年，河南省召开全省地、市外贸工作会议，会议讨论了河南省对外经贸"三大支柱"（即外资、外经、外贸）的紧密配合问题，利用外资正式成为外经贸管理的重要内容。1982 年，河南省成功组织活羊出口科威特，开创了中国远洋出口"活口"商品的范例，当时在全国引起很大的震动。1983 年，洛阳的洛艺彩色摄影冲印服务中心成为全省第一家外商投资企业。1984 年 6 月，"河南国际机械设备展览会"在郑州举行，打开了对外经济技术合作的窗口。

1989 年 2 月召开的中共河南省委工作会议要求，"加快对外开放步伐，广泛开展横向联合"，同年 3 月，河南省委办公厅、省政府办公厅联合发出关于《深入开展生产力标准和沿海地区经济发展战略大讨论的通知》，要求"努力实现'两个打出去'（把名优产品打入国际和沿海城市）、'两个引进来'（从国外和沿海引进先进技术、引进资金，发展国内外市场替代产品）、'两个一起上'（增加出口创汇、加速企业技术改造）"。1990 年 10 月 12 日，经国务院批准，由商业部和省政府共同筹办的中国第一家批发市场——中国郑州粮食批发市场隆重开业。

1991 年 3 月，河南省委、省人民政府首次召开全省对外开放工作会议，形成了省委、省政府《关于加快全省对外开放工作的决定》和 14 个配套性政策文件，确立了开放驱动发展战略。并针对全省思想观念落后的现实，提出了"五破五树"：即，破除因循守旧、僵化保守思想，树立改革开放、开拓进取观念；破除小农经济、产品经济思想，树立有计划的商品经济观念；破除自我封闭、自成体系思想，树立互惠互利、全面对外开放观念；破除消极畏难、无所作为思想，树立勇于拼搏、敢打必胜观念；破除故步自封、盲目自满思想，树立学先进、找差距、努力改变落后面貌观念。第一次全省对外开放工作会议还确立了河南省对外开放的指导思想，提出把"优化环境、外引内联、四面辐射、梯次发展"作为扩大对外开放的基本思路。

1991 年 9 月，河南省首次成功举办了中国郑州国际少林武术节。首届武术节集武术、经贸、科贸、文化、文艺、旅游为一体，通过武术"搭台"、经贸"唱戏"，增强了人们的开放意识，有效促进了对外开放。截至1991 年年底，全省对外贸易大幅增长，全年进出口总额 12.15 亿美元，比上年增长 21.1%。其中，出口总额 10.43 亿美元，增长 20.3%；进口总额17192 万美元，增长 25.5%。利用外资增长势头良好。全年签订利用外资协议 167 份，比上年增长 2.15 倍，合同外资金额 23371 万美元，增长 9.7倍；实际利用外商直接投资 14425 万美元，增长 11.7 倍。对外承包工程和劳务合作合同数 70 份，合同金额达 3186 万美元。

从酝酿起步到确立开放驱动发展的阶段，是河南省对外开放的第一时期。特别是河南省首届对外开放会议提出的"五破五树"，对全省解放思想、转变观念，推动对外开放工作的开展起到了巨大的促进作用，标志着河南省的对外开放工作开始进入新的发展阶段。

二、走上全方位开放之路（1992—2000 年）

1992 年邓小平同志南方谈话后，我国对外开放再次迈出较大步伐：以上海浦东为龙头，开放芜湖、九江等 6 个沿江城市；开放哈尔滨、长春、呼和浩特、石家庄 4 个边境和沿海地区省会城市；开放珲春、绥芬河等 13个沿江城市，四是开放包括郑州在内的 11 个内陆省会城市。至此，我国的对外开放城市已遍布全国所有省区。

河南省的开放也进入快速发展阶段，全省的对外开放出现热潮，呈现出全面蓬勃发展的大好局面。1992 年 2 月，河南省委常委召开会议，专题研究进一步加快全省对外开放工作。会议要求：思想再解放一些，胆子

再大一些，步子再快一些，效果再好一些；河南省作为一个内陆省份，首先要痛下决心，克服内陆意识，增强大外贸，大外经、大旅游意识，全方位对外开放。1992 年 11 月，河南省委五届五次全会通过了《中共河南省委关于贯彻落实党的十四大精神，加快改革开放和现代化建设的决定》，指出：要"抓住关键环节，扎扎实实地做好对外开放工作"，"调动一切积极因素，加快形成多层次，多渠道、全方位对外开放格局"。1993 年 4 月，河南省委五届六次全会指出，要"抓住关键，主动出击，全面扩大对外开放。要努力提高利用外资的规模和水平，努力扩大出口创汇"。1994 年，河南省委五届九次全会专题研究对外开放工作，把开放带动作为全省三大战略之一重点推进。

1994 年，国家外经贸部对贸易体制作了重大改革。为配合改革方案的实施，河南省政府结合实际，制定了 13 条相应配套措施，决定实行有利于外贸出口的信贷政策、鼓励出口的分配政策，不断拓宽外贸经营领域，有秩序地放开进出口商品的经营权，实行针对外贸企业的三项制度改革等。同年，为了进一步鼓励外商投资、引进先进技术，促进全省经济发展，河南省对 1987 年发布的《外商投资条例》进行认真修改并重新颁布《河南省鼓励外商投资条例》，从投资与审批、土地使用、税收优惠、财务、信贷及外汇管理、投资保证等方面就外商投资有关问题作了具体的说明。同年，全省进一步改革外贸管理体制，取消了外汇贸易制度，改革外贸承包办法；改善了出口配额和许可证的管理办法，对少数计划配额和主动配额商品试行有偿招标；加强外贸基地建设；设立外贸发展基金会；转换外贸企业经营机制。通过改革，全省外经队伍进一步壮大，拥有外贸经营自主权的企业达 145 家。

1997 年 11 月 28 日，国务院批复开放郑州东站铁路货运口岸。该口岸是中国内陆省份第一个，也是唯——个内陆货运类口岸。

1998 年 5 月，全省第二次对外开放工作会议出台省委、省政府《关于提高利用外资水平、进一步扩大对外开放的意见》，明确了对外开放的指导思想和目标；讨论了《河南省鼓励外商投资优惠政策》、《河南省关于鼓励扩大出口、对外经济技术合作的若干政策》、《河南省关于加强豫港合作的实施意见》、《河南省人民政府关于加快发展旅游业的决定》等配套文件。会议对于有效地抵御亚洲金融风暴的冲击、保证全省对外开放的健康发展起了一定作用。

1999 年，河南省立足省区位优势，提出实施"东引西进"战略。10 月，中国第一家台资商业企业郑州丹尼斯百货获得外经贸部批准。

这一阶段，全省把引进外资作为对外开放的重头戏。多渠道、多形式地引进外资，使全省外商投资呈现前所未有的高速发展局面。9 年间全省共批准外商投资企业 6286 家，其中已投产开业企业 2100 家，合同利用外资额 86 亿美元，并与世界 160 多个国家和地区建立了贸易往来，各类商品出口展销活动频繁。2000 年，全省进出口总额达 22.75 亿美元，比上年增长 30.0%。利用外资增长势头较好。全年签订利用外资协议 382 份，比上年增长 28.2%。合同外资金额 10.36 亿美元，增长 17.5%。

三、确立开放带动主战略（2001—2009 年）

2001 年，河南省委、省政府召开了全省第三次对外开放工作会议。会议出台了《关于进一步扩大对外开放的决定》，明确提出要积极发展开放型经济。2001 年 11 月，省政府批转了省经贸委《河南省实施东引西进工作方案》。2002 年 3 月，河南少林汽车股份有限公司整车批量出口尼泊尔，填补河南省汽车工业史上整车批量出口的空白。2003 年 2 月 11 日，全省外经贸工作会议召开，会议确定 23 个县（市）作为第一批省级对外开放重点县（市），将优先享受政府给予的优惠政策和扶持。这 23 个县（市）分别是：巩义市、登封市、荥阳市、许昌市、长葛市、禹州市、孟州市、博爱县、项城市、郸城县、内黄县、南召县、舞钢市、郾城县、伊川县、新乡县、西平县、义马市、濮阳县、淇县、永城市、潢川县、开封县。

2003 年 7 月，省委、省政府把"强力实施开放带动，不断扩大东引西进"写入《河南省全面建设小康社会规划纲要》。2003 年 8 月，召开全省第四次对外开放工作会议，出台了《中共河南省委、河南省人民政府关于加快发展开放型经济的若干意见》。该《意见》内容分为总体要求、大力引进外资、扩大出口贸易、实施"走出去"战略、优化发展环境、加强

组织领导 6 个部分。首次明确提出把开放带动作为加快河南省经济社会发展的主战略，把对外开放提到了前所未有的突出位置和战略高度，将对外开放"升级"为开放带动主战略。2003 年 12 月，河南省委组织部和河南省对外开放工作领导小组办公室联合制定了《关于发展开放型经济的考核办法》，将发展开放型经济列入干部政绩的考核内容，每年分两次对全省18 个省辖市开放型经济目标完成情况进行考核督查。这些措施对强力实施开放带动主战略，努力扩大对外开放，大力发展开放型经济，加快河南省经济社会发展产生了深远影响。

2006 年，河南省委、省政府出台了《河南省加快实施开放带动主战略指导意见》，进一步明确了加快实施开放带动主战略的指导思想、总体要求、目标任务、工作重点以及保障措施。随后相继出台了外商投资项目代理制、外商投资便利化等一系列优惠措施，并实行重大外资项目跟踪制度。该《指导意见》的出台对全省实施开放带动主战略，大力发展开放型经济，进一步提高河南省全方位对外开放水平具有重要指导意义。5 月，省商务厅和省财政厅联合下发《河南省外商投资项目代理制暂行办法》，确定河南省外商投资咨询服务中心作为项目代理制的具体实施单位，对属于省级和省级以上审批、管理权限的外商投资项目提供代理服务，代办申办批准证书、营业执照、外汇登记、税务登记及其变更等有关手续。中心对所有符合条件的代理项目不收取任何代理费用，相关代理费将从省外经贸发展促进资金中给予资助。以省为单位实施外商项目代理，河南省在全国首创。

2007 年 1 月，"豫港煤炭、物流暨重大项目对接会"在香港举行，共推介投资总额达 160 亿美元的重大项目 30 个。4 月 26—28 日，第二届中国中部投资贸易博览会在郑州成功举办，世界 108 个国家和地区实际到会中外客商突破 10 万人，全国 31 个省（市、自治区）及香港、澳门特别行政区组团参会，世界 500 强企业有 315 家到会，国内 500 强企业有 303 家到会。此届博览会被誉为一次"盛况空前、亮点频出、精彩纷呈"和"令人震撼"的经贸盛会，成为河南省扩大对外开放，展示良好形象的重要平台。

2008 年 5 月，河南省召开第五次全省对外开放工作会议，出台了《关于进一步加强招商引资工作的意见》，明确了以招商引资为对外开放的重中之重的思路和工作重点，在全省掀起了新一轮对外开放高潮。2008年8月21日，省首家外资财产保险公司——民安保险（中国）有限公司河南分公司在郑州挂牌成立，正式进军中原保险市场。8月26日，第五届中国河南省国际投资贸易洽谈会开幕式在郑州隆重举行。实际到会客商是第四届投洽会的3倍多，成为到会客商最多的一届投洽会。项目签约取得丰硕成果，在省签约仪式上共有140个项目签约，投资总额796亿元。签订外贸成交合同5.4亿美元；签订劳务输出合同400万美元。

"十五"期间，河南省累计完成进出口总额251亿美元。其中，出口164亿美元，年增速达到27.85%，高于全国的平均增速，进出口对经济增长的贡献率为8.0%；全省累计批准外商投资企业1788家，合同利用外资82.9亿美元，实际利用外资39.0亿美元。通过对外开放，加快发展开放型经济，全省引进一批新的产品和先进技术，推动了企业的技术改造，促进了产品的升级换代，加快了企业与国际市场接轨的步伐。通过对外开放，建成了一大批基础设施和基础产业项目，明显改善了全省经济建设的硬件环境，加快了城市化进程。从总体上看，河南省的对外开放正在进入一个扩大规模、提高质量、加快步伐的新的发展阶段。

四、开放型经济大发展（2010年至今）

2010年12月，河南省委、省政府出台《中原经济区建设纲要(试行)》，提出要"全面开放、带动全局，不断拓展新的开放领域和空间，以开放促改革、促发展、促创新"；要"构建内外互动的开放型经济支撑体系"，"抓住产业加快转移的机遇，坚持对内对外开放并举，扩大总量与提高质量并重，引进来与走出去结合，不断拓展新的开放领域和空间，加快形成全方位、多层次、宽领域的开放格局，打造内陆开放高地"。

2011年1月，国务院《全国主体功能区规划》将中原经济区纳入国家层面的重点开发区域，明确提出，中原经济区作为国家层面重点开发区域，位于全国"两横三纵"城市化战略格局中陆桥通道横轴和京哈京广通道纵轴的交会处，包括河南省以郑州为中心的中原城市群部分地区。这是

中原经济区第一次被写入国家文件，为河南省加快中原经济区建设、推进对外开放大发展带来了重大战略机遇。

2011 年 9 月，国务院出台《关于河南省加快建设中原经济区的指导意见》，中原经济区建设正式提升为国家战略。自此，中原经济区成为河南省扩大对外开放、加强交流合作、实现互利共赢的载体和平台，成为中原崛起、河南省振兴的载体和平台。

河南省紧抓中原经济区上升为国家战略的重大机遇，积极与国家部委及央企对接合作。尤其是进入 2012 年，河南省分别与科技部、人力资源和社会保障部、国务院扶贫办、中国科学院等密集签署战略合作协议和备忘录。密度之高，所获支持力度之大，前所未有，创造了名副其实的"河南速度"。据不完全统计，近一年来，近 40 个部委签约河南，为建设中原经济区提供政策红利。

为了通过扩大开放促进产业结构调整升级、扩大投资和出口需求、带动就业和居民增收，一举应多变，一招求多效。2011 年 9 月，河南省人民政府发布《关于实施对外开放"走出去"的指导意见》，对完善支持企业"走出去"的政策体系、加强"走出去"产业规划的指导、推进"走出去"便利化、完善信息咨询服务网络、加强对优势产业"走出去"的金融保险支持、加强对"走出去"企业的风险防范、加强对"走出去"工作的领导等进行了具体的规定，为大跨步推进河南省企业"走出去"的步伐，奠定了扎实的政策基础。

2011 年 12 月，河南省第六次对外开放会议召开，研究部署新形势下河南省的对外开放工作。会议强调，在当前国际国内需求下滑、经济下行压力加大的形势下，要清醒认识对外开放面临的新形势新任务，进一步增强扩大开放的责任感和紧迫感，努力保持对外开放好的趋势、好的态势、好的气势，突出重点，努力在提升水平拓展领域上取得新突破，把对外开放工作摆在带动全局的战略高度，以领导方式转变加快发展方式转变，着力构建党政齐抓、部门协作、各级联动、要素倾斜、全社会参与的举省开放体制，形成开放发展的强大凝聚力。

对外开放，河南省走过了不平凡的发展道路。历届河南省委、省政府坚持开放不动摇、不松懈，从探索起步、全面推进到强力实施开放带动主战略，直到将开放上升为"基本省策"，全方位开放持续提升。

第二节　东引西进战略举措的实施

1999 年中央经济工作会议作出了实施西部大开发的决定，并以此作为我国 21 世纪发展的一项战略任务。面对发达的东部和即将开发的西部，河南省怎么办？这是摆在当时河南面前的迫切需要回答的问题，河南必须作出时不我待的抉择。

河南省委、省政府集中全省人民的智慧，审时度势，果断决策，在同年及时提出了"东引西进"的战略思想，以积极主动的姿态，争取抓住机遇，实现更快更大的发展。

一、"左右逢源"：发展河南的有效途径

实施"东引西进"战略，是河南省在当时新的历史发展阶段的必然选择，它不仅是促使全省尽快赶上东部地区的需要，也是参与西部大开发、适应全球经济一体化的需要，是河南省经济社会发展承东启西、"左右逢源"的现实选择。"东引西进"的提出，不但有着坚实的理论基础，而且倾注了河南人民以人之长、补己之短，千方百计加快发展的激情与渴望。

（一）实施"东引西进"战略的必然性和可行性

"东引西进"战略举措的主要依据是区域经济发展规律和比较优势的原理。根据区域经济发展规律，经济发展都是从发达地区不断向不发达地区推进，并逐步实现均衡发展。"东引西进"的提出，正是自觉遵循这一规律的体现。翻开我国改革开放以来沿海地区的经济发展历史，也充分说明了这一规律的普遍性。从韩国经济对山东的辐射、香港经济对广东的带动以及长江经济带的兴起，珠江三角洲经济的高速发展等，无一不是梯段推进的结果。比较优势的原理认为：处于技术后进阶段的地区，也有自己的比较优势。也就是说，一个地区总是在某些生产要素方面具有较丰富的

禀赋。通过在生产中密集的使用这些生产要素，可以生产出具有相对优势的产品；并通过区域间的贸易，用富含这些生产要素的产品去交换富含相对稀缺生产要素的产品，就可以实现一个地区的比较优势。这种优势的发挥，可以加快与发达地区差距的缩小。同时，"东引西进"战略举措的确定，还以经济发展不平衡理论、共同富裕理论、资源优势转化理论为依据。

"东引西进"是河南省抓住机遇、加快发展的历史选择。"东引西进"是河南省参与西部大开发的战略举措，是进一步扩大对内对外开放的客观需要。一是西部大开发既是西部的发展过程，也是人流、物流、资金流、信息流快速向西部梯度转移和聚集的过程，蕴含着巨大的发展机遇。同时，在世界经济大格局中，全球经济一体化进程加快，科学技术日新月异，突飞猛进，不同国家和地区之间的经济联系在国际市场的竞争和组合中不断增强，资金、技术和产业的转移促进了地区经济的发展，河南省要参与国际市场竞争，必须尽快走活"东引西进"这盘棋，"请进来、走出去"，不断扩大对内对外开放。二是国内经济发展和区域结构的调整，也呼唤"东引西进"战略举措的实施。一方面，东部沿海地区经济迅速发展，经济实力和产业档次明显高于中西部地区，河南省与东部地区的差距正在逐步扩大。要缩小差距，参与国际国内市场竞争，在世界经济格局中占据有利地位，就必须将区域经济的发展放到全国乃至世界经济大背景中来筹划，充分利用国际国内两个市场，优化资源配置，带动经济和社会全面发展。"东引西进"正是在全国经济的总体格局中，打破河南省内陆经济封闭状态，强化与东西部的经济联系，带动河南省经济再上新台阶的客观需要。三是河南省发挥靠近东部沿海地区的区位优势，服从大局，积极跟进，加快发展，全省综合实力显著增强。1979年至1998年，河南省国内生产总值年均增长10.9%；经济总量在全国的位次由1978年的第9位上升到1998年的第5位。但是，由于河南省人口众多，主要人均指标远远低于全国平均水平。30多年的改革开放使东部沿海发达地区先富起来，使其在产业结构、资金、技术、人才、开放程度、思想观念、市场机制、信息等方面明显优于中部地区。西部大开发战略使西部地区在政策上优于中部。同时，世界范围内的经济全球化、生产能力过剩和结构调整、新科技革命三大趋势带来的压力，使河南省经济面临日益严峻的挑战。面对挑战与困难，以高度的历史责任感和使命感，抓住机遇，实施"东引西进"战略，是河南省加快经济发展的现实选择。

（二）河南省实施"东引西进"战略注意处理的四大关系

一是辩证理解"东引"与"西进"，选准"东引西进"的切入点。不机械理解"东引"，不管是东部、西部还是中部，只要是先进的管理经验、技术、人才，只要有资金，都作为引进的对象，从而扩大对外联系，提高自身的整体素质；不机械理解"西进"，抓住一切机会，在全面开发中西部市场的同时，也不放弃东部市场。对于引进的项目和企业，是否有潜在、长远的市场前景，是否具有较高的技术含量，是否有造成新的重复建设的可能，是否严重影响和污染环境等等，都仔细考察、严格把关、科学论证、慎重选择。在西进的过程中，也注意充分发挥河南省产业结构与西部大开发的需求能够较好吻合的优势，着眼于现有生产能力的充分调动，着眼于现有资源的市场化盘活。

二是正确处理发挥政府主导作用与使企业成为"东引西进"主体的关系，既充分发挥市场配置资源的基础作用，又充分发挥政府的主导作用，努力把两者有机结合起来。政府在积极做好组织、规划、引导工作，积极搭台，穿针引线，为企业创造良好的东引西进环境，提供各种必要的服务的前提下，尊重企业意愿，不对企业行为进行行政干预，充分调动企业参与东引西进的积极性和主动性，让企业成为"引进来"、"走出去"的主体。

三是处理好经济发展与生态建设的关系，保持发展的可持续性。在实施"东引西进"战略举措中，河南省坚持可持续发展战略，把生态建设、环境保护同经济发展协调起来。坚持不利于环保和生态环境的项目一个不上，易造成环境污染的产品一个不引。

四是处理好开拓国内市场与开拓国外市场的关系，为河南省经济走向世界搭桥铺路。河南省在"东引西进"中不仅仅局限在国内市场，而且注意通过优势组合与国内外合作伙伴实现市场化重组。在东引的过程中，注意引进发达国家已在东部落脚但有可能转移到河南省的资本、技术、管理和人才，努力实现"东引"与"外引"的统一；在开发西部市场的同时，积极关注西亚、独联体和俄罗斯的市场需求，争取河南省产品和企业通过

西部走出国门，实现"西进"与"西出"的统一。

（三）河南省实施"东引西进"战略的政策举措

2004年4月22日，河南省发布《实施东引西进战略的举措》。该文件从产业投资政策、土地政策、税收政策、人才政策以及如何改进政府工作、提高办事效率等五大方面制定了实施"东引西进"战略的若干政策措施。

一是在产业投资政策方面。除国家明令禁止的产业外，东中西省区企业均可参与投资及经营；东中西部省区在河南省投资建设项目，所在地政府简化审批手续，优先审批；符合河南省工业结构调整项目条件的东西部合作项目，省工业结构调整资金优先安排；东中西部省区与河南省联合研制开发河南省急需的关键技术和产品，在省科技立项费用上给予优先支持；鼓励东中西部省区的高新技术成果在河南省转化，凡以高新技术兴办的合资、合作或独立项目，河南省新技术产业化财政贴息资金优先予以安排；鼓励联合规划建设区域性市场，对涉及跨省区重要区域性市场建设项目，列入地方基建规划，在征地、资金、劳动力等方面给予积极支持；开放要素市场，对进出口商品，除国家有特别规定外，不再加办"准运"、"准出"等审查手续。

二是在土地政策方面。鼓励农村劳动力向西部省区转移。凡参与西部开发项目迁出户口的，原所在地责任田允许保留3年。鼓励农民进城市、城镇务工经商。已迁入户口的，责任田保留3年，宅基地永久保留。东中西部省区在河南省兴办开发性农业、林业、牧业和基础设施、公益性事业项目的，予以划拨使用土地，兴办工业、旅游等其他项目（不含房地产）的，土地出让金予以优惠。

三是在税收政策方面。东中西部省区在河南省经济不发达、贫困地区兴办投资企业，经主管税务机关批准，可以3年内免征企业所得税，期满后5年内根据当地财政状况由当地财政部门将企业交纳的所得税额的15%—30%返还给企业。东中西部省区在河南省投资经省认定的高新技术企业自投产之日起2年内，按法定税率征收所得税，当地财政全额返还（设在国家批准的高新技术产业开发区的高新技术企业，自投产年度免征所得税2年）；2年后部分返还所得税，使其所得税实际税赋为15%，对其投产之日起两年内所征增值税地方留成（25％）部分，当地财政部门返还80％。东中西部省区在河南省产品出口企业，凡年度出口产品产值达到当年企业产值总额70％以上的，由当地财政返还所得税的50％给企业，同时，3年内地方留成的25％增值税部分由当地财政全额返还各企业。东中西部省区在河南省企业将其从企业分得的利润用于在河南省再投资，经营期限不少于5年的，经当地政府批准，退还其投资部分已交纳的企业所得税的50％。

四是在人才政策方面。东中西部省区在河南省企业所在地，可按一定的投资额为其管理人员及配偶、未成年子女办理一定额度的常住户口，不准收取城市人口增容费，并优先安排住房和子女入学、入托。鼓励东中西部省区人才来河南省工作，对来河南省帮助工作的东中西部党政干部和科技、管理人员，在政治上享受河南省同等待遇，生活上给予一定优惠。对东中西部省区来河南省参与企业经营管理的高级管理经营人员，共同进行科技攻关的专家学者，要根据具体情况和工作业绩，由当地政府给予奖励。积极创造条件，鼓励、吸引高学历人才到河南省工作，郑州专科以上毕业的，省辖市城市中专以上毕业的东中西部省区毕业生均可在人才交流中心落户、存档，并在住房、工作等方面给予优惠。

五是在改进政府工作，提高办事效率方面。对东中西部省区在河南省企业，河南省工商、税务、海关等单位在工商注册、税务登记、海关报关等方面提供优先服务，简化有关手续。东中西部省区企业在企业和产品认定、资质评审、经营权限审批、项目招投标、业务承接以及上市公司申报、企业债券发行、银行信贷、行业信息服务等方面与省内企业享有同等待遇。严禁向东中西部省区在河南省企业乱收费、乱摊派。省有关部门设置东中西部合作协调服务和举报机构、公共服务电话，帮助东中西部在河南省企业妥善解决纠纷等有关问题，并按规定处理有关违规行为。

二、"东引"：迎挑战促发展

"东引"是利用河南省的资源优势、劳动力丰富和市场广阔的优势，

吸引东部产业向河南省转移，吸引东部企业到河南省创业。"东引"战略的实施为河南省在新世纪进一步扩大对外开放，加快经济发展，指明了前进的方向；对于更好地利用河南省的有利条件、促进河南省经济的跨越式发展，发挥了巨大的推动作用。

（一）河南省在"东引"中坚持的原则

一是坚持有利于全省产业结构的优化升级和国民经济整体素质的提高的原则，对低水平重复建设的项目和技术不引。

二是坚持有利于全省经济发展的机制活化和环境优化，有利于全省国民经济的可持续发展的原则，对污染环境的项目坚持不引。

三是解放思想，不仅要引进东部的高新技术项目、先进设备、资金等实实在在的硬件，以嫁接改造全省的企业，推进全省产业结构的优化升级，而且大胆引进东部灵活的机制、超前的理念、优秀的管理方法等看不见、摸不着的先进软件，千方百计地引进人才，以低成本盘活存量资产。

（二）河南省在"东引"中的着眼点和重点区域

一是着力引进东部的思想观念。观念落后是河南省经济落后于东部地区的重要原因。着力引进东部的思想观念，是为了进一步解放思想，克服自身的内陆意识、小农意识和保守意识，学习东部人尊重价值规律、按价值规律办事的市场观，大胆开放、取人之长的开放观，敢闯敢干、敢为天下先的创业观和尊重科学、尊重知识的人才观。

二是着力引进东部的资金、技术和人才。资金、人才缺乏和技术落后是制约河南省经济发展的"瓶颈"。河南省通过优惠政策、创造良好的投资环境和加强经济技术合作与交流等途径引进东部的资金、技术和人才；特别是重视吸引东部的电子、信息、自动化、生物工程、新材料、医药、冶金等方面的高、精、尖技术为河南省所用；积极制定引进人才的总体规划、具体计划和实施办法，引进东部各级各类人才到河南省创业，把引进人才同留住人才、稳定人才及激励人才密切结合起来，使引进的人才发挥起应有的作用。

三是加强与东部的经济技术合作。河南省把加强与东部的经济技术合作作为壮大河南省经济实力的重要措施和实施"东引西进"战略的有效载体，按照"优势互补、互利互惠、长期合作、共同发展"的原则，根据河南省实际，采取招商引资、经贸洽谈、产品博览会、展销会、经验交流会、组织考察、学习参观、结友好城市、聘请东部优秀管理人才等方式，加强与东部地区全方位、多层次、宽领域的经济技术合作和交流，在交流中向东部人学习，在合作中促进自身的发展。

四是加强与东部重点区域的合作。依托重点产业、产品、企业，利用和引进这些发达地区的资金、技术、人才及先进管理经验，推进全省产业改组、改造和优化升级。加强与跨国公司、大财团在华机构的联系，通过他们吸引国外的资金、技术、人才。同时，利用沿海、沿边省份外贸渠道多、信息灵通等优势，扩大全省产品间接出口规模。重点之一是继续加强豫沪合作。合作范围突出以下几个方面：积极推进机电、汽车、轻工、纺织、化工、冶金建材、食品、医药、电子、信息产业等工业领域多种形式的合作；加强基础设施建设方面的合作；探索电力合作的有效途径；大力推进农业产业化的合作；加大对内对外贸易合作；加强科技交流与合作；探索金融、保险、证券、产权市场等方面的合作；加快人才培养，促进人才交流；拓宽旅游业的合作领域；加强教育合作，推进全省教育发展。重点之二是扩大同珠江三角洲地区的经济技术合作。利用广东省在资金、技术、管理等方面的优势，重点加强与广东省电子信息、生物、医药、新材料技术等高新技术产业和以家电、食品、纺织面料、服装为主的轻工纺织业的合作，提高全省相关产业的档次和规模。重点之三是加强与上述地区高新技术产业开发区、经济技术开发区、各类科技园区、大学科技园、创业中心的交流与合作。

（三）积极夯实"东引"的环境基础

一是积极改善投资环境，打造良好的河南形象。河南省积极加大内外宣传力度，把河南省推向海内外，让世界在了解中国的同时更多地了解河南，使河南省在成为经济强省的同时尽快走向世界，以便吸引发达地区到河南省旅游观光、合作经商、投资办厂，促进河南省经济社会的快速发展。同时，注意打造自尊、自爱、自省、自正的社会形象，切切实实牢固树立和注意维护河南的良好形象。

二是加快基础设施投资，夯实可持续发展基础。河南省上下多方筹措资金，加大以交通、通信和口岸建设为主的基础设施的投资，抓紧既定的

公路、铁路、民航机场、内河航运、各类口岸建设和电源电网建设、通信与广播电视基础设施建设，使其在"东引""西进"及河南省经济的持续发展中发挥重要作用。努力加快加大水利基础设施与环境保护投资，加快水利基础设施和环境保护工程建设步伐，严禁毁林开荒、乱批滥占耕地以及各种短期行为，下大力气治理环境污染，实现开发及建设同步、利用与保护并行，确保国民经济的可持续发展。

三是加强社会综合治理，努力改善经济发展软环境。更加重视科研环境建设，加大实施人才工程，为河南省经济的持续发展引进、培养更多数量、更高水平的各类人才。重视法治环境建设，为完善的市场创造条件。各级政府坚持以法治省、依法办事，严厉打击各类商业欺诈、假冒伪劣及各种违法违纪行为，为完善的市场创造条件及向外来客商提供优美的环境和优质的服务，促进河南省经济快速发展。

三、"西进"：抢机遇赢商机

"西进"，即积极参与西部大开发，加强河南省与西部省区的经济技术合作，大力开拓中西部市场，努力提高河南省农产品、工业消费品、农业生产资料及冶金、建材、农业机械、大型成套设备等投资类产品在西部市场的占有份额。

（一）西部大开发给河南省带来的机遇和商机

一是为河南省的许多企业及产品提供了广阔的市场。西部大开发需要巨额投资，随着西部大开发的进行，各方面的大量资金像潮水一样流向西部，从而形成一个空前的大市场。西部开发是一个纷繁复杂的系统工程，西部产业的大规模建设及工业化的实现，有赖于其基础设施条件的具备和完善，这为河南省的一些基础优势产业提供了用武之地。西部大规模的基础设施建设给河南省的水泥建筑材料工业带来巨大的拉动作用，随着西部对生态环境的重视、水土流失的整治及通信设施、城乡电网改造等基础设施的建设，也给河南省农业机械、电工电器等生产资料生产的发展带来广大的发展空间，使河南省开拓西部市场大有可为。

二是劳务输出和承包工程的机遇。西部大开发的投资热潮不仅需要大量的劳动力，也有众多的工程项目需要承包。相对于西部地广人稀来说，河南省作为全国第一人口大省，可以利用劳动力资源丰富、城乡各地的能工巧匠众多，适合承揽建设项目的优势，抓住西部大开发的机遇，到西部"淘金"承揽更多的建设项目，从而缓解河南省就业压力，增加城乡居民收入。

三是产品出口机遇。我国西部地区与俄罗斯、哈萨克斯坦等 15 个邻国接壤。在漫长的边境线上，由 200 多个边境一类口岸和 13 个沿边开放城镇。这些口岸发展边贸需要有广大的腹地和充足的货源来支撑。河南省正处在新亚欧大陆桥的陇兰经济带，沿陇兰线通过西部边境口岸发展对俄罗斯、欧洲及中亚、西亚等出口贸易十分便利。随着西部大开发，西部边境口岸贸易的大发展也给河南省带来了良好的商机。

（二）河南省挺进西部面临的挑战

一是来自中部地区的挑战。内蒙古、黑龙江、吉林、山西、安徽、湖北、湖南、江西等省、自治区的挑战。由于这些省区都基本上没有享受国家太多的优惠政策，都希望能够抓住机遇，发挥比较优势，加快自身发展。

二是来自东部发达地区的挑战。这些地区从我国改革开放之初开始，就一直享受国家的优惠政策，实现了优先发展，综合实力雄厚，将依靠经济技术实力参与开发西部的竞争，从而给河南省带来挑战。

三是来自国外的挑战。对世界来说，经过 30 多年改革开放发展且占全球 1/5 人口的中国是一个巨大的市场。在世界经济不断实现融合，国际统一大市场逐步形成，中国政府的任何一项重要的经济发展政策，都将引起世界各国，尤其是西方发达国家的高度关注。在我国实施西部大开发战略的过程中，国外的投资商也都在积极摩拳擦掌、积极参与进去，对河南省形成了巨大的压力和挑战。

四是来自西部地区内部的竞争。由于我国一直实施自东向西的非均衡梯度推移发展战略，使得西部整体发展相对东、中部落后，但西部也有自己的所长和比较优势，如云、贵、川的烟酒，陕西和云南的旅游，成都和西安的高新技术产业等等。在西部开发中，西部各省一方面要充分运用政策，抓住机遇建设自己；另一方面，他们也将发挥自己的比较优势，把

经济触角伸展到其他省区，最大限度地发展自己，这也将对河南省形成竞争。

（三）河南省挺进西部的战略战术

河南省在"西进"的过程中，积极挖掘和发挥自身的独特优势和条件。一是发挥空间上与西部地区是近邻的优势，在时间上抢先一步，以赢得商机。二是发挥劳动力资源丰富的优势，抓住东部地区劳动密集型产业大规模西移之机，调整劳动力输出流向，有组织地向西部地区大规模输出劳动力。三是发挥纺织、食品等轻纺工业优势，巩固并扩大与河南省有着相似习俗和相近档次的西部消费品市场，同时择机进入其他具有比较优势的产业。四是发挥第三产业尤其是商业优势，抓住西部开发的机遇，向西远程辐射，以此带动河南省加工业的发展。

除了注意充分发展优势外，还注意讲究战略战术，注意具体操作上的技巧，即拿自己与不同的竞争对手分门别类地进行比较分析，理清自身在不同层次上的优势所在，看哪些是大优势或绝对优势，哪些是小优势或相对优势，哪些不具备优势或是劣势，从而在不同层次上有的放矢，以强碰弱。如，要把一些在条件较好地区不具备优势的项目或技术，转移到条件相对较差的地区去开发；把一些在省会城市或地级市不具备竞争优势的项目或技术，转移到县级市或县城去等等，从而赢得主动，实现发展。如，要抓住机遇，组织河南省的建材、医药、化工、白酒、服装、饮品等名优产品向西部推销，提高河南省产品在西部市场的占有率，使河南产品在西部市场占据一席之地；要加强与新疆、甘肃、广西、四川等省区的合作，扩大适应中西部市场需求产品的生产和销售，提高河南产品在中西部地区市场占有份额。鼓励优势企业通过兼并、联合、租赁、参股等形式，参与中西部地区的产业结构、产品结构调整；抓住"西气东输"机遇，建设以天然气为原料的大型化工项目，促使一批大企业使用天然气做燃料。

四、"东引西进"成效显著战果丰硕

河南省实施"东引西进"战略以来，凭借着北依京津，南连江汉湖广，西牵关中千里沃野，东接江浙沪经济龙头的区位优势，一步一个脚印地沿着崛起之路前行，"东引"引来了"金娃娃"，"西进"进出了"新天地"，吸引了东部企业，开拓了西部市场，取得了骄人的成就。

（一）河南省在"东引西进"中迈出坚实步伐

在实施"东引西进"战略中，河南省一直注重加强与长江三角洲、珠江三角洲、京津沪等发达地区和沿海地区合作。依托重点产业、产品、企业，利用和引进东部发达地区的资金、技术、人才及先进的管理经验，推动省内产业改组、改造和优化升级。加强与跨国公司、大财团的联系，通过吸收国外的资金，扩大全省产品间接出口规模。同时积极参与西部大开发，努力开拓西部市场，重点加强与新疆、甘肃、广西、四川等省区的合作，发挥全省经济基础比较优势，扩大适应中西部市场需要产品的生产和销售，提高全省在中西部地区市场占有份额，鼓励优势企业，通过兼并、联合、租赁、参股等形式，参与中西部地区的产业结构、产品结构调整，支持优势企业与中亚、东欧各国开展经济合作。通过东引西进重大实践活动，扩大了对外开放，初步形成了河南省东西部一些省区优势互补、互惠互利的经济新格局。

（二）"东引西进"对河南省经济社会发展的促进

"东引西进"进一步促进了政府职能的转变。"东引"的过程其实也是政府在出售一种特殊商品的过程。这种商品便是我们的投资环境，我们希望企业用他们的资本来购买这种商品。一个国家是否有竞争力主要看这个国家的投资环境，一个区域也是如此。要想一个地区乃至一片区域有较强的竞争力，主要是看投资环境如何。环境有软硬之分，硬环境是基本，基础设施是必需的东西，更重要的是以服务为核心的软环境。营造投资环境的过程，也是政府打造自己产品的过程，招商引资是政府的营销，而顾客购买的是政府的投资环境，栽得梧桐树，引来金凤凰，只有有优越的投资环境才能使招商引资得以迅速实现，从而激活全省的企业，有利于进一步的"东引西进"。"东引西进"战略的实施促进了河南省经济体制特别是政府职能的转变。在"东引西进"战略实施过程中，河南省进一步改进了宏观调控，完善财税、金融体制，健全市场规则，努力建立和维护统一、公开、公平竞争的市场，努力促进基础设施建设，完善公共服务，注重教育

和人力资本投入，改进收入分配和社会保障，为贫困人群提供必要的援助，注意加强经济与社会可持续发展的协调职能，注意正确处理人口、资源、环境和经济发展的关系，实现政府管理的转型，努力为企业开拓市场创造良好的环境

"东引西进"进一步加快了河南省对外开放的步伐。"东引"发挥了河南省区位、市场、劳动力资源丰富等优势，吸引了东部的产业、技术、资金、人才、管理经验和机制，推动了全省产业改组、改造和升级。截至2004年年底，豫沪双方共签订合作项目232个，资金总额209.35亿元，其中上海投资142.35亿元。豫粤双方共签订合作项目182个，资金总额149.56亿元，其中广东投资124.19亿元。上海、广东与河南的合作具有明显的互补性。河南省的粮食、煤炭、铝等资源支援了广东建设，而河南省面向广东的劳务输出与人才交流呈现良好发展态势，真正实现了"优势互补、互惠互利、平等自愿、共同发展"的原则。2011年全年实际利用外资突破100亿美元大关，增长60%以上，居中部地区首位，两年实现翻番；引进省外资金突破4000亿元，增长46%，两年接近翻番。利用境外、省外资金总额约占全省固定资产投资30%，全年涉外税收将突破200亿元。新增百威英博啤酒集团、瑞士迅达电梯、香港和记黄埔、日本NTN公司等4家世界500强企业投资河南省，来豫投资的世界500强企业达到72家。

"东引西进"进一步加强了河南省与西部省区的经济技术合作。新疆是河南省在西部的重点合作对象，截至2004年，河南省连续在新疆举办了两届河南产品（乌鲁木齐）展销会，4次组成河南省代表团参加"乌洽会"，参展企业3000多家，参展产品几千种，共实现贸易成交额323.16亿元，签订经济技术合作项目160个，金额47.77亿元。2004年，郑州宇通客车集团的宇通客车已占西北5省区客车市场近70%的份额。此外，新飞冰箱、双汇火腿、思念水饺、白象面粉等也都占有相当大的市场份额。随着河南省企业大举"西进"，各类河南省名优产品开始为河南制造"正名"，来自河南省的汽车、冰箱、冷藏车、电器电缆、食品饮料、面粉大米等，在西部受到当地消费者的认可和喜爱。

第三节　打造内陆开放高地

打造内陆开放高地，是中原经济区建设的主要内容之一。如今的世界已经进入"新开放时代"。"新开放时代"，指 2010 年以来的新一轮开放，除了继续向世界开放国内市场，更意在中国经济走向全球，在全球范围内拓展发展及转型的机遇。在新一轮比拼中，谁能在大开放中快人一步、胜人一筹，谁就能在竞争中抢占先机，赢得主动，率先发展；相反，就会错失良机，落后于人。因此，建设中原经济区，必须继续深入实施开放带动主战略，打造开放新高地，在更宽舞台、更高平台上参与竞争，赢得优势，实现率先发展。

一、推进中原经济区建设的大思路大举措

2010 年 12 月，河南省委、省政府出台了《关于增创新优势、打造开放新高地的意见》，提出要"不断拓展新的开放领域和空间，加快形成全方位、多层次、宽领域的开放格局，打造内陆开放高地"。2012 年，河南省进一步明确把"持续扩大对外开放"作为 2012 年八大重点工作，并将开放上升为"基本省策"，意在坚持以开放促发展。这一思路，无疑将引领河南省实现更好更快发展。

打造内陆对外开放高地，是地处我国内陆的河南省为了适应我国对外开放区域重心由南向北、由沿海向内地转移的发展趋势，实现经济、社会、文化在"十二五"乃至今后更长时期内又好又快发展，使河南省成为内陆地区中最具活力、最有吸引力、最富竞争力的开放地区而提出的中原经济区建设发展目标之一。

打造内陆开放高地，是"十二五"时期河南省开放型经济发展的重要目标。从"十一五"时期河南省经济发展的实践可以看出，扩大对外开放是河南省经济发展的活力所在。只有更加积极主动地实施开放带动主战略，坚持以开放促发展、促改革、促创新，坚持对内对外开放并举，坚持

扩大总量与提高质量并重，河南省"十二五"经济社会发展目标才能够顺利实现。适应我国对外开放区域重心转移、对外开放格局进一步完善的趋势，河南省委、省政府在总结自身经验并借鉴其他省份做法的基础上，于2010年形成了要更加积极主动地实施开放带动"主战略"，努力打造内陆开放高地的战略决策。《河南省商务发展第十二个五年规划纲要》把内陆开放高地"基本形成"作为"十二五"时期河南省商务发展要努力实现的重要目标，并提出了一系列具体目标。如，进出口年均增长20%以上，到2015年达到500亿美元；实际利用外资、引进省外资金年均分别增长20%，到2015年分别达到150亿美元和6800亿元，对外承包工程及劳务合作营业额年均增长30%，到2015年达到80亿美元；对外直接投资中方协议金额年均增长40%，到2015年达到30亿美元等。

打造内陆开放高地，是推进中原经济区建设的重要战略举措。中原经济区是以河南省为主体、延及周边，支撑中部的一个跨省区域合作，中原经济区本身就是一个开放的区域经济的概念。在中原经济区建设过程中，不仅需要进一步加强区域内原有的小区域如中原经济协作区、黄淮经济协作区和黄河金三角经济协作区的发展，而且需要进一步发展中原经济区与国内其他经济区及与国外的合作。但是，在市场经济条件下，合作与竞争是并存的，自身的实力和竞争力对发展区域合作至关重要。河南省只有更加积极主动地实施开放带动主战略，加快形成内外联动、互利共赢、安全高效的开放型经济体系，形成名副其实的内陆开放高地，河南省作为中原经济区的主体对内能够形成足够强的凝聚力、带动力和辐射力，对外能够形成足够强的吸引力，才能为中原经济区建设提供强大的动力和有效的支撑。因此，《中原经济区建设纲要（试行）》把构建内外互动的开放型经济支撑体系作为建设中原经济区的十大战略支撑体系之一。

二、打造内陆开放高地的前提与基础

"十一五"时期，河南省强力实施开放带动主战略，深入推进大招商活动，发展开放型经济的环境和条件都得到了显著提升，开放型经济体系逐步完善，从而为"十二五"时期打造内陆经济开放高地奠定了坚实的基础。

（一）河南省建设开放新高地的环境进一步优化

"十一五"期间，河南省委、省政府两次召开全省对外开放工作会议，坚持把优化经济发展环境作为加快发展开放型经济的首要任务，通过切实转变政府职能，转变工作作风，提高公务员素质，严格依法行政，提高行政效能，建设服务型政府，建设"诚信河南"，着力营造廉洁高效的服务环境、公正严明的法制环境和诚实守信的社会环境，尤其是通过全面推行外商投资项目无偿代理制，开展外来投资企业大回访活动，建立省、市两级外（台）商投诉机构，完善外来客商投诉处理机制等措施，营造重商、亲商、富商、安商的社会氛围，使河南省整体的对外开放环境达到较为理想的水平。富士康、嘉里集团、美国联合包裹服务公司等一批跨国企业的成功引进，都证明河南省的经济发展环境已经得到了外来投资者的认可。

（二）河南省建设开放新高地的重要通道基本打通

河南省对外开放的载体建设、平台建设取得了阶段性成果，承接产业转移的能力获得显著提升。"十一五"期间，河南省委、省政府坚持把打造载体，建设平台作为扩大对外开放的重要条件和基础性工作，获准设立了中部地区首个综合保税区，促使河南省保税物流中心顺利通过验收、出口加工区扩区，使河南省在中部地区率先打开了一条发展外向型经济的重要通道。同时，规划建设了180个产业集聚区和一大批各具特色的城市新区、专业园区，确定了55个对外开放重点县（市、区），国家级高新技术开发区和国家级经济技术开发区分别达到4个，一类口岸和二类口岸合计达到12个。郑州出口加工区被批准拓展保税物流功能，已经成为目前我国所有对外开放区域中层次最高、政策最优惠、功能最齐全的海关特殊监管区域。由于在载体和平台建设方面已经取得的阶段性成果，使河南省承接产业转移的承载力、吸引力和竞争力都得到显著提升。

（三）河南省建设开放新高地的政策措施体系已经建立

"十一五"期间，河南省委、省政府出台了关于加快实施开放带动主战略、加强招商引资、承接产业转移、利用外资、促进对外贸易等一系列重大政策，累计拨付各类外经贸促进资金11.2亿元，发展开放型经济的政策体系不断完善。如，在对外贸易方面，充分利用中小企业国际市场开

拓资金、外经贸区域协调发展促进资金、出口信用保险、进出口银行贷款、稳定外贸增长发展资金等一系列措施，形成了一套加快出口的长效机制。在招商引资方面，进一步明确了财税、用地、用工等方面给予承接产业转移项目的支持和鼓励措施，并且在优化利用外资结构、促进利用外资方式多样化、深化外商投资管理体制改革、营造良好的投资环境等方面做了大量积极的工作。在对外经济技术合作方面，出台了金融、外汇、出入境等方面的配套措施，初步建立了鼓励企业"走出去"的政策促进体系、服务保障体系和风险控制体系。

（四）河南省建设开放新高地的体制机制不断完善

"十一五"期间，河南省委、省政府坚持把创新工作方法和工作运行机制作为扩大对外开放的重要途径。在工作方法方面，主要是加强政府引导，实施重点推进，提高行政效率。以招商引资工作为例，2008年省委、省政府就提出，要把招商引资作为实施开放带动主战略的重中之重，进一步简化审批程序，规范审批行为，健全一站式服务，全面推行外商投资项目无偿代理制和限时办结制，并把推进大型招商活动与推动区域招商、产业对接、战略合作密切结合。在发展开放型经济的工作运行机制方面，除了在省市县实施开放带动"一把手"工程，实行对外开放工作目标责任制以外，还不断完善对内、对外两种形式的协作联动机制。对内主要是强化省内各部门之间的合作；对外主要是加强对各类合作渠道的培育，逐步完善河南省与沿海发达地区和港、澳、台地区之间的区域合作交流机制，积极推进与国内外大企业、大集团的战略合作，重视与各类投资促进机构、中介机构的合作，加强与产业转出地投资促进机构、中介机构的合作，为承接产业转移、促进项目落地创造先机。

三、打造内陆开放高地的着力点和突破口

（一）承接产业转移，形成产业集聚高地

当前，由于资源禀赋和要素价格等原因，世界发达国家和我国东部地区产业向中西部转移步伐明显加快，并呈现出转移规模越来越大、产业层次越来越高的趋势。对于中原经济区来说，积极主动地承接转移产业，不

仅是加快经济发展、做大经济总量的重要途径，也是优化产业结构、转变发展方式、增强竞争优势的必然选择。结合河南省的区位和资源优势，承接产业转移，就要做到：一是准确定位，选择好承接产业转移的路径。要根据国家产业政策和当地优势，有重点地确定主攻方向，变被动接受为主动承接，着力引进一批关联度高、辐射力大、带动力强的龙头型、基地型大项目，不断完善产业链条，促进上下游企业共同发展。二是发挥比较优势，选择好所要承接的产业。河南省的比较优势在于劳动力成本低、自然资源丰富、交通便利、产业基础好。在选择所要承接的产业，要充分发挥这些比较优势，提高承接产业转移的效率。三是提高承接质量，促进产业结构转型升级。提高质量，促进产业结构转型升级，既要成为承接产业转移的落脚点，也应该是承接产业转移的出发点，必须坚持承接产业转移与产业结构调整、产业升级相结合。四要构建特色产业集聚区，打造一批环境优良的承接载体。要以省180个产业集聚区为依托，引导同类企业向同质的产业集聚区转移，发挥集群协同效应，降低企业发展成本，建设产业特色突出、配套体系完善、发展环境优良、体制机制灵活、带动作用明显的产业集聚区，形成投资带动效应，使这些产业集聚区成为带动当地经济发展的龙头。

（二）加快综合保税区建设，形成开放制度创新高地

综合保税区，是设立在内陆地区具有保税港区功能的海关特殊监管区域，具有口岸、物流、加工三大主要功能，具体包括仓储物流，对外贸易，国际采购、分销和配送，国际中转，售后服务，商品展示，研发、加工、制造，口岸作业等9项功能。2010年10月24日，郑州新郑综合保税区获得国务院正式批准。2011年8月3日，通过国家验收；11月4日正式封关运行。这一速度，在我国综保区建设历史上前所未有，被称为"郑州速度"。郑州新郑综合保税区是经国务院批准的全国第13个综合保税区，也是中部地区唯一的一个综合保税区。为了加快郑州新郑综合保税区建设，必须进行深入的制度创新。一是注重体制创新。实现"保税仓储、出口加工、转口贸易"三大功能的融合、"综合保税区、出口加工区、保税物流区"三大开放平台的贯通。二是注重机制创新。为方便企业及时通关，综保区要实行口岸前移，要建设专门的口岸作业区，货物在综合保税

区内打板、安检、商检和海关报检后，货物可直接装机外运，实现"一次申报、一次查验、一次放行"；提高通关效率，降低通关成本。三是注重模式创新。郑州新郑综合保税区就实现了模式创新，主要体现在发展速度和发展模式两个方面。

（三）提高外资利用质量，形成利用外资高地

目前，来河南省投资的世界 500 强企业、国内 500 强企业分别达到68 家和 128 家，外资在河南省经济发展中的作用明显增强。尽管近年来河南省在外资利用方面取得了较大成就，外资利用的数量不断提高，外资利用的产业领域也不断扩大，但河南省的外资利用也还存在诸如产业结构水平较低、投资的层次结构不高、投资方式相对集中、投资区域分散、政策环境有待进一步优化等问题。为了提高外资利用质量，就要做到：一是优化利用外资的产业结构和层次结构。加大高端制造业、高新技术产业、新能源和节能环保产业、现代农业及物流、商业、旅游、医疗、金融、保险、教育、咨询服务、文化产业等现代服务业和在河南省经济发展符合环保要求的劳动密集型产业的外商投资企业的鼓励力度。二是促进利用外资方式多样化。支持 A 股上市公司引入境内外战略投资者，实现优势互补、强强联合；利用境外资本市场，积极支持符合条件的企业到境外上市；支持符合条件的外商投资企业境内公开发行股票、企业债券和中期票据，拓宽融资渠道；鼓励外资银行到本省设立分支机构和开办业务；鼓励外资参与国有企业改组改造，促进体制和机制创新，完善产权交易机制，为外商以并购、参股等方式投资提供便利、规范的服务和环境。三是营造良好的投资环境。充分利用郑州新郑综合保税区封关运行的契机，营造良好的外商投资氛围，加快海关特殊监管区域发展；同时，创新外商投资企业外汇管理制度，简化外商投资企业外汇资本金结汇手续。

（四）打造服务外包示范城市，形成服务外包高地

服务外包，是指发包企业将原来在内部从事的非核心服务外化为一个投资项目或专业服务公司发包给企业以外的服务提供者去完成的过程，与传统制造业相比，服务外包受时间和空间制约很小，物流、产业配套要求不高。对于承包方来说，不需要处在地理位置优越的沿海地区，只要有便捷的互联网等通信工具就可以从事服务外包活动。服务外包这种业务形

式，为地处内陆的地区直接参与国际分工、利用外资，创造了难得的发展机遇。因此，大力发展服务外包，将有助于包括中原经济区在内的我国中西部地区利用外资，也有利于中原经济区服务外包的发展。为了保持服务外包业务的长期稳定持续增长，河南省今后在发展服务外包方面：一是延长在华跨国公司业务链，发展"全程式"服务外包。二是以承接日韩服务外包为突破口，为避免重蹈印度因市场过于集中而风险较大、增长空间有限的覆辙，在稳步发展日韩服务外包市场的同时，积极开拓欧美服务外包市场，以分散风险，不断扩展市场空间。三是培养复合型服务外包人才，为全程承接服务外包储备人才资源，从一开始就注重培养既能承接"来料加工"业务，又能从事独立开发尤其是嵌入式软件开发业务，既可以从事信息技术服务外包，又能够承接商务流程服务外包的复合型服务外包人才。

四、强力构建内陆开放高地新格局

河南省已经基本具备了打造内陆经济开放高地的基础和条件，但不可否认的是也存在一些制约因素，如产业升级比较缓慢，发展开放型经济的产业支撑不牢固；在争取国家政策支持方面存在较大差距；在土地供应、资金、人力资源保障等方面存在瓶颈制约；在发展区域合作方面进展较慢；开放型经济各个领域的发展也存在严重不平衡，等等。为了构建河南省内陆经济开放高地的新格局，今后要着力在以下方面作出更大的努力：

（一）完善打造内陆开放高地的整体规划和战略部署

要尽快形成完善的规划部署和明确的工作思路，尽快将相关工作纳入省委、省政府和相关部门的工作议程，出台具体的规划部署，在明确工作思路和工作重点等方面积极谋划，达成共识。同时要以充分发挥河南省现有的交通优势、劳动力优势、市场优势和产业优势为基础，尽快形成满足内陆经济开放高地建设需要的政策高地、软环境高地、人才高地、技术高地和现代产业高地。要充分发挥现有对外开放重要通道、载体、平台的作用，进一步构建一批永久性的国际国内交流平台。积极争取国家出台特殊的支持和鼓励措施。如，在承接产业转移方面，应争取国家商务部与河南

省定期举办大型招商活动；在项目用地、资金、税收等方面，争取比照皖江城市带承接产业转移示范区的相关优惠政策，对园区内的企业在税收、GDP核算等方面争取政策支持；在基础设施和优势产业利用外资方面，对外商投资的股比限制争取参照西部大开发的政策执行，对符合产业发展方向、产品技术含量和附加值比较高的外商投资项目争取适当延长经营年限等；在对外贸易方面，争取国家支持战略性新兴产业国际化有关政策向河南省倾斜，争取出口基地公共服务平台建设资金适度向河南省倾斜，争取在进出口产品配额分配、加工贸易政策等方面给予河南省适度的倾斜；在支持企业"走出去"方面，争取国家有关部门加大对外经济技术合作专项资金对河南省境外项目在国内贷款贴息、优惠贷款、境外办展、广告等方面的补助比例，支持河南省到境外设立农业援外示范区，开发境外农业资源等。

（二）找准打造内陆经济开放高地的突破口

提升产业整体层次、加快产业升级、提高产业竞争力，是加快河南省开放型经济发展、打造内陆经济开放高地的一个关键问题。在今后的招商引资工作中，要打破部门、地市、县、区的行政区域阻隔，进一步明确各自的产业发展方向和重点，把招商引资与培育战略支柱产业结合起来，把产业发展规划体现在招商引资、承接产业转移的实践中。一是瞄准境内外标志性企业和标志性客商，认真研究其投资意向，从中捕捉、筛选招商信息，有针对性地选择一批大型跨国公司和国内外知名企业进行重点联系、重点推介，引进一大批战略投资者。二是围绕战略支撑产业特别是高成长性、先导性产业的发展开展产业链招商，高起点承接国内外产业转移，鼓励外来资金投向电子信息、生物、节能环保、新材料、新能源、高端装备制造、新能源汽车等战略性新兴产业，引导外来资本投向就业容量大、技术扩散效应和示范带动效应强、资源消耗低的产业，鼓励外来投资企业设立研发中心、区域总部、营销中心和生产基地，注重引进先进的现代农业种植、养殖、深加工技术，积极承接与制造业配套的服务业的国际转移，把承接产业转移与促进产业优化升级、构建现代产业体系紧密结合起来。三是加大力度引进为跨国公司服务的中介机构、服务企业，并为跨国公司的进入创造良好的产业配套环境。

（三）凝练河南省突出的优势和吸引力

河南省不仅拥有1亿人口的消费市场，而且正处于新型城镇化、新型工业化加速推进阶段，产业结构、消费结构加速升级带来的市场空间都是巨大的。一是创造优良的"软环境"。特别要提高政府部门的服务意识和服务效率，不断创新工作方法和工作机制，在引进项目尤其是在引进跨国公司总部、研发中心和引进人才方面采取有吸引力和感召力的新举措。二是要着力破解土地、资金、人才等"瓶颈"制约。通过盘活土地存量，提高土地利用效率，用足用活现有土地政策多措并举破解土地供应瓶颈，尤其要用好闲置土地和荒废土地，加大农村土地整理的力度，加大闲置工业用地的清理力度，杜绝"圈而不用"、"多占少用"等现象，有针对性地选择项目，争取"戴帽"用地指标。要积极争取国家在产业转移示范园区建设、出口基地建设、战略性新兴产业国际化发展、外贸发展基金等方面对河南省的支持力度，同时积极发挥公共财政的作用，创新融资平台，引导社会资金进入开放型经济发展的各个领域。通过多渠道引进人才，加快培育专业技术人才，培育产学研联合攻关机制等破解人才瓶颈，为河南省打造内陆经济开放高地提供人才保障。三是尽快拉长短板。通过引进一批大型出口型项目和出口加工企业，尽快形成一批产业集中度高、带动能力强的出口产业基地，积极推进郑州、洛阳国家服务外包示范城市建设，通过继续实施科技兴贸、以质取胜战略和机电产品出口推进计划，不断提高各类企业的自主创新能力和核心竞争力，并把产业优势转化为出口优势。重点加强与长三角、珠三角、京津冀、环渤海经济圈、海西和关中—天水等经济区的合作，同时积极拓展各种渠道，全面参与国际区域合作。

第四节　省部合作助推中原崛起

在如何优化资源配置、强化发展基础、提升教育水平方面，河南省着力推进省部共建。通过联手央企，群雄毕至，引入河南省的不光是资金、项目，更有先进技术、先进管理和更高平台，合作共赢成为河南省与央企共谋发展的动力与活力所在。通过省部共建，办学能力不断提升，河南省

要建设高水平大学的目标越来越近了，从人口大省向人力资源强省转变的目标也越来越近了。随着河南省的省部合作、共建等举措频出、效果正在显现。

一、与央企合作共赢成果丰硕

（一）河南省与央企合作有深厚的历史渊源和良好的现实基础

河南省地理位置优越、文化底蕴深厚、资源优势明显，是全国重要的粮食生产加工、能源原材料基地和综合交通枢纽。但同时，作为一个中部发展中大省，在加快崛起的进程中，河南省面临着产业亟待转型升级、科技创新能力不足、资金瓶颈制约明显等突出问题。中央企业作为国民经济的重要支柱，产业层次高、综合实力强、技术优势明显、品牌影响力大，与河南省经济具有很好的互补性。

从历史渊源来看，河南省与央企合作由来已久。"一五"时期，国家156项重点骨干项目中就有7项落户河南省洛阳，正是第一拖拉机制造厂、洛阳轴承厂、洛阳矿山机械厂、洛阳铜加工厂、洛阳耐火材料厂和柴油机厂等当时的这一批"央企"，奠定了河南省现代工业的根基。随着这些国字号项目的建设和发展，逐渐成长起来一批国家骨干企业和地方配套企业，共同融入了促进河南省经济社会发展的大局之中。此后，河南省与央企携手经过了改革开放的加速发展，也共同应对了国企改革的艰难时期，与央企的合作也在不断推进。从现实基础来看，"十一五"时期，央企与河南省的合作一直在不断深化，一拖、洛铜、洛玻、许继、平高等一批重点企业通过与央企战略重组，步入了发展的快车道。进入"十二五"，河南省在着力巩固、拓展与央企合作的同时，下大力气强化与央企的合作载体平台建设，同时，全省各地还纷纷打造特色优势产业集聚区和重点产业集群项目，180个产业集聚区软硬环境持续优化，为与央企合作提供了优良的发展平台与发展基础。如，央企与河南省共同建设郑州中储物流园、郑汴汽车产业集群等；在洛阳共建中国一拖集团有限公司重工产业园，洛阳中硅高科光伏产业园等；新乡市与中航集团合作建设中航产业园、专用车和汽车零配件产业基地等。深厚的历史渊源和良好的现实基础，推动河南省与央企合作的力度不断增强、领域不断拓宽。

（二）河南省与央企合作有难得的历史机遇和良好的政策环境

河南省地处中原，承东启西、连南贯北，区位特殊、交通发达，有丰富的人力资源、农业和粮食资源，要素成本优势明显，内需市场广阔，发展潜力巨大。进入 21 世纪以来，新一轮产业转移速度不断加快。2003 年，开放带动战略上升为河南省经济社会发展的主战略。同时，河南省连续出台了《关于进一步加强招商引资工作的意见》、《关于承接产业转移，加快开放型经济发展的指导意见》等一系列政策措施，高度重视招商引资和承接产业转移工作。此后，加快转变经济发展方式、扩大内需，以及十大产业调整和振兴规划等相关政策措施的连续出台，都为河南省深化与央企的合作奠定了坚实的基础。2010 年，河南省把打造内陆开放高地，努力形成全方位、多层次、宽领域的对外开放格局写入"十二五"规划。2011 年 3 月，中原经济区作为区域经济发展的重要板块被写入国家"十二五"规划，意味着河南省进入了一个新的历史发展时期，为中央企业在河南省的发展提供了重大的历史机遇。2011 年 9 月，《国务院关于支持河南省加快建设中原经济区的指导意见》出台，为河南省进一步扩大开放提供了有利条件。随着中原经济区建设发展全面展开，相关重大政策连续出台，为河南省今后一个时期经济社会又好又快发展奠定基础。河南省的区位、交通、资源、市场和政策优势也进一步凸显，配套设施和综合服务更加完善，给央企进驻河南省提供了前所未有的良好环境。同时，支持中原、支持中部，也充分体现着央企对新时期国家战略发展真正的全力支持。难得的历史机遇，良好的政策环境，为央企与河南省加深合作、推进共赢提供了有力的支撑保障。

（三）河南省与央企合作有共赢的合作局面和丰硕的合作成果

央企规模大、实力强，科技创新水平高，处于行业龙头地位，在国民经济发展中具有十分重要的地位。着力推进与央企的合作不仅有利于河南省扩大对外开放、优化调整经济结构、加快产业转型升级，也有利于中央企业进一步科学配置资源、优化战略布局、扩大市场份额，加快实现央企做强做优的发展目标，进而助推央企加快发展壮大成为具有国际竞争力的世界一流企业，为增强综合实力和竞争力，促进中原崛起河南省振兴发挥

重要作用。河南省积极推动与央企在多领域、多层次、多形式合作，以项目投资、资产重组为主要形式，突出重点产业、重点项目和重点区域，突出引进先进技术、先进管理和优秀人才，促进央企在河南省扩大投资规模，建设区域总部、研发中心、营销中心和生产基地，力求在合作中放大优势，在共赢中寻求竞争先机，全面提升综合实力和竞争力，有力推动了河南省产业发展层次和水平的全面提升。与央企的合作在河南省各地掀起高潮，洛阳、平顶山、许昌、漯河、三门峡、济源、商丘等市也都积极推动各专业园区建设，引进央企入驻，带动了地方经济的发展。2011 年，在豫央企各级企业和研发机构已达 240 余家，涉及装备制造、电子信息、交通、能源、城市基础设施、社会事业等重点领域，资产规模超过 5000 亿元，已成为中原经济区建设的重要支撑①。

2011 年 6 月，河南省与中央企业合作见面会在北京人民大会堂举行。120 家央企和六家金融机构的主要负责同志和河南省委、省政府领导在这次活动上共话双赢之路。在签约仪式上，河南省政府与 11 家中央企业和国家开发银行、中国工商银行等 6 家金融机构签订了战略合作协议，河南省各省辖市、省管企业与中央企业、国内知名企业签订了 25 项合作项目。仅此次活动的签约项目数量就达到 130 项，涉及央企 62 家，涵盖了钢铁、化工、医药、汽车制造、电子信息、城镇建设、新能源、投融资、文化旅游等领域，总投资额 2898 亿元。其中，高新技术、服务业、社会事业、生态环保等领域项目有 95 项，投资额 1948 亿元，占签约项目总投资的67.2%②。这些项目，将对河南省产业产品结构调整和优化升级产生积极影响。此次活动创下近年来双方合作规模、层次、项目数量、金额之最。这场盛会也标志着河南省与央企的合作步入了一个崭新的阶段，更意味着为中原崛起注入了强大动力。据不完全统计，2011 年中央企业共在豫完成投资 972 亿元，一大批投资规模大、科技含量高、带动能力强的合作项目对河南省产业结构调整产生了重大影响。2012 年，河南省继续把谋划和

---

① 罗盘、曲昌荣：《携手央企共发展，建设中原经济区——河南省与央企合作综述》，《人民日报》2011 年 6 月 1 日。

② 《河南省与中央企业签约 130 个合作项目　总投资 2898 亿元》，2011 年 6 月 3 日，见 http://news.xinhuanet.com/fortune/2011-06/03/c_13909831.htm。

新签一批重点合作项目作为与央企合作的重要内容。围绕促进河南省产业结构调整和优化升级，河南省争取尽快与国务院国资委签署关于支持中原经济区建设的合作备忘录，在优化项目结构、提升合作质量的基础上，力争2012年全省与央企合作项目达100项以上，总投资2000亿元以上，推动央企为中原经济区建设发挥作用、贡献力量，实现合作共赢发展。

二、省部共建助推人力资源强省建设

（一）省部共建，助推河南省教育资源瓶颈制约破解

如何实现从人口大省向人力资源大省乃至人力资源强省的跨越是河南省在加快中原崛起河南振兴过程中面临的一个重要挑战。人口多、底子薄是河南省的基本省情，高校少、入学难是河南省教育发展需要解决的主要问题。省部共建这一重要举措，在河南省破解教育资源瓶颈制约、提高高校办学水平等方面都发挥着极其重要的推动作用。

经过国家教育体制改革后，目前全国高等学校主要分为教育部直属高校或其他部委主管高校和省级地方政府管理高校。从高校发展资源来看，通常中央部属高校得到的资源较多、发展较快，而省属高校发展则受到地方财力的影响。河南省地方财力不足，这样的一个人口大省却没有一所中央财政支持的高校，仅郑州大学一所大学进入"211工程"，高等教育经费不足给地方财政带来巨大压力，也给高校发展带来了突出的瓶颈制约。一方面，优秀生源大多进入外省高校，人才流失问题严重；还有更多的学生面临着录取分数高、录取人数少的严峻形势。另一方面，河南省高校数量少、发展慢，提升高等教育水平迫在眉睫。据统计，到"十一五"末，河南省每千万人拥有高等学校数量在中部地区排倒数第一位，每十万人口高等学校在校生数（1774人）和毕业生数（352人）分别比全国平均水平少2280人和60人；高层次人才和专业技术人才短缺，每万人专业技术人才数为140人，低于全国220人的平均水平；小学、初中生均预算内事业费支出分别排全国倒数第一、二位。进入21世纪以来，为了推动高等教育加快发展，河南省大力支持省属高校立足自身特色和发展基础，积极争取相关国家部委的资金和资源支持，加快推动省部共建高校的发展。通过

省部共建高校的发展和带领，推动区域高等教育水平不断提高，逐步扩大教育优质资源的覆盖面，增强对创新人才的培养和吸聚能力，推动区域科技创新、成果转化和创新人才成长，为加快中原崛起河南振兴提供人才支持和智力贡献，推动人口大省向人力资源强省的转变。

（二）省部共建，加快河南省高水平大学建设步伐

为促进高等教育资源合理配置，优化高等教育布局结构，缩小东中西部高等教育的差距，促进高等教育的健康、协调、可持续发展，2004年教育部开始实施了省部共建高校这一重大举措。2004年2月，以河南省人民政府同教育部签署协议为标志，郑州大学成为全国第一所省部共建高校。此后，河南省积极推动省属高校与国家相关部委的合作共建工作，到2011年，河南省已经拥有8所省部共建高校，分别是省政府与教育部共建的郑州大学、河南大学，与水利部共建的华北水利水电学院，与农业部共建的河南农业大学，与国家粮食局共建的河南工业大学，与国家安监总局共建的河南理工大学，与国家烟草专卖局共建的郑州轻工业学院，以及与国家中医药管理局共建的河南中医学院。

河南省的省部共建高校不仅在数量上明显增加，更重要的是加强了国家有关部委对共建高校的扶持和指导，获得了与教育部直属高校的学习和信息交流平台，推动了河南省高校办学能力和办学水平的提升。如郑州大学不仅是河南省唯一的"211工程"重点建设高校，而且作为第一所加入省部共建的高校，郑州大学提出到2020年前后，力争使学校的综合实力进入全国高校前列，把郑州大学建成学科特色明显、优势突出、国内一流、国际知名、具有区域示范作用的研究型、综合性大学。2008年10月，百年学府河南大学成为与教育部共建大学。根据共建协议，教育部将给予河大一定的经费投入和政策支持，还将对河南大学改革、发展、建设等方面给予更多的支持和扶持，加强对河南大学在教学、科研、学科建设、师资队伍建设等方面的指导和支持，将河南大学纳入教育部直属高校整体规划统筹考虑。河南农业大学和农业部开始了省部共建后，在重大科技项目申报、产业技术体系和科研平台建设等方面都得到了农业部的政策倾斜和支持，获得的农业部项目数量、科研经费快速增长，承担了农业部阳光工程培训项目，并被确定为农业部现代农业技术培训基地，河南农大的办学

层次、办学水平都得到了极大提升，正朝着建设全国一流农业大学的目标快速迈进。

（三）省部共建，全面提升河南省职业教育水平

2008 年，河南省委、省政府作出实施职业教育 5 年攻坚计划的重大决策，并明确了发展目标：到 2012 年，全省中等职业教育在校生规模达到 190 万人，占高中阶段教育在校生规模的 50% 以上，高等职业教育在校生规模达到 72 万人，初步建立起与市场需求和劳动就业紧密结合、满足人民群众终身学习需要的现代职业教育体系。为此，河南省提出并落实了多项推进举措，通过创新职业教育发展体制机制和人才培养模式，每个省辖市都重点建设 2—3 所、每个县（市）都重点建设 1 所达到国家重点中等职业学校标准、特色鲜明的中等职业学校或职教中心，自 2008 年起，选择 100 所省级以上重点中等职业学校举办农民工特别是返乡农民工夜校、星期日学校等，面向广大农村青少年、农民、进城务工人员开展免费的职业技术培训，积极探索农村职业教育发展的新路子。围绕产业结构调整和承接产业转移需要，以培养高素质产业技能人才为重点，大力发展职业教育，积极推进国家职业教育改革试验区工作。积极探索建立多元化的职业教育办学体制，大力发展民办职业教育，扩大对外合作与交流，选派100 名青年骨干教师分期分批到职业教育发达国家进修，努力构建职业教育办学新格局。2008 年至 2012 年，全省重点建设 100 所省级示范性中等职业学校、11 所示范性高等职业院校，勇于先行先试，为全国职业教育特别是中部地区职业教育又好又快发展提供经验和借鉴模式[①]。

（四）省部共建，加速推进全民技能振兴工程

2009 年，河南省政府与人力资源和社会保障部签署了全国第一个技能振兴省部共建协议——《共同推进河南省全民技能振兴工程备忘录》，确定了未来 3 年至 5 年通过省部共建模式，推动在全面提升劳动者职业能力和加速技能人才培养方面实现新突破。2010 年，河南省政府以"一号

[①] 《河南省人民政府　中华人民共和国教育部关于印发共建国家职业教育改革试验区实施方案的通知》（豫政［2009］37 号），2009 年 6 月 11 日，见 http://www.henan.gov.cn/zwgk/system/2009/06/11/010139878.shtml。

文件"的形式将各项任务一一细化，分别划定给省教育厅、省发改委、省财政厅、省人力资源和社会保障厅等 12 个相关部门具体承担。同时，在 2010 年制定实施的《推进河南省全民技能振兴工程实施方案》中明确了具体的目标任务：到 2013 年，完成农村劳动力转移就业技能培训 1000 万人次、企业在岗职工岗位技能提升培训 200 万人次、失业人员转岗职业技能培训 150 万人次，新培养技师、高级技师 10 万人，基本建立适应各类劳动者职业生涯不同阶段需求的职业技能培训制度，初、中、高级技能人才结构比例力争达到 30∶45∶25。各部门齐抓共管、协同作战，全民技能振兴工程在加快推进同时也取得了丰硕成果。2011 年，河南省技工院校共争取国家示范性中职学校项目、国家中职基础能力建设项目、实训基地建设项目和河南省省职教攻坚项目 42 个，中央和省财政累计投入项目资金 2.5 亿元。与 2008 年相比，全省技工院校建筑面积增加 50.32 万平方米，增长 11.2%；仪器设备总值增加 5.58 亿元，增长 34.8%。

三、长效对接联系机制不断健全

积极建立健全长效对接联系机制，是河南省不断强化并推进省部合作的关键举措。一是坚持强化组织领导。为加强与央企合作的组织领导，省委、省政府主要领导亲自抓，各省辖市也分别召开动员会、推进会，层层动员部署，形成了上下联动的工作格局。2011 年，河南省专门成立了以分管副省长任召集人、省直有关厅局和中央驻豫机构负责同志任成员的省与央企合作联席会议。全国两会期间，河南省政府领导专程拜访国务院国资委有关领导，就河南省与中央企业合作工作进一步交换了意见，得到了国务院国资委的大力支持。省主要领导研究布置和细化落实相关具体工作，并亲自带领有关部门负责人，专程上门拜访多家央企，为开展好与央企合作活动打下了良好基础。二是坚持强化策划对接。河南省突出重点产业、重点项目和重点区域，积极谋划推进一批重大项目与央企或国家部委合作对接。如，河南省以项目投资、资产重组为主要形式加强与央企合作，促进央企在河南省扩大投资规模，建设区域总部、研发中心、营销中心和生产基地，助推河南省产业结构调整和优化升级。河南省在实施面向全体劳动者的职业培训制度、推进全民技能振兴工程过程中，提出了建设"五大工程"、"六大示范基地"和"一个高技能人才研修平台"等一系列工程项目，为争取省部共建的政策、项目、资金支持构筑了良好平台。三是坚持强化沟通洽谈。着力完善沟通平台和渠道，通过专题对接会、合作恳谈会等多种方式，努力打造更富效率的互动交流平台；建立健全联席会议制度，通过设立专门机构，促进解决合作共建中出现的各种问题，提高工作效能；加强跟踪协调服务，按照"在谈项目抓签约、签约项目抓开工、在建项目抓投产、投产项目抓服务"的思路，对每个项目实施全过程完善跟踪服务。通过建立健全长效对接联系机制，不断提升省部合作水平，深化合作内涵，扩大合作成果。

第五节　大力引进境外和省外投资

河南省着力加大招商引资力度，扩大利用外资的规模，拓宽投资领域和引资渠道，优化投资环境，提高利用外资的质量和水平，境外省外引资增速都在不断加快，有力地推动了经济结构的战略性调整和经济发展方式的转变，成为推动中原崛起河南振兴的重要力量。

一、利用外资规模迅速扩大

河南省充分发挥区位、资源、市场、劳动力等优势条件，大力实施开放带动战略，利用外资规模不断扩大。尤其是进入 21 世纪以来，大开放、大招商深入推进、举措频出，推动境外资金和省外资金双双大幅增长，有力地支持了重大项目的建设，为河南省破解"钱从哪里来"的瓶颈制约、实现又好又快发展提供了有效支撑。

（一）实际利用外资额加速增长

改革开放之初，河南省不仅是中部农业大省、工业小省和财政穷省，同时也是对外开放的洼地。1985 年，全省的外商和港澳台商直接投资额仅为 570 万美元，还不足同期全国外商直接投资额 59.32 亿美元的

1/1000, 外资在经济发展中的拉动作用也极其薄弱。经过了"七五"和"八五"十年的恢复性发展, 河南省着力扩大对外开放的思路不断明晰、措施不断完善、步伐不断加快。1995 年, 全省实际利用外资额已经达到4.7981 亿美元, 是 1985 年利用外资额的 85 倍。此后, 从 1995 年到 2005年, 河南省利用外资工作进入了一个较快发展阶段。随着"九五"和"十五"期间开放带动成为省策, 同时坚持把引进外资作为扩大对外开放的突破口, 相应地出台了一系列的政策和措施, 多渠道、多形式引进外资助推经济发展。2005 年, 河南省当年实际利用外资额首次突破了 10 亿美元, 达到了 12.296 亿美元, 超过了从 1985 年到 1994 年十年间利用外资的总和。"十一五"时期, 河南省利用外资总量呈直线加速上升态势, 增速屡创新高。2006 年, 河南省实际利用外资额达到 18.5 亿美元, 比上一年净增 6亿美元, 增长 50.1%。2007 年, 全省新批外商投资企业超过了 500 家, 合同利用外资超过 48 亿美元, 增长 43.6%, 实际利用外资额进一步突破了 30 亿美元, 增长 65.9%。仅仅一年后, 2008 年, 河南省实际利用外资又突破了 40 亿美元, 增长 31.7%, 完成年目标的 104%, 创历史新高。进入 2009 年, 国际金融危机来袭后, 全国各地对外开放基本都进入低谷, 相关指标出现减少、降低, 甚至是负增长都屡见报道。河南省接连出台了一系列重大举措抗危机、保增长, 并把开放招商作为应对复杂经济形势的"八策"之首, 利用外资额连续保持了逆势增长。2011 年, 全省实际利用外资额突破了 100 亿美元大关, 增长 60% 以上, 居中部地区首位, 两年实现翻番, 成为历年来引资总额最大、引资质量最高、成效最为显著的一年, 河南省大力引进外资工作取得了丰硕的成果, 对中原崛起河南振兴的支撑推动作用大为增强, 进入前所未有的高速发展阶段。

(二) 大力引进省外资金成效突出

进入新世纪, 河南省对外开放的视角从境外为主转向了包括省外、域外的全面开放, "省外即外"意识的建立加快推动了河南省扩大开放步伐。2003 年, 河南省开始大规模组织引进省外资金工作, 并在全省建立了规范的统计系统和网络, 对引资成果及时进行汇总评价。"十五"期间, 河南省在上海、广东、浙江成功举办了 4 次大型经济技术合作项目洽谈会。2005 年, 河南省引进省外资金历史性地突破了 500 亿元大关。"十一五"

期间，河南省把长三角、珠三角等沿海发达地区作为省外资金招商重点，并大力联络沪商、浙商、粤商、闽商来豫投资，五年间河南省累计利用省外资金项目 2.14 万个，实际到位省外资金 9276.7 亿元，年均增长 39.9%，是"十五"期间实际利用省外资金规模的 6 倍多。2006 年，河南省实际利用省外资金又比 2005 年翻了一番，突破了千亿元大关，并形成了以沿海地区和北京等地为引进省外资金主要投资来源地的引资格局。2008 年，全省实际到位省外资金达到 1850 亿元，增长 21.5%，超额完成全年目标。2011 年，河南省引进省外资金历史性地突破了 4000 亿元，增长 46%，仅用了两年的时间就接近翻番。省外引资的大幅增长，有力地加快了河南省推动产业结构调整、推动中原经济区建设发展的步伐，成为河南省利用外资的重要组成部分。

（三）利用外资占全国比重快速增加

河南省作为内陆大省，人口占全国人口近 1/10，工业总产值也位居全国前列，可是对外开放水平却明显偏低。即使经过了 20 世纪 90 年代的快速增长，到了 2000 年，河南省利用外资额仍仅占全国利用外资额的不到 1/100。此后，随着河南省全面开放、举省开放和开放带动主战略的深入实施，招商引资、项目带动等举措持续发力，投资环境不断优化，引进外资开始高速增长，从内陆开放弱省转向建设内陆开放高地的成效不断显现，河南省引进外资额占全国引进外资额的比重也快速上升。2003 年突破 1% 后，河南省利用外资占全国比重又连续增长到 2010 年的 5.74%，开放型经济取得了较快发展，内陆开放洼地正在向建设内陆开放高地的目标加快迈进。

二、利用外资结构不断优化

随着河南省引进外资额的不断增加，外资投入的领域在不断扩大，外资来源地也从港澳台为主拓展到欧美等多个国家，利用外资的方式逐渐转变，利用外资的结构性特征表现为由一元为主向多元化发展转变。

（一）外资投入领域由工业向多行业拓展

外资进入河南省的早期阶段，主要集中在以工业为主的第二产业，

对第一产业和第三产业的投资额都极少。1991 年，外商直接投资中，工业就占了 98.9%，第一产业只有 0.4%。到 2002 年，工业依然是吸引外资的主要行业，占比依然高达 83.3%；投入农业的外资额稍有上升，只占了实际利用外资额的 1.5%；服务业开始受到外资青睐，所占比重增加到了 15.2%。2003 年，河南省委、省政府颁布了《关于加快发展开放型经济的若干意见》，明确提出，要将利用外资作为发展开放型经济的重中之重，要求各市地坚决打破地区、部门、所有制和行业垄断，除国家明令禁止的领域外，其他领域一律向境内外客商开放；扩大服务业对外开放，力争在商业、外贸、物流、旅游、金融、保险、信息、咨询、教育和卫生等领域有所突破。开放的力度不断增加，外资进入的行业领域也不断拓展。2005 年，河南省三次产业实际利用外资额集中表现为工业扩规模、服务业扩比重，其中，第三产业利用外资额所占比重升至 23.7%，第二产业实际利用外资额占比有所下降，为 74.5%，但总额已经突破了 9 亿美元。2010 年，第二产业依然是外商投资的重点领域，其中，制造业引进外资最多，达到 32.8 亿美元；第三产业吸引外资额占总利用外资额的 23.1%，占比没有明显提升，但是涉及的行业已经从房地产业为主向商务服务业、批发零售业、科技服务和地质勘查业、水利环境和公共设施管理业、交通运输、仓储邮政业等多个行业领域发展，服务业扩大开放取得了明显进展。

（二）外资来源地呈现多元化格局

从河南省的外商投资资金来源地来看，以香港为主的亚洲一直是外资来源最为集中的地区，来自欧美等地区的外资近年来开始快速增长，涉及的国家也在不断增多。1991 年，河南省实际利用外资中，港澳台资金所占比重最高，达到了 86.1%。2000 年，来自香港地区的实际利用外资额所占比重依然高达 69.8%，其次是新加坡和美国。2002 年，香港、美国和台湾地区占据了实际投资额前三位，分别达到了 2.1572 亿美元、6407 万美元和 3088 万美元。2010 年，随着河南省全面开放步伐不断加快，来自其他国家和地区的外商直接投资不断增多，除了香港、台湾、美国这三大投资来源地以外，新加坡、加拿大、德国和英国等的投资也分别达到了 9112 万美元、6673 万美元、5678 万美元和 5650 万美元，河南省利用外资的来源地已经呈现出多元化格局。

（三）外商投资方式逐步转变

20 世纪 80 年代，河南省作为中部不发达省份，各种基础设施相对落后，引资的制度措施都不健全，投资环境相对较差，外商投资总额较少，而且是以风险相对较小的合资经营为主。1985 年，河南省利用外资额中还没有独资经营的，合作经营也只占了 4.2%。1993 年，河南省利用外资额取得了突破性增长，其中合资经营投资额最多，达到 2.7338 亿美元，是1992 年的 2.8 倍；独资经营投资额增长最快，达到 5190 万美元，是 1992年的 7.2 倍；合作经营投资额也达到了 1992 年的 5.2 倍。到 2000 年，合资经营依然是外商投资的主要方式，占实际利用外资额的 50.5%；其次是合作经营投资额，占实际利用外资额的 11.6%；占比最少的依然是独资经营。进入 21 世纪后，随着河南省经济社会发展速度不断加快，发展活力不断增强，综合实力和竞争力不断提升，投资环境不断优化，来豫投资的外商迅速增多，投资方式也从以合资为主转向了合资、独资并行的多元化投资方式。合作经营保持了平缓增长，而独资经营则增速不断加快，并在 2004年首次取代了合资经营成为了外商投资的主要方式。到 2010 年，河南省引进外商投资中，独资经营占比最高，达到 58.7%；其次是合资经营，占30.6%；合作经营占比最少，为 9.4%，外商投资方式的转变也从一个角度体现着河南省在引进外资的政策、法律以及投资环境等方面的变迁。

三、投资环境持续完善

随着近年来扩大开放成为重要发展战略，全国各地都在以更大的措施力度加强招商引资，比环境、抢客商、争项目，形成了一种赶超和竞争的逼人态势。面对激烈的竞争，全省上下增强"等不起"的紧迫感、"慢不得"的危机感、"坐不住"的责任感，不断改善投资硬环境和软环境，赢得了投资商的信赖，成为开放引资的热土。

（一）环境不断优化，承载能力不断提升

近年来，河南省投资环境持续改善。在硬环境建设方面，不仅着力加快交通、能源、通信、城市供热、供水、供气和污水处理等基础设施的投

资建设，充分发挥区位、交通、劳动力和资源方面的优势条件。同时，还下大力气加强开发区、城市新区、产业集聚区、产业园区开放平台建设，在全省180个产业集聚区迅速成长起来的同时，确定的50个特色招商产业园承载承接能力不断提升。2011年11月，中部首个综合保税区——郑州新郑综合保税区正式封关运行；2012年，以郑州机场为核心的"郑州航空经济综合实验区"开始崛起，由综合保税区、出口加工区、航空港区构成的对外开放前沿阵地和窗口，将中原地区的对外开放程度提升到了内陆最前沿。

（二）下放签字权限，简化审批手续

2003年，河南省在全国率先下放外资审批权，明确规定了总投资3000万美元（含3000万）以下的外商投资企业，由各省辖市、国家级开发区进行工商登记；总投资1000万美元（含1000万）以下的外商投资企业，委托省级开发区和各县（市、区）进行工商登记。同时，河南省着力完善推进机制，创新服务方式，全面推广了外来投资项目无偿代理、联审联批等"一站式服务"，强化对外开放"一把手"工程，并在全国率先取消外商的可行性研究报告，合同章程实行备案制，还在全国首先推行了无偿代理制。简政放权给外来投资者带来了极大便利，也有力地促进了河南省提高利用外资的质量和水平。

（三）完善奖励措施，建立协调制度

为了进一步鼓励外商投资、引进先进技术，促进全省经济发展，河南省对1987年发布的《外商投资条例》进行认真修改并重新颁布《河南省鼓励外商投资条例》，规定了凡外商来本省投资的，均依相关国家法律、法规、政策和本条例规定给予相应的优惠待遇；其合法权益受法律保护。1998年，河南省第二次对外开放工作会议讨论了《河南省鼓励外商投资优惠政策》、《河南省关于鼓励扩大出口、对外经济技术合作的若干政策》等文件，进一步完善了扩大开放的奖励措施。2008年，河南省建立了重大项目联席协调机制，重点推进3000万美元以上外资、5亿元以上内资重大项目落地，合同履约率、资金到位率、项目成功率都随之不断提高。尤其是随着"三具两基一抓手"、"两转两提"以及"企业服务年"等一系列活动的深入开展，服务意识更加牢固，服务态度更加端正，行政行为更加规范，河南省的投资环境已经发生了根本性变化。

（四）提高全社会开放意识，举省开放促崛起

在河南省，"人人都是投资环境"的理念增强了全社会对招商引资工作的理解和支持，举省开放为河南省建设内陆开放高地，加快形成全方位、多层次、宽领域的对外开放格局奠定了坚实基础，全省上下抓招商、谋发展氛围之浓前所未有，形成了亲商、爱商、安商、富商的优良环境。正是在这一背景下，2010年，富士康仅用了一个月的时间就入驻郑州科技园，创造了"河南速度"。全省上下形成合力，更加积极主动地扩大开放，为外资营造了更便利更完善的发展环境。

四、引资模式不断创新

一是在招商理念上，全省上下围绕重点推动的高成长性产业、传统优势产业、战略新兴产业和现代服务业，做好项目的策划和选择工作，促进由招商引资向选商择资的转变。二是在招商方式上，河南省不断摸索、不断创新、不断完善，采取了驻地招商、区域招商、委托招商、对口招商、中介招商、网上招商、联谊招商、会展招商、顾问招商和小分队招商等多种形式，建立了与国际接轨的招商机制，搭建了招商引资的新平台。三是在工作方法上，河南省将"请进来"与"走出去"协同推进，一方面制订详细的工作计划，邀请世界500强企业到河南考察洽谈，另一方面组织精干招商小分队，分行业登门拜访跨国公司全球总部、亚太地区总部和中国区总部，重点联系、重点推介、重点跟踪。同时，在《2011年河南省对外开放和大招商工作专项方案》中明确提出要继续在全省推广"五个三"招商工作法，即招商方式坚持"三突出"：突出"请进来"招商，突出产业集聚区招商，突出专业对口小分队招商；招商主体坚持"三为主"：招商谈判以企业为主，联络渠道以民间和商（协）会为主，引导服务以省辖市、县（市、区）为主；境外招商坚持"三为先"：境外招商亚洲为先，亚洲招商港台为先，各类客商华商为先；对内招商坚持"三重点"：加快承接产业转移，加强与央企合作，搞好技术和人才引进；工作推进坚持省、市、县三级抓，充分发挥省辖市、县（市、区）积极性。

不仅如此，为了提高招商引资的科学性、可行性，省市领导专门问计

专家，吸取专家在招商引资的企业、项目、布局、策略等方面的意见建议，推进科学招商。为了提高招商引资的实效性，省市领导亲自带队"南下北上"，并且从 2010 年开始，各省辖市每年都要举办一次以省政府名义组织的招商引资活动。为了提高招商引资的知名度和影响力，河南省已经连续举办了 7 届国际投资贸易洽谈会，一届比一届效果好，一届比一届影响大，已成为树立河南省对外开放形象的第一品牌。同时，河南省还把以商招商作为增强招商引资动力活力的重要举措，由"一张照片"引发"书记后排站、临颍怎么办"的思考，到全省上下对招商引资的发展理念、领导方式、工作作风、服务水平等发生一系列变化。以农业大县临颍县为例，一大批中小闽商企业在临颍迅速完成了原始积累，并纷纷追加投资，同时义务当起了临颍的宣传员和"招商大使"，介绍了更多的关联企业和朋友来此投资。2010 年到 2012 年，从"闽商扎堆投资临颍现象"到"百名闽商进南阳"，从中折射出的不仅是河南省在招商引资基础环境上的改善，更有河南省在招商引资的思路、模式一直到工作方法、工作理念上的不同提升和完善。

第六节　开放招商成就斐然

随着河南省开放带动主战略的深入实施，在全面开放、扩大开放上突破了一个又一个难关，实现了一次又一次跨越。河南省坚持不懈地把开放招商作为全局性战略举措来抓，着力打造内陆开放高地，努力以对外开放新突破带动经济社会大发展。大开放，大招商，成果越来越丰硕，成效越来越显著，对保持河南省经济社会发展好的趋势、好的态势、好的气势发挥了举足轻重的作用。

一、项目带动取得突破性进展

（一）项目引进硕果累累

一轮轮扩大开放招商引资的热潮在全省各地兴起，从粤、闽、台到京、津、沪，大开放、大招商带来了大项目、大发展，河南省已经成为各地客商的投资热土，众多项目纷至沓来。仅 2007 年至 2009 年，闽商在豫投资项目就达 564 个，总投资 834 亿元。2011 年，河南省先后举办了豫京津经济技术合作洽谈会、豫沪经济合作交流会、河南省—港澳经贸交流活动、中国（河南省）—东盟合作交流洽谈会、中原经济区合作之旅—走进台湾活动、河南省 2011 年与中央企业合作重点项目推介签约仪式及河南省承接产业和技术转移合作交流洽谈会等重大招商活动。其中，豫京津经济合作项目洽谈会有 115 个项目成功签约，总投资额 567.5 亿元；豫沪经济合作交流会共签约项目 130 个，投资总额 752 亿元；河南省—香港经贸交流活动共签约项目 189 个，投资总额 246.2 亿美元，折合人民币 1600 亿元，签约项目数量和金额均创河南省境外招商活动之最；中国（河南省）—东盟合作交流洽谈会签约项目 127 个，合同总额 52 亿美元；河南省 2011 年与中央企业合作重点项目推介会共签订 130 个合作项目，涉及医药、汽车制造、电子信息、新能源、投融资等多个领域，总投资 2898 亿元；河南省承接产业与技术转移合作交流洽谈会 327 个项目签约，投资总额 3018 亿元人民币。

（二）载体建设加速推进

全省 180 个产业集聚区作为产业转型升级突破口、招商引资主平台、县域经济增长极的作用不断增强，随着各产业集聚区承接能力不断提升、招商环境不断优化，已经成长成为河南省引进项目的开放高地。仅 2012 年第一季度，全省产业集聚区共引进省外资金项目 494 个，实际到位省外资金 650 亿元，占全省利用省外资金的 50%。一些产业集聚区充分发挥项目带动作用，实现了跨越式发展。如，郑州航空港区在富士康项目的带动下，仅 2012 年第一季度就实现了工业总产值 272.2 亿元，规模以上工业增加值同比增长高达 1968%。

（三）世界 500 强企业进军河南省

世界 500 强企业大多数是当今全球相关领域的顶尖级企业，其所投资的企业和项目往往是立足全球市场，投资额相对较大，技术和管理先进，产品附加值高，关联度强，聚集效应大，带动能力明显。截至 2012 年 3 月，已有 100 户世界 500 强企业在豫投资，其中，境外世界 500 强企业 72 户，境内央企 28 户（不包括已进入世界 500 强的中国工商银行、中

国建设银行、中国农业银行、中国银行、中国人民保险公司、中国平安保险公司、中国邮政集团公司、交通银行、中国太平洋保险（集团）股份有限公司等9户银行和保险公司在豫机构），共投资项目161个，投资总额2040.58亿元。其中，72户境外世界500强企业投资项目85个，投资总额526.64亿元，实际利用外资76.69亿美元，平均单个项目投资额为6.2亿元；28户境内央企投资项目76个，投资总额1513.94亿元，平均单个项目投资额19.92亿元。世界500强企业进驻河南省，带来的不仅是项目、资金，更重要的是带来了先进技术、现代管理模式，还能产生"雁阵"效应，吸引大批后续配套企业和项目入驻，在河南省产业结构调整和优化升级中发挥了极为重要的推动、引导作用。

（四）项目带动成效显著

随着河南省项目建设成果不断涌现，重点项目持续展现出显著的引领作用、带动作用、突破作用、示范作用、支撑作用和统筹作用。2010年9月，富士康科技园项目奠基，2011年仅由富士康项目带来的出口额就可以达到400亿人民币，破解河南省外贸发展短板问题取得了突破性进展。项目带动在河南省加快转方式、调结构中也发挥了强力支撑作用。奇瑞汽车河南省生产基地项目建成投产后，规划产能38万辆，带动了大批汽车零部件配套企业的发展，提升了河南省汽车装备制造业发展层次和水平。格力电器郑州产业园项目已引进企业22家，投资30亿元，项目达成后，年产值将超过200亿元，成为国内最大的空调生产基地，有力推动了河南省产业集群集聚发展，产业链条的拓展完善更是显著增强了产业综合实力。2010年8月，省委、省政府主要领导亲自参加了港澳深地区闽籍企业家访豫活动，签约的合作项目有341个，合同金额1462亿元人民币，对于发展壮大河南省电子信息、装备制造、食品加工、汽车工业、纺织服装、新型建材等产业，推进河南省产业结构调整，提升河南省综合竞争力具有重要的促进作用。

二、对外贸易"井喷式"发展

1965年，河南省进出口总值仅达到2千万美元，占当年全国进出口总值的 0.47%。到 1978 年，河南省进出口总值刚刚突破 1 亿美元。改革开放给河南省对外贸易建立了一个广阔的平台，随着对外开放，对内搞活，河南省的外贸进出口增长速度不断加快。改革开放 30 多年来，河南省对外贸易大致可以分为三个阶段。其中，20 世纪 80 年代是稳步增长阶段。到 1989 年，河南省进出口总额达到 9.8539 亿美元，是 1978 年的 8.32 倍。第二个阶段是 20 世纪 90 年代，1991 年河南省第一次对外开放工作会议召开，随着"五破五树"和"优化环境、外引内联、四面辐射、梯次发展"等对外开放思想的提出和不断完善，标志着河南省对外贸易进入了一个加速发展阶段。20 世纪最后 10 年，河南省进出口总值从 1990 年的 10 亿美元，增长到 2000 年的 22 亿美元，翻了一番还多。第三个阶段是 21 世纪头十年，以 2001 年中国加入世贸组织为标志，河南省外贸进出口进入了一个跨越式发展阶段。2001 年，河南省进出口总值只有 27.9 亿美元。2011 年，河南省进出口总值已经突破了 300 亿美元，增长了 10 倍之多，年均增长 26.8%。2001 年到 2011 年，除了 2009 年金融危机影响下河南省进出口总值增速出现下滑，其他各年河南省对外贸易不仅直线上升，而且增速持续加快。2010 年，河南省进出口总值增速为 32%，略低于全国平均水平。2011 年，由于欧债危机的持续蔓延和国际市场需求大幅萎缩，全球经济形势一片低迷，全球贸易普遍下滑，受此影响，2011 年，中国进出口总额同比增长 22.5%，增幅较上年回落 12.3 个百分点。然而同期河南省对外贸易则逆势增长且屡创新高，2011 年，河南省进出口总值增速达到了 83.1%，并且在 9—12 月连续 4 个月当月增速超过 100%，已经呈现出"井喷式"发展态势。

从 1990 年以来河南省出口总值和进口总值发展变化的情况来看，河南省贸易顺差额除了 2009 年出现明显下滑外，其余各年大多保持了稳定增长。1991 年，河南省出口总值首次突破 10 亿美元，同期河南省进口总值为 1.7 亿美元，当年贸易顺差 8.7 亿美元，比上年增长 19.3%。到 2002 年，河南省出口总值和贸易顺差分别首次突破了 20 亿美元和 10 亿美元，分别比上一年增长了 23.5% 和 62%。此后，河南省出口增长速度不断加快，一年一个跨越，从 2004 年到 2006 年，3 年间出口总值分别突破了 40 亿美元、50 亿美元和 60 亿美元。到 2008 年，河南省出口总值已经突破

了 100 亿美元，比上一年增长了 27.7%。2009 年，受国际金融危机冲击影响，河南省外贸进出口也明显下滑，其中出口总值 73.46 亿美元，下降 31.5%，降幅明显；进口总值 60.92 亿美元，下降 9.9%，但下滑速度要低于同期全国平均水平。针对对外贸易面临的发展困境，河南省积极优化环境、构筑载体，把着力推动大开放、大招商作为应对危机的关键举措，取得了显著的成效。2010 年，河南省出口总值达到了 105.34 亿美元，增速达到 43.4%；进口总值首次超过了 70 亿美元，增速为 18.4%。

三、出口结构持续优化

（一）出口商品结构不断优化

1991 年，在河南省出口产品中，仅工矿产品就超过了 60%。进入 21 世纪以来，河南省着力提高出口产品档次、附加值和竞争力，严格控制"两高一资"产品出口。到 2004 年，在河南省的出口产品中，机电产品比上年增长了 36.6%。2006 年，河南省出口结构进一步优化，机电产品和高新技术产品出口分别增长 45.8% 和 23.3%；而国家限制的未锻轧的非合金铝、钼矿砂、人造刚玉等"两高一资"类产品出口开始大幅下降。2009 年，国家提高了部分技术含量和附加值高的机电产品、纺织品、服装、毛皮衣服、铝型材、铜板带材、果汁、毛发制品、部分钢铁制品、酒精等产品的出口退税率。但是，由于受到 2008 年国际金融危机的冲击影响，河南省出口总额在 2009 年出现了负增长，但由于河南省积极实施了机电产品推进计划和科技兴贸战略，2009 年机电产品、高新技术产品、农产品出口占全省出口总额的比重较 2008 年分别提高 1.6、4.1、2.7 个百分点。2010 年，河南省出口商品结构进一步优化，出口额超过 1 亿美元的商品达到 15 种，其中，机电产品出口 25.77 亿美元，占全省出口值的 24.5%，比 2005 年提高了 6.2 个百分点；高新技术产品出口 6.14 亿美元，占全省出口比重为 5.8%，比 2005 年提高了 4.1 个百分点。

（二）出口贸易市场不断拓展

1991 年，河南省出口额超过 1 亿美元的国家或地区仅有 2 个；经过 10 年发展，到 2001 年，出口额超过 1 亿美元的国家或地区还只有美国、香港和日本 3 个；此后，随着河南省外贸进出口进入加速发展阶段，出口贸易市场也迅速扩大，到 2005 年，出口额超过 1 亿美元的国家或地区已经有 9 个；到 2010 年，出口额超过 1 亿美元的国家或地区已经达到 16 个，其中出口美国的总额最高，已经达到 16.4 亿美元。总体上看，一直以来，亚洲市场是河南省出口贸易的主要市场，对韩国、日本等国的出口额不断增长。进入 21 世纪后，在市场多元化战略下，河南省在继续巩固和发展亚洲传统市场的同时，大力开拓欧洲、北美洲和拉丁美洲等新兴市场，并着力形成从周边国家到远洋贸易、从发达国家到发展中国家的多支撑、多中心、多元化的市场结构，进而不断降低对某些区域、某些类型国家的市场依存度，不断培育新的出口贸易增长点，降低或化解外贸风险，以保持对外贸易的持续、健康、稳定发展。2005 年，河南省向亚洲、欧洲、北美洲、非洲、拉丁美洲和大洋洲的出口总额分别为 27.5144 亿美元、8.6418 亿美元、8.5818 亿美元、3.2770 亿美元、2.3354 亿美元和 6590 万美元。到 2010 年，出口上述各大洲的总额已经分别达到了 45.6877 亿美元、21.4557 亿美元、18.2244 亿美元、10.2216 亿美元、7.4571 亿美元和 2.2982 亿美元，比 2005 年分别增长了 1.66 倍、2.48 倍、2.12 倍、3.12 倍、3.19 倍和 3.49 倍。由此不难看出，不仅美国、韩国、日本、欧盟等传统出口市场得到进一步开发，而且在非洲、拉丁美洲和大洋洲的出口市场也在加速扩张，河南省着力优化出口市场结构已经取得了明显成效。

四、"走出去"战略成效显著

着力"引进来"的同时加快"走出去"，是河南省扩大开放战略的重要组成部分，也是河南省立足发展基础和优势条件，更好地利用国际国内两个市场、两种资源，在更大范围、更广领域、更高层次参与国际经济技术合作与竞争，更好地吸收利用境外资金、技术、管理经验和智力资源，进而统筹解决能源、资源"瓶颈"制约难题，增强产业和企业的国际竞争力，强化对外经济技术合作和交流，促进经济持续快速发展。

对外投资规模不断增加。尤其是 2006 年以来，河南省对外投资更是出现了加速增长。1991 年，河南省对外国和港澳台地区实际投资额仅为

26.50 万美元，年末已建成投产（开业）企业数为 40 个。到 2000 年，河南省对外国和港澳台地区新签协议投资额已经达到 1118 万美元，年末建成投产企业数已经达到 117 个，尤其是实际投资额已经达到 350 万美元，是 1991 年的 13.21 倍。2005 年，河南省对外投资已经取得了突破性进展，对外国和港澳台地区新签协议投资额、实际投资额和年末建成投产企业数分别达到了 2000 年的 3.12 倍、22.29 倍和 1.34 倍。21 世纪头 10 年，河南省对外投资不断增加，无论是投资额还是企业个数都得到了迅速增长，各项统计数据不断刷新纪录。2010 年，河南省对外国和港澳台地区新签协议投资额、实际投资额和年末建成投产企业数分别达到了 5.3132 亿美元、1.5618 亿美元和 288 个，与 2000 年相比，三个指标分别增长了 47.52 倍、44.62 倍和 2.46 倍，取得了突出的成就。

对外承包工程和劳务合作快速增长。1991 年，河南省对外承包工程和劳务合作签订合同金额仅为 0.32 亿美元。到 1996 年，河南省签订合同金额突破了 1 亿美元；2000 年，河南省对外承包工程和劳务合作营业额突破了 1 亿美元。2000 年，河南省签订合同金额、营业额和派出人员分别达到了 2.24 亿美元、1.09 亿美元和 8562 人次，比 1990 年分别增长 9.1 倍、4.51 倍和 10.52 倍。2010 年，河南省签订合同金额、营业额和派出人员又一次取得了突破性进展，分别达到了 25.3 亿美元、23.2 亿美元和 3.2 万人次，分别是 2000 年的 11.25 倍、21.37 倍和 3.78 倍。2011 年，河南省对外承包工程和劳务合作营业额达到近 30 亿美元，增长超过 40%，居全国第 8 位；全省外派劳务超过了 6 万人次，增长近 20%，居全国第 3 位。

第七节 经验与启示

大开放是河南省加快经济发展最快捷的一个途径、最有效的一种手段。大开放，需要大手笔、大气魄、大思路、大视野，这就要求克服狭隘的内陆开放发展思想，确立开明的开放发展新理念。要善于创新思维顺潮流，抢抓机遇不懈怠；要争创开放新优势，务实开放创新绩；要突破障碍谋发展，实现后来居上勇超越。

一、推动新跨越，关键是克服封闭狭隘的旧观念

1990 年以来，虽然河南省进出口总额绝对量快速增长，但在全国所占比例仍然偏小。与发达地区的差距，要求河南省必须在新的起点上实现更新、更高水平的大开放。为此，必须完成思想观念的新转变，实现开放观的创新。要重点克服三个方面的障碍。

一是小打小闹，缺乏忧患紧迫的意识。虽然经过改革开放的洗礼，大批的河南人已告别小农意识，走出河南，闯荡世界。但从整体上讲，不少河南人还存在封闭保守的小农心态，固守家园、得过且过的思想观念比较浓厚。这种思想意识，在一些干部中也不同程度地存在着。反映在工作上就是工作标准低，发展开放型经济拘泥于传统的思维，视野狭窄、眼光短浅，向开放要资源、要市场、要活力的意识不足，危机意识、进取意识不足；坐而论道、相互埋怨现象时有发生，实干精神和务实作风不够；思想僵化、生搬教条，不为发展想办法、却为落后找理由的情况依然存在；不敢、不善于在大项目建设上、在引进国内外战略投资者方面下大功夫、做大文章。

二是小进即满，缺乏开拓进取的胸怀。开放度有多大，发展的空间才有多大。在经济全球化步伐不断加快的今天，发展的空间取决于开放的程度，发展的速度取决于开放的进度，发展的水平取决于开放的深度。现在，世界性产业转移和全国新一轮经济整合带来的产业转移正在加快，全国各地特别是中西部省份都在竞相开放、加快发展。虽然河南省这几年在开放型经济发展上取得了骄人的成就，迈出了喜人的步伐，但是形势逼人，时不我待，来不得任何懈怠和骄傲自满。应当看到，在现实生活中，确有一些人、一些地方止步于已有的成绩，束缚于现成的经验，小进即满、小进即安、小进即止、小进即骄的思想不同程度存在。有些人抱着不求无功，但求无过的工作态度，满足现状，故步自封，甘于守成，不能持久地保持进取的心态和良好的发展态势，不能站在更高的起点，谋划更长远的发展。

三是惧难畏艰，缺乏创新竞争的勇气。当今的区域竞争不仅是激烈

的，而且是残酷的。跨越的征程中，不仅有机遇，而且有荆棘，需要面对的形势和挑战复杂而多变，需要解决的问题和克服的困难很多。在激烈的竞争面前，在复杂多变的困难和挑战面前，一些人怕创新理念难以推开，怕创新政策难以执行，怕创新措施难以实施，进而被动应付、消极等待、自我设限、因循守旧，缺乏创新竞争的勇气和志存高远、敢为人先的胆量，在犹豫观望中错失了发展的良机。过去强调逆水行舟，不进则退。在快速发展的今天，应该看到和认识到，快进则生，中进则退，慢进则衰，不进则亡。在新的历史起点上，没有开拓创新的努力，缺乏竞争制胜的态势，要实现新的跨越是不可能的。

二、促进新崛起，前提是确立开明的开放发展新理念

改革开放，是河南的富民之路，也是河南的强省之路。要实现河南省经济社会发展的新跨越，开创科学发展的新局面，必须更新开放思想观念，摒弃不合时宜的发展思维，确立开明的开放发展新理念。开放发展观念具有阶段性，在不同时期有不同的内涵。河南省的发展正站在新的历史起点上，实现"由大到强"跨越的任务更重、难度更大、挑战更多。必须从战略和全局的高度，理解和认识开明的开放发展观念，以此推动开放大发展，创新大弘扬、社会大进步。当今开明的开放发展观念主要有以下内涵：

一是在发展定位上，要具有世界眼光和全球视野。开放型经济，是把经济运行放在与外部世界联系的基础之上的全方位开放的经济系统。实现开放型经济的新突破，要求能胸怀全球，放眼世界，能用世界眼光看事情，用全球视野谋发展，善于从经济全球化的走向和更宽阔的领域来谋划本地区、本部门的发展战略，以先进生产力的发展趋势和国际水平为参照系，寻找自己的比较优势，确定自己的发展重点，提高适应和驾驭复杂局面的水平，增强本地的核心竞争力。

二是在战略思维上，要具有互利合作的双赢意识和远见。任何一个国家和地区，无论生产力水平高低，都能通过国际贸易获益，因为分工使强者更好地发挥了强项，使弱者有效地避免了弱项。当今世界市场竞争日益

激化，但竞争不一定遵循你赢我必输、我赢必要你输的简单规则。竞争的过程更多的是创造新的机遇和更多胜者的过程。注重和关注可持续发展，寻求与其他国家和地区的长期合作共赢，具有更大的战略意义。只有互利共赢的开放型经济，才是可持续的。互利合作的双赢意识，就是善于寻找合作双方的利益结合点，在理性整合中实现合作效益的最佳化。

三是在开放创新上，要具有创造和超越自我的气概和勇气。在思维创新上，不拘泥于传统的思维，不为定式所困，不止步于已有的成绩，不束缚于现成的经验；在政策执行上，能够在政策允许的空间里先作为，在服从的同时有所创新，有所创造，有所作为。在对外发展中，敢于联大、靠强，敢于与强者对话，善于合纵连横，能够克服"不敢碰硬"的小打小闹观念，增强自己的竞争能力和抵御风险的能力。在大力推进经济发展的过程中，能着眼于新的发展实践，创新意识不断增强、创新本领不断提高。

四是在开放理念上，要具有海纳百川的气度和胸怀。开明大度的地方，一般都拥有良好的人文环境，富有温和宽厚的亲和力、热情奔放、多元兼容的人文气息和雅量；开放意识浓烈、开放胸怀博大，不排外、不嫉富；办事效率高效、合作精神高，顾全大局、干事创业、珍视团结的氛围浓厚。

三、实现新变革，途径是勇闯新路敢于超越务实发展

为了河南亿万人民的新期盼，为了成功打造内陆开放新高地，为了早日实现中原崛起河南振兴，必须继续解放思想，确立开明的开放发展理念，以加快开放，推进科学发展、务实发展。

一是贯彻落实科学发展观，以世界眼光和全球视野审视和考虑河南省的发展问题。按照开明的开放发展观念，今后河南省研究发展思路、发展战略和选择战略性支撑产业，都必须在全球化的背景下考虑。要着眼于全球化的资源利用，着眼于全球化的市场开拓，及时研究经济全球化发展的新趋势、新特征和新要求，立足于全省的发展战略定位，力争在全球范围内吸引和配置资源，参与更广泛的国际分工合作。要准确把握国内外资本、技术、产业转移的方向和时机，抢抓机遇，开拓国内外两个市场，利

用国内外两种资源，推动河南省的对外开放在新的历史起点上实现更好、更快的科学发展。

二是树立机遇意识和忧患意识，实现工作作风新转变。时机不等人。河南省曾经错过了一些发展良机，当下要有强烈的紧迫感和危机感。要按照小平同志所要求的那样："放胆地干，加快步伐，千万不要贻误时机"；"时机有利时，要坚决些"。要确立高远的发展目标，不停顿、不犹豫、不松劲、不懈怠。要将忧患意识转化为强大的合力，保持昂扬奋发的精神状态，在工作中时时保持主动，实现超常规发展。要进一步改善服务，做到多服务少干预，多支持不添乱，多协调不扯皮。切实把政府职能转变到经济调节、市场监管、社会管理与公共服务上来，努力建设服务型政府。

三是善于学习，形成勇于创新、敢闯新路的氛围。要注重学习，搞好各类专题培训和交流，在开放的思维中推动思想交融，在学习借鉴中破旧立新。要敢为天下先，勇于创新，不循旧规，不唯上、不唯书，敢于承担责任，敢于闯市场，敢于走天下。要具有善于学习和借鉴的智慧，能以人之长补己之短，凡是行之有效的政策措施，都要勇于借鉴；凡是有碍于扩大开放的条条框框和陈规旧习，都要坚决打破。

四是优化人文环境，打造富有包容性、开放性的人文环境。现实生活中，因人文环境不佳，"进门的金凤凰"又飞走的事例并不鲜见。因此，在扩大开放过程中，要高度重视营造"尊商、敬商、亲商、爱商"的社会风气。各级干部要公道正派，公平待人，公正处事。要坚持互惠互利的原则，实现外商盈利与本地发展"双赢"的目标。要有算大账、算远账、不计较眼前得失的"大精明"、"大智慧"，树立"你投资我欢迎、你创业我支持、你赚钱我发展"的新观念。

第七章
创新驱动：后发地区实现跨越发展的客观要求

改革开放以来特别是近二十年来，河南省坚持创新驱动，积极推进科技创新、体制创新、政策创新和发展模式创新，为经济社会发展注入了强大的动力和活力，经济社会保持了较高的发展速度，实现了由落后的传统农业大省、人口大省向全国有影响的经济大省和新兴工业大省的历史性跨越。河南省创新发展的实践证明，创新驱动是新的历史条件下经济社会发展的第一动力，是后发地区实现跨越式发展的必然选择。

第一节　科技创新

改革开放以来，河南省在科技创新上，坚持"自主创新，重点跨越，支撑发展，引领未来"的指导方针，依靠科技进步，推动经济转型和产业升级，为河南省经济社会发展保持好的趋势、好的态势、好的气势作出了突出的贡献。

一、科技创新是中原崛起的重要支撑

（一）科技创新成为河南推动产业升级的现实选择

长期以来，河南省经济发展主要依赖投资规模的扩大、资源的初加工和产业的外延扩张，造成河南省整体上产业层次偏低、结构不甚合理，结构性矛盾成为制约经济社会持续健康发展的关键问题，推动产业结构优化

升级成为河南省经济转型发展的一项重要任务。在实践探索中，河南省充分认识到，科技创新是推动产业优化升级的重要突破口和着力点。通过深入实施科教兴豫和人才强省战略，坚持把增强科技创新能力作为调整产业结构的中心环节，依靠科技创新促进产业优化升级。不断运用高新技术改造提升传统产业，着力解决产业发展中的关键共性技术问题，延伸产业链条；大力培育和发展高新技术产业，在装备制造、新材料、生物医药等领域实现了关键技术的突破，获得了一批产业关键技术、核心技术成果；尤其在农业方面，持续推进信息技术、生物技术与传统农业技术的结合，改变了一直以来农业靠天吃饭的原始状态，加速了农业产业化进程，在农业科技创新的支撑下，粮食总产实现"八连增"，有效促进了产业的上档升级。这些实践证明，在河南省产业结构优化升级过程中，科技创新发挥了重要的支撑和引领作用，有效地推动了河南省经济逐步走上了内涵式发展、集约型增长的轨道。

（二）科技创新成为河南实现可持续发展的内在要求

河南省经济社会发展的显著特点是人口众多，资源相对贫乏，生态环境脆弱。一方面河南省人口占全国人口的7.7%，但国土、耕地、水、矿产等资源人均占有量基本上都低于全国平均水平，另一方面，资源利用率较低，单位 GDP 能耗高于全国平均水平。经济社会快速发展与人口增长和资源环境约束的矛盾始终困扰着河南人民。如何破解这一难题？如何实现可持续发展？"依靠科技创新破除发展瓶颈"成为河南省的有力回答。通过坚持不懈的实施节能减排科技工程，不断开展新能源、节能降耗、清洁生产、资源综合利用和生态环境保护技术的科技攻关，先后开发和推广应用了"低热值褐煤提质"、"多金属矿产资源综合利用"等一批关键共性技术，培育了一批节能减排科技示范企业，建成了多个国家级和省级可持续发展试验区，利用科技创新，逐步推动全省经济发展方式向低投入、低消耗、低排放和高效率转变，开始跳出"污染—治理—再污染—再治理"的发展怪圈，走向了"发展与环保同步，建设与治理并重，生产与生态双赢"的绿色发展之路，科技创新作为推动河南省可持续发展的根本手段，其重要性愈加凸显。

（三）科技创新成为河南扩展发展空间的重要渠道

近 20 多年来，经济全球化的浪潮和知识经济的兴起，广泛而深刻地影响着我国经济社会的发展，人才、技术、信息等资源流动性加剧，任何一个国家或地区都不可能完全依赖自身有限的资源独自实现持久的经济增长。河南作为内陆地区，同时也作为经济欠发达省份，如何充分利用外部乃至全球资源，进而更好地发挥后发优势成为河南省决策层面临的一个重要课题。经过不断探索，通过强化科技创新吸引要素资源成为河南省增强区域竞争力、扩展发展空间的重要手段之一。近年来，河南省先后与科技部、中国科学院、中国工程院、中国农科院等建立了省部会商和省院合作机制，通过集成中央和地方的科技资源，有效提升了河南省区域科技创新能力，为解决河南省发展中的重大科技问题提供了有利条件；不断拓宽科技创新的国际合作渠道、领域，先后与世界 60 多个国家和地区建立了科技合作与交流关系，建立了 15 个国际科技合作基地，利用全球的人才、技术等资源，解决了一批河南省产业升级中急需的关键技术和先进技术。科技创新能力的显著提升，推动了河南省以更加开放的心态、开放的理念、开放的路径吸引外部更多的人才、资金等要素，科技创新无疑成为扩展区域经济发展空间的重要引擎。

（四）科技创新成为改善民生民本的有效手段

民生改善是河南省持续探索中原崛起的最终目的。民生问题是国民生计和生活问题，是人民群众生活密切相关的问题，由于历史的原因，20年前河南省人民群众生活水平较低，生活质量较差，如何保障和改善民生成为河南省经济社会发展中面临的重大历史任务。民生改善关键在于让人民群众分享到发展和改革的成果，而随着科技和民生结合程度的日益加深，科技创新成为让广大人民群众共享发展成果的重要途径。河南省敏锐地意识到了这一点，制定科技政策开始逐渐凸显民生视角，面向基层，调动社会资源，让科技创新服务民生，围绕人民群众关注的安全、健康、环境、生态、富民等社会发展领域，重点开展了人口健康、现代农业、生态保护、环境治理、综合交通、公共安全、防灾减灾等领域先进科技成果的应用示范，研究开发出一大批先进适用技术和产品，广泛应用于全省社会发展和民生改善的方方面面，科技服务社会的能力日益增强，民生事业发展迅速，更多的科技成果惠及全省人民，居民生活比以前更健康、更舒适、更安全、更幸福，科技创新对民生领域的支撑和引领作用日渐突出。

二、改革开放以来河南省科技创新发展的历程

回顾改革开放以来，尤其是近 20 年来河南省科技创新的发展历程，大致可以分为艰难起步、逐步提速、快速发展三个阶段。

（一）艰难起步阶段（1978—1994 年）

十年"文化大革命"，使河南省科技事业受到严重挫折，科技管理工作和科研机构陷于瘫痪状态，科技创新活动几乎停顿。1978 年 3 月，第一次全国科学大会召开，成为新中国科技发展史上的一个重要转折点和里程碑。大会发出了"向科学技术现代化进军"的伟大号召，重申"科学技术是生产力"、"知识分子是工人阶级的一部分"，从而解决了中国长期未能解决的对科学技术在经济发展和社会进步中的作用和地位的认识问题。同年 5 月，中共河南省委、河南省革命委员会召开"全省科学大会"，号召和动员全省人民特别是广大科技工作者向科学技术现代化进军，并讨论制订了《1978—1985 年河南省科学技术发展规划纲要（草案）》。自此，全省科技领域开始解放思想，拨乱反正，端正科技工作路线，改革管理体制，整顿科研机构，全面落实知识分子政策，建立起正常的科研秩序，各项工作逐步步入正轨。尤其是 1985 年河南省政府下发了《关于贯彻〈中共中央关于科学技术体制改革的决定〉的意见》，确立了"经济建设必须依靠科学技术，科学技术工作必须面向经济建设"的战略方针，进一步激发了科研机构和科技人员的工作积极性，科技和经济开始实现对接，科技创新活动开始逐渐活跃，科技成果开始迅速转化为生产力。

（二）逐步提速阶段（1995—2005 年）

1995 年，全省科学技术大会在郑州召开。河南省委、河南省人民政府作出了《关于加速科学技术进步，实施科教兴豫战略的决定》，先后制定颁布了关于依靠科技进步推动经济发展，建立和完善技术市场，实施、加快高新技术研究开发与产业化，发展民营科技企业，加强技术创新，改革科学技术奖励办法，加强专利技术保护等一系列文件、法规，用政策引导、推动、支持科技机构特别是技术开发类科研院所转制为企业；培育企业的技术创新能力和新技术、新工艺、新产品开发能力，旨在将企业真正提升为技术创新的主体。这一时期，河南省社会各界对科学技术的重视程度空前加强，科技力量布局依照市场经济的运行规律逐步得到优化，主要标志是计划体制下建立的技术开发类科研院所逐步向企业转制，与市场接轨；体制外主要由科技人员领办创办的民营科技企业迅速崛起，科技创新活动日益活跃，一批重要成果不断涌现，郑麦9023、豫麦34等新品种的选育和推广使河南省农业科技达到了全国领先水平，一拖集团研制的大功率农用柴油机填补了国内空白，04交换机的诞生打破了国外产品的垄断，王码五笔字型被称为汉字信息化的革命等，河南省科技创新进入逐步提速通道。

（三）加速发展阶段（2006年至今）

2006年5月，河南省委、省政府在郑州召开全省科学技术大会。会议确立了实施自主创新跨越发展战略，建设创新型河南省的思路。会后，省委、省政府出台了《关于增强自主创新能力建设创新型河南的决定》，省政府颁布了《河南省中长期科学和技术发展规划纲要（2006—2020年）》。省八次党代会也将"实施自主创新跨越发展战略，建设创新型河南"列为省委的中心工作之一，并要"浓墨重彩地写在中原崛起的旗帜上"，全省掀起了自主创新的高潮。这一时期，科技发展环境明显改善，科技投入大幅增加，企业技术创新主体地位更加突出，科技成果不断涌现并得到较好的转化，科技实力显著增强，"神七"出舱宇航服面窗、建筑结构用高强度钢板、钢化异型玻璃等成果应用在北京奥运会、载人航天等重大工程和项目，许继、平高集团研发的特高压输电关键装备达到世界领先水平，洛玻集团研发的超薄电子玻璃浮法生产设备和工艺获得国家科技进步一等奖，尤其在电子信息、生物医药、新材料等高新技术领域，河南省已形成技术和市场优势，成为全国重要的超硬材料、多晶硅、电池生产基地。科技创新已成为河南省提升竞争力、促进经济社会发展的核心驱动力与主导力量。

三、河南省科技创新取得的巨大成就

经过持续探索，河南省在科技创新领域不断深化体制改革，积极构建

自主创新体系，取得了重大进展，实现了多项重大突破，跨上了发展的新阶段，区域科技创新能力大幅提升，为实现中原崛起、河南振兴提供了强力的科技支撑。

（一）科研体制改革取得显著成效

科技创新需要有效的体制保障。2001年2月，河南省出台了《关于深化科研机构管理体制改革的意见》，对全省科研机构进行了分类分阶段改革。通过对技术开发类科研机构企业化改革、转制科研机构产权制度改革和社会公益类及农业类科研机构改革，全省的科研机构发生了深刻变化：一是科研单位实现了由过去的单纯科研型向科研、生产、经营一体化转变；二是科研成果的数量和质量有了显著提高，科研机构年度专利申请数、拥有专利数、发表科技论文数、承担科技项目数等均有大幅提高；三是科研人员自我发展能力不断增强，有近1/3的科技人员长期工作在工农业生产第一线；四是科研机构推行所长负责制、所长任期目标制、股份合作制等政策措施，运行机制不断完善；五是科技人员收入分配制度逐步合理，对从事技术开发类科研人员实行联系其创造的经济社会效益计算报酬的方法，对承担社会公益类研究任务的科研人员实行岗位工资和绩效工资相结合的工资制度，更加体现了按劳分配原则。通过一系列的改革，科研机构从事创新活动的自主权进一步增强，广大科技人员工作积极性进一步提升，科技与经济结合的紧密程度进一步深化，科技对经济社会发展的推动进一步凸显。

（二）自主创新体系建设日渐完善

河南省不断加大扶持力度，逐步建立了以企业为主体、政府为引导、市场化运作、产学研结合、适应市场经济体制和科技自身发展规律的自主创新体系。科技创新能力不断取得新突破。洛阳中硅高科承担的多晶硅产业化关键技术研究与开发专项，打破了国外长期的技术封锁和市场垄断；洛阳尚德实施的高效晶体硅太阳电池产业化技术光电转换效率在实验室已达18.2%，在中试线已达17%以上；郑煤机承担的大采高可靠性液压支架及电液控制系统研制专项，具有自主知识产权核心技术的样机已开发成功，投入批量生产后可占领80%的市场；华兰生物公司承担的治疗性乙肝疫苗研究开发专项，已获得国家新药证书，形成了近百亿元的市场份额等。科技创新载体建设步伐加快。截至 2010 年年底，全省拥有国家级工程技术研究中心 9 个，省级工程技术研究中心 330 个，省级以上企业技术中心 674 个；国家重点实验室 5 个，省级重点实验室 75 个；组织成立了风力发电装备、盾构、生物疫苗、花卉、小麦、耐火材料、中药等 8 个产业技术创新战略联盟。培育了一大批科技成果转化平台。全省建设生产力促进中心 122 家；建设国家级技术转移中心 2 家、省级技术转移中心 4 家。2010 年，全省技术市场各类技术合同成交总数达 4617 项，各项技术合同成交额达 27.69 亿元，专利授权量达 16539 件，获国家科技奖励 97 项，区域创新能力全面提升。

（三）高新技术产业发展步伐明显加快

河南省高新技术产业经历了从无到有，持续发展壮大的历程。2000 年以来，河南省高新技术产业增加值实现年均增长 23%，高于同期工业增加值增长速度 6 个百分点，在新能源汽车、风力发电装备、精密超硬材料、轨道交通装备、耐火材料、物联网等高新技术领域，形成了明显的技术和市场优势。许继集团、平高集团实施的特高压输变电装备关键技术重大科技专项，中标国家重点工程；中铁隧道装备制造有限公司实施的盾构成套装备关键技术研究及应用重大科技专项，研发的具有完全自主知识产权的盾构机中标北京、郑州、重庆等地铁工程；南阳防爆集团实施的核电厂用系列核级电动机关键技术研究重大科技专项，打破了西方发达国家的技术垄断，形成了核级电动机的产业化生产能力；风电产业技术创新战略联盟组织实施的风力发电成套装备重大科技专项，仅用 1 年多时间就开发出 2.0 兆瓦风电整机和 1.5 兆瓦至 3 兆瓦电机、风叶、轴承等主要部件，形成了百亿元规模的新兴产业群等等。建设了一批高新技术产业园区，2010 年，全省又有 2 家高新区晋升为国家级，新批省级高新区 7 家；培育形成了 11 个国家级高新技术特色产业基地，7 家省级高新技术特色产业基地；实现技工贸总收入 3648 亿元，工业总产值 2883 亿元，工业增加值 875 亿元，利税总额 370 亿元。2010 年，全省高新技术产业实现增加值 2430 亿元，有力地促进了河南省产业结构的优化升级和经济发展方式的根本转变。

（四）民营科技企业不断发展壮大

科技体制改革以来，河南省民营科技企业经过艰苦奋斗，从小到大，从弱到强，无论在质上还是量上都有了长足发展。1985 年至 1991 年是河南省科技体制改革的第一阶段，此期间全省民营科技企业发展到 1300 家。1992 年邓小平"南方谈话"和中共十四大召开后，河南省民营科技企业开始"二次创业"，至 2000 年发展到近 6000 家，固定资产总额约 200 亿元，年技工贸收入约 170 亿元。尤其是近年来，河南省对民营科技企业扶持力度持续加大，先后制定出台了《河南省发展民营科技企业条例》、《关于大力发展民营科技企业的若干意见》、《关于促进民营科技企业的意见》等一系列法规政策，民营科技企业成长进入新的快速发展期，到 2010 年年底，全省民营科技企业总量增至 13000 多家，技工贸总收入超过 3000 亿元，综合实力居全国第 7 位，中部六省首位；在河南省已认定的高新技术企业中，民营科技企业占 2/3 以上，涉及机械、冶金、建材、纺织、环保、石油化工和农、林、牧、渔等行业，以及电子信息、生物工程、新材料等高新技术领域，涌现出黄河实业、葛天集团、宇通客车、森源集团等一大批明星企业，成为推动河南省经济发展和科技创新的一支强劲生力军，为河南省高新技术产业化的发展起到了有力的促进作用。

（五）科技人才队伍建设取得较大进展

河南省委、省政府坚持"科学技术是第一生产力"，科技人才是第一资源的理念，先后明确将"科教兴豫"、"建设创新型河南省"确定为河南省经济社会发展的重要战略。各级各部门围绕"科教兴豫""建设创新型河南"战略，认真落实党的知识分子政策，大力营造尊重知识、尊重人才的社会氛围，不断完善吸纳和使用优秀创新人才的激励机制。尤其是进入新世纪后，河南省培养、引进、使用人才的力度不断加大。继 2002 年出台《河南省"555 人才工程"实施意见》、2004 年出台《关于加强技能人才队伍建设的实施意见》和《河南省科技拔尖人才工程实施意见》、2005 年出台《关于进一步加强高层次专业技术人才队伍建设的意见》，2007 年出台《河南省创新性科技人才队伍建设工程实施方案》以后，2011 年又出台了《河南省科技人才发展中长期规划（2011—2020）》等政策措施。这些政策措施从人才培养、人才信息平台构建，人才评价与激励，人才交流合作等多方面构筑起人才培养引进的长效机制。2010 年全省专业技术人员达到 360 万人，科技人员 26.2 万人；长期在豫工作的"两院"院士已达 17 人，柔性引进的 200 多人；博士后研究人员近 200 人，在校博士生达到 2600 多人。充足的人才储备，为中原崛起目标的实现奠定了坚实的人才基础。

第二节　政策创新

河南省改革开放以来的 30 年，也是不断推进政策创新、充分发挥政策杠杆作用的 30 年。30 多年来，河南省持续推进政策创新，坚持把中央精神与地方实际相结合，大胆探索、勇于突破，切实将体制机制改革落实到政策层面，以政策创新不断推动河南省经济社会全面发展，积极探索具有时代特征、中国特色、河南特点的中原崛起之路。

一、政策创新的内涵与意义

（一）政策创新的内涵

何为政策创新？政策创新就是公共政策领域中的创新行为，是指用新的政策理念拟定新的政策举措，通过有效的方式方法组织实施，进而达成所需要实现的政策目标，并以此推动新的体制机制形成。从本质上讲，政策创新是政府为了有效解决社会问题，根据外在环境变化和发展阶段要求，改变和创新公共政策的各个要素及其组合的行为和过程。

政策创新是一种系统工程，不仅仅是政策内容的创新，而是包括整个政策运行过程中各个环节的创新；不仅仅是具体内容、技术手段的创新，而首先是思想观念、思维方法的创新。政策创新，主要包括理念创新、举措创新、方法创新、功能创新以及形态创新等五个方面。

就地方发展而言，政策创新就是创造性地贯彻落实中央的决策部署，创造性地谋划区域发展战略，创造性地制定具有地方特色的政策举措。根据形势的变化，把政策创新的重点和突破口，把有限的政策资源用于解决

影响政策发展的关键问题上，力求牵一发而动全身，切实发挥政策杠杆在推进区域发展中的"四两拨千斤"作用。

（二）河南实施政策创新的重大意义

1. 实施政策创新是实现中原崛起的根本要求。近年来，河南省经济快速发展，经济总量已经连续多年位列全国第5位。但是，由于人口总量大，河南省人均经济指标多处在全国中下游水平，人均财力则在全国排到末位。2010年在中国省域综合竞争力排名中，河南省排在第15位，落后于中部的湖北和安徽。因此，必须清醒地意识到，实现中原崛起、河南振兴还面临着诸多难题，尤其是作为全国唯一一个以探索三化协调发展道路为使命的中原经济区，承担着探索不以牺牲农业和粮食、生态和环境为代价的历史担当，河南省没有成熟的经验可以借鉴，必须不断加大政策层面的创新力度。

2. 实施政策创新是实现跨越式发展的必然选择。作为一种赶超型的发展模式，跨越式发展与其他发展模式相比更需要借助于外来资源或动力。政策创新带来的优惠政策和创新活力，就是河南省发展可以争取的外来资源和动力。河南省具有跨越式发展所需的多种支撑条件，如基础设施、产业基础、人力资源、区位优势、资源能源等。河南省必须发挥现有优势，挖掘潜在优势，创造新的优势，并最终将各种创新落实到政策层面，利用后发优势实现跨越式发展。

3. 实施政策创新是实现转型发展的客观需要。当今的河南省发展面临着严峻的转型压力。破解资源环境约束需要经济发展方式的转型、缩小日益扩大的收入差距需要分配制度的转型、建设公共服务型政府需要政府职能的转型等等。为此，政策的着力点要由促进规模扩张向促进创新转变，由推进非均衡发展向推进均衡和协调发展转变，由分散决策向提高整合效应转变。总之，只有大力实施政策创新，才能真正使各项政策在推进转型发展中发挥引领、指导作用。

4. 实施政策创新是提升区域竞争力的有效手段。政策创新是政府面对社会环境变化和区域竞争挑战而进行的主动行为，是对转型时期社会发展需求的一种主动回应。在当代社会，公共政策是经济社会发展的重要"调节器"，政策创新则是创新体系中最后的落脚点，各种创新行为最终都要以政策措施的形式进行发布实施。因此，实现中原崛起，需要加大政策创新力度，大胆探索、勇于突破，尽快闯出转型发展的新路子，从而才能不断提升区域竞争力。

二、河南省政策创新演进的主要轨迹

（一）"三农"政策创新

1. 推行家庭承包责任制。1979 年 1 月，河南省委召开常委扩大会议，制定了《关于目前农村经济政策的若干补充规定（试行草案）》，针对性地提出"十项"发展农村经济的政策和措施，拉开了生产责任制在全省农村迅速推广的改革序幕。

1980 年 8 月，省委、省政府制定了《关于农业生产责任制问题的补充规定》，推动"五定一奖"、"联产到劳"和"双包"责任制在全省的较快发展。

1981 年 5 月，河南省委出台《河南省农村人民公社统一经营、联产到劳生产责任制试行办法》、《河南省农村人民公社专业承包、联产计酬生产责任制试行办法》、《河南省农村人民公社包干到户生产责任制试行办法》等文件，在全国率先肯定了包干到户"是社会主义性质的农业生产责任制的一种形式"。

1981 年 8 月，河南省委发出《关于完善家庭生产责任制的几点意见》，为全面推行"大包干"大开方便之门。在该《意见》激励下，河南省包干到户生产责任制的发展如火如荼。据统计，1982 年底，全省实行包干到户的生产队已占 93.07%，河南省全省已经基本确立起家庭承包责任制。[①]

在实践中，河南省不断突破政策禁区，逐渐将农村改革引向深入，尽管河南省不是家庭联产承包责任制的首发地，但却在全国率先全面推行该项制度，由此走在了全国农村改革的前列，有力地加快了河南省农业发展。

2. 培育农村市场。1980 年 2 月，河南省颁布《集市贸易管理暂行规定》，

---

① 李琳、马光耀:《河南农村经济体制变革史》，中共党史出版社 2000 年版。

明确了农村允许自由上市的产品，打破了由国营商业垄断农产品购销的经营格局，集体、合作和个体商业多渠道经营的格局初露端倪。

1985 年，河南省出台《关于改进计划体制的若干暂行规定》，1986 年起在全国率先实行定购农产品奖售平价化肥、柴油的价外补贴政策，推动了河南省农村市场的快速发育。

1993 年 4 月，河南省全面放开粮食市场和粮食经营，农产品流通体制改革实现重大突破，20 世纪 80 年代中期以来的农产品价格"双轨制"运行格局基本终结。

1985 年 5 月，河南省委、省政府印发《关于发展乡镇企业的决定》，提出了发展乡镇企业的指导思想，即"坚持'大型、中型、小型一齐上'，采取多种形式，兴办各类企业"。同年年底，河南省委印发《省委关于大力发展农村商品经济的意见》，提出"采取有力措施，加快发展乡镇企业"，并就乡镇企业的产值和规模等方面提出了量化的发展目标。

1994 年，河南省体制改革委员会制定了《河南省国有小型工业企业股份合作制意见》，为民营企业与国有企业的合作提供了政策保障，一部分优秀的乡镇企业开始逐步向规模化和大型化发展。汝州市两家乡镇企业兼并了 3 家国有企业，这是河南省首次出现"蛇吞象"现象。

2003 年，河南省委、省政府召开了全省非公有制经济工作会议，出台了《关于进一步促进非公有制经济发展的决定》，进一步推动和规范乡镇企业的发展。同年，省中小企业服务局成立，专门负责对包括乡镇企业在内的中小企业、非公有制经济发展的协调、指导、服务工作，有力地促进了乡镇企业的发展。

改革开放 30 年来，乡镇企业为河南省农村市场化和全省的经济增长作出了巨大贡献，回郭镇、刘庄、南街村、竹林镇等一大批依靠乡镇企业发展起来的乡镇，成为河南省农村发展和乡镇工业崛起的标志。

3. 调整农业产业结构。改革开放后，河南省委、省政府一直致力于引导农业结构调整、增强农业生产能力、推动产业化经营。1984 年 3 月，河南省委发出《关于大力发展农村商品经济的决定》，作出"决不放松粮食生产，积极发展多种经营"的决策，引导农民调整种植业结构，大力发展各种专业户，积极发展多种经营。

1993 年 4 月，河南省委、省政府下发《河南省发展优质高产高效农业规划》，指明农业结构调整的主攻方向是发展"优质、高产、高效"农业，鼓励农民根据市场需求，发展高附加值农产品。河南省农业由此开始摆脱过去单纯追求数量增长的发展模式。

1997 年 7 月，河南省政府下发《关于推进农业产业化的通知》。同年 10 月，省委、省政府联合发出了《关于推进畜牧产业化经营，进一步加快畜牧业发展的意见》。从此，河南省农业产业化经营走上了健康、有序的发展轨道。

2003 年 12 月，河南省政府出台了《关于大力推进农业产业化经营的意见》，从财政资金投入、贷款服务、税收优惠政策、农产品流通环境等方面进一步加大了对农业产业化的扶持力度。

2005 年 2 月，河南省委、省政府下发《关于进一步加强农村工作提高农业综合生产能力的实施意见》，采取强化耕地保护、狠抓农田水利建设以及完善农业服务体系等措施着力提高农业综合生产能力。

2012 年 3 月，河南省委下发《关于加快推进农业科技创新持续增强农产品供给保障能力的实施意见》。这是继 2005 年以来，河南省第八次把一号文件锁定在"三农"方面，并把"推进农业科技创新，增强农产品供给保障能力"作为农业农村工作的主题。

4. 推动农民减负增收。尽管改革开放后，农民负担处于不断上升的演进轨迹，但减轻农民负担，增加农民收入却始终是河南省委、省政府的工作重心之一。

在 20 世纪 80 年代，河南省委、省政府先后发出《关于严格禁止乱收费用的若干规定》、《关于进一步减轻农民负担的紧急通知》、《关于进一步搞好治理乱收费、乱罚款、乱摊派工作的通知》。1991 年 5 月，省政府发布《河南省减轻农民负担暂行办法》，使针对农民的税费征收进入了法制化管理的轨道。

1994 年 2 月，省政府下发《关于进一步加强农民负担监督管理工作的通知》，要求将农民减负工作纳入各级政府的责任目标体系和考核政绩的内容。1998 年 9 月，省委组织部下发《关于精减乡镇不在编人员和减少村级享受补贴人员的意见》，大幅精减财政供养人员，减轻农民负担。

2000 年，河南省作为农村税费改革的试点省份，开始理顺农村分配关系，构建国家、集体和农民之间新型关系的探索。2002 年 3 月《河南省农村税费改革试行方案》的正式实施，标志着农村税费改革全面启动。2005 年，河南省在全国率先免征农业税，以切实的政策创新推动了迁延了 2600 多年的"皇粮国税"这一历史现象正式退出历史舞台。

2004 年 3 月，省委、省政府颁布《关于促进农民增加收入的实施意见》，提出重点支持农村工业化和城镇化发展，支持粮食生产、农业产业化经营和农村义务教育事业，加大对农业和农村基础设施、农村社会事业的投入。

5. 加强农村保障。2004 年 5 月，省政府转发省教育厅等《关于进一步做好进城务工就业农民子女义务教育工作的实施意见》，明确了做好进城务工就业农民子女接受义务教育工作的有关政策。

2005 年 9 月，全国第一部专门保护农民工权益的地方性法规——《河南省进城务工人员权益保护办法》施行，使农民工权益维护第一次上升到立法层次。

2006 年 3 月，省委、省政府发出《关于推进社会主义新农村建设的实施意见》，提出新农村建设的总体要求和目标任务，加快农村物质文明与精神文明同步建设，提高农民保障权益。

2011 年 1 月，河南省政府发布了《关于促进农民进城落户的指导意见》，提出进一步放宽农民进城落户条件，推动符合条件的农民向城镇有序转移，重点解决长期在城市工作生活的农民工以及新生代农民工进城落户问题。

2011 年 10 月，在河南省九次党代会上，首次明确系统提出建设新型农村社区，着力增强新型农村社区战略基点作用，加大支持力度，在改善农村生产生活条件上迈出新步伐。

（二）结构调整政策创新

1. 推动国有企业改革。1979 年 11 月，省政府发出《关于地方工交企业扩大经营管理自主权试点工作的通知》，由此，逐步展开了河南省企业放权搞活、调整结构、改革开放的发展历程。

1983 年 2 月，省政府在《在完善工业企业经济责任制若干问题的实行规定》中提出，积极扶植和不断完善全民所有制企业出现的各种管理方式改革。

1988 年 10 月，省政府下发了《河南省国营企业试行股份制的意见》，股份制企业试点正式起步。

1992 年，省政府制定了《关于贯彻〈全民所有制工业企业转换经营机制条例〉实施办法》，把落实企业自主权作为转换经营机制的重点。

1994 年，省政府批转了省计委、省经贸委《关于实施 521 工程的意见》，先后拟定了《河南省选择百家企业进行建立现代企业制度试点方案》、《河南省国有小型工业企业股份合作制意见》，探索建立现代企业制度，开展多种资产经营形式。

1998 年 3 月，省委、省政府对国有工业企业"抓大放小"及解困再就业工作进行了专题调研，制定了 24 条具体政策。以"抓大放小"为重点，以"有进有退"为战略，搞好国有中小企业改革。通过几年的强力推进，国有企业数量虽然不断减少，资产总量和净资产却大幅增加，经济效益成倍增长，国有经济的控制力、带动力和活力进一步增强。

2. 发展民营经济。随着国有经济布局的战略调整和国有企业"抓大放小"改革的全面铺开，非公有制经济获得了快速发展。

1983 年 8 月，河南省委、省政府召开全省农村工作会议，提出要大力发展专业户、重点户和经济联合体。1984 年 3 月，河南省委发出《关于大力发展农村商品经济的决定》，提出要大力发展各种专业户，大力发展多种经营。

1992 年 12 月，河南省委向全省发布《关于进一步加快私营经济发展的决定》，要求积极支持个体、私营经济发展，并就如何放宽经营范围、发展多种经营形式、扩大从业人员、优化经营环境、简化办证手续等做了具体规定。

2003 年 5 月，河南省委、省政府出台的《关于进一步促进非公有制经济发展的决定》，进一步放宽非公有制经济的准入领域和准入条件。

随着 2005 年国务院"非公有经济 36 条"和 2010 年新"36 条"的颁布，私营经济成为河南省发展速度最快、爆发力最强、活力最大的经济增长点，撑起河南省国民经济的半壁江山；许昌档发、南阳玉雕、漯河食

品、长垣起重、偃师保险柜，林州汽车配件，民权制冷、固始柳编、郑州裤装，巩义铝电一体化，新乡新型电池，濮阳玻璃制品等一批非公有经济为主的产业成为中原崛起的重要推动力量。

3. 引导产业集聚发展。2009 年 4 月，河南省委、省政府颁布《关于推进产业集聚区科学规划科学发展的指导意见》，全面启动产业集聚区规划和建设工作。

2009 年 8 月，省政府发布了《关于加快产业集聚区科学发展若干政策的通知》，明确提出："产业集聚区是建立现代产业体系、现代城镇体系和自主创新体系的重要载体。加快产业集聚区建设，是创造新优势、促进经济结构调整升级的重要举措，是落实科学发展观、实现跨越式发展和中原崛起的有效途径。"

2010 年 3 月，省政府先后发布了《关于进一步促进产业集聚区发展的指导意见》、《关于建立完善产业集聚区推进工作机制的通知》以及《关于完善财政激励政策促进产业集聚区加快发展的通知》，明确提出了"四集一转"的发展要求，清晰了各级、各部门工作职责，颁布了多项财政激励政策。

随后，省政府又出台了《河南省产业集聚区发展考核办法》，颁布了产业集聚区发展考核指标体系，推动了集聚区建设考评标准化进程，并于 2011 年 2 月，再次发布《关于调整完善河南省产业集聚区发展考核指标体系的通知》，进一步调整完善考评体系。

2010 年 7 月，省政府颁布《河南省城市新区产业集聚区专业园区考核晋级实施办法》，建立了一套完善综合考核、竞赛晋级、政策挂钩、动态调整的产业集聚区管理模式，以加快城市新区、产业集聚区和专业园区发展。

2011 年 2 月，省政府转发了省发改委关于《河南省专业示范产业集聚区创建办法》的通知，进一步提升产业集聚区发展质量和水平，有力地统筹推进各类专业示范产业集聚区建设。

4. 推动节能减排。2007 年 6 月，河南省委、省政府针对高耗能、高污染的火电、建材等重点传统行业，出台《河南省节能减排实施方案》，以此探索新的节能减排运行机制。

2008 年，为进一步推动河南省节能减排科技工程的顺利实施，省科技厅、省发改委、省环保局联合制定了《河南省节能减排科技创新示范企业认定和管理办法》，推动全省企业依靠科技创新，提高能源资源利用效率，减少污染物的排放。

2010 年，省政府出台了《河南省淘汰落后产能工作实施意见》，成立了以省政府 19 个部门为成员单位的"河南省淘汰落后产能工作领导小组"，运用法律、经济、技术及必要的行政手段，大力推动落后产能淘汰工作。

2011 年 6 月，河南省财政厅、工业和信息化厅、发展改革委共同制定了《河南省淘汰落后产能财政奖励资金管理实施细则》，以财政资金助推节能减排工作开展。

在淘汰落后产能、开展节能减排工作中，河南省创造性地提出了"差别电价"、"以大代小"、发电指标交易等措施，以市场化手段关停小火电的方法得到了国家发改委的高度评价，被誉为"河南省模式"并向全国推广。

（三）区域发展政策创新

1. 扩权强县。1993 年，河南省委、省政府确定了巩义、偃师、禹州等综合实力排名前 18 位的县（市）进行特别试点，试点内容包括：扩大县在经济发展中的审批权，稳定一把手任职期限，书记、县长归省委组织部管辖、县项目直接上报省里审批等等。这就是广为人知的"十八罗汉闹中原"。十八罗汉闹中原，拉开了河南省县域经济大发展的帷幕，吹响了强县富民的进军号角。

2004 年 3 月，在河南省首次发展壮大县域经济工作会上，巩义、永城、项城、固始、邓州 5 个县（市）被定位为"区域性中心城市"，赋予其地级市经济管理权限和部分社会管理权限，享有计划直接上报、财政直接结算、经费直接划拨、项目直接申报、用地直接报批等权限。同时，30 个经济较发达的县（市）也搭上了扩权的班车，被赋予了省辖市经济管理权限。同时还扩大了 30 个县市的经济管理权限。

同年 6 月，河南省第一个关于县域经济发展的专门文件——《关于发展壮大县域经济的若干意见》正式出台，其中明确指出加快县域经济发展。

2006 年 3 月，在第二次河南省县域经济工作会议上，栾川、通许、

汝阳、郏县等11个发展较快县被赋予与30个扩权县相同的经济管理权限。

"扩权"和"松绑"，成为河南省县域经济发展的强大助推器，从"十八罗汉"到"强县扩权"，有效破除了县域经济发展的思想、体制和政策性障碍，推动河南省县域经济实现一次又一次的跨越发展。

2. 实行对外开放战略。1989年2月召开的河南省委工作会议提出，要"加快对外开放步伐，广泛开展横向联合"，同年3月，河南省委、省政府联合发出关于《深入开展生产力标准和沿海地区经济发展战略大讨论》的通知，要求"努力实现'两个打出去'（把名优产品打入国际和沿海城市）、'两个引进来'（从国外和沿海引进先进技术、引进资金，发展国内外市场替代产品）、'两个一起上'（增加出口创汇、加速企业技术改造），加速经济发展"。

1991年3月，河南省委、省政府在郑州首次召开全省对外开放工作会议，形成了《中共河南省委、河南省人民政府加快全省对外开放工作的决定》和14个配套性政策文件，确立了河南省对外开放的指导思想。

1992年，为了进一步鼓励外商投资、引进先进技术，促进全省经济发展，颁布了《河南省鼓励外商投资条例》，从投资与审批、土地使用、税收优惠、财务、信贷及外汇管理、投资保证等方面就外商投资有关问题作了具体的说明。

1998年5月，全省第二次对外开放工作会议召开。会议出台了《关于提高利用外资水平，进一步扩大对外开放的意见》，讨论了《鼓励外商投资优惠政策》、《关于鼓励扩大出口、对外经济技术合作的若干政策》、《关于加强豫港合作的实施意见》等配套文件，把引进外资作为对外开放的重头戏，多渠道、多形式地引进外资，使全省外商投资企业的发展呈现前所未有的高速度发展的局面。

2001年，面对世界经济全球化趋势的不断增强和我国加入世贸组织的新形势，河南省委、省政府召开了全省第三次对外开放工作会议，讨论并修改了《关于进一步扩大对外开放的决定》，11月批转了河南省经贸委《河南省实施东引西进工作方案》。

2003年8月，出台了《关于加快发展开放型经济的若干意见》，首次明确提出把开放带动作为加快河南省经济社会发展的主战略，把对外开放提到了前所未有的突出位置和战略高度。

2003年12月，《关于发展开放型经济的考核办法》公布，首次将发展开放型经济列入干部政绩的考核内容。

2006年，河南省委、省政府出台了《河南省加快实施开放带动主战略指导意见》，进一步明确了加快实施开放带动主战略的指导思想、总体要求、目标任务、工作重点以及保障措施。

2009年，《河南省人民政府关于积极承接产业转移加快开放型经济发展的指导意见》出台，提出立足发挥自身职能优势，积极谋划、主动作为，在积极承接产业转移中推动开放型经济。

通过一系列对外开放政策的实施，河南省引进了一批新的产品和先进技术，推动了企业的技术改造，促进了产品的升级换代，提高了企业的管理水平，改善了全省经济建设的硬件环境，加快发展了开放型经济。

（四）社会管理政策创新

1. 教育。1985年1月，省人民政府批转了《关于进一步改革城市中等教育结构，发展职业技术教育的报告》，这是我省改革开放以来关于城市中等教育改革的第一个法规性文件。

为促进职业教育规模发展，河南省人民政府1991年颁发了《关于大力发展职业技术教育的决定》，并成立了"河南省职业技术教育统筹协调领导小组"和"教育综合改革领导小组"，明确提出要大力发展职业教育和成人教育。

2002年，《关于成立河南省高校后勤管理中心的通知》颁布，随后成立河南省教育贷款管理中心，统一管理全省国家助学贷款业务，有效地提高了银行放贷的积极性，降低了助学贷款的违约率，创新性地开展了国家助学贷款的"河南省模式"。

2003年12月，省教育厅、省财政厅下发《河南省对家庭贫困学生实行"两免一补"的实施意见》，要求各地积极推行"两免一补"（免杂费、免课本费、补助寄宿生生活费）制度。

2006年，河南省政府颁布了《河南省人民政府贯彻国务院关于大力发展职业教育的决定的实施意见》，正式推进"职业教育集团"的建设，创建出"郑州旅游"、"中原家政"、"林州建工"、"长垣厨师"、"少林武术"

等河南省职教专业品牌。

2. 医疗。1999 年 5 月，为了保障城镇职工基本医疗，完善社会保障制度，《河南省建立城镇职工基本医疗保险制度实施意见》颁布实施。

2007 年 10 月，河南省颁布《河南省人民政府关于建立城镇居民基本医疗保险制度的实施意见》，对指导全省城镇居民医疗保险制度的实施提供了法律依据。

同年郑州、洛阳、南阳、济源 4 个城市被确定为全国城镇居民医保试点城市，2008 年又有 14 个城市被确定为试点城市，河南省已成为全国 15 个全省纳入试点范围的省份之一，城镇居民基本医疗保险在河南省实现全覆盖，参保居民可以享受到各级政府的财政补贴。

3. 社保。1995 年，省政府出台《河南省深化企业职工养老保险制度改革试行方案》，并在洛阳、开封、新乡、安阳等市进行了社会统筹和个人账户相结合的养老保险制度改革试点。

2007 年 11 月，南阳在全省率先启动新型农村社会养老保险综合改革，社旗县作为全国首批 8 个农保资金规范化管理的试点县之一，致力于探索农民老有所养新模式。

2008 年《郑州市城乡居民基本养老保险试行办法》全面启动，进入"全民养老"时代。郑州实施"全民养老"政策，彻底改变千百年来依靠子女、土地和救助等传统的养老"模式"。

4. 就业。1994 年 7 月，河南省制定了《河南省劳动合同制定实施意见》，进一步加大改革力度，在国有、集体、三资、私营、乡镇企业和个体经济组织全面实行劳动合同制。

2008 年，河南省政府出台《关于认真做好农民工回乡创业工作的通知》，通过放宽政策、优化创业环境，切实解决好农民工回乡创业普遍存在的资金、场地、技术、人才、服务等问题，鼓励、支持农民工回乡创办企业或从事个体经营。

5. 干部选拔机制。2010 年 9 月，河南省坚持"五重五不简单"建立选人用人公正机制的《若干意见》正式出台，对建立选人用人公正机制作出科学部署。随后，省委率先迈出改革步伐，建立了集体酝酿干部制度，每次干部调整前都增加组织部集体酝酿和常委会集体酝酿环节，综合考虑干部平常表现、年度考察、后备干部考察等情况。

2011 年 6 月，省委组织部出台了《省辖市拟提拔人选科学发展实绩考核办法》，把民主推荐结果与工作实绩结合起来分析；制定了党政机关从基层一线遴选干部的《实施办法》，探索从优秀村干部和符合政策规定的高校毕业生中考录公务员。河南省在干部任用政策上不断创新，"五重五不简单"的科学贯彻，明确了干部选拔任用工作的基本思路和实践要求，健全了科学的选人用人机制。

三、河南省政策创新的主要特点

（一）坚持把中央决策与地方实际相结合，牢牢把握政策创新的正确方向

制定和实行什么样的地区政策，直接关系到中央的政治纲领能否落实，关系到不同时期全国的发展目标能否实现，关系到一个地区改革的力度、发展的速度和社会的稳定度。在不断推动政策创新中，历届河南省委、省政府始终坚持牢牢把握地方发展实际与中央决策部署相统一的核心原则，坚持毛泽东思想、邓小平理论、"三个代表"重要思想及科学发展观为指导，立足河南省的城乡格局、产业基础、人口禀赋、文化底蕴、生态环境等基本条件，坚持把地方的比较优势与外部环境的动态变化有机结合起来，把人民群众的创造与地方政府的战略互动起来，充分把握政策实施的原则性和灵活性，坚持因地制宜，突出比较优势，不断有所发现、有所创新，持续推动中国特色社会主义的河南实践走向深入。

（二）坚持推进改革开放，牢牢把握政策创新的时代主题

河南省委、省政府始终贯彻解放思想、实事求是、与时俱进的思想路线，着眼于建立健全社会主义市场经济体制，坚持市场化改革的政策取向，积极推进国有企业改革，逐步建立和完善现代企业制度；积极推进所有制改革，大力发展非公有经济，形成多种所有制竞相发展的新格局；大力发展县域经济，扩权强县，上演"十八罗汉闹中原"的发展大戏；积极推进对外开放，实施开放带动战略，推进"东引西进"，着力打造内陆开放新高地；率先全面取消农业税，打破了沿袭了 2600 多年的"皇粮国税"

制度，彻底卸下了河南省农民"种地纳粮"的历史重担。正是因为坚守改革开放的时代主题，不断努力构建富有效率、充满活力、更加开放的政策措施，才为河南省经济社会发展注入了强大动力、增添了无限活力。

（三）坚持尊重群众的首创精神，牢牢把握政策创新的实践要求

任何政策的颁布与实施，最终都是为了体现人民群众的意志和利益。政策创新的目的，就是为了让人民群众在社会发展的基础上，不断获得切实的经济、政治和文化利益。同时，回顾河南省30多年来的历史进程，许多思路和举措也都是人民群众的智慧结晶，都是人民群众在实践中创造出来的，人民群众才是推动历史发展的实践主体。河南省委、省政府在以政策创新推动中原崛起中，始终坚持群众观点和群众路线，切实尊重人民群众的主体地位和实践创造，不断总结、概括、吸收来自于基层人民群众的实践经验并提炼上升为区域性政策，以群众需求来完善政策，以群众实践来检验政策，通过不断地进行政策创新来调动人民群众的主动性、积极性和创造性，使各项政策举措更好地推动河南省振兴。

（四）坚持遵循客观发展规律，牢牢把握政策创新的科学属性

实施政策创新，要遵循规律、有所为有所不为。河南省委、省政府始终坚持尊重规律、尊重知识、尊重创造，注重研究规律、把握规律，秉持继承与发展相统一的辩证思想，牢牢把握政策创新的辩证法则，以辩证的方法推进政策创新，既强调对科学有效的政策要一以贯之、持之以恒地持续落实，又注重不断根据发展阶段与外围形势的发展变化，及时调整、完善有关政策，在继承和创新中充分发挥政策的累积效应。在具体推动政策创新过程中，河南省委、省政府注重统筹协调各方面的利益关系，注重把握政策出台的时机、方式、节奏和着力点，使各项政策举措符合客观规律、顺应发展趋势、体现群众要求、切合河南省实际，确保了政策创新的科学性和可行性。

第三节　体制创新

改革开放30多年来，河南省持续探索体制创新、积极推进体制创新，

通过全方位的体制创新，实现了从计划经济体制向社会主义市场经济体制的历史性转变，为深入贯彻落实科学发展观、实现河南省经济社会大发展创造了良好的政策制度环境。河南省 30 多年来取得的成就，得益于体制创新，加快中原经济区建设，再创科学发展新优势，还要靠体制创新。

一、体制创新的内涵与意义

创新驱动、转型发展是中国也是河南省当前及未来发展的主旋律，不断实现体制创新是贯穿河南省经济社会发展各个领域、实现河南省科学发展的灵魂和不竭动力。改革开放以来，河南省之所以能够保持较快的经济增长速度，体制创新具有根本性、决定性的意义。

（一）体制创新的内涵

"体制"是国家基本制度的重要体现形式，是指国家机关、企事业单位在机制设置、领导隶属关系和管理权限划分等方面的体系、制度、方法、形式等的总称。"体制"为基本制度服务。基本制度具有相对稳定性和单一性，而体制则具有多样性和灵活性。从历史唯物主义角度上来说，体制是联系社会有机体三大子系统——生产力、生产关系和上层建筑之间的结合点，是三者之间发生相互联系、发生作用的桥梁和纽带。

"体制创新"则是在一定社会政治经济发展条件下，针对现有体制中存在的阻碍社会经济发展的问题，通过对体制的构成要件和规则体系进行调整，形成更加符合社会生产力发展的体制体系的过程。因此，体制创新是为解决生产关系与生产力、上层建筑与经济基础的矛盾而进行的生产关系和上层建筑的变革。历史唯物主义认为，只有生产关系适应生产力发展的水平和要求，上层建筑适应经济基础并最终适应生产力发展的水平和要求，才能促进生产力的发展。当生产关系和上层建筑所形成的经济体制和政治体制束缚和阻碍生产力发展时，就必须通过体制创新才能解放和发展生产力。进行体制创新就是在保持社会主义基本制度不变的前提下，对其具体制度进行变革。从辩证唯物主义视角来看，体制创新与变迁本质上属于社会生产关系变革的范畴，其对经济和社会发展的作用体现在生产力和生产关系，经济基础和上层建筑的作用和反作用上。

从国家的角度来讲，我国体制创新的主要特征和内容包括 5 个方面：

一是改革的全过程均是以产权制度改革和产权关系调整为核心和主线。无论是农村改革，还是城市改革，或者二者相关的改革，都是以责权利关系及其制度的调整为核心和主线。

二是体制创新均是从旧制度最薄弱或新制度需求最强烈的环节——农业制度创新为突破口。这是因为，农村相对于城市而言，旧的制度更容易打破，新的制度更容易产生，自发的制度变迁发生之后，更能够得到政府的迅速认可和支持。

三是体制增量调整与体制存量调整并行，而且以前者促进后者，即允许旧体制外产生新体制，从而倒逼旧体制的变革。在旧体制的根本性变革难度较大的情况下，体制创新多依靠增量改革、体制外突破来促进或倒逼旧体制的变革，同时，公有制经济（包括集体经济和国有经济）的体制创新，也一直都在进行。

四是在体制创新、制度的设计和变迁过程中，是多元主体联合创新体制，并不断进行着角色的转换。其中，政府作为多元主体中的一元在体制创新中发挥着重要作用，扮演着重要角色。国有企业至今为止的制度创新，尽管地方政府、企业及员工等在不同阶段的角色或作用在变化，但是中央政府除了创新初期很短时期外，一直都是创新的主角，创新的主导者。

五是从制度变迁的规律和中国实际出发，体制创新走出一条渐进式的方式或道路，是在根本经济制度不发生较大变化的情况下，对经济发展过程中限制或阻碍经济发展的经济体制进行逐渐地变革，并取得比较大的成效。

（二）体制创新的意义

1. 持续不断地创新完善科学发展的体制，能够推进中国特色社会主义事业不断向前发展。中国特色社会主义道路是历史的选择、人民的选择、时代的选择。改革开放以来的实践已经证明，中国特色社会主义道路是实现国家繁荣富强和人民幸福安康的唯一正确道路。改革开放 30 多年来，河南省与全国一样，经济持续高速增长，人民生活实现了从温饱不足到总体小康的历史性跨越，创造了世界发展史上的奇迹，整个社会焕发出蓬勃旺盛的发展活力，各项社会事业都在发展进步，都向世界展示了中国特色社会主义的巨大优势，展示了体制创新的巨大能量和巨大成就。

2. 持续不断地创新完善科学发展的体制，能够促进经济社会实现又好又快发展。改革开放以来，河南省在落实科学发展观和构建社会主义和谐社会的时代背景下，转变发展方式，推进中原经济区建设，得益于坚持不懈地推进体制创新。只有深入进行体制创新，建立和完善落实科学发展观的体制机制保障，才能继续解决发展中的突出问题，才能真正转变经济发展方式，实现经济社会又好又快发展。

3. 持续不断地创新完善科学发展的体制，能够不断为民造福、全面改善民生。体制创新是为了践行我党全心全意为人民服务的根本宗旨、不断满足人民群众日益增长的物质文化需要。只有不断开拓进取，不断进行体制创新，才能建设惠及全省人民的小康社会，建立健全有利于保障人民群众经济、政治和文化权益的体制机制，让改革和发展的成果真正惠及全体人民。

4. 持续不断地创新完善科学发展的体制，能够维护和促进社会和谐稳定，维护改革开放的大局。只有坚持体制创新才能保证社会主义事业兴旺发达、国家长治久安、社会和谐稳定，正确把握经济建设、社会进步、和谐稳定与科学发展的关系；才能积极应对经济体制深刻变革、社会结构深刻变动、利益格局深刻调整、思想观念深刻变化带来的新情况、新问题，坚持改革开放、推动科学发展。

21世纪以来，河南省面临前所未有的机遇，也面对前所未有的挑战，发展处于可以大有作为的重要战略机遇期。只有不断推进体制创新，才能牢牢把握机遇，沉着应对挑战，才能快速推进改革发展的步伐，才能全面把握发展的新要求、人民群众的新期待，继续推动科学发展、促进社会和谐，继续改善人民生活、增进人民福祉，开创中国特色社会主义更为广阔的发展前景。

二、河南省体制创新的历程

改革开放以来，河南省探索体制创新的过程就是确立符合中国国情、

河南省情的基本经济制度的过程。河南省依据对省情认识的不断深化，研究河南省的有利条件和制约因素，从共性中把握个性，从矛盾的普遍性中抓住特殊性，把中央的改革政策同本地的具体情况结合起来，立足省情不断深化体制创新。

（一）体制创新的破冰之旅（1979—1991 年）

从 1978 年到 1991 年，这一阶段中国开始体制创新的破冰之旅，破冰之旅的本质主要是否定社会主义不存在商品经济理论，在实践上确立商品经济地位和发展商品经济时期。体制创新首先并主要在农业与农村取得突破和进展。

1978 年 3 月，党的十一届三中全会作出了把党和国家工作中心转移到经济建设上来、实行改革开放的重大历史性决策，揭示了中国农村改革的序幕。河南省委、省政府全面贯彻落实十一届三中全会精神，改革开放正式从农村起步，而起步首先在体制上创新。河南省逐步废除人民公社体制，进行农业生产责任制改革，建立家庭承包责任制，即将农村主要生产资料——土地的所有权与经营权相分离，概括地讲就是集体所有、家庭经营，这就是集体所有制在实现形式上的体制创新。体制创新打破了河南省农村传统的生产经营体制，从根本上改造了农村微观经济组织结构，推动了农村内部利益关系的重新调整，使农村改革取得了突破性进展。仅 1982 年，河南省就多次召开重要会议，讨论加强和完善农业生产责任制问题，目的在于进一步调整国民经济，落实农村各项经济政策，在城乡全面推行各种形式的经济责任制，完善农业生产责任制。从"包产到组"到实行家庭联产承包责任制，广大农民积蓄已久的生产能量极大地激发出来，农业呈现快速发展态势，迎来了农村改革发展的曙光。

进入 20 世纪 80 年代中期以后，随着社会主义商品经济的发展，河南省农村改革进一步深化，这一阶段的体制创新主要有两大项重大内容。一是创新农产品流通体制，发展农村商品经济。二是调整农村产业结构，大力发展乡镇企业。通过这一时期的改革创新，市场机制逐渐被引入到农业和农村经济的发展中，并发挥了越来越重要的作用。

同时，河南省其他领域的体制创新也在探索进行中。自 1979 年，河南省全面贯彻落实十一届三中全会精神，改革开放正式起步后，河南省从调整国民经济，贯彻中央"调整、改革、整顿、提高"八字方针入手，开始县级机构改革、国有企业改革、城市经济体制改革、科技体制改革等领域的改革和创新探索。在农村，推广农业双向承包责任制，强化农业基础，落实"科技兴农"。在城市，强化企业管理，调整结构，提高效益。1991年，河南省市场工作会议召开，会议分析了全省市场形势，制定全省市场建设规划和配套政策，讨论修订河南省政府《关于进一步搞活流通，加快市场建设若干问题的决定》。是年，中央电视台摄制的6集反映河南省商界由自发竞争到自觉竞争，由忽视市场到重视市场过程的电视专题片《商战》播出，在全国引起轰动，真实反映了河南省流通体制创新的过程。

（二）社会主义市场经济体制的创新探索（1993—1999年）

1992年邓小平南方谈话后，河南省改革开放进入一个新的推进期。1992年，继国务院批准郑州市为内陆开放城市，享受沿海开放城市优惠政策后，河南省首开两个内陆陆运口岸，大力发展海外企业；全面推进农村改革，稳定农村基本经营制度，加快培育农村市场，加快农村经营体制改革，并在全国首开农村信用社管理体制创新之先，使农村信用社与农行脱离行政隶属关系。深化以土地延包为重点的农村各项改革，稳定完善双层经营体制，坚定不移地贯彻土地承包期再延长30年的政策，赋予农民长期而有保障的土地使用权，同时，农产品流通体制、村民委员会的民主选举等方面的改革也在不断深入。这一期间，河南省体制创新的重点放在进一步深化企业改革和城市综合体制改革上。

从1995年开始，河南省在全省选择了103个企业开展现代企业制度试点工作，围绕建立现代企业制度，加快股份制改革，对原有的股份有限公司和有限责任公司进行了规范和完善，对一批国有大中型企业进行股份制改制，使之改制为公司制；按照"抓大放小"的方针，全省各地以"三个有利于"为标准，以产权制度改革为突破口，采取股份合作制等多种形式，大胆创新，加快国有小企业和城镇集体企业改革。同时，本着"解放思想、一厂一策、规范操作、突出重点、讲究实效、稳定发展"的工作方针，规范和完善中小企业改革，促使企业面向市场，加强经营管理，提高经济效益。

这期间，河南省确定郑州、漯河、商丘、焦作、洛阳5市为综合配套

改革试点城市，初步实现了由计划经济体制向社会主义市场经济体制的转变，体制创新取得实质性进展。全省 18 个综合改革试点县（市）和 7 个综合改革试点县（市）后备队，利用河南省委、省政府给予的试点政策，开拓进取，大胆实践和创新，经济持续、快速、健康地发展，为全省县（市）改革和发展探索路子。"十八罗汉闹中原"在省内外赢得较高的赞誉。

（三）21 世纪体制创新迈出新的步伐（2000—2008 年）

进入 21 世纪，河南省在体制创新方面进一步深化。2000 年河南省在城镇化建设过程中实施了重点镇建设工程，确定了 117 个重点镇，经过几年的发展，经济、社会等各项发展指标均高于一般乡镇，成为全省小城镇建设的"龙头"，带动了河南省小城镇的健康发展。党的十六大提出全面建设小康社会的奋斗目标后，河南省委、省政府提出了到 2020 年全面建设小康社会、实现中原崛起的宏伟目标，确定了加快工业化、城镇化，推进农业现代化的三化道路；2004 年 5 月，河南省政府下发《关于扩大部分县（市）管理权限的意见》，将本属于地级市的部分经济管理权和社会管理权，下放给巩义、项城、永城、伊川、博爱、西平等 30 个经济基础好、发展潜力大、特色优势明显的县（市），从而在全国率先进行"省直管县"的试点改革。这期间，河南省始终坚持把解决农业、农村、农民问题作为全部工作的重中之重，始终坚持在推进工业化、城镇化的过程中牢牢抓住农业农村工作不放松，努力提高粮食综合生产能力，启动国家粮食生产核心区建设，调整农业结构，推进农业产业化进程，实现全省农业和农村经济的持续健康发展。

2008 年，为了认真落实党的十七大作出的深化文化体制改革、推动社会主义文化大发展大繁荣的重大战略部署，在学习实践科学发展观活动中，河南省委、省政府以改革开放的精神推进文化强省建设，在全国率先建立"文化改革发展试验区"，探索在文化改革发展上闯出一条新路，推动河南省文化大发展大繁荣，形成硬实力和软实力共托中原崛起的崭新局面。

（四）全面探索新的体制创新（2009 年至今）

河南省大力推进重点领域和关键环节的改革，于 2009 年制定实施了《关于加快推进 2009 年重点改革的指导意见》，分解落实了十大方面 34 项改革任务，强化督促协调，加强对全省面上改革的统筹协调。

为进一步加快行政管理体制改革，加大创新力度，2009 年 2 月，河南省正式启动了以"大厅局、大处室"为组建形式的政府大部门体制创新。这是河南省推进行政管理体制创新所进行的积极尝试，也是增强政府部门全局意识，扩大管理覆盖领域，提高政府整体绩效，建设服务型政府的现实需要。2009 年以来，河南省进一步简化审批程序、下放审批权限，在不违反国家法律和有关规定的前提下，取消外商投资企业名称变更等事项的审批，同时将进一步下放审批权限，除限制类投资项目外，所有国家下放省级的审批权限，全部下放或委托省辖市、国家级开发区和省直管县。河南省在招商引资领域提供"一站式"服务和无偿代理，进一步优化了发展环境，提高了行政效率。2009 年，河南省召开政府机构改革动员大会，围绕"经济调节、市场监管、社会管理和公共服务"4 项基本职能，全面动员、具体安排河南省政府机构改革工作，进一步解决政府职能的"越位、错位、缺位、不到位"问题。2011 年河南省九次党代会以来，河南省在经济体制、行政管理体制、文化体制和社会管理体制等领域的体制创新进一步深入和深化，为建设中原经济区和促进中原崛起提供了强大的驱动力量。

三、河南省体制创新取得的主要成就

30 多年来，河南省围绕中原崛起谋发展、围绕实现跨越做文章，不断解放思想、坚持科学发展，经济社会发展进入了当代历史上最好的时期之一。通过坚持不懈的体制创新，河南省经济社会发展取得了辉煌的成就。

（一）经济社会发展实现历史性跨越

河南省经济社会发展实现了历史性的跨越，重点领域改革逐步深化，国有企业战略重组和矿产资源整合取得了阶段性成果，民营经济占国民经济的比重超过 60%，成为河南省发展的强大支撑，科技、教育、医药卫生等领域改革全面推进，服务型政府建设富有成效。开放型经济快速发展，自主创新体系不断完善，人民生活明显改善，各项事业协调发展、社

会和谐稳定的局面进一步巩固。改革开放之初的 1978 年，河南省 GDP 总量 162.9 亿元，列全国第 9 位，2011 年达 27232.04 亿元，列全国第 5 位。社会消费品零售总额，1978 年为 71.79 亿元，2011 年为 9322.9 亿元，增长 129 倍；进出口总额 1978 年为 1.18 亿美元，2011 年为 326.42 亿美元，增长 276 倍；财政收入 1978 年为 33.73 亿元，2011 年为 2851.22 亿，增长 84 倍。农民人均纯收入 1978 年为 104.7 元，2011 年为 6604.03 元，增长 63 倍；城镇居民人均可支配收入 1992 年为 1608 元，2011 年为 18194.8 元，增长 11.3 倍。全省规划建设了 180 个产业集聚区，新材料、新能源、生物医药、电子信息等高成长性产业快速发展，一批规模大、效益好、市场竞争力强、拥有自主创新能力的大企业迅速崛起。全省上市公司数量从 2006 年年底的 36 家上升到目前的 95 家。综合经济实力跃上新台阶。

（二）改革开放创新取得重大进展

经过改革开放 30 多年来的体制创新，河南省实现了从计划经济体制向社会主义市场经济体制的转轨，市场机制已经形成，市场化程度超过 80% 以上。重点领域改革逐步深化，国有企业战略重组和矿产资源整合取得阶段性成果，要素保障机制不断完善，科技、教育、医药卫生等领域改革全面推进，服务型政府建设富有成效。开放型经济快速发展，2011 年实际利用省外境外资金累计达到 1.4 万亿元，超过 1979 年到 2006 年的总和，2011 年进出口总额突破 300 亿美元、是 2006 年的 3 倍，建立了中部地区首个综合保税区。自主创新体系不断完善，国家重点实验室建设实现重大突破，2011 年，河南省发明专利授权量翻两番，共有 9 项成果获国家科技进步一等奖。

（三）农村体制创新持续创造新辉煌

改革开放 30 多年来的农村改革创新，特别是实行家庭联产承包责任制的破冰之旅，改变了河南省农村的所有制结构，现在大量个体经济、私营经济以及外部私有资本和外资进入农业，农业和农村的所有制结构呈现出多样化的局面。多年来，河南省毫不动摇地抓紧抓好粮食生产，毫不动摇地推进农业产业化进程，毫不动摇地加大农业投入，粮食总产接连迈上 800 亿斤、900 亿斤和 1000 亿斤三个台阶，连续 9 年居全国首位，连续 3 年超千亿斤，从 2006 年起，河南省粮食产量超过 1000 亿斤，此后连续五年稳定在 1000 亿斤以上。河南省用占全国 1/16 的耕地生产了全国 1/10 以上的粮食，养活了占全国 1/13 的人口，同时每年还输出原粮及制成品 400 亿斤，河南省已成为全国第一粮食生产大省、国家粮食主产区。依托粮食资源优势，农产品加工业蓬勃发展，带动和促进了粮食转化、蔬菜种植和畜牧业、水产业的发展。规模以上食品工业产值由全国第 5 位跃居全国第 2 位，粮食加工能力居全国第 1 位，食品工业成为全省工业第一大支柱产业。

农民收入大幅度增长，农民生活水平稳步提高。2006—2010 年，河南省农民人均收入由 3261.03 元增长至 5523.73 元，扣除价格因素，年均增长 10%，超过"十一五"期间确定的年均增长 6% 的目标。农民生活质量进一步提高，农村居民恩格尔系数由 2005 年的 45.4% 下降到 2010 年的 37.2%。农村社会服务和生活条件显著改善，在 21 个县（市、区）开展了新型社会养老保险试点工作，新型农村合作医疗参合率达到 94.2%，1736 万农村人口的饮水安全问题得到解决，426 万农村贫困人口完成脱贫任务。城乡社会保障体系逐步健全，保障范围逐年扩大，保障水平不断提高。社会主义新农村建设和新型农村社区建设扎实推进，农村生产生活条件明显改善。开展更高标准的扶贫开发，农村贫困人口大幅减少。概括起来，河南省"三农"工作取得三大历史性成果：走出了一条在不牺牲、不削弱农业的前提下大力推进工业化、城镇化的路子；农业特别是粮食生产实现跨越式发展；最苦的农村改变了面貌，最弱的农业增强了实力，最穷的农民树立了信心。

（四）工业做大做强呈现新优势

体制创新为河南省工业发展释放出巨大的发展活力和动力，推动着河南省工业由小到大、产业链条由短到长、产业层次由低到高、企业关联由散到聚。2011 年，河南省工业增加值突破 14401.7 亿元，跃居全国第 5 位，河南省工业在国民经济发展中的主导地位得到进一步强化。从优势产业来看，形成了食品、有色金属、石油和煤化工、汽车及零部件、装备制造、纺织服装等战略支撑产业和产业链，成为全国重要的食品工业基地、能源工业基地、有色工业基地。一批规模大、效益好、市场竞争力强、拥有自主创新能力的大企业迅速崛起。代表河南省工业新优势的产业集聚区实现

快速发展。在规划建设的180个产业集聚区中，县域内的集聚区有122个，省辖市域内的集聚区有58个。2010年，全省180个产业集聚区完成投资5330.8亿元，占全省城镇固定资产投资比重达38.3%；集聚区规模以上工业企业主营业务收入达1.24万亿元，占全省的比重超过37.2%；规模以上工业企业从业人员153.9万人，占全省比重超过33.6%。其中，主营业务收入超300亿元的集聚区达到4个，超过100亿元的集聚区达到34个。

（五）发展瓶颈得到有效破解

经过多年强力的体制机制创新，至2011年，河南省重点领域和关键环节的改革创新不断推进，发展动力活力不断增强，发展瓶颈得到不断缓解。通过实施土地开发利用管理"三项机制"，农村土地整治和城乡建设用地增减挂钩等，推进了存量土地集约挖潜，基本保障了经济社会发展用地。通过积极创新投融资机制，有效整合利用政府资源、资产、资金、资信，发挥了财政资金的引导作用，扩大了投融资平台扩大融资的能力和规模，通过资本市场直接融资1578亿元、增长41%，其中新增上市公司18个、首发融资104亿元。国企改革继续深化，310户企业实施了改革改制。深化行政审批制度改革，取消下放调整省级行政审批项目147项。10个省直管县体制改革试点工作顺利实施。文化、教育、科技、集体林权、供销社等领域改革取得新进展。

（六）文化强省战略取得丰硕成果

针对河南省文化资源丰富但开发不够、人民群众的文化需求巨大但供给不足、发展基础较好但层次水平不高的现状，河南省委、省政府顺应经济文化一体化趋势，把文化强省建设摆到与经济强省建设同等重要的位置，推动软实力与硬实力同步增强，河南省迅速发展成为全国有影响的文化大省。文化事业蓬勃发展。启动建设了中国文字博物馆等12个文化重点项目，洛阳龙门石窟、安阳殷墟被列入世界文化遗产名录。河南省艺术中心的建成启用，结束了河南省没有国际一流大型专业剧院和专业音乐厅的历史，而且创新管理思路，采用委托式管理的方法来管理，取得了良好的社会和经济效益。文化产业迅速壮大。文化产业总量居全国前列，增加值近三年翻了两番多，已成为新的经济增长点。河南省文化体制改革和文化产业发展的路子得到了中央领导的充分肯定，全国文艺演出院团改革创新经验现场交流会在河南省举行。文化旅游业迅猛发展。河南省给文化与旅游穿上"连裆裤"，推动形成文化旅游共生体和产业联合体，不仅文化产业迅速发展，而且旅游业也迅速崛起，成为全国重要的旅游大省。

四、河南省体制创新的主要经验

改革开放 30 年来，河南省通过体制创新提高了发展的活力，增强了发展的动力，这 30 年是河南省历史上生产力发展最迅速、综合实力提升最显著的历史阶段。总体来看，河南省体制创新有如下基本经验：

（一）以思想大解放促进体制创新

回顾河南省体制创新的历程，实践上的每一个重大进步，理论上的每一个重大突破，发展上的每一个重大跨越，都离不开解放思想。特别是改革开放的三十年里，河南省同全国一样主要经历了两次大的思想解放，进行了几次解放思想大讨论。1978 年关于真理标准问题的大讨论，尤其是党的十一届三中全会冲破了"两个凡是"的禁锢，重新确立了实事求是的思想路线，河南省适时将改革的切入点放在了农村，推行家庭联产承包责任制。1992 年春，邓小平同志南方谈话，解决了长期束缚人们思想的许多重大认识问题，使广大党员干部解放了思想，开阔了视野，坚定了信心，有效地破除了故步自封、小富即安等陈旧观念，为 20 世纪 90 年代改革开放、加快发展提供了强大的理论武器。1997 年秋至 1998 年春的一轮思想解放大讨论，真正把"三个有利于"作为衡量一切工作成败得失的根本标准，推动了改革开放的新突破和经济建设的新发展。2008 年以来，先后开展了"新解放、新跨越、新崛起"解放思想大讨论活动和学习实践科学发展观活动，着力解决干部群众思想、组织、作风、政策等不适应、不符合科学发展观要求的问题，在深化国有企业改革、发展非公有制经济、改善投资环境、转变政府职能、破除"官本位"思想等方面取得了显著成效。

（二）以体制创新促进社会和谐稳定

体制创新，必然会涉及许多利益的调整。这不仅会使过去长期积累的深层次矛盾和问题凸显出来，而且会带来新的矛盾和问题。但是，体制

创新不能因此而退却。体制创新带来的活力和动力表明，必须坚定改革创新的信心和决心，坚持用创新的办法解决经济社会发展中的深层次矛盾和问题。应深刻认识到，只有深化体制创新，才能促进生产力进一步发展，有效解决城乡、区域、经济社会发展不平衡问题；只有深化体制创新，才能建立健全保障社会公平正义的制度，保障人民在经济、政治、文化、社会等方面的权利和利益；只有深化体制创新，才能建设和谐文化，巩固社会和谐的思想道德基础；只有深化体制创新，才能不断完善社会管理，激发社会活力，增进社会团结，保障社会安定有序。体制创新过程中，要保持社会和谐稳定，必须注重提高体制创新的科学性、协调性。体制创新总体上要兼顾不同群体的利益，认真考虑体制创新对社会各方面的影响，把握好时机和节奏。同时，体制创新还必须坚持人民的历史主体地位，尊重人民群众的首创精神，调动和保护人民群众的积极性、主动性和创造性。

（三）以体制创新推动经济社会协调发展

体制创新，既包括经济基础又包括上层建筑，既包括经济体制又包括政治、文化、社会等方面的体制，既包括体制层面又包括思想观念层面，因此，在体制创新过程中，必须协调好经济与社会、政治与文化等各方面的关系。河南省在体制创新的实践中，坚持统筹兼顾，在不断推进经济体制创新的同时，又积极推进政治体制创新、文化体制创新和社会管理体制创新等；在不断推进体制创新的同时，又积极推进科技创新、政策创新、管理创新、发展模式创新等，努力实现宏观与微观、经济与社会、城市与农村等体制创新相协调，使体制创新真正能够成为经济社会协调发展的根本动力。

第四节　发展模式创新

所谓发展模式即为一个国家、一个地区在特定的政治、经济、文化环境下，所形成的发展方向，以及在体制、结构、思维和行为方式等方面所形成的特征特点，是世界各国或地区在推进现代化进程中对政治、经济体制及战略等的选择。随着我国由计划经济体制向社会主义市场经济体制的转轨，各个地区都在根据自身特点，积极探索新的发展思路和新的发展模式。随着改革开放的不断深入，河南省发展模式创新也呈日趋活跃的态势，各地区、各行业发展模式创新有力地推动了河南省经济社会的持续快速发展。

一、模式创新是科学发展的必然选择

改革开放以来，河南省经济保持了较高的增长速度，特别是进入新世纪，河南省 GDP 增速高于全国平均水平，顺利实现了由传统人口大省、农业大省向全国重要的经济大省和新兴工业大省的跨越，在跨越发展过程中，全省人民以创新的精神和创新的思维，围绕全面建设小康社会的目标，结合自身特点，努力探索新的发展模式，为经济社会又好又快发展释放了无穷的活力和动力。

（一）创新发展模式是河南加快转变经济发展方式的现实选择

河南省是全国第一人口大省，虽然许多自然资源总量位居全国前列，但人均水平却相对较低，人均水资源占有量只是全国平均水平的五分之一，人均耕地面积比全国平均水平少 0.16 亩；节能减排压力大，单位生产总值、单位工业增加值能耗均高于全国平均水平；环境承载能力相对较弱，土壤、空气、水质等污染比较严重，化学需氧量排放量和二氧化硫排放量均居全国前列，平均每亩耕地化肥施用量比全国平均水平高 90%。粗放的经济发展方式与人口、资源、环境的矛盾越来越突出。如果不改变高投入、高消耗、高污染、低效率的经济发展模式，资源和环境将难以承受，经济社会持续发展将难以持久。所以，创新发展模式，改变"三高一低"的发展路径，成为河南省转变经济发展方式需要突破的重要难题。改革开放以来，特别是近二十年来，河南省以解放思想为突破口，以推进发展模式创新为主攻方向。一方面加快传统优势产业转型升级，依靠技术创新提升产业市场竞争能力，走集约型和创新型发展的道路；另一方面，大力发展电子信息、新能源、新材料、生物医药等战略性新兴产业，实现由"高碳"模式向"低碳"模式转变。发展模式的创新推动了河南省发展方

式的转变，为河南省经济社会的持续快速发展奠定了良好的基础。

（二）创新发展模式是河南实现经济协调发展的内在要求

作为我国第一人口大省和第一农业大省的河南省，如何在推进城镇化、工业化的过程中，保持工业和农业的协调发展，一直是河南省改革开放以来实现发展模式创新的重要内容。河南省在发展过程中，经历了由农业哺育工业向工农业互动反哺、协调发展的转变。家庭联产承包责任制的确立给中原大地带来了无尽的生机和活力，极大地刺激了农业生产。在此基础上，河南省抓住国家"调整、改革、整顿、提高"和"对内搞活经济、对外开放"的历史机遇，通过产业结构调整，大力发展农产品加工业，兴办乡镇企业，河南省工业发展在农业的哺育下开始焕发出勃勃生机。然而，如何正确处理农业与工业的关系，是传统农区工业化永远不能回避的话题。为此，河南省在20世纪90年代初就确立了"围绕农字上工业，上了工业促农业"的发展思路，制定了"以农兴工、以工促农，农工互动、协调发展"的总体发展思路，提出"工业、农业两篇文章一起做"和"工业化缓慢、农民增收困难两道难题一起解"的方针，开始了工农业协调发展的新探索。经过30多年的不懈努力，河南省的工农业发展呈现出齐头并进的好态势。截至2011年，河南省粮食总产量从1978年的400亿斤猛增到1108亿斤，由昔日的缺粮大省发展成为国人的"大粮仓大厨房"；工业增加值达到14401.70亿元，居全国第五、中西部首位；河南省不以削弱农业基础地位为代价、基本确立了新兴工业大省的地位，形成了工农业协调发展的"河南省模式"。

（三）创新发展模式是河南统筹城乡发展的客观需要

改革开放以来，河南省统筹城乡一体化发展经历了一个波浪式前进的过程。20世纪80年代初期，河南省确立了优先发展小城镇的改革政策，农村市场空前繁荣，城乡二元结构有所改善，城乡关系呈现出较为协调的新态势。但是这一态势并没持续下去，由于体制原因，在城市居民收入不断增长，教育、医疗、失业、养老等社会保障不断健全的同时，农民却没能享有同等待遇，城乡差距开始拉大。为此，河南省在实践中提出了"以工业化为主导，以城镇化为支撑，以农业现代化为基础，统筹城乡经济社会全面发展"的思路和"以工促农、以城带乡"的指导思想。

2006 年，河南省出台了《关于加快推进城乡一体化试点工作的指导意见》，确定在鹤壁、济源、巩义、新郑、偃师、义马、舞钢等地开展城乡一体化试点工作。2010 年，河南省决定在新乡设立河南省统筹城乡发展试验区。2011 年河南省九次党代会提出"强化新型城镇化引领，统筹城乡发展、推进城乡一体"，并将新型农村社区作为统筹城乡发展的结合点纳入新型城镇化体系，在就地城镇化上进行了有益的探索。目前，河南省已基本建立起覆盖城乡的公共服务体系，农村的医疗、养老、交通等都得到了显著改善。河南省的实践证明，统筹城乡发展必须加快推进新型城镇化，推动大中小城市、小城镇、新型农村社区协调发展，促进城乡各种资源要素的合理流动和优化配置，不断增强城市对农村的带动作用和农村对城市的促进作用，给城乡居民平等的发展机会，努力实现基本公共服务均等化，这些不但是发展模式创新的重要内容，而且也是统筹城乡发展的客观必然。

（四）创新发展模式是河南探索三化协调发展的前提条件

实现三化协调，就是要使工业化、城镇化、农业现代化相互促进、相互协调，成为良性互动、互为支撑的有机统一体。河南省同全国一样，正处在加快推进城镇化、工业化的特定阶段，能不能处理好三化协调发展问题已成为现代化进程成败与否的关键，探索三化协调发展没有现成的经验可借鉴，需要在实践中创新，在创新中实践。党的十一届三中全会后，河南省立足地方实际，对"实现什么样的发展、怎样发展"进行了持续探索，"两不三新"三化协调科学发展的路子越来越清晰。早在改革开放初期，河南省就作出了"决不放松粮食生产，积极发展多种经营"的决策。20世纪 90 年代初，又确立了"一高一低"的发展战略，提出"切实加强农业的基础地位，突出抓好国有企业改革这个中心环节，大力推进工业化、城市化进程"。2001 年，河南省七次党代会强调要"加快工业化、城市化进程，促进农业现代化"。2003 年，河南省作出"以工业化为先导，大力推进工业化、城镇化和农业现代化"的决定，突出了工业化在三化协调发展中的带动作用。随着实践的深入，河南省对工业化、城镇化、农业现代化的逻辑关系和实践困境的认识越来越深刻，提出了探索一条不以牺牲农业和粮食、生态和环境为代价的三化协调科学发展的路子，并强调发挥新

型城镇化的引领作用。目前，河南省以工促农、以城带乡、产城互动的长效机制基本建立，破解"三农"问题取得重大进展，三化协调发展格局已初步形成。"谋河南省的事，解发展的题。"河南省正在以实事求是的精神、敢于担当的勇气、先行先试的魄力，探索三化协调发展这样一个重大的历史课题。河南省的探索事实上也是一种发展模式的创新。河南省如果走通了这条路子，对全国具有重大的示范意义。

（五）创新发展模式是河南加快文化强省建设的重要保证

当今时代，文化与经济、政治与文化相互交融，日益成为推动经济社会发展的重要力量。河南省是文化资源大省，中原文化底蕴深厚、灿烂辉煌。能不能把历史文化资源更多地发掘出来，在传承中不断发展创新，让中原文化在全面推进中原经济区建设的进程中发挥重要的引领作用，对于能否顺利实现中原崛起河南省振兴至关重要。

改革开放以来，河南省积极推动文化发展模式创新。20世纪90年代采取多种举措培育文化市场，形成了国有、集体、私营、中外合资、合作等多种经营成分共同发展的经营体制。进入新世纪后，河南省城乡居民的收入持续提高，居民消费结构发生明显变化，消费重心开始向精神产品消费领域转移。需求结构的变化，既为文化建设注入了新的动力，也使文化产品、文化服务的供需矛盾日益凸显。针对这种情况，河南省立足自身文化优势，大力推动文化发展，提出了"由文化资源大省向文化强省跨越"的奋斗目标。2005年，对文化事业和文化产业的发展作出新的规划。2011年，河南省把华夏历史文明传承创新区作为中原经济区的五大定位之一，担当起传承创新中华文明的文化使命。发展模式创新带来了河南省文化的大发展大繁荣。目前，河南省全面推进文化体制改革，文化惠民工程大踏步前进，全省的公共文化服务单位全部免费开放；打造文化市场主体取得重大进展，民营剧团发展空间广阔、活力四射；文化产业发展呈现良好势头；群众文化活动丰富多彩，群众性文化产业蓬勃发展，统计数据显示，2011年全省共有艺术表演团体199个，文化馆184个，公共图书馆148个，博物馆151个；博物馆、纪念馆免费开放106座；广播人口覆盖率97.7%，电视人口覆盖率97.8%。文化发展模式的创新不但支撑了文化的发展，而且也支撑了经济的转型发展。

二、河南省发展模式创新的典型案例

改革开放以来，全省人民在省委、省政府的正确领导下，高举中国特色社会主义伟大旗帜，认真贯彻落实党中央的决策部署，不断解放思想，坚决摒弃因循守旧、安于现状的保守意识，在实践中创新，在创新中发展，在不同领域、不同行业涌现出一批又一批创新发展的典型。为全省改革开放的不断深入提供了许多经验和示范。

（一）"蛇吞象"现象

1993 年，《河南日报》以《汝州出现"蛇吞象"奇观》为题，报道了民营汝州市铸钢厂兼并国营大型企业豫西煤机厂的事情，在省内外引起震动，许多人至今记忆犹新。汝州市铸钢厂是一家建厂不到 5 年的民营企业，1993 年年初，他们在汝州市委、市政府的积极支持下，大胆兼并了管理不善、长期亏损、资不抵债的国有企业汝州市豫西煤机厂。铸钢厂兼并煤机厂之后，迅速输入了先进的管理模式，及时注入了资金，很快补发了职工工资，并充分利用被兼并企业的厂房、设备和人才要素，加快技术创新和新产品开发，通过一系列改革创新举措，企业经营状况迅速改观，在较短的时间内，企业很快扭亏为盈，产值和利税比兼并前增加了近两倍。在当时河南省民营经济还比较弱小的情况下，这种兼并被人们形象地称为"蛇吞象"现象。

如今汝州市铸钢厂已经发展成为总资产近 200 亿，年营业额 130 多亿，员工近 15000 人，融铸造、水泥、旅游、煤电铝四大产业为一体的大型综合性企业集团，并跻身全国制造业 500 强企业①。在"蛇吞象"发展模式的引领示范下，以后又有多家民营企业兼并或收购国有企业，这一创新举动在一定程度上加速了汝州市国有中小企业的改革进程，使汝州市工业经济保持了持续发展的良好势头。

现如今汝州市也已从当年的"蛇吞象"到现在的"象成群"，这里有我国中南地区最大的玉米淀粉加工企业河南省巨龙淀粉实业有限公司，跻

---

① 来源于该公司发布的有关数据和资料。

身中国饼干行业前 10 位的河南省梦想食品有限公司。还有德源伟业汝州建材公司、思源养殖公司、天锦公司、新嘉诚公司、明鑫科技公司、亚星铸造公司、华纱纺织公司等。2010 年汝州市在河南省县域经济综合实力排名中位居第 24 位，可以试想，汝州市如果当年没有"蛇吞象"现象，那么，"象成群"的效应是否会出现呢?

（二）巩义模式

巩义市地处豫西丘陵地带，地形沟壑纵横，土地贫瘠，人多地少。改革开放以后，巩义市充分利用铝矾土、煤炭等矿产资源比较丰富的优势，大力推动工业经济发展，依靠工业带动县域经济实力的提升，使巩义市经济社会始终保持持续发展态势，每过几年都会跨上一个新台阶。自 1992年以来，县域经济综合实力连续 18 年位居河南省首位，连续 9 届跻身全国县域经济综合实力百强县（市）之列。

巩义市经济尤其是工业经济之所以能够保持持续快速发展的势头，应该说主要归功于巩义人与时俱进的创新意识和创新思维，在改革开放之初，巩义市乡镇企业就得到迅猛发展，率先成为工业产值超"百亿"的县（市），但是随着乡镇工业的快速发展，"遍地开花"的发展模式对环境造成严重污染，为此，他们及时进行了反思，提出了"发展是硬道理，但不讲科学的发展是没道理"的理念和"整治污染环境的企业和项目、杜绝假冒伪劣产品，树立信誉，保护环境"的发展方针。以后，他们又根据发展的需要，打破土地、环保及资源等对工业发展的制约，又提出了"创建工业园区"和拉伸产业链条的发展思路，积极推动企业步入节能环保和循环经济的发展轨道。

认真分析巩义发展模式，不难发现，巩义发展的每次提升，无不与发展模式创新有很大关系。实际上巩义市的工业发展，就是一种化蝶式的发展模式，所谓化蝶式是指当一个区域的经济发展达到一定水平后，通过改革创新，及时促进经济由低级向高级形式转化，使其由一个丑陋的"毛毛虫"变成一只美丽的"大蝴蝶"。在化蝶式发展的进程中，巩义主要进行了四个方面的蝶变。首先，采取"外引内联"方式，使企业做大做强，推动企业经营规模上的"蝶变"；其次，加大打击假冒伪劣产品力度，加强自主品牌的开发培育，优化产品质量和服务意识，推动产品信誉上的"蝶变"；再次，通过工业园区建设，推动企业向产业集群化、集约化方向"蝶变"；最后，通过产品价值链攀升，走以主产品为主的衍生产品深度开发，推动发展结构和发展方式的"蝶变"。无疑，发展模式的持续创新，为巩义市工业发展提供了不竭的动力，与改革开放之初相比，巩义市工业产值整整增长了277倍。平均年增速达到18.9%。工业总产值2000年为67.1亿元，到2011年年底就猛增到343.6亿元。

（三）长垣模式

长垣县位于河南省东北部的豫鲁交界地区。改革开放之前，长垣县面对的是"四差"：一是自然条件差，地处黄泛区，十年九淹；二是资源条件差，没资源、无矿藏，只有贫困的人口和贫瘠的土地；三是区位条件差，地处周边几个中心城市的边缘地带，交通闭塞；四是经济条件差，基础设施落后，经济基础薄弱。当地老百姓用"穿不上棉衣裳，喝不上糊涂汤，娶不上孩子娘"来形容当时难以温饱的生活状况。然而令人惊奇的是，改革开放以后，这个没有自然优势、没有资源优势、没有区位优势、没有经济优势的偏远穷县，大力发展民营经济，如今成为远近闻名的"起重之乡"、"卫材之乡"、"防腐之乡"和"烹饪之乡"。县域经济综合实力大幅度跃升，2009年在河南省县域经济综合实力排名中由原来的后列跃居到第37位。

纵观长垣经济的发展历程，大致经历了三个发展阶段或者说是出现了三次大的飞跃：第一次是20世纪80年代，不甘贫困的农民纷纷走出去发展"劳务经济"；第二次是20世纪90年代不失时机地实施"回归工程"，把"劳务经济"迅速提升到"民营经济"的层次上，将劳务经济转化为本土的实体经济和特色产业；第三次是进入21世纪，通过建立特色民营科技工业园区，把"民营经济"迅速提升到"集群经济"、"产业链经济"的层面，把特色支柱产业迅速提升到国际化竞争的水平上[1]。

从长垣的成功经验来看，长垣县域经济高速成长和高速发展的原动力，首先来源于长垣人民自强不息的精神与不断创新的意识，同时还与政府长期坚持不懈地优化经济环境，将政府职能定位于为企业和农民服务分

---

[1] 段树军：《"长垣模式"对县域经济发展的启示》，《中国经济时报》2005年7月4日。

不开的。如果与其他县区相比较，长垣之所以能从一个经济发展后进县变成一个经济发展先进县，关键就在于发展意识的创新、发展思路的创新和发展模式的创新。

（四）镇平模式

镇平县位于河南省西南部，历史上属于传统农区。改革开放以来，特别是近二十年来，镇平县通过解放思想，不断破除消极无为的心理和唯条件论的观念，大力发展"无中生有"经济，走出了一条经济社会又好又快发展的新路子。镇平县本地不产玉石，蚕丝产量也不高，水面也不大，却是国家命名的"中国玉雕之乡"、"中国地毯之乡"、"中国金鱼之乡"。曾任河南省委书记的徐光春同志对镇平经济发展给予高度评价，称镇平经济发展模式为"无中生有"。

目前，全县围绕特色产业已形成涉及建筑材料、苗木花卉等 10 多个领域的块状经济隆起带。如以金鱼为主的观赏鱼养殖，通过侯集镇向寨村的辐射带动，目前已遍布 10 个乡镇 128 个行政村，年产值 6000 多万元。镇平县是全国最大的玉雕加工基地，在全国许多大城市都设有玉雕经销办事处，建设了 10 个玉雕专业市场，形成了从原料选购到市场销售完整的产业链条。目前，玉雕企业已达 1 万多家，从业人员 20 万人，年销售收入 150 亿元。地毯产业也是镇平县的一大支柱产业，目前已发展到 13 个地毯厂、160 多个加工厂点，出口创汇 1600 万美元。玉雕、地毯等 5 大产业集群实现产值占全县工业总产值的 70%，特色产业实现了由分散向集中、由粗放向集约、由低端向高端的转型。特色经济已占镇平县经济总量的 65%，农民人均现金收入 70%来自于特色产业①。

在市场经济条件下，镇平模式取得的成功，无外乎有以下因素：第一，解放思想，走出"唯条件论"误区，形成了"两头在外"（原材料外进，产成品外销）的特色经济发展模式。第二，充分发挥劳动人民的主观能动性，激发人民群众的创新创业热情，催生一轮又一轮的创新创业热潮。第三，树立创新发展理念，走出了"拼资源、拼能耗"的误区。将科

---

① 《镇平县：全民创业为县域经济提速》，2009 年 3 月 27 日，见 http://www.olny.cn/article–116269–1.html。

技创新作为经济发展的主要支撑力，促进科技成果向现实生产力转化，推动了产业的上档升级和经济的提速增效，推动了产业的迅速膨胀和竞争优势的迅速扩大。第四，坚持协调发展的原则，协调发展是实现又好又快发展的根本要求，该县正是由于经济结构整体优化，才形成了梯次搭配、错位竞争、后劲充足、持续稳定的产业发展格局，促进了特色经济的特色更强、优势更大，探索出一条适应市场经济要求的"无中生有"的发展新路。

（五）焦作模式

资源型城市转型，是指城市的经济社会发展由传统的资源依赖型、单一的经济结构发展模式向寻求新的经济增长点、多元的发展模式转变，使资源优势转变为经济优势。提起焦作，以前人们总是和"污染、煤城"联系在一起，随着煤炭资源濒临枯竭，焦作的发展曾一度陷入困境。"九五"时期，焦作的 GDP 年增长率仅为 3.5%，比全国和河南省低了 4.8 和 6.6 个百分点，还一度被列为全国十大污染城市。

然而今天的焦作，已经成为全国闻名的旅游新兴城市。2011 年，焦作旅游综合收入达到 171.9 亿元，在地区生产总值中所占的比重由 1999 年的不足 1% 跃升为 11.7%，比全国、全省分别高 6.9 和 1.4 个百分点。目前，焦作有 3 个 5A 景区，数量位居全国地市级第一。2011 年，焦作市共接待游客约 2300 万人次，实现旅游总收入 1114.13 亿元。同时，焦作市还成为全国首批资源枯竭城市转型试点城市，2011 年又被河南省政府确定为中原经济区经济转型示范市。

在短短的十几年中，焦作市从一个资源枯竭城市转型到一个产业发达、环境优美的旅游明星城市。焦作市转型发展的成功经验可归纳为三点：点式突破、增量带动、存量优化。

所谓"点式突破"，就是以旅游作为焦作市转型发展的突破口，通过转变思维方式和发展观念，让焦作人相信，焦作除了煤这个招牌之外，还有很多"煤"以外可干的事情。于是，紧抓旅游产业不放松，通过旅游产业的大发展，带动经济的转型升级。目前焦作市已形成了著名的云台山风景区、神农山、青天河、青龙峡、陈家沟等旅游胜地。焦作市旅游经济的兴起，不但改善了焦作的城市形象，提升了城市品牌，改善了城市生活环境，而且还促进了产业结构的优化升级。

所谓"增量带动"，则是按照焦作市老工业基地的产业特点，大力引入行业龙头企业，通过龙头企业的带动，促进工业结构全面升级。例如，焦作的汽车零配件、轮胎、机械等行业都具有不错的产业基础，但一直缺乏整车企业牵引。2007年7月，得知厦工要在中国北方筹建生产基地，焦作市领导亲自带队赴厦门与厦工高层见面商谈。最终，厦工北方基地落户焦作，在龙头企业的带动下，焦作市的工业实力得到明显提升。

所谓"存量优化"，就是在现有工业的基础上，进行产业结构的优化升级和产业链的价值提升，例如：在2004年11月，中国昊华以增资扩股的方式相对控股宇航化工，创立昊华宇航，成为行业的领头羊。为了加大产业升级的步伐，焦作市根据产业发展的需要，积极对接中央企业，通过与中央企业的战略合作，提升工业发展水平。经过存量的整合优化，焦作市工业企业的发展速度明显加快、规模迅速膨胀、经济实力显著增强、经济效益大幅提高。

三、河南省发展模式创新的成功经验

回顾河南省改革开放走过的历程，无论是经济增长导向型的发展模式，还是经济发展导向型的发展模式，它的演进和创新，都是生产力发展的客观要求。从改革开放以来河南省发展模式创新的实践来看，其成功经验主要体现在"六个互动"和"四个不动摇"上。

（一）六个互动

一是坚持多种所有制互动发展。坚持多种所有制经济共同发展，特别要大力发展极具活力的民营经济、股份制经济和混合所有制经济，实现多种所有制经济共同互动发展，始终是河南省发展模式创新的重要特点。

二是坚持政府与市场互动发展。政府与市场是调节资源配置的两种不同机制，两者相辅相成，互相依存。如何在突出市场配置资源的基础性作用的前提下，又能充分发挥政府的宏观调控职能，确保经济社会持续稳定协调发展，始终是河南省发展模式创新的重要着力点。

三是坚持三次产业互动发展。以市场为导向，协调产业关系，加快结构调整，加强农业基础地位，促进工业化和信息化融合、服务业与制造业融合、科技创新与新兴产业融合，形成相互促进、协调一致的产业发展格局，始终是河南省发展模式创新的重要出发点。

四是坚持内外市场互动发展。坚持开放带动主战略，利用好"两个市场"、"两种资源"，大力实施经济国际化战略，加速经济国际化进程，在产业结构、制度建设、经济管理等方面加速与国际接轨，始终是河南省发展模式创新的重要立足点。

五是坚持城市农村互动发展。统筹城乡基础设施建设，统筹城乡一体化规划，统筹城乡管理体制，统筹城乡产业发展，统筹城乡居民就业，统筹城乡社会保障，实现以新型城镇化引领三化协调发展，始终是河南省发展模式创新的重要落脚点。

六是坚持区域与区域互动发展。结合不同区域的实际情况，充分利用各个区域发展的比较优势，坚持优势互补的原则，打破行政区划，按照市场经济的要求，加强区域间的经济联系和战略合作，探索区域合作发展之路，始终是河南省发展模式创新的重要支撑点。

（二）四个不动摇

一是坚持解放思想不动摇。解放思想是发展中国特色社会主义的一大法宝。思想观念是总开关。观念决定思路，思路决定出路。"蛇吞象"现象、巩义模式、长垣模式、镇平模式、焦作模式等等，都是解放思想的结果，没有思想解放，就没有观念创新，就不可能摆脱认识上或体制上的桎梏，也不可能撬开发展繁荣的大门。

二是坚持实事求是不动摇。实事求是讲起来很简单，做起来不容易。坚持实事求是，不仅要有认识规律、把握规律的能力，而且更要有为民负责的情怀和敢于按规律办事的勇气。"一高一低"、"两个较高"、"两大跨越"、三化协调，每一个阶段发展模式的创新都需要实事求是的精神，创造性地回答实践和时代提出的问题。

三是坚持改革开放不动摇。实践的鲜活性和社会的流动性决定了发展模式创新的必要性和持续性。而发展模式创新是以改革开放为前提的，没有改革开放作动力，发展模式创新就无从谈起。模式创新与改革开放是相辅相成，互为促进的关系，只有毫不动摇地坚持改革开放，发展模式创新才有活力和动力。

四是坚持科学发展不动摇。发展是党执政兴国的第一要务。科学发展不是简单的量的扩张，而是在全面协调可持续前提下质的飞跃。举目四望，中原大地生机盎然、欣欣向荣。这正是河南省长期坚持以人为本、统筹协调，有效运作、务实发展的结果，也是河南省坚持发展模式创新的根本成效。

第五节　经验与启示

一、基本经验

自从美国经济学家熊彼特提出"创新是指把一种从来没有过的关于'生产要素的新组合'引入生产体系"的创新概念以来，创新在国家和区域经济发展中的作用就越来越为人们所重视。随着经济全球化的迅猛发展和世界经济竞争的日趋激烈，创新进程和创新能力的竞争就越来越成为各国竞争的核心。回顾改革开放以来河南省经济社会的快速发展，无不与创新驱动有着密切的关系。没有科技创新、体制创新、政策创新和发展模式创新，就不会有河南省经济社会快速发展的今天。也可以说，改革开放以来河南省经济社会快速发展的历程无疑就是一部创新驱动发展的过程，总结河南省创新驱动发展的经验，主要有以下几点：

（一）始终以解放和发展生产力为价值取向

纵贯改革开放以来河南省的创新历程，无论是科技创新、体制创新，还是政策创新、发展模式创新，无不是以完善社会主义市场经济体制为方向，以解放和发展生产力为价值取向，每一个创新的过程，实际上就是一场解放和发展社会生产力的过程。通过创新激发市场主体的积极性、主动性和创造性；通过创新优化资源配置，破解发展难题；通过创新加快发展方式转变，提升区域经济竞争力，由此可见，创新不是一句空洞的口号，而是一场生动的革命，是一场发展生产力、解放生产力的革命。

（二）始终尊重人民群众的首创精神

创新是指人们运用已知的信息，不断突破常规，发现或产生新颖、独

290

特的有社会价值或个人价值的新事物、新思想的过程。实施创新驱动，就是要激发广大人民群众的创新精神，让创新成为广大人民群众的共同行动，化作驱动发展的强大动力。回顾河南省创新发展所走过的路子，无论是科技创新、体制创新，还是政策创新、模式创新，都始终把尊重人民群众的首创精神放在突出位置上，以调动和发挥人民群众参与创新的积极性和创造性为出发点，努力把政府合理引导、积极推动与充分发挥人民群众改革创新的自主性、能动性有机结合起来，通过广大人民群众的广泛参与，赋予改革创新极大的动力和活力。

（三）始终坚持以人为本的发展理念

创新就是打破常规，破除旧思想、旧体制的束缚。从某种意义上讲，创新就是改革，创新就意味着现有利益格局的再分配和再调整，因此，把握改革创新的时机、节奏和力度，考虑社会的可承受能力，处理好改革发展稳定之间的关系，是保证改革创新顺利推进的重要条件。从河南省创新发展的历程来看，不难发现，无论是科技创新、体制创新，还是政策创新、发展模式创新，都充分体现了以人为本的思想。在目标设计上，始终坚持以人为本的发展理念，以促进人的全面发展为出发点；在利益协调上坚持群众优先，着眼于维护好、发展好、实现好人民群众的根本利益；在推进实施上，坚持规范操作、科学操作、阳光操作，着眼于激发广大人民群众的积极性和创造性，一方面使广大人民群众成为改革创新的主体，另一方面又使广大人民群众成为改革创新成果的共享者。

（四）始终坚持统筹协调的工作原则

创新就意味着变革，变革就有可能会遭遇各种阻力。创新实际上就意味着要以更大的决心和勇气全面推进各个领域的改革，通过改革放手让一切劳动、知识、技术、管理和资本的活力竞相迸发，让一切创造财富的源泉充分涌流。回顾河南省创新发展的实践，我们就会发现，在推进改革创新的过程中，科学把握"破旧"和"立新"的关系，始终坚持整体推进和重点突破相结合，在统筹规划的基础上注重协调配合。通过创新不断消除经济社会发展中的瓶颈和难题，建立健全适应生产力发展需要的新体制、新机制。在推进策略上坚持试点先行，先易后难，渐次推进。这种由点到面、先易后难的创新推进策略，既控制了风险，又通过有效的推广机制使

成功经验能够迅速普及，从而使创新渗透到河南省发展的全方位、全过程，全面推动了河南省科学发展的进程。

二、重要启示

创新驱动既是改革开放以来河南省经济社会发展的重要特征，又是河南省经济社会快速发展的重要原因，纵观改革开放以来特别是近二十年来河南省创新发展的历史过程，我们可以得到以下启示：

其一，创新需要解放思想。创新的过程实际上就是解放思想的过程。一个群体、一个区域、整个社会只有思想解放才能不被时代所抛弃，才能居弱图强，进而强中更强。创新需要解放思想，创新源于解放思想。观念一变天地宽，没有思想观念上的创新，就不可能有实践上的突破。而且经济社会发展的任务越重、困难越多、形势越严峻，越需要思想观念上的创新。总结河南省创新发展的经验，我们很容易发现，发展中所取得的每一次重大突破、每一个重大进步、每一项重大成就，都是思想解放的结果。同时，思想观念创新还是抢抓机遇的前提条件，经济社会发展中的很多机遇，既不是一个地方所独有，更不是一直都会有，谁的思想解放快，观念创新快，谁就有机会抢占先机、乘势而上。因此，可以说，如果没有思想解放和观念创新，科技创新、体制创新、政策创新和模式创新都无从谈起。

其二，创新需要遵循规律。创新精神已经成为我们时代精神的核心。河南省创新驱动发展的实践证明，没有创新，思想的藩篱就难以冲破，体制的坚冰就不会融化，发展方式的转变就无从进行。正是一以贯之的科技创新、体制创新、政策创新和发展模式创新等，不仅给中原大地带来了激荡人心的历史巨变，而且深刻改变了河南人民的思维方式、工作方式和生活方式。当然，任何事物的发展都是有其内在规律性的，创新也是一样，创新不是盲目的创新，也不是无原则的创新，创新是在社会主义市场经济体制框架下的创新，创新既要坚持社会主义基本政治制度不动摇，又不能故步自封、不思进取，无论科技创新、体制创新，还是政策创新和模式创新，都只有遵循事物发展的内在规律，遵循市场经济的基本规律，创新才会有效，创新才会成为经济社会发展的真正动力。

其三，创新需要制度保障。创新不是空话，是一个复杂艰难的过程。创新的种子要生根发芽成长，需要适宜的气候和环境。这种气候和环境就是制度和政策保障。没有良好的制度和政策土壤，创新就难以生根发芽。因此，建立激励创新、推动创新的体制机制十分必要，作为政府，既是创新的带动者、组织者，也是创新的引导者、服务者，通过制度保障，为创新创造良好的法制环境、政策环境、市场环境和舆论环境，对待创新要敢于让利，敢于放权，敢于扶持，敢于培育。要把对创新规律的理解和对创新活动的激励贯穿于创新的每一个环节、每一个过程，通过制度的杠杆协调好创新主体与社会之间的收益平衡关系，确保创新能够在良好的制度环境下生存发展。

其四，创新需要容忍失败。创新必然会有挫折甚至失败，要推动创新必须宽容失败。回首河南省创新发展的历程，给我们最重要的启示就是要形成"鼓励创新，宽容失败"的文化氛围。如果不允许"试错"，不能"容错"，就不会有创新的辉煌成就。失误并不意味着一无所获，只说明前进中的坎坷，失败并不是结果，更多时候只是一个过程。善待失利者，也让其他创新者坚定了信心，整个社会的创造力因而会被激发，发展就有了更多源头活水。河南省创新发展的经验说明，鼓励冒尖、包容个性，提倡竞争、倡导合作，让一切有利于社会进步的创新愿望得到尊重，创新活动得到鼓励，创新才能得到发挥，创新成果得到肯定，这是一切创新活动获得成功的重要条件。

其五，创新需要统筹兼顾。改革创新是一项复杂的系统工程，无论科技创新、体制创新，还是政策创新、模式创新，统筹兼顾是获得成功的必要条件。在实施创新的过程中，若各自为政，势必导致彼此冲突，创新就难以平稳有序的进行；创新就意味着改革，改革就是要通过利益的调整，调动方方面面的积极性，只有统筹协调好各方利益关系，才能激发更强的社会活力。推进创新，需要重视对改革创新的总体指导和统筹协调，始终坚持社会主义市场经济的发展方向，站在促进社会生产力发展和实现最广大人民利益的高度，谋划创新思路、制定创新举措，适应经济社会发展的要求，紧扣人民群众的需要，牢牢抓住影响经济社会发展的突出矛盾和问

题，做到重点突破与配套推进相结合，锐意创新与规范推进相结合，勇于攻坚与稳妥推进相结合，确保各项创新活动有序、有效开展。

其六、创新需要开放环境。随着经济全球化的深入发展，扩大开放成为每个国家和地区发展的必然选择。创新离不开开放，开放与创新是相互依存的关系。从改革开放以来河南创新发展的实践来看，只有把科技创新、体制创新、政策创新、模式创新放在开放的大背景下去谋划、去推进，才能使创新获得持久的发展动力。我们只有立足河南，放眼世界，按照国际规则和国际惯例，积极推进科技创新、体制创新、政策创新和模式创新，全面构建与社会主义市场经济体制相适应，与国际接轨的新体制新机制，河南才可能在日益激烈的国内外竞争中构筑新的发展优势，才能真正形成改革与创新、创新与开放互动发展的良好局面。

其七，创新需要形成合力。创新是一项系统工程，创新不单单是哪个人或哪个部门的事情，创新需要全社会的共同努力和共同参与。当前，河南无论是科技创新、体制创新，还是政策创新、模式创新已进入关键阶段，复杂性、艰巨性日益增强。一方面，长期制约河南发展的许多体制机制性顽症，仍在困扰着经济社会生活；另一方面，转变发展方式、建设创新型河南、发展农村公共事业、建设和谐中原等各项任务，都对创新提出了新的要求，特别是体制创新更是面临诸多课题，触及面广、涉及利益层次深，都是难啃的"硬骨头"，推进创新，单靠某个人、某个部门难以实现重大突破，必须动员全社会的力量，形成全社会创新发展的合力，全力打造政府部门放手促创新、企业放胆争创新、个人勇创新的工作新格局和多方参与、良性互动、通力合作的创新发展新局面。

其八，创新需要人才支撑。创新离不开人才，人才是创新成功的关键。要保持创新持续发展，必须造就一支素质优良、结构合理、规模庞大的人才队伍。坚持在创新实践中发现人才、用创新活动培育人才、用创新事业凝聚人才，大力宣传各行各业的创新人才典型，激励和鼓舞各类人才争做创新精神的弘扬者、创新实践的引领者、创新事业的开拓者。不断深化体制改革，加快职能转变，优化政务环境，从教育培养、竞争择业、评价使用、报酬待遇、社会地位等方面健全政策法规，给创新人才以肯定、尊重和激励，用机制激励人才、用法制保障人才。大力营造生动、活跃、民主的创新氛围，在全社会形成尊重劳动、尊重知识、尊重人才、尊重创造的良好风尚，为创新提供良好的人才环境。

三、未来展望

当前河南正处在破除体制机制深层次矛盾，激发创新发展活力，加快发展方式转变的关键节点上。推进中原经济区建设，探索不以牺牲农业和粮食、生态和环境为代价的新型城镇化、新型工业化、新型农业现代化三化协调科学发展的路子，比以往任何时候都更加需要创新的引领、创新的支撑和创新的驱动。在新的形势、新的任务、新的环境下，只有继续大力实施创新驱动战略，中原崛起、河南振兴的宏伟目标才能如期实现。

（一）加快发展方式转变必须实施创新驱动战略

当前河南经济社会正处于发展与转型交织，机遇与挑战并行的关键时期，河南要在愈益激烈的国内外竞争中赢得发展的主动权，最根本的是加快发展方式转变，最关键的是加快创新发展的步伐。创新不仅是企业生存发展、长盛不衰的生命线，也是内需扩大、产业升级、经济发展方式转变的重要引擎。如果说城镇化是扩大内需的最大潜力，创新则是经济发展的最大活力，依靠创新驱动能够带来更有质量、更有竞争力的发展。在国内外环境复杂多变的情况下，应鼓励企业创新思维与理念，创新技术与产品，创新管理与机制，把创新与发展结合起来，把增加有效供给与培育市场需求结合起来，只有这样才能实现经济发展方式的根本转变。

（二）加快中原经济区建设必须实施创新驱动战略

河南已踏上建设中原经济区的新征程。在探索不以牺牲农业和粮食、生态和环境为代价的新型城镇化、新型工业化、新型农业现代化三化协调科学发展之路的过程中。既面临难得的发展机遇，也面临许多难题和挑战，要抓住机遇、应对挑战，就必须通过科技创新、体制创新、政策创新和发展模式创新等措施，推动经济结构调整，促进发展方式转变，加快实现经济社会发展由要素驱动向创新驱动转变。充分发挥政府与市场两只手的作用，向创新要动力、要活力，彻底打破制约三化协调发展的一切体制机制障碍，加快建立更加开放、更具活力、更为高效的体制机制新，为中

原经济区建设提供更大的动力和活力。

（三）破解发展难题必须实施创新驱动战略

当前，河南在推进科学发展中还面临着"钱从哪里来、人往哪里去、粮食怎么保、民生怎么办"及"土地哪来、减排那里去、要素怎么保、物价怎么办"新老"四难"问题，面对发展过程中许多绕不过去的坎，许多过去成功的做法，现在已难以凑效。要破解新老"四难"问题，只有通过创新，只有用新的办法、新的机制、新的制度来解决。近些年来，河南经济社会之所以能够保持持续快速发展的态势，关键就在于坚持了创新驱动，如果没有科技创新、体制创新、政策创新、模式创新等的重大突破，河南的科学发展就不可能保持好的气势、好的趋势和好的态势，建设中原经济区的目标也就无法顺利实现。所以，我们必须进一步解放思想，把创新摆在更加突出的位置上。在加快创新上，不能犹豫动摇，不能拖延迟缓，不能敷衍对付。只有坚定不移的实施创新驱动战略，才能不断加快河南科学发展的进程。

（四）构建和谐社会必须实施创新驱动战略

改革开放以来，随着经济的快速发展和经济体制的深刻变革，社会结构、利益格局和人们的思想观念也都发生了深刻的变化。改革开放之初，我们面临的主要矛盾是温饱尚未解决和短缺经济。现在，随着人们物质文化生活水平的迅速提升，上学、看病、住房、交通等公共服务供给相对短缺的问题日益突出，就业和社会保障等民生问题也不断凸显；改革开放之初，体制上存在的突出问题是平均主义障碍，现在，随着社会主义市场经济的深入发展，出现了城乡、区域、经济社会发展不平衡和社会成员之间收入差距过大的问题；改革开放之初，放权让利的过程使改革成为普遍的获益过程。随着改革触及利益格局的核心部分，各种利益矛盾凸显出来，产生了很多涉及利益分配和利益补偿的突出矛盾，现在，我们驾驭市场经济的能力有了很大提高，但又出现了如何驾驭利益主体多样化的社会、如何处理好各种社会利益关系等问题。在新形势下，要协调好各种社会利益关系，解决好关系人民群众切身利益的问题。传统的思维、传统的方法、传统套路都不管用了，必须通过科技创新、体制创新、政策创新和模式创新等手段，解决和谐社会建设中出现的新矛盾、新问题。

第八章
后发赶超：与全国同步实现全面小康的必然选择

改革开放尤其是 20 世纪 90 年代以来，河南省从人口多、基础差、底子薄的基本省情出发，积极实施后发赶超战略，明确赶超目标，充分发挥优势，从根本上破解发展难题，加快转型发展。经过 20 多年的努力，河南省经济实力快速增强，在全国地位迅速提升，实现了由封闭到开放，由贫穷落后到基本小康，由缺粮大省到国人大粮仓大厨房，由计划经济、小农经济、自然经济到社会主义市场经济，由传统农业大省到重要经济大省、新兴工业大省和有影响文化大省的历史变化，为与全国同步实现全面小康奠定了坚实的基础。

第一节　确定赶超发展的战略目标

20 世纪 90 年代以来，随着经济社会形势的变化，河南省的战略目标也在不断地调整，从"一高一低"，到"两个较高"，再到"两大跨越"、"两高一低"，这些战略目标的确定、调整与深化，体现了历届省委、省政府在推动中原崛起过程中的不断探索和实践，体现了历届省委、省政府团结带领全省人民实现河南省振兴的决心和胆识，在推动中原崛起河南省振兴过程中发挥了重要的指导作用，也为与全国同步实现全面小康目标提供了重要保障。

一、"一高一低"战略的提出和实施

（一）"一高一低"战略目标的提出

20 世纪 90 年代初，经过 10 多年改革开放的洗礼，虽然河南省经济社会获得了较快发展，但区域发展底子薄、人口多等基本省情尚未根本转变，开放意识和市场经济意识比较淡薄，经济发展动力活力严重不足。尤其是与先行一步的沿海地区相比，河南省与之的差距不断拉大。在这一大背景下，河南省委、省政府在 1990 年 11 月召开的省五次党代会上，提出了"团结奋进、振兴河南省"的指导思想。同时，会议强调，在经济工作上，必须坚持"科教兴豫、教育为本"的战略方针；必须坚持以农业为基础、工业为主导；必须坚持深化改革，扩大开放，努力探索计划经济与市场调节相结合的路子。在战略布局上，要以黄河经济带为龙头，重点发展中州平原，积极开发丘陵山区。

在"团结奋进、振兴河南"的思想指导下，1991 年 1 月，省委五届二次全会确定了"一高一低"的战略发展目标，即经济发展速度和效益要略高于全国平均水平，人口增长速度要低于全国平均水平。同时，围绕"一高一低"战略目标，河南省委、省政府首次提出了实现"中原崛起"的概念。1992 年 1 月，时任河南省长的李长春同志以《加快改革开放，实现中原崛起》为题撰文，提出："中西部地区是我国能源、原材料工业生产基地，又是广大的工业消费品市场，这都是促进沿海工业发展不可缺少的因素。实际上，沿海与内地在经济上是一种相互依存、互惠互利、共存互荣的关系。因此，从全国一盘棋的战略出发，为促进东、中、西部经济的协调发展，必须加快中原的振兴和崛起"，并指出，"在党的十四大精神指引下，中原一定能够再度崛起"。

在 1995 年 12 月召开的中共河南省第六次代表大会上，省委、省政府又进一步强调，积极实施科教兴豫战略、开放带动战略、可持续发展战略，着力加强第一产业，强化提高第二产业，积极发展第三产业，加快基础设施建设，加速工业化、城市化进程，保持经济发展速度略高于全国平均水平、人口自然增长率略低于全国平均水平，使河南省成为中西部发展较快的地区之一。至此，"一高一低"成为这一时期河南省经济社会发展的战略目标，成为省委、省政府团结带领全省人民为之奋斗的行动指南。

（二）"一高一低"战略目标的实施

围绕"一高一低"战略目标，河南省委、省政府从实际出发，全面实施开放带动、科教兴豫和可持续发展三大战略，大力发展县域经济，着力加强第一产业，强化提高第二产业，积极发展第三产业，加快发展中原城市群，加快基础设施建设，全力推进全省工业化、城镇化进程，为这一战略目标的实现提供重要支撑和动力。

同时，为了顺利实现"一高一低"的战略目标，河南省委、省政府采取了一系列关键措施和重大举措。一是把发展县域经济作为加快河南省发展的重要突破口。1993年3月底，河南省委、省政府决定将巩义、偃师、禹州等综合实力排名前18位的县（市）确定为改革、开放、发展的"特别试点县（市）"，赋予其部分省级经济管理权限，实行特殊政策，让它们实现高起点、超常规、大跨度、跳跃式发展。这就是当时著名的"十八罗汉闹中原"。1993年5月，李长春同志在《奋进》杂志上撰文指出，从河南省实际情况出发，加速县域经济发展，是关系到振兴河南省战略全局的大事，也是我们抓住机遇、加速发展的一个重要突破口。二是提出要探索出一条农业省加快工业化进程的新路子。1993年1月，李长春在全省农村工作会议上强调，农业大省实现工业化，必须首先立足于丰富的农副产品所提供的工业原料，坚持强农兴工的路子，把两者统一到"围绕农字上工业"上。1995年8月，在同全省理论界部分专家座谈时，他再次指出，就河南省的实际来讲，必须围绕"农"字上工业，上了工业促农业。强农兴工，协调发展，走出一条农业省加快工业化进程的新路子。这条路子，既强化了农业基础，又找到了加速工业化进程的突破口。三是提出了加快中原城市群发展的思路。在1995年12月召开的省六次党代会上，李长春提出，必须进一步优化和拓展生产力布局：抓紧抓好郑州商贸城建设，使其逐步成为有较强吸引力、辐射力的经济中心城市，在全省发挥龙头作用；加快以郑州为中心的中原城市群的发展步伐，着力培植主导产业，逐步成为亚欧大陆桥上的一个经济密集区，在全省经济振兴中发挥辐射带动作用。四是全面实施"开放带动战略"。1994年，省委五届九次全会首次

作出了全面实施开放带动战略的重大决策，李长春提出要把对外开放提高到振兴河南省的战略高度，摆到经济工作的突出位置。

在一系列关键措施和重大举措的推动下，河南省经济社会获得了快速增长，人口自然增长率持续走低。1991—2000年间，河南省国内生产总值增长速度（除1991年和1992年外）均高于全国平均水平，人口自然增长率（除1991年外）均低于全国平均水平（见表8—1）。截至2000年年底，河南省国内生产总值达到5137.7亿元，增长了9.5个百分点，比全国平均水平高了1.5个百分点；人口自然增长率为7.1‰，比全国平均水平低了0.5个千分点。

表8—1   1991—2000年河南省与全国GDP、人口自然增长率状况

年份	GDP增长速度（％）		人口自然增长率（‰）	
	全国	河南省	全国	河南省
1991	9.2	6.9	13.0	13.2
1992	14.2	13.7	11.6	11.1
1993	13.5	15.8	11.5	9.5
1994	12.6	13.8	11.2	9.0
1995	10.5	14.8	10.6	8.1
1996	9.6	13.9	10.4	7.8
1997	8.8	10.4	10.1	7.7
1998	7.8	8.8	9.1	7.8
1999	7.1	8.1	8.2	7.7
2000	8.0	9.5	7.6	7.1

二、从"两个较高"到"两大跨越"的调整和转变

（一）"两个较高"的提出与实施

"十五"时期是实现全面建设小康社会奋斗目标的关键时期，为推进河南省全面建设小康社会进程，河南省委、省政府提出，"十五"期间河

南省将按照以发展为主题，以结构调整为主线，以改革开放和科技进步为动力，以提高人民生活水平为根本出发点的总体思路，并明确提出要在坚持"一高一低"目标的同时，要通过结构调整，着眼努力实现"两个较高"：在保持经济快速增长的同时，把质量和效益放在突出位置，实现国民经济较高的增长速度和较高的增长质量。

为确保"两个较高"顺利实现，全省积极推进战略性的结构调整。一是调整产品结构，全面拉长产品链条，提高产品科技含量和附加值，实现产业升级；二是调整产业结构，加快工业化进程，缩小第二、三产业占国内生产总值比重与全国平均水平的差距；三是调整城乡结构，加快城镇化进程，力争全省城镇化率接近全国平均水平；四是调整所有制结构，探索公有制的多种实现形式，大力发展混合经济，积极发展非公有制经济；五是调整人才培养结构，在巩固基础教育的同时，大力发展高中阶段和高等教育，使河南省高等教育毛入学率接近全国平均水平。

在实际工作中突出抓好八项举措。一是建设两个农业基地，把河南省建成全国重要的优质专用小麦生产和加工基地，成为全国重要的畜产品生产和加工基地。二是发挥比较优势，着力培养、改造、提升五大支柱产业，有选择地发展高新技术产业，形成新的经济增长点。三是以开发建设精品旅游线为重点，尽快把河南省建成文化旅游大省。四是有重点地加强水利基础设施建设，全面提高抗旱防洪的能力。五是加快路网改造，优先发展高速公路，尽快建成承东启西、连南接北的中原交通大通道。六是充分发挥全省煤炭资源优势，建成一批大型坑口火电厂，使河南省成为全国重要的火电基地。七是以把郑州建成全国区域性中心城市为重点，积极稳妥地推进城镇化进程。八是加快高素质人才培养，经过五年努力，力争全省普通高校在校生规模翻一番，"十五"期间高校在校生要达到 50 万人。

在全省上下共同努力下，到 2005 年即"十五"的最后一年，河南省生产总值增长速度已连续保持在 13% 以上，高于全国平均水平 3 个百分点以上。产业结构调整取得了较大成效，截至 2005 年年底，第二、三产业比重达到 82.5%，比"九五"期末提高 5.1 个百分点，对经济增长的贡献率达 56.7%。2001—2005 年，人口自然增长率分别为 6.94‰、6.03‰、5.64‰、5.2‰ 和 5.25‰，持续走低，且低于全国平均水平。2005 年，

GDP 总量达 10535 亿元，成为全国第五个经济总量超万亿元的省份；工业总产值达到 5539 亿元，占全省 GDP 总量的 52.6%，增速和利润均排在全国前五位，河南省开始跨入经济大省和工业大省的行列。

（二）从"两个较高"到"两大跨越"的调整

2006 年 4 月，中共中央、国务院颁布了《关于促进中部地区崛起的若干意见》，指出要把中部建成全国重要的粮食生产基地、能源原材料基地、现代装备制造及高技术产业基地，以及综合交通运输枢纽，并出台了 36 条政策。这标志着促进中部地区崛起正式进入实施阶段。

河南省委、省政府积极响应中央的号召，敏锐地抓住中部崛起这一历史性战略机遇，在对河南省新时期所处历史方位作出准确判断的基础上，在"两个较高"战略目标的基础上，响亮提出了河南省加快经济大省向经济强省跨越、加快文化资源大省向文化强省跨越的"两大跨越"发展战略目标。这一发展战略目标的提出，既是对中央促进中部地区崛起战略决策的积极响应，同时也突出了河南省特色，符合河南省经济社会发展的实际，符合新形势下科学发展的要求。

"两大跨越"的发展战略目标提出后，河南省推出了一系列卓有成效的重要举措。在加快经济大省向经济强省的跨越方面，河南省进一步加大了改革开放力度，以大开放促大发展；大力调整经济结构和产业结构，促进国有经济、集体经济、民营经济、股份合作制经济和第一、第二、第三产业协调发展；强力推进中心城市带动战略，做大做强中原城市群；积极实施区域协调发展战略，大力发展县域经济；加快工业化、城镇化进程，推进农业现代化，用工业理念发展农业，推进农业产业化；大力发展现代农业，巩固农业基础地位；发挥河南省的区位优势，大力发展交通业和物流业，搞活中原大市场。同时，河南省委、省政府像重视经济建设一样重视文化建设，强力推进文化资源大省向文化强省的跨越，努力构建社会主义核心价值体系和公共文化服务体系，构建具有中原特色的优势文化产业体系，培育文化市场竞争主体，优化文化产业格局，通过"中原文化港澳行"、"中原文化沿海行"等文化推介活动，向海内外强力推介中原文化，宣传河南省改革开放的新形象，强化河南省的文化软实力，增强中原文化的感召力、向心力和影响力。

三、"两高一低"目标的确立和推进

（一）"两高一低"目标的确立

省第八次党代会以来，河南省紧紧围绕加快"两大跨越"、推进"两大建设"目标任务，加快转变经济发展方式，协调推进工业化、城镇化和农业现代化，有效应对国际金融危机冲击，经济社会发展总体持续、总体提升、总体协调、总体有效，呈现出好的趋势、好的态势、好的气势。

但在肯定这些成绩的同时，河南省发展还存在一些突出矛盾和问题，人口多、底子薄、基础弱、人均水平低、发展不平衡的基本省情没有从根本上改变，"钱从哪里来、人往哪里去、粮食怎么保、民生怎么办"四道难题需要破解的局面没有从根本上改变，经济社会发展中还面临着经济结构性矛盾、发展活力不足、社会管理滞后等许多困难和问题。为此，省委八届十一次全会审议通过《中共河南省委关于制定全省国民经济和社会发展第十二个五年规划的建议》，提出了"十二五"实现经济社会发展"两高一低"的战略目标，即主要经济指标年均增速高于全国平均水平、力争高于中部地区平均水平，人口自然增长率继续低于全国平均水平。随后，在2010年10月23日召开的河南省委经济工作上，强调要"持续'两高一低'目标"。在这次会议上，省委书记卢展工指出，"这一目标符合中央要求、符合河南省实际，体现了实事求是、遵循规律。我们不盲目攀比、不层层加码压指标，但对于中央提出的促进中部地区崛起、省委提出的加快中原崛起，我们必须承担起责任，这才是对全国发展大局负责、对全省人民负责。河南省拥有一亿人口，改革开放30多年的发展奠定了坚实的基础，如果连'两高一低'目标都不敢提、都达不到，就无法向全省人民交待。各地各部门都要围绕'两高一低'，制定切合实际的发展目标。"

此后，在2011年1月召开的河南省人大十一届四次会议和2011年10月召开的河南省九次党代会都强调，"十二五"时期河南省要在优化结构、提高效益和降低消耗的基础上，努力实现"两高一低"目标。至此，"两高一低"成为"十二五"河南省经济社会发展的战略目标。

(二)"两高一低"目标的推进

近两年来，河南省紧紧围绕"两高一低"的目标，大力实施建设中原经济区、加快中原崛起河南省振兴总体战略，全面推进"一个载体、三个体系"建设，制定和实施了一系列重大举措，为这一战略目标的实现提供了坚实基础。

围绕"两高一低"目标，在指导原则上提出要把握好四个方面。一是以科学发展为主题。坚持科学发展，把科学发展要求体现到经济社会发展的各个方面、各个环节，更加注重以人为本，更加注重全面协调可持续发展。二是以加快转变经济发展方式为主线。坚持把加快转变经济发展方式作为推动科学发展的突出战略任务，贯穿经济社会发展全过程和各领域，坚持在发展中促转变、在转变中谋发展。三是以建设中原经济区、加快中原崛起和河南省振兴为总体战略。围绕中原经济区战略目标、战略布局、战略重点，解放思想、融入全局，发挥优势、全面推进，通过五年努力，把作为中原经济区主体的河南省建设成为全国重要增长板块，在支撑中部崛起、密切东中西联系、服务全国大局中发挥更大作用。四是以富民强省为中心任务。坚持富民优先、务必强省为要，把保障和改善民生作为各项工作的出发点和落脚点，着力构建"一个载体、三个体系"，加快新型工业化、新型城镇化，推进农业现代化，努力实现富民与强省的有机统一。

在工作推进上，提出要把握四个战略重点。一是着力扩大内需。积极扩大消费需求特别是居民消费需求，保持投资合理较快增长，努力扩大出口，加快形成消费、投资、出口协调拉动经济增长的新局面。二是着力调整结构。突出抓好产业结构和城乡结构调整，着力解决产业竞争力弱、城乡差距大等问题，促进经济社会长期又好又快发展。三是着力改革开放。把改革创新作为破解深层次矛盾和各种瓶颈制约的根本途径，把扩大对外开放作为借势跨越、带动全局的战略举措，不断增强经济社会发展动力和活力。四是着力改善民生。更加注重增加城乡中低收入居民收入，扩大社会保障覆盖面，提升公共服务水平，促进人的全面发展。

在实际工作上突出抓好十项举措。一是着力扩大需求，保持经济较快发展。着力扩大消费需求，推进投资较快增长，积极扩大出口规模，为经济发展提供充足动力。二是调整优化产业结构，促进经济更好发展。以产业集聚区为载体，以开放招商、承接产业转移为主要途径，以重大转型升级项目建设为抓手，着力培育优势产业，壮大优势企业，促进产业结构转型升级。三是大力发展现代农业，夯实工业化、城镇化发展基础。加大"三农"投入，促进传统农业向现代农业转变，在工业化、城镇化加快发展中协调推进农业现代化。四是大力推进城乡建设，加快城镇化进程。坚持走新型城镇化道路，以产兴城、以城带乡，全面实施城乡建设三年大提升行动计划，以产业聚集为基础，以扩大就业容量为根本，以促进农村人口向城镇转移落户为中心，以提高城市承载和服务能力为保障，以现代交通网络为纽带，深入推进现代城镇体系建设。五是加快基础设施建设，增强跨越式发展支撑能力。加快推进"五网一系统"基础支撑体系建设。六是全面提升开放水平，以开放带动全局。坚持把扩大开放作为带动全局的综合性战略举措，大力实施开放带动主战略，加快打造内陆开放高地。七是强力推进改革创新，破解发展瓶颈。八是加强资源节约和环境保护，增强可持续发展能力。大力发展循环经济、绿色经济、低碳经济，推进资源节约型、环境友好型社会建设。九是加快文化强省建设，增强发展软实力。推动文化大发展大繁荣，为中原崛起提供思想保证、舆论支持、精神动力和文化条件。十是切实保障和改善民生，促进社会和谐稳定。实施"十项民生工程"，创新社会管理，切实解决好人民群众最关心、最直接、最现实的利益问题。

截至 2011 年，河南省生产总值达到 27232.04 亿元，增长 11.6%，高于全国平均水平 2.4 个百分点；固定资产投资 17766.78 亿元，增长 25.8%，比全国平均水平高了 2.2 个百分点；全年社会消费品零售总额 9322.90 亿元，增长 18.1%，比全国平均水平高了 1 个百分点；进出口总额 326.42 亿美元，增长 83.1%，比全国平均水平高了 60.6 个百分点；人口自然增长率 4.94‰，略高于全国平均水平 0.15 个千分点。

第二节　发挥优势加快赶超步伐

改革开放尤其是 20 世纪 90 年代以来，河南省不断解放思想、更新观

念，不断深化对自身区位、人口、粮食、文化、资源等优势的认识，并在发挥比较优势的基础上培育竞争优势，不仅为河南省实施后发赶超战略、推动经济社会快速发展提供了有力支撑，还将在建设中原经济区，实现中原崛起河南省振兴过程发挥更大作用。

一、发挥区位优势

改革开放以来，河南省不断推进思想大解放，观念大更新，重新发现自身的区位优势并充分加以利用，发展大交通，建设大市场，推动大流通，积极承接产业转移，推动了经济社会的快速发展。

发展大交通，进一步提升区位优势。河南省，因其得天独厚的区位优势，历来是我国的交通枢纽。然而在 20 世纪 90 年代初，随着经济的发展，人流、物流不断增大，滞后的交通能力反而成了制约河南省发展的"瓶颈"。为此，河南省委省政府确定清晰的战略思路：扬长避短，以发展大交通为契机，以大市场大流通建设为推手，让中原通起来、活起来、流起来，进而达到振兴河南省、服务全国的目的，并先后推出了一系列发展大交通、构建大市场、发展大流通的重大决策，河南省的交通状况逐步改善。如今，河南省已成为国家级综合交通枢纽，"九州心腹，十省通衢"之地重享盛名，中原通天下，进一步提升了河南省的区位优势。

着力发展大市场，搞活大流通。自 20 世纪 90 年代以来，河南省借助大交通，兴建大市场，促进大流通。1990 年，中国郑州粮食批发市场开市，现在郑州商品交易所已是全国三大期货交易所之一。1992 年，郑州确定以贸促工、以流通促发展的战略。加快商贸城建设的步伐，大型批发市场、百货公司如银基商贸城、大商新玛特、丹尼斯百货等如雨后春笋，茁壮成长。市场意识的确立促进了市场大繁荣。如今，河南省既有以"地产品"为交易对象的市场，如镇平的"玉雕大世界"，也有以经营全国各地商品为主的市场，如郑州建材大世界；既有农产品批发市场，如商丘农产品中心批发市场，也有科技、装备制造、金融市场，如河南省科技市场、郑州灯具市场、郑州汽车交易市场等；既有有形的交易市场，如郑州中原国际博览中心，也有无形的交易市场，如郑州商品交易所。

市场的兴旺发达，使流通空前活跃。目前，河南省全省生产资料、生活资料交易额已经接近全省生产总值，粮食、棉花、煤炭、建材、汽车、食品、农资、邮政行业物流发展迅速，郑州国家干线公路物流港、郑州国际航空货运中心、郑州铁路集装箱货运中心、郑州铁路零担货运中心、中南邮政物流集散中心、郑州出口加工区、河南省进口保税区等物流工程的建设，使得一个以郑州为中心的现代物流枢纽已初具规模。流通搞活的同时，还带来了人才、劳务市场的活跃。

市场的兴旺，交通的便利，流通的快捷，生产要素的聚合，有力地带动了河南省经济社会的快速发展。大市场、大流通在中原催生了诸多产业集群：荥阳的建筑机械，郑州和漯河的食品加工，许昌的发制品生产，濮阳的装饰灯具，长垣的卫生材料和起重机械等，一个产销有专业分工的多元化格局已经形成。实施"东引西进"战略，一手吸引东部的产业、技术、资金，一手大力开拓中西部市场。双汇把分厂开到了四川，金星啤酒把车间建到了云南，宇通把子公司设在重庆，永煤集团把企业办到了贵州、内蒙古、新疆等。

二、发挥人口优势

2010年年底总人口9405万人，占全国总人口的7.0%，占中部六省的26.3%；处于劳动年龄阶段的人口6644万人，占全省人口总量的70.6%。作为生产力第一要素的人力资源，在促进中原崛起、河南省振兴中起着基础性、战略性和决定性作用。

但是，高质量的人口是宝贵的财富，是巨大的优势，而低质量的人口则成为负担，成为劣势。长期以来，河南省人口基数大，导致人均资源占有量、人均经济指标等都远远低于全国平均水平，人口多导致与资源环境的矛盾也非常尖锐。从人口素质上看，河南省人口整体受教育程度偏低，文盲人口比重高、绝对量大；职业教育和高等教育发展不足，高素质人才不仅总量少，而且分布不均衡。从人口结构上看，河南省农业人口比重较大，数量居全国第一位，农村富余劳动力转移困难。由此不难看出，河南省人口多不仅不是财富和优势，而且在一定程度上是负

担，是劣势。

在实现中原崛起、全面建设小康社会的进程中，如何把人口压力逐步转化为人力资源优势，怎样实现人口大省向人力资本强省的转变，是河南省决策层一直思考的问题。2004年，河南省委、省政府首次召开全省人才工作会议，鲜明地提出：实施人才强省战略，靠人才兴中原崛起大业。2010年，河南省委、省政府召开第二次全省人才工作会议，公布了《河南省中长期人才发展规划纲要（2010—2020年）》，明确提出，要从"人口红利"转向"人才红利"，从"资源河南"转向"人才河南"。近年来，河南省委、省政府结合新形势新任务新要求，以科学发展观为统领，坚定不移地实施人才强省战略，人才工作步入全面推进、整体提升的新阶段。目前，全省人才规模进入全国前10名，人才贡献率居全国第12位。人才，正在中原崛起的进程中释放出巨大的能量。

河南省抓住机会做大做强了劳务经济，实现农村富余劳动力尽快转移。大量的外出务工者在城市挣了票子，换了脑子，办了厂子，学了点子，闯了路子，在一定程度上促进了农村经济、政治、文化现代化。农民掏不起培训"小钱"丢了外出务工"大钱"，是传统农区劳务输出中的一个普遍性问题。为破解这个难题，从2004年起，河南省就拿出专项资金，对农民工进行职业技能培训，其中开封、焦作、信阳等地尝试建立政府埋单、农民免费培训的新机制。信阳率先组建农民工工会，创建了农民工维权双向机制，为外出务工者创造了良好的维权环境。

此外，河南省在加快农村富余劳动力转移、发展劳务经济的同时，充分发挥产业发展所必需的广阔市场空间和低成本的劳动力供给优势，依托丰富、廉价、高素质的劳动力资源，抓住承接全球劳动资源密集型产业的转移的机遇，积极培育发展了纺织、食品加工等劳动密集型产业。近几年来，随着河南省自身的快速发展，自身就业的容量也有很大的提升，越来越多的河南人希望能够在家门口就业，就地就近就业成为一个新的发展趋势。2011年河南省农村劳动力就业省内转移1268万，省外输出1190万，省内务工人数首次超过省外。

如今，河南省长期面临的人口压力已逐步转变为人口优势，众多的人口将为中原经济区建设带来广阔的市场空间和丰富的劳动力资源，把中原经济区打造成为人力资源高地，为中原崛起、河南省振兴提供高素质的人才保证。

三、发挥粮食优势

农业最早是在中原地区兴起来的，中国农业的起源与发达、农业技术的发明与创造、农业的制度与理念，均与河南省密切相关。粮食，是河南人的命根，也是河南人的图腾，更是河南人的自豪。进入新世纪，总产量连续 6 年超千亿斤、连续 8 年创新高、连续 11 年居全国首位，用占全国 1/16 的耕地，生产了全国 1/4 的小麦、1/10 的粮食，每年向国家贡献 400 亿斤以上的商品粮及其制成品。

由于农业生产受自然条件制约较强，旱灾水灾，都会影响农业的收成；另一方面，由于农业劳动生产率不高，较之工业或服务业，其比较收益较低。种粮对于当地经济的贡献实际并不大，从某种意义上来讲还成了地方财政包袱。很长一段时期，"种粮农民钱袋空、产粮大县财政穷"的尴尬境地，曾经直接导致农民种粮意愿不强，粮食生产动力严重不足，甚至出现土地撂荒现象。保障粮食和农业生产甚至一度被视为沉重的发展包袱和影响全省经济社会发展的劣势。

如何立足省情，把农业比重过大的劣势化为优势，历届河南省委、省政府始终在探寻农业大省发展与突破的思路，并且始终强调，抓好河南省的农业和粮食生产，责任重大，使命光荣，任务艰巨。20 世纪 90 年代初，河南省就提出"围绕农'字'上工业，上了工业促农业"的发展思路，把农副产品加工增值作为新的经济增长点来抓。进入新世纪，河南省明确提出"加快工业化、城镇化，推进农业现代化"，之后又强调要走"在不牺牲不削弱农业的前提下大力推进'三化'的路子"。中原经济区上升为国家战略，河南省又提出了持续探索不以牺牲农业和粮食、生态和环境为代价的新型城镇化、新型工业化、新型农业现代化三化协调科学发展之路的核心任务。

20 多年来，河南省依托粮食资源优势，大力发展农产品精深加工，加快推进农业产业化经营，实现了由"卖原料"到"卖产品"、由"国人

粮仓"到"国人厨房"的转变，走出了一条依托农业发展粮食工业的成功之路。在向全国各地提供大量小麦、玉米、大米等原粮的同时，河南省更向全国各地提供了大量的水饺、汤圆、方便面、饼干等粮食制成品。2011年全省农产品加工业实现营业收入1.3万多亿元。河南省的食品加工已经在全国有了一定的影响力和竞争力，成为全国最大的面粉、面制品、肉制品加工和冷冻食品生产基地。

以往被一些人视为沉重发展包袱的"粮袋子"，如今已成为支撑河南省崛起和前进的优势资源。抓好粮食生产，不仅是河南省的政治责任和使命，也是河南省立足自身条件和优势，实施中原经济区大战略的核心支撑。

四、发挥文化优势

河南省地处中原，历史悠久，是中华民族的发祥地之一。从裴李岗龙山文化、渑池仰韶文化等远古时期，到隋唐北宋时期，河南省长期作为中国的经济政治文化中心，对中国历史的发展产生了重要而深远的影响。

河南省是文物资源大省，被誉为"中国历史的自然博物馆"。全省现已查明的各类文物点3万余处，全国重点文物保护单位189处（198项），省级和市、县级文物保护单位总数达到6000余处，国有文物收藏单位收藏的各类可移动文物140多万件，占全国总数的八分之一。河南省是中国历史上建都朝代最多、延续时间最长的省份，共有22个朝代在此建都，时间长达2200多年。全国著名的八大古都河南省占其四（安阳、洛阳、开封、郑州），数量居全国第一。河南省有"戏剧之乡"的美誉，流派众多，独具特色。全省有豫剧、曲剧、越调三大剧种和宛梆、蒲剧、坠剧等20多个小剧种。河南省民间曲艺、民间舞蹈、民间音乐和杂技表演历史悠久，具有浓厚的地域文化特色。河南省是炎黄族系根之所在，历史名人荟萃，灿若繁星。百家姓中有73姓源于河南省；中原人文精神积淀深厚，河南省自古以来就是各种思想观念、学术流派的交汇地，孕育了难以尽数、名垂史册的英雄伟人、能者巨匠。

但是，中原文化同样也具有封闭性、保守性和排他性的一面。中原文化包含的"正统保守"的宗法观念、"贵中尚和"的处世之道、"循规蹈矩"的思维方式和"稳固执著"的本位精神，导致河南人的思想缺乏开放性、开拓性、创新性，对外部异己事物排斥态度居多，常常抱着以不变应万变和以我化人的信念。从经济发展看，河南省曾经长期处于农耕时代，自给自足的小农经济使广大农民守着自己的"一亩三分地"，面朝黄土背朝天，"鸡犬之声相闻，老死不相往来"；重农轻商甚至重农抑商，商品经济发展步履缓慢。

改革开放以来，河南省坚持解放思想、充分发挥文化资源优势，取得了显著成效。例如，积极推动郑汴一体化，打开了开封开放的大门；国际华商文化节的举办，提升了商丘的开放品位；新郑黄帝故里拜祖大典产生了广泛影响，成为知名文化品牌。

同时，河南省大力发展文化事业和文化产业，推进文化资源大省向文化强省跨越。2004年12月提出文化强省建设。2005年9月下发《河南省建设文化强省规划纲要（2005—2020年)》。2006年10月省八次党代会确立了"加快经济大省向经济强省跨越，加快文化资源大省向文化强省跨越"的战略任务。2007年12月，下发《关于加快文化资源大省向文化强省跨越的若干意见》。2008年6月，国家动漫产业发展基地（河南省基地）落户郑州。2008年12月，制定下发《关于设立河南省文化改革发展试验区的通知》。2009年11月，中国文字博物馆正式开馆。2010年5月中原出版传媒投资控股集团有限公司被评为"全国文化企业30强"。2010年7月，登封"天地之中"历史建筑群申遗成功。2010年年底，全省符合条件的104家博物馆、纪念馆全部实现免费开放。2011年2月，开封宋都古城文化产业园区被命名为国家级文化产业示范园区，是中部六省第一家。2011年9月，国务院出台《关于支持河南省加快建设中原经济区的指导意见》，华夏历史文明传承创新区成为中原经济区五大战略定位之一。

厚重的历史文化对今天的河南省来说，是一本深刻的教材、一笔巨大的财富，中原文明因包容而博采众长，因开放而不断创新，具有强大的吸引力和发展张力，深厚的历史积淀将是实现中原崛起、河南省振兴的强大力量。

五、发挥资源优势

　　河南省地层齐全，地质构造复杂，成矿条件优越，蕴藏着丰富的矿产资源，是全国矿产资源大省之一。截至 2007 年年底，全省已发现 127 个矿种，其中查明资源储量的 75 种。全省查明资源储量的矿产地 1085 个，其中大型及以上规模 150 个、中型 259 个、小型 492 个、小矿以及其他暂无规模指标 184 个。优势矿产主要有煤炭、石油、天然气、钼矿、金矿、银矿、铝土矿、天然碱、岩盐、耐火黏土矿、水泥用灰岩、蓝晶石、硅线石、红柱石、珍珠岩矿等。全省查明矿产资源主要分布在京广线以西和豫南的丘陵、山区，豫东平原仅有中原油田和永城煤田。煤炭资源主要集中在安鹤、焦作、郑州、平顶山等 13 个煤田，铝土矿集中分布在郑州—三门峡—平顶山一带，金、银、钼、铅、锌矿主要集中在小秦岭、熊耳山、桐柏—大别山 3 个集中区内，而非金属矿产则遍布全省。河南省的主要矿产资源还具有地域分布组合优势，有利于建立较完备的、规模化的矿业及矿产加工业体系。

　　改革开放以来，河南省依托丰富的矿产资源优势，大力发展能源、原材料等资源型产业，同时注重拉伸产业链条，促进资源型产业升级，实现了从卖资源到卖产品的转变，也奠定了河南省作为全国重要的能源原材料基地的地位。有资料显示，2004 年以来，河南省矿业及后续加工业实现的工业增加值，一直占据着全省国有及规模以上企业工业增加值的半壁江山。如今，有色金属工业已经成为河南省经济的重要支柱产业和传统优势产业，对引领河南省经济腾飞起着主导作用。

　　以具有代表性的河南省铝工业为例。河南省铝工业起步较早，1956年郑州铝厂开始建设，但是一直到改革开放初期，河南省铝工业还处在卖资源的阶段，产品结构以氧化铝和电解铝为主，中下游产品较少，附加值较低，产业发展比较缓慢。进入 20 世纪 90 年代，河南省逐步认识到河南省在铝工业资源和科技上的优势并没有充分发挥出来，加大了对铝工业的支持力度。大力发展精深加工产品，提高附加值，完善优化煤—电—铝产业链，围绕铝加工环节生产铝锭和铝合金产品，积极发展中高档铝板带、铝型材、铝合金、铝箔等高附加值产品，产品层次和产业层次大大提升，铝工业实现利税已经占到河南省有色金属行业的80%左右。目前，河南省氧化铝、电解铝产量均居全国第一位，铝加工产量居全国第二位，铝加工工业每年以50%的速度增长，形成了东起郑州西至三门峡的沿陇海线的庞大铝工业带，河南省铝工业在全国同行业内已形成"霸主"地位。

由此可见，矿产资源在河南省经济发展中的地位可谓举足轻重。优越的自然资源条件在河南省建设中原经济区、加快中原崛起河南省振兴的过程中还将继续发挥重要的支撑作用。

第三节　破解难题推进赶超战略

长期以来，河南省经济社会发展面临着一系列矛盾和问题，这些矛盾在各个历史阶段具有不同的表现形式。改革开放30多年以来，河南省立足省情，对症下药，不断探索破解发展难题的路径和方式，着力破解经济社会发展中的矛盾和难题，在破难中推进赶超战略，不仅使得经济社会发展保持了较高速度，而且大大提高了经济运行的质量。

一、破解四大历史性难题

（一）面临的主要难题

由于客观的历史和自然条件限制，加上根深蒂固的传统思想对河南省社会各阶层的影响，以及对河南省存在的一些片面固化的认识，河南省形象被严重扭曲、干部群众封闭保守、发展水平低下、面对贫穷落后状况的思想混沌四大历史性难题，长期以来一直困扰着河南省经济社会的稳定快速发展。

一是形象扭曲。一方面河南省人口众多，加之又是全国重要的交通枢纽，人员南来北往，信息传播快；另一方面，河南省正统观念严重，开放程度不足，对外宣传力度不够。在封闭保守思想观念的负面作用和发展落

后的经济社会现状下，近些年出现了一些扭曲河南人形象的不良风气，极其严重地影响到河南省形象。

二是封闭保守。长期农耕时代的自给自足小农经济格局使广大河南省农民宁愿固守薄田、不愿轻取厚利，固守旧的经济和社会格局。思想意识上，一度缺乏开拓创新、敢闯敢试的勇气和信心。加上深处内陆的地理位置与对外联系的匮乏，许多自然资源、文化资源和工业基础长期处于低效利用甚至尘封状态，不但没有充分发展，甚至由于缺乏资源意识和开发能力，成为经济社会发展的沉重包袱，并且丧失了诸多大好发展机会。作为七朝古都的开封，就是由于传统思想的严重束缚，经济迟迟难以振兴。

三是发展落后。河南省虽然是一个农业大省、粮食大省，却长期解决不了自身的温饱问题；国家虽然在"一五"期间就在河南省安排了一批重大工业项目却迟迟没有做大做强工业，有的后来甚至成了包袱和累赘。更有甚者，一些贫困地区的农民一到农闲就全家外出要饭，被称为"中国的吉卜赛人"。直到20世纪90年代初，在豫西山区还有过一家人靠一条裤子轮流出门、一家人靠一条被子过冬的现象。

四是思想混沌。面对贫穷落后的状况，特别是看到沿海地区利用体制和区位优势率先发展起来，河南省的干部群众心急如焚、苦苦探索。但要么是悲观失望、不知所措，要么是盲目乐观、急于求成，一直找不到好路子、拿不出好办法。很长一段时间，在靠农业兴省还是靠工业兴省等一系列问题上争论不休，在全国发展大局中找不准位置，搞不清楚应该朝着什么样的目标前进。

（二）破解难题的主要举措

为了使河南省经济社会能够摆脱四大历史性难题的困扰，历届河南省委省政府和各级干部、广大群众进行了锲而不舍的探索与实践，逐渐认识到四大历史性难题，封闭保守是根、发展落后是源。为此，河南省始终坚持改革开放实践，逐步加强对外宣传力度，在深化改革、促进开放、谋取发展中不断强化自身发展能力，形成发展战略；响亮地提出要用发展赢得尊重、用实力改变形象，把着力点放在练内功、强素质上，并通过积极的对外宣传提升自身形象，使四大历史性难题在不断地发展进步中得到逐步破解。

首先，以改革开放促进经济社会发展，战略思路逐渐明晰。20 世纪 90 年代以来，邓小平同志南方谈话之后，以社会主义市场经济为取向的改革全面铺开，河南省在农村和城市同步展开了全面改革，改革开放进入了全面推进阶段。河南省的发展思路逐步明晰，提出要"围绕'农'字上工业，上了工业促农业"，"以农兴工、以工促农、农工互动、协调发展"，并通过"十八罗汉闹中原"带动了县域经济的发展。党的十六大以来，在改革开放的深化阶段，河南省进一步提出要全面建设小康社会、实现中原崛起，并把加快工业化、城镇化，推进农业现代化作为基本途径，突出工作重点，积极推动结构调整，统筹城乡协调发展。

其次，针对封闭保守的状况，河南省还坚持解放思想、转变观念，通过思想的解放把发展的大门打开。例如，实施开放带动主战略，把对外开放提到了前所未有的突出位置和战略高度；积极推动郑汴一体化，打开了开封开放的大门；发挥商丘"商文化"资源优势，促使商丘走出河南省、走向全国、走向世界，特别是国际华商文化节的举办，进一步提升了商丘的开放品位；加大黄帝文化资源开发力度，开始连续举办新郑黄帝故里拜祖大典，后迅速在国内外产生了广泛影响，成为知名文化品牌，被国务院列入非物质文化遗产名录。

再次，为了提升河南省形象、改善人文环境，在努力通过积极改革开放实践实现经济社会全面发展、强化自身实力的同时，我们加强对外宣传，把河南省开放、开明、开通的形象和河南人勤劳、厚实、诚恳、善良的形象展示给世人。对蓄意扭曲河南省形象的问题，河南省采取有力措施坚决予以纠正，强烈要求立即停止针对河南人的地域歧视行为。

（三）破解难题的成效

经过二十多年的改革开放实践和对河南省经济社会发展路径的不懈探索，使河南省的发展开始有了一个明确的方向和目标。明确了目标，理清了思路，河南省广大干部群众干事创业的劲头更足了，形成了谋发展、推跨越、促崛起的浓厚氛围，彻底改变了河南省在发展中思想混沌的局面，为下一步进一步明晰发展道路，找准在全国发展大局中定位奠定了思想基础。

一是河南省形象大为改观。先进英模人物呈集群式、持续性、自发性

涌现，李学生、魏青刚、谢延信、洪战辉等一次又一次感动了整个中国，奥运会重大工程鸟巢、水立方的建设都留下了河南省农民工辉煌的业绩。济南军区驻豫"铁军"师、"抗震救灾英雄战士"武文斌等广大驻豫官兵，都为河南省形象增了光、添了彩。

二是通过解放思想，广大干部群众视野开阔了，思路拓宽了，发展意识、开放意识、竞争意识明显增强了，河南省日益成为一个开放、开明、开通的省份。

三是经济社会取得快速发展。全省国内生产总值于 2005 年突破万亿大关，稳居全国第五位，实现了由传统农业大省向经济大省、新兴工业大省的转变。四是"中原崛起"战略的提出，为全省经济和社会发展指明了努力的方向和发展思路，成为河南省各级干部和广大群众努力奋斗、振兴河南省、建设富裕幸福家园的思想指引。

二、破解"六大矛盾"

（一）"六大矛盾"的主要表现

· 2005 年 10 月河南省委七届十次全会上，河南省委提出了六个研究和六个破解的任务，即理论界归纳总结的影响河南省经济社会发展的"六大矛盾"。

一是河南省经济的结构性矛盾。经济发展中的结构性矛盾是制约河南省走新型工业化道路、加快工业化进程的主要矛盾，也是经济社会全面协调可持续发展面临的根本性问题。最突出的表现就是资源开发型产业比重大，加工链条短、综合利用程度低，带动性强、关联度高、对长远发展有重要影响的产业和包括高新技术产业在内的新兴产业发展缓慢。另一个就是产业同类化和同质化，同类企业众多、规模不大、集中度不高，产品同类、生产水平和产品质量差不多，呈现过度竞争现象。这种高投入、高消耗、高污染、低效益的产业层次和结构，竞争力不强、抗市场风险的能力差，既影响经济增长质量和效益的提高，又加剧了资源环境的约束。

二是河南省经济社会发展的资源环境约束矛盾。人均资源少、经济社会发展对资源环境依赖性较强，是河南省经济社会发展中的突出矛盾。一方面，由于河南省人口数量庞大，人均资源绝对量和相对全国平均水平均较低。另一方面，由于不合理的工业结构，在经济效益和经济规模实现阶段性跨越的同时，对资源消耗和环境压力的影响日益突出，导致资源环境约束日益凸显。

三是"三农"问题的突出矛盾。作为一个农村和农业人口比例占绝大多数的河南省，"三农"问题尤为突出。2005年，全省农民人均纯收入比全国平均水平低384.35元，仅居第19位，在中部六省中仅高于安徽省。城镇化总体水平偏低，地区差异性明显，农业劳动力和农业人口转移，以及农民家庭收入多元化渠道狭窄，保持持续增收难度增大，进一步凸显了"三农"问题的严重性。

四是改革滞后带来的矛盾。经过多年的改革，河南省一些长期存在的深层次矛盾仍然没有根本解决，经济和社会领域积累了不少新的矛盾和问题，集中表现为改革滞后，政府机构效率低、"软实力"较弱，许多方面还不能适应生产力发展尤其是先进生产力发展的要求等。

五是开放型经济发展缓慢带来的矛盾。开放型经济发展缓慢是河南省经济发展的软肋，突出表现在：对外经济总量在全国所占的分量与经济总量和人口数量在全国的地位比例极不相称；外资企业规模小、实力弱；招商引资工作整体上还基本处于起步阶段，存在着盲目引进，外商投资规模偏小，技术含量低等现象，而且外商投资的形式单一。

六是影响社会和谐的矛盾。此时河南省经济社会发展已进入"黄金发展期"与"矛盾凸显期"相交织的关键时期，社会利益关系更趋复杂，社会矛盾和问题更加突出，社会管理水平和方式亟待提高；河南省作为全国第一人口大省，人口总量大、就业压力大，社会保障能力和水平不高，困难群众较多的问题亟待解决。

（二）破解"六大矛盾"的主要举措

针对河南省经济社会发展中存在的矛盾和问题，河南省委省政府敏锐地抓住中部崛起这一历史性战略机遇，在对河南省新时期所处历史方位作出准确判断的基础上，提出了在科学发展观指导下加快"两大跨越"，推进"两大建设"，即加快经济大省向经济强省跨越、加快文化资源大省向文化强省跨越；推进和谐中原建设和推进党的建设，并推出了一系列

战略举措。

一是加快结构调整和产业优化升级步伐，破解经济的结构性矛盾。着力改变资源开发型产业比重大、产业层次低等结构不合理状况，做大做强做优传统支柱产业，大力培育优势产业，发展一批新兴产业和高新技术产业。把自主创新作为推动优化经济结构、转变增长方式的中心环节，加快建设创新型河南省。

二是切实转变经济增长方式，破解经济发展的资源环境约束问题。大力发展循环经济，建设资源节约型和环境友好型社会，走节约发展、清洁发展、安全发展、可持续发展的路子。

三是在农业稳定增产和农民持续增收基础上，加快工业化、城镇化，破解"三农"难题。加大对"三农"的支持力度，加强农业和农村基础设施建设，提高粮食综合生产能力。发展现代农业，推进农业产业化，发展劳务经济。将新农村建设与工业化、城镇化进程相结合，加快工业化、城镇化进程，增强以工补农、以城带乡能力，拓宽农村剩余劳动力和农业人口转移途径。

四是培育和增强经济发展的软实力，破解改革滞后带来的发展难题。继续深化国有企业改革，提高国有经济的整体实力和市场竞争力；加强引导、改进服务、优化环境，促进非公有制经济发展壮大。深化行政管理体制改革，转变政府职能，建设法治政府和服务型政府。努力营造宽松开明的政策环境、廉洁高效的服务环境、公正严明的法治环境、诚实守信的信用环境和正确鲜明的舆论环境，为市场主体在公正公平公开的市场环境下实现自我发展提供保障。

五是以大开放推动大发展，破解开放型经济发展缓慢的问题。抓住国际国内产业转移步伐加快、层次提高的大好机遇，进一步强化机遇意识，大力实施开放带动主战略，实现开放型经济发展的大突破。进一步解放思想、发展开放意识、优化投资环境、扩大开放，推动优势产业和特色经济发展壮大，特别是要瞄准国内外大企业，引进战略性合作伙伴，策划运作一批对地方经济发展有全局性和决定性作用的项目。

六是切实把经济社会发展转到以人为本、关注民生上来，破解影响社会和谐的矛盾和问题。集中财力、物力、人力做好就业、社会保障等工作，更加关注困难和弱势群体生活，办好人民群众最关心、最直接、最现实的十件实事，大力发展社会事业，确保全省社会大局稳定、人民安居乐业。

（三）破解"六大矛盾"取得的成效

加快"两大跨越"、推进"两大建设"，破解"六个矛盾"取得了积极成效。一是经济结构调整取得较大成效，工业主导地位日益凸显，2008年工业增加值达到 9546 亿元，规模以上工业实现利润居全国第四位，工业集中度和集约化水平显著提升，六大支柱产业增加值已占全部工业增加值的"半壁江山"。二是节能减排成效显著，2008 年万元 GDP 能耗下降5.1%，污染减排降幅居全国前列。三是农业基础更加稳固，粮食产量连续 3 年超过 1000 亿斤，为保障国家粮食安全作出了重要贡献；城乡面貌焕然一新，城镇化率年均提高 1.8 个百分点，中原城市群综合竞争力跻身全国城市群十强之列，以城带乡能力不断增强。基础设施不断完善，全省公路通车里程、高速公路通车里程、农村公路通车里程均居全国第一位，郑州正向着全国铁路路网中唯一的"双十字"中心迈进。四是文化产业蓬勃兴起，文化影响力和凝聚力日益加强，政府服务能力日益增强，企业发展环境进一步优化，经济社会发展软实力得到强化。五是进一步实施开放带动主战略，对外贸易对经济增长的拉动作用逐步增强。六是社会事业全面进步，覆盖城乡的社会保障体系逐步形成，人民生活进一步改善，劳动力就业途径得到拓展。

三、破解"新老四难"

（一）"新老四难"的主要表现

"钱从哪里来、人往哪里去、粮食怎么保、民生怎么办"的老四难和"土地哪里来、减排哪里去、要素怎么保、物价怎么办"的新四难问题，尖锐地指出了当前制约河南省经济和社会发展的突出因素，突出表现为以下几个方面：

首先是资金问题。河南省作为一个人口众多、发展基础薄弱的经济大省，尽管经济总量和财政规模在全国排位靠前，然而人均水平较全国平均

水平和大多周边省份人均水平低许多，更是远低于发达地区。经济和社会发展的资金困境作为长期历史问题，在未来相当长的一段时间内仍将存在并制约着河南省经济和社会发展。

其次是民生问题。河南省人口众多，劳动力资源丰富，但是由于一些历史原因，导致劳动力资源存在相当程度的结构性问题。劳动者年龄、性别、文化水平和技能素质的结构性差别，导致一方面产业发展劳动力结构性短缺，另一方面存在大量的就业困难群体。随着新劳动群体的成长和农业现代化过程中大量劳动力从土地中解放出来，就业问题矛盾将日益突出。就业是民生保障的基础，直接影响着居民收入增长能力和居民生活水平提高。此外，公共服务体系不健全，社会保障体系不完善，对作为人均收入相对于全国平均水平偏低的河南省居民民生保障和生活质量提高形成了巨大的压力。

第三是粮食和土地问题。河南省是一个人均耕地资源少、后备耕地资源严重不足的人口大省。按照传统的经济社会发展路径，城镇化和工业化必然导致耕地资源，特别是优质良田的占用。作为一个人口大省和农业大省，侵占耕地资源意味着对国家粮食安全的严重威胁，这是一对矛盾。如何寻找一条新的发展路径，集约节约利用土地资源，实现经济社会发展和保障粮食安全双重目标，成为河南省各级政府和全省群众的一道重要难题。

第四是资源环境问题。河南省经济结构中，第三产业发展滞后；工业结构中，重工业比例过大，初级产品、粗产品比例过高。这些结构性因素，导致河南省单位 GDP 物耗能耗过高，排放过大，污染相对严重，这已经成为河南省经济社会发展中新的重要障碍之一。

最后是要素保障问题。集中表现在深入改革、理顺体制机制问题、加强政府引导、调控和服务能力等方面还亟待加强，以推动各种生产要素向促进经济社会稳定快速发展的领域聚集，形成发展动力的问题。

（二）破解"新老四难"的主要举措

近年来，针对河南省当前发展中存在的突出矛盾，河南省全省上下通过认真实践和理论探索，逐渐将对不以牺牲农业和粮食、生态和环境为代价的三化协调科学发展路子的探索作为破解难题的必然选择，不断进行理论、工作方法和实践创新。理论和工作方法上，坚持"四个重在"的实践要领、"四个明白"的工作要求、"说到做到，说好做好，责随职走，心随责走"的工作作风，"三具两基一抓手"的科学工作方法、"四个带动"的重要举措，"五重五不简单"的选人标准，用领导方式转变加快经济发展方式转变，以务实发展树立起务实河南省形象。实践中，坚持以人为本，不断强化发挥新型城镇化的引领作用、新型工业化的主导作用、新型农业现代化的基础作用，持续强化三化协调持续发展保障能力和驱动能力。

首先是强化新型城镇化的引领作用，统筹城乡发展，城乡一体。河南省将新型农村社区纳入城镇化体系，着力构建具有河南省特色的五级现代新型城镇化体系。按照城市等级和功能的区别，着力推动中心城市组团式发展、中小城市内涵式发展、新型农村社区集聚式发展；着力构建以郑汴新区为核心的中原城市群和以中心城市为核心的区域城市群，增强大城市特别是大城市的集聚能力和对周边地区的辐射带动能力，实现以大带小、以城带乡；着力把小城镇作为统筹城乡发展的重要节点，将新型农村社区建设作为推进城乡一体化的切入点、统筹城乡发展的结合点、推进新型城镇化的着力点。

其次是强化新型工业化主导，加快转型升级、提升支撑能力。坚持做大总量和优化结构并重，推动工业化与信息化融合、制造业与服务业融合、新兴科技与新兴产业融合，构建现代产业体系，加快新型工业化进程。以做大做强为方向争创工业新优势，加快工业转型升级，优化投资结构。大力发展生产性服务业，拓展生活性服务业领域，加快发展金融业，构建多层次资本市场体系，建立扩大消费需求的长效机制，认真落实价格监管措施。其中，着重以产业集聚区建设为起点，打造区域经济发展现代平台载体。按照"四集一转"的要求，全省布局 180 个产业集聚区，作为实现集约节约发展的平台载体。将城市新区作为拓展中心城市发展空间、建设功能综合复合型城区和发展现代服务业、高新技术产业的平台载体，增强中心城市发展能力和辐射带动力。着力建设中心城市、非城市组团县城商务中心区和城市组团特色商业区，吸引特色商业和高端商务以及创新创意企业集聚发展。

第三是强化新型农业现代化基础作用，维护粮食安全、促进城乡繁

荣。首先是加强粮食安全保障能力建设。建立起粮食主产县奖励制度，对粮食生产作出突出贡献的产粮大县进行物质奖励。进一步加强和完善农业补贴，激发农民种粮积极性，降低粮食生产成本和增加种粮收益。大力推动农业基础设施建设，集中连片进行高产稳产良田建设，提高粮食生产保障能力。其次是推进农业结构调整，提升农业生产效益。积极引导土地流转，适当向种粮大户、龙头企业集中，推动农业生产适当集中经营，大力发展现代畜牧业和特色高效农业，积极发展现代农业产业，培养现代农民，加强农产品标准化和市场监管，推进农业现代化进程。最后是加强农村基础设施建设，提升农村公共服务水平和管理水平，改善农民生产生活条件。

第四是强化三化协调的保障能力，增强发展后劲、推动持续发展。按照适度超前发展思路，规划交通、能源、水利和信息网络设施建设。加快生态省建设，突出重点企业和领域节能减排，集约节约利用资源和严格保护环境，加强生态保护和修复，建设绿色生态中原。积极发展教育事业，完善社会保障体系。积极推动人才建设，统筹培养和引进创新型、亟须高层次和领军人物人才，完善人才发展体制机制。大力实施质量立省战略，推动品牌建设，发挥品牌对产业和各项事业的提升带动。

第五是强化三化协调的驱动力量，破解发展难题、拓展发展空间。更加积极主动地扩大开放，建设内陆开放高地；加大招商力度，大招商、招大商；完善对外开放平台，建设承接产业转移示范区，建好郑州新郑综合保税区，打造内陆无水港。深入实施科教兴豫战略，加快构建自主创新体系，不断提升科技研发能力、科研成果转化能力、科技创新运用能力和科技人才集聚能力，推进科技创新，培育核心竞争力。在三化协调发展上先行先试，探索建立工农城乡利益协调机制、土地节约集约利用机制、农村人口有序转移机制、资源价格形成机制；继续推进行政体制改革，提升服务型社会水平。

最后，以人为本，努力发展各类社会事业。大力发展高等教育，特别是支持一批具有实力和特色专业的高等院校作为高级人才和科研创新平台实现跨越性发展。积极开展职业技术教育，提高人力资源职业技能和职业素质。完善义务教育，加快将义务教育向学前教育和高中延伸。进一步完善社会保障体系，特别是加强新型农村医疗保险和新型农村养老保险事业的发展，扩大社会保障覆盖面和保障强度。增强文化产品和文化服务供给能力，提升全民素质，扩大中原文化影响力。

（三）破解"新老四难"取得的成效

经过多年不断的实践探索，破解"新老四难"问题取得了积极的成效。首先，形成了"两不三新"的三化协调可持续发展之路，作为破解"新、老四难"根本途径，取得全省广大干部群众的共识。其次，城镇化进入较快发展时期，中原城市群实力增强，县域经济竞相发展，新型农村社区建设正在全省逐步推开，五级现代城镇化体系初具雏形。第三，2011年工业增加值突破1.4万亿元，六大高成长性产业对工业增长贡献率接近70%，产业集聚区固定资产投资突破7000亿元，集聚发展态势初步形成。第四，基础设施支撑更加有力，生态建设成效比较明显，国家下达的节能减排任务全面完成。第五，改革开放创新取得重大进展，重点领域改革逐步深化，要素保障机制不断完善、开放型经济快速发展，建立了中部地区首个综合保税区，引入诸如富士康等具有全局带动性大型企业，文化体制改革不断深入，服务型政府建设富有成效，精神文明建设继续取得成效。最后，城镇居民人均可支配收入、农民人均纯收入较快增长，就业保障能力持续增强，就地就近转移就业大幅增加；城乡社会保障体系逐步健全，保障范围逐年扩大，保障水平不断提高，农村生产生活条件得到改善，免费义务教育全面实现，各级各类教育迅速发展。

第四节　加快转型实现赶超发展

结构性问题是河南省经济社会发展存在的诸多问题的根源。为了实现后发赶超，与全国同步实现全面建设小康社会目标，20多年来，河南省把转型发展作为主线，以驱动方式转型增强发展动力，以产业结构调整强化发展支撑，以区域布局优化提高发展效率，加快跨越发展，取得了显著成效。

一、以驱动方式转型增强发展动力

（一）"三驾马车"关系的动态演进

改革开放以来，河南省经济保持了持续、高速的增长。1979—2010年，河南省地区生产总值年均增长 11.2%，高于全国 9.9% 的平均水平。究其原因，河南省地处内陆，外向型经济发展滞后，外贸依存度远远低于全国平均水平，出口对经济的拉动作用较小。其经济高速增长基本上是依靠内需，特别是投资的快速增长来实现的，消费对经济的拉动作用尚未发挥出来。

1978 年以来，河南省地区生产总值快速增长，资本形成总额和最终消费支出也呈现出快速增长的趋势，但资本形成总额增速明显高于最终消费支出，与 2006 年超出最终消费支出，并持续保持着高于最终消费支出增速的速度快速增长。长期以来货物和服务净流出增长缓慢，甚至出现减少的现象，2006—2010 年，货物和服务净流出处于负值。

1978 年以来，河南省资本形成总额占支出法地区生产总值的比重呈不断上升趋势，于 2006 年超出最终消费支出占支出法地区生产总值的比重；最终消费支出占支出法地区生产总值的比重呈不断下降趋势，最终消费率是一路下滑；货物和服务净流出占支出法地区生产总值的比重先是缓慢上升，1994 年达到 6.4% 的最高值，然后该比重又缓慢下降，2006—2010 年处于负值。

长期以来，投资在拉动经济增长中发挥着主导作用，消费拉动经济增长的作用尚未充分发挥，而出口拉动经济增长的作用极小。但是，这一状况自 2010 年后开始有所好转。2011 年，河南省努力平衡拉动经济增长的"三驾马车"，取得了较大的成效。在宏观经济下行压力增大的背景下，河南省逆势而上，生产总值达到 27232.04 亿元，比上年增长 11.6%。其中，中原经济区建设对投资增长提供了强劲动力，全社会固定资产投资 17766.78 亿元，比上年增长 25.8%。扩大消费需求取得新进展。全年社会消费品零售总额 9322.90 亿元，比上年增长 18.1%。尤其是富士康等出口型企业入驻河南省后，河南省进出口总额飞速增长。进出口总额 326.42

亿美元，比上年增长 83.1%，同比提高 51.1 个百分点。其中出口总额 192.40 亿美元，增长 82.7%。

随着中原经济区上升为国家战略，河南省将促进"三驾马车"并驾齐驱，出口短板将进一步拉长，投资将持续增长，消费将进一步提升，并逐步趋向平衡。

（二）投资：推动经济增长的主导力量

改革开放以来，河南省投资建设领域把握改革开放的有利条件，不断深化投融资体制改革，大力优化投资环境，充分调动各方面的投资积极性，河南省投资的快速增长，增强了经济发展的后劲，加强了基础产业和薄弱环节，在推进国民经济的快速发展，增强经济实力等方面发挥着主导作用。

投资规模快速增长。改革开放 30 多年来，河南省进行了大规模的经济建设，投资建设不断谱写新的篇章，固定资产投资为河南省经济建设和社会发展作出了重要贡献。从各个历史时期看，"六五"时期完成 376.05 亿元，年均增长 40.4%；"七五"时期完成 903.21 亿元，年均增长 10.2%；"八五"时期完成 2458.78 亿元，年均增长 31.3%；"九五"时期完成 6220.92 亿元，年均增长 12.9%；"十五"时期完成 13237.05 亿元，年均增长 24.3%；"十一五"时期完成 54699.00 亿元，年均增长 30.5%。其中，"十一五"时期全省全社会固定资产投资占改革开放以来的比重达到 70.2%。

投资率逐年攀升。改革开放以来，河南省投资率（全社会固定资产投资占 GDP 的比重）逐年攀升。1978—2001 年全省投资率长期低于 30%，1978 年仅为 15.2%，2001 年提高到 29.4%，年平均提高 0.84 个百分点。2002 年以来，河南省投资率大幅度提高，2010 年全省投资率达到 71.8%。2002—2010 年 9 年间提高了 42.4 个百分点。河南省投资率逐年提高，对改变中原大地落后面貌，推进河南省工业化、城镇化进程，提高人民物质文化生活水平，壮大河南省经济实力等诸多方面发挥了巨大作用。

投资结构不断优化。改革开放 30 多年来，为适应国民经济和社会发展的需要，河南省在不断扩大投资总量、增强经济发展后劲的同时，进一步调整投资结构，投资结构在规模扩大中不断优化。一是投资主体多元化

格局得到巩固和发展。经过 30 多年的发展，河南省全社会固定资产投资主体发生了变化，由国有投资为主，发展成为国有、外商、港澳台及民间投资等多元投资主体共同发展的格局。二是投资产业结构优化升级。第一产业投资平稳增长，比重下降；第二产业投资快速增长，工业内部结构有所改善；第三产业投资增长迅速，促进了农业大省向新兴工业大省的跨越。三是投资资金来源渠道更加多样化。随着改革开放的深入和投资体制改革的深化，河南省投资资金来源融资渠道得到拓宽，股票、债券、集资、转让经营权等融资方式逐步进入投资领域，资金筹措方式多样化更加明显，各类资金来源均有不同程度的增长，为建设项目的顺利实施提供了保证。

（三）消费：推动经济增长的作用逐步显现

改革开放 30 多年，河南省始终坚持以经济建设为中心，改革开放稳步推进，经济建设日新月异，消费品市场也不断进入新的发展时期。尤其是进入新世纪以来，大力实施扩大内需和开放带动战略，努力调整投资与消费关系，把增加居民消费作为扩大消费需求的重点，不断提高城乡居民收入、拓宽消费领域和改善消费环境，河南省消费品市场已经步入日益繁荣、加快发展的新轨道，推动河南省经济社会发展的作用逐步显现。

从封闭到开放，消费品零售额逐年增加。1978 年以来，河南省商品市场逐步放开，人民生活必需品的供应得到了初步的改善，消费品市场日趋活跃，社会消费品零售总额逐年稳步增长，1990 年达到 314.31 亿元，是 1978 年的 4.4 倍，年平均增长 13.1%。进入 90 年代，以邓小平同志南方谈话和党的十四大召开为标志，改革开放进入了全面建立社会主义市场经济体制的新阶段，河南省消费品市场规模进一步扩大，2000 年社会消费品零售总额达到 1869.80 亿元，10 年间年均增长 19.5%。进入 21 世纪，城乡居民收入不断增长，生活水平显著提高，建设小康社会的进程不断推进，消费品市场空前繁荣，2010 年社会消费品零售总额达到 8004.22 亿元，10 年间年均增长 15.7%。2011 年河南省全社会消费品零售总额达到 9322.90 亿元，同比增长 18.1%，规模稳居全国第五位，增速居中部地区第一。

从短缺到丰富，买方市场逐步形成。改革开放初期，人民生活必需品严重匮乏，流通渠道单一，商品供不应求，不少重要商品实行有计划的凭票证限量供应。进入 20 世纪 90 年代，特别是到 90 年代中后期开始，随着国民经济快速发展，基础产业建设加快和工业科技水平的提升，市场有效供给能力显著增强，社会商品极大丰富，一般性消费品和生产资料普遍供不应求的状况基本结束，传统计划体制下的卖方市场已经从根本上转变为买方市场，另外，入世后随着进口商品关税总水平的不断下降，更多国外产品进入我国，在满足不同层次消费需求同时，也进一步改善了河南省消费品市场的供应结构。巨大的供给能力为居民消费和市场健康发展提供了重要保证。

从温饱到小康，消费水平持续升级。改革开放以来，国民经济不断进入新的自主性经济增长周期，其动力源于居民消费结构的进一步升级。同时，国民经济的快速发展又为城乡居民消费水平升级提供了强力支撑。现金收入的不断增加推动了城乡居民的消费观念、消费方式、消费渠道发生质的变化，居民消费水平明显加快，城镇居民家庭恩格尔系数也逐年下降。2010 年，河南省城镇居民可支配收入和农民人均纯收入分别达到 15930.26 元和 5523.73 元，分别是 1992 年的 9.9 倍和 9.4 倍，年均分别增长 13.6% 和 13.2%；城镇居民消费性支出和农民消费性支出分别达到 10838.49 元和 3682.21 元，分别是 1992 年的 8.1 倍和 7.8 倍，年均分别增长 12.3% 和 12.1%；城乡居民恩格尔系数为 33.0% 和 37.2%，分别比 1992 年下降了 20.4 和 18.7 个百分点。

随着居民收入的稳步提高和买方市场的出现，居民的消费需求也发生了很大变化，消费结构升级明显加快，呈现出阶梯式递进发展趋势。"食"由温饱转向营养；"衣"从温暖转向时尚；"住"从简陋拥挤转向舒适宽敞；时尚"用"品的发展更为明显。从"老三大件"（自行车、手表、缝纫机），经过"新三大件"（洗衣机、电视机、电冰箱），转向"现代三大件"（摩托车、电话、空调机），新世纪"四大件"（电脑、移动电话、液晶电视、家庭小汽车）也开始广泛进入寻常百姓家，娱乐享受型消费品明显提升。

（四）出口：拉动经济增长的作用日趋凸显

改革开放以来，河南省紧紧抓住历史机遇，积极转变观念，深化改革，扩大开放，营造良好的发展环境，全省对外经济呈现出迅速发展的势

头。30多年来，河南省对外贸易实现了跨越式发展，在促进出口的同时，河南省积极优化产品结构，努力拓展外贸市场，对外贸易对经济增长的拉动作用逐步增强。

进出口贸易快速发展。30多年来，河南省进出口贸易从1978年的1.18亿美元到2010年达到128.05亿美元，增长了150倍，年均增速17.0%，实现了进出口贸易的跨越式发展。其中，1978—1985年，河南省作为内陆省份，对外经济很不发达，进出口年均增长21.0%，但总量很小，1985年进出口总值也仅为4.50亿美元；1986—1995年，随着邓小平南方谈话及中共"十四大"的召开，河南省对外经济进入了稳步发展的阶段，1990年全省进出口总值突破10亿美元，1995年突破20亿美元，达到了进出口总值的一个小高点，1986年至1995年进出口总值年均增长17.9%；1996—2000年，受国家"软着陆"的宏观调控政策和亚洲金融危机影响，河南省对外经济发展放缓脚步，20世纪90年代中期到20世纪末，河南省进出口总值呈下降态势，1998年比1995年下降了22.3%；进入21世纪，特别是实施开放带动主战略以来，河南省对外经济进入发展的快车道，进出口总值从2000年的22.75亿美元增长到2010年的177.92亿美元，受国际金融危机影响2009年进出口总值有所下降。

进出口结构不断优化。从进出口产品结构来看，30多年来，河南省的出口贸易结构经历了初级产品所占比重不断下降，工业制成品特别是机电产品、高新技术产品所占比重不断提高，出口结构不断优化的过程；进口商品中，对资源性商品进口比重加大。从进出口贸易市场结构来看，亚洲市场一直是河南省进出口贸易的主要市场，但随着河南省对进出口市场的积极拓展，欧洲、北美洲、非洲等市场也快速增长。1991年河南省的出口市场中，出口额超过1亿美元的国家和地区仅为2个；2003年出口额超过1亿美元的国家和地区为6个；2010年则增加到16个。

从纵向看，河南省的对外贸易发展迅速，但从横向上来看，河南省作为内陆地区，对外开放的时间和程度都远不及沿海地区，外贸依存度较低。长期以来，河南省出口对经济的拉动作用较小。但是，2011年以来，随着中原经济区上升为国家战略，对外开放上升为基本省策，郑州新郑综合保税区获批、郑州航空港综合经济试验区获批、富士康等出口型企业入驻河南省，在国际金融危机深层次影响持续显现、世界经济增长放缓，全国出口都在下降的情况下，河南省进出口总额却飞速增长，进入了高速增长期。2011年，河南省外贸进出口总额突破300亿美元，达到326.42亿美元，增长83.1%。其中出口总额达到192.40亿美元，增长82.7%。2012年，将实现进出口总额400亿美元以上，其中出口增长30%以上，出口拉动经济增长的作用日趋凸显，将极大提升河南省经济增长的可持续性。

二、以经济结构调整强化发展支撑

（一）工业结构的调整与升级

河南省改革开放前的工业结构，基本上是按照计划经济的要求和河南省地域及资源特点构建布局的，投资以填补工业空白为主，在较短时间内建成了门类相对齐全的工业体系。改革开放后，河南省工业的发展历程，实际上是在结构不断调整中进行的：由"八五"的"一高一低"到"九五"的"两个根本性转变"，从"十五"的"五个结构"和"两个较高"，到"十一五"时期的"两个加快、四个转变"，工业结构实现了历史性的转变，占据了经济发展的主导地位，对河南省生产总值的贡献率从1978年的10%提高到了2010年的55%以上。

纵观河南省工业结构调整的主线，是在工业总量和效益双增长的同时，依据国家产业政策要求，本着"有所为有所不为"的发展思路，1979—1992年加快发展以轻纺工业为重心的轻工业，1993年以后加快发展以能源、原材料工业为重心的重化工业。进入"十五"计划时期，全省工业产业结构开始进入以支柱产业为主导的发展时期，着力发展精深加工和终端产品，重点扶持优势产业和高新技术产业发展。

经过持续调整，河南省工业结构在五个方面得以优化：一是工业体系优化。从最初的食品、纺织、机械、建材、煤炭等少数部门发展成为以装备制造、有色冶金、化工、食品、服装纺织、汽车及零配件等优势产业为主导的门类比较齐全的现代工业体系。二是产品结构优化。产品向高端化延伸，品牌知名度提高。宇通客车、高档皮卡车、电力保护装备、大型水

泥设备、大马力拖拉机、电解铝、肉制品、速冻食品等一批产品的市场占有率位居全国同行业首位。三是企业结构优化。一批行业地位优先、规模优势明显、产品结构合理、核心竞争力强、具有自主创新能力的大型企业集团迅速崛起。如食品行业的双汇集团、华英禽业，有色金属行业的金龙铜管、栾川钼业，煤炭行业的河南省煤化、平煤集团，汽车行业的宇通客车等公司，成为河南省工业经济发展的主力军和排头兵。四是空间布局优化。原有工业基础较好的京广、陇海铁路沿线的工业集聚作用进一步增强，传统农业区工业化步伐加快，产业集聚区成为工业结构调整的重要载体。五是增长动力优化。实现了从原来依靠投资拉动和资源消耗向创新驱动的转变。当前，河南省经济受到了来自于国外和国内的双重不利影响，不仅要实现既定的增长目标，更重要的是要实现经济增长的可持续性。工业结构的调整，是应对当前复杂经济形势、实现河南省经济可持续发展的重要基础。

（二）农业结构的调整与优化

改革开放前的 30 年中，河南省农业在较低的起点上取得了较快的恢复和发展，粮食产量从新中国成立初期的 140 多亿斤增长到改革开放初期的 400 多亿斤，但从总体上说，尚未解决全省人民的温饱问题，仍然处于粮食净调入省份之列。改革开放后的 30 年，河南省农业在迅速解决全省温饱问题的基础上，通过以粮带畜、种养相促，以农兴工、以工促农，实现了从缺粮大省到国人"大粮仓、大厨房"的巨变。

以党的十一届三中全会为标志，拉开了改革开放的序幕。家庭联产承包责任制迅速在农村推广，废除了人民公社三级所有队为基础和生产大呼隆、分配大锅饭的旧体制，农民种田的积极性获得空前解放。1984 年河南省确定了稳定猪禽生产、大力发展草食畜禽的指导思想，实现了粮畜互动，促进了种植业内部结构、农业内部结构的互动。随着粮食生产大丰收，出现了"卖粮难"及收购粮食"打白条"问题，1985 年根据国家统一部署，河南省对农产品统购派购制度进行了改革，对大部分农产品主要实行市场调节，对主要农产品实行国家合同定购和市场流通的"双轨制"，并对部分农产品收购价格进行了调整。1990 年 10 月，郑州粮食批发市场正式成立。3 年后，在郑州粮食批发市场的基础上，成立郑州商品交易所，正式推出期货交易，形成"郑州价格"。2006年5月，河南省提出不仅要做国人的"大粮仓"，而且要做国人的"大厨房"。2008年，河南省提出建设国家粮食战略工程河南省核心区，目标是到2020年粮食产量在现有基础上增长300亿斤、达到1300亿斤，这占全国新增千亿斤商品粮计划中的30%，得到了党中央、国务院的高度重视。在粮食总产量连续8年稳居全国首位的基础上，全省食品工业也连续8年实现25%以上的增速，销售收入、利润、利税均跃居全国第二位，国人"大粮仓、大厨房"越来越清晰地呈现在世人面前。

经过持续调整，河南省粮食总产量在结束长期低迷之后屡创新高，农产品加工能力不断增强，农业外部功能得到有力拓展，农业大省的地位进一步巩固，创造了从曾经的缺粮大省转变为如今的国人"大粮仓、大厨房"的历史奇迹。一是主要农产品产量连创新高。河南省用占全国1/16的耕地生产出占全国1/10的粮食，成为全国最大的粮食生产基地，不仅确保了近亿人口的吃饭问题，每年还向省外调出商品粮和粮食制成品300多亿斤，为国家粮食安全作出了贡献。二是农产品加工能力不断增强。形成了小麦、大豆、油料、玉米、肉类加工等为主体的五大产业链条，建立起具有河南省特色的食品加工业体系。三是农业外部功能得到有力拓展。河南省农业结构调整以充分发挥农业的生产、生活、生态、文化功能为新的切入点，实现了观光农业、休闲农业的大发展。农业结构的调整，不仅是河南省经济结构调整的重要组成部分，而且保障了国家的粮食安全，提高了农民的收入水平，扩大了农村的市场需求，成为河南省经济抵御风险、稳定增长的重要基础。

（三）所有制结构的调整与优化

在中原崛起过程中，有一种力量发挥了举足轻重的作用，那就是非公有制经济。30多年来，非公有制经济从无到有、从小到大、从弱到强、快速发展。1982年，党的十二大报告明确提出城乡个体经济是公有制经济的必要的、有益的补充。1983年，河南省委、省政府召开全省农村工作会议，提出要大力发展专业户、重点户和经济联合体，河南省个体经济得以快速发展。1993年2月，河南省政府召开会议，要求国有经济、集体经济、个体经济、私营经济、股份制经济、联营经济、外商投资经济、

港澳台投资经济以及其他适应河南省实际的各种经济类型都要全面发展。有党和国家正确的方针政策指引，有省委省政府以及地方各级党委政府的大力扶持、支持，有以建设社会主义市场经济体制为目标进行各项制度、体制改革的大环境，河南省的私营经济从此进入了相对快速发展阶段。从1997年开始，随着国有经济布局的战略调整和国有企业"抓大放小"改革的全面铺开，非公有制经济获得了快速发展。2003年4月，时任省委书记的李克强和省长李成玉在出席全省非公有制经济工作会议时，明确提出要把大力发展非公有制经济和民营企业作为贯彻落实党的十六大精神和全面建设小康社会、实现中原崛起的重大举措。同年5月，又出台了《中共河南省委、河南省人民政府关于进一步促进非公有制经济发展的决定》，提出了发展非公有制经济的指导思想、目标和原则，进一步放宽非公有制经济的准入领域和准入条件。2005年1月，时任河南省委书记徐光春在全省民营企业表彰大会上提出：要坚持政治上放心、政策上放开、发展上放手的"三放"政策，对非公有制经济发展不限比例、不限速度、不限规模、不限经营方式，为非公有制经济发展创造更加良好的环境，使河南省的非公有制经济总量上规模、结构上层次、质量上水平、管理上台阶，有大发展、大突破，在实现中原崛起中作出更大贡献。

近几年来，河南省非公有制经济以年均20%以上的速度增长，成为河南省发展速度最快、爆发力最强、活力最大的经济增长点。一是非公有制所占比重越来越大。截至2010年年底，河南省注册的非公有制企业已达23.7万家，占全省企业总数的比例达到91.5%；2010年非公有制经济增加值达到14031.15亿元，同比增长13.9%，高于全省平均增速，占生产总值比重达到60.8%。二是非公有制经济素质不断提高。逐步由单体小规模向群体大规模发展；经营领域也由传统的饮食服务、商品流通、建筑等传统产业逐渐向电子、信息等新兴产业和教育、科技等社会事业方面延伸。自主创新能力明显增强，一批骨干企业在开发新产品、新技术、新工艺以及申请商标、专利等方面取得明显成效，有了自主的知识产权。三是非公有制经济的作用和贡献越来越大。目前，非公有制经济扛起了国民经济的半壁江山，成为全省特别是一些市县的财政税收的主要税源，成为推动县域经济发展的主力军，在有的地方，民营经济对县域经济的贡献率高达95%以上。同时，非公有制经济成为吸纳新增就业人员的主渠道。其中，个体从业人员达到197.76万人，私营企业达到177.45万人。正由于非公有制经济的快速发展，才激发了河南省整体经济发展的活力，加快了转型发展的步伐，增强了持续发展的动力。

（四）城乡结构的调整与优化

改革开放后，我国开始进行经济体制改革，逐步实现从计划经济体制向市场经济体制的转型，同时继续大力推进从农业经济和农村社会向工业经济和城市社会的转型。在这种双重转型期间，河南省同全国一样，城乡结构经历了一个从差距趋向缩小，再到急剧扩大，最后又走向统筹协调发展的历程。

河南省城乡结构调整的成效主要体现在三个方面：第一，从城乡居民生活上看，城乡居民收入和生活水平差距缩小。从1979年夏粮上市开始，国家较大幅度地提高了农副产品收购价格，理顺了农民与国家及城镇居民之间的分配关系，河南省农业生产得到了超常规增长，农民收入随之迅速提高，城乡居民收入差距缩小。1984年9月召开的党的十二届三中全会，拉开了我国工业与城市大规模改革的序幕，城镇居民收入迅速增加，到2002年，城乡居民收入之比扩大为2.82∶1。从2004年到2009年，中央连续发布六个"一号文件"，着力解决"三农"问题，农民由税费改革前每年缴纳各类税费100多亿元变为得到政府直接补贴50多亿元，享受到了更多的改革发展成果。河南省的工农关系、城乡关系进入了以工补农、以城带乡、城乡协调发展的新阶段。第二，从城乡人口比重上看，以人口计算的城镇化率迅速提高。从1978年的13.6%提高到1998年第一次超过20%，再到2010年达到38.8%，城镇化的质量也比改革开放初期有较大幅度提升。第三，从城乡产业分工看，城乡产业一体发展加快。改革开放前，城乡二元结构在城市和农村形成了工农业分割的局面，城市发展工业，农村以粮食种植和农产品初级加工为主。改革开放后，随着乡镇企业的壮大和县域经济的发展，城乡的产业分工进入了新的阶段，城市以现代服务业和高端制造业为主，产业集聚区等各类园区也在县域范围内得以蓬勃发展，城乡之间产业融合发展程度不断提高。

当前，河南省经济社会生活中存在的许多问题仍与城乡结构不合理

有关。例如，河南省作为农业大省和农业人口大省，城镇化水平偏低一直是制约河南省经济发展的问题之一。尽管 2010 年河南省城镇化率达到 38.8%，但是依然低于全国平均水平 10 个百分点。通过城乡结构的调整，大幅度提升城镇化水平，大幅度提高农村居民收入水平，提升农村居民消费层次，扩大内需、刺激经济增长的实施效果，将成为河南省经济增长的又一支撑点。据测算，城镇化水平提高一个百分点，将拉动最终消费增长约1.6 个百分点。每增加 1 个城镇人口可带动固定资产投资50 万元。同时，由于产业分工的转变带动农民工资性收入的增长，也有利于农民人均消费支出额增加和恩格尔系数的下降。从经验数据看，河南省农村居民人均纯收入从 2002 年的 1451.51 元提高到 2010 年的 3682.21 元，恩格尔系数也从 2002 年的 48% 下降到 2010 年的 37.2%。

三、以区域布局优化提高发展效率

（一）"十八罗汉闹中原"：县域经济支撑力明显提升

破解"三农"难题，推动中原崛起，重点在县，难点也在县。诚如时任河南省书记的李长春同志所说，强省必先强县。为此，河南省委、省政府先后出台了一系列具有前瞻性、力度很大的政策和措施，使全省县域经济呈现加速发展、竞相发展的局面。这些政策措施主要有四个方面：一是强县扩权增活力。1992 年，确定了巩义、偃师、禹州等综合实力排名前 18 位的县（市）进行特别试点，这就是当时著名的"十八罗汉闹中原"。2004 年，出台了《中共河南省委、河南省人民政府关于发展壮大县域经济的若干意见》，赋予巩义、永城、项城、固始、邓州五县（市）省辖市的经济管理权限和部分社会管理权限；选择 30 个基础条件好、经济实力强、发展速度快的县（市），赋予其省辖市经济管理权限。2006 年在《关于发展壮大县域经济的补充意见》中又提出继续扩大巩义、永城、项城、固始、邓州 5 县（市）的社会管理权限，赋予栾川、通许、汝阳、嵩县、郏县、叶县、延津、武陟、清丰、襄城、南召 11 个县与新密等 30 个扩权县（市）相同的经济管理权限。二是财政支持保发展。2004 年河南省委、省政府提出加大财政对县域经济的支持，建立县域经济奖励资金。2006

年省委、省政府表彰了巩义市、新密市等 20 个强县和通许县、汝阳县等 10 个快县，并兑现了每个县 1000 万元的奖励。同时，考虑到全省县域经济发展的整体性、平衡性、协调性，省委、省政府决定对平舆、睢县、西华、虞城、泌阳、原阳、民权、台前、社旗、柘城、商水、宁陵、淮滨 13 个后进县实施"三年帮扶"计划，2006 年至 2008 年连续三年每年安排 2 亿元专项资金支持县域产业结构调整和基础设施建设。2009 年开始，省委、省政府决定对 20 个强县市和 10 个发展快质量好的县市的奖励额度增加为每两年 6 亿元，同时加大对财政困难县、产粮大县的财政转移支付力度。三是改革创新强动力。河南省委、省政府从用人机制和导向上保持干部队伍的相对稳定，保证县市领导能够沉下心来干工作。四是分类指导重特色。省委、省政府因地制宜，深入调研，广泛征求基层意见，注重解决实际问题，根据全省的具体情况，出台了一系列针对性较强的政策措施，基本构建起了统筹城乡和区域发展的制度框架和政策体系。

经过多年的探索和努力，县域经济快速增长，综合实力不断增强，到 2010 年实现了"六个方面"的突破：县域生产总值突破 1.6 万亿元，占全省生产总值的比重达到 71.5%；人均生产总值突破 22600 亿元；县域财政一般预算收入突破 500 亿元；农民人均纯收入突破 5700 元；社会消费品零售总额突破 4600 亿元。第十届中部六省百强县（市）排位中，河南省占了 39 个，其中在前 10 位中占了 7 个。

（二）中原城市群发展提速：中心城市带动力显著增强

突破行政区划界限，以特大城市为依托，形成辐射作用大的城市群，培育新的经济增长极，是经济发展规律所使然，是谋求中心城市带动、城乡协调发展的必然选择。

早在 1990 年研究制定"八五"计划时，河南省提出了构建以郑州为中心，包括洛阳、焦作、新乡、开封在内的核心经济区的初步设想，逐步形成了"中原城市群体"的概念。2001 年，时任河南省省长李克强在政府工作报告中明确提出，"加快以郑州为中心，以洛阳、开封等城市为重要支撑的中原城市群建设，增强辐射功能和聚集效应。在豫南、豫北、豫东、豫西南发展若干区域性中心城市，带动区域经济发展"。2003 年 8 月，河南省委、省政府在《河南省全面建设小康社会规划纲要》中，将中原城

市群的范围加以调整，提出中原城市群经济隆起带是以郑州为中心，包括洛阳、开封、新乡、焦作、许昌、平顶山、漯河、济源在内的城市密集区。2006 年 4 月，中共中央、国务院印发《关于促进中部地区崛起的若干意见》明确提出要"以中原城市群等为重点，形成支撑经济发展和人口集聚的城市群，带动周边地区发展"。

但是，随着中原城市群发展的逐步加快，区域经济差距不断拉大，省委、省政府的发展思路也不断进行调整，着眼于缩小各增长板块之间的差距，促进区域协调发展。2006 年《政府工作报告》提出："在继续抓好中原城市群建设的同时，积极支持和引导豫北、豫西、豫西南和黄淮地区城市，立足现有基础，发挥比较优势，培育支柱产业，扩大城市规模，提升城市综合经济实力和辐射带动能力。"2008 年《政府工作报告》中指出"继续支持黄淮四市等地发展。继续在生产力布局、重大项目安排等方面，支持豫北、豫西、豫西南地区加快发展。"

总体上看，河南省经历了由中原城市群率先发展到四大板块协调发展的布局调整过程，不同板块竞相发展，支撑了全省整体经济实力的提升。一是中原城市群整体发展成效明显。2010 年，中原城市群九城市地区生产总值达到 13375.36 亿元，占全省比重超过 57.9%；实现地方财政一般预算收入达到 866.03 亿元，占全省比重达到 64.1%，对河南省经济的拉动作用非常明显，已成为河南省经济发展名副其实的核心区。二是黄淮地区跨越发展成效明显。驻马店、商丘、周口和信阳以农产品精深加工为重点，大力发展食品、纺织、制药等产业，大力发展生态农业、绿色农业、外向型农业，初步成为全国重要的绿色农产品加工出口基地和生猪、肉牛、肉羊、油料生产加工基地。2010 年四市地区生产总值合计达到 4517.64 亿元，增速均高于 11%。三是豫北地区转型发展成效明显。安阳、鹤壁、濮阳充分发挥工农业基础较好，油气、煤炭资源比较丰富的优势，初步建成了河南省重要的钢铁、煤化工和石油化工、装备制造业、电子信息产业基地。四是豫西、豫西南地区融合发展成效明显。三门峡市充分发挥豫陕晋金三角的资源、产业、基础设施互补协调优势，搞好精深加工，初步建成了全省重要的煤化工、黄金生产加工、铝工业和林果业生产加工基地。南阳市充分考虑与湖北毗邻地区的衔接和合作，形成了中药生产、纺织基地和以非金属矿产开发利用、农副产品加工为主的产业带。通过区域格局的调整和优化，不仅实现区域协调发展，而且支撑了河南省经济的持续增长。

（三）构建"一极两圈三层"：区域空间结构持续优化

随着交通条件的改善、产业关联度的提高和城市空间的调整变化，豫北、豫西、豫西南和黄淮地区积极调整城市功能定位和产业发展方向，加快与周边城市的融合发展，逐步融入中原城市群，迫切需要构建"向心集聚、圈层组织、轴带辐射"的区域布局。同时，2008年国际金融危机爆发后，河南省委、省政府立足长短结合，提出"一个载体、三个体系"的工作布局。其中，依托现代交通体系，围绕中心城市郑州空间扩展和郑汴都市区建设，在全省范围内构建以郑汴都市区为核心、沿主要交通通道联系外围城市的"圈层＋放射"的空间结构，形成"一极、两圈、三层"的城市群网络。

"一极"即以郑汴都市区为全省的核心增长极。两圈：内圈是由南太行、伏牛东、商周等发展轴围合的半小时时空圈。以城际快速轨道交通和高速铁路为纽带，实现以郑州为中心、半小时通达开封、洛阳、平顶山、新乡、焦作、许昌、漯河、济源8市，密切中原城市群紧密层9市的经济联系。外圈是由长泰、运襄、宁西、京九等发展轴围合而成的一小时时空圈。以高速铁路为依托，形成以郑州为中心、一小时通达中原城市群紧密层外围9市的快速交通格局，缩短豫北、豫西、豫西南和黄淮地区与紧密层的时空距离。三层：即中原城市群核心层、紧密层、辐射层。核心层指郑汴一体化区域，区域范围包括郑州、开封两市市区和"郑汴新区"。紧密层区域范围包括洛阳、新乡、焦作、许昌、平顶山、漯河、济源7市。辐射层区域范围包括安阳、鹤壁、濮阳、三门峡、南阳、商丘、信阳、周口、驻马店9个省辖市。

河南省委、省政府提出"一极两圈三层"发展战略，把城镇化作为应对危机保增长的综合性、关键性、全局性的工作来抓，以充分发挥城镇化在扩大内需、拉动投资中的巨大作用。围绕"一极两圈三层"发展战略，采取了一系列重大举措，一是实施中心城市带动战略。积极推进郑汴一体化，构建郑汴都市区，提升郑汴都市区作为全省核心增长极的辐射带

动作用。二是构建大中小城市和小城镇协调发展的现代城镇体系。围绕统筹城乡发展、形成城乡经济社会一体化发展新格局的目标任务，在强化郑汴都市区发展的基础上，加快发展地区性中心城市，加快县城建设，培育一批有产业支撑的中心镇。三是推动城镇发展方式转变，建设紧凑型、复合型、节约型城镇。增强城镇综合承载能力，加快人口向城镇集聚，推动城市的集中布局和紧凑发展；改善城市人居环境，建设人口、产业发展和生态环境相协调的复合型城市。"一极两圈三层"战略的全面实施，在优化河南省经济社会发展布局的同时，实现了以现代城镇体系引导全省现代产业体系发展布局，从而促进城镇化与工业化协调发展，为河南省应对危机、保持快速增长增强了活力，增添了动力。

（四）建设中原经济区：区域发展战略的拓展深化

2009 年 11 月底，卢展工到河南省履职主政，强调要突破行政思维的束缚，用区域经济的发展理念审视自己。为了解决理念和认识问题，河南省委、省政府组成课题组，对"什么是中原""什么是中原崛起"等问题进行系统研究，不仅使全省上下对一些基本问题廓清了认识，而且使河南省上下对中原经济区建设认识高度一致，思想高度统一的良好局面。2011 年 1 月，国务院印发《全国主体功能区规划》，中原经济区首次被写入国家文件。2011 年 3 月 5 日，第十一届全国人民代表大会第四次会议提交代表审查的《"十二五"规划纲要（草案）》中明确提出，"进一步细化和落实中部地区比照实施振兴东北地区等老工业基地和西部大开发的有关政策，重点推进太原城市群、皖江城市带、鄱阳湖生态经济区、中原经济区、武汉城市圈、长株潭城市群等区域发展。"2011 年 9 月，国务院发布《关于支持河南省加快建设中原经济区的指导意见》，标志着中原经济区正式上升到国家战略层面。2012 年 8 月，国家发改委在郑州召开《中原经济区规划》编制启动会，统一谋划覆盖 28.9 万平方公里，约 1.7 亿人口的中原经济区的发展蓝图。

围绕核心任务和战略定位，中原经济区发展的战略重点进一步明确，即：一是优化粮食生产核心区、城镇重点区域、产业集聚区和生态功能区的空间布局，真正做到"两不牺牲"；二是明确战略平台构建，加强粮食核心生产区建设，加快中原城市群发展，着力打造现代产业基地，建设郑州航空经济综合实验区，培育豫东、皖北三化协调发展先行区；三是明确不断拓展和提升城镇功能，探索推进新型农村社区建设，促进城乡一体化发展；四是明确发展先进制造业，积极培育战略性新兴产业，加快服务业发展，着力提高产业核心竞争力；五是巩固提升全国重要的交通枢纽地位，建设综合型能源原料基地，重点对交通、能源、水利、信息等重大基础设施工程进行系统梳理；六是明确繁荣文化事业，发展文化产业，打造华夏历史文明传承创新区；七是明确建立有利于三化协调发展的体制机制，对先行先试政策进一步深化细化。八是强化区域联动发展，处理好河南省与周边毗邻地区的关系。

尽管中原经济区建设刚刚起步，但是已经迸发出巨大的能量，激发了全省干部群众的热情。中原经济区的建设，将能够充分发挥新型城镇化在三化协调发展中的引领作用，从而推动河南省经济增长由单一依靠投资拉动向投资、消费和出口协调拉动转变，以投资、消费和出口这"三驾马车"共同拉动河南省经济持续较快发展；推进工业结构的优化升级，变"高投入、低产出，高消耗、高排放"为"低投入、高产出，低消耗、低排放"；推进农业发展方式加快转变，提高单产、改善品质、增加总产，保障国家粮食安全。

第五节　经验与启示

探索充满艰辛，成就来之不易。科学分析和系统总结河南省在后发赶超经济社会建设中取得的经验和启示，对于我们实现与全国全面同步小康的目标，在新的更高起点上全面建设中原经济区具有重要意义。

一、准确定位谋发展

准确定位是实现一个省发展战略目标的关键，一个区域的经济发展战略定位，首先要知道自己的优势在哪里，劣势又在哪里，做到扬长避短，才能使生产力的各要素之间合理、协调，产生最大的经济社会效益。因

此，正确认识形势和把握省情是我们确立科学发展定位工作的基本前提，基于省情的准确定位，会使全省的资源优势得到充分利用，生产力得到极大发展。反之，没有准确定位，想到什么抓什么，就会顾此失彼，或一味模仿发达地区，就会陷入盲目被动局面。河南省要后发赶超，与全国同步实现全面小康，就需要仔细分析、重新认识、认真讨论、深入思考省情，客观地看待我们的优势，辩证地对待我们的劣势，正确地认识我们的差距。河南省地处中原，有天然的区位优势，河南省也是人口大省，有人力资源优势，河南省还有资源优势，包括文化资源、自然资源、粮食资源等优势，近年来，河南省在立足省情、认识省情、把握省情的基础上，发挥各种优势，经济社会建设取得了很大成就，综合实力显著增强，已成为全国重要的经济大省、新兴工业大省和有影响的文化大省，成为全国重要的农副产品生产加工基地、能源原材料基地、交通通信枢纽和人流物流信息流中心。但立足全国来看河南省，河南省总体上欠发达的地位尚未改变。河南省人均经济社会发展水平仍然较低，产业结构还不尽合理，农业省份特征明显，城镇化水平落后于全国平均水平，河南省小康社会的实现程度也低于全国。因此，河南省要在 2020 年实现与全国全面同步达到小康社会的目标，比其他省份的任务更艰巨，必须以比其他省份更快的速度加快发展，才能缩小差距。我们必须在新的历史起点上，进一步增强忧患意识，以更宽广的世界眼光和战略思维，顺应时代潮流，抢抓机遇，破解难题，迎接挑战，以务实的作风履行时代使命，在更大范围、更高层次、更宽视野上谋划发展思路，谋求发展良机，谋取发展实效。

二、明确思路保发展

思路决定出路。有什么样的思路，就有什么样的出路。思路影响一个组织、一个地区乃至一个国家的出路。思路不同，会导致截然不同的出路。实践证明，思路太多是不成熟的表现，思路多变是急功近利的表现，思路正确，发展就顺利，路子就越走越宽，思路不正确，就容易"瞎折腾"，使良好的发展局面受损。改革开放尤其是 20 世纪 90 年代以来，河南省的经济社会发展思路随着时代的变化不断的调整，根据不同的发展阶段，制定不同的战略发展目标。20 世纪 90 年代初，针对河南省在区域发展中底子薄、人口多的不利条件，河南省从实际出发，确立制定了"一高一低"的发展战略目标，大力推进全省工业化进程和小康富民工程建设。"十五"时期，河南省为推进河南省全面建设小康社会进程，提出在坚持"一高一低"目标的同时要突出经济发展的质量和效益，着力实现"两个较高"的战略目标，河南省成功跨入经济大省和工业大省行列。"十一五"时期，国家出台了《关于促进中部地区崛起的若干意见》，河南省敏锐地抓住了这一历史机遇，提出了河南省加快"两大跨越"的发展战略，推进了河南省实现由大到强的历史性转变。"十二五"时期河南省又提出"两高一低"的战略目标，这是河南省在实现发展速度保持高于全国平均水平后，又提出"力争高于中部平均水平"，这与河南省实际和中央促进中部崛起的战略要求相符合，体现了河南省对全国发展大局和自身富民强省的历史担当。中原经济区上升为国家战略后，河南省明确了全面实施建设中原经济区、加快中原崛起河南省振兴的路径，即持续探索走一条不以牺牲农业和粮食、生态和环境为代价的，以新型城镇化为引领、新型工业化为主导、新型农业现代化为基础的三化协调科学发展路子。由此可知，河南省的经济社会发展思路不是一时的主观臆想，而是在实践探索中按照科学发展观的要求，审时度势、实事求是、科学决策的。明确了发展思路，就能找准发展方向和路径，就能使全省上下同心、凝聚共识，为后发赶超，保持河南省持续较快发展奠定坚实基础。

三、抓住关键求发展

关键指的是事物的主要矛盾，而矛盾是事物发展的动力，因此，抓住关键就是抓住事物的主要矛盾，促进事物的发展。如果不能够抓住主要矛盾，就是牵不住一项工作的"牛鼻子"，工作局面就无法打开。河南省经济实现较快发展，也就是抓住了经济发展的主要矛盾，也即抓住了经济发展的关键。首先是抓住驱动经济增长的"三驾马车"，使其协调发展。河南省以前主要是靠投资拉动，出口一直是"三驾马车"中跑得最慢的一驾，内需不足也是河南省保持平稳较快发展的主要制约因素。要化解这些

矛盾，就需要抓住出口、消费这两驾马车的关键，采取有力措施，逐一解决。投资方面，要继续保持它的拉动作用，以粮食核心区、先进制造业、先导产业、现代服务业、交通能源、城乡建设、节能减排、社会事业等领域为重点，进一步优化投资结构，集中力量建设一批基础设施和转型升级重大项目。出口方面，为拉长出口短板，大力实施招商引资，以富士康为首的外资重大项目落户河南省，使河南省的外贸出口额短期内实现翻番。消费方面，通过加快发展服务业、完善服务设施和消费政策、增加城乡居民收入来扩大消费需求。投资、出口、消费这三驾马车协调用力，才能拉动经济平稳较快发展。其次是抓住经济结构调整的关键，调整产业结构、所有制结构、城乡结构，着力构建以产业集聚区为载体，现代农业、工业主导产业、高新技术产业、现代服务业、基础设施和基础产业相互支撑、互动发展的现代产业体系；着力调整城乡二元结构，积极推进城镇化，有效地释放需求潜力，激发经济活力；着力调整所有制结构，坚持"有进有退，有所为有所不为"的战略思想，使非公有制经济得到快速发展，激发了河南省整体经济发展的活力，加快了转型发展的步伐，增强了持续发展的动力。经济结构调整是我省转变发展方式的重点，是关系国民经济全局紧迫而重大的战略任务，河南省正是抓住了这个关键，才能制定出各种行之有效的政策措施，使河南省经济能够在世界经济增长放缓的情况下，河南省出现经济逆势增长的良好局面。

四、统筹协调促发展

统筹协调发展就是按科学发展观的要求，统筹兼顾、合理布局，妥善处理发展中各方面之间的关系，走协调发展、共同富裕之路。不同区域经济、社会以及影响经济和社会发展的各方面要素存在一定的差距，统筹协调就是要最大限度地兼顾到各个方面的利益，既要善于驾驭全局、把握平衡，兼顾各方，又要抓住最弱环节，全力化解。河南省在改革开放以来，制定了一系列发展战略，如促进县域经济发展的"十八罗汉闹中原"、四大经济区域的划分、"一极两圈三层"现代城镇体系的规划、中原经济区的建设，都不断地推动区域统筹协调发展向更高层次发展。20 世纪 90 年代初对部分县（市）进行扩权强县改革，各地发展县域经济的热情被激发出来，出现了"十八罗汉闹中原"的繁荣景象，县域经济迅速发展壮大，成为河南省全面振兴的重要突破口。《河南省全面建设小康社会规划纲要》根据各地的地理位置、产业特点、发展现状和发展趋势，将全省划分为四个经济区，突出了中心城市的辐射带动作用和产业集聚效应，调动了各方面的积极性，形成了各展所长、优势互补、竞相发展的格局。"一极两圈三层"的现代城镇体系规划，能够优化整合区域内各城市间的生产要素，发挥更大的规模效应、集聚效应、辐射效应和联动效应，促进区域经济社会统筹协调发展。中原经济区建设将5省30市2县的广阔区域联结在一起，进行区域资源整合，要素合理流动，使其形成合力，聚合成整体优势，最终形成"一盘棋"的区域经济格局。中原经济区建设是更高的层次和水平上统筹协调，对于促进中原崛起河南省振兴有深远的影响和作用。由河南省的发展历史和实践经验可以看到，经济社会的发展必须坚持统筹协调，坚持在统筹中处理矛盾，在兼顾中把握平衡，在协调中促进发展，使经济社会建设的各个要素、各个方面、各个环节都能够健康、有序、优质、高效持久地向前推进。

五、持续推进发展

持续是指事物发展过程不间断，不停顿，它描述了一种延续不断地发展状态。持续体现的是继承与创新的统一、认识与实践的统一、当前与长远的统一，持续就是要始终保持一股劲，不折腾、不大起大落、不急功近利。河南省经济总量虽然很大，但是质量和效益却相对低下，人口多、底子薄、基础弱、发展不平衡、封闭保守、形象扭曲等问题也长期制约着经济社会发展。要实现后发赶超，与全国同步实现小康，河南省必须加快转变发展方式，继续探索走出一条不以牺牲农业和粮食、生态和环境为代价的新型城镇化新型工业化新型农业现代化的三化协调科学发展的路子。但是18个省辖城市发展基础参差不齐，"钱从哪里来、人往哪里去、粮食怎么保、民生怎么办"的"老四难"始终存在，"土地哪里来、减排哪里去、要素怎么保、物价怎么办"的"新四难"又摆在面前。对此河南省选择了

持续，持续已有的正确有效的发展思路、举措和政策，坚持不懈地抓下去，把更多的着力点、注意力用到做上，说到做到、说好做好。河南省以持续为理念，不断深化统筹城乡发展的探索，着力发挥新型农村社区的战略基点作用，有了今天中原农民"家门口的城镇化"；以持续为理念，稳步推进新型工业化建设，强力铸就经济发展的"钢筋铁骨"，有了今天传统农业大省向新兴工业大省的精彩蝶变；以持续为理念，始终把农业和粮食放在重中之重的位置，作出"两不牺牲"的庄严承诺，有了今天我们为之欣慰的夏粮生产"十连增"。当前中原经济区建设已经全面展开，河南省一以贯之，坚持持续理念，持续以往好的思路、好的经验、好的做法，用领导方式转变加快发展方式转变，以建设中原经济区为新起点，加快推进"两不三新"三化协调科学发展之路。

第九章
务实发展：不事张扬求实求效的地方特色

改革开放以来，河南省坚持立足省情，突出特色，发挥优势，把中央战略部署与地方发展实际有机结合起来；坚持谋务实之策、说务实之话、办务实之事、求务实之效；坚持在思路谋划上、工作举措上、项目推进上、工作作风上始终突出务实创新；坚持突出持续求进，一任接着一任干，一张蓝图绘到底，一以贯之谋发展。战略定位越来越清晰、发展战略越来越清晰、发展路子越来越清晰、转变方式越来越清晰、务实发展越来越清晰，中原大地发生了翻天覆地的变化。

第一节　以务实发展加快中原崛起

务实发展是解放思想、实事求是、与时俱进思想路线在河南省发展中的集中体现，是以人为本、全面协调可持续的科学发展观在河南省的具体实践，是对一切从省情出发、立足于实、立足于做的精神风貌和生动实践的总概括，在表述中原崛起的话语体系中发挥着突出作用。

一、务实发展的内涵与意义

所谓"务实"，就是讲究实际、实事求是，按规律办事。务实，是传统美德。王符的《潜夫论》说："大人不华，君子务实。"王守仁的《传习录》说："名与实对，务实之心重一分，则务名之心轻一分。"务实精神排

斥虚妄，拒绝空想，鄙视华而不实。务实，是一切从实际出发，注重解决实际问题。务实，体现了马克思主义世界观和方法论的本质要求，是理论和实践、知和行的具体的历史的统一。务实是马克思主义一以贯之的科学精神，也是党的思想路线的核心内容。从实践的角度讲，务实不仅是一种精神和作风，而且是一种能力的体现。

中原崛起战略的实践就是践行务实发展理念的过程。2011 年 10 月，卢展工书记在河南省九次党代会的报告中，对务实发展做了提炼和概括，建设中原经济区、加快中原崛起河南振兴，必须始终坚持务实发展。务实发展，就是解放思想、开拓进取，遵循规律、勇于创新；务实发展，就是忠诚履职、尽心尽责，责随职走、心随责走；务实发展，就是注重持续、锲而不舍、保持韧劲、勇于担当；务实发展，就是关键在做，科学运作、有效运作、说到做到、说好做好，努力创造经得起实践、人民和历史检验的业绩。各级党组织和广大共产党员要把务实发展作为一种追求、作为一种品格、作为一种责任，以务实发展树立起务实河南的形象。

"务实发展"有着丰富的内涵。务实发展就是在挖掘比较优势的基础上确定发展战略。改革开放以来河南省在深刻把握省情的基础上提出了"围绕农业上工业、上了工业促农业"，"八五"期间提出了"工业、农业两篇文章一起做"，近几年持续探索三化协调发展道路，都是在挖掘河南省的比较优势，是务实发展的具体体现。务实发展就是在把握阶段性特征的基础上明确发展重点。在每一个历史时期都要确保发展重点与阶段性特征相结合，90 年代以后河南省把推进工业化作为发展重点，近几年提出发挥新型城镇化引领作用，因为当前制造业服务化的趋势越来越明显，服务业尤其是现代服务业的发展关键在于人口和产业的集聚，就需要城镇化发挥更大的作用。务实发展就是在强化区域特色基础上探讨发展模式。它不是从上到下一刀切，而是鼓励地方创新。河南省历史上出现的"十八罗汉闹中原"的模式，就反映了地方的区域特色和优势，脚踏实地，不盲目跟风，不标新立异，针对区域发展中的问题和瓶颈探讨发展模式是务实发展的内在要求。

坚持务实发展对于河南省来说意义重大。河南省有过违背务实发展的历史，有过"放卫星"、搞浮夸的沉痛教训。总结过去，凡是从实际出发，河南省的发展就顺利；凡是脱离实际，偏离现实，河南省的发展就会受挫折、走弯路。回顾 20 世纪 90 年以来河南省经济社会发展的历程，之所以能够走出工农业协调发展的河南省模式，根本原因是立足省情、遵循了经济发展的内在规律，经济社会发展持续呈现好的态势、气势和趋势，都与坚持务实发展密切相关。当前，河南省经济总量稳居全国第五位，经济社会发展站在了新的历史起点上，但是，河南省仍然处在工业化、城镇化中期加速阶段，面临老"四难"和新"四难"，要破解发展瓶颈，只有面对实际，扎扎实实工作。不能光说不做，或说归说，做归做，说的多，做的少，而是想不好不说，说了就做，说到做到，说好做好。《国务院关于支持河南省加快建设中原经济区的指导意见》已经颁布，把中原经济区建设的各项战略任务落到实处，全面建设小康社会，全面实现中原崛起，任务繁重而复杂，必须坚持务实发展，关键在做，关键在干，关键在落实，不是图形式、搞政绩工程，不是只对上级负责、不对群众负责。而是要踏踏实实，埋头苦干，肩负起历史的责任，使我们的工作经得起历史的检验。

二、务实发展的实践与探索

兼容并蓄、刚柔相济、革故鼎新、生生不息的中原文化，滋养和铸就了河南人的务实秉性。河南省是愚公的故乡，愚公移山的故事就是河南人务实秉性的真实写照。自古以来，勤劳务实的河南人民，战胜了各种灾害带来的苦难，创造了辉煌灿烂的中原文明。新中国成立后特别是改革开放以来，河南人民艰苦创业、改天换地，使河南省的面貌发生了翻天覆地的变化，中原大地先后涌现出焦裕禄、史来贺、吴金印、任长霞、常香玉、李文祥等一大批英模人物，造就了具有鲜明时代特色的焦裕禄精神、红旗渠精神。愚公移山精神、焦裕禄精神、红旗渠精神作为中华民族精神的重要组成部分，是"务实发展"的精神之基，是建设"务实河南"的力量之源。

自 20 世纪 90 年代以来，河南省委、省政府先后提出"一高一低"目标，建设中原城市群，实施开放带动主战略，以及"围绕农业上工业、上了工业促农业"，推进三化助推中原崛起等，实践证明这些都是富有远见之举，更是务实重干之举。2010 年以来，围绕河南省区域战略上升至国

家层面，省委、省政府广开言路，集思广益，高瞻远瞩，在多种方案中选择了建设中原经济区这一构想。卢展工书记多次强调，要在中原崛起总体战略的基础上，形成一个比较完整、比较系统的和中央促进中部地区崛起规划相呼应、相衔接的总体规划，把这些年河南省在发展中形成的、经过实践证明是正确的发展思路整合起来，持续地做下去。正如人们已经看到和认同的那样，中原经济区上升为国家战略，是用宽阔眼界和战略眼光审视河南省的结果，是高水平谋划和运作的结果，是关乎中原历史走向的最大的务实。

近年来，河南省全省上下坚持"四个重在"的实践要领、"三具两基一抓手"的工作方法、"学明白、想明白、说明白、做明白"的工作要求、"说到做到，说好做好，责随职走，心随责走"的工作作风，积极探索不以牺牲农业和粮食、生态和环境为代价的三化协调科学发展的路子，不动摇、不懈怠、不刮风、不呼隆、不折腾已成为河南省广大干部群众的共识和行动。2011 年冬春交接之际，河南省遭遇 60 年不遇的特大旱情，与往年不同的是，省委果断叫停了"百厅包百县抗旱浇麦"动议，当年的抗旱静悄悄：职能部门各司其职，专业部门各显其能，官员没下乡扰民，资金和技术却大量下乡，全省整合涉农项目资金 77.25 亿元用于抗旱应急工程建设，新增、改善、恢复灌溉面积 1366 万亩，一次静悄悄的抗旱，为河南省带来了夏粮大丰收，粮食总产量连续 11 年全国第一。

务实发展理念已经在河南省各个层面、各项工作、各个领域中悄然体现出来，省委主要领导同志身体力行，率先垂范，省里召开的重要会议，省委、省政府领导都提前到场，发言提出见解，出行不搞接送，市内不用警车，下乡不定路线，照相站后排、引得客商近悦远来，亲身体验求职难、力促"4050 人员"再就业；在选人用人方面，提出了"五重五不简单"的用人标准，即：重群众公认，但不简单以推荐票取人；重干部"四化"德才，但不简单以求全和年龄、文凭取人；重干部政绩，但不简单以一时一事的数字取人；重公开选拔，但不简单以笔试和面试取人；重干部资历，但不简单以任职年限取人；在干部考核方面，制定下发了《省辖市拟提拔人选科学发展实绩考核办法》，确立了以多项日常工作实绩为主的考评指标，严格执行上述政策和标准，一大批干部走向新的领导岗位，各方面反映良好。求真务实的工作作风、踏实肯干的工作形象在悄然确立，求真、务实、肯干，已成为河南省领导干部的共识和行动。"务实发展"的形象越来越清晰，建设"务实河南省"的思路也越来越明晰。

三、务实发展任重道远

务实发展，不仅是对中原崛起实践的经验总结，更是对今后一段时期加快中原崛起步伐的强力支撑。今后一段时期，随着国家区域发展总体战略和主体功能区规划的实施，区域竞争将更加激烈。河南省作为后发地区，"先行先试"的空间被挤压，"后发劣势"逐步显现，中原崛起面临着前所未有的挑战与机遇，以务实发展加快中原崛起的征程任重而道远。

坚持务实发展，必须加快实现中原经济区建设宏伟蓝图的进程。2010年以来，省委、省政府在系统梳理历届领导班子关于加快河南省发展战略思路的基础上，充分认识新的历史条件下河南省在全国的比较优势和战略地位，提出了建设中原经济区的战略构想，并正式上升为国家战略。《国务院关于支持河南省加快建设中原经济区的指导意见》的出台，极大地提升了河南省在全国的地位，扩大了河南省在全国的影响，提振了全省人民的精神，为加快中原崛起注入了强大的动力。同时要看到，今后 10 年，随着国家区域发展总体战略和主体功能区规划的实施，区域竞争将更加激烈。河南省作为后发地区，"先行先试"的空间可能被挤压，获得含金量高的政策的难度加大，"后发劣势"将逐步显现出来。因此，尽管《指导意见》授予了我们不少"牌子"和"帽子"，但要使其真正产生政策带动和联动效应，把中原经济区建设的各项战略任务落到实处，关键在做，关键在干，关键在落实。坚持务实发展，既是把《指导意见》提出的各项任务落到实处的迫切要求，也是河南省干部群众埋头苦干，为国家为全局作出更大贡献的庄严承诺。

坚持务实发展，必须逐步破解三化协调发展的瓶颈制约。经过改革开放以来的持续快速发展，河南省初步走出了一条不以牺牲农业和粮食、生态和环境为代价的三化协调科学发展路子，成为全国名副其实的经济大省、新兴工业大省和有重要影响的文化大省。同时，又要清醒地看到：河

南省的经济大而不强，粮食增产难度大，经济结构不合理，城镇化发展滞后，公共服务水平低等问题还比较突出，中原崛起面临着较多的瓶颈制约。坚持务实发展，就是要增强全省各级领导班子和领导干部的忧患意识、责任意识和为民意识，扎扎实实破解摆在我们面前的困难和问题。要坚持立足于学，立足于转，立足于做，立足于实。责随职走、心随责走，把思路、规划和目标落实到行动中，办任何事情想好了再说、说了就做、做就做好。

坚持务实发展，必须切实推进领导方式与政府职能的转变。中原崛起对政府工作能力要求逐步提高，总体上看，这些年全省各级领导班子和领导干部队伍建设是扎实的，在带领科学发展、构建和谐社会、保持平安稳定方面成绩是突出的，保证了一个人口大省的政通人和、持续稳定发展和人民生活不断改善。但也要看到，当前我省干部的思想观念、领导方式和工作作风方面还存在不少问题，走形式、讲排场、做表面文章、用会议贯彻会议精神、用文件落实文件要求，华而不实，不触及矛盾，不解决实际问题等现象在一些地方和部门还比较严重，与中原崛起的宏伟目标尚存在着一定的差距。坚持务实发展，就是要持续不断地倡导务实精神，营造务实环境，深入开展"两转两提"，推动各级领导机关和广大干部转变领导方式，转变工作作风。

四、务实发展关键在做

实践证明，务实发展关键在做。从2009年年底中原经济区构想提出，到2011年1月被纳入《全国主体功能区规划》，再到2011年9月底《指导意见》出台，河南省正是凭着"务实发展、关键在做"的精神，在短短一年多的时间内，使得中原经济区从当初的一纸蓝图，上升为在全国改革发展大局中具有重要地位的国家战略。中原经济区成为实现中原崛起河南省振兴的载体和平台，要求我们立足实际，遵循规律，提高运作能力，去干，去做，去实践，真正做到务实到位、运作到位，把各项工作落到实处，在求实求效中加快中原崛起。

务实发展，要突出主要任务，在务实上下功夫。坚持"两高一低"，紧紧扭住发展、始终致力发展、大力推动发展。坚持加快转变发展方式，积极保护生态环境，为后人留下青山绿水，不断提升经济增长的质量和效益，努力实现速度与结构质量效益相统一、经济发展与人口资源环境相协调，实现全面发展、协调发展、持续发展。坚持促进全省广大人民共建共享，坚持强省为基、富民为要，着力把"蛋糕"分好，使广大群众共享改革发展成果。坚持民生优先、民生为重，情系人民、发展为民，顺应人民群众求发展盼富裕的新期待，千方百计保障民生，全力以赴改善民生，多为群众办实事、办好事、解难事，不断提高人民群众的幸福感。

务实发展，要坚持做务实之事，选务实肯干之人。坚持围绕发展、扭住发展、突出发展、服务发展，以务实发展树立起"务实河南省"的形象，努力破解"老四难"、"新四难"，积极探索有利于加快中原经济区建设的新模式、新体制、新机制，积极探索产城融合之路、土地集约利用之路、劳动力就地转移之路、开放合作之路、承接产业转移之路。坚持用与当代经济社会发展相适应、与人民群众的要求相一致的思路、眼光、方法和措施，多干打基础、管长远的事，不搞短期行为、不做表面文章，在持续发展上见实效。坚持选务实肯干之人，坚持"五重五不简单"，确立科学的选人用人标准，真正把那些政治上靠得住、工作上有本事、作风上过得硬、人民群众信得过的优秀干部选拔出来，让能干事者有机会、干成事者有舞台，正确看待干部，真正把用人导向搞好，把用人风气搞正，为加快中原崛起河南省振兴提供坚强保证。

务实发展，要找准工作抓手，强化制度保障。坚持工作要有抓手，坚持项目带动、品牌带动、创新带动、服务带动，把项目作为重要抓手，摒弃一切大而化之的做法，科学规划，缜密部署，以项目带动工作的落实，以品牌赢得更广阔的发展空间，以创新激发活力和动力，以服务带动发展环境的优化。坚持强化制度保障，创新干部政绩评价制度，把一些约束性指标纳入评价体系，提高公众参与度，鼓励各级政府部门务实工作，不急功近利，不盲目攀比，引导各级政府根据区域特色和资源优势，多做打基础、谋长远的工作，优化政府管理流程。坚持推进社会管理制度创新，提高政府工作效率，打造"务实政府"，形成与经济社会发展阶段相适应的

部门分工格局，为务实发展创造必要环境和条件。

第二节　立足实际持续推进中原城市群一体化发展

城市群是城市化进程中形成的一种高级空间组织形式，是区域经济的增长极，也是区域参与国际竞争的战略支点。河南省委、省政府遵循经济发展规律，较早地提出实施中原城市群发展战略，把城市群作为带动河南省振兴中原崛起的龙头，作为促进河南省城乡协调发展的重要桥梁。

一、站位全国谋划区域发展战略

中原城市群是以郑州为核心，以洛阳、开封为重要支撑点，由郑州、洛阳、开封、新乡、焦作、许昌、平顶山、漯河和济源9个城市构成的城市共同体。依托中原城市群组织全省社会经济发展，既是河南省自身发展的内在要求，也是促进我国东中西部协调发展的外在要求。众所周知，我国沿海地区三大城市群，即京津唐城市群、长三角城市群和珠三角城市群的形成和发展在很大程度上增强了区域经济发展活力。在西部大开发和中部崛起战略指引下，长株潭、成渝、武汉、皖江、关中等一批城市群崭露头角，在中西部地区经济发展格局中日益发挥着骨干支撑作用。在此背景下，河南省提出中原城市群一体化发展战略，是站位发展全局谋划区域发展的战略举措，也是从客观实际出发务实发展的具体体现。

早在20世纪80年代，著名学者费孝通来河南省调研时，曾经提出郑州、洛阳、焦作三个城市能否形成城市群，实现优势互补、协调发展。之后，又有人提出，能否以郑州为中心，方圆百里以内的城市形成城市群，使其成为新的增长极，带动周边城市发展。1990年，在研究制订"八五"计划时，河南省提出了构建以郑州为中心，包括洛阳、焦作、新乡、开封在内的核心经济区的初步设想，即"中原城市群"的雏形。1995年，在编制"九五"计划时，河南省进一步提出，要统一规划协调中原城市群重大基础设施、产业布局、城镇体系和生态环境建设，让中原城市群在全省经济振兴中发挥辐射带动作用，促进区域内城市和产业加快发展。2000年，省政府在编制"十五"计划时，又将平顶山、许昌两市纳入中原城市群。"十五"期间，随着全省工业化、城镇化进程逐步加快，特别是随着交通网络体系日新月异的建设和完善，中原城市群原有七市之间以及七市与漯河、济源两市之间的经济交往日益频繁，城市布局和产业发展在空间上日趋紧凑，以郑州为中心的快捷交通网络初步形成。

2003年8月，河南省委、省政府出台《河南省全面建设小康社会规划纲要》，该规划对中原城市群范围进行正式调整，提出："中原城市群经济隆起带是以郑州为中心，包括洛阳、开封、新乡、焦作、许昌、平顶山、漯河、济源在内的城市密集区。"时任河南省委书记的李克强同志明确指出："以郑州为中心的中原城市群，是我省经济发展的核心区域，可以发展成为全国区域性范围内具有独特优势和重要影响的经济隆起带。要加快这一区域的发展步伐，从整体上率先实现全面建设小康社会的目标，使之成为带动全省经济发展、实现中原崛起的龙头。"自此，中原城市群在实现中原崛起中的战略核心地位得以确立。

2006年4月，中共中央、国务院印发《关于促进中部地区崛起的若干意见》，明确提出要"以中原城市群等为重点，形成支撑经济发展和人口集聚的城市群，带动周边地区发展"。这标志着中原城市群作为一个省域范围内的"次区域"，正式纳入国家层面发展战略的视野。

2011年9月，国务院《关于支持河南省加快建设中原经济区的指导意见》明确指出，中原经济区五大战略定位之一是"全国重要的经济增长板块"，要"提升中原城市群整体竞争力，建设先进制造业和现代服务业基地，打造内陆开放高地、人力资源高地，成为与长江中下游地区南北呼应、带动中部地区崛起的核心地带之一，引领中西部经济发展的重要引擎，支撑全国发展的重要区域"。要"充分发挥中原城市群辐射带动作用，形成大中小城市和小城镇协调发展的城镇化格局，走城乡统筹、社会和谐、生态宜居的新型城镇化道路，支撑和推动'三化'协调发展。"这些都表明，中原城市群在中原经济区建设的宏大战略中承担着极其重要的角色。

二、推进中原城市群一体化发展的举措与成效

中原城市群发展战略确立后，为全面落实科学发展观，加强对中原城市群的引导和培育，河南省于 2005 年组织编制《中原城市群总体发展规划纲要》和一系列配套的相关专项规划。2006 年 3 月，河南省政府正式下发了《关于实施中原城市群总体发展规划纲要的通知》，中原城市群建设帷幕由此正式拉开。

2006 年 11 月 20 日，作为"郑汴一体化"的标志，郑开大道正式通车。作为河南省的第一条城际公交线路，郑开公交无疑对中原城市群城际公共交通网络建设发挥了先导效应和示范作用。伴随着郑开大道开通这一破冰之举，郑州、开封两市在交通、通信、金融等全方位的融合也取得实质性进展。除此之外，在旅游、文化、商务、邮政等众多领域两市也相应推行一系列同城服务措施，两城在开通免费电视频道、异地通用公交卡、医疗卡等方面也积极对接。

2009 年 6 月，河南省政府出台《郑汴新区建设总体方案》，郑汴新区规划范围包括郑州新区和开封新区，东起开封市金明大道，西至郑州市中州大道，南起中牟县、尉氏县南县界，北至黄河南省岸，总面积约 2077 平方公里，打造全省经济和社会发展核心增长极。

紧随"郑（州）汴（开封）一体化"步伐，郑（州）许（昌）、郑（州）洛（阳）、郑（州）新（乡）等一体化进程如火如荼，不断加速。许昌向北拓展，建设连接许昌城区和长葛的城际大道；洛阳向东推进洛（阳）偃（师）一体化，偃师要以"挥师东进"战略为契机，按照建设大洛阳的要求，不断加大偃师新区建设力度；新乡向南发力，隔河相望，与郑州呼应，加快原阳桥北新区建设，通过郑州黄河公路大桥和郑州黄河公路铁路两用桥，拓展郑州向北发展的通道。

在相关规划指导下，一系列跨区域重大基础设施建设也在紧锣密鼓地积极推进。如，郑州铁路新客站"零换乘"工程、郑州国际航空港货运站工程、机场迎宾大道拓宽改造工程、洛阳机场扩建工程、郑州城市轻轨工程等；再如，国家级铁路集装箱中心站、国家干线公路物流港、首座黄河公铁两用大桥等重大项目。2009 年 9 月，为适应中原城市群区域一体化发展的目标要求，缓解区域交通紧张状况，完善综合运输结构，推进城市化进程，国家发展和改革委员批准《中原城市群城际轨道交通网规划(2009—2020)》，为中原城市群一体化发展提供了有力支撑。

郑州作为中原城市群中心，其辐射带动效应日益增强。以郑州为中心、东连开封、西接洛阳、北通新乡、南达许昌的大"十"字形核心区也初步形成，现代交通网络的基本建成，为区域经济协调发展奠定了基础，城市之间的经济联系越来越密切。城市间的产业联系与经济合作不断加强，区域经济一体化的进程加快。沿国道主干线的"新郑漯"和"郑汴洛"产业发展带形成，中原城市群协调发展和整体功能得到有效发挥。

从空间形状上看，中原城市群是以郑州为中心，以开封、洛阳、焦作、济源、新乡、平顶山、许昌、漯河 8 个中心城市为结点构成的紧密联系的经济圈，犹如一颗璀璨的钻石镶嵌在广袤的中原大地上。经过多年发展，中原城市群已经具备雄厚的产业基础：郑州、洛阳、焦作、平顶山是我国中西部地区举足轻重的能源、原材料和装备制造业基地；新乡、开封、许昌等城市轻纺、电子工业，全国闻名；漯河、郑州食品工业实力不俗，区域内先进信息产品制造业、汽车制造业、生物工程、新能源等战略新兴产业发展潜力巨大。良好的产业基础使中原城市群九城市间的优势互补、产业融合步伐显著提速。

在改革开放的大潮中，河南省坚定信念、积极谋划、顺势而为、乘势而上，努力推进中原城市群实现又好又快发展，培育出重要的区域增长极，拓展了发展空间，牢牢把握了发展的主动权。目前，以区域经济整体发展为目标的中原城市群建设已初显成效。2010 年，中原城市群 9 城市，常住人口达到 4159 万人，占全省的 44.2%；生产总值达到 13375.4 亿元，占全省总量的 57.6%；城镇化率达到 46.1%，高于全省 7.3 个百分点；实际利用外资 46.29 亿美元，占全省的 74.1%；实现地方财政一般预算收入886.03 亿元，占全省的 69.5%；规模以上工业增加值达到 6110.32 亿元，占全省的 61.2%；连续多年生产总值增长速度高于全省平均水平，对河南省经济的拉动作用日益凸显，已经名副其实地成为担当河南省经济发展的中坚力量。另据有关资料显示，在全国 15 个主要城市群中，中原城市群

综合竞争力位居第七位、中西部首位，获得了全国最具成长性城市群之一的美誉。

在中原城市群战略实施过程中，中原城市群协调发展领导小组的成立，中原城市群市长联席会议和政协主席联席会议制度的建立，为中原城市群九市之间搭建了各种官方和非官方的对话平台，大大推进了中原城市群发展一体化进程，为区域内资源共享、生态共建、环保同治、产业互补、协调发展提供了坚实的制度创新和组织保障。

三、中原城市群一体化发展战略的演进与提升

2010 年以来，河南省提出把由 9 个城市构成的中原城市群扩容，把 18 个省辖市全部纳入中原城市群整体规划布局。加快中原城市群发展，必须以郑州为中心，依托轨道交通体系和高速铁路建设，形成辐射中原经济区各个城市的格局，努力构建中原城市群的核心层、紧密层、辐射层。其中，核心层由郑州、洛阳、开封 3 市构成，通过加快郑汴洛一体化进程，逐步成为中原城市群和中原经济区发展的先导区、引领区。紧密层包括新乡、焦作、济源、许昌、平顶山、漯河 6 市，主要是在郑汴洛一体化区域先行先试基础上，建立包括核心层和紧密层在内的中原城市群城乡统筹改革发展试验区，逐步发展成为中原经济区对外开放、东引西进的主要平台。辐射层包括安阳、鹤壁、濮阳、三门峡、商丘、南阳、信阳、周口、驻马店 9 市。主要是通过加快郑西、石武、郑徐、郑渝等铁路和公路建设，密切辐射层与紧密层、核心层的经济联系，共同构建以郑州为中心的开放型城镇体系。

强力打造"大郑州"，使之成为中原城市群的领头雁。以建设郑东新区为契机，抓住中原经济区建设机遇，强力扩张郑州市人口及经济规模，提高首位度。坚持"拉长工业短腿"的方针，积极改造提升传统优势产业，做大做强战略性新兴产业；大力发展总部经济和楼宇经济，发展现代物流、会展、金融、信息等现代服务业，全面提升郑州城市综合服务功能，充分发挥其区域性经济、信息、科技、教育和文化中心的作用，增强郑州作为中原城市群核心城市的经济实力和辐射带动能力。进一步加快都市建

设，以领导方式转变加快发展方式转变，站位"全国找坐标、中部求超越、河南挑大梁"，切实在中原经济区建设中发挥龙头、重心和示范带动作用。

推动资源共享和优势互补，实现城市群服务联通。完善和提升以郑州为枢纽的"米"字形交通网络，构建现代综合交通运输体系，形成包括高速公路、国道、省道干线公路和铁路、轻轨、航空在内的，对外联系通畅高效、区内联系快捷紧密、各种运输方式充分衔接的交通运输网络。打破各自为政的行政壁垒，消除相互设卡的市场障碍，探索资源跨区域有偿使用的新路子，实现各种生产要素的自由流动和优化配置，塑造中原城市群整体发展优势。

优化产业空间布局，推进各城市协调发展、错位发展。推动产业对接，夯实中原城市群发展基础。大力实施中心城市带动战略，以产促城、产城互动，以城带乡、城乡统筹，加快推进复合型、紧凑型、生态型中心城市建设，着力做大做强主导产业，形成核心层、紧密层、辐射层分工协作与互动发展的新格局，全面提升中原城市群的综合竞争力。积极引导中原城市群各城市间加强产业分工与合作，促进优势互补，避免产业结构趋同，优化产业布局，推进各城市产业的协调发展、错位发展，有针对性地制定扶持各区域集中发展优势产业的政策措施，依托"两纵一横"经济带，促进产业布局优化。依托郑汴洛工业走廊推进郑汴洛之间的产业协同发展，依托京广产业发展带推进郑新之间的产业协同发展，推进郑许之间的产业布局统一规划。

着力提升中原城市群综合承载能力，提高城市建设水平。加快产业转型升级，转变经济发展方式，由主要依靠增加物质资源消耗向主要依靠科技进步、劳动者素质提高、管理创新转变。创造良好的经济发展环境，努力为各类企业的发展搭建一个公平竞争的平台，特别是更重视小微企业发展，培育区域发展的内生力量，以进一步增强经济活力。更加关注民生，为人民群众提供更多的就业岗位。大力发展循环经济、绿色经济和低碳经济，建设生态文明。科学把握城市功能定位，切实做好城市规划工作，按照自然资源环境条件来谋划城市发展。加强城市交通、水电、通信、科教、文艺、卫生、体育等基础设施建设，不断完善服务功能。更新城市管理观念，从重建设轻管理向建设和管理并重转变，丰富城市功能和提高城

市运行效率。

第三节　务实应对国际金融危机的影响

2008 年，突如其来的国际金融危机由沿海逐步向内陆传导，对河南省经济社会发展造成了严重冲击，经济增速明显下滑，企业经营陷入困境，深层矛盾凸显，省委、省政府准确判断，主动应对，积极谋划，务实创新，全省人民共同担当，奋发求为，在发展中促转变，在转变中谋发展，河南省经受住了重大考验，交出了一份人民群众满意的答卷。

一、站位全局立足省情的准确判断

作为一个非均质的大国经济体，各地区在发展阶段、资源条件、比较优势等方面存在着较大不同，国际金融危机影响的程度和方面也不相同，应对的思路和举措也要因地制宜。河南省委、省政府站位全国大局，立足河南省情，敏锐洞察，准确判断，为河南省应对国际金融危机的冲击赢得了时间，争取了主动。

冲击"来得晚、影响深、走得迟"。2009 年年初，省委主要领导就对国际金融危机对河南省的冲击和影响作出了总体判断，即金融危机对河南省冲击"来得晚、影响深、走得迟"。这个判断与河南省所处的区位和经济结构特点相关，准确的判断为河南省应对危机提供了决策依据。所谓"来得晚"主要是从区位看，危机从沿海外向型地区向内陆地区传导，由终端产业向中上游产业传导，存在着时滞；所谓"影响深"主要是从结构看，河南省重工业和资源型产业比重大，产品多处在产业链前端和价值链低端，龙头企业少，创新能力不强，自我修复能力弱；所谓"走得迟"主要是从发展阶段看，河南省正处于负重爬坡的关键时期，经济发展方式转变处在攻坚时期，体制机制障碍大，制度创新不可能一蹴而就。实践证明，这个准确判断，使得河南省在应对危机上更加从容，不为一时的增速波动而仓促出台政策措施，始终把握住自己的发展节奏，创造了更多的发展空间。

发展的基本态势没有改变。河南省受国际金融危机的影响发展有所逆转，但河南省仍处在加快转变经济发展方式的重要战略机遇期。在全球经济深刻调整背景下，国内外产业转移明显提速，有利于河南省承接产业转移、提高产业层次；金融危机形成的倒逼机制和区域竞争格局重塑，有利于河南省加快产业转型升级和经济结构调整；河南省正处在工业化、城镇化加速发展时期，在基础设施建设、产业转型升级、居民消费等方面有巨大增长空间；比较优势更加凸显，区位、资源、消费及成本优势持续强化，为应对危机挑战、克服困难、逆势发展提供了良好环境和条件。

发展与转变的双重任务没有改变。在国际金融危机冲击下，河南省面临着加快发展和加快转变的双重任务。一方面，河南省经济总量虽然排名全国第 5 位，但各项指标的人均水平都很低，继续做大经济规模仍然是区域经济社会发展的重要任务，很多问题的解决都需要加快发展步伐；另一方面，加快经济发展方式转变刻不容缓，国际金融危机看似对经济增长速度的冲击，实质上是对经济发展方式的冲击，河南省经济发展方式偏传统，经济增长过度依赖于要素投入和投资驱动，生态环境保护任务繁重。必须利用好国际金融危机这个调整与提升的时间窗口，加快发展方式转变，把经济增长转到主要靠创新驱动和内生动力上，河南省就可以更好地实现发展与转变的双重任务。

二、河南省应对国际金融危机

面对前所未有的机遇与挑战，河南省着力"应挑战、抓机遇，扩内需、保增长，促转型、打基础"，快速反应，超前谋划，创新举措，积极应对，明确年度发展思路和工作重点，把各项政策、措施落到实处，发展局面豁然开朗。

坚持"三保两抓一推动"。2009 年，河南省坚持开创"三保两抓一推动"的工作格局，即坚定不移实现保增长、保民生、保稳定；一手抓抗旱浇麦、确保夏粮生产持续丰收，一手抓应对危机，推动经济平稳较快发展。坚定不移地抓重大变化、抓重点行业、抓重点地区、抓重大项目、抓

重要环节、抓重大措施、抓重大战役、抓重要保障，坚决打赢决战二季度这场硬仗，确保全省经济平稳较快发展。力争实现重点工业企业生产经营好转、投资增速明显加快、消费保持较高增速、经济运行呈现企稳回暖走势，为应对危机、加快发展增强动力，提供坚强保障。

坚持"四个重在"实践要领。2010年，河南省在全省上下深入贯彻落实科学发展观之际，省委提出要坚持"四个重在"的实践要领，即坚持重在持续、重在提升、重在统筹、重在为民。要坚持"四个重在"的实践要领的前提下，着力破解"钱从哪里来、人往哪里去、民生怎么办、粮食怎么保"四道难题，大力推进"一个载体、三个体系"建设，以"坚持三保、突出转型、强化态势"为着力点，以"落实完善、创新机制、提高能力"为关键环节，经济社会发展继续保持好的趋势、好的态势、好的气势。

坚持"八策并举"。2011年，河南省提出了以"八策并举"应危机促转变，即持续推进大招商、加快产业产品结构调整、加快产业集聚区建设、加强城乡基础设施建设、创新投融资机制、创新建设用地保障机制、大力开展劳动技能培训、大规模开展保障性安居工程建设。通过坚持"八策并举"，河南省发展的基础更加牢固，国际金融危机的冲击逐渐被消化，经济发展进入常态轨道。

坚持"一靠三突一抓"。2012年，河南省坚持把"一靠三突一抓"作为应对危机的重中之重。所谓"一靠"，就是把依靠以产业集聚区为代表的各类载体来创造发展优势，包括产业集聚区、城市新区、城市组团、商务中心区、特色商务街区等；所谓"三突"，就是突出抓好开放招商，突出抓好新型城镇化，突出抓好民生工程，在这三方面发力，带动内需、外需。所谓"一抓"，就是抓重点项目，加快推进教育、科技、农业、商务等各领域的重点项目建设，各项经济指标稳中有升，升中有转。

三、危中求机的务实创新

在应对国际金融危机中，河南省坚持跳出危机应对危机，把眼光和战略放在了更高的层面上，谋划区域经济社会的长远发展，立足抓机遇、创优势，在发展定位、发展思路、政策措施等方面持续推进务实创新，危中求机，变危为机，奋力开创发展新局面。

持续发展战略。创新发展战略，就是把中原崛起战略进一步提升，谋划中原经济区并成功上升为国家战略，打破行政区划，从区域经济的视角重新审视河南省经济社会发展，把河南省发展战略提高到一个新的高度。中原经济区是中原崛起战略的持续、延伸、拓展、深化，是实现中原崛起的新载体和新平台。国家重要的粮食生产和现代农业基地、全国工业化、城镇化和农业现代化协调发展示范区、全国重要的经济增长板块、全国区域协调发展的战略支点和重要的现代综合交通枢纽、华夏历史文明传承创新区的五大战略定位，进一步提升了河南省在全国区域发展大局中的地位，更加凸显了河南省在区位、人口、文化、农业和粮食等方面的比较优势，为河南省在国际金融危机冲击背景下加快区域经济社会发展、加快经济发展方式转变，提供了新的支撑。

创新发展道路。创新发展道路，就是持续探索不以牺牲农业和粮食、生态和环境为代价的新型城镇化、新型工业化、新型农业现代化三化协调科学发展的路子，并创造性的提出以新型城镇化引领三化协调发展，把新型农村社区纳入五级城镇体系。河南省"三农"问题突出，城镇化水平低于全国平均水平 10 个百分点。在中国经济向内需转型的大背景下，要转变经济发展方式，就要矫正非均衡经济结构和增长机制，转向一个以城镇化为核心的"空间再配置"，而城镇化水平低已经成为制约河南省区域经济发展的关键因素，同时，城镇化水平提升也蕴含着巨大的发展空间，对提高工业化、农业现代化水平具有巨大的带动力。因此，"两不三新"、三化协调发展的道路是从根本上应对国际金融危机、破解河南省经济社会深层矛盾、加快经济发展方式转变的必然选择。

拓展发展平台。为应对金融危机，实现又好又快发展，省委、省政府从战略层面谋划支撑经济社会发展的新平台，提升平台层次，支撑区域经济在更高水平上发展。谋划产业集聚区。在原有自发形成的产业园区基础上，统一规划，重点建设 180 个产业集聚区，为河南省承接产业转移、产业转型升级和城市空间重塑提供了新平台。谋划城市新区。近年来，郑州新区、开封新区、洛阳新区、焦作新区、新乡平原新区、许昌新区等一批城市新区规划陆续获批，各地根据自身特点，重新进行战略定位，创新城

市发展理念，为河南省提高城镇化发展水平提供了广阔空间和拓展平台。谋划发展商务中心区、特色街区。着力打造一批现代服务业聚集区，提高现代服务业发展水平。此外，河南省在特色产业基地、国家级产业示范区等方面也在积极谋划，如正在筹划的郑州航空经济综合实验区等。拓展发展平台，为应对金融危机、实现弯道超车提供了有力支撑。

提升河南省形象。河南省发展和形象的提升在于自己怎么干，自己怎么干才能决定人民群众怎么看，以务实发展树立起务实河南省的新形象。全省人民都能把务实发展作为一种追求、作为一种品格、作为一种责任，踏踏实实地干、扎扎实实地做，强调尊重客观规律，谋务实之策，说务实之话，办务实之事，求务实之效。近年来，靠务实赢得了尊重，务实发展让河南省树立了不负重托、勇于担当、探索创新、务实重干的河南省形象，成为中原儿女拼搏奋进的精神标志，成为支撑区域发展的软实力，为中原经济区建设、中原崛起河南省振兴提供了持续动力。

四、应对国际金融危机的"河南答卷"

国际金融危机以来，全省上下积极应对，开拓创新，抓住新一轮经济调整和新一轮区域重构的历史机遇，在转型中实现赶超，在协调中推进三化，保持了经济平稳较快增长的良好势头，保持了跨越式发展的基本态势，使综合经济实力有了一个大提高、发展方式有了一个大转变、区域竞争力有了一个大提升，交出了一份特色鲜明、群众满意的"河南答卷"。

综合实力明显提升。2011 年全省生产总值突破 2.7 万亿元，为 2007 年的 1.8 倍，5 年年均增速均保持在 10% 以上；实现工业增加值 14401.70 亿元，为 2007 年的 1.9 倍；全年规模以上工业企业主营业务收入和利润总额 47759.83 亿元和 4066.13 亿元，分别为 2007 年的 2.5 倍和 2.1 倍；地方财政一般预算收入 1721.56 亿元，为 2007 年的 2 倍。[1]

粮食生产稳中有升。2007 年以来，河南省持续加大三农投入，粮食播种面积和粮食产量稳中有升。2011 年，粮食种植面积 9860.00 千公顷，

---

① 为保证数据一致性，本节数据均来自于历年的河南省国民经济和社会发展统计公报。

粮食产量 5542.50 万吨，在城乡建设用地需求增加和自然灾害频繁发生的情况下，实现连年增加，确保了全国粮食安全，为全国应对金融危机作出了贡献。

经济结构持续优化。2011 年，河南省三次产业结构为 12.9：58.3：28.8，与 2007 年相比，第二、三产比重提高了 2.8 个百分点；城镇化率达到 40.57%，比 2007 年提高了 6.3 个百分点；非公有制经济占全省比重提高到 60% 以上；汽车、电子信息、装备制造、食品、轻工、建材六大高成长性产业对全省规模以上工业增长的贡献率大幅度提高，高技术产业增长速度加快，六大高耗能行业增速明显回落。

发展动力正在转换。河南省经济发展动力正由主要靠投资驱动向主要靠创新驱动转换，研发投入占生产总值比重稳步提升，说明河南省经济增长的动力切换已经出现苗头。2011 年年末拥有科学研究与技术开发机构 1800 个，其中国家工程技术研究中心 9 个，国家级企业技术中心 51 个，国家级创新型（试点）企业 16 家，国家工程实验室 4 个，全年共取得重大科技专项 18 项，国家科技进步奖 24 项，授权专利 19259 件，与 2007 年相比均有较大幅度提升。

外向型经济水平显著提高。2011 年，实现进出口总额 326.42 亿美元，是 2007 年的 2.5 倍，进出口对经济增长的支撑力持续增强；承接产业转移的规模与层次明显提高。2011 年，实际利用外商直接投资 100.82 亿美元，是 2007 年的 3.3 倍；实际利用省外资金 4016.40 亿元，是 2008 年的 2.2 倍。电子信息、汽车、装备制造、现代服务业等高端产业和项目，日益成为产业转型升级的新亮点。

人民生活继续改善。以最重要的两个指标为例，2011 年，农村居民人均纯收入 6604.03 元，城镇居民人均可支配收入 18194.80 元，分别是 2007 年的 1.7 倍和 1.6 倍。民生改善来自于财政支出中民生投入的快速增加，仅以 2012 年上半年为例，河南省财政民生支出 1531.6 亿元，占财政支出的比重达 70.3%，社会保障、教育、医疗卫生、保障性住房等涉及群众切身利益领域的投入大幅增加[1]。

---

[1] 摘自《河南七成以上财力用于民生》，《人民日报》，2012 年 8 月 26 日。

第四节　依托优势推动现代服务业发展

在国际金融危机蔓延和全球经济增长放缓的影响下，河南省现代服务业保持稳定增长，对保增长、保民生、保发展以及优化产业结构，缓解就业压力，保持社会稳定等作出了重要贡献。

一、依托交通优势大力发展商贸物流业

郑州作为河南省会城市，改革开放以来，依托区位优势、交通便利、资源丰富的禀赋，商业得到长足发展。20 世纪 80 年代末，其商贸城雏形已成规模。到了 20 世纪 90 年代初，随着经济的发展，人流、物流不断增大，滞后的交通能力日益成制约河南省发展的"瓶颈"。面对这一现状，省委、省政府明确了清晰的战略思路：扬长避短，以发展大交通为契机，以大市场、大流通建设为推手，让中原通起来、活起来、流起来，进而达到振兴河南省、服务全国的目的。随之，省委、省政府先后推出了一系列发展大交通、构建大市场、发展大流通的重大决策。省五次党代会明确提出，要"使郑州逐步成为全国农产品、生产资料、日用工业品的贸易中心和旅游基地之一"；省六次党代会明确提出，要"积极实施开放带动战略"；"积极发展第三产业，加快基础设施建设"；"抓紧抓好郑州商贸城建设"；省七次党代会明确提出，要"尽快建成以三纵三横高速公路骨架为标志的中原运输大通道"；要"发挥河南省的区位优势，大力发展商贸流通业"；省八次党代会明确提出，要"加快铁路客运专线、公路网络、管道运输、航空运输、内河航运和通讯枢纽等重点工程建设"，"构建交通区位新优势"；要"把发展服务业作为转变经济增长方式的重要着力点"。省九次党代会明确提出，要"适应经济社会发展需要，拓宽领域、提升层次、优化环境，推动服务业发展迈上新台阶。大力发展生产性服务业，突出发展现代物流业，培育一批全国性、区域性和地区性物流节点城市，建设全国重要的现代物流中心；加快发展金融业，壮大地方法人金融机构，构建多层

次资本市场体系，推动企业上市融资，发展创业投资基金；积极发展信息服务、科技服务、服务外包和会展等业态。拓展生活性服务业领域，积极发展家政、养老、健身、社区服务等行业。加快发展旅游业，整合旅游资源，建设一批精品景区、精品线路，打造世界知名、全国一流的旅游目的地。促进房地产业平稳健康发展。"

1992年，河南省内第一条高速公路开工。目前，河南省的交通枢纽地位日益突出。河南省地处综合交通网中长期发展规划中的"五纵五横"综合运输大通道中心位置，拥有郑州、洛阳、商丘等交通枢纽，5000多公里高速公路全国第一、近25万公里公路全国第二、22万多公里农村公路全国领先、4000多公里铁路纵横东西南北、郑州航空港年输送旅客人数超1000万、1400多公里黄金水道通江达海。伴随交通运输的快速发展，全省上下意识到，交通之利带来的运输之便只是第一步，更重要的是要借助大交通，兴建大市场，促进大流通。1992年，省政府召开常务会议，专题研究如何加快郑州商贸中心的建设问题，明确提出充分利用郑州的区位优势，把郑州建设成为覆盖全国的商贸中心。为此，郑州市加快商贸市场体系的构建。在郑州商贸城建设的带动下，全省商贸业获得较快发展。近年来，连锁经营、物流配送、电子商务等新型现代化的流通方式、超级市场、仓储式商场、便利店等新型业态都已出现，国内外著名大型连锁超市、大型综合百货商场和物流企业，沃尔玛、家乐福、家世界等国内外大型商贸企业相继入驻河南省。郑州商品交易所、郑州粮食批发市场、华中棉花交易市场为代表的期货和现货市场功能不断增强，一批大型专业批发市场不断壮大。

适应商品大流通、货物大输送的新形势，物流业与商贸业的联动发展加快，物流技术设备水平明显提高，物流信息化建设取得新的进展，传统物流业加快向现代物流业转型，一大批新型骨干物流企业迅速成长。近年来，河南省陆续建成了郑州中原国际物流园区、郑州国家干线公路物流港、郑州国际航空货运中心、郑州铁路集装箱货运中心、郑州铁路零担货运中心、中南邮政物流集散中心、郑州出口加工区、河南省进口保税区等一批物流枢纽载体，已拥有3个一类口岸、9个二类口岸、亚洲最大的铁路编组站郑州北站、全国最大的铁路零担货物中转站郑州东站、郑州铁路

集装箱中心站、郑州出口加工区、河南省保税物流中心。此外，建设中的郑州国家干线公路物流港、郑州国际航空港等重要物流基础设施粗具规模。"十二五"时期，河南省加快了现代物流业发展步伐，将建成新加坡物流园区、航空港园等功能园区，建成郑州新郑综合保税区，构建与国际接轨的物流服务体系，建设内陆"无水港"，初步形成立足中原、面向全国、联通世界的现代物流中心。

二、依托区位优势大力发展金融业

随着金融体制的改革和发展，河南省已形成了银行、证券、保险、期货、信托各业并举，调控、监管和经营各类机构并存的金融体系。金融创新能力不断增强，新产品、新工具不断涌现，经营管理模式不断改进，货币市场不断完善，资产质量和经营业绩不断提高，监管和风险防范能力逐步增强，同时，培养了一大批金融管理人才，在全国银行业形成了独特的"郑州现象"。多层次的资本市场体系粗具规模，郑州拥有我国中西部地区唯一的商品交易所，交易品种不断增加，交易规模不断扩大，证券和产权交易市场趋于活跃，显现出较强的融资功能，初步形成了资本市场与货币市场相互促进、共同发展的格局。

作为区域经济发展的"发动机"，区域性金融中心的发展程度将决定一个地方经济是否发达。郑州处在承东启西、连南贯北的战略部位。东邻发展势头强劲的沿海发达地区，西接广袤的西部地区，在我国公路、铁路大动脉和通讯信息网络中占据中枢地位，是东西南北大通道的交汇点，为资金等各种生产要素的流动、集聚和区域性金融中心的建设提供了便利条件。21世纪初，郑州已开始了建设区域性金融中心的探索。2007年11月，省政府颁布实施了《郑州区域性金融中心建设规划纲要》，明确提出"以郑州金融商务区建设为突破口，大力发展银行、证券、保险、期货、信托等金融产业，保持金融总量的快速增长，提高金融效率，增强金融业的竞争力和辐射力，把郑州建设成我国中西部地区重要的区域性金融中心，更好地发挥金融对经济发展的整体服务功能"，并根据郑州的金融资源和比较优势，将郑州区域性金融中心定位于三大功能中心：一是中西部地区的投融资中心；二是重要的区域性保险中心；三是商品期货交易与定价中心。

随后，郑州市政府相继出台一系列政策措施，着力推动郑州区域性金融中心建设。规划政策实施以来，取得了良好成效。郑州金融市场获得了长足的发展，交易活跃程度不断提高，市场规模不断壮大。其中，郑州商品交易所已经形成包括粮棉油糖在内的农产品品种体系，在国际市场上的影响力不断扩大，它的发展为金融中心的建设提供了很好的平台。郑州期货市场的发展吸引了众多金融机构的落户，如兴业银行、中信银行、光大银行、招商银行、广发银行、浦发银行等银行机构，同时证券期货、保险、信托等金融机构发展迅速，基金、担保、产权交易等新型金融业态蓬勃兴起，郑州初步建成了网络发达、功能先进、服务高效、运行稳健的金融服务体系。截至 2011 年，郑州区域内汇聚了银行业金融机构 23 家，非银行机构 8 家，期货交易所 1 家，证券公司 1 家、证券营业部 61 家、期货公司 3 家、期货营业部 68 家、省级保险分公司 48 家，境内上市公司 58 家（境内），担保公司 489 家，小额贷款公司 9 家。中原经济区建设战略的提出及实施又为建设郑州区域性金融中心带来新的机遇。"十二五"期间，郑州区域性金融中心正在围绕"一个基地、两个中心、三个体系"进行建设，即打造金融机构聚集基地、商品期货交易与定价中心、企业产权和生产要素交易中心，完善金融组织体系、健全金融市场体系、培育金融中介服务体系。

三、依托资源优势着力发展旅游和文化产业

改革开放的 30 多年来，河南省的旅游业从无到有，从小到大，取得很大发展。"九五"期间，全省各地通过多种渠道，积极筹措资金，加大旅游资源开发和基础设施建设力度，取得显著成效。进入 21 世纪以来，省委、省政府对发展旅游产业十分重视，将其作为全省国民经济新的增长点和支柱产业来着力培育。2000 年，省政府出台了《关于加快郑汴洛沿黄旅游线发展的意见》，同时决定，在"十五"期间，每年拿出 6000—8000 万元资金，加大对"三点一线"及全省旅游开发建设的投入。2005

年，省委、省政府召开全省旅游产业发展大会，提出把旅游业培育成支柱
产业，出台了《关于进一步加快旅游产业发展的意见》；2006 年、2007 年，
省政府连续召开伏牛山生态旅游发展工作会议，研究制定加快全省旅游业
发展和伏牛山生态旅游开发建设的具体意见；2007 年，省人大出台了《河
南省旅游条例》；2009 年 5 月，河南省召开了高规格的旅游产业发展大会，
以省委、省政府名义出台了支持旅游业发展的意见，明确了旅游业发展目
标和保障措施。在政策扶持的同时，河南省积极采取贷款贴息、项目补助
等方式支持旅游业发展。2006 到 2008 年，河南省财政共投入 4.46 亿元，
主要用于伏牛山生态旅游开发和红色旅游交通公路建设等。2009 年，河
南省开始设立旅游业发展专项资金，当年省财政安排 1.05 亿元，2010 年
至 2012 年每年安排 5000 万元。

　　在各级党委、政府的重视和支持下，各地对旅游业的支持力度不断
加大。各省辖市和旅游发展重点县（市）普遍出台了具体政策和措施，
编制或完善了相应的旅游发展规划，形成了旅游发展的大区域格局。焦
作市通过发展旅游把黑色煤城变为绿色山水城市，成为资源枯竭型城市
成功转型的全国范例，被全国旅游界誉为"焦作现象"。栾川县以旅游业
为引领，实现了从国家级贫困县向"中国旅游强县"的跨越，成为全国
旅游界推广的"栾川模式"。此外，"西峡经验"、文化改革发展试验区、
鸡公山文化旅游综合开发试验区、龙门文化旅游园区等旅游发展新模式、
新经验成为全国的新亮点。各级政府加大对河南省旅游的宣传与推广，
通过承办中国国内旅游交易会、北方旅游交易会、豫台旅游高峰论坛，
举办中原文化港澳行、中原文化宝岛行等活动，河南省旅游的国内影响
力与日俱增。

　　近年来，河南省旅游业实现快速增长。"十一五"时期，河南省旅游
经济保持了年均 25% 以上的增速，高于全国旅游平均增长速度，高出全
省 GDP 增长速度 10 个百分点以上，旅游产业发展各项指标提前一年完成。
2010 年，全省旅游总收入由 2005 年的占 GDP 比重 7% 上升到 10%；河
南省旅游接待人数、旅游产业综合收入分别排在全国第 6、第 8 位，居中
西部地区首位，已跨入全国旅游大省之列。

　　文化是旅游的灵魂，旅游是文化的载体。在旅游业快速发展的同时，

河南省充分发挥传统文化资源优势，推动历史文化资源与旅游业融合，带动了文化产业的发展。近年来，河南省把"生态游"、"山水游"与"文化游"紧密结合起来，构建了以古都、寻根、功夫、红色等为主要内容，融人文与自然于一体的特色旅游区块和精品旅游线路，改变了河南省旅游"白天看庙、晚上睡觉"的文化匮乏状况。为推动文化产业与旅游业的融合，河南省提出要培养适合文化产业和旅游产业融合发展的复合型、创新型和应用型人才。根据省政府《关于支持省级文化改革发展试验区建设的实施意见》，省教育厅公布了第一批河南省文化改革发展人才培养基地。2010 年，省委宣传部、省文化强省建设办公室会同省发改委、省商务厅联合下发了《关于开展文化产业项目年活动的实施方案》，要求对以古都文化、文字文化、武术文化、寻根文化等为代表的文化旅游品牌等，进一步挖掘其市场价值，开发新产品，拉长产业链条，形成品牌效应。

"十二五"时期，《国务院关于支持河南省加快建设中原经济区的指导意见》指出，要"挖掘整合旅游资源，推动文化旅游融合发展，建成世界知名、全国一流的旅游目的地。"河南省充分认识到，加快文化旅游业发展，既是文化与旅游融合发展的客观必然，也是推动中原经济区建设的现实需要。省九次党代会明确提出，要"创新文化生产方式和表现形式，推进文化科技创新，促进文化与旅游、体育、信息、物流、建筑等产业相融合，加快发展文化创意、数字出版、动漫游戏、移动多媒体等新兴文化产业，增强文化的吸引力、感染力、竞争力"；要"有效整合文化资源，培育一批具有中原特质的文化品牌。开展对外宣传和文化交流，创新中原文化走出去模式，使河南省成为展示中华优秀文化的重要窗口。"省委九届二次全会进一步强调，要"推动文化旅游融合发展，加大对特色文化产品的扶持力度。"

四、依托制造业优势积极发展生产性服务业

制造业与生产性服务业融合是全球经济发展的重要趋势。河南省具有坚实的制造业基础，已经形成了优势比较突出的食品、有色、石油化工和

煤化工、装备制造、汽车及零部件、纺织服装等六大支柱产业，成为我国重要的粮食生产基地、能源原材料基地、装备制造业基地，工业化进程明显加快，为生产性服务业的发展提供了广阔空间。

作为现代服务业的重要组成部分，省委、省政府高度重视生产性服务业的发展。2008 年，为引领服务业发展，根据《中共河南省委、河南省人民政府关于加快发展服务业的若干意见》精神，河南省又出台了一系列相关政策措施，确定了 4 个全省服务业综合改革试点。洛阳市作为其中之一，重点是推动为先进制造业提供支撑的生产性服务业的发展；同时还要求郑州、洛阳等有条件的城市，大胆吸引国内外金融、研发、信息、软件、物流、咨询等机构和企业入驻，鼓励有条件的服务企业发展对外服务外包、劳务输出、工程承包等国际服务贸易。

经过近年来的发展，河南省生产性服务业中的几大行业在总量上均保持了良好的增长势头，除交通运输、仓储及邮政业外，其他各行业年均增长都在 10% 以上。此外，随着生产性服务业总量的增加，河南省生产性服务业内部结构也不断改善。尽管交通运输业、仓储和邮政业、金融业是河南省生产性服务业的主体，但科学研究和信息技术等技术和知识含量较高的新兴行业增长较快，在生产性服务业中的比重不断上升。以软件业为例，2000 年至 2010 年的十年间，河南省软件业规模从 2 亿元发展到了 200 亿元，其中软件业务收入 109 亿元，年平均增长速度在 50% 以上。另据省工商部门统计，全省注册登记业务范围涉及软件开发、生产、销售和信息服务的企业约有 1500 家。以科技研发、信息服务、市场营销为代表的生产性服务业加速向制造业渗透，形成一批支撑制造业发展的服务平台。"十一五"期间，河南省着力培育了一批科技成果转化服务平台，全省建设生产力促进中心 122 家；建设国家级技术转移中心 2 家、省级技术转移中心 4 家；建设科技孵化器 22 家。2010 年，全省专利申请、授权总量分别比 2005 年增长 180%、341%。传统优势服务业领域新兴业态不断涌现，管理水平和市场竞争力不断提高。2011 年，河南省专利授权量超过 1.8 万件，增长 14%；新增 2 个国家重点实验室、7 个国家级企业技术中心、13 个国家工程实验室；新组建 5 个国家级产业技术创新战略联盟。

第五节　站位全局实施可持续发展战略

《河南省国民经济和社会发展"九五"计划和 2010 年远景目标纲要》把可持续发展作为实施纲要的三大战略之一。"十五"以来，省委、省政府从经济社会发展的全局出发，以科学发展观为指导，坚持实施可持续发展战略，严格控制人口增长，积极推进资源节约和综合利用，高度重视环境保护工作，促进经济发展与人口、资源和环境协调发展，取得了显著成效。

一、积极推进人口工作

多年来，河南省委、省政府坚持从省情出发，发挥政府主导作用，为减轻人口、资源、环境对经济发展的压力，制定出台了一系列综合解决人口问题的政策措施，使经济与社会发展取得了令人鼓舞的成效。

1991 年 1 月，省五届二次全体会议，确定了"一高一低"的战略目标，即河南省经济发展速度和效益要略高于全国平均水平，人口增长速度要低于全国平均水平。多年来，河南省始终坚持这一战略目标，坚持计划生育的基本国策，统筹解决人口问题。河南省的计生部门在实践中也提出了"一高一低"的发展目标，即"提高人口素质、降低人口数量、稳定低生育水平"。多年来，通过稳定生育政策、推进依法管理、加强人口预警监控、实行目标管理、及时兑现奖惩，人口和计划生育工作思路、方法不断创新，稳定低生育水平长效机制基本建立。以农村部分计划生育家庭奖励扶助制度、计划生育家庭特别扶助制度为主体的利益导向政策体系不断完善，计划生育优质服务、婚育新风进万家活动和关爱女孩行动深入推进。"十一五"时期，妇女总和生育率保持在 1.65 左右，人口自然增长率控制在 5‰ 左右，低于全国平均水平。截至 2010 年年底，河南省户籍人口超过 1 亿人，常住总人口为 9405 万人。

当前，河南省人口城镇化水平继续提高，城乡就业规模持续扩大，人

口与经济社会协调发展能力不断增强。实行计划生育以来，全省累计少生人口 3000 多万人，人口总量达到 1 亿人的时间推迟了 13 年。人均生产总值由 2005 年相当于全国人均水平的 74.6% 提高到 2010 年的 81.5%，与全国平均水平的差距进一步缩小。城镇居民人均可支配收入由 2005 年的 8668 元提高到 2010 年的 15930 元，农村居民人均纯收入由 2005 年的 2871 元提高到 2010 年的 5524 元。

与此同时，人口素质稳步提高。科技、教育、人力资源、文化、卫生、人口和计划生育事业不断发展。各级教育普及水平进一步提高，城乡免费九年义务教育全面实现。2010 年，高中阶段教育和高等教育毛入学率分别达到 89.1% 和 23.7%，15 岁以上国民平均受教育年限提高到 9 年以上。人均预期寿命达到 73 岁。在人才队伍建设方面，省委、省政府历来高度重视人才工作，通过大力实施人才强省战略，人才发展取得了显著成绩。科学人才观初步确立，全社会人才意识明显增强，人才的战略地位更加突出，有利于人才成长的环境不断优化，以高层次人才和高技能人才为重点的各类人才队伍日益壮大，人才市场体系逐步健全，人才对经济社会发展的贡献率逐年提高，党管人才新格局基本形成。

二、全面推进节能减排

基于基本省情，河南省委、省政府充分认识到节能减排的重要性和紧迫性，把节能减排作为促进科学发展的硬任务、转变经济发展方式的重要抓手。通过强化环境管理，综合运用法律、经济、技术和必要的行政手段，推动污染减排，促进经济、社会和环境协调发展。

近年来，为完成目标，河南省打出了节能减排的"组合拳"。这些措施包括重点行业压小上大、抬高产业准入门槛的"结构减排"，对重点区域和流域环境综合整治的"区域减排"，对违反环保政策地区实施项目制裁的"政策减排"等。其中，在能耗和污染突出的火电等行业实施压小上大，是河南省"结构减排"的重点。河南省采取差别发电计划、发电量指标交易、对关停自备电厂机组企业实行电价优惠等措施，积极推进小火电关停工作。这些做法，被国家电力部门称为"河南省模式"，在全国广为推广。在重点区域和流域、行业等，实施综合整治，让关、停、整、治成为削减污染物总量的重要手段，这也是河南省完成污染减排目标任务的创新之举。"十一五"期间，省委、省政府持续开展环境综合整治，将环境综合整治列为年度"十大民生工程"之一。先后对南水北调中线工程水源地、贾鲁河等15个重点流域，南阳蒲山镇小水泥等19个重点区域，化工、医药等16个重点行业实施了环境综合整治。对违反环保政策地区进行项目制裁的环保"区域限批"，是河南省"政策减排"的重点。凡列入"区域限批"范围内的新建、改扩建高耗能、高排放项目，各部门将"一路红灯"。通过推进资源性产品价格改革，限制高能耗企业；对国家产业政策明确的限制类、淘汰类高耗能企业，实施"惩罚性"水价；在电解铝、铁合金、钢铁、水泥等行业展开能耗超限额加价试点工作。先后出台了省建设项目环境保护条例和水污染防治条例；制定了造纸、合成氨工业水污染物排放地方标准；实施了水环境生态补偿制度；建成了"覆盖全省、功能完备、技术先进、标准一流"的全省环境自动监控系统，环境监控能力实现历史性突破。

为使各级政府承担起污染减排的主导责任，省委、省政府严格目标考核，下发了《关于实行节能减排目标问责制和"一票否决"制的规定》，将环保政绩作为干部考核选拔任用和奖惩的重要依据，对减排目标未完成、环境综合整治考核不合格、责任书项目未落实、三大体系建设运行差的实行"一票否决"。省政府将污染减排目标任务逐级分解到市、县（区）和重点排污企业，并与相关政府、部门和企业签订目标责任书，实施考核问责。同时，河南省委、省政府提前谋划、超前部署，提出了2007年年底前县县建成污水处理厂和垃圾处理场的宏伟目标，并克服资金、场地、技术、人才等重重困难按期完成。还积极推动了燃煤电厂脱硫设施建设。

通过河南省各级政府、部门、企业和社会的共同努力，环境质量得到明显改善，经济社会的可持续发展能力显著增强。"十一五"时期，全省万元生产总值能耗下降20.12%，二氧化硫、化学需氧量排放总量分别下降17.59%和14.02%，如期实现国家下达河南省的节能减排目标，扭转了"十五"后期万元生产总值能耗和主要污染物排放总量大幅上升的势头，为保持经济平稳较快发展提供了有力支撑。

三、大力发展循环经济

在着力推动节能减排的同时，河南省上下形成共识，发展循环经济是缓解资源瓶颈制约、减轻环境污染、转变经济发展方式、促进和谐发展的根本出路和有效途径。河南省也成为发展循环经济较早的省份之一。

2005年上半年，河南省确定了第一批21家循环经济试点单位，包括4个园区和13家企业，基本涵盖资源型城市和资源枯竭型城市、农业园区和工业园区以及冶金、有色、煤炭、化工、食品等河南省重点行业。下半年，国家发改委等6部门公布了全国循环经济首批82家试点单位名单，河南省有鹤壁市、中铝中州分公司、商电铝业集团公司、平顶山煤业集团有限公司、天冠企业集团公司和豫光金铅集团有限责任公司6家进入国家试点，数量位居全国第二。随之，河南省开始加速推进21家国家和省循环经济试点单位的建设，并在重点行业、开发区和产业园区以及城市同步推进循环经济试点建设。2006年，河南省出台了《河南省人民政府关于加快发展循环经济的实施意见》，明确提出了循环经济发展的目标，要求重点抓好资源开发、资源消耗、废物产生、再生资源产生及社会消费等五个关键环节，围绕煤炭资源、铝土矿资源、非金属矿产资源、农产品资源、再生有色金属资源等，打造五大循环性产业链，加快建设八大循环经济示范工程。

2007年年底，国家发改委等部门将河南省列为全国第二批循环经济试点。河南省整体被列入国家循环经济试点省，这既具有独特的示范意义，也成为河南省发展循环经济的新起点。为保障试点省建设顺利进行，河南省于2008年1月启动了"河南省循环经济试点实施方案"的编制工作。2009年12月31日，国家发改委批准了《河南省循环经济试点实施方案》。2010年年初，河南省出台了《河南省人民政府关于加快循环经济试点省建设的通知》，提出了循环经济试点省建设总体要求以及主要任务和重点工作等。2011年年初，河南省发改委公布了全省第三批循环经济试点单位，循环经济范围进一步扩大，有力地推动了全省循环经济的发展。

如今的河南省，越来越多的企业开始把资源循环利用和环境保护纳入企业总体的发展战略中，在实践中主要采取了以下做法：纵向延长生产链条，从生产产品延伸到废旧物品回收处理和再生，同时拓宽横向技术体系，将生产过程中产生的废弃物进行回收利用和无害化处理；技改时，坚持环保设备与主体设备同时设计、同时施工、同时竣工投产，并大力采用无污染或少污染的新工艺、新设备；建立绿色技术体系和绿色营销体系，积极采用清洁生产技术，降低原料和能源的消耗，实现少投入、高产出、低污染；积极开发新能源（特别是生物能、太阳能等绿色能源），创造新型材料，发展绿色产业和绿色产品，努力从数量型效益为主向以质量型效益为主的转变。一批循环经济试点单位在探索、总结循环经济发展模式方面取得的进展和成效，为河南省全面推动循环经济发展，转变经济发展方式提供了有益的实践经验。

四、持续强化生态建设

河南省委、省政府把自然生态建设纳入重要日程，加强组织领导，狠抓推进落实，自然生态建设成果斐然。2010 年，河南省正式启动生态省建设；按照《河南生态省建设规划纲要》要求，到 2030 年，将把河南省建设成为民富省强、生态文明、环境友好、文化繁荣、社会和谐的生态省。

林业建设成效显著。河南省委、省政府从全省经济社会长远发展和人民群众切身利益出发、从全局和战略高度出发，于 2007 年 11 月作出了建设林业生态省的重大决策，在全国率先颁布并实施《河南省林业生态省建设规划》，决定利用 5 年时间把河南省建设成山清水秀的林业生态省。连续三年，村镇绿化被列入河南省委、省政府向全省人民承诺做好的"十大实事"之一。此外，河南省委、省政府还把加强林业生态省建设作为"保增长、保民生、保稳定"的一项重要措施，将林木覆盖率作为考核县域经济社会发展的重要指标。林业生态省建设实行行政首长负责制，各级政府一把手对本地区林业生态建设负总责。规划实施以来，2008 年至 2010 年全省共完成工程造林达到前三年工程造林面积的 3.3 倍；2010 年，全省森林面积达 370.57 万公顷，森林覆盖率 22.19%。

自然保护区建设步伐加快。河南省各级政府认真实施自然保护区建设规划，从 20 世纪 80 年代初就建立第一个自然保护区。截至 2010 年，全省共建立各级各类自然保护区 35 处，其中，国家级自然保护区 11 处；省级自然保护区 21 处；市、县级自然保护区 3 处；总面积 73.48 万公顷，占全省国土总面积的 4.4%，初步形成了全省自然保护区网。为加大自然保护区管理能力建设，河南省先后组织完成了一批国家级和省级自然保护区的总体规划和项目可行性研究报告的编制及审查工作，建立了自然保护区建设项目库。2012 年，河南省政府办公厅下发了《关于做好自然保护区管理工作的通知》，明确提出自然保护区属禁止开发区域，在自然保护区核心区、缓冲区禁止开展任何形式的开发建设活动。

高度重视水土流失治理工作。自 1982 年开始，省财政每年安排 1050 万元专项经费用于全省水土流失治理。近 10 年来，河南省相继完成了《国家水土保持重点建设工程河南省 2008—2012 年建设规划》、《河南省黄土高原地区水土保持淤地坝规划》、《河南省水土保持生态修复规划》等一大批水保项目的调研、初设等前期工作，开展了大别山、桐柏山、太行山区国家水土保持重点建设工程项目，黄河流域的 6 个重点支流综合治理项目，郑州邙山水土保持生态园项目等一大批国家水土保持重点项目，推动全省水土保持生态建设工作上了一个新台阶。2011 年，河南省委省政府出台了新中国成立以来的第一个关于全面部署水利工作的 1 号文件，召开了新中国成立以来规格最高、规模最大的全省水利工作会议，对水土保持工作作出了重要部署，明确提出到 2020 年使重点区域水土流失得到有效治理的总体目标。

积极开展生态示范区建设试点工作。河南省各生态示范区建设试点科学编制并认真实施《生态示范区建设规划》，积极调整产业结构，探索建立符合可持续发展战略的生态产业、生态文化、生态经济发展模式。截至 2010 年年底，全省已创建 28 个国家级示范区、2 个省级生态县，24 个国家级生态乡镇、135 个省级生态乡镇、7 个国家级生态村、1029 个省级生态村。为进一步加强农村环境保护，"十一五"期间，河南省对 211 个行政村开展农村环境综合整治，集中解决了一批村庄的污水、垃圾、饮用水水源地保护、畜禽养殖污染等问题，有效控制了农业面源污染，取得了良好的经济效益、社会效益和环境效益。

第六节　区域经济空间布局的演进与优化

要把区域经济协调发展摆在更加重要的位置，突出地方特色，进一步促进全省空间布局的演进与优化。要按照"核心带动、轴带发展、节点提升、对接周边"的原则，形成放射状、网络化空间开发格局。这既是贯彻落实科学发展观的重要内容，也是务实发展、建设中原经济区和实现富民强省目标的必然要求。

一、点轴空间结构的形成与扩散

点轴开发理论（点轴理论），最早由波兰经济学家萨伦巴和马利士提出。他认为，从区域经济空间结构的演进过程看，一般是少数几个条件较好的区位首先形成经济中心，即区域增长极，也是点轴开发模式的点，由于经济中心之间的要素流动主要沿着交通线展开，伴随着经济的进一步发展，人口、资源、产业逐渐向交通轴线两侧集聚，使交通干线连接的城市成为经济增长点，沿线成为经济增长轴；随着增长点和增长轴的影响范围日益扩大，将会在更大区域内形成生产要素的流动网络，从而带动整个区域的发展和提升。点轴空间结构的形成与扩散意义重大，对内而言，它可以通过加强点线面之间生产要素交流的广度和密度，推进区域经济一体化步伐；对外而言，它可以通过向外延伸和拓展，加强与区域外其他区域的经济交往和合作，在更大的范围内配置生产要素。

点轴发展理论基本上符合生产力空间运动的客观规律，在极化效应和扩散效应共同作用下，产业也会按照点轴模式布局，通过"点"、"轴"的结合，在空间结构上呈现出立体结构和网格态势，对于要素流动和经济联系有较大的优越性，能够最大限度地优化资源配置。河南省的区域经济发展也遵循了点轴开发模式。河南省是全国重要的交通枢纽，主要城市都集中在交通枢纽及交通轴线上，河南省已形成了三条依托沿交通干线的经济

增长轴，即陇海经济带、京广经济带和京九经济带，其中，陇海经济带和京广经济带起步较早，产业集聚程度较高，而京九经济带起步晚，产业集聚程度较低。除此之外，陇海经济带与沿黄文化带重合，增加了其在全区经济社会发展中的分量；京广经济带还是东西两大产业基地的分界线，重要性也大大加强，这两条呈十字交叉状的交通线或经济带共同构成了河南省发展的骨架。

建国以来，河南省点轴空间结构的形成与扩散对其工业布局产生了较大影响，致使其工业布局大体经历了三个阶段。第一阶段，建国初期至20世纪60年代中期。河南省成为国家重点建设地区之一，形成了郑州、洛阳、平顶山等新兴工业城市，当时的布局按照点轴方式渐次推进，主要考虑集中布局与运输指向因素，新建工业主要分布在京广、陇海两大铁路干线上几个大中城市和一些重点矿区。第二阶段，20世纪60年代中期到70年代中期。河南省出现了两个并行的工业化潮流："三线"工业建设、地方"五小工业"和"社队企业"的兴起。"三线"工业建设在一定程度上壮大了豫西工业实力，但也存在着企业布局分散、交通不便、整体效益较低等一系列弊端。而地方"五小工业"和"社队企业"的兴起，则催生了一批大而全、小而全、工业布局零散、工业效益不高的农村社队企业。第三阶段，改革开放以来。它又分为两个时期：第一个时期是20世纪80年代初期。食品、轻纺工业得到快速发展，轻工业的布局由原有的几个中心城市向豫东南农副产品原料产地推进，这一趋势在随后的90年代得到了延伸。第二个时期是重化工业快速发展时期。河南省的原材料、加工装配行业、高新技术产业地区格局出现新变化，重化工业布局由中心城市向周边地区进一步拓展，随着高新技术产业的成长，涌现出郑州、洛阳等一批高新技术产业开发区和郑州汽车工业、新乡电子工业等新兴工业聚集区，从而进一步改变了河南省的工业布局面貌，并在一定程度上奠定了未来的河南省工业布局基础。

二、圈层结构的形成与强化

圈层结构理论，最早由德国农业经济学家冯·杜能提出。他认为，城市尤其是大城市与周围地区有密切的联系，城市对区域的作用受空间相互作用的"距离衰减律"法则的制约，导致区域形成以大城市为核心的集聚和扩散的圈层状的空间分布结构，区域经济的发展应以城市为中心，以圈层状的空间分布为特点逐步向外发展。"圈"实际上意味着向心性，"层"则体现了层次分异的客观特征。为此，世界城市和周围地区，由内到外可以分为内圈层、中圈层和外圈层。

河南省遵循区域经济发展规律，结合自身实际，着力整合和优化内部资源、产业和市场，促使空间集聚上升为能量集聚，强化中心效应，实施中心城市带动战略，按照向心布局、集群发展原则，在中原城市群的战略谋划中，提出了圈层结构发展思路，推进交通一体、产业链接、服务共享、生态共建，加快形成以郑州为中心的"一极两圈三层"的空间布局。

近年来，河南省以促进中原崛起和建设中原经济区为契机，以产业转型升级和协同对接为主线，以快速交通体系为纽带，积极构筑"一极两圈三层"城镇体系，优化全省空间格局。功能互补、向心发展、协调推进、共同繁荣的开放型城市群不断形成、发展和完善，并成为中原经济区对内合作、对外开放的重要平台。具体说来，"一极"，即构建带动全省经济社会发展的核心增长极，就是郑汴新区，包括郑州新区和开封新区。"两圈"，即加快城市群轨道交通体系建设，在全省形成以郑州综合交通枢纽为中心的"半小时交通圈"和"一小时交通圈"。其中，"半小时交通圈"指以城际快速轨道交通和高速铁路为纽带，实现以郑州为中心、半小时通达洛阳、开封、平顶山和焦作等8个省辖市；"一小时交通圈"指以高速铁路为依托，形成以郑州为中心、一小时通达商丘、信阳、南阳和三门峡等9市的格局。"三层"，即中原城市群核心层、紧密层、辐射层。其中，核心层指郑汴一体化区域，包括郑州、开封两市区域；紧密层包括洛阳、新乡、焦作、许昌、平顶山、漯河、济源等7个省辖市区域；辐射层包括安阳、鹤壁、濮阳、三门峡、南阳、商丘、信阳、周口、驻马店等周边9个省辖市。

建设中原经济区，就是省政府"一极两圈三层"体系的扩展和延伸。仍然是以郑州为核心，把京广线以东的平原区扩展至具有相同地理特征和

产业类型的山东聊城、菏泽和安徽淮北、阜阳、宿州和亳州；把河南省的能源原材料基地和装备制造业基地向北、向西延伸到经济往来比较密切的河北的邢台、邯郸和山西的晋城、长治和运城。这种做法突破了行政区划的局限性，按照市场经济条件下形成的地区分工，充分体现了发挥比较优势的原则，强化了与周边经济区分工协作的意识，在促进区域经济融合发展的同时，也有利于加快河南省经济社会的发展。

当前，郑州都市区建设如火如荼，"一极两圈三层"的"一极"得到不断提升、强化。郑州都市区就是以中心城市为辐射带动，中心城区和相关联的周边区域统筹发展、联动发展。有关规划指出，"两核六城十组团"将成为郑州都市区建设的总体布局。"两核"是指郑州中心城区和郑州新区两个核心增长极。"六城"是指航空城、新郑新城、中牟新城、巩义新城、新密（曲梁）新城和登封新城。其中，航空城发展，重点在于打造成为亚洲最大的智能手机生产基地；新郑新城，重点打造成为寻根问祖的文化名城；中牟新城，重点打造成中部一流的现代服务业新城；巩义新城，重点打造成都市区宜居工业城；新密（曲梁）新城，重点打造成宜居服装城；登封新城，重点打造成禅武之城、影视之城。"十组团"包括宜居教育城、宜居健康城、宜居职教城、新商城、中原宜居商贸城、金水科教新城、惠济高端服务业新城、二七生态文化新城、先进制造业新城和高新城。

三、区域经济空间布局的演进趋势

《国务院关于支持河南省加快建设中原经济区的指导意见》明确指出，要"按照核心带动、轴带发展、节点提升、对接周边的原则，形成放射状、网络化空间开发格局"。这些意见和要求，是对点轴与圈层空间格局的优化与提升，是对传统的行政区划发展观念的突破，将成为河南省未来一段时期空间布局演进的重点。

"核心带动"，是指要不断提升郑州交通枢纽、商务、物流、金融等服务功能，增强郑州龙头作用和重心作用，推进郑（州）汴（开封）一体化发展，建设郑（州）洛（阳）三（门峡）工业走廊，促进郑州、开封、洛阳、平顶山、许昌、漯河、焦作、新乡和济源融合发展，打造中原经济区核心增长板块，进一步提高区域经济发展的整体带动能力。

"轴带发展"，是指依托亚欧大陆桥通道，加强与江苏沿海地区、长三角地区和西北地区交流合作，进一步促进东西互动，搞好对内对外开放，打造内陆开放高地，壮大沿陇海铁路横向发展轴；依托京广通道，利用沿线丰富的人力资源和良好的产业基础，大力发展原材料工业、装备制造业、电子信息产业和现代食品工业等，形成我国重要的制造业基地，不断加强与环渤海经济圈、武汉城市群和珠三角城市群的经济联系，拓展纵向发展轴；依托东北西南向、东南西北向运输通道，培育新的发展轴，形成重点开发地带。

"节点提升"，是指逐步扩大轴带节点城市规模，以城市新区、商务中心区和特色商务区建设为重点，完善城市功能，提高城市发展水平，提高节点城市对周边地区的辐射带动力。进一步明确城市定位，推进错位发展，引导产业有序流动和双向转移，促进产业分工合作，加快形成大中小城市合理布局、城乡一体化发展的新格局。

"对接周边"，是指加强对外联系通道建设，促进与毗邻地区融合发展，密切与周边经济区的合作，实现优势互补、联动发展。其中，要强化洛阳、三门峡、济源和焦作四城市协同发展，巩固和提升在陕晋豫交界地区的领先地位，发挥在与关中—天水经济区、太原城市群对接互动中的中坚作用。促进安阳、鹤壁和濮阳联动发展，凸显在晋冀鲁豫毗邻地区的比较优势，成为与环渤海经济圈衔接联系的前沿。推动商丘、周口、驻马店、信阳和南阳合作发展，增强在淮海经济协作区和豫皖鄂陕毗邻地区中的影响力，发挥承接东部产业转移的前锋作用和对接沿长江中游经济带的骨干作用。这些举措有力地调动全省各地发展的积极性，推动全省发展格局由"重点突破"向"核心带动、多极发展"转变。

《国务院关于支持河南省加快建设中原经济区的指导意见》出台后，河南省外周边城市纷纷表达了融入建设中原经济区的强烈愿望和热情，中原经济区"扩容"迹象逐渐显露。在中原经济区东部，豫鲁苏皖四省的徐州市、淮北市、宿州市、商丘市、济宁市、枣庄市、宿迁市和连云港市的八市领导相聚河南省商丘，畅谈区域协作，进一步深化合作、加强交流、

统一招商、内引外联、巩固友谊、共谋发展。在中原经济区北部，晋冀豫三省交界的安阳、邯郸和长治等近10个城市领导频繁互动，就产业互补、实施共同发展和打通出海路等问题展开深入讨论。在中原经济区西部，晋陕豫黄河金三角承接转移示范区已经由国家发改委批复，上升为国家战略，三门峡、渭南、运城和临汾四市领导聚会协商，达成"八同"意向，谋划科学集约发展，议定规划统筹、交通同网、信息同享、市场同体、产业同步、科教同兴、旅游同线、环境同治。在中原经济区西南部，陕鄂豫三省交界多个城市联袂行动，决心共护一江清水，发展生态高效经济。

第七节　扎实推进融入大局的区域实践

自本世纪初以来，河南省各级党委、政府坚持求真务实的要求，趁势而上，顺势而为，主动融入全省经济社会发展的大局。尤其是在探索"两不三新"三化协调发展的过程中，充分发挥主观能动性，扎实求进，先行先试，切实把发展的目标和任务落实到实实在在的行动中，探索出了一条符合地方实际的经济社会发展之路。

一、南阳：高效生态经济示范市的有益探索

作为南水北调中线工程的渠首和核心水源地，南阳市既是生态富集区，也是生态敏感区。近年来，南阳市在三化协调科学发展上先行先试、率先突破，坚持生态优先、促进持续发展，坚持节约集约、促进内涵发展，高效生态经济示范市建设取得了显著成效，努力探索出一条绿色发展、可持续发展的路子。

牢固树立在发展中保护，在保护中发展的理念。着力构建生态系统和生态产业体系，实现了生态环境保护和经济发展的有机统一。按照尊重自然、顺应自然的理念，南阳市大力建设伏牛山、桐柏山山地森林绿色生态屏障、渠首水源地绿色生态屏障和南水北调中线干渠生态走廊、鸭河口水库及白河流域绿色屏障，构建了以"两山两水"为重点的生态系统。还依

托国家重点生态建设项目，启动了山区生态林体系建设工程、农田防护林体系改扩建工程、通道绿化工程、环城防护林及城郊森林等6大工程。数据显示，"十一五"以来，南阳市森林覆盖率已由34.51%提高到37%。与此同时，南阳人也从过去的靠山吃山、靠水吃水，转变成为今天的保山护绿，发展生态旅游，打造出了"宝天曼"、"鹳河漂流"等知名旅游品牌，从业人员上百万。

严把产业政策、投资强度、能耗评估等准入门槛，着力提高资源利用效率和产出效益，增强可持续发展的能力。"十一五"期间，南阳市淘汰规模以上制浆能力20多万吨、水泥立窑生产能力506万吨、合成氨生产能力8.1万吨、小火电86兆瓦，并对285家企业进行了限期治理，对31家企业进行了停产治理，对17家企业进行了深度治理。同时，严格项目审批和环境准入关，坚决杜绝新上"两高一资"项目。此外，南阳市以争创全国循环经济示范市为目标，大力发展生态产业，推行清洁生产，构建循环经济链，共有42家企业开展了清洁生产审计，全市经济质量和产业结构不断得到提高和优化。农业发展中，南阳市按照区域化布局、规模化种植、标准化生产的要求，不断调整种植业结构，逐步确立了以粮食、棉花、烟叶、油料、畜牧、林果等全市性支柱产业和蔬菜、小辣椒、中药材等区域性支柱产业，形成了具有南阳特色的农田生态系统，加快了生态农业的发展。同时，积极引导农民科学施肥施药，推广使用有机肥、沼肥和绿肥，禁止在蔬菜、果树、茶叶上使用高毒和高残留农药。为进一步防止农业废弃物及人畜粪便对南水北调水源地的污染，南阳市还在水源区建设了沼气示范村150多个，并以沼气建设为载体实施生态家园富民工程，形成了"畜沼果"、"畜沼粮"、"畜沼渔"等多种模式的生态产业链条，实现了种植和饲养的良性循环，有效控制了农村面源污染。

2012年，河南省政府出台《南阳市建设中原经济区高效生态示范市总体方案》，将南阳市建设中原经济区高效生态经济示范市列入全省战略。根据这份方案，作为南水北调中线渠首水源地的南阳市未来将坚持生态优化、绿色发展优先的基本原则，通过发展高效生态经济，努力把南阳市打造成中原经济区的重要区域增长极、豫鄂陕省际区域中心城市和交通枢纽，并到2015年初步建立生态产业体系、2020年建设成为国家级生态文

明示范市。

二、焦作：资源型地区的转型标杆

焦作是一个因煤而兴的典型的资源型工业城市。在十几年经济转型过程中，焦作市坚持以结构调整为主线，立足本地资源和优势，大力培育优势产业，积极发展旅游业，使国民经济从低速徘徊走上了快速发展轨道，城市综合经济实力明显增强，探索出了一条具有焦作特色的经济转型之路。

加快工业转型，对工业结构进行战略性调整。"九五"期间，在全国GDP年增长率持续稳定增长的情况下，焦作GDP年增长率仅为3.5%，资源枯竭使焦作经济几乎滑入谷底。焦作立市的基础是工业，实现经济转型的关键也在工业。面对资源萎缩、产量下降、效益下滑的局面，经过深入的调查研究，焦作及时作出了以"推进科技进步，调整经济结构，提高经济增长的质量和效益"为核心内容的第三次创业的决定，明确提出了工业转型的目标，即到"十五"末全市主要行业、重点企业基本完成用高新技术和先进适用技术对传统产业的改造，基本形成高新技术企业群体和高新技术产业雏形。围绕这个目标，焦作市开始对工业结构进行一系列战略性调整：着力做强做大铝工业；改造提升传统产业，培育壮大骨干企业；大力发展高新技术产业；利用农业资源，发展农副产品加工业等。"十一五"期间，焦作市又紧紧抓住被列为国家首批资源枯竭型城市、比照实施东北老工业基地政策试点城市的机遇，统筹推进工业化、城镇化与农业现代化，积极发展接续替代产业，经济转型取得新成效。工业主导地位更加突出，形成了汽车及零部件、煤盐联合化工、装备制造等六大战略支撑产业和新材料等新兴产业，汽车零部件、生物产业分别被列为国家火炬计划特色产业基地和河南省产业基地。现代农业发展加快，被命名为"全国优质小麦加工示范基地"、"全国农产品加工创业基地"、"全国农业机械化示范基地"。

加快旅游业发展，打造山水旅游品牌。焦作北依太行、南临黄河，独特的区位优势、地质结构以及气候条件，造化了焦作独具特色的山水景观。但长期以来，焦作山水一直是"养在深闺人未识"。20世纪末，焦作人开始认识到山水旅游资源的独特魅力和价值，把目光由地下矿产资源转向地上山水资源，市委、市政府果断制定了以旅游业为龙头、带动全市第三产业快速发展的战略。2000年，确立焦作山水旅游定位；2001年年底，迅速构筑了"五大景区、十大景点"为核心旅游新格局以及四季特色突出、主题鲜明的整体品牌优势；2002年，焦作市进入中国优秀旅游城市行列，焦作山水品牌开始在全国叫响；2003年，"焦作山水"、"云台山"被评为中国旅游知名品牌；2004年，联合国教科文组织正式命名云台山为世界首批地质公园。2010年，焦作完成地区生产总值1247.61亿元，完成地方财政收入82.07亿元，分别比转型前1999年增长了4.9倍和7.5倍，整个城市的发展已经成功跳出由于资源枯竭而导致经济衰退的困境。

加快城市转型，建设山水园林城市。建设随着焦作经济的快速转型，焦作市的城市建设也在发生着根本性的变化。焦作市在完成由煤炭城市向工业城市转型的基础上，对城市发展方向作出新的定位，提出了在新世纪把焦作建设成为山水园林城市的奋斗目标，开始了以改善城市基础设施、提高城市综合功能、优化城市环境为重点的大规模的城市建设。2006年，焦作市成为第九批中国国家园林城市；2007年，被授予"中国最佳休闲旅游城市"称号。今日的焦作正在成为我国中西部地区最具发展活力的新型工业城市之一；正在成为有着名山名水、青山绿水、雄山秀水的新兴的旅游城市；正在成为城市形象特色鲜明，居住环境舒适幽雅的山水园林城市。

三、鹤壁：循环经济示范市的"鹤壁模式"

鹤壁市是河南省唯一的循环经济试点城市，是河南省创建国家循环经济示范市的第一个省辖市。自"十五"开始，鹤壁市把发展循环经济作为走新型工业化道路、建设节约型社会的总战略，努力打造独具特色的循环经济型城市。通过多年来的积极探索和努力，鹤壁市循环经济发展已呈现良好局面，走在了全省的前列。2011年，国家发改委决定，将鹤壁市循

环经济发展模式作为典型向全国推介，并称之为"鹤壁模式"。

坚持规划先行，加强组织领导。从2004年年底开始，鹤壁市聘请国内知名专家做指导，着手编制了《鹤壁市循环经济建设规划》。2005年7月，《鹤壁市循环经济建设规划》通过了国家环保总局组织的专家论证。2005年12月，鹤壁市启动了循环经济试点实施方案编制工作。2006年7月，《鹤壁市循环经济试点实施方案》顺利通过国家评审，评审专家组对方案给予了高度评价。在推进循环经济工作中，鹤壁市始终坚持一把手亲自抓，市委常委会、市政府常务会把发展循环经济作为重要议题经常研究部署。成立了以市长为组长，相关职能部分和大型企业主要负责人为成员的鹤壁市循环经济工作领导小组，抽调专人负责日常协调和督促检查。之后，又把循环经济办公室设为市政府常设机构，增加编制，各县区也成立了相应的组织机构，确保了循环经济试点工作有序地开展。

完善政策措施，强化制度保障。鹤壁市在限制高耗能、高污染产业产品和调整产业结构方面，出台了关闭污染严重的金属镁、化工助剂生产企业专项治理实施方案。在改善生活环境、提升城市品位、打造宜居城市方面，出台了淇河保护和新区供热区燃煤锅炉工作实施方案。在促进循环经济发展的政策和保障机制方面，出台了加快循环经济发展的实施意见、鼓励循环经济发展的若干政策等。为支持循环经济企业进行技术创新、提升产业层次，在资金紧张的情况下，设立了循环经济专项资金，市财政每年拿出1500万元，用于循环经济技术研发和项目贷款贴息。

实施项目带动，打造循环产业链。鹤壁市按照"减量化、再利用、资源化"的原则，结合自身的产业特点，不断拓宽发展思路。自2005年至2011年，先后规划实施了总投资102亿元的77个循环经济重点项目，截至2011年竣工66个、在建11个，推动了全市循环产业链的形成和发展。目前，鹤壁市已初步形成了劣质煤和矸石—发电—新型建材、煤炭—洗煤—煤化工、矿井水—电厂发电循环水、水泥余热—发电—粉煤灰—水泥、金属镁—废渣—建材等五条循环经济产业链条，以及以种植养殖、农畜产品深加工、畜牧产品下脚料高值利用、粪便生化处理生产有机肥、秸秆发电、沼气发电等为特色的农业循环经济产业链。

以耗能大户为重点，强力推进节能减排工作。鹤壁市对40户重点能耗企业实行节能目标管理，与各县区和企业签订了节能目标责任书，并制定了节能目标考核实施办法，要求 1 万吨以上企业全部编制完成能源审计报告和节能规划。同时，积极引进节能新机制，选择多家重点耗能企业推行合同能源管理，并对几十家企业实施强制性清洁生产审核，收到了良好效果。

四、信阳：农村改革发展综合试验区的实践创新

信阳市是一个欠发达的农业大市。近些年来，信阳市以科学发展观为指导，跳出农业看农业，用工业的理念管理农业；跳出农村看农村，用城市的理念改造农村；跳出农民看农民，用国民的理念转化农民，谋划统筹"解决人往哪里去、地该怎么种、农民怎么富、民生怎么保"等问题。经主动申请，2009 年 3 月，河南省委、省政府批准信阳为"河南省农村改革发展综合试验区"。信阳市以综合试验区建设为契机，大胆探索传统农村加快城镇化的特色之路，城乡一体化得到了快速推进，为实现建设城乡统筹先行区这一目标打下了坚实基础。

创新农村社会保障体制机制，健全保障体系。2009 年年初，信阳市在深入调查研究的基础上，制订了农村居民社会养老办法，并于 2009 年 5 月开始试点，并与国家新农保制度实现了顺利对接。2011 年，全市 10 个县区、6 个市管管理区、开发区实现新型农村社会养老保险全覆盖，全市 682 万农村居民由此告别依靠土地和家庭养老的传统，进入社会化养老新时代。在医疗保障方面，按照"一个不能少、一个不能变、一个不能差"的要求，采取政府补助、村医自愿、多方筹资的方式，在全市 2807 个村建成标准卫生室，并且由财政全额出资，把所有村医送到省卫生医疗机构免费培训，让农民看病在门前，群众的医疗卫生条件大大改善。2011 年 5 月以来，信阳市全面推进城乡一体化乡改办、村改居、户籍改革、社保改革等"四项改革"，各地积极行动，采取有效措施确保四项改革工作落实到位，仅用 5 个月就基本完成了"四项改革"工作任务。在子女就学方面，信阳市采取全开放的政策，农村中小学生可以在城市就近选择入学，并且同样能享受到"两免一补"政策。

发展特色产业，推动农民就业增收。信阳市不仅创新农村金融，引导资本下乡发展特色产业，同时，创新人才工作机制，鼓励机关干部、农技人员到农村创办农业基地、示范园区，引导知识下乡培育特色产业。通过政策诱导、财政奖补、信贷支持、税收优惠等措施，大力发展茶叶、畜禽养殖、手工编织、花卉苗木等农业特色产业，壮大了一批以羚锐制药、华英农业等上市公司为代表的农业龙头企业，在推进农业产业化的同时，丰富了农民的"钱袋子"。信阳市还注重以产业集聚区为载体，以县域工业为带动，增加非农产业收入；以新型城镇体系为平台，实施以城带乡、以镇带村，依托新型社区，大力发展加工、餐饮、商贸、旅游等二三产业，提高就业水平，多渠道增加农民收入。

创新投入机制，加快新型农村社区建设步伐。近两年，为拓宽融资渠道，信阳市在整合财政资金的基础上，全面盘活民间资本，实行林权、水权、地权、宅权、房权"五权"确权，使死钱变活钱、小钱变大钱、资产变资本，抵押贷款 15 亿元以上；大力发展"草根金融"，成立农民资金互助合作社 511 家，注册资金 3.5 亿元，发放资金 4.9 亿元；大力实施回归工程，吸收务工经商成功人士回乡投资，农民工返乡总投资额达 200 多亿元；出台了鼓励金融机构扩大贷款的奖励政策，建立了全市融资担保体系，捆绑整合项目资金注入担保体系，让小钱变大钱。通过系列政策创新，积极探索破解新型农村社区建设资金筹建难的问题。

第八节　经验与启示

务实发展，一以贯之，不动摇、不懈怠、不刮风、不呼隆、不折腾，在静悄悄的领导方式转变中，全省广大党员干部创新思路、凝聚合力、埋头苦干，中原大地旧貌换新颜，其经验值得总结，启示意义非凡。

一、实施遵循比较优势的发展战略

从区域发展看，务实就是一个国家或区域的发展战略要与比较优势相

一致，违背了比较优势的发展战略就是不务实的。林毅夫把发展战略分为
两种：遵循比较优势的发展战略和违背比较优势的发展战略。他认为，东
亚奇迹在于"出口导向"是遵循比较优势的发展战略，而拉美陷阱在于"进
口替代"是违背比较优势的发展战略。一般来说，后发地区要想实现经济
发展和产业升级，必须发挥区位、资源、禀赋结构等比较优势，实施遵循
比较优势的发展战略，就会加快资金和要素的积累速度，经济发展的可持
续性就比较强。

改革开放以来，河南省经济的快速增长，主要在于河南省逐步探索实
施了遵循比较优势的发展战略，交通优先发展、工农协调发展、中原经济
区的"五大战略定位"等都在挖掘河南省的比较优势，形成新的竞争优
势。因此，所谓务实发展，就是要把发展战略建立在发挥比较优势的基础
之上，让经济发展更具可持续性。

河南省提出的总体战略更是务实发展的体现，在系统梳理历届省委确
立的发展思路基础上，持续、延伸、拓展、深化中原崛起战略，河南省提
出了建设中原经济区、加快中原崛起河南振兴的总体战略，并正式上升为
国家战略。河南省在全国大局中的定位更加明晰、优势更加彰显、地位和
作用更加凸显，将有力支撑河南省由传统农业大省向全国重要经济大省、
新兴工业大省和有影响的文化大省的战略转变。

二、探索符合区域特色的发展道路

务实需要眼界，站位全局才能探索适合区域特色的发展道路。在短短
一年时间里，中原经济区战略从初步构想上升到国家战略层面，"两不三
新"三化协调发展道路获得国家高度认可，使得河南省在新一轮全国区域
战略布局中找到新定位，其原因关键在于省委、省政府站在全局看河南
省，从现实出发，发现突出问题，找准瓶颈制约，引导各地各部门正视河
南省的问题，发挥河南省的优势，找准河南省的定位，选择符合区域特色
的发展道路。

务实需要创新，三化顺序的调整体现了河南省的创新思维。90 年代
后，河南省把推进工业化作为发展重点，这反映了当时河南省处在工业化

初级阶段、与沿海地区相比十分落后的阶段性特征。现在，河南省提出了新型城镇化引领，也是发展阶段的内在要求。当前，制造业服务化趋势越来越明显，高附加值环节逐步向研发、品牌两端集中，新型工业化的动力越来越多的来自于服务业尤其是高技术服务业和生产性服务业的带动，而服务业尤其是现代服务业发展的关键在于人口与产业集聚，这些都需要城镇化发挥更大作用。

目前，以新型城镇化为引领、以新型工业化为主导、以新型农业现代化为基础的三化协调科学发展的路子，越来越清晰。新型城镇化，新在着眼人民群众的切身利益、统筹城乡发展、促进城乡一体化发展；新型工业化，新在更加注重环境保护、节能减排、科技创新，更加注重提高发展质量、发展效益；新型农业现代化，新在更加突出绿色生态安全、提高集约化标准化组织化产业化程度。这充分说明，这条路子是河南省发挥区域比较优势的务实探索，也是在改革开放以来河南省干部群众探索实践的基础上总结梳理出来的。这条路子是一条充分体现以人为本、全面协调可持续发展的路子，已为河南省广大干部群众所接受，形成广泛共识，也有了一定的实践基础。当然，要走好这条路子很不容易，需要一个较长过程。

三、持续谋划支撑务实发展的平台

河南省振兴，中原崛起，务实发展需要平台支撑。围绕区域特色谋划发展平台并不断提升层次，是河南省经济社会发展的基本经验。改革开放以来，依托比较优势和区域特色，郑州商品交易所、中部地区第一个保税区、郑州航空城与航空经济区改革实验区、城市新区、产业集聚区、商务中心区和特色商业街、各类特色产业基地等一大批发展平台的战略谋划，把河南省的比较优势转变为了竞争优势，为河南省经济社会发展提供了高层次载体。

郑州商品交易所。郑州商品交易所的谋划最具典型性，体现出了河南省高层领导的战略眼光和超人胆识。郑州商品交易所成立于 1990 年 10 月 12 日，是经国务院批准成立的国内首家期货市场试点单位，在现货交易成功运行两年以后，于 1993 年 5 月 28 日正式推出期货交易。1998 年 8 月，郑商所被国务院确定为全国三家期货交易所之一，依托河南省粮食与农业优势的"郑州价格"在全国的地位举足轻重，是郑州构建区域性金融中心的主要构成部分，已经成为中原经济区建设的重要载体。

郑州新郑综合保税区。郑州新郑综合保税区的谋划同样引人注目。2010 年 10 月 24 日，国务院正式批准设立郑州新郑综合保税区，这是中部地区第一个综合保税区，无疑是河南省承接产业转移、打造对外开放高地的重要平台，从申报到通过国家正式验收仅用 10 个月，郑州新郑综保区的"河南省速度"创下了全国综保区建设史之最，标志着河南省经济从此拥有了接轨世界的大平台、标志着河南省在中部崛起进程中站在了新的制高点上、也标志着河南省对外开放进入一个新阶段。

郑州航空经济综合实验区。依托保税区，2012 年 2 月，河南省政府与中国民航局首次签订协议，双方将共同推进郑州国内大型航空枢纽建设，加快以郑州机场为核心的航空大都市建设，共同申报郑州航空经济综合实验区。郑州航空经济综合实验区以郑州机场为核心，将逐步建设成为中原经济区发展的引擎和国家内陆开放高地。河南省谋划建设郑州航空经济综合实验区，充分显示了河南省委、省政府务实求效的工作作风。这个实验区，不仅成为郑州市经济发展的新板块，而且将成为中原经济区发展的龙头。目前，河南省正在积极推进郑州航空经济综合实验区建设。

四、支持各地的务实探索与创新

务实发展，就是要引导、支持各地区在发挥区域特色的基础上，鼓励地方创新，积极探索各具特点的发展模式，及时把地方经验总结推广，而不是从上到下一刀切。河南省历史上出现过的"十八罗汉闹中原"，出现过的多种县域经济发展模式，都是地方务实探索和创新的具体体现。

目前，河南省的产业集聚区建设、三化协调发展等探索，也出现了多种模式，不同发展模式实际上反映了不同地区的区域特色与比较优势。焦作、南阳、信阳、鹤壁、濮阳等各地依托区域优势探索融入大局的区域实践创新，就是各个地方积极探索适合本地特点的发展道路与发展模式的主要表现，体现了不盲目跟风，不标新立异的务实态度和精神。

区域发展的探索与创新，其本质就是要把国家政策与地方实际有效结合起来。一方面，使国家政策在各地得到创造性执行，为各地选择合适的发展模式提供实验空间，实施因地制宜的政策与措施。另一方面，使地方经验及时上升为国家战略，推进国家层面的政策创新。作为一个非均质的大国经济体，也应实现国家战略与地方经验之间的互动与对接，为异质性条件下各地在国家统一战略下探索独具特色的发展模式提供理论支撑。

五、营造务实发展的良好氛围

务实发展，需要良好的氛围。近年来，河南省坚持用领导方式转变加快发展方式转变，兴起了务实重干之风，为务实发展提供了坚实的基础。从"四个重在"的实践到"三具两基一抓手"的工作方法；从"说到做到、说好做好，责随职走、心随责走"的工作作风到"学明白、想明白、说明白、做明白"的工作要求；从建设中原经济区的一纸构想到上升为国之方略，无不体现出求真务实、真抓实干的精神，无不在为务实发展营造着良好的环境。

难能可贵的是，省委主要领导身体力行，低调务实，求实求效。无论是照相站后排，引得客商近悦远来，还是体验求职难，力促"4050 人员"再就业；无论是坐公交车察民情，一元公交送温暖；还是关心文化人生活，引发慈善捐助"井喷"，无不体现出亲民、务实之风。急功近利，思路善变，违反规律，都不利于务实发展的推进。实践证明，只有营造务实发展的良好氛围，才能推动务实发展落到实处、见到实效。

务实河南省建设精彩看点：以"两转两提"为着力点，转变政府职能，转变工作作风，提高行政效能，提高公务员素质，加快推进服务型政府建设；以部门改革为着力点，着力推进省、市、县政府机构改革，精简整合行政部门，减少行政审批项目，简化审批流程，提升行政效率；以完善政绩评价体系为着力点，引导树立正确的政绩观，从侧重于考核数量指标转向注重考核质量效益指标，从侧重于考核经济指标转向注重考核经济、政治、文化、社会、生态协调发展指标，从侧重于考核短期指标转向注重考核可持续发展指标，引导各级领导干部践行务实发展；以创新干部选拔机制为着力点，坚持用"五重五不简单"的标准，不拘一格用人才，让更多开拓创新的干部脱颖而出，使干部考核机制真正成为推动务实发展的原动力；以开展企业服务年活动为着力点，深入企业、深入基层，解决企业落地、投产、审批等一系列问题，强化政府与企业的沟通与合作。目前，全省上下形成了服务为民、为民服务的良好氛围，为务实发展奠定了良好基础。求真、务实、重干已成为河南省广大领导干部的共识和行动，已成为以领导方式转变加快经济发展方式转变、建设"务实河南"的基础保障。

中国特色社会主义道路河南实践
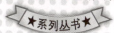
★系列丛书★

中原崛起之路

【下册】

ZHONGYUAN JUEQI ZHILU

主编 喻新安 副主编 刘道兴 丁同民 谷建全

人民出版社

第十章
转型升级：转变发展方式的根本出路

改革开放以来，特别是 20 世纪 90 年代以来，河南省坚持以邓小平理论、"三个代表"重要思想为指导，深入贯彻落实科学发展观，把加快推进经济转型升级作为转变发展方式的根本出路，积极推动经济结构战略性调整，加快建设现代产业体系，打造创新型河南省，谋划中原经济区建设，加快领导方式转变，促进城乡区域协调发展等等，极大地提升了区域综合竞争力，再创河南省三化协调科学发展新优势，有力推动了中原崛起、河南振兴。

第一节　经济结构战略性调整

随着经济的发展，河南省结构调整的力度不断增大。通过持续不断的结构调整，河南省经济结构在逐步改善中趋向合理和优化，产业结构以农为主、所有制结构单一、城乡分割、区域失衡等局面得到了根本性的转变，经济发展的协调性大大增强。

一、产业结构的优化调整

改革开放以来，河南省在不断巩固农业基础地位的同时，大力发展工业和服务业。从重视调整农、轻、重比例关系，到大力促进第三产业发展，河南省的三次产业结构在调整中不断向优化升级的方向发展。特别是

进入21世纪以来，河南省在产业结构调整方面注重三次产业结构的调整优化、三次产业内部结构的调整升级，在推进三次产业协调发展方面取得了显著的成效。

（一）农业结构的优化调整

改革开放以前，河南省农业产业结构长期处于"农业以种植业为主、种植业以粮食生产为主"的"以粮为纲"的状况。1984年，河南省确定了稳定猪禽生产、大力发展草食畜禽的方针，从资金、政策等方面提供保障，推动粮畜互动，促进种植业内部结构、农业内部结构的互动。

1992年邓小平南方谈话发表后，河南省作出了向农产品精深加工进军、化农业资源优势为商品竞争优势的战略抉择，确立了"围绕'农'字上工业，上了工业促农业"的思路，制定了"以农兴工、以工促农、农工互动、协调发展"的发展战略，作出了"大力发展食品工业，振兴河南省经济"的重大部署，连续在3个五年计划中把食品工业作为支柱产业来培育。

1998年，党的十五届三中全会针对农产品供不应求、价格下跌等新问题，及时作出了农业农村经济发展进入新阶段的重要判断。河南省适时作出了对农业结构进行战略性调整的重大决策，提出要把农业发展由追求产量为主转移到提高质量和效益的轨道上来。

1999年中央农村工作会议提出要积极推进农业和农村经济结构的战略性调整。同年9月，河南省政府印发《河南省农业经济结构调整意见》，要求全省以农业增效、农民增收为目标，以建设全国重要的优质小麦生产和加工基地、建设全国重要的优质畜产品生产和加工基地的"两个基地"建设为重点，全面推进农业结构调整。2000年河南省政府召开全省农业结构调整会议。此后几年的省委农村工作会议，均围绕这个主题对农业结构调整进行了连续、全面部署。为加强对这项工作的领导，省政府成立了农业结构调整领导小组，设立了农业结构调整财政专项资金，省财政每年安排7000万元资金，扶持全省粮食加工、畜牧养殖和特色农产品基地建设，对全省农业结构调整起到了很好的引导和扶持作用，有力促进了全省农村经济的快速发展。

党的十六大以来，河南省深入贯彻落实科学发展观，在进一步巩固提高粮食综合生产能力的同时，继续将农业农村经济结构调整向纵深推进。在实践中，河南省以特色农产品规模化、大宗农产品优质化、农产品加工精深化、农业经营产业化等手段，在推进全省农业经济结构调整方面取得了良好成效。

改善农产品品质结构。河南省是全国小麦第一生产大省，小麦总产占到全国的四分之一。为了提高种粮效益和增加农民收入，河南省不仅重视小麦生产总量的增加，更重视品质的提高，提出了建设以优质专用小麦为主的全国重要的优质粮生产和加工基地的目标。河南省通过国家优质专用小麦良种补贴，带动了优质小麦快速发展。同时，河南省下大气力推广一批新技术、新品种，实行良种良法相配套，实现了优质小麦优质又高产，提高了农民种粮效益。2002 年河南省优质专用小麦种植面积仅为 2170 万亩，占全省麦播面积的近三分之一；2006 年这一种植面积发展到 4612 万亩，占到全省小麦播种面积的 61.4%；2012 年这一种植面积进一步发展到 6048 万亩，占到全省小麦播种面积的 75.69%。此外，河南省在逐步改善和优化小麦品质结构的同时，还积极推广专用玉米、优质水稻等优质高产品种，改善粮食品种结构，整体提升粮食品质，在满足市场需求的同时增加农民收入。2011 年河南省优质高产玉米、水稻良种覆盖率达到 100%。

优化布局结构。农业结构战略性调整的一个重要内容，就是优化农业区域布局。2003 年 2 月农业部印发《优势农产品区域布局规划》，对优化农业区域布局提出了要求。河南省坚持以农业增效、农民增收为目标，以"两个基地"优质小麦为主的优质粮生产和加工基地、全国重要的优质畜产品生产和加工基地建设为重点，加快调整农业区域结构，推动优质农产品和主要畜产品逐步向优势产区集中。编制了河南省 6 种优势农产品项目建设规划。目前，河南省已初步建成了豫北豫西优质强筋小麦、豫南优质弱筋小麦、豫东豫北优质专用玉米等生产基地。到 2012 年，全省已建设万亩以上小麦高产创建示范片 300 多个，平均亩产达 1062.84 斤，并涌现出了一大批高产典型。全省优势经济作物生产区快速发展，目前，已形成了一批具有区域特色的农业经济区。

农产品加工业快速发展。早在 20 世纪 90 年代初，河南省就提出了"围绕农业上工业，上了工业促农业，大搞农村产品加工增值"的经济发展战

略。进入 21 世纪以来，河南省出台了一系列支持、鼓励食品工业发展的政策措施，大力扶持龙头企业，千方百计拉长农产品加工链条，大力发展以农副产品为原料的轻工业，特别是大力发展食品加工业，建立起了具有地方特色的农副产品加工体系。河南省目前已经成为全国最大的肉类加工基地和速冻食品基地，龙头企业群体初步形成，培育出双汇、华英、永达、大用、三全、思念、科迪等一批在国内外具有较强影响力的品牌农产品。截至 2011 年年底，全省农产品加工企业达到 31000 家，其中规模以上企业近 7000 家，实现营业收入 12000 亿元，农产品加工业占全省工业增加值的近 30%，成为河南省第一大支柱产业。

（二）工业结构的优化调整

长期实行重工业优先发展战略引致了河南省扭曲的、重工业比重过大的产业结构。十一届三中全会以后，河南省针对国民经济比例严重失调的情况，按照中央提出"调整、改革、整顿、提高"方针，对工业结构进行优化调整。从 1979 年 5 月至 1980 年年底，重点支持轻纺工业发展，关停了一批小炼铁厂等重工业企业。从 1981 年 1 月到 1982 年年底，重点压缩基本建设规模，继续加强轻纺工业。从 1983 年起，开始把调整的重点转到产业结构、工业产品结构、工业技术结构和企业组织结构上来。从 1984 年起，河南省经济工作由以调整为中心转向以国企改革为中心。同时，乡镇工业、非公有制经济逐渐成为河南省工业发展的新主力军。进入 21 世纪以来，河南省委、省政府本着"有所为有所不为"的发展思路，把工业内部的产业结构升级作为推动工业发展的核心任务，着力发展精深加工和终端产品，重点扶持优势产业和高新技术产业发展，改造提升传统产业，使工业竞争力不断提高，全省工业产业结构逐步进入以支柱产业为主导的发展时期。

依托骨干企业做大做强支柱产业和优势产业。1993 年党的十四届三中全会根据企业集团发展的趋势强调指出，发展一批以公有制为主体，以产权联结为主要纽带的跨地区、跨行业、跨所有制和跨国经营的大型企业集团，发挥其在促进结构调整、提高规模效益、加强新技术、新产品开发、增强国际竞争能力等方面的重要作用。1994 年，河南省政府批转了省计委、省经贸委《关于实施 552211 工程的意见》，强调要大力调整产业、产品结构和企业组织结构，努力发展一批具有规模效益的大企业集团，带动全省经济持续、快速、健康发展。1996年省委、省政府又转发了省经贸委《河南省加快培育发展大企业集团的若干意见》，出台一系列政策措施重点支持大企业、大集团发展，加强资源整合，引导生产要素向优势企业集聚，向企业核心产权链、关键产业链和高端价值链聚集，有力地促进了优势企业（集团）做大做强。这些年来，一批规模大、效益好、市场竞争力强、在全国有较大影响力的大企业在河南省迅速崛起。到2009年，全省年营业收入超过100亿元的工业企业集团达到23家，其中超过500亿元的达到4家，超过1000亿元的达到两家。食品行业的双汇集团、华英禽业，有色金属行业的金龙铜管、栾川钼业，煤炭行业的永城煤电、平煤集团，汽车行业的宇通客车，非金属矿物制品业的黄河集团、西保集团，化工行业的风神轮胎、神马集团等公司已经成为国内外知名企业甚至是行业的"领头羊"。河南省以这些大型骨干企业为依托，以重大项目建设为载体，加大政策扶持、改革创新、资金投入和战略重组力度，培育优势企业群和知名品牌，推动本省优势产业向规模化、高端化、链条化、品牌化、集群化发展，优势产业对经济发展的支撑作用明显增强。2011年，汽车、电子信息、装备制造、食品、轻工、建材6大高成长性产业比上年增长25.3%，对全省规模以上工业增长的贡献率为69.6%。

依托传统优势产业发展战略新兴产业。煤炭、钢铁、有色、化工、纺织等能源和基础原材料产业，过去在河南省工业发展中长期担纲主力，而且正是靠着这些产业的持续、快速发展，河南省才得以昂首跨入了新兴工业大省的行列。2008年以来，这些行业发展先后遭遇挑战。大力发展战略新兴产业，加快主导产业新型度，势在必行。立足本省实际，河南省没有放弃传统产业来发展战略新兴产业，而是依托传统优势产业，通过改造升级来发展、做强现代新兴产业，使战略新兴产业能够嫁接在一个比较良好的传统产业基础上，用增量改造提升存量，加快河南省新兴产业发展和新型工业体系建设。近年来，河南省依托传统装备制造企业转型升级发展高端装备制造业取得明显效果。如郑煤机依靠技术创新，实现液压支架电液控制系统研究和制造的完全自主化；依托海马集团、郑州日产的电动汽车研发及产业化项目，迅速拥有并不断强化电动汽车发展的优势。

依托技改和淘汰落后产能提升传统产业。近年来，河南省加大技改力度，引进先进技术和设备、改进工艺流程、优化产品结构，促进传统产业转型升级。淘汰落后产能也是近年来河南省调整传统产业结构的重要手段，除了国家下达的淘汰目标之外，河南省还自加压力，利用"上大压小"等办法，在电力、钢铁、化工、纺织等产业重拳大范围、大力度淘汰落后产能，为河南省产业升级与产业结构调整创造产业发展空间。2012年5月，河南省财政厅印发《关于支持传统优势产业改造提升的财政政策意见》，从完善涉企资金管理机制、实施差异化的财政政策、优化发展环境等方面提出具体措施，支持解决化工、有色、钢铁等传统优势产业发展面临的突出问题，提高传统产业核心竞争力。省财政安排5000万元，支持高端装备制造、电子信息、有色等产业通过原始创新、集成创新、引进消化吸收再创新等手段，突破产业化技术瓶颈、研发具有自主知识产权技术的设备和产品。

依托产业集聚区建设培育地方特色产业集群。产业集群是产业发展的国际性趋势。国内外经验证明，产业集群是推动区域经济发展的重要支柱和内生动力，而产业集聚区则是加快特色产业集群发展的有效载体和重要依托。2003年，长垣县委、县政府针对几千家民营企业散布在全县多个乡镇，占地多、用地难，生产要素和资源共享度低等问题，决定启动起重工业园建设，实现产业集聚发展。8年过去了，这里已成为在全国闻名遐迩的起重机械及配件特色产业基地，中小吨位起重机占全国市场份额65%以上，入驻生产性企业346家，聚集效应初步显现，载体作用得到发挥。为促进产业集聚区又好又快发展，2009年4月河南省委、省政府《关于加快推进产业集聚区科学规划科学发展的指导意见》。近年来，河南省按照"四集一转"（企业集中布局、产业集群发展、资源集约利用、功能集合构建和促进人口向城镇转移）的要求，大力推进产业集聚区建设，加快培育特色产业集群。以富士康为龙头的电子信息产业基地，以宇通、日产、海马为龙头的郑州百万辆汽车基地，以中硅高科、洛阳尚德等为龙头的国家新能源产业基地迅速兴起。

进入"十二五"时期以来，河南省继续加快推动工业产业结构，着力推动工业产业结构向高端化和集聚化转型，通过高端化解决加工度不高、高新技术产业发展不足、产业附加值较低等问题，以集聚化解决全省地区间产业高度同构发展、生产要素配置效率低等问题，以期形成完整的产业链条，构建现代工业产业体系。

（三）服务业结构的优化调整

改革开放初期，河南省重点是将企业单位内部附属的服务业单位逐步推向市场，使之成为自主经营、自负盈亏的独立法人，促进了服务业的快速增长。1979 年至 1989 年，全省服务业增加值年均增长 17.4%，比同期生产总值年均增幅高 6.9 个百分点。1991 年 12 月，省委书记李长春深刻论述了河南省发展服务业的重要性和紧迫性，鲜明地提出了发展服务业必须贯彻的"十六字"方针："因地制宜、突出重点、深化改革、社会动员。"[1] 在"十六字"方针的指引下，以旅游业、房地产业和金融业为亮点的现代服务业和新兴服务业在河南省获得了较快的发展。党的十六大提出了"加快发展现代服务业，提高第三产业在国民经济中的比重"的要求。为贯彻落实十六大精神，2005 年 7 月，河南省政府提出了《关于加快我省服务业发展的意见》，强调要把加快服务业发展摆在重要战略地位，大力发展现代和新兴服务业与改造提升传统服务业紧密结合起来。2008 年 6 月，河南省召开全省服务业发展大会，强调要理清思路、抓住关键，努力把服务业培育成跨越发展新支柱。2008 年 8 月，河南省委、省政府出台《关于加快发展服务业的若干意见》，提出了发展服务业的重点任务。"十一五"时期，河南省服务业内部结构呈现传统服务业和现代服务业共同发展格局，服务业产业集聚发展效应显现。2011 年，以金融、房地产、商务服务等为代表的现代服务业实现增加值 3411.0 亿元，占全省服务业增加值的比重为 51.6%，比上年提高 0.9 个百分点[2]。

（四）积极探索三次产业协调发展

改革开放以来，特别是中央实施中部崛起战略以来，河南省各级党委和政府坚持工农业互动协调发展，积极探索"以农兴工、以工促农"的有效途径，取得了明显成效，走出了一条农业地区工农业协调快速发展的新路子。

---

[1] 李长春：《团结奋进　振兴河南》，中共中央党校出版社 1997 年版，第 473 页。
[2] 刘秋香：《河南省服务业发展报告》，河南省统计网，2012 年 3 月 12 日。

其主要标志有二：一是工业进入全国第一方阵。河南省工业基础薄弱，1978 年工业总产值占全国的比重仅为 3.7%，居全国第 12 位。改革开放以来，河南省工业呈现快速发展势头。2011 年河南省工业增加值达到 1.4 万亿元，跃居全国第 5 位；其中规模以上工业增加值超过 1 万亿元，居全国第 6 位；实现利润突破 4000 亿元，居全国第 4 位；进入全国大中型工业企业的数量近 1500 家，居全国第 6 位。二是"三农"工作取得突破性进展。与一些地方不同，河南省工业的快速发展是在不牺牲农业和粮食的情况下实现的。在工业化、城镇化进程加快的同时，河南省的农业基础地位不仅没有削弱，而且得到了巩固和加强，工农业相互促进，产业协调发展。河南省粮食总产量接连迈上 800 亿斤、900 亿斤和 1000 亿斤 3 个台阶，连续 11 年居全国首位。粮食总产量占全国的 1/10 强，小麦产量占全国的 1/4 强，为国家粮食安全作出重要贡献。农产品加工业蓬勃发展，带动和促进了粮食转化和诸多产业的发展。

河南省走出的这条新路子，是历届省委、省政府团结带领广大干部群众积极探索的重要成果。从 20 世纪 90 年代初开始，河南省委、省政府先后作出"围绕农字上工业，上了工业促农业"的决策，提出"工业、农业两篇文章一起做"，开始了工农业协调发展的探索。以 2006 年省八次党代会为标志，河南省把"农业先进、工业发达"纳入中原崛起总目标和建设新河南省的总蓝图，在强工兴农的道路上迈出了新步伐。河南省的实践表明，立足丰富的农业资源发展农产品深加工，使农业"长入"工业，大力培育涉农工业，是实现工农业良性互动的重要路径。

二、所有制结构的优化调整

改革开放以来特别是邓小平南方谈话以来，河南省冲破过去"一大二公三纯"的单一公有经济模式，积极探索公有制多种实现形式，积极扶持发展非公有制经济，所有制结构发生了明显变化，形成了以公有制为主体、多种所有制经济共同发展的格局，极大地增强了经济发展的活力。

（一）国有企业改革不断向纵深推进

放权让利改革。1979 年 11 月，河南省政府发出《关于地方工交企业扩大经营管理自主权试点工作的通知》，在全省 100 个工业企业进行扩大企业自主权的试点。试点企业在利润留成、自筹资金、扩大再生产、部分产品销售、外汇分成、干部任免、招工、奖惩等方面拥有自主权。1980年 9 月，河南省全民所有制企业"扩权"试点已发展到 242 个，占全省预算内企业的 10.8%；集体所有制企业扩权试点发展到 219 个。在进行扩大企业自主权试点、实行利润留成的同时，河南省还在企业内部试行了联产计奖、联利计奖办法。随着企业扩权试点的扩大，多种形式的经济责任制不断涌现。到 1981 年年底，全省实行利润包干、盈亏包干责任制的企业发展到 1940 户，占全省预算内工业企业的 88%。为了进一步搞活企业，使企业成为真正的商品生产者和经营者，从 1984 年开始，河南省决定把省属企业下放到所在城市去管理。上级主管部门不再直接管理企业，而是发挥"规划、指导、协调、服务、监督"的职能，用经济方法去间接管理企业。到 1985 年，全省先后下放了 130 多个直属企业。以上这些改革，扩大了企业经营自主权，进一步增强了企业活力，促进了企业的发展。

股份制改革。河南省的股份制试点工作最早起步于 1987 年。截至1993 年 7 月底，经过省、市两级批准的股份制企业已达 684 家，其中股份有限公司 174 家，有限责任公司 510 家，股本金总额达 41.2 亿元。1988 年河南省着重在郑百文（集团）公司和郑州铝厂两个国有企业进行股份制试点。1989 年由于国家进行经济调整，股份制试点工作的步子有所放慢。至 1991 年，全省的股份制试点企业仅有 27 家。1992 年在邓小平南方谈话精神鼓舞下，河南省采取一系列措施加速股份制试点工作的发展。例如，成立河南省股份制试点指导小组，对河南省股份制试点工作进行统一领导、组织和协调。多数市、地也建立了相应的领导机构和工作机构。重点是发展法人持股和企业内部职工持股的股份制，使有限责任公司和内部持股的股份有限公司得到长足的发展；同时下放审批权限，并确定郑州市、南阳地区为我省的股份制试验区，为在全省范围内普遍实行股份制改造探索新路，接着开始进行拟公开向社会发行股票并异地上市的公众公司的试点。

产权制度改革。1994 年 12 月，河南省政府办公厅转发省国有资产管理局《关于产权制度改革若干问题的意见》。当时在产权制度改革问题上，

河南省坚持做到"两手抓",即"一手抓 100 个现代企业制度的改革试点,把这 100 个改革试点同'名牌战略'紧密结合起来,用现代企业制度试点推动抓好一批大企业;另一手就是解决面上的问题,探讨广大中小企业、长期亏损企业深化改革的途径。对中小企业的改革,就是按照十四届三中全会《决定》指出的承包、租赁、股份合作、出售等办法,放开搞活。"①根据党的十五届四中全会和十六大精神,结合河南省实际,2003 年 4 月,中共河南省委、河南省人民政府作出《关于进一步深化国有企业改革的决定》,明确指出,深化国有企业改革,目的就是加快国有企业战略性调整和改组步伐,加大国有企业公司制改造力度,实现产权多元化。河南省经贸委等 12 个部门随后联合发布《关于深化国有企业产权制度改革的意见(试行)》。在上述重要精神指引下,河南省把深化改革和加快发展相结合、盘活存量和引进增量相结合、经济结构调整和招商引资相结合、促进职工再就业和加强社会保障相结合,全面推进产权制度改革。到 2009 年年底,河南省共有 400 户企业实施了不同形式的产权制度改革,112 户省直机关所属企业脱钩改制基本完成。

推进国有大中型企业主辅分离辅业改制。为贯彻落实《中共中央国务院关于进一步做好下岗失业人员再就业工作的通知》,国家劳动保障部、财政部、国资委于 2003 年 7 月联合印发《关于国有大中型企业主辅分离辅业改制分流安置富余人员的劳动关系处理办法》。2005 年 9 月,国务院国资委、劳动和社会保障部、国土资源部又联合下发《关于进一步规范国有大中型企业主辅分离辅业改制的通知》。河南省抓住国家实施主辅分离改制优惠政策的机遇,按照精干主体、轻装发展的原则,推动大中型企业辅业单位人财物全面实现与主业分离,逐步实现市场化运作,有效地增强了企业活力。为盘活存量资产、精干主业、提高核心竞争力,河南省最大的煤炭企业平煤集团积极推进主辅分离工作。通过实施主辅分离和辅业改制,平煤集团的资产质量和经营效果越来越好,企业进入了一个快速发展新时期。在当年年底公布的"全国工业企业 500 强"和"中国工业企业 1000 大"中,平煤集团位次分别比上年前移了

---

① 李长春:《团结奋进 振兴河南》,中共中央党校出版社 1997 年版,第 345 页。

27 位和 58 位。

（二）多策并举推动非公经济发展

1992 年 12 月，河南省委、省政府作出了《关于进一步加快个体私营经济发展的决定》，要求各级党委、政府及有关部门，要不断解放思想，破除"一'左'一旧"的观念，积极支持个体、私营经济发展。

1993 年 12 月，在河南省委五届八次全体（扩大）会议上，省委书记李长春指出："必须认真贯彻以公有制为主体、多种经济成分共同发展的方针，一方面积极争取国家投资，一方面放手发展个体、私营等各种经济成分。"[①]

2003 年 5 月，河南省委、省政府作出《关于进一步促进非公有制经济发展的决定》，强调要放宽非公有制经济的市场准入领域和准入条件，建立健全对不同所有制经济一视同仁的政策体系和管理平台，营造有利于非公有制经济发展的良好环境和条件，努力促进非公有制经济更快更好地发展。

2005 年 1 月，河南省隆重召开民营企业表彰大会，省长李成玉强调要坚持"两个毫不动摇"，进一步解放思想，"放心、放开、放手"发展非公有制经济。

2006 年 6 月，河南省政府出台《关于贯彻国发〔2005〕3 号文件鼓励支持和引导非公有制经济发展的实施意见》，提出了一系列扶持非公有制经济发展的政策措施。所有这些政策措施，有力地促进了河南省非公有制经济的发展。

三、区域经济结构的优化调整

改革开放以后，河南省积极推进生产力布局调整、扶持黄淮四市发展、打造"经济区经济"、推动特色优势错位发展等，区域经济结构初步实现了从失衡向平衡的转变、从割据向协同转变、从低水平趋同发展向各具特色优势转变。

---

① 李长春：《团结奋进　振兴河南》，中共中央党校出版社 1997 年版，第 173 页。

（一）生产力布局调整推进区域经济结构优化

20 世纪 80 年代初期，河南省实行轻工业优先发展政策，食品、轻纺工业得到了加强，轻工业的布局由原有的几个中心城市向豫东南农副产品原料产地推进，逐渐形成了以农副产品加工业为依托、以县市和小城镇为聚集区的轻工业布局新格局。20 世纪 90 年代，重化工业布局逐步由中心城市向周边地区拓展，一些新兴原材料工业基地和大型知名企业相继涌现，带动了所在地区主导产业发展。同时，随着工业化水平的提高和高新技术产业的成长，涌现出郑州、洛阳等一批高新技术产业开发区和郑州汽车工业、新乡电子工业等新兴工业聚集区，生产力主体布局进一步向以郑州为中心的中部地区集中，豫东南地区发展缓慢，使全省区域经济发展的不平衡性增大。

进入 21 世纪以来，河南省四大经济区概念逐步形成，生产力布局调整进入新阶段。2001 年，河南省省长李克强在政府工作报告中提出，要"加快以郑州为中心，以洛阳、开封等城市为重要支撑的中原城市群建设，增强辐射功能和聚集效应。在豫南、豫北、豫东、豫西南发展若干区域性中心城市，带动区域经济发展。各市都要抓紧制订定位准确、特色突出的发展规划。"随后两年的政府工作报告中延续了这一发展思路，要求"围绕把郑州建成全国区域性中心城市的目标，加快郑东新区、绕城高速路建设和现有城区改造，增强省会城市对全省经济发展的带动作用。加快以郑州为中心的中原城市群和其他省辖市发展，形成若干省内区域性中心城市。"2003 年 8 月，河南省委、省政府印发的《河南省全面健身小康社会规划纲要》，正式将全省 18 个省辖市划分为四大经济区，分别为中原城市群隆起带、豫北经济区、豫西和豫西南经济区、黄淮经济区，并对各板块发展提出了具体指导意见。2011 年 10 月，国务院出台《关于支持河南省加快建设中原经济区的指导意见》，中原经济区正式上升为国家战略。中原经济区建设的整体推进，开始谱写河南省区域结构优化调整和区域协调发展的新篇章。

（二）政策扶持推动"凹陷地带"隆起

改革开放以后河南省投资的区域结构虽有所调整，增加了对郑州、洛阳以外的其他市地的适当投资，但是大的格局并没有改变，东南部工业落后的局面仍然没有改观。这种格局在一定时期内有利于带动全省总体经济的发展，但也表现出一定的局限性，使全省区域经济发展的不平衡性增大，对区域间的产业衔接和配套以及全省经济的协调发展产生不利影响。2007年，中原城市群第二、第三产业增加值占GDP的比重达到90.7%，经济发展明显优于全省；黄淮经济区第二、第三产业增加值占GDP的比重仅为71.3%，经济发展明显落后。

倾斜性政策推动黄淮经济区快速发展。作为典型的传统农业地区，黄淮四市（商丘、信阳、周口、驻马店四市）长期处于"粮食大区、工业小区、财政穷区"尴尬地位，在全省经济板块中呈现"凹陷"之势，是影响河南省走在中部地区崛起前列的"木桶短板"。在2006年的河南省城市排名暨综合实力评分榜上，周口因为分值低排最后，紧随其后的还有驻马店、商丘、信阳三市。四市诸多人士惊呼：我们走入了一个经济"凹陷带"。为使这一"凹陷地带"尽快隆起，促进区域协调发展，2007年5月河南省委、省政府出台了《关于加快黄淮四市发展若干政策的意见》，推出了28条含金量高、综合性强的实质性扶持政策措施。随后，河南省委、省政府在驻马店市召开加快黄淮四市发展工作会议，专题研究黄淮四市经济社会发展问题。为促进黄淮四市加快发展，加大对黄淮四市所属县（市、区）的支持力度，2008年4月，河南省财政厅、河南省发改委决定设立"河南省支持黄淮四市发展专项资金"。在倾斜性政策的支持下，黄淮四市加快产业集聚区、现代农业基地、物流园区建设，大力承接产业转移，着力拉长工业断腿。强大的政策支撑和明显的后发优势，助推黄淮四市工业快速增长、经济快速发展。例如，2011年商丘市全年生产总值1317.85亿元，比2007年增长168.29%；全年实现工业增加值566.95亿元，比2007年增长205.49%；全年地方财政一般预算收入56.44亿元，比2007年增长211.38%。黄淮四市的快速发展，对于缩小河南省区域差异、实现区域协调发展和整体跃升意义重大。

（三）"经济区经济"推动区域结构优化和协调发展

相对于行政区经济而言，经济区经济以专业化地区经济为特色，以中心城市为依托，区域之间在生产、流通等方面紧密联系，互相协作，可在更大范围内实现资源的优化配置，因而经济区经济更强调区域内部的紧密

联系、协调发展。

20 世纪 80 年代，改革开放使传统体制下经济利益主体一元化格局逐渐被打破，调动了区域间合作发展的积极性，在一定程度上促进了区域经济的发展。1985 年涵盖晋冀鲁豫 4 省 13 个城市的跨省区域性经济合作组织的成立，1986 年河南省三门峡与山西运城、陕西渭南 3 个地市联手成立"晋陕豫黄河金三角经济协作区"，就是典型的例证。但由于改革不到位和市场发育不完善等因素，行政区和经济区的关系并没有完全理顺，因此，到 20 世纪 90 年代初河南省的区域经济运行仍是以行政区为主导的模式。

21 世纪最初的几年，一个尴尬的局面摆在河南人面前：尽管城镇化已开始快速发展，但由于人口基数庞大，河南省的城镇化率一直低于全国十几个百分点。郑州的首位度不仅远远低于武汉和西安，甚至也低于合肥和济南。缺少影响力强大的区域中心城市，让河南省在全国的区域竞争中显得非常弱小。在全国历次生产布局时，河南省常处于被动地位，区域竞争力弱化。而与此同时，长三角、珠三角对生产要素的聚集能力依然在增强，湖南长株潭城市群、安徽沿江城市带、湖北大武汉都市圈的发展速度都在加快。严峻的现实，迫使河南省开始以经济区经济的理念来考量区域发展。

2003 年，在省委书记李克强的主持下，河南省委、省政府首次提出了中心城市带动战略。鉴于河南省核心城市首位度低的客观实际，创造性地实施以"群"带动，把中原城市群纳入区域经济发展的整体战略。是年 8 月，河南省委、省政府在《河南省全面建设小康社会规划纲要》中作出了实施区域性中心城市带动战略、加快中原城市群发展、实现中原崛起的战略决策，并确定以郑州为中心，一个半小时经济圈内的开封、洛阳、新乡、焦作、许昌、平顶山、漯河、济源 8 个省辖市组成中原城市群。随后，为了打造中原城市群的核心区，河南省又实施了郑汴一体化战略。

2007 年 10 月，党的十七大报告明确提出，要"遵循市场经济规律，突破行政区划界限，形成若干带动力强、联系紧密的经济圈和经济带。"在这一精神鼓舞下，同年 12 月，晋冀鲁豫 4 省交界区域 13 个城市的市长在邯郸市签署了《中原经济区 [2007] 邯郸宣言》，共同倡议建设循环经济实验区，力争用 3 至 5 年时间把"中原经济区"建成全国循环经济实验区。在 2010 年全国两会上，豫、晋、陕 3 省代表团联合提出：在黄河金三角经济区设立"国家区域协调发展综合试验区"，探索省级边缘区协调发展的对策，加快中西部地区的发展步伐。

2010 年 2 月 21 日，省委书记卢展工来到河南省社会科学院，围绕"什么是中原"、"什么是中原崛起"、"为什么要中原崛起"、"怎样实现中原崛起"等问题与专家学者进行座谈，明确提出谋划河南省发展战略，要自觉遵循市场经济规律特别是区域经济规律，敢于突破行政区划概念的束缚。是年 7 月河南省委召开常委（扩大）会议，专题研究河南省发展战略问题，形成了把建设中原经济区作为河南省发展战略的共识。同年 11 月河南省委八届十一次全会审议并原则同意《中原经济区建设纲要（试行）》。2011 年 10 月，国务院发布《关于支持河南省加快建设中原经济区的指导意见》。自此，涵盖晋、冀、鲁、豫、皖 5 省 30 市和 2 个县，覆盖 28.9 万平方公里，约 1.7 亿人口的中原经济区正式成为中国区域经济版图上的重要一员。

四、城乡经济结构的优化调整

改革开放以来，特别是 20 世纪 90 年代以来，随着家庭承包经营制等农村各项改革的不断深入，以及统筹城乡发展、加快推进城乡一体化进程的加快，河南省在破解城乡二元经济结构、实现城乡协调发展方面取得了显著成效。在当今中原大地，城乡关系正在发生日益深刻的变化。

（一）利益兼顾对缓解城乡矛盾发挥一定作用

1993 年至 1996 年，河南省政府为了实现经济软着陆，一方面，出台减少农民负担的相关政策，大幅度地提高粮食等农副产品的收购价格，鼓励农民生产农副产品，确保市场的稳定供给。另一方面，为了照顾城市居民的利益，支持国有企业收入分配改革，提高职工工资，增加机关、事业单位职工的工资；探索新型的养老、医疗和失业等社会保障制度。这一阶段城市收入和消费差距缩小，城乡关系较为和谐。1997 年，河南省开始对国有经济进行战略性调整，大量企业工人下岗，就业形势较为严峻。1998 年 4 月，河南省委、省政府发布《关于"抓大放小"和解困再就业

工作的若干政策意见》，出台了建立解困与再就业基金、改制企业一次或分期补发补缴所欠发职工的工资和抚恤金等政策。在这种背景下，河南省城乡二元结构的制度变迁再度偏向城市。而在农村，保护农民的粮食价格虽然上涨不少，但是各种农业生产资料价格也大幅上涨，农民没有得到多少实际好处，城乡二元结构更加失衡。河南省城市居民人均可支配收入和农村居民人均纯收入的比例从1997年的2.36：1扩大到2001年的2.51：1；河南省城乡居民恩格尔系数从1997年城乡相差10个百分点，逐步扩大到2001年相差13.9个百分点。这表明，利益兼顾尽管对缓解城乡矛盾发挥一定作用，但是作用比较有限。

（二）大力推进城镇化进程，为城乡经济结构优化调整创造条件

城镇化是经济社会发展的客观趋势和现代化必由之路，是一个国家和地区现代化程度的重要标志。由于种种原因，河南省城镇化水平远低于全国平均水平，成为河南省经济社会发展各种矛盾的聚焦点。

进入统筹城乡发展、加快推进城乡一体化的新时期，河南省把加强城镇人口聚集作为一项战略任务，统筹规划生产力和人口空间布局，努力改善城市基础设施，做大城市规模，增强城市对农村富余劳动力的吸纳能力，促进城乡资源共享和生产要素的优化配置。2010年9月1日，河南省委、省政府召开全省推进城乡建设加快城镇化进程工作会议，提出了优化城乡空间布局、加快构建现代城镇体系，加快城市建设、提升城市功能，着力产城互动、实现产城融合发展，推动符合条件的农村人口向城镇转移、使农民享受城市文明成果等6项任务。2010年10月，为推进城乡建设，加快城镇化进程，河南省政府又出台了《关于推进城乡建设加快城镇化进程的指导意见》。随着中原经济区上升为国家战略，在20世纪90年代以来持续探索的基础上，河南省进一步提出以新型城镇化引领新型三化协调发展的战略，把加快推进新型城镇化作为带动全局的战略突破口，把城乡统筹、城乡一体作为实现引领的根本着眼点，通过城镇规模扩大和功能完善，带动产业集聚和人口集聚，实现土地集约利用、农业规模经营、农民多元就业，促进产城互动、产业互动、城乡互动，从而加快生产方式和生活方式转变，引领经济结构和社会结构调整。

（三）大力推进城乡一体化发展，促进城乡经济结构调整

城乡一体化发展，有利于打破了城乡间劳动力、土地、资本等要素市场的隔离，促进城乡经济相互交融，为调整优化城乡经济结构奠定坚实基础。2006年6月，河南省政府出台了《关于加快推进城乡一体化试点工作的指导意见》，确定在经济发展较快、工业比重较大、财政保障能力较强、城镇化水平相对较高的鹤壁、济源、巩义、义马、舞钢、偃师、新郑7个市为试点，为全省推进城乡一体化取得经验，提供示范。各试点市依照该《指导意见》的有关精神，制定了《城乡一体化发展规划纲要》，并结合本地实际，在户籍和就业制度改革、公共服务体系和基础设施建设等若干领域先行组织实施，初步建立了城乡一体化的政策体系和工作推进体系。这些试点市推进城乡一体化的实践模式，可以概括为"三个集中，六个一体"。

"三个集中"是河南省推进城乡一体化、统筹城乡发展的根本方法。"三个集中"是指产业向集聚区集中、农民向新型农村社区集中、土地向适度规模经营集中。产业向集聚区集中，是按照新型工业化发展道路的要求，坚持企业（项目）布局集中、产业集群发展、资源集约利用、功能集合构建，大力推进产业集聚区建设，形成特色优势产业集群，为农村富余劳动力的转移创造条件，为新型农村社区提供就业支撑。农民向新型农村社区集中，是指将若干个村整合在一起形成新型社区，引导农民集中居住，完善农村基础设施，可以使广大农民的居住环境得到有效改善和提高，推动农民转变生产生活方式，加快农村的市场化进程。与此同时，农民集中居住可以为产业集聚区发展提供劳动力支持，为土地规模经营创造条件，也有利于推动城镇生产要素和产业链条向农村延伸。土地向适度规模经营集中，是指按照依法、自愿、有偿的原则，全面推进土地流转，促进土地向公司、业主和种植大户集中，实行区域化种植、集约化管理、标准化生产、产业化发展，这是传统农业向现代农业转变的必要途径。实践证明，"三个集中"极大地调整优化了城乡结构布局。

"六个一体"是破解城乡二元经济结构、推进城乡经济融合互动发展的有效机制。"六个一体"是指，城乡规划一体化、产业发展一体化、基础设施一体化、公共服务一体化、劳动就业一体化、社会管理一体化。城乡规划一体化，就是从统筹城乡发展大局出发，推进产业集聚区规划、新

型农村社区规划与土地利用总体规划、城乡发展总体规划的精准对接（四规合一），严格城乡规划管理，确保经济社会发展、土地利用、产业发展、重大基础设施布局、生态环境保护、文物保护、社区建设等规划之间的有机衔接。产业发展一体化，就是通过建立城乡一体化的产业发展机制，推动城乡产业的融合发展、联动发展、互补发展和特色发展，顺应调整优化城乡产业布局。基础设施一体化，就是加快城乡公路网络建设，规划科学合理城乡公路网；加快城乡能源建设，完善城乡电网改造配套工程；加强镇供排水、供热、供气、公交、垃圾、污水、通信等公用设施建设，鼓励城市公用设施向有条件的农村延伸等等。公共服务一体化，就是以构建城乡一体的教育、医疗卫生、文化、体育、社会保障体系为抓手，探索多种融资模式，促进公共服务向农村延伸。劳动就业一体化，就是推进城乡就业政策一体化、服务制度一体化，坚持以创业带动就业，把创业培训和小额担保贷款等政策扩展到新区和农村，鼓励农民特别是务工返乡人员创业。社会管理一体化就是在深化乡镇管理体制改革、加强基层民主政治建设的基础上，建立城乡一体的户籍管理制度，推进土地流转制度改革，完善社会保障制度，建立城乡统一的劳动就业制度等，实现城乡文化、教育、卫生、社会保障、城乡建设、生产服务等社会管理一体化。

第二节　探索产业转型升级

河南省委、省政府顺应工业经济自身发展规律和产业转移的新趋势，紧紧抓住国际国内产业转型升级的新动向、新机遇，认真贯彻落实中央决策部署，连续出台一系列政策措施，积极主动承接产业转移，大力发展高成长性产业，改造提升传统优势产业，强力推进产业集聚区建设，转型升级取得明显成效，为实现全省经济跨越式发展提供了强大动力和重要支撑。

一、从传统农业生产模式向新型农业现代化的蜕变之路

20世纪90年代以来，河南省坚定不移地把"三农"工作摆在重中之

重的位置，坚持用发展工业的理念发展农业，坚持工业反哺农业、城市支持农村和多予少取放活的方针，加大强农惠农富农力度，积极探索土地流转，大力推动农业产业化进程。农业由分散经营到基地化规模生产、由初级农产品生产到农产品深加工增值、由个体销售到抱团闯市场，表明河南省正由温饱型传统农业向现代农业转型、由传统农业发展模式向新型农业现代化蜕变。

（一）"用工业理念发展农业"：农业发展方式蜕变的理论创新

"用工业理念发展农业"，是河南省在发展现代农业过程中探索出的一条道路。20世纪90年代初，河南省就提出了"围绕农业上工业，上了工业促农业"，制定了"以农兴工、以工促农、农工互动、协调发展"的发展思路，提出要"工业、农业两篇文章一起做"和"两道难题一起解"（工业化缓慢、农民增收困难），开始了工农业协调发展的探索。

1993年1月，省委书记李长春在全省农村工作会议上发表重要讲话，指出，农村工业特别是农副产品加工业发展缓慢，已经成为制约农村综合经济效益提高和实现良性循环的突出矛盾。作为一个农业大省，河南省要使优势真正发挥出来，就必须充分利用丰富的农产品资源大力发展加工业，实现转化增值。他要求继续解放思想，转变观念，"坚持强农兴工的路子，把二者统一到'围绕农字上工业'上，既加速工业化进程，也强化农业基础，使二者相互促进，有机统一。"[1]1995年10月，李长春在接受新华社记者采访时指出："从河南省几十年的经验教训中得出的一个重要结论就是，要走强农兴工、以城带乡、以工补农、协调发展的路子"，要"通过强农兴工，围绕'农'字上工业，办好工业促农业"，走出"一条工农协调发展的路子"[2]。

进入21世纪，省委书记李克强明确提出了"用发展工业的理念发展农业"的战略指导方针。2003年1月，他在参加听取代表们对《政府工作报告》的意见时指出："要用发展工业的理念发展农业，推进农业的工

---

① 李长春：《团结奋进 振兴河南》，中共中央党校出版社1997年版，第196页。
② 同上书，第314、315页。

业化。"① 翌年4月，李克强在谈中原崛起的三个标志时再次指出，要通过推进农业现代化，用发展工业的理念发展农业，提高农业发展的集约化程度，在大量转移农业人口的基础上，较大幅度地提高农业的劳动生产率。他要求全省各地大力推进农业的产业化经营，培育壮大龙头企业，提高农业的专业化水平和农民进入市场的组织化程度。积极发展标准化农业、订单农业、品牌农业和创汇农业，用生物和信息等高新技术改造传统农业，提高农业的现代化程度。围绕农产品资源的综合利用，大力发展农产品精深加工，把农产品变成食品、原材料和医药产品，提高农产品的附加值，满足城乡居民日益丰富的新的消费需求。

"用工业理念发展农业"，就是在农业发展过程中导入和借鉴先进的工业发展理念，通过劳动、资本、技术和组织等要素集约，使千家万户的分散生产与千变万化的市场有效对接，在实现农业经营的规模化、专业化、集约化和产业化水平的基础上，不断提升农业的比较效益，最终实现从传统农业向现代农业的根本性转变。正是在这一战略思想的指导下，河南省在基地化种植、标准化生产、产业化经营、品牌化营销等方面大胆探索，并取得了良好发展成效，传统农业发展方式实现重大转变，以粮食优质高产、绿色生态安全、基地化、标准化、产业化、组织化、品牌化为主要标志的新型现代农业化正支撑中原崛起。

（二）科教兴农：农业发展方式蜕变的动力

1992年1月，省委书记李长春在河南省委五届三次全体（扩大）会议上的报告中强调指出，科学技术是第一生产力。要使我省由传统农业向现代农业迈进，实现小康目标，潜力在科技，希望也在科技。他明确提出要求："坚持'科教兴农'的战略方针，真正把发展农业转移到依靠科技进步和提高劳动者素质的轨道上来。"②

2001年4月，河南省召开全省农业科学技术大会。会议指出，当前河南省农业和农村经济发展进入了一个新的历史阶段，对农业科技进步也

---

① 转引自朱殿勇：《调整农村经济结构，全面繁荣农村经济》，《河南日报》2003年1月14日。

② 李长春：《团结奋进　振兴河南》，中共中央党校出版社1997年版，第134页。

提出了新的要求和挑战。因此，要进行一次新的农业科技革命，加快现代科技向农业全面渗透，不断提高农业科技整体水平，以实现河南省由传统农业向现代农业的根本性转变。

2003年11月，河南省政府出台《关于贯彻落实农业科技发展纲要（2001—2010年）的实施意见》，确定了河南省农业科技发展的总体要求、目标和任务，明确了河南省农业科技工作的重点。

2004年8月，河南省委、省政府发布《关于推进农业现代化建设的意见》，强调要以构建新型农业科技创新体系为重点，大力推进农业科技进步。一是要加强农业科技创新。加强农业高新技术研究开发与技术集成，优先发展农业生物技术和信息技术等高新技术，力争在转基因新品种选育、生物农药研制、基因工程疫苗研制等方面取得重大突破，推动传统农业技术全面升级。二是要建立新型农业科技推广体系。按照"公益性、区域性、综合性、层次性"的原则，加快构建国家推广机构和其他所有制推广组织共同发展的多元化、多层次的农业技术推广体系。三是要加强农业科技示范场和科技园区建设。充分发挥现有农业科技园区的示范、辐射和带动作用。科研院所要充分发挥自身优势，创办一流现代农业科技示范园区。各市、县要因地制宜、突出特色，建立自己的现代农业科技示范场或科技园区，使其成为农业科技创新平台和农技示范推广的有效载体，着力提高其技术含量，发挥其在农业科技创新中的集聚与辐射作用。形成一批农业高新技术企业，加快科技成果的产业化和商品化，提高农业科技成果转化率。

"十一五"以来，河南省实施了"农作物新品种选育"、"粮食丰产科技工程"等8个重大科技专项；启动了"河南省耕地土壤分区评价与可持续利用研究"、"农作物重大病虫害发生机理与控制对策研究"等公益性科技专项。建立了省部（省政府与科技部）共商机制，与中科院联合实施了农作物新品种选育、农副产品精深加工、耕地保育与持续高效现代农业试点工程等一批重大项目。继续实施了"种子工程"、"畜禽水产良种工程"和"科技入户工程"等，大力推广现代农业先进实用技术。

农业科技的广泛应用，大大提升了河南省农业的综合生产能力和科技贡献率。新中国成立以来，河南省小麦、玉米品种，分别经历过9次和8

次大的更新换代。每一次品种更新都带动单产水平的大幅提高。到 2011 年年底，河南省主要农作物良种覆盖率达 95% 以上，其中玉米达 100%，小麦达 98% 以上，农业科技对农业增长的贡献率为 53%[①]。

（三）加大支持强化服务：提升农业发展方式蜕变的能力

加大"以工补农"力度。2005 年河南省率先在全国率先免征农业税后，全面实施"工业反哺农业、城市支持农村"的强农惠农富农政策。加强以水利为重点的农业基础设施建设，大规模改造中低产田，加大高产创建力度；推进农业科技创新，健全农业技术推广体系，发展现代种业，加快农业机械化，在提升粮食生产能力上不断实现新突破。实施种粮直补、农资综合直补、良种补贴、农机具购置补贴、退耕还林（草）补贴、奶牛良种补贴、农村劳动力转移培训补贴以及测土配方施肥补贴等制度。利用新型工业化强大的技术和物质生产能力、信息化优势，为新型农业现代化提供有力支撑，为弱质农业的转型升级提供能力支持。

强化服务意识，健全农业服务体系。为提高粮食综合生产能力，河南省强化服务农业意识，积极构筑种养业良种体系、农业科技创新与应用体系、动植物保护体系、农产品质量安全检测体系、农产品市场信息体系、农业资源生态保护体系、农业社会化服务管理体系等，到"十一五"末，全省农产品批发市场已发展到 281 个，初步形成了"三级四层"（省、市、县三级，省、市、县、基地四层）的农产品质量安全检测体系，覆盖省、省辖市、县（市、区）、乡镇、村、户的农业信息化服务网络已初具规模，农作物重大病虫害监测预警能力和防控能力显著提高，中短期预报准确率分别达到了 75% 和 90% 以上。

（四）积极探索土地流转：为新型农业现代化创造条件

实现新型农业现代化，实现粮食资源的高效配置，必须解决好适度规模经营问题。近年来，随着城乡一体化进程的不断加快，农业产业化的快速推进，尤其是农村劳动力向城镇加速转移，为河南省加快土地承包经营权流转、促进适度规模经营创造了条件。河南省各地在稳定现有农村土地

---

① 乔地：《河南夏粮"十连增"科技支撑是关键——河南省农科院院长马万杰的解读》，中国科技网 2012 年 8 月 23 日。

承包关系的前提下，因地制宜，探索出了以转包、出租、互换、转让、股份合作等多种形式流转土地承包经营权。近两年，河南省在推进农村土地流转方面取得不俗成绩，呈快速发展态势。来自河南省农业厅的相关数据显示，2011 年河南省农村家庭承包耕地流转面积 1982 万亩，占家庭承包面积的 20.6%，略高于全国平均水平 2.8 个百分点，比 2010 年增长了 50.9%，增速全国排名第二[①]。

土地流转规模不断扩大，农业的规模化、集约化和专业化生产水平不断提高，有力地促进了土地、资金、技术、劳动等生产要素的合理流动和资源的优化配置，为河南省走新型农业现代化道路创造了条件。

（五）农业产业化经营：传统农业向现代农业蜕变的实现路径

河南省是农业产业经营发展较早的省份之一。早在 1992 年，在河南省信阳市就出现了"公司＋农户"的说法，由于其极强的概括性和形象性，"公司＋农户"在全国不胫而走，成为农业产业化经营的代名词。1994 年 1 月召开的河南省农村工作会议，要求全省各地大力展开"公司＋农户"等各种形式的贸工农一体化经营，解决好千家万户的分散经营与大市场的衔接问题，推动农业和农民走进市场。

在农业产业化经营的发展实践中，河南省各地先后创造出了龙头企业带动型、市场带动型、基地带动型、专业协会带动型、科技带动型、中介组织带动型等多种农业产业化模式，春都、双汇、郑荣等龙头企业迅速崛起。1997 年 7 月，省政府下发《河南省人民政府关于推进农业产业化的通知》，河南省农业产业化经营从此走上了健康、有序的发展轨道。2003 年 12 月，省政府出台了《河南省人民政府关于大力推进农业产业化经营的意见》，从财政资金投入、贷款服务、税收优惠政策、农产品流通环境等方面进一步加大了对农业产业化的扶持力度，规范了各项政策。

多年来，河南省各级政府始终把龙头企业建设作为推进农业产业化发展的中心环节，从资金、税收、用地、科技投入等方面给予支持，通过加强"两个基地"建设，实施"百户龙头企业培育工程"等，扶持重点龙头企业。河南省还把做大做强龙头企业与做大做强品牌有机结合起来，着力

---

① 高汇：《河南：加速土地流转进行时》，《经济视点报》2012 年 5 月 13 日。

打造一批驰名中外的品牌和产品。河南省还积极发展农民专业合作组织，支持龙头企业和农民专业合作组织采取订单农业、入股分红、利润返还等方式，与农户形成紧密型经济利益共同体。2011 年，全省各类农业产业化组织达到 13000 多个，龙头企业 6000 多家。龙头企业和企业集群的发展，推动了农业专业化的发展和生产基地的形成，提高了农业经营组织化程度，为农业标准化提供了可能。

以"公司＋农户"为主体的农业产业化经营，把千家万户的小生产与千变万化的大市场连接起来，较好地解决了小生产与大市场的矛盾，带动了农业生产专业化、标准化、规模化和品牌化，拉长了农业产业链条，提高了农产品附加值，使河南省走出了一条以传统生产方式为基础与社会化大生产相衔接的农业现代化之路。

二、从传统工业化向新型工业化的跨越之路

党的十六大以来，在总结传统工业化道路历史经验教训的基础上，河南省在党中央、国务院的正确领导下，开始了既有"赶超"重担又有"转型"任务的新型工业化道路的探索和实践，工业发展由此进入转型升级新阶段。经济结构调整、促进科技进步、发展规模经济、节能减排等一系列政策措施在加快河南省工业化进程的同时，也有力地促进了工业发展模式的转变。

（一）结构调整提升工业层次

从 2002 年开始，河南省把大力推进工业结构调整作为提升产业竞争力和优化经济结构的核心环节，坚持以市场为导向，以企业为主体和政府引导调控相结合，积极推进机制创新和制度创新，多策并举，实现了由传统农业大省向新兴工业大省的重大转变。2003 年起，河南省工业进入"黄金五年"。凭借能源、原材料、初级加工等产业，河南省工业持续稳定提升，排名趋前。2003 年至 2007 年，河南省规模以上工业增加值平均增速达到 22.4%，进入全国第一方阵，在中部地区遥遥领先。2011 年全省工业增加值进一步达到 1.4 万亿元，继续稳居全国第 5 位、中部第 1 位。

（二）"群象经济"引领工业转型升级

"群象经济"是经济学界的一种形象说法，主要是指以"大企业、大

品牌、大产业"为特色的经济发展模式。进入 20 世纪 90 年代初，顺应国际产业发展的潮流和趋势，河南省作出了实施大企业大集团的战略。1991年 10 月，省委书记李长春在省委工作会议上强调指出："要积极发展企业集团，通过组织专业化生产协作或联合、兼并、参股、控股等方式，对资产存量进行合理组合"，"要支持企业冲破'三不变'的束缚，通过参股、控股和兼并等形式，发展跨地区、跨行业、跨所有制的企业集团。"[①]

在具体发展实践中，河南省依托一批国有企业培植本土大企业，大力促进民营企业发展壮大；支持企业建立研发中心、技术改造，鼓励企业打造知名品牌；围绕龙头企业，促进中小企业参与大企业的产业分工协作，大力培育特色优势产业集群。特别是"十一五"以来，河南省企业战略重组和煤炭等重要矿产资源整合取得突破性进展，一批大企业迅速组建成功。仅 2008 年一年，河南省就按照政府推动、企业为主、自愿互利、务求实效的原则，实施了 126 个企业战略重组项目，中国平煤神马能源化工集团、河南省煤业化工集团挂牌，天方药业与中国通用、神火集团与商电铝业、永煤集团与安化集团签订战略重组协议，大型企业集团建设迈出重要步伐，促进了全省经济布局和结构优化。这些大企业凭借自身的规模优势和品牌影响力，领衔大产业的成长，在支撑全省工业转型升级中发挥了中流砥柱的作用。

2010 年 1 月，河南省政府发布《关于积极促进企业战略重组的指导意见》，要求以优势企业为依托，通过引进战略投资者、企业之间强强联合、优势企业并购落后困难企业、企业非主业资产向同行业主业突出的企业聚集等多种形式，推动企业开展跨国、跨地区、跨所有制、跨级次战略重组，在重要行业和关键领域打造一批具有竞争优势的大公司、大企业集团，提升产业整体规模和素质，为实现河南省经济平稳较快发展和培育战略性支撑产业。要着力打造优势企业群体，培育一批主业突出、规模或效益进入国内同行业前 3 名的企业。其中，年销售收入接近或达到 1000 亿元的企业 3 家，力争进入中国 500 强企业前 100 名，形成 3—5 家具有国际竞争力的跨国经营企业集团。

---

① 李长春：《团结奋进　振兴河南》，中共中央党校出版社 1997 年版，第 336 页。

（三）自主创新推动河南制造向河南创造转变

1995 年 8 月，河南省委、省政府作出了《关于加速科技进步实施科教兴豫战略的决定》。在 1995 年全省科技大会上，省委书记李长春强调指出，实施科教兴豫是把握现代科技、教育与经济一体化发展大趋势的战略抉择，是保证科教兴国在河南省全面落实的战略措施，是新时期振兴河南省的主导战略。同年 12 月，河南省第六次党代会又提出了积极实施"科教兴豫、开发带动、可持续发展战略"，进一步确立了科教兴豫战略在全省经济发展中的主导地位。

2006 年 5 月，河南省委、省政府在郑州召开全省科学技术大会。会议确立了实施自主创新跨越发展战略，建设创新型河南省的思路。会后，省委、省政府出台了《关于增强自主创新能力建设创新型河南的决定》，颁布了《河南省中长期科学和技术发展规划纲要（2006—2020年)》。与此同时，河南省重大科技专项也正式启动实施。2009 年 9 月，省政府印发《河南省自主创新体系建设和发展规划（2009—2020 年)》，从自主创新体系建设和自主创新能力提高两个方面提出了河南省的发展目标。2011 年 3 月，河南省政府出台《关于进一步推进自主创新体系建设的实施意见》，明确了推动河南省自主创新体系建设的一系列政策措施。

近年来，河南省积极实施自主创新跨越发展战略，大力发展高新技术产业，加强企业研发中心建设，促进产业技术进步，创新型河南省建设取得显著成效。"十一五"时期，全社会研发经费逐年增长。2006 年该项支出为 79.84 亿元，2010 年增至 211.38 亿元，占地区生产总值的比重为 0.92%。全社会研发人员总数大幅增长，从 2006 年的 58716 人年增长到 2010 年的 79157 人年。专利授权量达 4.93 万件，是"十五"时期的 3.25 倍。2010 年专利授权量达 16539 件，并获得国家科技奖励 97 项①。

在重大科技专项支撑下，河南省已培育出一大批自主创新能力强、产业化速度快的行业龙头企业。河南省风电产业技术创新战略联盟仅用一年

---

① 党涤寰:《自主创新年度报告河南篇：创新引领，给力中原》,《经济日报》2011 年 12 月 19 日。

多时间就自主开发出了 2.0 兆瓦风电整机和 1.5 兆瓦—3 兆瓦电机、风叶、轴承等主要部件；许继集团、平高集团成为全国特高压输变电关键装备的主要供应商，产品在世界最高电压等级和最长输送距离的输电工程中被成功应用。特别是郑煤机集团攻克液压支架电液控制系统和南阳乐凯胶片厂拥有自主创新的软件技术、打破关键技术的国外垄断，得到了胡锦涛总书记的充分肯定。

（四）节能减排和淘汰落后产能为新型工业化腾出空间

2007 年 6 月，河南省政府印发《关于河南省节能减排实施方案》，要求全省各地、各部门要充分认识节能减排的重要性和紧迫性，真正把思想和行动统一到中央关于节能减排的决策和部署上来，把节能减排任务完成情况作为检验科学发展观是否落实的重要标准，正确处理节能减排与经济增长的关系，坚持节约发展、清洁发展、安全发展。

"十一五"时期，全省各级、各部门认真贯彻落实国务院和省委、省政府决策部署，把节能减排作为调整产业结构、转变发展方式、推动科学发展、加快中原崛起的重要抓手，采取有效措施，积极推进，取得了显著成效。全省万元生产总值能耗下降 20.12%，二氧化硫、化学需氧量排放总量分别下降 17.59% 和 14.02%，如期实现国家下达我省的节能减排目标，为保持经济平稳较快发展提供了有力支撑[1]。

这期间，河南省坚持把淘汰落后生产能力作为推进产业结构升级和污染防治的重要手段，综合运用产业政策、环保政策、价格政策和资源配置、行业整合、信息引导等手段，先后取缔关闭了小火电、钢铁、电解铝、水泥、造纸、耐火材料、焦炭等重点行业一大批不符合国家产业政策、高污染类企业 3860 家。不仅加快淘汰了落后生产能力，大幅度消减了污染物排放量，提高了资源利用效率，而且为行业发展腾出了环境容量和发展空间。在实际工作中，河南省创造性地提出了"差别电价"、"以大代小"、发电指标交易等措施，以市场化手段关停小火电的方法得到了国家发改委的高度评价，被誉为"河南省模式"并向全国推广。

---

[1] 河南省政府：《关于表彰"十一五"节能减排工作成绩突出省辖市的通报》，河南政府门户网站，2012 年 1 月 20 日。

（五）"两化"融合提升工业经济综合竞争力

河南省通过实施制造业信息化工程倍增计划、中小企业信息化服务平台研究等措施，大力推动信息化发展。"十一五"期间，河南省企业信息化投入年度增长达到23%以上，信息技术在装备制造业、食品、有色等主导产业的应用不断深化，大型骨干企业信息化程度明显增强，先后有43家企业入选中国企业信息化500强，"两化"融合为河南省经济发展质量的提高和经济效益的提升作出贡献。

应该说，河南省仍然走在传统工业化向新型工业化转变的路上，与发达国家相比，河南省传统工业化模式仍未得到根本性转变，经济仍然过多地依靠物资投入拉动，粗放型特征依然明显，人力资本对经济增长的作用尚未充分发挥，科技贡献率不高等，距离经济又好又快发展还有相当一段距离。"十二五"期间，河南省把推进新型工业化放在工业经济发展中更突出的位置，着力推动产业集聚区建设，着力推动高端产业发展，着力推动信息化与工业化深度融合、制造业与生产性服务业融合，力求工业转型升级取得新突破。

三、从传统服务业到现代服务业的嬗变之路

河南省把发展服务业作为推动经济转型的重要策略，着力发展现代服务业，改造提升传统服务业，形成了传统服务业和现代服务业共同发展的格局，推动了服务业在发展中实现转型、在转型中快速发展。目前，服务业不仅成为河南省经济增长的重要推动力量，而且对于扩大就业、提高人民生活水平发挥了重要作用。

（一）政策支持推动现代服务业快速发展

现代服务业的发展本质上来自于经济发展、社会进步、社会分工专业化等产生的需求，具有智力要素密集度高、产出附加值高、资源消耗少、环境污染少等特点。在推进服务业发展过程中，河南省不断完善产业政策，坚持依托交通、区位和资源优势，因地制宜、突出重点，以高起点、高标准规划引导具有地方特色的现代服务业集聚发展；坚持服务业与制造业相融合、与现代农业相配套、与城镇化进程相协调、与城乡居民需求

相适应理念，通过满足需求推进现代服务业和新兴服务业发展；着力抓重点，以重点产业、重点城市服务业、重点服务业园区、龙头企业、重点项目促进现代服务业结构优化、产业提升；加大财税政策支持力度，建立财税引导资金重点支持服务业发展的关键领域、薄弱环节和新兴产业，鼓励支持引进先进技术；放宽市场准入条件，扩大了外资和社会资本准入范围等，现代服务业实现了由区域全面发展向特色发展的转变，由单纯项目开发向产业培育的转变。

日益扩大的需求和良好的发展环境，也激发了区域创新和企业创新的积极性。在旅游业，出现了"焦作现象"、"栾川模式"、"西峡经验"等受全国旅游界关注的发展模式，推动了河南省旅游业飞速发展。在金融业，一批新兴股份制商业银行纷纷进驻，不断创新经营理念、管理模式和完善金融服务，形成了轰动全国金融业的"郑州现象"。经过培育和发展，全省已形成了以政策性银行、国有商业银行、股份制商业银行为主体，保险、证券以及非银行金融机构互为补充，功能齐全、分工合理的多元化金融体系。在文化产业，河南省利用丰富的文化资源积极探索文化产业的新业态、新的经营模式，文化品牌得到大发展。在现代物流业，河南省探索现代物流业和制造业协调发展的模式，现代物流业快速增长。

（二）积极推进传统服务业向现代服务业转变

近年来，河南省坚持以信息技术改造提升传统服务业，大力发展连锁经营、特许经营、专业配送等新业态，加大商贸、餐饮资源整合，积极引进国际知名品牌，培养发展了一批竞争力强的龙头企业。交通运输、仓储、邮电通信、批发零售和住宿餐饮业等传统服务业总量规模稳步扩大，升级改造步伐加快，服务水平和质量明显提高，形成了一批在全国有一定影响力的行业和企业，如以建设郑州商贸城为契机发展起来的批发零售贸易业，对周边地区有较强的吸引力和辐射力，在全国举足轻重。目前，在郑州地区已形成数家批发市场，零售业中丹尼斯、金博大等大型百货引领潮流，卜蜂莲花、家乐福、国美、联华等国内外著名连锁超市纷纷进驻。"十一五"期间，批发零售业增加值年均增长11.1%；交通运输、仓储和邮政业增加值年均增长5.3%。河南省统计局提供的数据显示，"十一五"以来，河南省全省服务业增加值一直以高于10%的速度稳步增长。服务

业总量居全国第 9 位，在中部 6 省居第 1 位。

第三节　谋划区域经济转型

　　自党的十四届五中全会提出"两个根本性转变"（计划经济体制向社会主义市场经济转变，粗放型增长方式向集约型转变）以来，河南省在促进区域发展转型方面大胆探索，积极谋划创新型河南省、中原城市群、产业集聚区、中原经济区等，推动区域发展从追求速度和规模走向注重质量和速度并重转变、从区域产业结构趋同发展向突出特色优势转变、从产业分散发展向产业集聚布局转变。

一、从追求速度和规模向注重质量和速度并重转变

　　河南省各级党委和政府清醒地认识到，实现中原崛起和跨越式发展，仅靠传统生产要素的加大投入是无法完成的，必须切实转变发展观念、创新发展模式、提高发展质量，使经济社会发展转入主要依靠科技进步、劳动者素质提高、管理创新的科学发展轨道。在具体实践中，河南省出台一系列政策措施，加快推进从追求速度和规模向注重质量和速度并重转变。

（一）完善评价考核指标体系促转变

　　面对转变经济发展方式的新任务，原有的以 GDP 指标为考核中心的区域发展评价指标体系和干部考核指标体系已经很难适应新形势。为加快转变经济发展方式，河南省在评价指标体系中逐步增加了反映经济增长质量的指标，增加了反映结构、民生和环境保护的指标。以对县域发展的监督为例，河南省从 1991 年开始对县域经济发展情况进行监测，最初只有两项指标；1994 年起指标增加到 7 项，分别是：GDP、人均 GDP、财政一般预算收入、人均财政一般预算收入、居民储蓄存款余额、人均居民储蓄存款余额和农民人均纯收入；2003 年，河南省增加了 6 项新指标：全社会固定资产投资完成额、人均固定资产投资、财政收入占 GDP 的比重、新增居民储蓄存款占 GDP 的比重、规模以上工业利税占规模以上工业增加

值的比重和工业增加值占 GDP 的比重；2006 年，河南省将"工业增加值占 GDP 比重"调整为"第二、三产业增加值占 GDP 比重"，将"规模以上工业利税总额占规模以上工业增加值比重"调整为"规模以上工业利税总额占主营业务收入比重"，增加了人均粮食产量，税收占财政一般预算收入比重，城镇居民人均可支配收入，城镇化率，科教文卫事业支出占 GDP 比重，规模以上工业单位增加值能耗降低率，主要污染物排放降低率，亿元 GDP 生产安全事故死亡率。

（二）提高科技创新能力促转变

1978 年，全省科学大会召开，会议讨论制定《1978—1985 年河南省科学技术发展规划纲要（草案）》。1985 年河南省政府下发了《关于贯彻〈中共中央关于科学技术体制改革的决定〉的意见》，确立了"经济建设必须依靠科学技术，科学技术工作必须面向经济建设"的战略方针。1995 年省委、省政府颁布了《关于加速科学技术进步，实施科教兴豫战略的决定》。2006 年省委、省政府出台了《关于增强自主创新能力建设创新型河南省的决定》，省政府颁布了《河南省中长期科学和技术发展规划纲要(2006—2020 年)》。按照建设创新型河南省的目标，河南省积极建设区域创新体系，加大财政对科技创新的支持力度，引导和支持创新要素向企业集聚；加大人力资本投资力度，提升人力资源的文化素质和技术水平；鼓励高新技术产业发展，推动高新技术产业化，支持企业进行先进技术、工艺改造等等。2011 年河南省全年研究与试验发展（R&D）经费支出 253 亿元，比上年增长 20%。年末拥有科学研究与技术开发机构 1800 个[1]。

（三）结构调整促转变

结构调整贯穿河南省经济发展全过程。近年来，河南省坚持做大总量和优化结构并重，通过结构调整促进资源配置效率的提升。大力推进农业产业化，大力发展外向型农业和特色农业，积极发展农产品加工业，提高农产品的质量和安全水平，着力培育优质高值的名牌农产品；着力提高优势产业的整体发展水平，培育一批主业突出、核心竞争力强的骨干企业，发展一批国内外市场占有率高的特色产品和名牌产品，拉长资源型产业的

---

① 参见 2011 年河南省国民经济和社会发展统计公报。

产业链条，提高精深加工产品和终端产品比重；着力淘汰落后生产能力，实施节能减排，发展循环经济，实现资源集约、清洁高效利用；着力发展服务业，积极发展现代物流，大力发展新型流通业态和现代营销方式，整合商贸、仓储、运输等行业，鼓励发展与人民生活密切相关的社区服务业和公共服务业，把以第二产业为主转到第三产业快速发展、三次产业协同带动上来；着力优化区域布局问题，推动园区化、集约化、生态化和基地化发展，培育壮大特色产业集群。

（四）改革开放促转变

改革开放是推动河南省经济增长由追求速度和规模向注重质量和速度并重转变的不竭动力。改革开放以来，河南省大胆进行经济体制改革，社会主义市场经济体制建设取得显著成效，市场配置资源的作用增强；不断深化国有企业改革，国有经济的控制力、引导力、带动力获得极大提高；大力发展非公有制经济，民营经济的活力得以迸发；不断深化行政管理体制改革，切实转变政府职能，着力打造有限性、责任型、服务型政府；大力发展开放型经济，全方位、多层次、宽领域的对外开放格局初步形成。

二、从区域产业结构趋同发展向突出特色优势转变

近年来，河南省通过发展经济区经济，拆掉行政壁垒的篱笆墙，明晰城市功能定位，推动特色发展，促进区域间专业化分工协作，并通过打造特色优势鲜明的主导产业经济，推动区域错位发展。

（一）发展"经济区经济"促转变

从推进中原城市群到推进中原经济区建设，河南省的"经济区经济"理念逐渐取代了"行政区经济"理念，对推动区域关系从竞争走向竞合、从割裂走向协调互动影响巨大，而且，由于城市群内部各城市依据比较优势发展，"经济区经济"也推动地区发展从全面布局向特色优势发展转变。

中原城市群建设促进区域发展由趋同向特色优势发展转变。河南省早在"八五"计划时期就已提出中原城市群的概念，并进行了一些有

益探索。"九五"计划又进一步提出统一协调中原城市群重大基础设施、产业布局、城镇体系和生态环境建设。进入 21 世纪，为进一步加快城镇化进程，河南省决定实施中心城市带动战略，提出了《中原城市群发展战略构想》，纳入了《河南省全面建设小康社会规划纲要》。2007 年《中原城市群总体发展规划纲要》进入实施阶段。该规划纲要根据各市现有基础、发展态势以及在中原城市群发展中承担的主要任务，提出了中原城市群 9 市的功能定位，推动了区域发展由全面布局向特色优势转型。

（二）依托优势资源培育特色优势主导产业促转变

特色优势产业一般是指那些与其他区域相比较而言具有鲜明特点和一定市场竞争优势的产业群体，具有鲜明的地域性、不可替代性。河南省地方政府意识到，区域发展必须坚持"有所为有所不为"的原则，只有依赖资源禀赋、产业发展基础和资源环境承载能力，从挖掘资源禀赋、优势产业潜力上着手，准确选择产业切入点，集中优势资源在特色优势行业上率先寻求突破，拉动特色优势产业加快升级步伐，才能逐步摆脱低端化发展状态，才能完成资金、技术、人才等高端要素的积累。从"一村一品、一乡一业"打造农业生产特色乡镇，到发挥特色优势，打造特色产业集聚区和特色产业基地，再到区域着力发展特色优势主导产业等，从下到上都体现了河南省经济发展中的特色优势理念。依托优势资源培育特色优势主导产业对河南省减少区域低水平重复建设，实现错位发展影响深远。

三、由产业分散发展向产业集聚布局转变

在经济发展实践中，河南省的决策者们认识到，产业分散发展，每个企业都需要相对独立的基础设施，不但造成土地的浪费，而且不利于环境治理，不利于发挥专业化分工形成的外部规模经济优势。为推动企业集聚和产业集群发展，于是，从 20 世纪 80 年代末开始，河南省就陆续启动高新技术开发区、经济技术开发区、工业园区等各类园区建设，开启了河南省产业集聚发展的历史航程。

（一）大力推进工业园区建设

为了促进工业企业的集聚，河南省各地大力推进工业企业向园区集中，依托各类工业园区加大招商引资力度，培育和发展专业产业集群，打造区域经济发展的核心增长极。河南省工业园区发展规模增大，大企业增多，产业集聚效应明显，规模效益突出。2005年年底，河南省已投入使用的各类工业园区有413个，占地总面积1585.22平方公里，入驻企业88348家，营业收入2577.52亿元，实现利税248.9亿元，园区内从业人数232.69万人。①

（二）加快推进产业集聚区建设

为深入贯彻落实科学发展观，进一步推进产业集聚发展，2008年河南省委、省政府作出了构建"一个载体、三大体系"的重大战略决策，其中一个载体就是产业集聚区。为了进一步推动产业集聚发展，2009年8月河南省委、省政府发布《关于推进产业集聚区科学规划科学发展的指导意见》，2010年8月省政府出台《关于加快建设创新型产业集聚区的实施意见》，加快推进产业集聚区建设。自2009年以来，河南省把产业集聚区建设作为新型工业化的先导区域，以产业集聚支撑城镇化，推动产城互动融合。至2011年年底，河南省全省180个产业集聚区规模以上工业主营业务收入达1.8万亿元，已经成为河南省工业转型升级的突破口、承接产业转移的主平台和农民转移就业的主渠道。

第四节　持续推进企业转型升级

转型升级虽是近年提出的，但企业的转型升级则是从党的十一届三中全会之后企业放权搞活开始的。1979年11月，河南省政府发出《关于地方工交企业扩大经营管理自主权试点工作的通知》，由此展开了河南省企业放权搞活、调整结构、改革开放的历程。

---

① 参见王晓梅：《河南省工业园区建设的作用、问题和治理对策》，《集团经济研究》2007年第2期。

一、在技术进步上从引进模仿向自主创新升级

就河南省企业个体的技术进步路线而言，除了极少数企业靠自主独创技术起家外，绝大多数企业的技术进步路线都是沿着引进模仿—消化吸收—改造升级—自主创新这样一条路子发展起来的。这就决定了河南省企业整体的技术进步路线图也是如此。先引进模仿再升级创新具有速度快、低风险的特点，仍是目前河南省多数企业普遍采用的技术进步行为。近10年，河南省企业基于技术进步的发展所表现出的被动性、跟随性和反应性不断改变，越来越多的企业正在从引进模仿向自主创新升级。

（一）从引进模仿到消化吸收

在20世纪80年代计划经济体制下，绝大多数制造业企业的生产制造技术模式，确切地说就是"仿制"，真正意义（即具有知识产权转移性质）上的引进也不多。这个时期，计划经济形成的技术模式在制造业企业依然惯性存在，普遍现象是一种产品适销对路就会引起全省仿制乃至全国仿制，甚至一仿就是10年、20年。洛阳第一拖拉机厂的"东方红"履带拖拉机，从20世纪50年代引进模仿生产制造，30年一贯制不变样，依然在生产。那时候一旦出现一种产品适销对路产品，就会引发企业群起仿制。例如，当时最流行最热门"仿制"的产品是小四轮拖拉机，郑州、洛阳、开封、新乡等多个市甚至一些县都在仿制，形成全国最大的小四轮拖拉机生产规模和生产厂。再如，1982年，长葛奔马机械厂率先研发生产出的奔马牌农用三轮车，市场前景巨大，销售火爆，供不应求，引发全县仿制、全省仿制乃至全国仿制"奔马车"热潮。随着改革开放和市场经济大潮的冲击，真正意义上的技术引进开始逐渐增多，洛阳一拖引进意大利大四轮拖拉机制造技术及生产设备，郑州工程机械厂引进意大利装载机制造技术及生产设备，新飞引进意大利冰箱制造技术及生产线，金龙引进芬兰奥托铜管制造技术及生产线等，河南省企业整体技术水平随着国外先进技术及生产线的引进开始全面升级。

（二）从改造升级到自主创新

20世纪80年代至90年代，河南省大多数企业技术专利意识淡薄，

拥有技术专利的企业也很少，拥有自主知识产权技术专利的企业更是凤毛麟角。河南省金龙在 1991 年和 1999 年分别从芬兰奥托引进了两条精密铜管生产线，经消化吸收自行组建一条，为此支付了巨额专利费。河南省金龙完全是按"引进模仿—消化吸收—改造升级—自主创新"的技术进步路线图走的，从 1995 年以后就已经取得了 40 多项改造升级和自主创新的技术成果，但因为专利战略意识不强留下隐患。2004 年，一场跨国专利纠纷让河南省金龙面临巨大危机，河南省金龙以额外多付出了 780 万美元专利使用费的代价，才与芬兰奥托达成和解。这个典型案例警示河南省企业：没有自主创新技术专利的企业就会被动挨宰。由此，全省实施企业专利战略，极大地推动了企业自主创新，取得显著成果。2011 年，全省企业专利申请量 19402 件，占全省职务专利申请的 84.6%；企业专利授权量首次突破万件大关，达到 11531 件，占全省专利授权量的 88.2%，两项连续 7 年所占比例都在 80% 以上，全省企业的专利申请量和授权量分别是 2005 年的 7.66 倍和 10.72 倍。

近 10 年来，日益加剧的市场竞争形势，促使河南省许多企业为了把握自身发展的主动权和提高核心竞争能力，开始适时转换技术进步模式，由引进模仿模式向改造升级、自主创新等自主技术进步发展模式转变，通过联合创新、原始创新提高产品技术创新的质量和水平，打造企业核心竞争力。2011 年河南省拥有国家级企业技术中心 51 个，省级企业技术中心 682 个；国家级创新型（试点）企业 16 家，省级创新型（试点）企业 219 家。许继、金龙、新飞、科隆、中硅、中孚、郑煤机、中信重工、南阳二机等一批优秀企业，已经由引进模仿走上改造升级、自主创新之路，掌握了产品技术发展的主动权，提高了自身的核心竞争能力，成为国内外行业产品技术领跑者。

（三）新技术新产品成为河南省企业的新增长点

在不断实现扩张规模的同时，河南省企业的一些新技术新产品也越来越多地在各行业不断涌现，并逐渐成为这些产业的新的增长点。近 10 年来，一些有远见的企业开始改变河南省工业企业研发投入少、新技术新产品储备少的局面，其研发的新技术新产品居国内外行业领先地位，具有较强的市场竞争力。河南省煤业化工集团永煤千吨级碳纤维项目成功产出合格 MH300 高性能碳纤维产品，标志着国内最大的高性能碳纤维生产基地在河南省建成。河南省新飞在国内首家开发出太阳能光热冰箱，走在中国制冷业环保节能创新前列。郑州中铁隧道装备公司的硬岩盾构机研制成功投入使用。河南省天冠集团自主研发的秸秆纤维发酵制乙醇技术及万吨传成套设备世界领先，通过国家鉴定。中孚实业林丰铝电的"低温低电压铝电解新技术"通过国家验收，吨铝电耗降至 11819 千瓦时，居世界领先地位。南阳二机集团研发生产出国内第一台高集成全液压车载式煤层气钻机，达到国际先进水平。另外，还有一些新技术新产品处于世界领先，如金属陶瓷、惰性材料电极等都已完成中试阶段，显示出超好的性能品质，将开始规模化生产。这些新技术和新产品将替代旧产品，还将催生庞大的新产业。

二、在企业定位上从专注产品制造向提供专业服务转型升级

河南省工业转型升级的着力点之一是提高主导产业新型化，要求企业发展由传统的低水平重复扩张向新型的高水平创新提升。

（一）企业专注产品生产制造的传统定位与不足

改革开放初期，河南省的企业一直是延续计划经济时期对企业的定位：专注产品生产制造，企业的日常运营是以产品生产制造为中心。因此，20 世纪 80 年代到 90 年代初，是计划经济体制下成长起来的公有制性质的国营企业和集体企业整体上最辉煌的时期。那是产品生产主导型企业日子最好过的黄金时期，改革开放带来的收入增加引爆社会需求，企业不管生产出什么产品，无论是消费类产品，还是生产资料类产品都不愁卖，不管是"老三大件"（自行车、手表、缝纫机），还是"新三大件"（冰箱、电视、洗衣机）全都供不应求，都需凭票购买。因此企业只需要专注产品生产，研发和销售都是围绕着生产这个中心。那时，多数企业的研发就是仿制和技术改造。少数企业引进了国内外新产品新技术，就会占据行业领先和市场主导地位。例如，引进菲利浦意大利 IRE 公司制造技术生产的新飞冰箱，很快就占领市场并跻身行业前列。河南省企业专注产品生产制造的成效主要表现在：产品生产制造的规模、能力和技术的水平不断

提高，产品的市场占有率、地域覆盖面、品牌知名度不断提高，都达到前所未有的程度，产生了一批国内外知名度较高的企业及品牌，如莲花味精、春都火腿肠、新飞冰箱、美多彩电、欧丽音响、兰雀牛仔布、白鸽砂轮磨料、洛阳浮法玻璃、奔马农用车等，"河南制造"已经走出中原，走向世界。

　　然而，河南省企业专注产品生产制造的传统定位，随着中国市场经济改革进程的加快显得越来越不适应，"产品生产至上"已经走到了尽头。到了 90 年代中后期，随着宏观经济调整，市场供需关系的变化，多数公有制企业从最初的不适宜到在市场竞争中茫然失错，最后导致企业经营陷入困境。而机制灵活的民营企业和一些及时调整转变的国营企业，开始注重自我主导的产品市场销售，企业日常运营的着力点开始部分向市场营销转移，形成产品生产制造与市场营销并重。许多企业开始在广告宣传和市场推广加大财力人力的投入，比拼广告和促销，这是市场经济推动企业经营管理的结果。但是，由于企业未从根本上改变一贯专注产品生产制造的功能定位，只是利用广告和促销卖出更多生产制造的产品。这就使不少企业陷入一种恶性旋涡：广告促销—供不应求—扩大生产—供过于求—加大广告促销……直至企业资金枯竭，陷入困境甚至衰败。进入 21 世纪，国内外产品市场由供不应求逐步向供过于求全面转向，企业专注产品制造生产的功能定位也在不断转变，从产品生产主导部分地向市场需求主导转变。这种转变逐步使企业从自主生产向定制生产转型。如许继电器为国家电网改造、农网改造的需要研发所需产品，抓住了重大的市场机遇，跃升为行业龙头。

（二）由加工制造向制造服务增值提升

　　河南省庞大的制造业基础为提升制造服务增值能力提供了广阔的空间，企业转型升级以推进产业服务化为导向，加快构建适于河南省情的制造服务体系和生产者服务体系，制造业企业向服务增值环节延伸价值链，提高产业附加值与产业链竞争力，推进先进制造业与生产者服务业互动协调发展。河南省企业功能定位的转型升级，是以装备制造业为重点和突破口。装备制造业企业从供应产品向提供整体解决方案转型升级，提高制造服务增值能力。如中信重工通过技术创新、管理创新及业务流程再造，从生产制造和供应单件矿山产品，转变为按客户所需提供整体解决方案，为采矿场、水泥厂提供"交钥匙工程"型整体解决方案，提高了专业服务在产品价值中的比重。重点围绕装备制造业、汽车、电子信息、家电产业，在技术创新、功能创新、结构优化、成套集成、外观造型、包装展示以及节材节能、新材料使用等重点环节，积极发展以全新技术设计、引进提高设计、市场实用设计等为主要内容的工业设计产业。

三、在发展方式上从点式扩展向链式发展转变

改革开放后，河南省从 20 世纪 80 年代起开始培育和发展大企业大集团，依托一批大型国有企业组建和培育出本土大企业大集团。然而，传统的企业发展方式已经成为影响甚至制约河南省企业发展的路径依赖方式，河南省企业做大做强的步子比沿海省市甚至一些中西部省市都显得迟缓。由此，河南省企业转型升级的重点之一就是在发展方式上不断探索改变，最终明确了从点式扩展向链式发展的转变路径。

（一）企业传统发展方式的成效与局限

河南省大多数企业做大做强的发展方式，基本上还是惯性沿用传统的点式发展扩张。点式发展是传统企业的基本发展方式，像擀大饼一样，在同心圆点上不断扩张规模。在计划经济条件下，传统企业的点式发展之路可谓顺风顺水。河南省企业做大，最初是由政府支持推动的。20 世纪 80 年代，政府投资和政策上积极支持培养出新飞冰箱厂、莲花味精厂、奔马机器厂等一批快速发展的新企业。到了 90 年代，在推动企业改革的同时，河南省委、省政府积极推行"大企业、大品牌、大产业"为特色的群象经济发展模式，实施大企业大集团战略。

经过多年的发展，河南省培育和发展了一批行业地位优先、规模优势明显、技术先进、核心竞争力强、产品结构合理、经济效益突出的大企业大集团，已成为河南省工业经济发展的龙头。1990 年，河南省政府明确提出要组建一批在国际国内市场有竞争力的各种形式的企业集团，并对企业集团的发展加以引导和规范，逐步形成了以资本为联结纽带的

母子公司体制，现代企业制度建设取得重大进展，兼并重组不断发生，洛阳一拖集团、洛玻集团、河南省嵩岳集团等一批大企业在这一阶段迅速发展壮大起来，大型企业已经成为推动全省经济增长的重要支柱。在企业集团的发展中，省委、省政府认真落实扶持政策，优化要素资源配置，重点推进重大规划项目建设，不断推进跨国公司、中央企业和国内大型优势企业与河南省重点企业的战略重组，大企业集团的综合发展实力得以提升。

（二）由点式发展向链式发展转变

工业企业转型升级表现在发展方式上，实质就是集约、集聚、集成，实现链式发展和集群发展。实现向链式发展转变的关键，是改变点式企业空间集合，提高优势大企业集团内部企业之间的产业链接度，打造引领区域工业发展的航母企业和航母舰队型企业集团。2008年年底以优势企业永煤集团为核心战略重组五大企业组建的河南省煤业化工集团，就是一个成功的案例。河南省煤业化工集团在集团内部企业融合、产业整合、产业链整合的同时，全面实施战略性链式发展。仅仅两年资产和业绩均实现翻番，2011年成功跻身世界500强，成为领跑河南省工业发展的航母舰队型企业集团。

河南省企业由点式发展向链式发展转变，主要着力在四个方面：一是着力培育一批具有较强产业链带动力的"蜂王型"龙头企业，带动基于产业链配套的"工蜂型"企业集聚发展，培育发展主导产业本地配套产业链，补齐产业链缺环与弱环，推动大型龙头企业与配套企业发展现代产业分工合作网络，形成产业链式集聚发展的合力。如郑州引进海马汽车这个"蜂王型"企业，就引来数十家"工蜂型"配套企业，极大地推动了郑州汽车产业爆发式发展。二是着力引进能与传统产业进行链式对接的新兴产业"蜂王型"企业或项目，以增量改造存量，带动传统产业更新改造和转型升级，逐步用新型产业链替代传统产业链。三是着力引进能与比较优势的大企业大项目。四是着力推进企业链式集聚发展。产业集聚区、产业基地、工业园区、产业集群的发展，由企业点式集合发展方式向企业链式集聚发展方式转变，提高园区和集群内部企业之间的产业链接度，形成完整的无缝对接高效能产业链。围绕主导产业，集聚区内企业形成了相互间的链式配套与协作，以实现企业集聚发展并形成真正的产业集群。

（三）河南省企业转型升级的演进方向

大型龙头企业从单台产品供应商向集成系统、成套设备供应商、解决方案提供商转型，从设备供应商向运营服务商转型，鼓励企业把中间环节外包，带动企业发展，形成产业分工网络，实现从卖产品到卖服务以及从提供单一产品向提供成套解决方案的转型。中型企业向模块化供应商、核心零部件供应商转型，加大研发投入，与龙头企业建立紧密的合作关系，实现同步设计、共同研发，向高端攀升，由单机销售向模块化供货转型。同时，加快企业服务体系建设，促进"专精特新"型中型企业发展。小微企业以自身优势嵌入产业集群或大企业的产业链，提高专业化水平和工艺水平，成为各行各业的"隐形冠军"。在经济全球化背景下，一个产品的生产分工体系中经常涉及许多合作厂商，甚至形成了世界制造的格局。对于小微企业而言，只要能在分工体系中稳固地占据一个或数个环节，就可以成为行业的佼佼者。可喜的是，河南省的许多大、中、小型企业正在沿着这个演进方向转型升级。

四、在竞争能力上从比拼要素向创造优势转变

河南省工业依托优势资源建立起来的战略支柱和主导产业，决定了大部分企业，特别是大企业、优势企业多数集中在采掘业和原材料加工领域，所占比重长期高居60％以上。随着国家资源环境和宏观经济调控政策的双重约束日益加重，更多企业意识到靠比拼资源要素获得竞争优势和支撑企业高速增长已经难以为继，需要适应新形势创造新优势。

（一）持续投资开发优势资源要素

河南省企业大多习惯于依托资源比较优势，以持续投资和扩张规模为主的传统发展模式。这种传统产业发展模式，是建立在短缺市场和经济高速增幅的基础上的，市场需求稳定，企业只要借助于资源比较优势就能把规模做大。改革开放以来的大部分时间里，河南省经济及其企业的高速发

展，以及多数能够占据国内省内前列的产业和企业，靠的就是持续投资开发优势资源要素。占据河南省工业前十大产业和前十大企业的多数，都是靠资源要素优势。吸引富士康等跨国公司和央企来河南省投资，靠的也是资源要素优势。而现在经济发展进入一个各行业都产能过剩的阶段，数十年的持续投资开发，已经使资源要素优势递减逐渐衰竭。随着消费结构升级与产品更新换代加快，要求企业具有抓住每一次产业升级机会的能力，这种能力靠持续投资开发优势资源要素得不到，而是建立在对创新基础上。这是一种基于创新驱动的企业发展模式。

（二）从基于投资的企业发展模式向基于创新的企业发展模式转变

长期以来，河南省工业及企业高速增长主要是靠以投资和规模扩张为主的传统发展模式，从基于投资的产业发展模式向基于创新的产业发展模式转变，要求企业要把精力从注重投资转移到注重创新上，大胆引入高级技术创新人才，着力培育技术管理骨干，自主研发新技术，全面提升企业综合素质及科技含量，大力提升知识、人才、管理在产品与服务中的贡献值，实现由制造向智造转变。中信重工之所以能够成功完成向提供整体解决方案转型升级，就是基于创新发展模式。这种发展模式更加依赖市场激励，因此，需要地方政府在发展理念、产业政策、管理体制机制等方面实现转变和突破。

从长周期看，河南省工业正由高速增长向中速增长转轨，工业发展已经处在由外延式增长向内涵式增长的转折点上，工业发展不能再靠简单的扩大规模，发展动力需要由主要依靠要素投入向主要依靠技术进步转变。目前，河南省在培育壮大创新型企业、推进产学研合作、造就创新型人才、建设区域创新体系等方面亟待突破，政府应更加关注企业的研发投入力度和新产品开发能力等，激励企业寻求技术新趋势与本地优势资源的结合点，尤其在目前经济困难时期要采取稳健的投资策略，重视培育和储备新技术新产品项目，为未来工业发展营造新机遇新动力。

（三）提高企业深加工度和企业链接度

河南省企业有两大弱点：一是企业深加工度低，造成附加值不高，二是企业链接度低，整体产业链竞争优势受到极大限制。河南省企业转型升级的重点之一，就是通过提高深加工度和企业链接度，来创造企业的竞争优势。河南省氧化铝、电解铝在全国具有规模最大、技术最优的显著优势，但在深加工上却没有明显优势。近年来，河南省铝工业的豫港龙泉铝业、明泰铝业、戴卡轮毂等一批骨干企业，已经全面进入铝工业产业链的板、带、箔、型材和铝制品等深加工环节，还在继续向铝加工终端产品拓展。由于河南省企业的链接度较低，产业链分裂的格局在全省许多产业、产业集聚区、产业集群中普遍存在，需要进一步提高原材料企业和深加工企业的产业链接度，发挥出园区内产业链上下游环节对接优势，提升河南省工业及企业整体竞争力。

（四）由牺牲资源环境向绿色低碳发展转变

着力突破影响工业经济发展的结构性和素质性矛盾制约，推动工业经济发展方式从粗放型向集约型转变、从以牺牲资源环境为代价向绿色低碳发展转变，已成为实现河南省工业转型升级的重要途径。走好"两不三新"三化协调科学发展的路子，要求切实转变发展理念，注重资源节约、生态建设和环境保护，在推进工业化进程中实现资源消耗低、污染排放少、生产安全度高的绿色低碳发展。一是综合运用提高行业准入门槛、加强清洁生产审核、实施差别电价等手段，加快淘汰落后产能，加强信贷、土地、环保、供电等政策与产业政策的配合，严防建设淘汰类项目。二是推进工业领域循环经济发展，推动经济与环境协调发展。以有色金属、煤炭、火电、食品、化工、建材、造纸、医药八大高耗能、高排放行业为重点，延长产业链条，提升传统支柱产业，加快发展工业循环经济。在钢铁、有色、化工、建材等重点行业，通过总结推广一批资源综合利用先进技术，引导企业节约资源、降低消耗、减少排放，开展清洁生产，提高资源利用率。三是大力发展绿色制造、战略性新兴产业、节能环保产业以及其他绿色低碳产业，以工业产业结构的转变和提升来彻底突破产业发展模式的历史制约。

（五）着力打造"河南制造"知名品牌

改革开放以来，河南省涌现出了一批在国内外具有一定知名度和竞争力的名牌产品，有力地促进了全省的经济发展。但市同国内先进省市相比，还存在着知名品牌较少、产品质量档次不高、竞争力不强等差距。根

据河南省委、省政府实施名牌战略的有关要求，为把河南省名牌战略工作引向深入，1998年8月省政府发布了《关于印发河南省名牌战略实施方案的通知》，要求全省各级政府和有关部门要以《方案》为指导，立足本地实际，以市场为导向，以技术进步为依托，积极培育壮大名牌产品和名牌企业群体，推动全省经济持续、快速、健康发展。

按照国家关于名牌战略推进工作的有关要求，参照中国名牌战略推进委员会组成，经报请省委、省政府同意，河南省于2001年7月成立了该省的名牌战略推进委员会。河南省名牌战略推进委员会成立后，制定下发了《河南省名牌战略实施意见》、《河南省名牌产品管理办法》和《河南省优质产品管理办法》等一系列规范性文件；明确了全省名牌战略工作的指导思想和总体目标，建立了科学的名牌产品评价机制和完善的评价体系，研究制定了不同时期河南省名牌战略的培育和发展规划；积极推荐河南省企业争创中国名牌，并在全省范围内科学、公正地开展省级名牌产品的培育和评价工作。

在实施名牌战略的过程中，河南省各级政府部门都把实施名牌战略作为振兴地方经济的重要举措摆在了突出位置，18个省辖市相继成立名牌战略推进机构，制定本地名牌战略培育和发展规划，出台奖励政策，表彰宣传名牌产品，努力为企业发展创造良好环境。许多企业不断加大研发投入，提高自主创新能力，努力争创名牌产品，以质量为核心，走以质取胜、名牌兴企的发展道路，推进名牌战略的主体地位日益彰显。全省100多个部门、行业协会（联合会）参与了名牌战略推进工作，部分行业协会还制定了本行业的名牌战略实施规划，不仅在推进名牌战略中充分发挥了行业协调、指导和服务的作用，而且通过实施名牌战略，提高了自身产业素质，促进了行业的振兴与发展。

河南省名牌战略的推进实施，取得了显著的成效。到2009年年底，河南省已有60种产品荣获了中国名牌产品称号，有455种产品荣获河南省名牌产品称号。名牌战略的推进实施，为河南省企业和经济带来了蓬勃的发展生机和持续的良好效益。一是促进了产业结构调整和资源优化配置。名牌产品和名牌企业的龙头带动作用，促进了产业结构调整和资源优化配置，提高了经济增长的质量和效益。在2006年河南省工业增加值 5998 亿元中，全省名牌产品生产企业对工业增加值增长的贡献率达 10.53%，拉动全省工业增加值增长 2.43 个百分点。二是推动了企业技术进步和核心竞争力的增强。2007 年在河南省 430 个名牌产品中，高新技术产品 97 个，占总数的 22.56%；名牌产品生产企业拥有有效专利 2784 项，获国家级、省级科技进步奖 107 项。三是促进了出口产品的结构优化和附加值提高。通过实施名牌战略，促进了更多的"河南制造"与"河南品牌"走向国际市场。

第五节　持续推进经济发展方式转变

转变经济发展方式知易行难，河南省在实践探索中虽然取得了初步成效，但发展方式至今尚无实质性转变，发展中不平衡、不协调、不可持续的矛盾与问题仍很突出，尤其是国际金融危机的冲击，使得河南省发展方式中存在问题与矛盾更加凸显出来，发展方式转变进入攻坚阶段。

一、河南省加快经济发展方式转变任重道远

改革开放以来尤其是近年来，河南省经济社会发生了巨大变化，但是，人口多、底子薄、基础弱的基本省情没有根本改变，经济发展方式还比较粗放，加快经济发展方式转变难度更大。面临新的发展形势与历史阶段，与其他区域相比，河南省加快经济发展方式转变的任务更为艰巨。

（一）发展阶段决定了转变发展方式面临较多的制约因素

从发展阶段看，河南省人均生产总值不到全国平均水平的 83%，城镇人均可支配收入、农民人均纯收入都仅为全国平均水平的 95% 左右，城镇化率低于全国 10.7 个百分点，城乡基础设施和公共服务差距偏大的问题没有得到有效缓解，河南省仍处在工业化城镇化快速发展阶段，全面建设小康社会的任务十分繁重，面临着扩大规模和优化结构的双重任务，加快发展方式转变面临的制约因素较多。

（二）经济结构决定了转变发展方式需要破解诸多难题

从经济结构看，河南省农业比重高于全国近 3 个百分点，服务业比重低于全国 14.3 个百分点，工业结构层次偏低，能源原材料产业占到 60%以上，龙头企业竞争力偏弱，进出口总额占生产总值比重仅为 7.5%，外贸对区域经济增长的拉动力较弱，区域创新能力不强，研发投入占生产总值的比重仅为全国水平的 50%左右，河南省的经济结构使得转变发展方式需要破解更多的难题。

（三）生态格局决定了转变发展方式面临的任务更加繁重

从生态环境看，河南省地跨淮河、长江、黄河、海河四大流域，是南水北调中线工程的水源地，在全国生态格局中具有重要地位。但是，河南省高耗能产业比重大，环境污染比较严重，农业面源污染治理难等矛盾突出，节能减排的压力较大，生态环境保护任务很重，不以牺牲生态与环境的承诺倒逼着河南省必须更加坚定不移的加快转变发展方式。

二、河南省加快经济发展方式的创新举措

近几年，河南省抓住机遇，发挥优势，始终坚持"重在持续、重在提升、重在统筹、重在为民"的实现要领，坚定信心，创新举措，坚持走出一条具有区域特色、符合科学发展观要求的中原崛起、河南省振兴之路。

一是抓住机遇加快转变。近几年，河南省在抓机遇上亮点纷呈，有力推动了经济发展方式的转变。2006 年 4 月国务院发布《关于促进中部地区崛起的若干意见》，提出要把中部建成全国重要的粮食生产基地、能源原材料基地、现代装备制造及高技术产业基地以及综合交通运输枢纽。河南省用好有关政策措施，走在了中部崛起前列。国际金融危机以来，国家实施重点行业调整与振兴规划，加快战略性新兴产业发展，2009 年相继制定出台了汽车、钢铁、电子信息、物流、纺织、装备制造、有色金属、轻工、石化、船舶十大重点产业调整和振兴规划。2010 年 10 月发布《关于加快培育和发展战略性新兴产业的决定》，明确将从财税金融等方面出台一揽子政策加快培育和发展新一代信息技术、生物、高端装备制造、新能源、新材料、节能环保、新能源汽车七大新兴产业。河南省紧紧抓住这

些机遇，利用倒逼机制，加大落后产能淘汰力度，为战略性新兴产业发展腾出了发展空间，打造了一批新的产业增长点。

二是发挥优势加快转变。近几年，河南省充分发挥区位、文化、人口、粮食等方面的优势，准确定位，明确其在全国发展大局中特别是在中部地区崛起中的影响、带动和示范作用，注重引导各级各地在中原崛起中、在全国发展大局中找准位置。2011年10月，国务院发布《关于支持河南省加快建设中原经济区的指导意见》，明确了中原经济区的五大战略定位，即：国家重要的粮食生产和现代农业基地，全国工业化、城镇化和农业现代化协调发展示范区，全国重要的经济增长板块，全国区域协调发展的战略支点和重要的现代综合交通枢纽，华夏历史文明传承创新区。这五大战略定位，使河南省的比较优势更加凸显。在省内各板块发展定位上，河南省委、省政府积极引导、支持各地区在发挥区域特色的基础上探索各具特点的发展模式，而不是从上到下一刀切，鼓励地方创新，支持商丘、焦作、南阳、信阳、鹤壁等地依托区域优势探索融入大局的区域实践创新，都是河南省发挥优势务实创新的具体体现。

三是突出创新加快转变。近几年，河南省在体制、科技、领导方式、工作方法等方面不但加大创新力度，有力支撑了经济发展方式转变。鼓励各级政府和部门多地从自身工作、从体制机制方面找原因、寻对策，努力构建体制机制新优势，为加快经济发展方式转变提供制度保障。把科技创新放到更加突出的位置，2011年研发投入占生产总值比重为0.93%，比2007年提高了0.3个百分点。2011年年底，全省拥有科技学研发机构1800个，其中，国家工程技术研究中心9个，国家级企业技术中心51个，国家级创新型（试点）企业16家，国家工程实验室4个。2011年共取得重大科技专项18项，国家科技进步奖24项。坚持用领导方式转变加快经济发展方式转变，要求各级领导干部要做到谋划多一点、服务多一点、创造条件多一点、依法依规多一点、求实求效多一点，肩负起加快经济发展方式转变的领导责任。各级政府在发展思路、战略谋划、招商引资、保障民生等方面不断创新举措，确保经济发展方式转变平稳进行。

四是有效运作加快转变。河南省近几年坚持在提高运作能力上下功夫，为经济发展方式转变提供了不竭动力。坚持"四个重在"（重在持续、

重在提升、重在统筹、重在为民）实践要领，着力破解"钱从哪里来、人往哪里去、民生怎么办、粮食怎么保"四道难题，大力推进"一个载体、三个体系"建设，以"坚持三保、突出转型、强化态势"为着力点，以"落实完善、创新机制、提高能力"为关键环节，推动经济社会发展又好又快发展。坚持"三具两基一抓手"（做任何事情一具体就突破、一具体就深入、一具体就落实，切实抓好基层、打牢基础，通过实施项目带动形成合力），以方式方法创新和科学运作、有效运作加快转变经济发展方式。

三、用领导方式转变加快发展方式转变

近几年，河南省坚持用领导方式转变加快经济发展方式转变，在思想观念、方式方法、工作作风、实际运作等方面引发了一场静悄悄的深刻变革，全省经济社会发展呈现出"五个越来越清晰"的可喜局面——战略定位越来越清晰、发展战略越来越清晰、发展路子越来越清晰、转变方式越来越清晰、务实发展越来越清晰。

一是转变思想观念，近年来，河南省以开展学习实践科学发展观活动、"两转两提"主题活动等为契机，解放思想，更新观念，以思想解放推动思想观念的转变，用思想观念转变加快发展方式转变。其中，最为重要的是，从2010年6月份《人民日报》刊发的《用领导方式转变加快发展方式转变》署名文章开始，河南省以媒体为主，全省各方面广泛参与，围绕转变领导方式的"九论十八谈"、"新十八谈"、"十八谈影像版"和"新九论"，展开了一场静悄悄的解放思想、促转变促提升的学习交流活动。这场思想解放运动，在全省各地引发巨大反响，极大地激发了领导干部重学习、重实践、能思考、能运作的积极性与主动性，增强了领导干部贯彻落实科学发展观、实现科学发展的自觉性和坚定性，为加快发展方式转变、走好三化协调科学发展之路，统一了思想、凝聚了人心、鼓舞了士气、迸发了力量。

二是转变执政理念，在用领导方式转变加快发展方式转变过程中，河南省坚持把执政理念转变作为加快发展方式转变的根本之策，突出以人为本，强化执政为民。加大民生投入力度，在经济形势发展不容乐观的2011年，累计用于民生领域的投入2815亿元，占财政支出的66.3%；着

中国文字博物馆

开封以书店命名的街道——书店街

力民生民心民意，适时提出建设新型农村社区的战略构想，全省规划新型农村社区近万个，启动试点近2000个，初步建成400个左右，让广大农民共享城市化文明成果；切实保护人民的根本利益，在建设新型农村社区过程中，创造性提出"不从农民手中挖土地，不在农民身上打主意"等朴素理念，切实维护农民的根本利益；等等。这些做法和举措充分体现了省委省政府"执政为民"的发展理念，践行着加快发展方式转变的根本目的和价值追求。同时，也为进一步加快发展方式转变提供了重要保障。

三是转变工作方法，近年来，河南省在用领导方式转变推动发展方式转变实践过程中，坚持有所为有所不为，按照"学明白、想明白、说明白、做明白"的工作要求，遵循"不唯上、不唯书、只唯实"的工作理念，在认识规律、尊重规律、把握规律的基础上，勇于探索，善于创新，创造性提出了"三具两基一抓手"的科学工作方法，并把其形象地表述为"任何事情一具体就突破、一具体就深入、一具体就落实"、"切实抓好基层、打好基础"、"把实施项目带动作为抓手"。"三具两基一抓手"工作方法，强调尊重客观规律，突出科学运用，成为解决具体问题的利器和法宝。

四是转变工作作风，近年来，河南省在用领导方式转变加快发展方式转变过程中，坚持把工作作风转变作为关键之举，全力加强领导干部作风建设。在政府自身建设方面，开展了以"转变政府职能、转变工作作风、提高行政效能、提高公务员素质"为主题的"两转两提"活动；在选人用人方面，提出了"五重五不简单"的用人标准；在干部考核方面，制定下发了《省辖市拟提拔人选科学发展实绩考核办法》，确立了以多项日常工作实绩为主的考评指标。而且更为重要的是，省委主要领导同志身躬力行，率先垂范，无论是开会提前到场、发言提出见解，还是出行不搞接送、调研不定路线；无论是照相站后排，引得客商近悦远来，还是体验求职难，力促"4050人员"再就业，无不体现出求真务实的工作作风、踏实重干的工作形象。

四、河南省加快经济发展方式转变的初步成效

用领导方式转变促进发展方式转变，是河南省推进发展方式转变的重

大创举，是破解发展难题、实现科学发展的关键举措。在近两年的具体实践中，河南省发展方式转变取得重大进展，可谓亮点纷呈、成效显著。

产业结构更加优化。一直以来，产业结构过重是河南省产业发展的主要特征，也是转变河南省发展方式必须把握的关键所在。近年来，随着180个省级产业集聚区的建设、六大高成长性产业和四大先导产业的快速发展，以及四大传统优势产业中精深加工和终端产品比重的稳步提高，河南省产业结构转型升级取得显著成效，产业结构过重的问题得到初步缓解。2011年，全省第二、第三产业比重达到87.1%；高技术产业增加值增长53.3%；六大高成长性产业增长25.3%，对全省规模以上工业增长的贡献率达到69.6%。

开放度稳步提高。长期以来，开放度比较低一直是河南省经济增长的重要制约因素，也是转变发展方式重点解决的关键问题。在用领导方式转变加快发展方式转变过程中，河南省以解放思想为先导，以增强领导干部的开放意识、市场意识、机遇意识为重点，坚持对外开放基本省策，着力实施开放带动主战略，着力构建举省开放体制，着力打造内陆开放高地，对外开放水平显著提高，开放度得到快速提升。尤其是2011年，河南省开放发展可谓是亮点纷呈，成效突出，郑州新郑综合保税区封关运行，富士康、格力电器等龙头企业和项目入驻河南省，先后与62家央企签订19项战略合作协议和130个重大合作项目，全年实现外贸进出口总额突破300亿美元，增长70%以上，其中出口增长80%左右，外贸对经济发展的带动力显著增强。

城镇化水平明显提升。城镇化水平低是河南省经济社会发展的突出短板，也是加快发展方式转变必须关注的重大问题。近年来，河南省在用领导发展转变加快发展方式转变过程中，按照"核心带动、轴带发展、节点提升、对接周边"的原则，着力实施城乡建设三年大提升行动计划，努力构建放射状、网络化、板块式城镇化发展格局，着力促进中心城市组团式发展、中小城市内涵式发展，积极推动产城融合发展，积极开展城乡一体化试点，着力加快城市新区和产业集聚区建设，着力推进新型农村社区建设，城镇化水平显著提高，发展滞后问题的有所改观。2011年，河南省城镇化水平达到40.6%，比上年提高了1.8个百分点。

新型三化协调科学发展的格局初步形成。河南省在用领导方式转变加快发展方式转变过程中，持续、延伸、拓展和深化了中原崛起战略，走出了一条以新型城镇化引领三化协调科学发展的路子。探索这条路子是河南省用领导方式转变加快发展方式转变的具体实践，是从根本上破解发展难题的必然选择，也是中原经济区建设的核心任务。目前，河南省新型三化协调科学发展的格局正在初步形成，新型城镇化引领发展方式转变、城镇化内涵式发展、工业集聚和布局优化、农业现代化水平提升、新型农村社区建设、城乡统筹和城乡一体、体制机制创新的作用日益显现，新型工业化推动经济社会持续快速发展的主导作用日益突出，新型农业现代化基础作用日益巩固。

第六节　经验与启示

改革开放 30 多年来，河南省经济与中国经济一样随着改革开放的不断推进，也经历着持续不断的产业转型升级，国家和省里不断出台产业政策推动转型升级，促使河南省各地区、各产业都在不断地转型升级。对于传统产业占主导地位的河南省产业，推动产业结构调整和促进转型升级，实现河南省从农业大省向新兴工业大省的跨越，已经成为决定中原崛起、河南省振兴的主要推动力。然而，河南省经济发展方式的转变和产业转型升级任重道远，以往的经验对今后加快推进转型升级具有深远的启示。

一、转型升级不要脱离河南省经济发展的优势和基础

河南省经济结构和产业结构的形成都是与资源密不可分，这样的经济结构和产业结构决定了转型升级不能脱离河南省现有的资源优势和产业基础。改革开放以来，河南省经济能够高速发展跃居前五位靠的就是资源优势和产业基础，这不仅是被实践证明了的宝贵经验，同时也启示我们，今后一定时期河南省经济及产业的转型升级，仍不应该完全脱离河南省拥有的资源优势和产业基础。

（一）不要脱离河南所拥有的经济战略资源比较优势

河南省是一个拥有丰富自然、物产、人力和地理等经济战略资源的大省。考察河南省经济和产业的这30年发展史，无论是农业，还是工业的食品、纺织、冶金、采掘、建材和化工等重要产业的源起和形成都与资源优势紧密相连。虽然高科技新兴产业不断出现，经济战略资源依然是河南省经济及产业赖以生存发展之源和比较优势。河南省产业转型升级现在还不可能脱离资源优势，近年来，引进越来越多像"富士康"这样的新兴产业项目，都离不开河南省的自然、物产、人力和地理等资源要素的比较优势。即便是传统的能源原材料生产加工业的转型升级，也不是要不要保留的问题，而是如何改造提升的问题。充分发挥各种经济战略资源的比较优势，把资源优势转变为产业竞争优势和市场竞争优势，这是河南省转型发展的根本出路。

（二）不要脱离河南经济及产业发展所根植的产业基础

经过60年特别是改革开放以来的不断建设和改造升级，河南省所建立起来的完整产业体系，尤其是农牧林业的种植、养殖，工业的装备、冶金、化工、采掘、建材、食品和纺织等优势传统产业，在改革开放30年来河南省经济发展中占有绝对重要地位，是河南省经济发展发展社会的宝贵财富，是河南省产业根植其中的产业基础。所以，产业结构调整和转型升级不可能推倒重来另搞一套，即便是传统的能源原材料生产加工业的转型升级，也不是要不要保留的问题，而是如何改造提升的问题。而高科技新兴产业短期内难以成为河南省工业新的产业支撑，因此，转型升级既不能放弃传统产业重起炉灶，也不能各搞各的，新兴产业必须与具有比较优势的传统产业相结合，找准传统产业改造升级的突破口及其与新兴产业的最佳结合点，培育在新兴产业领域新的竞争优势，只有这样河南省经济及产业发展才有可持续性，否则就会缺乏必要的产业基础和关键要素支撑而难以形成新的竞争力。

二、转型升级要满足河南省经济及产业发展的现实需要

河南省正处在工业化中期阶段，重化工业和加工制造业不仅是河南省

经济及产业的基础，也是经济持续稳定增长的保证、提高区域竞争力、就业和民生的保障，转型升级必须满足发展的现实需要。改革开放以来，河南省经济及产业转型升级的实践经验告诉我们，不能简单照搬和复制发达国家的产业结构先进化高级化的发展模式，在今后一定时期河南省经济及产业的转型升级，必须满足发展的现实需要。

（一）转型升级要保持经济持续平稳较快增长

河南省转型升级的重点领域是重化工业和加工制造业，而拉动河南省经济 30 年来高速发展的主引擎就是重化工业和加工制造业。国内外的历史经验告诉我们，经济及产业结构重大调整和转型升级，不能损毁经济发展的动力系统，不能过度削弱重化工业和加工制造业。欧美国家产业结构过度高级化调整，造成重化工业和加工制造业加速萎缩，作为产业高级化标志的技术密集型产业在工业中的比重上升到主导地位，服务业在三次产业结构中的比重大幅上升，实体经济被极度膨胀的虚拟经济挤出，重化工业和加工制造业转移海外导致产业空洞化，国民经济长期处于低速缓慢发展。因此，我们绝不能避免重蹈欧美国家的覆辙，转型升级要保持河南省经济持续平稳较快增长，就要在转型升级中不仅保持重化工业和加工制造业的动力，还要通过不断创新来持续提高这个主引擎的动力。

（二）转型升级要持续提高区域竞争力

20 世纪 80 年代以来，河南省凭借不断扩大增强的农业生产能力和工业制造能力，逐步获得了农业大省、经济大省和新兴工业大省的区域竞争优势地位。一个地区的经济竞争力说到底是产业竞争力，即强大的生产制造能力和市场能力。国内外的历史经验告诉我们，这 30 年能够在区域竞争中脱颖而出的省区，大都是加工制造业基础雄厚、市场能力强的省区，没有制造能力的地区往往会沦为他地区制成品的倾销地。从 20 世纪 70 年代以来，美国的经济竞争力并没有随产业结构的高级化转型升级而不断增强，相反却持续下降。随着产业结构的去工业化和现代服务业膨胀发展，美国丢失了制造大国地位，金融海啸冲破虚拟经济泡沫，经济霸权地位开始动摇和削弱。可以说，欧债危机也与制造业结构性萎缩和衰退有关。因此，转型升级目的不是要削弱实体经济，而是要持续提高河南省的产业竞争力，由此保持和提高区域竞争力。

（三）转型升级要保障就业和民生

河南省产业体系的历史形成和发展都与丰富的人力资源紧密相连，无论是农牧业，还是传统加工制造业，既依赖于丰富的人力资源，也为巨大的人口压力提供就业岗位。产业结构的高级化调整和转型升级的重点之一，就是由劳动密集型产业向技术密集型产业转型升级，处理不好将直接影响就业和民生。欧美国家日益严重的就业难题，这很大程度上可以归结于产业结构变化。第一产业的就业人数不断减少，而吸纳就业量较大的加工制造业在几十年间持续萎缩，对就业的贡献越来越小。虽然第三产业具有较强的吸纳就业的能力，但是当实体经济严重萎缩时，生产性服务业就失去支撑，难以发挥就业"蓄水池"作用。国内外的历史经验和教训值得吸取。河南省具有数以千万计农村富余劳动力的就业压力，在过去的30年发展进程中，通过自我消化和外流化解了这个难题。特别是近年，随着河南省产业加速发展引发大量外出劳动力回流本地就业。历史和现实的经验给了我们有益的启示：河南省的产业结构调整和转型升级必须也可以保障就业和民生，关键是从河南省实际出发确定转型升级策略。

三、转型升级应该依托河南省经济发展的产业优势

近年，河南省面临着改造提升传统产业和培育发展战略性新兴产业的两条道路选择。面对转型升级的双重任务，河南省正在通过推动传统优势产业转型升级来发展战略性新兴产业，这是河南省产业转型升级的关键性突破口之一。这种创造性地吸取历史经验，给今后河南省产业转型升级提供了有益启示。

（一）依托传统产业优势发展新兴产业将加快全产业转型升级

传统产业要改造提升和新兴产业要加快培育，双重任务通过依托传统优势产业发展新兴产业来实现。一是依托产业优势有利于加快新兴产业的发展。河南省产业就好像一棵以传统产业为主干的大树，转型升级就是要在传统产业主干上通过嫁接、改造、提升等手段发展新兴产业，使新兴产业的发展建立在强大和稳固的基础上，缩短发展时间、减少发展成本、充分释放比较优势和竞争优势，大大加快战略性新兴产业的发展步伐。二是

挖掘产业优势潜力有利于推动传统优势产业优化升级，依托传统产业发展新兴产业，是解决当前所面临的改造升级传统产业和培育发展战略性新兴产业双重任务的有效路径，具有"一石二鸟"的作用。

（二）传统产业与新兴产业之间有高度关联性

选择和发展新兴产业要与区域传统产业优势紧密结合，在传统产业的优化升级中培育和发展新兴产业，实现传统优势产业与战略性新兴产业的良性互动。大多数新兴产业实际上是传统产业优化升级和改造提升的结果，如发展新材料产业就离不开钢铁、有色、石化等行业，发展高端装备制造业离不开现有的机械工业。传统产业与新兴产业之间具有高度关联性，传统产业的重要升级的方向之一就是发展新兴技术，新兴产业为传统产业的升级提供强大的技术和产业支撑。

（三）依托产业优势转型升级发展新兴产业具有可持续性

装备、有色、化工、食品等传统产业在河南省经济及产业发展中占有绝对优势，不可能推倒重来，而战略性新兴产业短期内难以成为河南省产业新的产业支撑，因此，发展新兴产业绝不能放弃传统优势产业另搞一套，必须与传统产业相结合，找准传统产业与新兴产业的最佳结合点，形成在新兴产业领域新的竞争优势，只有这样产业发展才有可持续性，否则就会缺乏必要的要素支撑而没有竞争力。

第十一章
"两不牺牲"：着眼全国大局的庄严承诺

中原地区是全国重要的粮食主产区，又是生态环境的敏感区。建设中原经济区，要充分发挥新型城镇化的引领作用，新型工业化的主导作用，新型农业现代化的基础作用，以新型工业化、城镇化带动和推进新农村建设，建立健全工业反哺农业、城市支持农村的长效机制，加强生态和环境建设，持续探索走出一条不以牺牲农业和粮食、生态和环境为代价的三化协调科学发展的路子，更好地为国家粮食安全提供保障，更好地为全国粮食主产区发展积累经验、提供示范。不以牺牲农业和粮食、生态和环境为代价，推进三化协调科学发展，是中原经济区建设的基本路径和鲜明特征。

第一节　推进工业化、城镇化绝不以牺牲农业和粮食为代价

河南自古是农业大省，又处于我国的核心腹地，农业和粮食不仅是中原发展的支撑点，也是全国发展的支撑点。胡锦涛总书记曾在讲话中指出："能不能保障国家的粮食安全，河南的同志肩上是有责任的"，温家宝总理连续九年九次到河南省，每次视察的重点都是粮食生产。建设中原经济区，推进工业化、城镇化绝不以牺牲农业和粮食为代价，这既是河南省的承诺，更是河南省的责任。

一、充分认识河南省农业面临的机遇和挑战

新时期河南省农业面临着新的机遇和挑战：一方面，要继续自觉承担起保障国家粮食安全的重任，另一方面，要抓住中原经济区建设的战略机遇，加快工业化城镇化。归结起来，就是在发展中既强化农业基础地位，又加快工业化城镇化进程，以工促农，以城带乡，促进三化协调发展。

（一）继续彰显河南省的粮食优势

河南省的粮食优势，首先，表现在总产量大。2011 年河南省全年粮食总产量达到 1108.5 亿斤，实现粮食产量八年连续增长，粮食产量在全国粮食总产量中占比达到 9.7%。其次，是增产潜力大。目前，全省还有6000 多万亩的中低产田，玉米、水稻等秋季高产粮食作物种植面积和单产还有望进一步扩大和提高，随着国家粮食战略工程河南省核心区建设的稳步推进，粮食增产潜能将进一步释放。再次，转化能力强。作为全国第一粮食大省，河南省粮食加工能力位居全国首位，粮食加工能力、肉类总产量均居全国第一位，成为全国畜牧养殖大省和食品工业大省。

要充分发挥全国第一粮食生产大省的优势，抓好粮食生产、搞好粮食深加工，把粮食加工业打造成为对经济发展、富农强省有重要支撑作用的一大支柱产业。按照《全国新增 1000 亿斤粮食生产能力规划（2009—2020 年）》和粮食核心区建设的要求，围绕新增 300 亿斤粮食生产能力的总体目标，努力把河南省建设成为全国重要的粮食稳定增长的核心区、体制机制创新的试验区、农村经济社会全面发展的示范区。

（二）继续实现农业增效、农民增收

党的十七届三中全会全面描绘了新一轮农村改革发展的美好图景，明确提出了到 2020 年农民人均纯收入比 2008 年翻一番的目标任务。为贯彻落实党的十七届三中全会精神，2008 年 10 月，河南省出台《关于贯彻落实党的十七届三中全会和胡锦涛总书记视察河南时重要讲话精神，进一步推进农村改革发展的意见》，进一步明确河南省促进农民增收的"三步走"目标，即到 2010 年，农民人均纯收入达到 5000 元、2015 年达到 7000 元、2020 年达到 10000 元，赶上并力争超过全国平均水平。这让全省农民清

晰地看到了未来生活的美好图景，也为全省各界提出了具体而明确的奋斗目标。要实现这一目标，意味着到 2020 年，全省农民人均纯收入要保持年均 7.4% 的增幅。因此，农村要加快发展，不仅是要粮食稳定，更重要的是要实现农民收入的稳定增长，通过提高占人口比重最大的农民的购买力，扩大内需，拉动经济增长。所以，在新时期，促进农民增收还被赋予扩大内需的重要使命，而发展现代农业理所当然地要成为促进农民增收的主渠道。

（三）继续确保食品安全

随着经济发展和人们对生活水平要求的不断提高，以及人口的不断增长、全球能源危机的显现，对粮食等农产品的需求不仅在量上将继续增加，而且在质上将继续提高。食品安全关系广大人民群众身体健康和生命安全，发展现代农业，必须在农产品生产、加工、储运等所有环节提供全方位的安全保障，而只有把农业产前、产中、产后全过程纳入标准化轨道，才能加快农业从粗放经营向集约经营转变，才能提高农业科技含量和经营水平，才能完善适应现代农业要求的管理体系和服务体系。这就需要进一步形成科学、统一、权威的农业标准化体系，努力使生产经营每个环节都有标准可依、有规范可循，提高我国农业标准的科学性、先进性、适用性；需要进一步推广农业标准化生产，广泛普及农业标准化知识，积极推进农业标准化生产示范区建设，把推进农业标准化与发展农业产业化结合起来，加快发展无公害农产品、绿色食品、有机食品，促进优质农产品生产发展；需要进一步净化农产品产地环境，加大农产品产地环境监测力度，加强农产品产地环境保护，发展循环农业、生态农业，促进农业可持续发展；需要进一步严格农业投入品管理，健全农业投入品质量监测体系，普及农业投入品安全使用知识，引导农民合理施肥、科学用药。

（四）继续保证农业生态安全

在我国经济社会发展取得巨大成就的同时，农业、农村所面临的生态环境问题日趋严峻，点源污染与面源污染共存，生活污染和工业污染叠加，各种新旧污染相互交织；工业及城市污染向农村转移，危及农村饮水安全和农产品安全；农村环境保护的政策、法规、标准体系不健全；一些农村环境问题已经成为危害农民身体健康和财产安全的重要因素，制约了农村经济社会的可持续发展。资源环境约束的强化，直接关系着农业能否实现可持续发展，直接制约着农村能否真正走上"生产发展、生活富裕、生态良好"的文明发展道路。因此，发展现代农业必须按照建设生态文明的要求，大力发展节约型农业、循环农业、生态农业，继续推进林业重点工程建设、实施草原生态保护工程、强化水资源保护、培育生物质产业，逐步健全农业生态环境补偿制度，增强农业可持续发展能力。要在推进城乡一体化的过程中，着力构建城乡一体的节能减排格局，全面统筹城乡发展规划、产业布局、基础设施、公共服务、劳动就业和社会管理，积极防范由产业梯度转移带来的对农村的污染，以及由农业面源污染所可能引发的食品安全、生态安全风险。

二、不断探索创新，加快破解深层次矛盾和难点

建设中原经济区，就是要加快破解经济社会发展中的深层次矛盾和难点，统筹安排城镇建设、产业集聚、农田保护、生态涵养等空间布局，协调推进粮食生产核心区、现代城镇体系和现代产业体系建设，在加快工业化、城镇化进程中保障国家粮食安全，推进农业现代化，深入探索走出一条不以牺牲农业和粮食为代价的科学发展的新路子。

（一）破解保护耕地资源与工业化、城镇化的矛盾

从沿海地区的发展历程以及河南省过往的发展轨迹来看，工业化和城镇化的不断推进导致人地矛盾突出，耕地保护的压力很大。一是数量方面，工业化和城镇化水平不断提高，大量农村富余劳动力进入城市生活，会直接带动城镇住宅用地和各类公共基础设施用地需求的增加。同时，随着经济社会的发展，原有城镇需要调整产业结构，进行现代化建设和旧城的更新改造，新城市的建立和老城市的扩大是整个经济社会发展的内在要求，是社会发展的必然趋势，为此而占一部分土地，包括一部分耕地，是不可避免的。这种情况下，维持耕地的保有量面临着空前的压力。二是质量方面，在城镇化过程中，我国实行耕地"占补平衡"原则，然而在实际过程中，占补平衡存在很多问题，现有城镇大都建立在相对平整的、水利条件较好的土地上，这在农业生产上都是属于耕地质量等级比较高的肥沃

良田；城市扩张和城镇化发展所占用的都是周边的良田，而补上的耕地质量则各不相同。据有关部门统计，新开垦耕地与占用耕地相比，一般相差2—3个等级以上，其生产能力不足被占用耕地的30%。此外，在城镇化和工业化进程中，由于"三废"大量排放，在城市、工矿区周边的耕地污染严重，尤其是重金属污染，极大降低了耕地质量。

保护农业综合生产能力、保障国家粮食安全需要保护好耕地资源，而推进工业化和城镇化或多或少地要占用农业用地空间。在工业化、城镇化的大趋势不能逆转也不可逆转的情况下，怎么使土地资源在未来工业化、城镇化快速发展的过程中得到优化配置，耕地资源得到有效的保护，是一个不可回避的挑战。

（二）破解稳粮保粮与富民强区的矛盾

中原经济区地处我国中部，位于亚热带和暖温带的过渡地带，气候温和、雨量充沛、平原辽阔，是我国农业生产自然条件较好的地区之一。只是在20世纪的大部分时间里，河南省作为我国内陆人口大省，接连经历了多次水灾、旱灾、战争和政治风波，工农业生产条件破坏严重，甚至多次爆发严重的饥荒。因此，新中国成立后，党和国家对河南省最为关心的一直是吃饭问题。加上河南省较为优越的农耕条件，这意味着河南省必须依靠自己的努力解决众多人口的温饱问题。河南省要发展，就必须首先保证粮食和农业实现自给自足，这是国家对于河南省最基本的要求。改革开放后，家庭联产承包制的推行，极大地解放了农业生产力，河南省农业取得了迅速发展，不但解决了自身人口的温饱问题，同时也担负起了确保国家粮食安全的重任，稳粮保粮不仅是一个经济问题，也成为了河南省的一大政治责任。

然而，中原要实现真正的崛起，不能仅仅依靠农业发展。因为，相对工业而言，农业是弱质和微利产业，在农村劳动力过剩的情况下，如果让几千万农村劳动力仅仅从事农业生产，那么人民生活只能长期维持在温饱线上。事实也已经证明了这一点，"粮食大县、工业小县"都是"财政穷县"，地方政府无力改善地方发展的基础设施条件，也无力为民众提供其所需的公共服务，地方经济发展缺乏活力，民众收入过低，大量劳动力外出务工，致使人力资源等多种生产要素流失，这反过来又进一步抑制了当地经济发展，如此形成恶性循环。所以，中原经济区只有依靠工业化、城镇化带动农业现代化，依靠农业现代化推动工业化、城镇化，才能使人民走向富裕，才能从传统农业大区转变为经济大区、从经济大区走向经济强区，真正实现富民强区的中心任务。一方面是稳粮保粮的重大责任，一方面是富民强区的迫切需要，如何协调好这二者的关系，是三化协调亟待突破的又一重大难题。

（三）破解人口集中与现行制度的矛盾

城镇化的实质意义就在于农村农业劳动力不断进入城市的非农产业部门，从而使城市人口和城市经济规模不断扩大、比重不断提高。农村农业劳动力能否同时实现就业空间和就业部门的双重转变，从而使城镇化进程得以持续发展，主要取决于能否在安居、就业、社会保障和子女教育等环节建立起相应的制度环境。然而计划经济体制下形成的城乡二元分割制度，阻碍了农村人口向城市的迁移，与城镇化的推进形成了矛盾，主要表现在以下两个方面：

一方面是户籍制度障碍以及与之相伴生的就业制度、社会保障制度等障碍。户籍制度是我国城乡二元结构的制度基础，传统户籍制度将全国居民划分为非农业人口和农业人口两种基本类型，并以此作为城镇人口和农村人口的主体。城乡居民在劳动就业、教育、医疗、住房及其他社会保障等方面进入不同的体系，享受不同的待遇。这种户籍制度的初衷与核心就在于严格控制农村人口向城镇地区的迁移。与户籍制度障碍相伴生的还有两大障碍：一是就业制度障碍，就业曾经是城乡人口之间不可逾越的樊篱，尽管当前农业户籍的劳动力已经成为中原经济区非农产业劳动力的一个重要组成部分，但是他们在工资、福利、劳保等许多方面还与城镇职工存在差别待遇；二是社会保障制度障碍，在我国当前制度下，教育、医疗、保障性住房、养老等各类公共服务及社会保障所面对的主体主要是城镇职工，农民和外来务工者还未能完全被纳入，这使得很大一部分农村人口虽然在就业上实现了向城市产业的转移，但却不能真正转型为城镇人口。尽管近年来户籍制度在历经多次改革后有所淡化，但与之相配套的就业制度与社会保障制度改革还没有得到实质推进。

另一方面是土地制度障碍。城镇化进程在空间上表现为农村土地转变

为城市建设用地的过程，因此，作为供需双方的农村土地管理和城市土地管理两个方面以及由农村土地向城市土地转化的过程都对城镇化进程具有重要影响。我国实行的是城乡分割的土地制度，即城市土地归国家所有，农村土地归农民集体所有。由于农村土地使用权流转受法律限制而不能向城镇化或土地工业用途流转，且农民为了生活保障而不愿意放弃土地，从而形成土地资源和农业人口沉积农村；另一方面，土地资源紧缺，城市总体规划受土地利用规划和用地指标的制约，工业化所需的城市工业用地相对不足，城镇化所需的建设用地受到硬性约束。这样的土地制度也在一定程度上妨碍了城镇化进程，阻碍了城镇化与工业化的互动。同时，现行的农村家庭土地承包制使得农业规模化经营难以有效展开，从而也制约了农业现代化的推进。

（四）破解保护农民利益与推进城镇化的矛盾

在我国，城镇化目前还主要是以大量征用农用土地实现的，中原经济区也不例外。由此衍生出新的社会人群——失地农民，产生了很多社会问题，主要表现在以下几个方面：一是城乡二元化的户籍制度下，国家出台的许多政策对城市和农村居民明确提出双重标准，致使在城镇化过程中利益补偿方面也存在着显著的城乡差异，例如失地农民的房屋拆迁补偿金甚至与城市居民相差几倍，这使得农民利益受到伤害。二是征地与用地实行双轨制，土地的使用具有市场经济特点，而土地的征用又是按计划经济方式运作，同时政策是由政府一方制定，由于信息和地位的不对称，相对于土地征用者而言，失地农民总是处于弱势地位，很难在政策中表达自己的利益诉求，从而使其利益容易受到侵害，而且这种侵害与城乡差异相比更为隐蔽。三是失地农民生活水准降低甚至难以为继。对农民而言，土地既是生产资料又是社会保障，农民失去土地意味着失去生存的基础，他们的生存、生产、生活方式也会发生根本的改变，难以较快地适应。再加上某些地区补偿标准偏低，相关的社会保障没有及时到位；同时，目前的就业形势也较为严峻，缺乏非农业工作技能的农民在被推向市场后很难找到适合的就业岗位，很容易因此返贫，生活艰难。

这些问题不仅关系到失地农民一时的利益，还关系到其长远的发展，是最基本的民生问题，十分敏感。而且随着城镇化进程的推进，失地农民这一群体数量还会继续增加，如果处理不好可能不仅导致这一群体贫困加剧，更为严重的是可能诱发社会不稳定。所以，如何化解这一矛盾，做到既积极推进城镇化，又维护好失地农民的利益，对于中原经济区实现小康社会的目标以及构建和谐社会具有至关重要的意义。

三、进一步探索做大做强国人"粮仓厨房"的路径思考

经过改革开放洗礼，已经完成由缺粮大省到国人"大粮仓大厨房"跨越的河南省，要进一步承担新时期赋予的新使命，必须调动全方位的力量，谋划深层次的突破，维系工农业互动协调发展的"工农均衡"，确保推进工业化、城镇化绝不以牺牲农业和粮食为代价。

（一）积极建设粮食生产核心区

河南省建设国家粮食战略工程河南省核心区的战略目标并不仅仅在于增加粮食产量，更是要在今后发展中继续强化、坚定不移地走不以削弱农业为代价的新型工业化道路。要以此为契机，全面落实强农惠农政策，加强农业基础设施建设，基于比较优势，抓好优势农产品产业带建设，不断夯实农业基础，增强新型工业化发展动力。大力发展农业科技，进一步加强农业科技投入力度，提高粮食稳产、高产的综合生产能力；积极发展各类农民专业合作组织，健全农村社会化服务体系，开拓农产品市场；引导农民充分利用自然、生态资源优势，发展休闲农业和高效农业；要着力培育农业品牌，提高农产品的品牌知名度和在国内外市场的竞争力，将更多的农产品推向国际市场；要适应降低能源消耗和发展生态农业的要求，依托区位优势和环境优势，大力发展以"农家乐"为主的休闲旅游业，特别是要把特色文化与旅游业融合起来，把产业做大、做强。

（二）积极发展农产品加工业

要依托龙头企业发展农产品加工，着力扶持国家和省级龙头企业，延伸农业产业链条，促进农产品加工转化增值。加大对农产品加工业的财政支持，设立农产品加工业发展专项资金，加强对重点优势农产品加工业的基础设施建设、关键技术研发、引进和推广的扶持，加强对农产品加工业创业的扶持，加强对农产品加工综合利用的扶持。以当前税制改革为契

机，对农产品加工企业开展综合利用、建设加工专用原料基地实行税收优惠政策。积极协调金融部门推行积极的金融政策，通过探索仓单质押等办法，不断扩大对企业流动资金的支持；加大政策性银行对农产品加工业的支持力度，增加中长期贷款；争取扩大农业政策性保险的试点范围。以《农业部优势农产品区域布局规划》和《农产品加工业"十一五"规划》等为参照，以重点工程建设为带动，建立和完善技术创新服务、质量标准服务、信息服务、人才培训服务、指导行业协会服务等社会化服务体系。

（三）加大扶持涉农产业集群力度

产业集群是工业化发展到一定阶段的产物，也是工业化发展到一定程度后进一步深化、加速的必然选择。要把优势产业和骨干企业尤其是农产品加工业作为发展产业集群的突破口，扩大优势产业规模，延伸产业链条，抓好重点产业集群建设；要大力发展中小企业，走"小商品、大市场"，"小企业、大集群"的路子，以矿产、劳动力等资源优势为依托，发展特色资源开发加工型产业集群、劳动力密集型产业集群；要充分发挥各类高新园区作用，把园区建设作为重要平台，抓好基础设施、有技能的劳动力群体、信息服务三大园区公共要素建设，根据各地的区位优势和产业特色，合理选择园区产业定位，形成适应区位特色、发挥比较优势、最有效利用区域产业发展资源的特色园区。

（四）强化食品安全管理

强化食品安全，实施绿色工程。无污染的安全、优质、营养食品是绿色食品的简称。当今世界，消费者的食品安全意识越来越强烈，国外以食品质量问题为口实的"绿色壁垒"也越筑越高。要成功地规避"绿色壁垒"，除了制定和完善防治污染的法律法规和体制框架、确定和颁布科学的技术检验标准、不断强化监督和检测机构的作用外，还必须齐心协力地搞好"绿色大合唱"，营造和优化绿色生态，研究和发展绿色产品，创立和永葆绿色名牌，推广和普及"绿色营销"，提升和规范"绿色管理"。

（五）创新体制机制

要从农业多功能性的认识拓展上，真正将党中央、国务院把"三农"工作提高到党和政府全部工作"重中之重"的地位的要求落到实处，树立现代大农业产业理念，在农业稳定增产和农民持续增收基础上加快工业化、城镇化进程，决不因农业形势稍有好转就忽视农业和粮食生产。要以建设现代农业、加快新型工业化统筹工农业发展，转变农业、工业发展方式，创新"以工补农、以城带乡"的途径和模式，完善对工农业协调发展的综合评价体系。推进产业集聚、人口集中和土地集约，切实为三化协调发展提供充分的要素支撑。要切实推进政府管理体制改革，把经济管理职能转到主要为市场主体服务和创造良好发展环境上，转到履行社会管理和公共服务上，努力建设法治政府、服务政府、责任政府和效能政府，营造"亲商、富商、安商"的良好氛围，大力规范市场秩序，培育市场主体，加快国有企业的股份制改造步伐，鼓励和支持非公有制经济大发展、快发展，上规模、上水平。

第二节　推进工业化、城镇化绝不以牺牲生态和环境为代价

保护生态与环境是同步推进三化的内在要求。从工业化、城镇化与环境保护的关系上看，资源节约、生态环境保护与工业化、城镇化是矛盾的对立统一体，既相互制约，又相互促进。我们决不能以牺牲生态和环境、过度消耗资源为代价来换取一时的发展，要通过建立以清洁生产和资源节约为目标的新型产业结构和发展紧凑型城市，把工业化、城镇化逐渐纳入节约资源、环境保护的轨道。

一、清醒认识河南省生态文明建设面临的艰巨任务

河南省生态文明建设从规划林业生态省、生态农业试点建设、发展循环经济、强化节能减排、加强污染治理等多个方面已经开展了许多有益的探索，取得了一定的进展。但由于生态文明建设是一项崭新的事业，在理论和实践层面都处于探索阶段，加之受到传统工业文明发展惯性的影响，河南省生态文明建设中还面临着不少亟待解决的问题，建设任务十分艰巨。

(一) 生态工业建设压力大

近年来，河南省第二产业总量迅速增长，工业化进程加快，生态环境治理欠账较多。未来一段时期，推进工业化进程仍然是河南省经济发展的重点，且河南省的工业能力将逐步释放，进入快速增长期；河南省当前正处于现代化建设阶段，有很多道路、桥梁等基础设施需要兴建；中原城市群的建设、黄淮四市的发展、县域经济的壮大都蕴含着大量的原材料需求，必然对全省资源与环境造成更大的压力。还有，河南省工业内部结构层次偏低，依然具有显著的传统工业特点，高技术、低能耗企业明显偏少。河南省现有的工业结构以初级加工业为主，资源和原材料工业的拉动作用非常突出，将加大全省节能降耗的压力和难度。

(二) 循环经济规模化程度低

近年来河南省的循环经济工作取得了长足发展，在企业、园区、城市和农村都有循环经济试点，但是循环经济的规模化还存在一定困难。首先，是资金困难，投入不足。在循环经济项目方面，政策性的引导资金比较缺乏，投入不足。国家支持循环经济项目资金往往倾向于工业项目多，农业循环经济项目和城市生态化建设项目支持力度小，使得农业资源和城市垃圾、污水、地热等资源再生利用较难。目前金融机构信贷对企业技术改造、产业升级以及产品更新换代的支持力度不够，一些小型企业融资比较困难，制约着企业将循环经济做大做强，影响了企业从传统型向循环型的转变，也影响了企业竞争力的提高。其次，循环经济有循环不经济，示范试点有示范没带动。从政府层面来看，财政、税收、投资等方面的循环经济政策缺失；从消费层面看，消费者没有特别青睐循环经济产品。企业依循环经济要求而扩大生产规模，调整产业结构，延伸产业链条，实行多元化经营，短期的快速投入扩张，而不能得到及时回报，成本难以得到弥补，不能实现循环经济的"外部效益内部化"，严重影响了企业发展循环经济的积极性和自觉性。再次，关键技术难突破，相关人才缺乏。循环经济是一项庞大的系统工程，提升循环经济发展层次和水平是与技术进步、从业人员数量和素质密不可分的。众多循环经济关键链接技术难突破已成为进一步发展壮大循环经济的瓶颈。先进的技术是循环经济的核心竞争力，没有先进的技术输入和突破，循环经济所追求的经济和环境效益双赢目标将难以实现。

（三）生态监管亟待加强

生态监管是遏制生态恶化的重要手段。在人们生态意识还比较薄弱的情况下，加强生态监管十分必要。但是，河南省目前的生态监管能力还比较弱，生态监督还不到位。首先，生态建设方面的法律法规不健全。《环境保护法》、《固体废物污染环境防治法》、《水污染防治法》等法律中虽提到一些生态保护的内容，但还远远不能满足生态文明建设的需要，很多方面还存在法律空白，无法可依现象严重。其次，生态违法成本低。现有的法律力度不够，缺乏强制性法律责任方面的内容，生态违法的成本明显低于获得的利润。法律、法规授予环保部门的一项重要的处罚措施是罚款，而罚款的数额与企业违法情节、环境危害程度不成比例。行政处罚案件从立案、处罚到执行时间拉得过长，严重影响执法效果，未批先建、越权审批的现象依然存在。再次，生态执法成本高，执行难。现有法律规定得太过原则，缺乏灵活性和可操作性，使得在行政处分的程序上，无论是上级机关还是监察部门在行使处罚权力时出现"虚位"现象。地方保护主义干扰正常执法现象普遍。最后，缺乏必要的监控手段，监督机构不健全。如对重点耗能企业的能耗利用状况分析和监控，就缺乏相应的手段。一些环境监管机构没有达到标准化要求，不具备基本的环境监测能力，尤其是一些县级环境监测站，缺乏必要的环境监测设备，有些危害较大的污染物都无法检出。此外，随着近年环境管理、生态执法、生态保护应急等工作量成倍增加，各级监管机构的人员严重不足问题愈来愈明显，与承担的工作任务极不相称。

（四）生态补偿机制不健全

生态补偿机制是一种新型的环境管理模式，目前河南省在生态补偿方面还处于摸索阶段。首先，生态补偿的总体框架还未建立。生态补偿问题涉及许多部门和地区，具有不同的补偿类型、补偿主体、补偿内容和补偿方式，需要一个全局性和前瞻性的总体框架。河南省虽然在征地补偿和退耕还林补偿等一些方面进行了尝试，但总体上缺乏统一部署，没有形成规范的生态补偿机制。其次，生态补偿资金来源不足。从自然开发者、环境破坏者手中收来的补偿费用根本没有用于生态补偿，或远远不够进行生态

补偿。而各级地方财政也难以从其他方面筹集资金用于资源恢复和环境保护，致使资源恢复和环境保护治理的资金不足，落实困难。再次，补偿标准不灵活。河南省现有的生态补偿不区分地域、气候、水利等自然生态条件，实行"一刀切"标准。而河南省又是一个在地形、气候等方面跨度比较大的省份，同一的标准将会导致不同地区在生态建设资金上的"贫富不均"。最后，跨区域的生态补偿内容缺失。通过中央财政纵向转移支付方式开展的生态补偿中，区域与区域之间、流域之间、经济主体之间的生态补偿仍然处于空白状态。另外，河南省现在的资源开发生态补偿基本上全靠省财政，这种体制不仅没有调动市场参与的积极性，而且使许多地方产生了依赖思想。补偿途径和补偿网络不健全，也没有实现补偿主体多元化和补偿方式多样化。科研基础薄弱，对生态效益如何进行科学评估，尚处于研究阶段，补偿标准和补偿基金的来源还难以界定。

（五）生态文明观念还需进一步澄清和深化

生态文明建设是一种新的理念。当前，一些地方政府对生态文明建设还存在认识误区，有的甚至把生态文明建设与经济建设对立起来。其一，把生态文明的内涵简单化。把生态文明建设仅理解为生产方式的转变，只把它当作生产者的事情，而忽视了人人都要参与其中的生活方式和消费方式的更新。其二，把生态文明建设与经济建设对立起来。不能把生态文明建设作为新的经济生长点，而是盲目地在传统思维模式下将经济建设与生态文明建设对立起来。不是在生态文明建设的框架内，以本地的环境承受能力为前提开展经济活动，在生态文明的要求下进行经济结构调整，而是急功近利，极力在国家的生态强制政策中寻找漏洞，以追求短期经济效益，追求 GDP 的快速增长。其三，在招商引资、承接产业转移过程中不加选择、盲目引进，仍在大上高耗能、高排放项目。

二、不断加大环境保护与生态建设的探索力度

优良的生态环境，是人类社会发展的前提和保障。没有良好的生态环境，经济社会发展就会成为无源之水、无本之木。因此，推进工业化、城镇化和农业现代化必须始终把生态建设和环境保护摆在优先位置，努力维

护好经济社会发展与生态环境保护动态平衡的关系，如此才能真正实现可持续的三化协调发展。

（一）按照生态优先原则推进生态体系建设

党的十七大把"建设生态文明"提到了发展战略的高度，要求到2020年我国成为生态环境良好的国家。根据中原地区的地形、地貌、气候、植被、土壤等自然区域特征及决定区域差异的主导因素、林业建设现状及其主导功能差异，参照全国生态功能区划，河南省要积极进行四大生态体系建设，即山地丘陵生态体系建设、平原地区生态体系建设、城镇乡村生态体系建设、生态廊道网络体系建设。

加快资源勘查开发力度，有效利用区内外资源，大力发展新能源和可再生能源，加强配套设施建设，不断优化能源结构和布局，提高开发利用效率，建立安全、稳定、经济、清洁的现代能源产业体系，切实提升能源资源保障能力。

（二）按照生态优先原则转变发展模式

生态优先不是不要发展，而是要求彻底摒弃以往的粗放型增长模式，确立以可持续发展为特征的新型发展模式，实现区域产业资源利用的"减量化、可循环、再利用"和经济效益的"高效化"。促进产业结构优化升级，减轻资源环境压力，改变区域发展不平衡，缩小城乡差别；节约资源，狠抓节能降耗，加快发展循环经济，大力提高资源利用效率；保护生态，控制并减少污染物排放总量，保护和治理城乡环境，促进生态修复和建设。坚持走"生产发展、生活富裕、生态良好"的文明发展道路，提高发展质量，增强发展后劲，用发展的办法解决前进中的问题，不断增强经济实力，促进经济又好又快发展，实现经济发展和人口、资源、环境相协调。

（三）按照生态优先原则进行战略决策

经济社会发展优先考虑环境影响，把"最严格的环境保护"、"最严格的土地管理"始终作为中原经济区发展的大政策。在招商引资、结构调整等重大决策过程中，优先考虑生态环境的承载能力，决不降低生态门槛，决不接受污染转移；在新上投资项目时，优先进行环境评估；在建设公共设施时，优先安排生态设施；在考核发展政绩时，强化生态指标，建立环境保护激励和问责机制。

（四）按照生态优先原则实施主体功能区划分

在中原经济区内，不同区域的资源环境承载能力不同，集聚经济和人口的能力不同，发展的内涵和要求就应该不同。推进工业化、城镇化和农业现代化，必须因地制宜地划分和形成功能定位明确的主体功能区。对于流域上游、生态脆弱、自然条件恶劣的区域或经济发展潜力小的区域，还有文化自然保护区等，不适宜大规模集聚经济，不适宜大规模推进工业化、城镇化，应当作为限制开发区域或禁止开发区域；对于黄淮海平原等发展农业有着天然优越条件的地区，则应注重助推其农业现代化进程；而发展经济特别是工业条件较好的地区，可以作为优化开发和重点开发区，加快工业化、城镇化进程。

三、持续推进区域生态安全和环境保护

加快中原经济区建设，构筑区域生态安全体系，大力发展绿色经济和循环经济，建设全国生态文明示范区，促进人与自然和谐，形成经济发达、水清天蓝、山川秀美的生态区域，将对维护全国生态稳定和平衡提供重要支撑，也为广大下游地区生态环境改善和京津地区的供水安全提供重要保障。目前，由于中原经济区经济基础薄弱，环境承载能力有限，又处于工业化、城镇化加速发展的阶段，生态建设、环境保护的任务依然十分艰巨。

（一）加强生态保护和建设

坚持"保护优先、开发有序"的原则，以控制不合理的资源开发活动为重点，强化对水源、土地、森林等自然资源的生态保护。限制开发重要水源保护地区、重要湿地和生态脆弱地区，禁止开发依法设立的各类自然保护区，引导超载人口逐步有序转移，建设国家区域性重要生态功能区。坚持以生态建设为主的林业发展战略，加快造林绿化步伐，大力培育、保护和合理利用森林资源。加强天然林保护、平原沙区综合治理、水土保持生态修复、山丘区退耕还林、黄河生态工程、南水北调中线绿化工程、太行山绿化等生态工程以及自然保护区、湿地保护区建设。坚持宜林则林、宜草则草原则，积极建设沿河、沿路生态保护带。有效保护生物多样性，

防止外来物种侵害。按照"谁开发谁保护、谁受益谁补偿"的原则，加快建立生态补偿机制。加快实施平原绿化、人居生态环境建设工程，积极创建国家环境保护模范城市、生态园林城市、生态示范乡镇、环境优美乡镇，加快建设宜居区域。

（二）加强环境治理和保护

坚持预防为主、综合治理，强化从源头上防治污染和保护生态，坚决改变先污染后治理、边治理边污染的状况。着力解决流域水污染、矿区环境污染、大气污染和农村面源污染等突出环境问题。继续加强长江、黄河、淮河、海河流域和南水北调中线工程水源地及沿线水污染防治。加强饮用水水源地的保护，控制入河污染物排放，加大城镇生活污水和垃圾收运处理设施建设，提高污水处理率和垃圾无害化处理率。加快工业污水处理与再生利用设施及电厂脱硫设施建设，淘汰落后工艺技术，依法关、停、并、转污染严重企业，加强重点污染区域治理。加强农村面源污染防治，引导农民合理使用化肥、农药，搞好畜禽养殖污染治理，特别要保护好饮用水源。严格执行国家大气污染物排放标准，努力改善区域空气环境质量。加强地质灾害防治、矿山环境恢复治理及城市地质、农业地质环境调查评价。健全环境监管体制，完善环境监测体系，提高环境监管能力。大力发展节能环保产业。加大环保执法力度，严格执行排放总量控制、点源浓度控制、排放许可和环境影响评价制度。探索并推行污控指标有偿调剂使用制度。加强环保宣传，增强全社会的环保意识。

（三）注重资源综合利用

坚持资源开发与节约并重，按照"减量化、再利用、资源化"的原则，以节能、节水、节地、节材和资源综合利用为重点，提高资源利用效率，大力发展循环经济。严格控制城乡建设用地总规模，科学合理安排村庄建设用地和宅基地，提高土地节约集约利用水平。大力实施农业节水工程，重点抓好火力发电、石油化工、钢铁、纺织、造纸、食品等高耗水行业节水。制定循环经济规划，搞好循环经济试点和示范推广工作，推动煤炭、建材、电力、冶金、化工等重点行业的资源综合利用，加快建设循环型城市和循环型工业生态园区、农业生态园区，构建全方位的循环经济体系。强力推行清洁生产，实施清洁生产审核，建设一批清洁生产企业。推

进技术进步，加快资源节约新技术、新产品、新材料的开发和推广应用，实施一批示范工程。严格市场准入，控制高耗能、高耗水、高耗材产业的发展。完善再生资源回收利用体系，推进资源综合利用和循环利用。强化节约意识，提倡全民勤俭节约。制定党政机关节约制度，带头厉行节约。完善促进资源节约的法律法规和政策，建立资源节约和资源循环利用评价指标体系。综合运用法律、行政、经济、科技等手段，逐步形成节约型经济增长方式和消费模式。

（四）健全生态环境保护机制

建立政府主导、市场推进、公众参与的环境保护新机制，是建设生态屏障的必要保障。政府应做好生态环境保护的规划、监督和管理，制定和完善生态建设的相关计划，建立一套完整、严密、可操作的法律综合体系，建设一支素质高、责任心强、公正廉洁的执法队伍，促进生态保护的法律化、制度化。引入价值观念和市场机制，建立健全生态环境再生产的经济补偿和相关激励政策，通过税收和环境产权的手段明确人与自然的关系、企业与自然的关系，配合宣传教育提高公众和企业的环保意识和契约意识，抑制生态环境资源的过度消耗、污染和破坏。进一步明确公民环境权，完善公民参与生态建设和环境保护制度，修改决策程序，使公众在决策过程中有必要的充分参与环节，建立公众评比的环境法律救济制度，在生态环境影响评价中赋予公民听证权和监督权，充分调动公众参与生态环境保护的积极性。

第三节 "两不牺牲"对走新型三化协调之路形成倒逼机制

中原经济区建设要继续探索不以牺牲农业和粮食、生态和环境为代价的三化协调科学发展路子，利用"两不牺牲"对走新型三化协调之路形成的倒逼机制，实现以产带城，以城促产，使新型工业化带动和提升农业现代化的能力进一步增强，新型城镇化和新型农村社区建设协调推进，工业反哺农业、城市支持农村长效机制基本形成，构筑三化协调新格局。

一、稳农保粮：加快推进现代农业发展模式

要把推进农业现代化、稳定提高农业综合生产能力作为三化协调科学发展的基础，作为中原经济区建设的重要任务，以粮为基，统筹"三农"，推动全局，加快转变农业发展方式，构建现代农业产业体系，在工业化、城镇化深入发展中加快推进农业现代化，提高农民收入和农民生活水平，建设农民幸福生活的美好家园。

（一）重视农业的基础作用

中原经济区是人口大区、农业大区和全国粮食生产核心区，建设中原经济区既要顺应工业化、城镇化发展的一般规律，又要加快农业发展方式转变，提高粮食生产规模化、集约化、产业化、标准化水平，提高粮食综合生产能力，为确保国家粮食安全作出更大贡献。如果在工业化、城镇化进程中，农业出了问题，粮食等农产品供给不能得到有效保障，工业化、城镇化就会失去基础和支撑，现代化进程就要走弯路，甚至可能影响国家长治久安。同样，如果继续走传统农业的老路，没有工业化和城镇化的支持、辐射和带动，农业基础地位就难以巩固，农业现代化也将成为一句空话。工业化、城镇化水平越高、非农业人口越多，农业的地位就越重要，就越需要加强农业的基础地位。要避免农业发展不足对工业化城镇化的制约作用，就必须大力扶持农业发展，促进农业现代化。因此，一定要把农业抓得紧而又紧，坚持促进农业发展的重要任务丝毫不能放松，坚持支农惠农的政策力度丝毫不能减弱。

（二）倒逼增创粮食生产新优势

河南省粮食生产不仅总产量大，而且增产潜力大，目前河南省还有6000多万亩中低产田，玉米、水稻等秋季高产粮食作物种植面积和单产还有望进一步扩大和提高，随着国家粮食战略工程河南省核心区建设的稳步推进，粮食增产潜能将进一步释放。因此提出增创粮食生产新优势的发展目标，即粮食生产支撑条件明显改善，农业增长实现由粗放型向集约型转变，由主要依靠资源占用和消耗向主要依靠科技进步和农民素质提高转变，由家庭经营向适度规模经营转变，建成比较完善的现代农业产业体

系，农业基础设施不断加强，粮食综合生产能力不断增强，农业综合效益明显提高，农民收入持续增加。认真组织实施《国家新增1000亿斤粮食生产能力规划》和《河南省粮食生产核心区建设规划》，强力推进中低产田改造，加快农村土地整理复垦和高标准农田建设，大规模建设旱涝保收高标准农田；加强兴利除害大型水利工程和农田水利建设，加快大中型灌区续建配套节水改造，完善农村小微型水利设施，大幅提升防灾抗灾减灾能力；加强农田防护林体系建设，改善农业生态环境；加快农业科技创新，增强粮食生产科技支撑能力，开展粮食高产创建；积极发展循环农业，提高粮食生产可持续发展能力；实施农业机械化、农业生态环境保护、仓储物流和粮食加工等工程建设。通过稳定面积、主攻单产、改善条件、创新机制、完善政策，夯实粮食生产稳定增长基础，不断提高粮食综合生产能力，把河南省建设成为全国重要的粮食生产核心区，确保2020年粮食生产能力达到1300亿斤。

（三）大力发展现代农业模式

河南省的农业，不仅要解决上亿人口的衣食问题，而且还要为工业和城市的发展提供原料与市场，必须做大做强，努力推动农业生产手段和生产条件现代化、生产技术现代化、生产经营管理现代化。河南省作为农业大省，推进工业化需要立足农业，围绕"农"字做足工业文章，将工业化看作是从农业中产生、发展和壮大的过程，看作是农业、工业与服务业协调发展的过程。只有立足丰富的农业资源进行深加工，使农业"长入"工业，大力培育和发展涉农工业，才能在推动产业升级中不断增强工业反哺农业的能力，实现农业的突破和更大发展。河南省要持续将食品工业作为六大优势产业之首重点来抓，积极促进农业产业化，提高农产品加工能力，拉长农业产业链条，挖掘农产品增值潜力。

（四）坚持节约和保护耕地

坚持把节约耕地作为推进城镇化的重要举措。耕地是农业发展的最重要条件，而工业化、城镇化的空间结果表现为企业增多和城镇工业占地规模扩大，这自然给农业发展带来了很大压力，产生了工业化、城镇化与农业发展的内在矛盾和冲突。因此，推进工业化、城镇化，必须实现由粗放向集约转变，合理控制城镇用地，要努力挖掘城区用地潜力，尽可能地少

468

占耕地，尤其是尽可能地节约良田。要坚持科学用地、推进工业布局集中、产业向园区集聚。要从新增建设用地中"抠"地、从存量建设用地中"盘"地、从严管严查中"挖"地、从土地整理中"增"地、从多层标准化厂房中"节"地。通过集约利用土地、清理盘活闲置土地、整治空心村和砖瓦窑场等多种途径挖潜土地资源。近年来，河南省开发整理浅山丘岭、乱石滩地发展工业，正在探索既不占用耕地又能大力发展工业的新路子。

二、清洁生产：积极构建新型工业体系

实现三化在更高水平上协调发展，要把推进新型工业化、构建现代产业体系作为中原经济区的重要支撑，坚持发挥比较优势与后发优势相结合、做大总量与优化结构相结合、增创制造业新优势与促进服务业大发展相结合，推进工业化与信息化深度融合，做强做大战略支撑产业，积极发展战略新兴产业，加快构建结构优化、技术先进、清洁安全、附加值高、吸纳就业能力强的现代产业体系。

（一）加快构建现代产业体系

优化产业结构，加快构建现代产业体系。要加大支农惠农政策力度，积极发展现代农业。逐步做到用现代物质条件装备农业，用现代科学技术改造农业，用现代经营形式推进农业，用现代发展理念引领农业，用培育新型农民发展农业，提高农业水利化、机械化和信息化水平，提高土地产出率、资源利用率和农业劳动生产率，提高农业素质、效益和竞争力。完善高新技术产业发展的政策支撑体系。进一步完善高新技术产业发展的政策支撑体系，突出自身在高新技术产业发展中的比较优势，制定高新技术产业发展路线图，对高新技术产业发展中、长期目标作出预测和规划，在具有一定优势的高新技术产业领域，鼓励、引导成长性好、竞争力强的企业与国内外高端要素结合，推动高新技术产业的成果转化和规模扩张。推进产业结构的战略性调整，促进传统优势产业的资源整合与优化升级。进一步发挥比较优势，在存量调整上下功夫，推动优势产业对国际、国内产业资源进行有效整合，促进优势产业借助当前

机遇实现低成本扩张，围绕核心竞争力推动优势产业优化升级，超前规划一批技术改造和产品更新换代项目，并提供配套资金支持，引导企业在新的经济形势下寻求新的产业支撑。大力发展服务业特别是现代服务业。充分发挥服务业发展引导资金作用，高度重视、科学规划、突出重点、择优扶持、加强制度创新和政策调整，优化服务业发展环境，推进服务业快速、健康发展。

（二）坚持以新型工业化为主导

工业化是经济社会发展的基本动力，新型工业化是转变经济发展方式、提升产业竞争力、实现中原崛起的必由之路。坚持加快发展、扩张总量与优化结构、提升水平并举，坚持先进制造业与现代服务业双轮驱动，加快壮大战略支撑产业和基础产业，积极培育战略性新兴产业；加强自主创新能力建设，围绕产业结构调整升级、节能减排、环境保护等重点领域突破一批关键技术，提升核心竞争力；以产业聚集区为载体，加快产业集群和产业基地建设，推动产业集聚发展；坚持以信息化带动工业化，以工业化促进信息化，走出一条符合河南省实际的新型工业化道路。一是发展壮大高成长性产业。适应消费结构升级和城镇化进程加快的新要求，大力发展市场空间大、增长速度快、转移趋势明显的汽车、电子信息、装备制造、食品、轻工、建材等六大高成长性产业，选择竞争力最强、成长性最好、关联度最高、支撑条件最优和见效最快的领域，依托产业集聚区和骨干企业，加快承接产业链式转移，着力培育新的经济增长点，提升成为推动中原经济区经济增长的主要动力。二是改造提升传统优势产业。突破产业发展瓶颈制约，优化产品结构，优化工艺技术，延伸产业链条，推进重组整合、精深加工、降本提效，培育产业发展新优势，推动化工、钢铁、有色、纺织等传统优势产业，在优化调整中加快发展、在发展壮大中增创优势，建设全国重要的精品原材料工业基地和新兴服装产业基地。三是积极培育先导产业。把握科技和产业发展新方向，实施产业创新发展专项，推进产业创新联盟建设，突破关键技术瓶颈，强力推进产业化，促进生产要素向优势领域集聚，跟踪市场和技术发展趋势，大力培育新能源汽车、生物新能源、新材料和节能环保产业，抢占未来发展制高点，培育支撑中原经济区未来发展新的支柱产业。

（三）大力推进"两化"融合

加快工业化进程，走新型工业化道路，就必须进一步加快工业化与信息化的"两化"融合。坚持以信息化带动工业化，以工业化促进信息化，走出一条科技含量高、经济效益好、资源消耗低、环境污染少、人力资源优势得到充分发挥的新型工业化路子。加快信息技术在经济社会领域的广泛应用，注重依靠科技进步和提高劳动者素质，大力推进产业结构和产品结构的优化升级，形成以高新技术产业为先导、基础产业和制造业为支撑、服务业全面发展的产业格局。实施制造业信息化示范工程，加快信息技术在研发、设计、生产、管理、营销等环节的应用，推动工业化与信息化深度融合。支持行业龙头企业联合高校、科研院所以及软件服务企业，组建行业信息化创新联盟，开发、推广行业关键信息技术标准和产品。推进信息技术与工业产品的融合，发展嵌入式电子产品，提升工业装备和产品的数字化、智能化水平。加快信息技术与企业经营管理的融合，推动管理业务精细化、组织结构扁平化、决策科学化。大力推动企业销售服务电子化，引导企业建立营销管理系统，提升产业链上下游企业信息化水平。

（四）构建自主创新体系

加快技术进步，构建自主创新体系。积极培育创新主体，注重发挥企业的关键作用、科研院所的骨干作用和高等院校的生力军作用，积极引导和支持企业开展自主创新和产学研用结合。加快创新型科技人才队伍建设，特别要抓住当前海外人才回流的机遇，引进一大批急需的高层次科技人才。努力打造创新平台，围绕构建现代产业体系，加快建设和发展工程研究中心、技术研究中心、企业技术中心，加强重点实验室、工程实验室、高校重点实验室建设，积极发展创业孵化基地，着力打造不同层级、不同层次的创新平台。注意发挥产业集聚区、城市新区以及各类开发区在资产、资源、环境、技术、人才等方面的集聚优势，努力将其建成高新技术产业集群发展基地、产学研结合平台和科技成果转化中心，发挥其示范引领作用。不断完善创新机制，建立健全科技创新投融资机制，充分发挥政府各类投融资平台的作用，优先支持创新型企业上市融资，建立、完善创业风险投资和技术产权交易市场。完善科技成果评价和奖励机制，科技成果和科技资源效能的评价要以产业化、市场化和商品化为主要标准。

三、生态宜居：构筑现代城镇体系

要把发挥新型城镇化的引领作用，作为建设中原经济区的关键性、全局性战略举措，以中心城市和县城为重点，以新型农村社区建设为城乡统筹的结合点，全面推进城乡建设，加快产业和人口向城镇集聚，强化中原城市群的支撑带动能力，构建现代城镇体系，走出一条全面开放、城乡统筹、经济高效、资源节约、环境友好、社会和谐的新型城镇化道路。

（一）坚持新型城镇化引领

坚持以新型城镇化为引领，把新型城镇化作为扩大内需和调整结构的战略重点。新型城镇化是破除城乡二元结构的根本途径，对经济发展方式转变具有综合性、关键性、全局性意义，必须把加快新型城镇化作为推动中原崛起的重大战略来抓。坚持中心城市带动，优先发展区域性中心城市，发展壮大县城和特色中心镇，优化城市和空间发展布局，推进产业和人口集聚，加快发展复合型、紧凑型、生态型城市，形成层次分明、结构合理、功能互补、协调发展的现代城镇体系。把加快新型城镇化进程作为统筹城乡发展的突破口，积极引导和推动农村人口向城镇转移，提高城乡居民收入和社会保障水平，让更多群众享受现代城市文明。

（二）加快新型城镇化进程

加快城镇化进程，走新型城镇化道路。一是优化城镇化布局。完善城乡开发空间布局，加快构建国家区域性中心城市、地区中心城市、中小城市、中心镇和新型农村社区协调发展、互促共进的五级城镇体系，形成以城带乡、城乡统筹的城镇化新格局。二是加快中原城市群发展。深入实施中心城市带动战略，强化郑州的龙头带动作用，提升沿陇海和沿京广发展轴经济实力，推动其他城市加快发展，提升中原城市群整体竞争力和辐射带动能力，打造形成沿陇海经济带的核心区域和全国重要的城镇密集区、先进制造业基地、农产品生产加工基地及综合交通运输枢纽。三是完善城市功能。顺应城镇化快速发展的需要，进一步加强城镇基础设施和公共服务设施建设，完善城市功能，拓展发展空间，优化人居环境，塑造城市特色，建设复合型、紧凑型、生态型城市和宜居城

第十一章
"两不牺牲"：着眼全国大局的庄严承诺

市。四是加快建设城市新区和产业集聚区。把建设复合型城市新区作为推进城乡建设、加快城镇化进程的重要突破口，按照"三次产业复合发展，功能复合构建，'三化'协调推进，城乡一体发展"的要求，突出经济、人居、生态复合功能，不断健全公共服务体系，完善城市功能，发展壮大主导产业，推动城市新区布局组团化、功能现代化、产业高端化，把新区建设成为现代产业集聚区、现代复合型功能区、城乡统筹改革发展先行区、环境优美宜居区、对外开放示范区和区域服务中心。同时，按照"企业（项目）集中布局、产业集群发展、资源集约利用、功能集合构建、促进农村人口向城市转移"的要求，强力推进产业集聚区建设。五是大力发展县域经济。以县级市市区、县城为主要载体，以扩大招商引资、承接产业转移、培育产业集群为主攻方向，统筹城区与产业集聚区发展，加快县域工业化、城镇化步伐，不断增强承接中心城市辐射和带动乡村发展的能力。六是完善城镇化发展的体制机制。加快破除城乡分割的体制障碍，建立健全与城镇化健康发展相适应的户籍管理、土地管理和投融资制度，推动城镇化快速发展。

（三）坚持中心城市带动战略

加快城镇化步伐，构建现代城镇体系坚持中心城市带动战略。按照统筹城乡发展的要求，加快形成国家区域性中心城市、地区中心城市、中小城市、小城镇、农村社区层次分明、结构合理、功能互补、协调发展的现代城镇体系。以交通互联互通为突破口，尽快形成以郑州为中心的中原城市群"半小时"交通圈和"一小时"交通圈，加快推进郑汴新区建设，努力把郑州建成全国区域性中心城市，把郑汴新区打造成中原城市群核心增长极。把县城建设成为人口规模在20万以上的中等城市。合理规划布局中心镇建设，承担农村区域服务中心功能。推动城市发展方式转变。用复合型城市理念进行城市建设，促进一、二、三产业复合，经济功能、生态功能、宜居功能复合，城市与产业耦合发展。推动城市建设由粗放型向紧凑型转变，把节地、节水、节材、节能等落实到城市规划建设管理的全过程，特别要建立起集约用地、高效用地的新机制，鼓励发展城市集合体、高层建筑等，为未来发展预留空间。创新城市发展机制。以产业聚集创造的就业岗位来决定人口转移的规模，以产业发

展的规模和程度来决定城市发展的规模和进度，以城市功能的完善促进产业集聚发展，增强对农村转移人口的吸纳能力。加强投融资平台建设和管理，真正建立起"政府引导、社会参与、市场运作"的社会投融资机制，缓解城镇建设资金约束。

四、绿色低碳：积极构建"资源节约、环境友好型"社会

在过去的工业化进程中，先发地区已经付出了环境和土地资源的代价，中原经济区要吸取先发地区的教训，避免有些沿海城市曾走过的"先污染，后治理"的老路。同时"两不牺牲"倒逼我们在推进三化协调科学发展中，必须努力构建"资源节约、环境友好型"社会。

（一）切实积极转变发展方式

积极发展生态环保型经济，构建"两型"社会。中原经济区的工业以重工业为主导，以大量消耗资源为特征，在未来一个时期，中原经济区将继续处于工业化中期"重化工业"加速发展、工业化与城镇化并举的阶段，这个阶段也是能源资源需求快速增长的时期，生产领域、消费领域、流通领域都处于高耗能的状况，面临高耗能、高排放发展模式惯性的挑战。因此，在路径选择方面，明确中原经济区不能走高消耗高排放时代的老路。当经济发展与资源环境矛盾时，优先考虑选择生态环境和资源节约，认真执行产业政策和市场准入标准，优化投资结构，在建设项目管理上严格执行环境影响评估制度，严格禁止新上高污染、低效益、破坏和浪费资源的项目，依法淘汰落后生产能力，实现集约节约发展。

（二）大力发展循环经济

加快开发和推广新技术、新工艺、新设备和新能源、可再生能源，积极推进节能、节水、节材，完善资源回收利用体系，推广工农业废弃物综合利用，逐步形成节约型的生产方式和消费方式。建设鹤壁、义马等循环型城市和一批循环经济示范工程，培育一批循环经济示范性企业和园区，形成一批循环产业链；大力推进城市节能和生活节能，着力建设节约型机关，引导社会循环式消费，形成低投入、低消耗和高效率的经济社会体系；完善促进资源节约、综合利用和循环经济发展的政策、地方法规、资

源价格体系及标准体系。

（三）加强生态建设与环境保护

加大污染防治、重点区域流域环境综合整治和重污染行业结构调整力度。全面推行清洁生产，大力发展环保产业。实施生态保护工程，建立生态补偿机制。认真实施主体功能区规划，在重点开发区要注意提升产业层次，优化经济结构；在限制开发区要坚持保护优先、适度开发，积极发展特色产业；在禁止开发区要实行强制性保护，控制人为因素对自然生态的干扰，努力实现人口、经济与资源环境相协调。加强天然林保护和防护林建设，提高森林覆盖率。

第四节　不断夯实三化协调发展的基础

河南省持续把加快工业化和城镇化、推进农业现代化作为加快中原崛起河南省振兴的基本途径，坚持工农业互动协调发展，探索"以农兴工、以工促农、城乡互动、协调发展"的有效方式，实现了由传统农业大省向经济大省和新兴工业大省的历史性跨越，同时，又做到了耕地面积不减少、粮食产量不降低、农业地位不削弱，初步走出了一条三化协调发展的传统农区现代化路子。

一、建设高标准粮食核心区

（一）制定规划，明确目标

2008年6月底，省委、省政府经过调查研究，针对豫东、豫南等平原地区水肥条件较好、增产潜力较大的实际，于2008年12月编制完成了《河南省粮食生产核心区建设规划》。经国务院同意，国家发改委于2009年8月下发了《关于印发河南省粮食生产核心区建设规划的通知》（发改农经[2009]2251号），提出到2020年，在保护好全省1.022亿亩基本农田的基础上，粮食生产核心区用地稳定在7500万亩，粮食生产能力达到1300亿斤。

（二）落实面积，提高标准

按照《国务院关于支持河南省加快建设中原经济区的指导意见》、国家发改委《关于印发河南省粮食生产核心区建设规划的通知》精神，全省确定了 95 个粮食生产核心区。河南省政府于 2012 年 2 月 18 日，下发《关于建设高标准粮田的指导意见》，规划建成 2000 个万亩方、2 万个千亩方、20 万个百亩方，确保到 2020 年河南省粮食综合生产能力稳定达到 1300 亿斤以上，进一步巩固提高河南省农业和粮食生产优势地位。3 月 9 日发布的 2012 年省委"一号文件"再次强调，实施高标准粮田"百千万"建设工程，统筹推进水、电、路、林等田间生产设施建设和平原村庄规划布局，集中打造"田地平整肥沃、灌排设施完善、农机装备齐全、技术集成到位、优质高产高效、绿色生态安全"的高标准永久性粮田，夯实农业基础，确保粮食安全。

（三）统筹推进，求实求效

在建设高标准粮田基础上，统筹推进水、电、路、林等田间生产设施建设，配套建设合作社、农技服务站、综合行政执法所等农业服务体系，从而推动土地承包经营权流转，推动农村人口向城镇转移，推动新型农业现代化与新型城镇化互动发展。为了方便大规模机械化操作，便于病虫害的统防统治，建设高标准粮田要求"田成方、林成网、渠相通、路相连、旱能浇、涝能排、电配套、农机化、科技优"，实施的高标准粮田"百千万"建设工程，与科技、农机、高产创建、土地流转、农业合作组织结合，实现生产全程机械化，良种覆盖率、测土配方施肥、病虫害专业化统防统治达到 100%，农业社会化服务全覆盖，粮食品质达到无公害标准。到 2020 年粮食生产能力稳定达到 1300 亿斤，这是河南省对国家的庄严承诺。为实现这一目标，河南省 2012 年财政专项支出 100 亿元用于高标准粮田建设。

二、持续加强农田水利建设

水利具有极其重要的战略地位，对建设现代农业具有特殊的重要意义。经过多年的不懈努力，目前河南省 2361 座水库星罗棋布，130 条骨干河道得以治理，1.63万千米干支流河道堤防重新加固，防洪减灾的骨架初步形成。建设了一批蓄水、引水、提水工程，有效灌溉面积达到7621万亩，保障了粮食生产连续七年超千亿斤。以全国1.42%的水资源量，生产了全国10%的粮食，养育了全国7.7%的人口。

（一）加强抗旱水源工程建设

加快实施跨流域调水及重要水源工程建设，逐步建成布局科学、配置合理的水资源保障体系。加快实施大型和中型水库建设规划，建成一批大中型水源工程。以大型骨干水源配置工程为中心，推进江河水系连通，建设大中小型水源调蓄工程，实行调水引流、多源互补、丰枯调剂、以清释污，实现水资源优化配置，全面提高水利工程抵御大旱、减轻灾害、防范风险的能力。高度重视小型水源工程建设，对小水库、小塘坝等蓄水工程进行清淤扩容、整修加固，积极兴修山丘地区水源工程，发展小水窖、小水池、小塘坝、小泵站、小水渠"五小"水利，有计划地增打了一批机电井，千方百计解决干旱地区水源不足问题，努力从根本上改变"靠天吃饭"的局面。加强农田水利设施的管理、维护，加强县乡河道疏浚、灌区改造，加强田间工程、末级渠系以及涵闸泵站建设。加大田间配套工程建设投资力度，加快推进末级渠系改造进程，疏通"肠梗阻"，打通"最后一千米"，提高农田灌排标准，加强农田水利设施管理，充分发挥现有农田水利设施的作用，扩大灌溉面积，实现灌区整体效益的最大化。全长731千米的南水北调中线干线工程河南省段全线开工，实现了"黄河北发展，黄河南省连线"的建设目标。输水线路总长961.58千米的配套工程建设已按期启动。丹江口水库水源地保护工作取得新成效，水质始终保持在II类以上标准。

（二）积极推广节水灌溉技术

长期以来，农业生产的水资源浪费比较严重，加剧了水资源短缺。为解决现代农业发展的用水问题，河南省各地农村注意依靠节约用水、提高水的利用效率，把高效节水灌溉作为关键性措施来抓。一是加大节水基础设施建设的投资力度，加快大中型灌区节水改造，积极推进灌区节水工程配套，加强末级渠系以及涵闸泵站建设，进行圩区治理、小型泵站改造工程建设。二是广泛采用先进的节水技术、节水方法和节水设备，推广渠道

防渗、管道输水、喷灌、滴灌、微灌等高效节水措施。三是高效输配水，根据效益优化原则，合理配置区域水资源，利用有限的水资源发展优势农业。四是因地制宜调整农业种植结构，推广节水农业、旱作农业，建立节水型农作制度和与之相匹配的技术体系、工程体系。增加山丘地区建设雨水集蓄等小微型水利设施，通过自然降水的蓄、保、存，形成土壤蓄水、人工聚水和节水灌溉技术于一体的节水体系。五是综合运用工程、管理、经济和行政手段，提高对水资源的时空调控能力，形成和完善节水机制。通过这些措施，河南省农田灌溉水有效利用系数提高 0.576 以上，确保了全省粮食安全和稳产增产的灌溉能力，节水能力得到了进一步增强。

（三）加强洪涝灾害治理

近些年来，河南省水利部门把防洪治理提到新的高度，加大完善防洪排涝工程体系投资力度，加强防洪薄弱环节建设，加快推进中小河流和大江大河重要支流治理、小型病险水库除险加固、山洪灾害防治、病险水闸除险加固，修复水毁灾毁水利工程。加快大中型水利枢纽工程建设，搞好蓄滞洪区建设和山洪灾害防治。对中原经济区存在安全隐患的病险水库进行了除险加固，增强水资源调控能力，使水库防洪能力达到国家规定标准。加强淮河流域重点平原洼地治理、淮河干流堤防标准化建设和淮河、海河流域滞洪区建设。制定更合理的防洪标准和防洪方案，加快粮食核心区和农业主产区排涝设备的更新改造，运用各种措施确保防洪安全，并充分利用洪水资源回灌补充地下水，变害为利，保证粮食和农业稳定增产。以中小河流、中小水库、山洪地质灾害隐患治理为重点，全面加强防洪薄弱环节建设。要进一步加大中小河流治理和中小水库除险加固、山洪地质灾害防治力度，促进农业稳定发展。以燕山水库竣工验收、河口村水库主体工程开工、出山店水库前期工程启动为标志，河南省水利建设又掀起了一个新高潮。前坪水库工程项目建议书已经水利部正式审查，水库工程项目建议书已按审查意见修改完毕，已进入审查阶段。列入国家规划的250 座病险水库除险加固，正在按照时序节点稳步推进，2012 年年底可全部完成主体工程建设。已开工建设的 62 个中小河流治理项目年底可完成建设任务。完成了 45 个县的山洪灾害防治非工程措施项目，超目标任务21%，配套资金全部落实，总体进度位居全国第一。

（四）大幅度增加农田水利基本建设投入

统计显示，2011 年全省水利、南水北调工程投资达 312 亿元以上，新增、改善、恢复灌溉面积 1367 万亩，累计抗旱浇麦 13941 万亩，防洪减灾效益达 70 亿元。提高了工程建设质量，保证其发挥长期效益。要完善多元化、多渠道的投入机制，深化农田水利管理体制改革，鼓励和引导社会力量积极参与兴修农田水利，推广农民用水户参与管理模式，加大财政对农民用水合作组织的扶持力度，加强基层抗旱排涝和农村水利技术服务体系建设，通过补助、奖励等办法充分调动农民进行农田水利建设的积极性。

三、着力加快农业结构调整

农业结构调整是转变农业发展方式的重要内容，其实质是合理、有效地配置有限的土地、资本和劳动力等农业资源，使之发挥出更好的效果。近年来，河南省发展现代农业，在保护和提高粮食综合生产能力的前提下，按照高产、优质、高效、生态、安全的要求，积极拓展农业功能，走精细化、集约化、产业化的道路，向农业发展的深度和广度进军。

（一）积极拓展农业功能

为适应降低能源消耗和发展生态农业的要求，依托区位优势和环境优势，积极拓展农业功能，大力发展以"农家乐"为主的休闲旅游业，特别是把特色文化与旅游业融合起来，把产业做大、做强。适时推进农业和农村结构调整，采取贷款贴息、投资参股等措施，重点扶持粮食加工企业、畜牧企业和农户。按照建设资源节约型、环境友好型社会的要求，以切实转变农业发展方式为重点，大力开展节地、节水、节种、节肥、节药活动，发展循环农业。在农业生产上，推广保护性耕作，建立和完善森林生态效益补偿机制。大力推广节本增效技术，积极发展节约型农业，提高投入品利用率，降低农业生产成本，努力控制和减轻农业面源污染。大力推进农村生态循环经济，加快发展生态农业和生物质产业。围绕主导产品，因地制宜拓展农业的多功能性，构建产业之间相互依存、产品和中间产品及废弃物交换利用的产业循环体系，并积极引导构建企业内部循环体系、

农业内部循环体系以及农户家庭循环体系，促进农业可持续发展，打造功能多样、资源节约、环境友好的可持续发展的现代农业。

（二）加快优化农业区域布局

结合各区域的不同特点和资源优势，充分开发农业的供给保障、生态防护、景观美化、休闲观光等功能，统筹规划，合理布局，全力打造现代农业新格局。一是在黄淮海平原和南阳盆地，建设规模高效农业区，以实现农业标准化生产与工业精深加工链条的无缝对接为目标，围绕粮食核心区建设和棉、油、肉类等大宗农产品生产，大力发展标准化、规模化种养基地，重点抓好优质小麦、优质玉米、优质水稻、优质棉花、优质油料、优质生猪、优质家禽七大产业发展，重点提升大宗农产品的产业化发展水平，促进农产品就地转化增值，积极承接产业转移，形成了一批优势产业集群，全力拓展产品加工深度和资源利用深度，强化保障性基本农产品生产功能，建成农业现代化与工业现代化协调发展的示范区。二是在豫南豫西豫北山丘区，建设生态绿色农业区，充分发挥农业的生态保护功能，突出优势农产品的区域特色和高效致富功能，重点发展肉牛等食草型畜牧业和林果、中药材、茶叶、食用菌、烟叶、桑蚕等优势特色农产品生产，建设优质水果、道地中药材、优质茶叶等标准化生产基地，培育了一批全国知名的优势农产品品牌。持续扩大加工规模，加快生产基地与国内外知名物流商和物流网络的结合，促进农业现代化与生态环境建设协调发展。三是围绕中心城市，建设都市农业区，以开发农业对城市的多元服务为目的，积极拓展农业衍生服务功能，大力发展具有观光、休闲、旅游、生态、科技示范功能的城市服务型农业，实现城市化与农业现代化的协调推进。四是依托已批准实施的农产品加工业产业集聚区，围绕十大现代农业产业链条，通过整合投资和产业融合，构建以规模化生产基地、精深加工基地和物流节点为主的全链条、全循环现代农业产业体系，并结合城镇建设和新农村建设，推动产业、人口、土地、村镇逐步集聚，打造现代农业发展试验区。

（三）大力发展现代畜牧业

一是按照规模化、标准化、产业化的发展方向，进一步调整优化畜牧业产业结构，积极推进生猪、奶牛、肉牛、家禽、肉羊五大产业优势集聚区建设，加强优质安全畜产品生产基地建设，大力发展畜禽规模养殖，提高集约化养殖水平，重点打造优质肉类产品4000亿元规模产业链条和优质乳品500亿元规模产业链条，初步建成了全国重要的优质安全畜产品生产核心区。加快畜禽良种繁育、饲草饲料、市场信息等社会化服务体系建设，提高保障能力。积极推进优势水产品生产基地建设，扩大名特优水产品养殖规模。二是加快发展畜产品加工业，重点实施了一批大型畜产品加工项目，提升了中原经济区肉制品、乳制品、蛋品的加工能力和市场竞争力。鼓励龙头企业加大技术攻关和技术创新力度，重点开发符合消费结构变化、市场潜力大的新产品，推进中原经济区畜产品加工业向高附加值、外向型精深加工转变。三是大力发展畜产品冷链物流，加强冷链物流基础设施建设，围绕城镇体系建设布局了一批生鲜畜产品低温配送和处理中心，配备节能、环保的长短途冷链运输车辆，推广全程温度监控设备。加快培育第三方冷链物流企业，培育了一批经济实力雄厚、经营理念和管理方式先进、核心竞争力强的大型冷链物流企业。四是建立健全畜产品质量安全监管执法、监测检验和追溯体系，实行从产地环境、投入品管理、饲养过程、市场销售的全程监管，提高畜产品质量安全水平。加强了动物防疫体系建设，完善疫病监测预警、动物卫生监督、疫情应急管理等基础设施，改造完善了畜禽规模养殖场和畜产品加工企业的动物防疫条件，围绕优势集聚区和产业化龙头企业，建设无规定动物疫病区。

（四）大力发展特色农业

一是以市场需求为导向，稳定发展棉花、油料、烟叶等大宗经济作物，突出发展蔬菜、瓜果、食用菌、花卉、茶叶、中药材六大主导产业，加快建设优势农产品产业带，实施食用植物油生产倍增计划，重点打造优质蔬菜、优质棉花2000亿元产业链条，优质林产品1000亿元产业链条，优质油料500亿元产业链条，优质水产、优质中药材、优质茶叶、花卉园艺产业200亿元产业链条。着力建设优质棉花、蔬菜、油料、林果、花卉、中药材、茶叶、烟叶标准化特色农产品生产基地，实施水产良种工程，大力发展都市休闲渔业，促进外向型渔业发展。二是大力发展特色农产品精深加工。油料加工方面，在发展具有资源优势的花生油、菜籽油、芝麻油等传统产品的同时，鼓励开发山茶油、米糠油、小麦和玉米胚芽油

等高档新品种，扩大精制油和专用油比重。棉花加工以纯棉针织产品为重点，积极发展色纺纱等高附加值品种，扩大中高档服装、家用纺织品生产能力。果蔬加工在加快发展浓缩果汁、果肉原汁、果酒、果醋以及轻糖型罐头等传统产品的同时，扩大低温脱水蔬菜、速冻菜等产品生产规模，积极开发果蔬功能产品、方便食品和休闲食品等新型果蔬加工产品。提高花卉精深加工能力，促进花卉天然药物、天然色素、天然香精生产。三是高度重视特色农产品物流销售网络建设，以创建品牌为重点，鼓励龙头企业通过"冷链配送＋连锁零售"等形式自建销售网络，同时积极促进生产基地和加工企业与终端销售商共赢合作，发挥国际零售商和本地大型连锁零售企业对生鲜农产品生产的带动作用。

四、不断强化农业科技支撑能力

河南省在推进农业现代化过程中，大力推进农业科技自主创新，不断加快农业技术集成化、劳动过程机械化、生产经营信息化进程，不断提升农业生产经营专业化、标准化、规模化、集约化水平，使农业发展逐步摆脱靠天、靠土地和水资源的传统发展模式，尽快转向靠现代装备、现代科技和劳动者素质提高的增长轨道上来。

（一）加强农业科技创新推广体系建设

一是加强了现代农业产业技术体系建设，包括农业领域重点实验室和工程技术研究中心建设，打造国内外知名的农业科技创新平台和综合试验站。组织实施了一批粮食核心区科技支撑专项，在小麦、玉米、水稻等30余种河南省主要农作物核心技术上争取实现重大突破。强化生产技术集成创新，大力开展主要农作物的简化栽培技术研究。实施现代农业科技示范工程，以自主创新的农业科技成果中试、示范为主，注重引进技术的消化吸收和二次开发，推进科技成果产业化。围绕农牧渔业新品种及配套技术，粮棉油优质、高产、高效种植技术，主要农作物重大病虫害预测及防控技术，节水和旱作农业技术，高效立体种植技术，循环农业技术，畜禽水产健康高效养殖技术，设施农业高效栽培管理技术，保护性耕作技术和特色农产品高效生产技术等领域，选择了一批优势农产品生产过程中的关键技术成果，研究、组装、集成一批配套技术，建立了一批示范样板，解决科研与生产脱节的问题，构建农业科技成果快速转化通道。加大主要粮食作物重大病虫害和重大动物疫病的预警和防控研究力度。强化农业科技创新团队建设，落实农业科技人才相关政策，稳定农业科技人才队伍。二是加强农业科技推广体系建设，全省按照强化公益性、放活经营性服务的要求，建立职能明确、设置合理、布局优化、运转协调的多元化基层农业技术推广服务体系，加快建设乡镇或区域性农技推广等公共服务机构，扩大基层农技推广体系改革与建设示范县范围。鼓励科研单位、大专院校、龙头企业和农民专业合作组织，以多种形式开展农业技术推广服务，促进产学研、农科教结合。筛选一批先进适用技术，加大农业科技宣传普及力度，建立一批示范样板，促进农业科技成果快速转化，提高科技进步对农业增长的贡献率。

（二）加快发展现代种业

围绕"资源保护、良种创新、产业化开发"三大任务，重点做好种质资源保护利用、高科技生物技术育种、新品种中间试验评价、良种繁育、种子质量监督检测监控等工作，大力培育国内顶尖的种业集团，将科研与品种优势转化为产业优势。重点提升种业发展的科技创新能力，建设种质资源保护利用、珍稀品种保存和地方品种标准样品保藏体系，加快小麦、玉米超高产新品种选育及超级水稻、特色农作物的新品种开发。建立了主要粮食作物超高产育种平台，加强小麦、玉米、水稻等主要农作物转基因生物育种科技攻关，不断提升种子产业的核心竞争力。大力发展新品种产业化开发体系，整合种业科研资源，依托农业高校和科研院所以及具有典型区域代表性的市、县农科院（所），建立新品种选育联合攻关科研平台。加强种业生产基地建设，建设黄淮海地区玉米育种创新基地，培育和推广了一批优质玉米新品种。加快国有种子企业改革步伐，鼓励种子企业间进行收购、兼并、重组，加强与中央企业合作。提升种子质量监督监控和信息化服务能力，逐步构建起了完善的种子质量监督检测体系。

（三）加快提高农业机械化水平

河南省多年来重视推进农业机械化进程，重点加强农机装备能力、科技示范推广和新技术推广，着重发展大中型、多功能农业机械，推动农机

装备结构升级。以推进秋粮生产机械化为突破口，实施秋粮生产机械化推进工程，重点建设秋粮生产机械化技术集成与示范、根茎类作物生产机械化技术集成与示范、高效低碳农业机械装备技术集成与示范、现代农业机械关键技术研究与装备提升、农机化技术推广示范基地等项目，重点推进了水稻、玉米等秋作物生产机械化，加快经济作物、设施农业和保护性耕作机械化技术的推广应用。加强县级农机服务体系建设，支持建设了一批农机专业合作社，推进农机服务产业化。建设农机跨区作业信息网络设施和智能调度管理服务平台，提高了农机信息化服务水平。不断提高农业机械化综合作业率，全面地推升了农业生产机械化水平。

（四）大力培育新型农民

切实加大投入和扶持力度，统筹农村教育资源，组织实施职业农民培训计划、"阳光工程"、"雨露计划"和"农村劳动力技能就业计划"等培训项目，多渠道、多层次、多形式加强农村劳动力知识、技能培训，普遍开展农业生产技能培训，扩大新型农民科技培训工程和科普惠农兴村计划规模，培养了一批适应农村需要的种养业能手、科技带头人、农村经纪人、专业合作组织创办人等实用人才。围绕农业农村重大工程项目、促进农民创业、规范和扶持农民专业合作组织发展、农业服务体系发展、农产品加工等开展培训，同时适应各地特色产业发展实际开展特色职业农民培训，围绕提高农民就业适应能力和综合素质开展引导性培训，全面提升农民的自我发展能力，把更多的农民培养成现代农业经营主体。积极地探索了建立政府扶助、面向市场、多元办学的教育培训机制。整合农业职业教育资源，充分发挥职业学校、农广校、农函大等农民技术教育培训主渠道作用，广泛运用现代媒体和远程教育手段，扩大农民科技培训的覆盖面。按照"以需定培、长短结合"的思路，加大了农村劳动力技能培训力度，开放培训市场，鼓励各类培训机构和用人单位开展"定向培训"、"订单培训"，近年来培养出了一批种养专业大户、科技示范大户，为现代农业发展提供了智力支持。

（五）加快提高气象服务能力

河南省在建立健全农业气象服务体系和农村气象灾害防御体系的同时，重点建设了气象灾害监测预警工程，不断完善了农业气象灾害监测预警与农村气象灾害防御系统、中原城市群气象灾害早期预警及其防御系统、人工增雨消雹系统。加大气象服务的投资力度，提高气象预报的准确率和精细化水平，努力将气象预警信息及时送达乡村每一个地区、传递到每一位农民。近年来，河南省加强灾害性天气预警预报服务，不断提高人工影响天气作业水平和效益。2011年全年重大灾害性天气过程无一漏报，春季抗旱、"三夏"、汛期、秋汛等关键时期预报准确、服务及时，受到好评。针对持续旱情，气象部门抓住有利时机，积极开展人工增雨作业。全年共实施飞机作业 38 架次、空中飞行 67 小时、累计影响 84.42 万平方千米；跨区作业 15 架次，地面高炮、火箭、高山焰炉作业共发射增雨炮弹 32000 多发、火箭弹 4600 多枚，为粮食丰收、缓解水资源短缺、改善生态环境作出了积极贡献。

五、做大做强涉农工业和服务业

河南省近年来进行了产业布局规划，科学确定区域农业发展重点，形成优势突出和特色鲜明的产业带，引导加工、流通、储运设施建设向优势产区聚集，做大做强涉农工业和服务业，初步建立了集良种繁育、规模生产、精深加工、物流销售和循环利用于一体的现代农业产业体系。

（一）科学规划农业产业布局

河南省各级政府充分认识到，面向区域主体功能，推进区域化布局和专业化分工，促进传统农业向现代农业转变必将成为新时期农业发展的重要任务。结合各区域的不同特点和资源优势，从农业多功能发展的角度出发，统筹规划，合理布局，科学划分农业功能区，确定各地区农业发展方向，指导农业结构调整，促进农业各功能区内部与区际之间农业资源生产功能和生态功能的合理配置，促进农业生活功能、服务功能等其他功能的开发，通过完善相关区域政策，形成了区域特色鲜明、优势互补的现代农业产业体系，全力打造现代农业新格局，优化农业生产力空间布局，推动城乡一体化发展。鼓励粮食主销区地方政府和农产品加工龙头企业以及粮食主产区加强合作，按照"优势互补、互利互惠、利益共享、风险共担"的原则，直接在粮食主产区投资建设粮食生产基地，共同参与粮食主产区粮食生产的开发和粮食产品的深加工，积极发展与农业生产资料相关的产前、产后相关农业产业，延伸粮食的生产加工链条。

（二）大力培育龙头企业

依托粮食、畜禽、果蔬等优势农产品，大力实施食品工业调整和振兴规划，支持开展农产品精深加工和综合利用，做大做强精面制品、肉制品、淀粉加工和乳制品四大产业链，壮大果蔬、油脂、调味品和休闲食品等高成长型行业，促进结构升级，提升产业附加值，逐步形成完整的农业产业体系。按照扶优、扶大、扶强的原则，重点实施"百户龙头企业培育工程"。作为全国第一农业大省，近年来河南省大力发展农产品精深加工，加快推进农业产业化经营，实现了由"卖原料"到"卖产品"、由"国人粮仓"到"国人厨房"的转变。据统计，2011年全省农产品加工业实现营业收入13000多亿元，同比增长36%，上交税金584亿元，同比增长23.73%；省级以上龙头企业固定资产总额1463亿元，销售收入4327亿元。支持农业产业化龙头企业发展壮大，加快以食品工业为主的农产品加工业发展。鼓励大型和特大型农业产业化龙头企业利用品牌优势，建设全产业链企业集团。依托产业集聚区和专业园区，引导中小食品企业集聚发展，培育特色食品产业集群；鼓励食品企业通过收购、兼并、租赁、控股和承包进行规模扩张，提高食品工业产业集中度。

（三）加快完善市场流通体系

为了加强鲜活农产品流通体系建设，河南省出台了《河南省现代物流业发展规划（2010—2015）》。全面发展多种类型的农产品市场流通业态，大力发展大型农产品综合批发市场、区域农产品物流中心、现代农产品交易公共信息平台和电子商务平台，重点建设了一批设施先进、特色突出、功能完善、交易规范的农副产品批发市场。鼓励各类投资主体通过多种方式，建设农村日用消费品、生产资料连锁经营等现代流通网络，形成以集中采购、统一配送为核心的新型营销体系。减免农产品运销环节收费，长期实行绿色通道政策，加快形成流通成本低、运行效率高的农产品营销网络。完善农业信息收集和发布制度，充分发挥郑州商品交易所的影响力，做大做强现有期货品种，积极推进新品种上市步伐，进一步强化其全国农产品价格、交易和信息中心地位。

（四）大力构建现代农业社会化服务体系

河南省近几年来加快构建以政府公共服务机构为主导、合作经济组织为基础、农业科研和教育单位及涉农企业广泛参与，公益性服务和经营性服务相结合、专项服务和综合服务相协调的新型农业社会化服务体系，形成了以省级为中心、县级为骨干的农业有害生物预警与控制体系。各地以重点工程建设为带动，建立和完善技术创新服务、质量标准服务、信息服务、人才培训服务、指导行业协会服务等社会化服务体系，健全农产品质量监管体系，实施全程监控，加大监管力度，切实落实各环节质量安全监管责任，全面提升农产品质量安全和监管水平。推广农村"六大员"制度，加快形成以农民技术员为重点的"六大员"队伍，不断完善基层公共服务体系。

第五节　切实提高中原经济区建设的环境质量

河南省各级环保部门围绕建设中原经济区这一中心任务，以加快转变经济发展方式为主线，把环境保护放在经济社会发展大局中去把握，着力破解经济发展中的环境约束难题；瞄准"保护环境"载体，着力在履行岗位职责、提升能力素质、推进改革创新的实践中建功立业，努力为建设"绿色"中原经济区提供环境质量保障。

一、多措并举，着力搞好污染减排

通过工程减排、结构减排、管理减排等多项措施的落实，全省主要污染物排放量持续下降，为经济发展腾出了环境空间。经初步测算，全省化学需氧量、二氧化硫排放量 2011 年比 2010 年分别削减 1% 和 3%，完成省政府下达的年度减排目标。全省省辖市地表水责任目标断面水质化学需氧量和氨氮累计达标率分别为 96.9% 和 94.9%，较上年分别提高 3.0 个和 0.7 个百分点；城市环境空气质量优、良天数达标率为 88.5%，同比提高 0.3 个百分点；饮用水源地取水水质累计达标率保持 100%；全省辐射环境质量保持在天然本底水平。

强力推进工程减排。省政府决定，从 2012 年起，每年将从土地集中收益金中拿出至少 1 亿元，对城镇污水处理厂提标改造。早在 2007 年，

河南省就实现了县县建成污水处理设施，并积极推动中心城市、重点县市第二污水处理厂及重点乡镇污水处理设施建设。目前，全省 31 个污染减排项目按时完成，已有 148 座污水处理厂投入正常运营，建成规模 645.55 万吨／日，基本实现稳定运行。14 台装机容量 763 万千瓦燃煤机组建成脱硝设施，安装了在线监测装置并与环保部门联网。

积极推进结构减排。强力淘汰落后产能，2010 年以来，河南省上报国家的 19 个行业 267 家淘汰落后产能企业中，有 260 家已经将应该淘汰的生产线全部关停，其中炼铁、有色金属、制革等三个行业分别超额完成国家下达淘汰任务的 308.7%、100.7%、1778.25%。淘汰落后产能电力259.85 万千瓦、炼铁 45 万吨、炼钢 30 万吨、电解铝 11.38 万吨、铁合金8.88 万吨、有色金属 9 万吨、焦炭 35 万吨、水泥 862 万吨、玻璃 204 万重量箱、造纸 239.5 万吨、酒精 47.4 万吨、味精 16 万吨、柠檬酸 0.5 万吨、制革 100 万标张、印染 5.06 亿米、化纤 4.5 万吨、纺织 4.05 万吨、耐火材料 2.9 万吨、其他 58.75 万吨。94 家企业完成清洁生产审核工作，有效削减了污染物排放量。

狠抓监督管理减排。省政府印发了《关于切实加强"十二五"主要污染物总量减排工作的意见》、《"十二五"节能减排综合工作方案》，批转了《河南省环境容量状况研究报告》。加强污染减排统计、监测、考核三大体系建设，对减排进展较慢的 8 个省辖市发出减排预警，安阳市对 5 个县（区）发出预警，督促其加快工作进度，确保完成年度目标。

二、强化调控，保障环境容量需求

河南省在中原经济区建设过程中，敢于创新，先行先试，在环境保护中引入了环境总量概念，以环境总量约束经济发展模式，实现了对环境资源进行精细化管理。在严格环境准入、坚决遏制低水平重复建设项目的同时，强化政府的调控职能，积极支持产业转移和重点项目建设，推动产业结构调整和优化升级，开拓了环境保护的新局面。

2011 年，河南省在全国率先开展了环境容量研究，将无形的环境资源给予量化，作为经济社会发展的重要资源，并作为一项约束性指标，推进经济发展方式转变。省政府办公厅发布了《河南省主要污染物环境容量研究报告》，并将这项成果作为本省优化环境资源配置，保障重点项目建设对总量指标需要的科学依据。2012 年初，全面推行《河南省主要污染物排放总量预算管理办法》，省环保主管部门对地方总量预算指标进行了分配，纳入经济社会发展计划，并列入省政府环境保护责任目标。在此基础上，积极试行排污权交易，对环境资源实行市场化管理。目前，河南省已被国家财政部和环保部列入排污权交易试点省。

把好建设项目环境准入关。坚持做到支持先进的、制止落后的、控制过热的、限制排污量大的项目建设。近年来，全省否决了 300 多个不符合产业政策的重污染项目，关闭取缔了近 6000 家重污染企业，削减了污染物排放，腾出了环境容量，支持了大批重大项目建设。仅 2011 年全省各级环保部门共否决重污染项目 152 个，其中省级环保部门对 36 个项目不予审批或暂缓审批。

服务重点项目建设。通过"以新带老"、"等量置换"、"减量置换"等，腾出环境总量指标，用于支持省重点项目建设和 14 个重点产业发展。2011 年全省共批复环评文件 13397 个，项目总投资 10415 亿元，通过环评审批的项目在三次产业中的投资比例为 1.2 ∶ 39.9 ∶ 58.9，环境影响评价在调结构、促转型中发挥了积极作用。

支持产业集聚区健康发展。将产业集聚区作为独立的环境管理单元，逐步完善环境管理体系。建立产业集聚区环评审批"直通车"制度。环保部门会同省发改委等部门共同推进集聚区环保基础设施建设。目前，河南省已有 40 个集聚区实现了集中供热，规划新建的 113 个集聚区中，已有 9 个建成污水处理厂,38 个开工建设。重点培育 10 个环境友好型示范集聚区，近期可挂牌命名 3 个，引导、带动全省产业集聚区健康协调可持续发展。

三、严格执法，解决突出环境问题

全省各地各级环保部门扎实开展环境执法监管年活动，切实解决了一批群众反映强烈的突出环境问题，维护了群众环境权益。仅在 2011 年，全省共检查企业 13 万余家次，纠正环境违法行为 6700 余起，立案查处环

境违法问题 1721 件，实施挂牌督办和列入环保"黑名单"企业 127 家，对两个县（市）实施区域限批。

加大环境执法力度。先后组织开展了铅酸蓄电池、涉重金属等 8 个专项执法检查和环保专项行动，洛阳市还组织开展了牡丹文化节、河洛文化节环保专项整治行动，焦作市开展了"631"污染整治攻坚行动等，打击了环境违法行为，保障了群众环境权益。加强重点污染源环境监察，全省 683 家国控、省控重点污染源污染防治设施基本正常运行，污水处理厂正常运行率在 90% 以上，燃煤电厂综合脱硫效率达到 85% 以上。加强了全省环境自动监控系统的运营管理，系统正常运行率和数据有效率均达到 90% 以上。

深化污染综合防治。组织对徒骇马颊河—金堤河、沙颍河、黑泥泉河（周口段）流域，巩义市芝田镇、淇县庙口镇区域，电力、钢铁、合成氨、造纸、淀粉行业实施环境综合整治，386 家企业全部按期完成整治任务。加强重金属污染防治，对全省重有色金属冶炼等 5 大重点行业 518 家企业进行了全面调查，进一步摸清了重金属污染排放底数。

加强辐射环境监管。在全省开展了辐射安全隐患大排查活动，重点对移动放射源和重点辐射工作单位进行专项检查，消除了安全隐患。组织制定《核技术应用建设项目管理细则》等 4 个细则，规范了辐射建设项目的审批程序。组织开展了 2006 年以来遗留核技术项目验收工作，共验收 2261 家，发现并督促补办环保手续 39 家，整改问题 1000 多个。安全收贮 344 枚废旧放射源和 500 多公斤放射性废物。圆满完成日本福岛核事故应急监测工作。全省实现了辐射事故零发生率。

强化环境风险防控。全面完成重点行业 1910 家企业的环境风险及化学品检查，排除环境风险 350 个。历史遗留铬渣无害化处置工作取得显著进展，7 处铬渣处置完毕，共处理 27.5 万吨。及时、妥善处置了徒骇河水污染等 25 起突发环境事件，维护了环境安全和社会稳定。

四、综合整治，强力推进生态建设

积极推进生态省建设。编制完成了《河南生态建设规划纲要》。大力

郑州惠济区黄河滩散养鸭基地

开封水系工程像一条项链贯穿城区

推进生态县创建工作，栾川县国家级生态县已通过环保部技术评估，新县已向环保部申报国家级生态县，全省已有 28 个县（市、区）开展生态县创建工作。创建 96 个省级生态乡镇、476 个省级生态村，4 个乡镇被命名为国家级生态乡镇，超额完成省委省政府"十项民生工程"中的环保任务，为生态省建设夯实基础。

推进平原沙化治理及防护林建设，构建平原生态涵养区。经过多年的治理，河南省的防沙治沙工作取得了显著成效。全省沙化土地面积由 128.9 万公顷减少到现在的 62.9 万公顷，减少了 51%；沙荒面积由 32.7 万公顷减少到 631.2 公顷，减少了 98.1%。河南省已经形成的多树种、多林种、多功能的综合性农田防护林体系，有效抑制了多种自然灾害，每年使粮食增产达百亿斤。河南省农田林网等平原林业在带来巨大生态效益的同时，正成为当地农民增收新的增长点。

加强黄河湿地保护，建设沿堤防护林带，构建沿黄生态涵养带。河南省沿黄各市、县注意保护黄河湿地生态，重视其涵养功能的整体发挥。郑州已初步建成黄河国家湿地公园，集湿地保护恢复、科普宣教、科研监测和生态旅游等多功能于一体，总面积 265 公顷，其中生态保育面积 220 公顷，景观建设面积 45 公顷。郑州黄河国家湿地公园是河南省黄河湿地生态涵养体系建设的重要组成部分，对贯彻落实中原经济区指导意见，助力建设黄河中下游生态安全保障区，加强黄河湿地保护，构建沿黄生态涵养带发挥着重要的作用。

近年来，河南省加大了对重点生态功能区财政转移支付力度，初步建立起了丹江口库区、淮河源头及淮河、海河流域的生态补偿机制。积极推进了焦作、鹤壁、平顶山、永成等矿区的生态恢复治理、煤矿塌陷区治理和农村土壤修复。积极支持国家级自然保护区建设，加强生物多样性保护和外来物种防控。

五、创新机制，提升环境管理水平

综合运用法律、经济、技术和必要的行政办法解决环境问题，不断创新环境管理机制，提升环境管理水平。

创新行政管理手段。省政府环保主管部门研究建立了主要污染物总量预算管理体系，科学测算、合理分配、统筹调度污染物排放总量指标，促进环境要素的优化配置。建立实施环评审批项目综合分析、环境监测预警响应、环境违法案件督查等制度，特别是全省环境形势分析制度的落实，综合分析环境质量，找准存在突出问题，深入研究具体措施，推动了工作由被动应对向主动去抓的转变。创新环境监管模式，环境自动监控数据已在生态补偿、环境执法、排污费征收中得到应用，走在了全国前列。

健全环境经济政策。在总结主要污染物排污权交易试点工作的基础上，研究探索在全省推广排污权有偿使用和交易，促使企业提高工艺水平，减少污染排放。落实水环境生态补偿机制，生态补偿金扣缴数额明显下降。

完善环境法规、规划、标准。《河南省固体废物污染环境防治条例》从 2012 年 1 月 1 日起实施，《河南省减少污染物排放条例》已列入省人大立法项目。《河南省环境保护"十二五"规划》已经省政府批准实施，《河南省重金属污染综合防治规划》等 3 个专项规划均已印发实施。河南省啤酒、铅冶炼工业污染物排放标准已经省政府批准发布，河南省盐业碱业氯化物排放标准完成修订。

各市在创新机制方面也进行了有益的探索。郑州市在全省率先开征扬尘排污费，平顶山实行了企业环保信用等级评价管理，南阳市实行了企业环境行为星级评定，漯河市建立了红、黄、蓝、绿企业四类环境管理体系，安阳市实行了市县乡一体化执法责任制，焦作市每月在《焦作日报》通报各县（区）责任目标进展排名情况，等等。这些制度的实施，有效地提升了环境管理效率和水平。

第六节　经验与启示

中原经济区是中原崛起、河南省振兴的载体和平台，是探索一条不以牺牲农业和粮食、生态和环境为代价的三化协调科学发展路子的载体和平台。改革开放以来，河南省历届省委、省政府不断增强紧迫感、责任感和使命感，勇于实践，敢于担当，不懈努力，持续探索走好在积极发展经济的同时，坚持"两不牺牲"的科学发展之路。

一、保持经济社会平衡发展、协调发展和可持续发展

经济、社会、人口、生态与资源环境等各个子系统以及系统组成要素之间在发展中互利互促、良性循环，在协调推进中达到和谐一致，持续坚持"两不牺牲"，平衡发展、协调发展与可持续发展，是中原经济区建设的要求，同时也是中原经济区建设的特色和必然选择。

坚持平衡发展是中原经济区推动科学发展、和谐发展的重要组成部分和基础性因素。从区域经济的角度来看，中原经济区坚持平衡发展，就是着力实现经济结构趋向合理、生产力布局不断优化、要素供应保持均衡；从社会发展的角度来看，中原经济区坚持平衡发展，就是以利益均衡、公平分配为基本内容，着力实现中原经济区在经济效率与社会公正之间两者的合理平衡；从发展与资源环境的关系来看，中原经济区坚持平衡发展，就是以科学技术进步推动增长的同时实现资源节约、环境友好，实现经济发展与资源环境保护的合理动态平衡，即不降低环境质量和不破坏自然资源的同时，确保经济增长的数量、速度和质量。

坚持协调发展，就是以科学技术进步为前提保证，以生态、资源、环境为发展基础，围绕经济发展、社会和谐这一核心重点，努力形成经济与社会协调、人与自然协调、城乡协调、区域协调的多方位、多层次、多结构的协调发展态势。协调发展的工作重点应该包括四个方面的内容：产业结构配合适当，合理分工，优势互补，具有较强的经济关联性；商品市场和要素市场高度一体化；区域之间的发展速度和发展水平配合适当；经济发展有利于生态环境的不断改善，优美的生态环境有助于扩充生态容量，反过来进一步推动经济的可持续发展，同时也成为福利水平提高的标志。

可持续发展作为建立在社会、经济与人口、资源、环境相互协调和全面、共同发展基础上的一种发展，是中原经济区建设与发展的核心目标之一，也是中原经济区提升综合实力的根本路径。温家宝总理在河南省调研时指出，"在经济社会发展的过程中，一定要保护好生态环境，一定要有

效保护和合理利用自然资源，一定要与人口的增长相适应，这样才能够实现可持续发展。"

实现可持续发展的核心体现和根本动力是可持续能力。中原经济区可持续能力的不断提高就是在社会财富不断增长的同时，使人们的理性需求得到满足、生活质量得到提高；可持续能力的不断增强就是在人均财富世代非减、投资边际效益世代非减的同时，生态服务价值也实现世代非减；可持续能力的不断优化既要求效率与公平之间的平衡、物质与精神之间的平衡，又要求环境与发展之间的平衡。河南省近年来的发展探索更使人们认识到，只有更加注重环保、生态、人口、资源，更加注重协调共赢，更加注重全面发展，统筹推进经济社会发展与人口发展、资源节约、环境保护和生态建设，可持续发展目标才能得到保障和落实。

二、强化农业基础，坚持工农联动

中原经济区作为国家重要的粮食生产基地，国家安全、粮食安全对中原地区农业发展的要求，就是要在工业化加速推进过程中，继续沿着以农兴工、以工促农的工农互动、协调发展路径，在加快推进新型工业化进程的同时，大力抓好粮食生产，积极发展现代农业，持续稳定强化农业基础地位，切实走出一条不以牺牲农业和粮食为代价的三化协调发展的新路子。

根据中原地区农业发展基础和发展特色，河南省推进农业现代化的举措在以下四个方面进行了探索和实践：第一是增强了农业规模化发展水平。把小而分散的农户组织起来，在保持家庭承包责任制稳定的基础上，扩大农户外部规模，解决了农户经营规模狭小与发展现代农业要求的适度规模之间的矛盾，进而形成规模优势，提高规模效益。第二是增强农业科技化发展水平。应对农业资源约束加剧、农村生态环境压力加大的严峻挑战，一方面依靠农业科技水平的持续提升来创新农业发展理念，开发农业多种功能、延伸农业产业链条，提高农产品品质；另一方面在提升粮食综合生产能力的同时，依托中原地区科研优势，整合科技力量，突破了一批节肥、节药、循环农业等关键技术，建立健全农业科技创新体系、农业技术推广体系和农民教育培训体系。第三是增强农业产业化发展水平。进一步深化农业结构调整，强化社会服务，以各类农民专业合作社为载体，为分散的农户提供农资、技术、资金、信息服务，实现农业增效、农民增收。第四是增强农业市场化发展水平。加强了农产品市场建设，不断完善农产品流通体系，积极开拓国内外市场；把推进农业标准化与农产品基地、科技示范区、农业综合开发和其他农业项目结合起来，发展绿色农业，开发绿色产品，带动农业增效和农民增收。

河南省近年来重视促进工业积极参与推进传统农业改造和现代农业发展，坚持用发展工业的理念发展农业，帮助农业生产与经营向"企业化"转型，积极推广龙头带基地，公司、合作社连农户等多种模式，完善企业和农户利益联结机制，把农业的产前、产中、产后环节有机地结合起来，使各环节参与主体真正形成风险共担、利益均沾、同兴衰、共命运的共同体，以解决传统农业向现代农业转化中政府部门包不了、单个农户办不了的事情。重点培育一批产出能力强、科技含量高、示范作用大的农产品基地，从"龙头企业＋农户"到"龙头企业＋基地＋农户"再发展到"龙头企业＋基地＋专业合作组织＋农户＋国外市场"，解决千家万户小生产和千变万化大市场之间的对接问题，确保农户由最初的卖出农产品获得一次性收益，逐步发展到与龙头企业共同分享加工、销售环节的利润，提高农业劳动生产率、土地生产率、资源利用率和农产品商品率，推动现代农业发展。

三、坚持用一定的环境容量，支撑更大的经济总量

面对中原经济区上升为国家战略，全省经济发展站在了一个新的起点上，环境保护进入了破解资源环境瓶颈制约难题、加快转变发展方式、改善环境质量的攻坚时期这一形势，省政府明确了全省环保工作"三个用"总体思路：用足有限的环境容量，促进经济平稳较快增长；用好有限的环境容量，大力推动结构调整，促进产业升级和发展方式转变；用一定的环境容量，支撑更大的经济总量、更快的发展速度和更持久的发展时间，努力走出一条"代价小、效益好、排放低、可持续"的环保工作新路子，推

动中原经济区实现不以牺牲生态和环境为代价的三化协调科学发展。"三个用"总体思路的提出，是环保工作结合实际、立足本职、站位全局、主动融入经济发展大局的具体体现，也是着力破解经济发展中环境约束难题的积极思考，更是贯彻落实省委关于"扩需求、创优势、破瓶颈、惠民生"的重要举措。

用足有限的环境容量，就是紧紧围绕污染减排中心任务，着力破解经济发展中的环境约束难题，腾出更多的环境容量，全力保障经济发展对环境要素的需求，促进经济平稳较快增长。用好有限的环境容量，就是要优化环境资源配置，提高环境容量使用效率，推动优化产业结构、促进产业升级和发展方式转变，增强发展的动力和后劲。用一定的环境容量，支撑更大的经济总量、更快的发展速度和更持久的发展时间，体现了生态环保秉承"在发展中保护、在保护中发展"理念，在持续探索"两不三新"三化协调科学发展中坚持既定的目标和方向，通过环境保护对经济增长的优化和保障作用，培养新的增长领域、提高发展质量和效益，以较小的环境资源代价，促进经济社会全面、协调、可持续发展，为更长时期、更高水平、更好质量的发展打下坚实基础。

深入实践"三个用"总体思路，抓好关键、重点突破。抓好污染减排，是应对当前复杂局面和严峻形势、破解经济发展中的环境约束难题、实现绿色发展的着力点，也是环保工作落实"扩需求、创优势、破瓶颈、惠民生"的重要举措。全省强力推动工程减排、结构减排、管理减排措施的落实，深化环境综合整治，加快建立污染减排、畜禽养殖等地方法规，制定了实施重点流域、行业污染物排放等地方标准，全面落实主要污染物总量预算管理制度，探索完善排污权有偿使用和交易等环境经济政策，综合运用法律、经济、技术和必要的行政手段，持续减少污染存量，控制排污增量，为经济发展腾出环境容量，缓解环境资源供给约束，保障经济发展的环境要素需求，拓展发展空间，为今后的持续发展攒足后劲。

在"三个用"总体思路引导下，全省环保主管部门强化服务、把好关口。充分发挥环境影响评价在调整产业结构、优化产业布局、转变发展方式上的重要作用，主动参与宏观决策，积极服务发展大局，在推动平稳较快增长、优化经济发展中担当重任，在"服好务"、"把好关"上下工夫、见实效。"服好务",就是在不断提高环评审批的效率和质量的前提下,主动做好重点项目联审联批、企业服务活动,确保省定重点项目的环评文件应批尽批,通过优质高效的环评服务,高效利用环境容量,重点支持资源消耗小、污染排放少、经济效益好、发展可持续的项目建设。"把好关",就是严格环境准入,坚决控制"两高一资"和产能过剩行业低水平重复建设,倒逼企业或区域加快淘汰落后产能,提高清洁生产水平,从源头上防止环境污染和生态破坏,促进产业结构调整和优化升级。

四、搞好生态环保,优化中原经济区发展

认真总结改革开放以来河南省经济社会发展取得举世瞩目的成就但付出了过大的资源环境代价的经验教训,省委、省政府站在科学发展和可持续发展的高度,提出河南省的发展决不能走西方发达国家"先发展经济,后治理环境"的老路,而要积极探索务求实效的河南省经济社会可持续发展的新道路,以环境保护优化中原经济区发展。

以环境保护优化经济发展,坚持"在发展中保护,在保护中发展"的战略思想。社会主义初级阶段的特征决定了发展是解决一切问题的总钥匙,不可能用停止发展的办法来解决环境问题。一方面是做到在发展中保护,大力调整经济结构,加快转变经济发展方式,实现科学发展。另一方面是推进在保护中发展,在当前复杂多变的经济形势下,加强环境保护这一稳增长的重要引擎和转方式的重要推动力量,促进经济又好又快发展。河南省近年来注重在发展中保护、在保护中发展,把优化产业结构与推进节能减排结合起来,把企业增效与节约环保结合起来,把扩大内需与发展环保产业结合起来,把生产力空间布局与生态环保要求结合起来,构建资源节约、环境友好的国民经济体系,努力实现经济效益、社会效益、环境效益的多赢。

以环境保护优化经济发展,不断探索符合河南省情的环保新道路。随着环保实践的不断深入,近年来河南省积极探索代价小、效益好、排放低、可持续的环保新道路,大力推进环境保护与经济发展的协调融合。正确处理环境保护与经济发展的关系,绝不靠牺牲生态环境和人民健康来换

取经济增长，充分发挥环境保护在推动经济保持平稳较快发展中的先导、扩容、增效和倒逼作用，以环境容量优化区域布局，以环境管理优化产业结构，以环境成本优化增长方式，推动创新转型和绿色发展，努力走出一条生产发达、生活富裕、生态良好的文明发展道路。

以环境保护优化经济发展，明确环境保护是生态文明建设的主战场。针对经济快速增长中资源环境代价过大的严峻现实，河南省近年来坚持生态文明建设的重大战略思想和战略任务，把良好的生态环境视为先进、可持久的生产力和珍贵的稀缺资源。将环境作为发展的基本要素，用良好的自然环境突出投资创业环境更大优势，聚集优秀人才，吸纳先进生产要素，发展现代产业特别是科技产业和服务业。

以环境保护优化经济发展，大力发展绿色经济。面对国际金融危机的深层次影响进一步显现，世界经济正处于新一轮结构调整、创新发展的时期，气候变化、能源资源安全、生物多样性保护等全球性资源环境问题的重大挑战，河南省积极推进能源多元清洁发展，提高能源资源利用率，最大限度地减少资源消耗。按照国家发改委对河南省循环经济发展的要求规划、建设和改造各类产业园区，构筑链接循环的产业体系。健全全省资源循环利用回收体系，推进再生资源规模化利用。鼓励使用绿色产品，推行绿色采购，推动形成绿色生活方式和消费模式，既保证了经济的可持续增长，又切实满足了人民群众宜居安康的迫切愿望。

第十二章
三化协调：实现区域科学发展的持续探索

改革开放尤其是 20 世纪 90 年代以来，河南省坚持"以农兴工、以工促农"、"以城带乡、以农促城"，持续探索一条不以牺牲粮食和农业为代价的工业化、城镇化、农业现代化三化协调发展的路子。实践表明：河南省在加快工业化城镇化进程的同时，粮食产量稳定增加，现代农业不断发展，工业规模迅速壮大，城镇建设日新月异，实现了由传统农业大省向经济大省和新兴工业大省的历史性跨越。回顾和总结河南省持续探索三化协调发展的历程、成就和经验，对于更好地贯彻落实科学发展观、促进同类地区现代化建设和我国经济健康发展，具有重大意义。

第一节　发展现代农业：从缺粮大省到国人"大粮仓大厨房"

改革开放以来，河南省始终把粮食和农业生产放在重中之重的地位，千方百计稳定粮食增产，大力推进农业结构调整，加快构建现代农业产业体系，实现了从曾经的缺粮大省到如今的国人"大粮仓大厨房"的巨大转变。

一、第一阶段（1978—1983 年）：实现粮食自给有余

新中国成立以来，在土地改革、合作化运动的推动下，河南人民生活

得到初步改善。但"大跃进"和人民公社化的推行，严重压抑了农民发展生产的积极性。从 20 世纪 50 年代后期到改革开放前，河南省仍为粮食净调入省，1978 年全省粮食产量只有 420 亿斤。

党的十一届三中全会后，随着家庭联产承包责任制的推行，赋予了农民生产自主权，保障了农民的劳动成果，激发了农民生产的积极性和创造精神，大大解放了农业生产力。加之同期国家大幅度提高农产品收购价格，中原化肥厂的顺利投产增加了化肥投入，农业科技不断进步，杂交玉米、杂交水稻和小麦新品种的大面积推广，尤其是 1982 年起中央连续五个一号文件的强力推动，河南省农业发展实现了飞跃。1983 年，全省粮食总产量增长到 581 亿斤，人均占有量提高到 767 斤，尽管当时主食中粗粮占的比重还比较大，但河南省已经完全解决了吃饭问题，粮食除养活自己外，还能输出省外。

二、第二阶段（1984—1992 年）：全面调整农业结构

随着粮食丰收，一些地方出现了"卖粮难"及收购粮食"打白条"现象，为此，1985 年，根据国家统一部署，河南省对农产品统购统销制度进行了改革，对大部分农产品实行市场调节。由此扩大了农民的经营自主权，农业生产与市场需求的联系更加紧密，推动了农业结构调整，促进了多种经营全面发展。各地在稳定粮食作物播种面积的基础上，不断扩大以棉花、油料为主的经济作物种植，积极发展林果生产。依据农副产品和秸秆资源比较丰富的条件，河南省确定了稳定猪禽生产、大力发展草食畜禽养殖业的指导方针，促进畜禽结构向多元化转化。畜、禽、渔等产业的发展增加了对粮食的需求，刺激了粮食稳定增产，促进了以粮带畜、种养互动，促进了种植业内部乃至农业各部门的良性循环。

1991—1992 年，国家两次提高粮食销售价格，实现了购销同价，结束了近 40 年粮食统销的历史。为了促进粮食市场化，1990 年郑州粮食批发市场成立，三年后郑州商品交易所成立，正式推出小麦、玉米、绿豆等粮食期货交易。"郑州价格"的产生，结束了中国没有粮油期货批发价格的历史，逐渐成为中国乃至世界粮食市场的"晴雨表"。

三、第三阶段（1993—2002 年）：大力发展农产品深加工及食品工业

1992 年邓小平南方谈话，解决了对市场经济的认识问题，促进了经济快速发展。加上 1994 年、1996 年两次大幅度提高粮食价格，促进河南省粮食产量又创新高，先后迈上 700 亿斤、800 亿斤两个台阶，1999 年粮食产量创纪录达到 851 亿斤。但由于农产品原字号多、加工链条短、附加值低，以及随之而来的新一轮"卖粮难"、财政补贴库存压力增大等问题，加上畜禽、油料、蔬菜等农产品也相对过剩、销售不畅，造成农业效益不断下降。

针对这种状况，河南省果断作出了化农业资源优势为商品竞争优势、加快向农产品精深加工进军的重大抉择，制定了围绕"农"字上工业、上了工业促农业、大力发展食品工业等一系列重大部署。2001 年，河南省又提出了建设"两个基地"的重大战略，就是把河南省建成全国重要的优质小麦生产和深加工基地及全国重要的畜产品生产和深加工基地，并把这列为全省国民经济发展的八大举措之首。

四、第四阶段（2003—2011 年）：打造国人"大粮仓大厨房"

2003 年以来，中央提出统筹城乡经济社会发展，实行"以工哺农、以城带乡"和"多予、少取、放活"等一系列方针政策，农民不仅被免除了粮食生产上的税收和各种提留负担，而且得到了财政多方面的补贴。这些都极大地激发了农民和涉农企业的积极性，为提高粮食增产和农业发展提供了强大动力。2006 年 5 月，河南省委进一步明确提出，河南省不仅要成为国人的"大粮仓"，而且要成为国人的"大厨房"。积极提高农业综合生产能力，大力发展农产品精深加工，推进农业产业化龙头企业发展。2011 年，全年粮食产量又首次登上 1100 亿斤的新台阶。河南省用占全国6%的耕地生产了全国 10%的粮食，每年向省外输出 400 亿斤左右的商品原粮及粮食制成品，为国家粮食安全作出了重大贡献。同期肉、蛋、奶产

量也位居全国前列，农业结构不断优化，优质农业持续扩大，特色农业优势鲜明，农民生活水平稳步提高。另一方面，河南省形成了粮食制品、肉制品、乳制品、果蔬、油脂和休闲食品六大农产品加工业体系。河南省的粮食、肉类加工能力均居全国第一位。

河南省农业的发展，为本省工业发展奠定了雄厚基础。改革开放以前，河南省与全国一样，是依靠工农业剪刀差实现工业资本积累的，农业为河南省及全国的工业发展作出了巨大贡献。改革开放后，农业的制度创新促进农业生产实现了第一轮快速发展，农业生产剩余的出现和增加为农业劳动力向工业的大规模转移提供了可能。作为农业人口大省，河南省的工业结构带有明显的农业色彩，其中以食品工业和农机工业为代表，这些优势工业的出现又反过来推动了农业技术进步，使农业实现了第二轮较大发展。进一步地，农业的较大发展又更有力地推动了工业规模的持续扩大，使涉农工业走向成熟，如农业发展为食品工业提供了丰富的原料、为机械工业尤其是农机工业创造了广阔的市场。还以食品工业为例，依托雄厚的农业基础，河南省的粮食和肉类加工能力已稳居全国第一位。此外，农业的制度创新和技术进步，也为采矿、建筑、服务业等非涉农产业的发展提供了条件，突出表现为农业生产对劳动力的节约维持了河南省的劳动力成本优势，对土地的节约为河南省非农产业的发展提供了空间，这对于人多地少的传统农区的工业化有着特殊的重要意义。

第二节　推动工业振兴：一个新兴工业大省的崛起

改革开放以来，河南省把大力推进工业化作为加快发展的核心战略，尤其是近些年坚持走新型工业化道路，以结构调整为主线，积极推进信息化与工业化融合，工业持续快速增长，工业规模不断壮大，经济效益显著提高，带动全省国民经济增长的作用日益增强。1978年，河南省工业总产值仅203亿元，居全国第12位。2011年，河南省工业增加值14401.7亿元，比上年增长16.1%。其中，规模以上工业增加值比上年增长19.6%，高于全国平均水平5.7个百分点，实现利润突破4000亿元，工业对全省GDP增长的贡献率超过了70%，新兴工业大省地位更加稳固。

一、河南省工业化进程的演进轨迹

改革开放以来，河南省的工业化进程，大体经历了以下三个阶段：

第一阶段：调整恢复（1978—1983年）。改革开放前的"十年动乱"，使河南省工业经济陷入严重的困境之中。党的十一届三中全会决定把全党工作重点转移到以经济建设为中心上来，标志着我国经济发展开始了一个新的历史阶段。河南省针对当时国民经济比例严重失调的情况，按照"调整、改革、整顿、提高"方针，在对工业结构进行优化调整的同时，对全省2300多个企业分期分批进行整顿，积极开展扩大企业自主权试点工作，工业得到迅速恢复。1983年，全省工业总产值达到236.64亿元，占工农业总产值的53.6%；总量相当于1978年的1.45倍，年均增长7.7%；全民所有制独立核算工业企业实现利润18.2亿元，相当于1978年的1.9倍；成品钢材产量从1978年的30.94万吨增长到69.51万吨；发电量从1978年的130.68亿度上升为187.88亿度。

第二阶段：蓄势发展（1984—2000年）。这一阶段早期，工业企业改革成为经济体制改革的中心。1984年，省委、省政府要求进一步扩大国营工业企业的自主权，简政放权，实行政企分开；试行厂长负责制，有效解决了对企业生产经营缺乏责任心的局面；适度提高国营工业的固定资产折旧率，加速企业固定资产的更新和改造力度。1992年后，党的十四大提出"建立和完善社会主义市场经济体制"，工业经济管理体制逐步摆脱指令性计划和行政性管理。政府向企业不断放权让利，国有企业改革朝着"实行现代企业制度"的方向推进。社会分配结构开始发生重大变化，按要素分配具有充分合法性。价格体制改革顺利进行，到20世纪末，绝大多数工业产品价格都实现了市场化。这些都极大地调动了企业的积极性，使工业经济步入良性发展的轨道，工业经济在国民经济中逐步占据了主导地位。17年间，全部工业以年均13.9%的速度增长，比调整恢复阶段的增速加快了5.6个百分点。到2000年，全部工业增加值为2000.04亿元，占GDP的比重达到39.6%，超过第一产业16.6个百分点；其增长对全省

经济增长的贡献率突破50%，达到55.4%。

第三阶段：加速起飞（2001—2011年）。党的十六大在总结20世纪我国工业发展和工业化经验的基础上，提出了走新型工业化道路的重要战略。在河南省委、省政府正确领导下，全省上下按照走新型工业化道路的要求，大力推进工业结构调整，转变增长方式，深化企业改革，加快优势产业发展，河南省工业步入以重化工业为主导的经济增长期，工业经济快速发展，占国民经济的比重不断上升。2001—2011年，全部工业实现增加值年均增长15.5%，比1978—2000年加快了2.1个百分点。2011年全部工业增加值占GDP的比重达到52.9%，比2001年提高13.4个百分点。在这一阶段，河南省以发展为第一要务，紧紧抓住国家促进中部地区崛起的重大机遇，充分发挥区位优势和资源优势，大力发展非公有制经济，扶持和培育大型工业企业和企业集团，加快工业结构调整步伐，在规模、结构及增长质量等方面发生了积极的变化，全省工业经济发展实现了大跨越，基本确立了新兴工业大省的地位。

二、河南省工业发展的主要成就

改革开放以来，河南省大力推进工业化进程，工业在规模、效益、结构上得到全面提升，实现了由传统农业大省向经济大省和新兴工业大省的历史性跨越。河南省工业经济取得的成就，主要表现在以下几个方面：

第一，工业经济总量迅速扩大，工业产品产量大幅增长。改革开放30多年来，河南省全部工业增加值年均增长14%，增速快于全国平均水平2.9个百分点。2011年年底，全省工业增加值已达到1.4万亿元，居全国第五，居中西部首位，产品销售率为98.4%，主要产品产量均比1978年有大幅度增长，其中，发电量2598.4亿千瓦时，相当于1978年的19.9倍；原煤20935.1万吨，相当于1978年的3.6倍；平板玻璃2153.5万重量箱，相当于1978年的11.7倍；粗钢2370.7万吨，相当于1978年的43.7倍。许多产品经历了从无到有、从小到大，一举主导国内甚至国际同类产品市场，有力地支撑了地方和国家的经济建设。例如，河南省的畜肉制品，2001年年初形成规模，到2011年产量达到139.3万吨。

第二，工业经济活力不断增强，工业创造了大量财富。1978年全省工业以公有制企业为主，许多国有工业企业陷入亏损"怪圈"，一些企业甚至资不抵债，濒临破产倒闭边缘。面对这种尴尬与窘境，改革开放以来，河南省委、省政府积极推动国有工业企业改革，采取了一系列有利于股份制、私营经济发展的措施，同时积极吸引外商、港澳台商投资来豫兴办工业。2008年年末，全省各类经济成分的工业企业总数达680343家，比1978年年末的14677家增长了45倍多。2010年非公有制工业增加值增长21.8%，增幅高于公有制工业7个百分点；实现利润总额2693.4亿元，同比增长30.5%；增加值占全省比重达到71.4%，比2008年提高4.9个百分点；对全省工业增长的贡献率达到85.5%。

第三，工业结构调整取得突破性进展，一批优势企业迅速崛起。河南省坚持把工业结构升级作为加快工业发展的核心任务，着力发展精深加工和终端产品，重点扶持优势产业和高新技术产业发展，使全省工业竞争力得到不断提高。2011年，汽车、电子信息、装备制造、食品、轻工、建材六大高成长性产业比上年增长25.3%，对全省规模以上工业增长的贡献率为69.6%。一批高技术产业企业成为新的经济增长点，在医药、电子信息设备、超硬材料、多晶硅和太阳能电池等领域，有些产品如锂离子电池、单晶硅片、光学产品等已经形成产业优势。2010年高技术产业工业增加值增长了31.9%，高于工业平均增速12.9个百分点，实现利润133.9亿元，同比增长5.8%。2011年高技术产业又增长了53.3%。

第四，工业强力支撑国民经济发展，有力地促进了农业进步。伴随着连续多年的高速增长，河南省工业整体实力显著增强。2011年，全省工业增加值占GDP的比重比1978年提高16个百分点。从工业对经济增长的贡献来看，工业是河南省经济增长的主要拉动力量。工业在国民经济发展中的主导地位不断增强，2011年全部工业对全省GDP增长的贡献率比1985年提高近30个百分点。河南省工业经济的快速发展大大提升了工业反哺农业的能力，工业化的成果惠及了农业和广大农村地区。一是食品工业、烟草工业、生物制药工业等农产品加工工业为农业提供了广阔市场；二是农机工业、农用化工业等农资工业的发展降低了农业投入成本，促进了农业资本形成；三是工业化带动了大量农村富余劳动力向城镇转移，为

农业单位经营规模的扩大创造了有利条件；四是由工业化积累起来的社会资本为农业基础设施的完善提供了保障。

第五，在全国的比重稳步上升，产业竞争优势逐步形成。目前，河南省已成为全国重要的彩电玻壳、新型电池、血液制品、抗生素原料药和超硬材料生产基地；在大中型拖拉机、大型干法水泥主机设备、二次继电设备、有色金属加工设备、玻璃深加工设备、煤矿液压支架等高端制造业领域，产量居全国第一位；金刚石和超薄电子玻璃等产品在国内市场占有率超过50%。郑洛工业走廊形成了国内最大的铝工业集聚区，鹤壁已经成为全球最大的镁粉镁粒生产中心，济源是世界最大的铅冶炼生产基地。目前河南省装备制造业总量从全国第9位上升至第7位，公路客车、高档皮卡和专用半挂车的国内市场占有率均居同行业首位，纺织业棉纱产量居全国第3位。[①]

第三节　加快城镇化步伐：人口大省的新型城镇化道路

城镇化是区域经济发展的主要推动力。推进城镇化，是提高河南省经济综合实力、实现中原崛起的必然选择，是加快工业化、走向现代化、推进社会进步的迫切需要，是从根本上解决"三农"问题、达到全面建设小康社会目标的必由之路。改革开放以来，河南省委、省政府不断加大推进城镇化力度，城镇化水平不断提高，城市基础设施不断改善，城市综合实力不断增强，城市居民生活质量明显提高，为全省经济社会发展作出了巨大贡献。

一、河南省城镇化发展的演进轨迹

1978年以来，河南省城镇化发展大致经历了以下三个阶段：

---

① 河南省社会科学院：《河南改革开放30年》，河南人民出版社2008年版；周洋：《论改革开放以来河南省工业化进程与经验》，《现代商贸工业》2009年第24期。

城镇化起步发展阶段（1978—1991 年）。党的十一届三中全会确立了以经济建设为中心、坚持改革开放的指导方针，使河南省城镇化步入起步发展阶段。在农村改革取得阶段性成果的基础上，城市经济体制改革相继推进。1980 年，国务院制定了"严格控制大城市规模，合理发展中等城市，积极发展小城镇"的城镇化发展方针，河南省确定了优先发展小城镇的改革政策，并于 1983 年以后积极实行地市合并或撤地建市，实行市带县的新体制，发挥城市对周围地区的辐射作用，一些经济发达的县陆续改为市。城市作为区域政治、经济、文化和科技中心的功能开始发挥出来。1991 年，全省国内生产总值达到 1046 亿元，比 1978 年增长 6.4 倍，平均每年增长 9.8%，大大高于改革开放前的速度。经济稳步发展，促进了城镇化水平逐步提高，全省城市数量由 1978 年的 14 个增加到 1991 年的 27 个，城镇人口由 963 万人增加到 1389 万人，城镇化率由 13.6% 上升到 15.9%，比 1978 年提高了 2.3 个百分点。

城镇化加快发展阶段（1992—2002 年）。1992 年党的十四大后，我国进入了建立社会主义市场经济体制的新时期，城市改革进入主战场，相继对财税、金融、外贸、投资等体制进行了改革，逐步构建了社会主义市场经济体制的基本框架。现代企业制度的改革从理论研讨进入实施阶段，国有企业从计划体制下解脱出来，以独立市场主体身份在市场中开始运作。随着经济体制改革深入展开，市场经济蓬勃发展，国民经济保持了快速增长态势，全省国内生产总值增长速度连续五年都在 12% 以上。同时，市带县体制也逐步完善，综合实力进一步增强。在这种背景下，河南省的城镇化进程步入了加快发展期。到 1996 年，河南省城市数量由 1991 年的 27 个增加到 38 个，短短 5 年时间就新增了 11 个城市；2002 年全省城镇人口达到 2480 万人，比 1991 年增长 78.5%。

城镇化迅速推进阶段（2003—2011 年）。2003 年以来，河南省的城镇化进入迅速发展时期。这一时期各城市进一步解放思想，全面贯彻落实科学发展观，积极构建社会主义和谐社会。河南省在提出实现中原崛起的目标后，不断完善城镇化的发展之路。在发展战略上，从"城镇化战略"到"中心城市带动战略"；在发展布局上，从提出发展大城市、中小城市、小城镇"三头并举"到明确"建设大郑州"，培育"中原城市群经济隆起带"，

"形成若干个带动力强的省内区域性中心城市和新的经济增长极"等，逐渐探索和形成了一条促进中原崛起的城镇化之路。经过全省上下共同努力，河南省城镇化以前所未有的速度向前推进。2011年全省城镇化率上升至40.57%，比2003年提高13.4个百分点。

二、河南省城镇化发展的巨大成就

改革开放以来，河南省城镇化发展取得了巨大成就。河南省委、省政府以提高人民生活水平为目的，以壮大二、三产业为支撑，以制度改革和体制创新为动力，加快农村富余劳动力转移，突破二元体制性障碍，促进城镇化快速健康发展，全省城镇化进程不断加快，城镇规模不断扩大，城市人口持续增加，城镇化水平快速提高，城镇经济实力显著增强，城镇建设日新月异，城镇功能逐步完善，城镇在全省国民经济发展中的作用越来越重要，为河南省实现全面建设小康社会的目标打下了坚实基础。

一是城市规模不断扩大。在河南省城市数量发展上，1985年年末河南省城市数量由1978年的14个上升到18个，1996年河南省城市数量达到38个，至今河南省的城市数量一直保持在38个。在目前的38个城市中，18个为省辖市，21个为县级市，城市数量占全国城市总量的5.8%，在全国各省区内居第4位，仅次于山东、广东和江苏；全省城市数量占中部六省城市总量的28.4%。另一方面，河南省的城市建成区面积迅速增加。2010年，全省18个省辖市市区面积达到1.4万平方公里，比2000年增加1980平方公里。其中，建成区面积2010年达1547平方公里，比2000年的785平方公里增加了762平方公里。随着城市建成区面积的增加，城市人口规模也在不断扩大。市区非农业人口在100万以上的特大城市有郑州、洛阳两个城市，50万—100万人口的大城市有新乡、安阳、焦作、开封、平顶山、商丘和南阳7个城市，20万—50万人口的中等城市有漯河、信阳、濮阳、许昌、鹤壁、驻马店、济源、周口和三门峡9个城市。

二是城镇化水平持续提高。河南省城镇人口不断增长，2010年，河南省全省城镇人口接近4000万人，是1978年的4.1倍。城镇化率比1978

年的 13.6% 提高了 25.6 个百分点。在全省 18 个省辖市中，郑州市城镇化水平最高，2010 年达到 63.6%，是个流入型的特大城市；开封、洛阳、平顶山、安阳、鹤壁、新乡、焦作、许昌、漯河、三门峡、济源 11 个省辖市城镇化水平，均在全省平均水平以上。改革开放以来，河南省城镇化快速发展的原因，主要有以下三个方面：一是随着国民经济的较快发展和第二、三产业的迅速增长，河南省中小城镇建设步伐不断加快，表现出稳步发展的趋势；二是城市框架拉大、行政区划调整，小城镇建设快速发展的结果；三是农村大批富余劳动力逐渐向非农产业转移，大量农民工外出，减少了农村常住人口总量，人口的空间分布逐渐向城镇聚集。

三是城市经济实力显著增强。改革开放以来，河南省抓住国家宏观调控和经济增长由外延式向内涵式转变的有利时机，积极发展城市经济，对产业结构进行了战略性的调整，城市产业结构优化升级取得明显成效。2010 年，全省省辖市市区国内生产总值按当年价格计算为 6572.48 亿元，是 2003 年的 3 倍，其中，第一产业为 275.98 亿元，第二产业为 3400.89 亿元，第三产业为 2895.61 亿元，占全省的比重分别为 8.5%、25.7%、43.8%。从 2003 年到 2010 年，省辖市市区第一产业比重由 4.4% 下降为 2010 年的 4.2%，第二产业比重由 53.2% 稍降为 51.7%，第三产业比重由 42.4% 上升为 44.1%。第三产业发展迅速，产业结构日趋合理，产业结构优化升级取得明显成效。同时，随着城市总体经济效益水平持续提高，综合经济实力进一步增强。2010 年，18 个省辖市市区规模以上工业企业主营业务收入 8786.88 亿元，占全省主营业务收入的比重达 31.1%。[①]

四是城市基础设施不断完善。全省各城市优化投资环境，把城市基础设施建设作为拉动投资的着力点，不断加大对城市交通和公用设施的投入，提高投资效益，引导投资方向，为城市经济社会发展提供强有力的支撑。2010 年，全省省辖市市区固定资产投资总额 4087.78 亿元，是 1991 年的 38.5 倍；房地产开发投资完成额 1398.73 亿元，其中住宅开发投资 1087.19 亿元，是 1991 年的 146 倍，居民的生活居住条件也在发生翻天覆地的变化。2010 年，居民家庭用水普及率达到 91%，用气普及率达

---

① 河南省社会科学院：《河南改革开放 30 年》，河南人民出版社 2008 年版。

到 73.4%。城市路网建设、公交发展加快，城市交通基础设施得到较大改善，城市交通体系逐步完善，城市交通功能得到提升。城市绿化和环保工作得到加强。发展绿色经济、倡导绿色文明、推广绿色生活方式、营造绿色城市环境已成为每个城市发展的首要选择。2010 年年底，全省 38 个城市建成区绿化覆盖面积 73652 公顷，建成区绿化覆盖率达到 36.5%，人均公园绿地面积 8.7 平方米。

五是城镇社会事业有序发展。河南省各城市坚持科教兴豫，人才强省战略，持续加大对科技教育的投入，高等学校招生规模继续扩大，职业教育迅速发展，基础教育更加巩固，科技创新能力及科技进步对经济增长的推动作用不断增强。2010 年全省 18 个省辖市普通高校在校学生 132.67 万人，是 1991 年的 16 倍，占全省普通高校在校学生的 91.1%。九年义务教育得到进一步强化，基础教育整体素质明显提高。出台了一系列加快文化产业发展的措施，文化产业蓬勃发展，居民精神文化生活日益丰富。城市卫生事业健康有序发展，建立了较为完整的医疗卫生防疫体系，城镇居民医疗保险制度逐步完善。社会保障体系日趋完善，基本养老制度已经建立，养老金水平逐年提高，覆盖范围持续扩大。

六是"以城带乡"作用日益突出。河南省城镇化的推进，对新农村建设的带动作用，主要体现在以下几个方面：第一，推动农村富余劳动力向城镇第二、三产业转移就业，使农民来自第二、三产业收入不断增多，大幅度增加农民收入，2001 年河南省农村劳动力省内转移人数首次超过省外，新增转移就业的 102 万人中，省内转移占到了 89%。第二，城镇化的推进，使城镇人口数量和经济规模不断增长，不断扩大城镇居民对农产品的需求总量和消费支出，为农产品拓展市场空间，有利于农业持续发展和农民收入不断增加。第三，随着城镇居民收入的增加，城镇居民对农产品的需求，不仅表现为量的扩大，还表现为质的提高，从而引导农民调整农业结构、增加农业特色品种，推进农产品及其加工向多元化、营养化、方便化、安全化和优质化方向发展。第四，城镇化在吸纳农村富余劳动力向城镇转移就业的同时，也使农业农村的劳动力不断减少，推动着农村土地的相对集中和规模经营，从而不断降低农业成本、提高农业生产率、增加农民人均收入。

第四节　三化协调发展战略决策的完善历程

回顾改革开放以来，河南省工业化、城镇化和农业现代化三化协调发展战略的提出和实施，大致经历了四个阶段：萌芽萌动时期、雏形发育时期、系统形成时期和完善提升时期。在这个过程中，河南省不断加快工业化、城镇化，始终把农业生产放在重中之重的地位，以农兴工、以工促农，形成了农业与工业、城镇与乡村的良性互动，实现了工业化、城镇化和农业现代化的协调发展。

一、萌芽萌动时期（1983—1990 年）

这一时期，河南省虽然没有明确提出三化协调发展战略，但在省委、省政府的一些文件和省主要领导的有关讲话中，反映出河南省决策层在把握省情和提出发展的对策中，闪烁着许多三化发展的思想萌芽和观点火花。

从 20 世纪 50 年代后期到改革开放前，河南省粮食产量一直低迷，保证不了本省人民的吃饭需要，粮食和农业始终是河南省最大问题。20 世纪 80 年代，农村家庭联产承包责任制的推行，打破了平均主义，保障了农民的劳动成果，极大地激发了农民生产的积极性。加之农业科技的不断进步，大幅度提高农产品的收购价格，河南省农业大幅度增产。1983 年全省粮食总产量创历史最高水平，甚至开始出现"卖粮难"现象。为此，1984 年河南省委、省政府发布了《关于大力发展农村商品经济的意见》，作出"决不放松粮食生产，积极发展多种经营"的决策，提出"大力发展养殖业和食品加工业，努力搞好粮食转化、增值"。同时提出"采取有力措施，加快发展乡镇企业"，"发展乡镇企业要因地制宜，立足当地资源，发挥自己的优势，面向国内外市场，与城市工业协调发展。"要"充分发挥中心城市的作用，积极探索城乡改革同步发展的新路子"。

20 世纪 80 年代后期到 90 年代初，河南省处于经济转型的关键时刻，

各种发展思路激烈碰撞，既有沿海发达省份加速工业化的巨大诱惑，也有河南省重农意识造成的发展思路上的困惑，经济发展进入缓慢期，各项经济效益指标均落在全国后面，与沿海省份的差距逐渐拉大。沿海地区大力推进工业化带来的经济繁荣，也给河南省各级政府带来了很大思想冲击。这一时期，许多领导干部到经济发达地区进行考察，多数人认为河南省的差距主要表现在工业化程度的落后上，工业化是河南省不可逾越的发展阶段。没有工业化，河南省要想摆脱贫困落后面貌是一句空话。1990 年 12 月，在省委、省政府举行的"学习先进经验，加速振兴河南步伐"报告会上，时任河南省长的李长春同志提出："在决不放松粮食生产的前提下，加速农村产业结构的调整，全面发展农村商品经济"；"把大力发展城乡集体工业作为振兴河南省的战略措施来抓"；"要以提高经济效益为中心，下决心抓好产品结构调整、技术进步和企业管理，使我省工业跃上一个新台阶"。

二、雏形发育时期（1991—1997 年）

这一时期，在探讨河南省作为农业大省如何实现现代化的过程中，形成了工业与农业相互促进、协调发展的思路，并探索了河南省的城市化道路，为下一时期河南省三化发展战略的确立，奠定了良好基础。

1991 年 1 月，河南省委五届二次全体会议，确定了"一高一低"的战略目标，即河南省经济发展速度和效益要略高于全国平均水平，人口增长速度要低于全国平均水平。1992 年，随着邓小平南方谈话和党的十四大胜利召开，确立了建设社会主义市场经济的总体目标，新一轮解放思想在全国范围内展开，区域经济进入新的快速发展期，面对不能再错过的历史机遇，作为农业大省的河南省如何选择自己的发展道路，破解发展难题？结论是必须加快工业化进程，这逐步成为全省上下的共识。河南省决策层深知，对全国重要的农业大省和人口大省来说，工业化是从传统农业社会向现代社会迈进的必经阶段，也是河南省实现富民强省的必由之路，越是农业大省越要大力发展工业，但绝不能以牺牲农业为代价。否则，既不符合河南省的省情，也会对国家粮食安全构成威胁，影响稳定大局；河南省必须探寻一条新的发展道路，这条道路就是工业与农业的协调发展、相互促进，河南省必须在强农兴工中寻求经济转型。

河南省拥有丰富的农业资源和劳动力资源，在"农"这个字里蕴含着巨大的产业机会和市场潜力，是河南省工业化进程的重要突破口。1992年以后，河南省委、省政府在不断解放思想过程中，科学分析河南省情，制定了"以农兴工、以工促农、农工互动、协调发展"的发展战略，坚持"跳出农业抓农业、围绕农业上工业、上了工业促农业"。"八五"期间，河南省委、省政府围绕"一高一低"的战略目标，提出"工业、农业两篇文章一起做"和"两道难题（工业化缓慢、农民增收困难）一起解"，采取有力措施，积极促进结构调整和产业升级，加快全省工业化进程，进一步巩固农业基础。1994年2月，河南省委、省政府在关于贯彻《中共中央、国务院关于当前农业和农村经济发展的若干政策措施》的文件中提出，逐步建立土地使用权的流转机制，在坚持土地集体所有和不改变用途的前提下，农民承包土地的使用权可以依法有偿转让和入股。第二、三产业比较发达、大部分劳动力转向非农产业并有稳定收入的地方，可尊重农民意愿，允许土地向种田能手集中，实行适度规模经营。

同时，河南省积极探索城市化道路。1994年，省政府计经委组织开展了中原城市群开放战略研究。当时，中原城市群是指沿陇海铁路河南段两侧，以郑州为核心的较为密集分布的15个城市。其中，有特大城市郑州，大城市洛阳、开封、新乡，中等城市焦作，小城市巩义、新密、新郑、荥阳、登封、偃师、卫辉、辉县、沁阳、济源。研究认为，中原城市群在世纪之交期间应朝着都会带的方向发展，在我国中原地区竖起一座新的可带动周围地区开放开发的核心经济区。因此，必须树立大系统的观念，明确建设都会带城市体系的指导方针，制定联体成片的布局原则，打破行政区划壁垒，清除各自为政的思想，按照一个统一的群体大规划全面展开各市城建和经济布局，充分发挥中原城市群的互补优势和聚合优势。

1995年，结合《河南省国民经济和社会发展"九五"计划和2010年远景目标纲要》的制定，省计委组织编制了《河南省生产力布局规划纲要》。《纲要》提出以中心城市和交通主干线为依托，按"六个"层次展开全省生产力布局的规划：一是抓紧抓好郑州商贸城建设，使其逐步成为有

较强吸引力、辐射力的经济中心城市。二是加快以郑州为核心的中原城市群的发展步伐，加强分工与协作，使之逐步成为亚欧大陆桥上的一个经济密集区，在全省经济振兴中发挥龙头带头作用。三是依托交通主干线，改造和建设一批对增强河南省经济实力有重大影响的工业基地。重点抓好洛阳、郑州等老工业基地的改造和发展，加快洛阳、濮阳、南阳石化基地，焦作、平顶山能源和重化工基地，开封精细化工基地，以及安阳、新乡、鹤壁电力工业基地建设。四是抓住京九铁路全线开通的机遇，加快以商丘及潢川、台前为重点的沿线市县的开放开发，建设农副产品生产加工基地和永城能源基地，推动豫东和豫东南经济的发展。五是抓住黄淮海平原、南阳盆地、豫西山区、豫南山区四大农区的综合开发，黄淮海平原和南阳盆地重点发展粮棉油产品生产和农副产品加工业，提高农业集约化和产业化水平。豫西山区和豫南山区以发展林果业、畜牧业为重点，搞好旱地农业及矿产资源开发，加快发展步伐。1995 年 11 至 12 月，河南省委五届十二次全会在郑州召开，时任河南省委书记的李长春同志在全会上强调：要切实加强农业的基础地位；要突出抓好国有企业改革这个中心环节；大力推进工业化、城市化进程。

三、系统形成时期（1998—2008 年）

这一时期，河南省委、省政府明确提出加快工业化、城镇化，推进农业现代化的三化发展战略，采取了加快中原城市群建设等一系列政策和举措，动员全省上下全面建设小康社会、奋力实现中原崛起。

农业大省的工业化需要立足农业，不能片面理解工业化。只有依据省情选择主导产业，立足丰富的农业资源进行深加工，使农业"长入"工业，大力培育和发展涉农工业，才能在延伸产业链条中实现农业的新突破和更大发展。20 世纪 90 年代后期，河南省农业获得了新的发展，1999 年粮食产量创纪录达到 851 亿斤。但由于农产品加工程度低、销售渠道不畅等原因，导致农业效益持续下滑。针对这种状况，河南省委、省政府果断作出了化农业资源优势为商品竞争优势、加快向农产品精深加工进军的重大抉择。2000 年 1 月，河南省委农村工作会议提出"调整农村经济，发展乡镇企业和农副产品加工业"的方针。接着，省委、省政府又提出"大力发展食品工业、振兴河南经济"等一系列重大战略部署，此后河南省连续几个"五年"计划把食品工业作为支柱产业来培育，带动了河南省经济发展的深刻转型。

2001年10月，河南省委第七次代表大会召开，陈奎元同志代表省委在大会作的报告中指出：加快工业化、城市化进程，促进农业现代化，要把城市化作为一项重要战略来抓。2002年12月，河南省委七届三次全会又提出，要认识和顺应经济社会发展的规律和趋势，强化工业意识、城市意识，进一步加快工业化、城镇化进程。要统筹城乡经济社会发展，在促进农村富余劳动力向城镇第二、三产业转移的同时，推进农村经济结构和农业产业结构调整，加快传统农业向现代农业的转变。

2003年，李克强同志任河南省委书记。这一年，是河南省决策顶层形成"以工业化为先导，大力推进工业化、城镇化和农业现代化"的三化发展战略最为关键的一年。2003年6月，河南省委、省政府发布了《河南省委、河南省人民政府关于加快城镇化进程的决定》，《决定》指出：加快城镇化进程，是实现工业化、优化城乡布局、全面繁荣农村经济、加速现代化进程的迫切需要，是全面建设小康社会的必由之路。《决定》提出了全省城镇化发展的指导思想、原则和主要目标，要求突出城镇化发展重点、深化土地使用制度改革、深化户籍制度改革、深化城建投融资体制和公用事业改革，大力发展城镇经济，营造加快城镇化进程环境，加强城镇规划和行政区划调整工作。

2003年8月，河南省委、省政府印发《河南省全面建设小康社会规划纲要》。《纲要》确定了全省全面建设小康社会的奋斗目标、基本途径、发展布局和战略举措。《纲要》指出：加快工业化、城镇化，推进农业现代化，是河南省全面建设小康社会的基本途径，也是从根本上解决"三农"问题的必由之路；要坚持以工业化为主导，以城镇化为支撑，以推进农业现代化为基础，统筹城乡经济社会协调发展。《纲要》提出，加快工业化进程，走新型工业化道路；加快城镇化进程，充分发挥城市的聚集辐射带动作用；用工业理念发展农业，推进农业现代化。《纲要》还提出：中原城市群经济隆起带是以郑州为中心，包括洛阳、开封、新乡、焦作、许昌、

平顶山、漯河、济源在内的城市密集区。

2004年9月，河南省委、省政府颁布的《关于推进农业现代化建设的意见》，系统提出了推进河南省农业现代化建设的一系列举措。《意见》指出：用发展工业的理念发展农业，通过科技水平的提高、产业链条的延伸、现代要素的引进、市场机制的强化和服务体系的建立，大幅度提高农业的品质和效益，增加农民收入。《意见》提出：推进农业现代化建设要做到"七个坚持"：坚持"多予、少取、放活"的方针，把增加农民收入作为根本出发点和落脚点；坚持以市场为导向，不断调整优化农业和农村经济结构；坚持以改革开放和科技进步为动力，切实转变农业增长方式；坚持加快工业化、城镇化进程，加速农村富余劳动力转移；坚持推进农业产业化经营，培育和壮大现代农业企业；坚持以家庭承包经营为基础、统分结合的双层经营体制，逐步发展土地适度规模经营；坚持统筹城乡经济社会发展，充分发挥城市对农村的辐射带动作用。

2005年12月，河南省委、省政府颁布《关于进一步促进城镇化快速健康发展的若干意见》，进一步明确了全省推进城镇化的指导思想、目标任务、方针政策和工作举措。《意见》指出：河南省的城镇化水平仍然较低，城镇规模较小，基础设施较差，城镇功能较弱，一些体制性障碍还在影响着人口、资源等要素向城镇聚集，推进城镇化的任务依然很重。《意见》就进一步促进河南省城镇化快速健康发展提出了一系列意见要求：以科学发展观为指导，实施中心城市带动战略；以加快中原城市群建设为重点，全面推进城镇化进程；大力发展二、三产业，增强城镇化的产业支撑；破除体制障碍，改善城镇化发展环境。

2005年10月，河南省委七届十次全会通过的《河南省委关于制定全省国民经济和社会发展第十一个五年规划的建议》提出：进一步加快工业化、城镇化，推进农业现代化。2006年2月颁布的《河南省国民经济和社会发展第十一个五年规划纲要》又提出：以工业化为核心，加快城镇化进程，推进农业现代化，继续保持较高的增长速度和较高的增长质量，实现又快又好发展，在中部崛起中走在前列。

河南省在统筹城乡一体化发展上，作为顶层决策的突出标志，是2006年6月河南省政府颁布的《关于加快推进城乡一体化试点工作的指导意见》。《意见》提出：以加快城镇化为核心，以构建城乡统一的基础设施、公共服务体系为着力点，打破城乡二元结构，统筹城乡发展，推进农村生产、生活方式转变，使农村和城市共享现代文明。《意见》选择鹤壁、济源、巩义、义马、舞钢、偃师、新郑7个市为试点，为全省推进城乡一体化取得经验，提供示范。

河南省三化协调发展战略不断得到丰富。2006年10月，省八次党代会指出：要下大力气推动经济增长方式由粗放型向集约型转变；坚持走新型城镇化道路，努力在促进城乡区域协调发展上取得新突破。要适应城镇化发展趋势，走城乡互动、区域协调、体系合理、发展集约、以人为本理念得到充分体现的新型城镇化路子；坚持把解决"三农"问题作为重中之重，努力在建设社会主义新农村上取得新突破。2007年12月召开的省委八届五次全会指出：狠抓粮食生产不动摇，坚持发挥优势和承担责任相统一，坚持发展工业不以牺牲农业为代价，坚持在加快工业化进程中巩固农业基础地位，坚持在城乡互动中培育新的增长极。2008年8月，河南省制定了《国家粮食战略工程河南核心区建设规划纲要》，《纲要》力求在河南省现有粮食年产1000亿斤的基础上，到2020年再增加年产300亿斤粮食的生产能力。这是河南省切实肩负起国家和民族粮食安全重任的生动体现。

四、完善提升时期（2009—2012年）

这一时期，丰富完善了三化协调科学发展战略的内涵，河南省委、省政府明确提出：走不以牺牲农业和粮食、生态和环境为代价的新型工业化、新型城镇化、新型农业现代化的协调科学发展之路，是贯穿整个中原经济区建设的主线和核心。

2009年卢展工同志任河南省委书记后，在组织大量调研、广泛讨论、系统研究的基础上，提出了建设中原经济区的重大决策。2010年11月召开的省委八届十一次全会提出：中原经济区是探索一条不以牺牲农业和粮食、生态和环境为代价的三化协调科学发展路子的载体和平台。全会通过的《中共河南省委关于制定全省国民经济和社会发展第十二个五年规划的

建议》指出：必须把城镇化带动三化协调发展作为建设中原经济区、加快中原崛起和河南省振兴的关键性、全局性战略举措。全会审议并原则同意《中原经济区建设纲要（试行）》指出：要发挥新型城镇化的引领带动作用，统筹安排城镇建设、产业集聚、农田保护、生态涵养等空间布局，协调推进粮食生产核心区、现代城镇体系和现代产业体系建设，在加快工业化、城镇化进程中保障国家粮食安全，推进农业现代化，率先走出一条不以牺牲农业和粮食、生态和环境为代价的三化协调科学发展路子。[①]

2011 年 4 月颁布的《河南省国民经济和社会发展第十二个五年规划纲要》，又进一步提出：以解决"三农"问题为出发点和着力点，统筹推进新型工业化、新型城镇化和农业现代化，持续探索不以牺牲农业和粮食、生态和环境为代价的三化协调科学发展的路子。《纲要》用三篇的篇幅系统详细阐述了推进三化协调科学发展的政策措施：加快新型工业化，构建现代产业体系；加快新型城镇化，构建现代城镇体系；推进农业现代化，加快社会主义新农村建设。《纲要》还提出了以空间布局的优化推动三化协调科学发展的战略布局。

2011 年 8 月，省委书记卢展工指出：所谓河南省新型城镇化，就是以城乡统筹作为结合点、以城乡一体化作为切入点的城镇化。如果离开了农村、离开了农民、离开了农业，这个城镇化很难是新型城镇化，充其量也就是我们传统意义上的城镇化。河南省要走一条不以牺牲农业和粮食、生态和环境为代价的三化协调科学发展的路子，怎么走？一定要抓住这个结合点和切入点。卢展工指出：建设中原经济区，走好一条不以牺牲农业和粮食、生态和环境为代价的三化协调科学发展之路，新型城镇化是引领。卢展工书记还指出：走不以牺牲农业和粮食、生态和环境为代价的三化协调科学发展之路，将是贯穿整个中原经济区建设的主线。

2011 年 9 月颁布的《国务院关于支持河南省加快建设中原经济区的指导意见》指出："积极探索不以牺牲农业和粮食、生态和环境为代价的'三化'协调发展的路子，是中原经济区建设的核心任务。"

2011 年 10 月，卢展工书记在中共河南省九次代表大会上作的报告中

---

① 喻新安：《中原经济区顶层设计的背景、历程与经验》，《中州学刊》2011 年第 2 期。

指出：持续探索不以牺牲农业和粮食、生态和环境为代价的新型城镇化、新型工业化、新型农业现代化的三化协调科学发展的路子，是从根本上破解发展难题的必然选择，是我省加快转变经济发展方式的具体实践。

《中原经济区建设纲要（试行）》和《河南省国民经济和社会发展第十二个五年规划纲要》中关于河南省三化协调发展的论述，尤其是《国务院关于支持河南省加快建设中原经济区的指导意见》和河南省九次党代会报告关于三化协调科学发展的论述，标志着河南省三化协调科学发展战略决策的日臻完善。

第五节　新型三化协调发展的实践样本

工业化、城镇化是发展中国家和地区迈向现代化的必由之路。如何实现工业化、城镇化和农业现代化的协调发展，也是传统农区现代化进程中普遍面临的突出难题。作为中原经济区建设的核心任务，河南省许多地市持续探索不以牺牲农业和粮食、生态和环境为代价的新型城镇化、新型工业化、新型农业现代化三化协调科学发展之路，因地制宜地构建新型工农、城乡、产业关系，取得了一些宝贵的经验，为同类地区发展提供了示范，这是深入贯彻落实科学发展观的重要尝试和有益实践。

一、新乡模式

近年来，新乡市委、市政府坚持以科学发展观为指导，以新型城镇化为引领，按照以中心城市为主体、以产业集聚区和新型农村社区为载体的统筹城乡发展理念，积极创新，大胆实践，努力探索一条不以牺牲农业和粮食、生态和环境为代价的三化协调科学发展的路子，经济社会发展取得显著成效。2010年，新乡市被省委、省政府确立为河南省统筹城乡发展试验区。新乡市推进统筹城乡发展试验区工作取得了宝贵经验，也给人们以深刻启示。

（一）新乡市统筹城乡发展的做法

1. 坚持规划先行，优化人口、产业、空间发展布局。新乡市牢牢树立产城一体、产城融合、产城互动的发展理念，抓住新一轮土地利用总体规划修编的机遇，相继完成了所辖8个县市域的村镇体系规划、122个乡镇总体规划和1050个新型农村社区建设规划及40个重点乡镇三化协调发展规划，构建以市区为中心，长垣、平原新区为副中心，7个县城为卫星城的城市集群，带动建制镇、新型农村社区一体发展，初步建立了特色鲜明、组团有序，多层次、网络型的城镇体系，突出增强县城和镇区承载功能，形成合理的人口分布。同时着力优化产业布局，引导企业向27个产业集聚区（专业园区）集中，明确各级城镇产业发展重点，并以此带动形成合理的就业结构，推动劳动力就近就业和向二、三产业转移。

2. 坚持以城带乡，构建中心城市现代化、县域镇村一体化发展新格局。新乡市坚持"统筹城乡、产城融合、以人为本"的发展原则和"内涵、集群、组团、紧凑、节约"的发展理念，加快城乡一体化发展进程。一是加快城乡路网建设。坚持以交通为先导，形成以主城区为中心、辐射周边六个县（市）的30分钟经济圈。二是着力提升城镇综合承载能力。调整中心城市周边城镇的规模结构和空间布局，推动中心城市组团发展，形成组团有序、优势互补、整体协调的都市区发展格局。三是推进县域镇村一体化。确定经济基础较好、产业优势突出、辐射力大的重点乡镇，先行试点，整乡推进。同时，将重点区域内一半以上的新型农村社区规划在县城、镇区和产业集聚区范围内，统一规划、管理、建设和服务，增强承载能力，使城镇向农村延伸、农村向城镇靠近。

3. 坚持政府引导与群众自愿相结合，推进新型农村社区建设。新乡市按照"政府引导、规划先行、就业为本、量力而行、群众自愿、循序进行"的原则，将全市3571个行政村初步规划整合为1050个新型农村社区，首批启动市区、县城规划区、重点乡（镇）、产业集聚区周边以及干线公路两侧等重点区域内的369个社区，引导城镇周边群众建设多层住宅，促进土地集约节约利用。在建设过程中，充分尊重群众意愿，坚持"四议两公开"工作法，从村庄改建、迁建或合并，到社区选址、户型选择、建设方案，实施新型农村社区建设形成了"农民自建、集体代建、招商建设、社会援建"的四种建设途径和"城中村改造型、旧村完善型、村庄合并型、服务共享型、整体搬迁型"的五种建设模式。

4. 坚持产业为基，促进农村劳动力就地就近转移就业。新乡市在推进城乡一体发展的过程中，始终坚持以产业促就业，逐步实现就近转移农民、就近城镇化。新乡市将产业集聚区作为促进农村劳动力就地就近转移就业的主平台，从 2005 年开始，依托县城、集镇和原有产业基础，规划建设 27 个产业集聚区，辐射了全市半数以上的乡镇，搭建承接东部产业转移平台，培育县域经济产业支撑。同时，为鼓励农民创业和促进农民就近转移就业，在远离产业集聚区、具有一定产业基础的部分乡（镇），利用原有建设用地和旧宅拆迁复垦后节约置换用地，规划建设农民创业园，作为产业集聚区的补充，重点发展劳动密集型、资源密集型产业，吸纳更多农民就近就业，带动农民增收致富。

5. 坚持改革创新，完善各项扶持政策。统筹城乡发展，必须加大政策创新力度，建立统筹城乡发展政策体系。新乡市坚持以政府投入为主，形成多元化投入机制。坚持以保障农民权益为前提，破解土地瓶颈制约。充分利用村庄现有闲置土地，积极争取城乡建设用地增减挂钩指标。同时，为维护农民利益，从制度设计上合理分配土地收益。新型农村社区腾出的土地，首先用于复垦，确保耕地不减并略有增加。通过土地流转由农业专业合作社或集体经济组织集中经营，农户按股分红。建立完善土地、住房、社保、就业、教育、卫生支撑保障机制，促进符合条件的农民到镇区落户，为社区居民办理城镇居住地户口、房产证、新农保，为在附近企业就业的农民工落实城镇养老保障政策。

（二）新乡市统筹城乡发展的成效

1. 以新型城镇化引领三化协调发展的格局初步建立。通过交通等基础设施的完善和产业布局的调整优化，中心城市、县城、中心镇和产业集聚区、新型农村社区四级的现代新型城镇体系基本建立，"十一五"期间，城镇化率年均提高 1.8 个百分点，2011 年年末达到 42.76%，高于全省 3 个百分点。全市第二、三产业比重达到 86.7%，工业化率达到 51%，农村劳动力从事第二、三产业比重提高到 57%，入住新型农村社区的农户，

从事第二、三产业比重提高了将近 30 个百分点，户均收入较其他农户高出 20% 以上。

2. 城乡居民收入差距逐步缩小。全市累计流转土地面积 61.94 万亩，占家庭承包耕地总面积的 10.5%，引进了一批知名龙头企业，培育克明面业、迪一米业等市级以上农业产业化重点龙头企业 190 个，农业专业合作社发展到 2097 家，辐射带动农户达到 55%。由此带动了农民收入持续增长。2011 年，农民人均纯收入达到 6241 元，高出全省 717 元，同比增长 14.9%，增幅高出城镇居民收入 3.7 个百分点，连续 7 年实现大幅增长。城乡居民收入差距由 2005 年 2.65∶1 缩小到 2.52∶1，农村居民家庭恩格尔系数由 2005 年 41% 下降到 31.7%。

3. 农村居住环境明显改善。新乡市通过规划引导、政策扶持、加大投入、合力共建，从根本上改变了农村居住环境，刘庄社区、南李庄社区、龙泉—李台社区、祥和社区等电力、电信、给排水、供热、防灾减灾、污水垃圾处理和其他生产生活设施巩固提升，教育、医疗、文化等公共服务设施全面改善，一批基础设施和公共服务设施齐全、社区服务和管理体系完善、居住方式和产业发展协调的新型社区初见雏形。

4. 农业农村生产生活方式加快转变。通过社区建设不仅从根本上拉动农村消费，发展第二、三产业，扩大农民转移就业，也为促进土地流转创造了条件，全市呈现出土地向种粮大户和合作社集中、传统农业向高效农业发展的态势。同时可有效节约包括土地在内的各种资源，有利于加快推进城乡公共服务均等化进程，进一步完善乡村治理结构，促进乡风文明和农民素质的提高，使广大农民享受工业化、城镇化的成果。

（三）新乡市统筹城乡发展的启示

1. 必须坚持规划先行，因地制宜。推进城乡一体化发展，必须牢固树立"规划为先、规划为要"的科学理念，坚持规划引导，稳步推进。按照城乡统筹、产城融合的要求，充分考虑原有城镇村庄布局、产业基础、生态环境、交通条件、文化传承和耕地保护，尊重农民的生活习惯、生产方式和民俗传统，以优化人口和产业分布为目标，积极推进村庄整合，高标准、高起点编制城乡一体发展规划和建设规划。同时，考虑到各地发展的差异性和不平衡性，因地制宜，分类分步推进。既要积极引导，着力推动，又要从实际出发，量力而行。

2. 必须坚持确保耕地不减少、粮食不减产的基本前提。中原经济区建设的核心任务就是在不牺牲农业和粮食、不牺牲生态和环境的前提上推进新型三化协调发展，这既是河南省自身破解发展瓶颈、解决"三农"问题的内在要求，也是河南省服务全国发展大局、履行对中央的庄严承诺的客观要求。因此在推进城乡一体化发展的过程中，必须坚持最严格的耕地保护制度。在新型农村社区建设中，节余的土地首先用于复耕，使耕地在占补平衡的基础上略有增加；同时，加大农业基础设施建设，发展现代农业，确保粮食稳定增产。

3. 必须尊重群众意愿，维护农民权益。调动和保护好农民的积极性，就要尊重农民意愿，新型社区建不建，怎么建，从规划编制、项目安排、资金使用到组织实施，都不能光由政府、村支"两委"说了算，而是要让群众充分参与，广泛尊重并听取群众的意见，集思广益，根据大多数人的意见进行统筹合理安排，充分保障农民的知情权、决策权、参与权、管理权、监督权。各级政府要认真听取群众意见，设身处地为农民着想，决不能擅自替农民做主、代农民决策，更不能搞强迫命令、搞强行拆迁、逼农民上楼，要坚决维护农民权益。

4. 必须坚持产业为基，注重就业。推进城乡一体化发展，进行新型农村社区建设，重要的是促进农民就近转移就业，让广大农民在社区住得起、稳得住、能致富。要大力发展支撑产业。只有切切实实地夯实产业基础，才能为城乡一体化发展提供可靠的物质保障，真正发挥产业的支撑作用。打好基础，首先就要基于不同发展条件、不同资源禀赋选择适合本地的产业发展路径。一个基本原则，就是充分发挥市场作为资源配置的基本手段，扬长避短，发挥比较优势，宜农则农、宜工则工、宜商则商、宜旅游则旅游，构建具有地域特色的现代产业体系。

5. 必须明确工作抓手，有的放矢。推进新型三化协调发展，必须先明确工作抓手，明确目标导向，以项目为抓手带动各项工作齐头并进。如面对统筹城乡发展中的诸多难题，要通过出台包括财政、信贷、土地、户籍、产权以及规费减免等在内的配套政策，调动广大群众的积极性。尤其是针对新型农村社区建设中政府财力有限，农村居民收入水平不高的现

状，应积极探索市场化运作途径来破解资金难题，通过综合运用土地整理、贷款贴息、以奖代补等优惠政策，引导各类有实力的企业和社会资本积极参与新型农村社区建设，形成多元化的投入格局，减轻政府压力，减轻农民负担。

二、济源模式

济源市是愚公移山故事的发祥地。近年来，济源市在省委、省政府的正确领导下，坚持用城乡一体化统揽经济社会发展，按照"关键抓发展、重点抓农村、核心抓统筹"的战略思路，以推进"三个集中"（即工业向集聚区集中、农民向城镇集中、土地向规模经营集中），实现"四个加快"（即加快基础设施向农村延伸、加快社会保障向农村覆盖、加快社会事业向农村侧重、加快公共财政向农村倾斜）为途径，不断提高城镇的承载力和辐射带动能力，充分发挥以工哺农、以城带乡作用，有力地推动了城乡经济社会统筹协调发展。

（一）济源市城乡一体化的实践

1. 统筹城乡规划，推进空间布局一体化。按照全域城市的理念规划城市发展，确定了"1133"城乡发展布局，坚持以城乡一体化为统揽，建设好一个中心城区，推进3个城市型组团，抓好3个重点镇建设，带动全市城乡一体化水平全面提升。同时，科学规划建设小城镇，"放权强镇"，激活镇发展活力，将小城镇建设成为各具特色的卫星城。按照新型社区的理念规划农村建设，对全市527个村（居）进行统筹规划，"宜迁则迁，宜并则并，宜改则改"，因村施策，稳步实施新型农村社区建设。

2. 统筹城乡经济发展，推进产业分工一体化。坚持"工业强市"战略，按照"科学规划，突出重点，集中培育，求得实效"的原则，立足济源实际，统筹产业规划布局，依托产业集聚区，壮大企业主体，延长产业链条，促进产业集聚集群发展；改造提升传统服务业，积极培育新兴服务业，加快旅游、文化、现代物流等重点产业发展；依托特色高效农业功能区，抓好种植业结构调整和农村经济结构调整，大力发展优质粮食、高效园艺、健康养殖、生态林果、特色农业等"五大主导产业"，促进城乡产业高效链接、联动发展。

3.统筹城乡基础设施，推进城乡服务功能一体化。坚持抓城市建设就是抓发展、用市场经济的观念经营城市、按旅游景区的标准建设城市、用现代企业管理模式管理城市的发展理念，优化区域布局，完善城市功能，提升城市品位。在加快中心城区基础设施建设的基础上，加大对农村基础设施的投入力度，启动了新农村电气化建设，提升农村电网建设水平；推进有条件的新型农村社区建设供热、供气工程，改革公交运营体制，在平原区进行供暖、供气、供排水、污水和垃圾处理全覆盖建设，形成城乡高效连接的基础设施网络。

4.统筹城乡社会事业，推进城乡公共服务一体化。强力实施"村村有标准化卫生所、综合文化活动中心、信息网点、便民超市、敬老养老场所"的"五有"工程，加强社会事业全面向农村延伸，建设标准化卫生所，推进全市所有村（居）信息网点建设全覆盖，开通了远程教育网和农业资源网，不断完善农村公共服务体系，逐步缩小农村居民在教育、文化、卫生等方面与城镇居民的差距。

5.统筹城乡劳动就业和社会保障，推进城乡就业和社会保障一体化。坚持统筹城乡劳动就业和社会保障，率先在全省实现了城乡居民养老保障制度全覆盖。2008年7月起全面实施《济源市城乡居民社会养老保障暂行办法》，建立完善了城乡居民社会养老保障体系；2009年11月抓住列入全国新农保试点市的机遇，率先在全省实现了"全民社会养老"保障政策全覆盖。推进了城乡医疗保障一体化，提高农村低保补助标准，提高五保对象补助标准。积极实施"阳光工程"、"雨露计划"和"农村劳动力技能培训"，提高劳动力就业水平。

6.统筹城乡环境建设，推进城乡生活和发展环境一体化。巩固国家卫生城市创建成果，实施了城区居委会"五化"达标改造、城区绿化、公厕、垃圾中转站等工程，对"五小"经营户、集贸市场、背街小巷等与群众生活密切相关的薄弱环节进行集中整治。集中开展村容村貌综合整治，全市初步形成了"村（居）收集、镇（街道）运输、市（域）处理"的垃圾处理长效机制。将净化拓展到硬化、绿化、美化、亮化等五个方面，大力建设生态文明示范村。

（二）济源市城乡一体化的成效

1. 城乡收入差距缩小。通过加快城乡产业一体化发展和城乡社会保障一体化完善，实现了城乡居民收入差距的缩小和城乡居民生活水平的共同提高。2011年，全年农村居民人均纯收入9341元，比上年增长20%；农村居民人均生活消费支出5461元，增长28.4%。城镇居民人均可支配收入18821元，比上年增长14.2%；城镇居民人均消费支出12464元，增长22.8%。城乡居民收入比为2.04：1，远远低于全省平均水平。

2. 农村面貌极大改善。通过连续五年坚持开展百村富民工程、"双二十"村建设、新老典型村互比竞赛、现代农业农村发展示范区建设和生态文明示范村建设，冬春两季坚持开展以造林绿化、农田水利建设、土地开发整理和村容村貌综合整治为重点的"3+1"工作，全面实现了镇镇通高速公路、村村通公交、组组通硬化路、户户通自来水，广播电视、宽带网络、标准化卫生所、日用品超市村村配套齐全。

3. 城镇化高质量发展。按照大气、秀气、灵气的理念建设城镇，实施了一大批基础工程，城市功能、城市品位大幅提升，先后荣获国家卫生城市、国家园林城市、全国创建文明城市工作先进市、中国优秀旅游城市、全国篮球城市、全国双拥模范城、全国科技进步先进市等荣誉称号。同时，通过产业发展、教育提升、城镇扩张、移民搬迁等措施，促进农村人口向城镇转移，连续5年城镇化率以2个百分点以上的速度递增，2011年，济源市城镇化率达到51.44%，高于全省平均水平10个百分点，城镇化发展质量远远高于全省平均水平。

4. 城乡公共服务均等。建立多维度、全覆盖的社会保障体系，形成了由城乡养老保险、城乡医疗保险、最低生活保障、失地农民社会保障、敬老补贴、大病医疗救助等12个种类组成的城乡社会保障网络。建立多层次、立体化的公共服务体系。全面实现了城乡学校集中布局，城乡共享优质教育资源，普及了高中阶段教育。建立了由市级医院、镇卫生院、社区分院、村标准化卫生所相连接的城乡卫生服务体系。建立了由中心城区综合文化体育设施、镇文化站、村文化中心互为补充的文体服务体系。全市各镇（街道）均设立了劳动保障所，使城乡居民享有一体化的就业服务。

（三）济源市城乡一体化的经验

1.坚持城乡一体规划布局。规划是行动的纲领。推进城乡一体化，必须牢固树立科学发展观，坚持适度聚集、节约土地、有利生产、方便生活的原则，必须着眼于城乡协调发展的大局，充分考虑到城镇化的进程、考虑到城镇体系的布局。新型农村社区规划要与土地规划、城乡建设规划等相适应，基础设施要与生态环境相协调，要注意协调推进城镇功能拓展与农村产业结构调整。规划要因地制宜，体现出当地山区、丘陵、平原的特色，做到就地取势、借山用水，人与自然的和谐，展现出优美生态的宜居环境。

2.合理选择发展模式。推进城乡一体发展，要具体分析当地的历史沿革、区域环境、地形地貌、交通条件、产业结构、经济水平、发展潜力等。立足各个乡村的特点，区分不同的类型，根据各地具体情况分类进行指导，按照先"重"后"轻"、先"急"后"缓"、先"易"后"难"的次序来推进。经济较发达的地方，起点可高一点，步子可快一些。要统筹兼顾、互相配套、分步实施、逐步到位，既立足当前，又着眼于长远，注重典型示范，以点带面。

3.增强镇区节点作用。要积极支持中心镇发展特色产业，做大做强块状经济，使之发展成为产业优势明显的小城镇。支持中心镇加快工业功能区建设，通过完善基础设施、加强服务等措施，吸引农村企业向中心镇集中，引导企业向工业功能区集聚，尽快形成各具特色的产业链和产业群。强化中心镇对农村科技、信息、就业、社会保障、教育、医疗卫生等公共服务职能，加快中心镇与镇、中心村之间的设施网络建设，不断提高中心镇对农村地区的辐射带动能力。

4.强化体制机制保障。积极进行城乡一体化发展的制度创新，强化体制机制保障。要深化户籍管理制度改革，取消农业和非农业户口登记，实行以具有固定住所、稳定职业或生活来源为基本落户条件，按照实际居住地登记居民户口，建立城乡统一的户口管理制度。已经作为非农人员进入社区落户的农民，在劳动就业、计划生育、子女入学、社会保障、兵役以及经济适用住房等方面应享受与城镇居民同样的待遇。另一方面，要赋予农民享有充分的承包地、宅基地、房屋的处分权和抵押权等物权，并能够

进入市场流通和进行抵押融资。

三、许昌模式

许昌市位于河南省中部。近年来，许昌市凭借良好的经济基础和比较优势，致力于在中原经济区建设中率先崛起、富民兴许，在推进三化协调发展上积极进行改革探索，并积累了丰富的实践经验。2011年，许昌市按照"集中连片、先行先试、示范带动"的思路，在京广铁路以东、鄢陵县城以西，南到311国道两侧，北至长葛彭花公路两侧，总面积约571平方公里、总人口约45万人的区域内，以新型农村社区建设为战略基点和切入点，启动了三化协调科学发展试验区建设，并取得了一定成效。

（一）许昌市推进三化协调科学发展的做法

1.坚持制度支撑，政策引领。许昌市先后制定印发了《关于建设三化协调科学发展试验区的意见（试行）》、《许昌市三化协调科学发展试验区建设实施方案（试行）》、《关于支持新型农村社区建设的若干政策意见》，同时还制定了《许昌市中心镇和新型农村社区建设工作督查办法》和《中心镇和新型农村社区建设考核评价办法》等督查考评制度，初步建立了政策支持体系。相关县（市、区）和市直各相关部门也分别出台了支持实验区发展和新型农村社区建设的具体方案。

2.坚持统筹规划，高标准建设。按照"五规合一、五规同向、五规同步"的要求，许昌市委、市政府聘请国内一流规划设计单位，高起点、高标准、高质量编制试验区内中心镇区、新型农村社区建设规划，同步编制了产业发展规划和土地流转方案，配套制定了新型农村社区基础设施建设、公共服务设施建设、工程质量安全监管、房屋登记、卫生服务设施建设、教育事业发展等具体指导意见。同时，按照"集约节约、方便群众"和"先规划、后建设"的原则，许昌市统筹考虑社区选址布点与产业布局及当地历史人文、习俗生态等元素，合理确定建设模式、人口规模、产业发展和建筑风格，科学安排基础设施和公益设施。

3.坚持产业为基，就业为本。在推进试验区建设过程中，许昌市按照保粮、兴业、宜居的原则，着力打造产业支撑体系。一产主要发展粮食生产、高效农业和现代畜牧业。加快现有耕地流转，实现规模经营和规模效益，使更多的农民从土地上解放出来，为新型工业化提供充足劳力资源，形成良性互动。二产按照减少企业成本、方便群众就近就业的原则，在新型农村社区合理规划产业发展区域，着力引进建设无污染、劳动密集型的农产品加工业和工业品初级加工业等工业项目；同时，依托许昌新区工贸产业带的优势，通过加强技能培训，引导群众在工业集聚区内就业。三产通过同步规划建设超市、农贸市场等社区服务业项目，在有条件的社区发展乡村生态旅游等现代服务业。科学合理的产业布局，有力地促进了群众的就业和增收。

4. 集约节约土地，综合开发利用。许昌市将土地整治和新型农村社区建设结合起来，把农村散乱、废弃、闲置、低效利用的建设用地进行整合，在中心镇规划区域内选择合适地点，集中力量成片建设住宅小区，控制零星分散建设，提高节约集约用地水平。对腾出的原村庄占地，除复耕归还新型农村社区建设起步用地外，全部实现综合开发利用。包括就地规划建设畜牧养殖产业园或农产品初加工厂；将集体建设用地指标漂移到产业聚集区，支撑新型工业化发展，原地复耕后发展现代农业；对农业基础设施条件好的复耕后的土地，集中用于粮食生产。

5. 完善基础功能，加强设施建设。围绕社区居民享有均等化公共服务、同质化生活条件，在基础设施和公共服务设施方面，提出了街道硬化、环境美化、生活洁化、垃圾"三化"、路灯亮化；有社区服务中心、社区文化中心、学校、卫生所、体育健身场、通信通讯系统、超市、"五保"老人公寓、公交站点、合寿堂的"五化十有"标准，营造"20分钟社区公共服务圈"。同时参考国家相关文件，制定出台了社区基础设施和公共服务设施的建设标准。

（二）许昌市推进三化协调科学发展的成效

1. 新型农村社区建设试点示范效应显现。许昌市坚持"政策引领、规划先行、产业为基、就业为本、群众主体"的新型农村社区建设模式，入住新型农村社区的群众土地流转有租金、充分就业有薪金、腾出的土地入股有股金。2011年，许昌市11个新型农村社区基本建成。2012年，试验区内计划启动4个中心镇区和13个新型农村社区，截至5月底，已有7

个社区开工建设，其余 6 个社区基本完成规划编制，累计完成投资 2.3 亿元。试验区内新型农村社区全部按照三化协调、"五化十有"的标准进行规划并付诸实施，为全市新型农村社区建设探索了路径、积累了经验，试点先行、示范带动作用富有实效。

2. 产业集聚区的带动能力持续增强。许昌市的产业集聚区集群发展态势渐趋明显、招商引资平台作用更加突出、综合承载能力持续提升，已经成为拉动全市经济增长的主导力量。2011 年，全市 10 个产业集聚区规模以上工业主营业务收入达 1445 亿元，完成固定资产投资 470 亿元，分别增长 62% 和 53%；签约项目 263 个，其中亿元以上项目 152 个，实际到位省外资金 114 亿元。全市产业集聚区吸纳从业人员近 20 万人，带动许昌市城镇人口 176 万人；规模以上工业从业人员突破 15 万人，新增就业 3 万余人。长葛市产业集聚区和禹州市产业集聚区进入全省十强产业集聚区行列。

3. 新型工业化的主导作用日益凸显。产业转型升级步伐加快，产业结构更趋合理，新型工业化在推进三化协调发展中的主导作用越来越突出。全市规模以上工业增加值 894.7 亿元，增长 21.7%；三大主导产业主营业务收入超过 1200 亿元；五大战略新兴产业主营业务收入 130 亿元，比上年翻了一番；11 家企业进入全省百强百高企业名单，总数居全省第 3 位。重点项目的支撑作用不断提升，卷烟厂易地改造、东风汽车底盘等 49 个重大产业项目开工建设，众品冷链物流园、西继电梯自动扶梯、文博馆等 35 个项目竣工投用，有力支撑了经济发展，增强了发展后劲。

4. 农业现代化发展水平不断提升。2011 年，全市粮食总产量达到 277.2 万吨，实现了自 2004 年以来的连续 8 年增产，被河南省委、省政府授予"粮食高产创建先进单位"称号。全市农业龙头企业总数达到 245 家，其中国家级 3 家，省级 38 家，省级数量位居全省第二；新培育农民专业合作社 224 家，累计达到 766 家，其中省级示范社 18 家，市级示范社 52 家，初步形成了优质小麦、大豆、生猪、"三粉"等农产品加工产业集群。全市土地流转面积 130.5 万亩，占全部家庭承包耕地面积的 31.2%，其中引进土地流转规模在 500 亩以上的农业公司 114 家，流转面积 13.5 万亩，农业生产规模化、公司化、标准化程度不断提升。

（三）许昌市推进三化协调科学发展的启示

1. 加强政策引领，坚持规划先行。政策意味着方法、意味着机遇，是发展的路径、依据、保障和支撑。河南省新型三化协调发展，尤其是新型农村社区建设还处于起步阶段，需要政策引领、政策支撑、政策保障。要通过政策突破、政策创新、政策激励，调动社会各方面参与中原经济区建设和三化协调发展的积极性。规划是前提，是基础，是关键。规划得好才能建设得好、发展得好、管理得好。要充分考虑当地发展水平和群众承受能力，在功能定位、区域布局、产业支撑、文化品位和建筑风格等方面做到独具特色、规范布局。

2. 坚持因地制宜，探索适合的发展模式。在试验区建设过程中，许昌市近期主要采取整村拆建、集中开发、企业帮带模式，加快新型农村社区建设进度。对于地理位置和交通有优势、土地具有较大开发价值的地方，采取统一规划、市场运作、整村拆建模式。对于财政基础较好或村级集体经济有实力的地方，采取政府主导、政策扶持、集中开发模式。对于引导有实力、有需求的企业参与新型农村社区建设，采取企业帮带、融合发展、互利双赢模式。对于相对偏远、地方政府有一定财力的地方，采取规划到位、自筹自建、逐步推进模式。不适宜居住、比较偏远的地方，采取用好机遇、借力推进、整村拆迁模式。河南省其他地方新型农村社区建设也应该结合实际，充分论证，广泛听取群众意见，选择适合自己的发展模式。

3. 鼓励先行先试，促进示范带动。为探索路子、总结经验，充分发挥示范引领作用，许昌市委、市政府决定，在长葛市、许昌县、鄢陵县交会处总面积约 571 平方公里、总人口约 45 万的区域内，建设三化协调科学发展试验区，目的就是积极进行三化协调的探索和推进，为全市乃至全省作出示范。其他地区在新型三化协调发展的过程中，也应该"试点先行，示范带动"，做到规划一批、谋划一批、推进一批，先行先试，大胆探索，勇于实践，尽快突破。

4. 以新型农村社区为切入点，强化新型城镇化引领。强化新型城镇化引领，关键在于突破新型农村社区建设这一战略基点。传统的城镇化不考虑农村，重城不重乡，导致城乡二元分割，城乡差距、工农差距越拉越

大。如今已经到了以城带乡、以工哺农的新阶段，必须把新型农村社区建设作为战略基点和切入点纳入现代城镇体系，加快农村城镇化进程，实现农民就地城镇化，让农民进得来、住得下、安住心、过得好，从根本上改变农民的生产生活方式，促使小农经济、乡村文明向现代化大生产、城市文明转变，在农村营造一种全新的社会生活形态。

5. 积极创新思路，破解发展瓶颈。随着三化进程加快推进，巨大的用地需求使土地资源更加稀缺，对土地的控制也越来越严格。在土地利用方面，许昌的做法值得思考和学习。在三化协调科学发展试验区内，许昌允许土地规模经营主体按流转土地面积 1% 以内的比例（最多不超过 30 亩）安排管理和生活用房用地、仓库用地、硬化晾晒场、生物质肥料生产场地等附属设施用地。为了提高土地的利用效率，许昌依据投资强度高低对产业集聚区设置项目入驻门槛。如河南省阳光实业集团让"躺着的车间立起来"，建成了高达 200 多米的车间，亩均投资强度达到了 400 万元。

四、平顶山模式

平顶山市作为一个典型的资源型城市，面对新形势、新挑战，立足新型工业化、新型城镇化和农业现代化三化协调，积极探索经济转型、科学发展的新路子，给人们以有益的启示。

（一）平顶山统筹推进三化协调发展的必要性

从发展时机上看，资源型城市要实现科学发展、持续发展，对于转型与调整、接续与替代、优化与升级的重要性，必须要早认识、早行动，必须努力避免等资源枯竭了再转型，等城市衰退了再挽救，否则，困难大、成本高而收效微。平顶山是典型的成长中的资源型城市，能源化工等资源型产业优势突出，装备制造、文化旅游、现代农业等替代接续产业已经形成，并具备了一定的规模，经济社会发展基础好。在这种背景下，对加快转变发展方式的重要性有清醒意识，有利于形成合理的产业结构、就业结构、人才结构和技术结构，有利于抓住最佳时期立足转型升级统筹推进三化协调发展。

从战略定位上看，平顶山市"十二五"规划确定的城市发展战略定位是"一区三地一支点"，即资源型城市可持续发展示范区，全国重要的新型能源化工基地、现代装备制造业基地和海内外知名的旅游目的地，中原经济区重要的战略支点。围绕这些发展定位，通过统筹推进新型工业化、新型城镇化和农业现代化，实施"生态建市、产业立市、文化强市、和谐兴市"战略，有利于在更大的范围内优化城市空间结构和居住、产业、生态等功能布局，提高产业、人口等综合承载能力，呼应发展战略要求，适应区域布局规划，增强资源型城市综合实力。

从路径选择上看，中原经济区建设的核心任务，就是要探索走出一条不以牺牲农业和粮食、生态和环境为代价的三化协调科学发展之路。平顶山作为资源型城市，推动经济转型、社会转型、城市转型，可以为资源型城市又好又快发展探索路子、积累经验，树立资源转型城市典范，打造中原经济区重要的战略支点，而统筹推进三化协调发展是当务之急和战略选择。

从资源优化配置上看，资源型城市仅以不可再生的有限的自然资源作为其生存与发展的主导资源，显然不能支持长久发展、可持续发展。平顶山市要通过充分挖掘矿产资源、农业资源、文化旅游资源等各类资源的价值，实现优化配置与整合利用，将"资源优势"培育成城市的"核心竞争力优势"，不仅要依托煤、盐、水、电等丰厚的自然资源推进新型工业化进程，而且要充分利用人文资源，加强软硬环境建设，打造山水鹰城，促进城市形象转型；要发挥农业资源优势，推进农业现代化，建设新农村，统筹城乡发展。

（二）平顶山统筹推进三化协调发展的主要做法

1. 构建新型工业体系。平顶山市以打造"品牌集聚区"为重点，按照突出主导特色产业，立足资源优势与培育主导产业相统一，产业集中度与产品关联度相统一，同行业技术先进性与单位面积投入产出效益最大化相统一的原则，高起点、高标准、适度超前建设基础设施，抓好公共服务平台建设，促进产城融合，同时，大力实施赶超行动计划，争取2个集聚区进入全省前30名，10个省级产业集聚区平均投资赶上省平均水平，全面提升产业集聚区发展水平，打造平顶山加快转型升级的平台载体。而且，平顶山市加快传统产业升级改造，采用高新技术和先进适用技术，加快实

施能源化工、装备制造、特种钢材、新型建材、农副产品深加工支柱产业规划，提升传统产业规模和层次。培育壮大战略性新兴产业，以规模化、高端化、基地化为方向，努力在新能源、新材料、节能环保、生物医药等重点领域发展上实现新突破，提升产业核心竞争力。

2. 构建现代服务业体系。平顶山市大力提高第三产业比重，把发展服务业作为扩大消费需求的重要抓手，以物流、文化、旅游、金融、现代商贸等为重点，以服务业特色园区和服务业重点项目建设为着力点和支撑点，构建现代服务业体系。一是以平西综合物流园区、大香山物流园区、叶县和平东物流园区等为平台载体，以煤炭、粮食、盐业、钢铁、医药、食品等行业物流为重点，进一步完善场站设施功能，提高物流配送能力，大力发展现代物流。二是以曲艺文化、魔术文化为龙头，积极开发汝瓷、金镶玉等地方特色文化产品，深入推进宝丰文化改革发展试验区建设，大力发展演艺、动漫、工艺品等文化产业。三是整合旅游资源，加大宣介力度，构建"一个中心、三大板块"旅游格局，围绕七大旅游精品景区，加快推进市旅游服务中心、白龟湖国家湿地公园、大香山寺、尧山景区等重点项目建设，积极引进战略投资者，促进旅游龙头企业发展，壮大 A 级景区和星级酒店队伍，全面提升旅游业。四是着力优化金融生态环境，积极引进各类金融机构，办好市中小企业金融超市，推进新城区金融中心建设，培育发展金融业。

3. 构建自主创新体系。平顶山市加快推进自主创新体系建设，通过高新技术产业化和运用高新技术改造传统产业，科技创新和产业链上下游环节的延伸，打造能源化工产业与新材料、装备制造产业紧密结合的、跨行业的新兴产业集群。在自主创新体系建设方面明确两大重点工作，一是大力支持企业研发中心建设，积极培育壮大创新主体，鼓励和支持企业与高校、科研院所合作组建各类研发机构，形成一批拥有自主知识产权和核心技术的创新型企业，在高压电器、瓦斯防治、尼龙化工等领域突破了一批关键技术，科技对工业发展的支撑能力不断增强。2010 年新增国家级高新技术企业 4 家、省级工程技术研究中心 5 家、重点实验室 1 个，全年高新技术产业增加值增长 21.1%。二是提升产品生产标准，加快与国际标准和国家标准接轨步伐，积极采用国际标准和国家标准组织生产，以有效提高产品质量和市场竞争力。目前，总投资 10 亿元的国家级高压电气设备质检中心以及郏县铁锅省级检验检测中心开始筹建。中材环保有限公司的电收尘器和袋除尘器的部分技术指标填补了国内空白，具有国际先进水平。

4. 增强城镇承载能力。平顶山市坚持走新型城镇化道路，加强区域功能分工与合作，推动中心城区、县城和中心镇互促共进、协调发展。一方面，以城市新区为载体，推进"平宝叶鲁"一体化发展，推进交通一体、产业链接、服务共享、生态共建，促进城市形态由单中心、高集聚向组团式、开敞型转变，使传统的带状城市拉开框架，组团布局格局基本形成，有效拓展中心城市发展空间，全面提升城市服务功能，显著增强城市承载力和辐射力。另一方面，加快县城和小城镇建设，以县城扩容和中心镇建设为重点，加强路、水、电、污水处理等基础设施建设，加快完善医院、商业网点、公交枢纽站等配套服务设施，提高公共服务水平，加速产业和人口集聚，提升吸纳就业能力，进一步增强县城和小城镇的吸纳承载能力。近年来，平顶山老城区实施道路改扩建、天然气置换、河道治理和绿化景观等工程，强力推进城中村和旧城开发改造，加快县城和小城镇建设，城乡面貌不断得到改观。

5. 增强公共服务能力。平顶山市深化城市创建活动，以创建活动为契机和抓手，充分挖掘平顶山地区各类资源的价值，实现整合利用，将"资源优势"培育成城市的"核心竞争力优势"；以创建活动为督促和激励，助推城市特色塑造，打造城市发展新名片，促进平顶山城市形象转型。全面巩固中国优秀旅游城市、国家园林城市的成果，全面开展国家卫生城市和国家森林城市创建工作，以建设宜居城市为目标，狠抓市容市貌和环境卫生综合整治，加大卫生小区、卫生单位和卫生村镇创建力度，根治"脏、乱、差、堵"等问题。不断完善城市公共服务，健全城市的交通、环保、就业、教育、文化以及其他社会功能，提高城市管理水平，提升市民文明素质，营造城市人文氛围，改善城镇发展软环境，在持续创建中不断完善城市功能、提升城市品位。

6. 推进新型农村社区建设。根据建设适宜创业发展和生活居住的新型农村社区的总体要求，平顶山市以生产发展、生活富裕、生态良好为目

标，明确了"整合自然村，确定中心村，抓好示范村"的新村建设发展路径。如舞钢市作为示范试点，一是建好新房，充分尊重群众意愿，满足农户需求。二是建好基础设施，通盘考虑生产、生活需要，将道路、能源、供水、通信、排污等基础设施建设一步到位，真正让农民享受到优美宜居的人居环境。三是建好公益事业，逐步让聚居农民享有同城市一样的教育水平、一样的医疗条件、一样的文体设施、一样的娱乐项目，提高聚居农民幸福指数，增强中心镇、中心社区的示范引导能力和辐射带动能力。同时，舞钢市严把"六关"：坚持集约节约用地，严把土地使用关；坚持质量第一，确保群众住上放心房；三是坚持中心社区服务农民，严把入住对象关；四是坚持一户一宅，严把搬新拆旧关；五是坚持统筹兼顾，严把扶弱济贫关；六是坚持示范引导原则，严把农民意愿关。另一方面，平顶山市通过强健队伍，延伸职能，积极推进行政服务进社区；通过市场机制、产业运作、精细化管理，积极推进物业管理进社区；通过强化群众性精神文明创建活动，积极推进文明教育进社区；通过健全完善基层党组织，积极推进党建进社区。"四进社区"，为社区的持续发展提供了有力保障，也为推动和谐社会建设奠定了坚实基础。

（三）平顶山统筹推进三化协调发展的启示

1. 以两个转变为主线。统筹推进三化协调发展，是一个涉及经济、社会、人口、生态与资源环境的系统工程，要求各子系统及系统组成要素之间在协调推进中达到和谐一致、互利互促。实现这一目标，不仅要求生产方式转变，同时要求生活方式转变。"两个转变"正是新型工业化、新型城镇化、农业现代化这三化中的"新型"与"现代"的核心内涵与根本要求，是增强发展的协调性和可持续性的根本要求。其中，生产方式转变，要求产业发展要从包括中心环节、动力机制、支撑体系等各个方面向结构优化、效益增长、创新驱动、开放带动、资源节约、环境友好的新型发展道路转变；生活方式转变，要求从城镇到农村、从生活理念到消费模式，从完善基础设施、健全公共服务、培育文化氛围、提升文明素养着手，向和谐文明、绿色低碳的现代生活方式转变。

2. 以两个引导为切入。加强规划引导、投资引导，有利于准确把握统筹兼顾走三化协调发展新路子的着力点和切入点。从规划引导来看，规划时间跨度长、涵盖范围广，通过科学规划以明确发展蓝图，引导空间布局、产业发展、建设时序、资源分配等各方面内容。在推进三化协调发展中加强规划引导，不仅可以统筹利用各方多种资源，而且具有突出的超前性和指导性，从而降低或是减少各种不确定性、不稳定性因素的影响。从投资引导来看，投资导向是落实科学发展、以人为本、统筹全局、把握关键的重要现实体现，一方面突出了三化协调发展的重点和难点，另一方面也是三化协调发展从加快启动、推进到提升质量、效益的一个重要抓手。通过规划引导、投资引导，实现城镇布局、产业发展、基础设施建设、社会事业、就业和劳动保障、政策措施等方面的协调统一。"两个引导"的背后，是着眼长远、着眼全局、统筹兼顾、持续协调发展的发展思路和路径选择。

3. 以两区建设构筑平台载体。积极推动产业集聚区建设、新型社区建设，构筑推进三化协调发展的重要载体和平台。在产业集聚区建设中，按照项目集中布局、产业集群发展、资源集约利用、功能集合构建和促进农村人口向城市转移的要求，将产业集聚区作为中原经济区促进产业集聚、人口集聚、资源集聚的重要载体和平台，作为城乡一体、统筹发展的先行区和示范区，加强产业链接、产城互动、功能提升、设施完善、服务共享和生态共建。在新型社区建设中，以空间布局合理、基础设施和公共服务设施齐全、社区服务和管理体系完善、居住方式和产业发展协调为导向，统筹道路交通、水电能源、教育卫生、文体设施等基础设施、服务设施和公益事业建设，着力改善城乡居民生活居住条件、缩小城乡差距。

4. 以两个集中把握关键环节。统筹解决"三农"问题，是推进三化协调发展的重要目标，而实现这一目标就要求城镇发展和农村发展的统筹、经济发展与社会发展的协调以及产业集聚、资源集聚与人口集聚的互动，这其中土地向规模经营集中、农民向中心社区集中是两个关键环节。土地向规模经营集中，可以通过转租、转包、转让、合作等方式，进一步巩固企业带动型、合作社带动型、大户带动型等发展模式，加快土地经营权的流转，促使土地向种田能手和经营大户集中，提高农业生产的规模化程度，为专业化生产和现代农业发展奠定基础。农民向中心社区集中，可以采取园区带动、城镇辐射、迁村并点等模式，根据交通区位条件、产业集

聚程度和乡镇特色，把地理上相连、空间上相接、经济上关联、人员往来上频繁的自然村庄聚集到一起，按照"文化、特色、生态、宜居"的要求，配套完善基础设施和公共服务设施，把中心镇和中心社区建设作为转移农民、加速城镇化的重要平台。

5. 以两个创新培育动力活力。把科技创新、体制创新作为推动三化协调发展的持久动力活力。科技创新作为提升核心竞争力的根本驱动和主要支撑，重在树立创新理念、培育创新主体、凝聚创新人才，切实增强自主研发能力和水平。体制创新重点，是通过深化综合配套改革，围绕三化协调中心任务，在企业改制、土地管理以及社会领域等方面，强化体制保障，充分激发经济社会发展的动力活力和全社会的积极性和创造性。

6. 以两个提升强化支撑能力。提升人力资源素质和提升文化软实力，是推进三化协调发展的两个重要支撑。从提升人力资源素质来看，人是发展的主导者、参与者、推动者，提升人力资源素质是一切发展的根本支撑和保障，应着力通过提升人力资源素质，优化人力资源配置，切实做好育才、引才、聚才和用才工作，加快形成人才竞争比较优势。从提升文化软实力来看，一个城市如果没有国民素质的提高和道德的力量，绝不可能成为一个优秀城市、一个受人尊敬的城市。因此，要重视以文化人、以德育人，提升全社会文明素质；要重视凝聚文化特色、传承文化精髓、繁荣文化事业、推动文化创新，为统筹推进三化协调发展增强文化软实力支撑。

第六节　经验与启示

改革开放以来，河南省在加快工业化城镇化的同时，坚持"以农兴工、以工促农、城乡互动、协调发展"，实现了耕地面积不减少、粮食产量不降低、农业地位不削弱，在加强农业基础地位的同时，又确立了新兴工业大省地位，创新了农业大省现代化模式，走出了一条新型三化协调科学发展的路子，其经验和启示体现在以下几个方面。

洛阳白云山

南水北调穿黄工程

一、强化支农惠农政策

20 世纪 80 年代河南省农业的较快发展，是因为推行家庭联产承包责任制以及市场导向的改革等，较好地解决了农民的生产决策和物质利益问题，激发了广大农民务农的积极性。20 世纪 90 年代末，由于农民税费负担过重，粮食生产成本过高，影响了农民的种粮积极性，致使 2000 年前后河南省的粮食产量一度出现下跌势头。2004 年以来，连续 9 年中央一号文件的支农惠农政策在河南省都得到了很好贯彻，先是实行"两减免、三补贴"政策，接着取消农业税，并以新农村建设为契机，全面落实支农惠农政策，让公共财政的阳光普照新农村，让农民更多地得到产业化中农产品加工、流通环节的收益，使农民越来越多地分享改革发展的成果，大大提高了农民种粮的积极性，使粮食产量和农业发展连年上新台阶。尤其是在免除农业税之后，财政开始对农民进行种粮直补，河南省委、省政府要求对农业补贴必须做到"一分钱不能少，一户不能漏掉，一天不能耽误"，极大提高了党的农村政策的公信力。近些年河南省粮食总产量连年超千亿斤，正是由于政策好，改变了农民对种粮的态度，庄稼长在田野里，更长在了农民的心上。

粮食生产的稳定增长，离不开激发粮食主产县的动力。以前产粮大县面临着一种尴尬的局面——投入了大量人力物力财力，但从农业和粮食上获得的收益却很低，种粮大县一般都是"农业大县、工业小县、财政穷县"。为了改变这种局面，近些年，河南省在壮大县域经济的过程中，加大了对产粮大县的补助和奖励力度，加大了对农业县财政转移支付的力度。省里每年拿出专项资金，对产粮大县和增产幅度大的县进行奖励。同时，为了支持畜牧养殖业发展，省政府专门设立了畜牧业发展专项资金予以扶持。河南省还积极调整优化农业结构，以优质农产品和畜产品核心生产区为依托，引导生产要素向该区域集中，形成了专业化、规模化、特色化的农产品生产、加工、销售一体化的综合产业带，促进农产品加工转化增值。这些都有力地推动了农业的发展。

河南省积极创新农业农村经济制度，在稳定家庭承包的基础上，合理

流转农业用地，促进农业适度规模经营，大力发展农民合作经济组织，健全农村社会化服务体系，提高农民生产经营的组织化程度，积极开拓农产品市场；加大农业产业化的扶持力度。同时，积极推进农业水利化、加大农田基本建设和林业生态工程投资，为河南省的粮食和农业生产创造了良好的物质条件和生态环境。同时，河南省不断提高机械化和信息化，提高土地产出率、资源利用率和农业劳动生产率，积极推进农业的集约化、规模化、产业化发展，推动了传统农业向现代农业的转变。①

二、推动产业融合发展

工业化是传统农业大省迈向现代社会的必由之路，也是河南省实现富民强省、追赶沿海发达地区的根本途径。如果说在改革开放初期，有的沿海省份牺牲农业发展工业尚有一定的合理性，那么在工业化不断深化、国家产业宏观布局已相对稳定之后，河南省作为农业大省和人口大省，就必须创新工业化模式。其关键就是必须用新的眼光审视发展工业与保护农业的关系，在发挥农业资源优势的基础上推进工业化，在不放弃农业优势特别是粮食生产优势的基础上加快工业化，走出具有河南省特色的新型工业化道路。发展工业与保护农业既有矛盾的一面，也有协调的一面，工业化并不一定要以牺牲农业为代价，通过努力，完全能够从"两难"走向"双赢"。因为，工业与农业之间具有天然的投入产出关联，依据本地农业资源优势发展起来的工业化，必然与农业发展客观上存在一种相互联动、相互促进的发展关系。农业发展好了，不仅能为工业生产提供充足而优质的原料支撑，而且能为工业化提供广阔的市场；同时，加快工业化进程，反过来也能为现代农业发展提供技术、信息、装备支撑和财力支持，推动农业的品种改进和生产技术提高，推动农业向多元化、产业化、标准化、品牌化方向发展，给现代农业开辟广阔的发展前景。所以，要坚持把推进工业化与发展现代农业有机结合起来，以工业化带动现代农业发展，以现代

---

① 刘道兴、吴海峰、陈明星：《改革开放以来河南农业的历史性巨变》，《中州学刊》2008年第6期。

农业的发展支持工业化的推进。

传统农区具有农业比较优势。传统农区工业化的一般规律是，与农业关联度高的初级消费品工业率先发展起来，这些工业部门主要包括食品、烟草、纺织、皮革、服装、家具等轻工业，随后资本品工业才开始发展，并在产值和速度上逐渐超过消费品工业。因此，农业大省的工业化需要立足农业、围绕农业做好工业文章，将工业化看作是从农业中产生、发展和壮大的过程，看作是农业、工业与服务业协调发展的过程，并在推动产业升级中不断增强工业反哺农业的能力。这也是河南省工业化过程所表现出来的一大特色。20世纪90年代以来，河南省坚定不移地实施"以农兴工"战略，坚持"以农兴工、以工促农、农工互动、协调发展"，提出工业与农业两篇文章联手做，作出了"围绕农字上工业，上了工业促农业"等一系列部署，积极促进农业产业化，推广龙头带基地、公司连农户、产加销一条龙等模式，建立企业与农户利益共享、风险共担的经营机制，大力培育发展农产品加工业和涉农工业，将食品工业作为河南省六大优势产业之首长期坚持不懈来抓，积极发展以农副产品为原料的轻工业。河南省以食品和农产品加工业为代表的消费品工业逐渐发展成为优势产业，通过拉长农业产业链条、挖掘农产品增值潜力，建立起了具有地方特色的农副产品加工体系，并有效地带动了农业的发展和升级，走出了一条工农业互动协调发展的路子，并以"农业安天下"有力支持了全国的工业化进程。①

推动相关产业的集聚融合壮大，是工农业互动发展的必要条件。市场需求，是农业和农产品加工业发展的导向，也是其下游流通业发展的导向。食品工业和农产品深加工，是农业、工业和商业的联结点，也是农业生产价值的再延续，是实现农产品从田间到餐桌的重要环节，在产业链上与其他环节一起构成完整的产业体系。由于农产品和食品的物理特性，其生产组织、产品销售，要求流通和交通与之相配套，才能大大降低产品的生产、销售和运输成本，并以规模化的生产占有大的市场份额，进而拓展农业发展空间、提高农业现代化程度。也就是说，农业和食品工业，要面

---

① 吴海峰、郑鑫：《河南工农业互动协调发展模式研究》，《经济研究参考》2008年第71期。

向大市场获得大发展，必须以顺畅的大流通为条件。而大流通的发展，又以发达的交通为载体。基于这种认识，河南省利用地处中原的区位优势，多年来着力发展大流通、培育大市场，大力发展现代物流，重视基础设施建设，加快交通事业发展，使公路总里程、高速公路里程、农村公路里程均跃居全国前列，从而为农业和食品工业发展创造了外部环境，紧密了工业与农业之间的产品交换和要素交流，降低了工业与农业之间的交易成本。河南省建立的全国第一个粮食批发市场和商品期货交易所，通过20年来的不断发展，发挥的影响越来越大，为农业发展提供了大市场。河南省推进粮食企业改革，完善粮食市场体系，放开粮食购销市场，拓宽了粮食产销渠道，促进了粮食流通。发达的交通体系，顺畅了生产要素在城乡间和区域间的流动，为农业和食品工业的迅速崛起提供了畅通的经济动脉。郑州生产的水饺、汤圆、馄饨，一天之内就可摆上北京、上海、武汉的超市货架，得益于便捷的交通和发达的物流。同时，大市场引导农业区域分工和农业产业化高度化，通过产业集聚形成产业带，河南省形成了专业化、规模化、特色化的农产品生产、加工、销售一体化，实现了工农业协调发展。

三、转变工业发展方式

市场机制决定着资源的分配和流向，市场体系是否健全则直接关系到资源配置的效率。坚持以市场为导向的改革，是推进工业发展的不懈动力。改革开放以来，河南省不断推进市场化进程。1979年，全省着手进行以扩大企业自主权为主导的国有工业企业改革。1984年开始的城市经济体制改革，一方面把原来作为政府附属物的国营企业转变为独立核算的经济主体，通过引进经济激励机制，逐渐改变了"干与不干一个样、干好干坏一个样"的低效率局面；另一方面，允许和鼓励非公有制企业发展，并逐步扩大非公有制经济可以进入的领域。大力推进所有制改革，是加快工业发展的活力之源，这不仅使得国有企业改革有了更大的回旋空间，还使微观主体更能适应市场经济的运行。1992年以后，我国确立了社会主义市场经济体制的改革目标，市场机制的导向作用得到有效发挥，河南省的投资来源渠道越来越宽，争取外来投资和民间资金投资的政策渐趋灵活。据统计，河南省民间投资占全社会固定资产投资总额的比重由"八五"期间的37.3%提高到2011年的78.8%。河南省以更加开放的心态、更加主动的姿态、更加有力的措施，吸引更多的社会资金和民间资本投入工业，推动着河南省工业跨越式发展。

河南省新兴工业大省地位的确立，同样得益于优势产业规模的扩大。优势产业具有鲜明的地域性，竞争优势突出，经济效益较高，发展前景广阔。河南省就是找准了区域比较优势，选择优势产业率先突破，才有了工业的高速增长。河南省从本地区的资源禀赋考察出发，从市场竞争格局中发挥比较优势，逐步形成了具有区域特色优势的现代化产业体系。河南省矿产资源和能源比较优势明显，是我国重要的能源、原材料生产和输出基地，为河南省发展有色金属、化工等资源加工业提供了十分有利的基础条件；河南省是全国重要的农业大省，河南省的食品加工在全国具有一定的影响力和竞争力，造就了全国最大的面粉、面制品、肉制品加工和冷冻食品生产基地；河南省依托丰富、廉价、高素质、低成本的劳动力资源，培育发展了纺织、食品加工等劳动密集型产业；河南省作为承东启西、连南贯北的中部省份和全国重要的交通枢纽，具有得天独厚的区位优势和交通优势，不仅适宜物流商贸等服务业的发展，也是我国东部产业转移和西部资源输出的重要枢纽和桥头堡，促进了河南省更多优势产业的发展壮大。20世纪90年代以来，河南省根据资源条件和比较优势，逐渐把资源优势转化为竞争优势，始终把食品、有色金属、装备制造、纺织服装、化工、汽车及零部件等作为优先培育的产业，加大政策支持力度，优势产业竞争力持续增强，工业规模不断壮大。

河南省坚持以市场为导向，以产业升级和提高竞争力为重点，大力调整和优化产业结构，用先进适用技术改造传统产业，有选择有重点地发展高新技术产业，大力发展终高端产品，拉长产品链条，积极推进机制创新和制度创新，全省工业经济驶入健康发展的快车道，成为国民经济增长的主导力量。工业经济规模的持续扩大以及部分优势产业的快速发展，使得河南省资金、技术、人才等高端生产要素的积累能力持续增强，高附加值产品产量大幅度增加，带动了产业结构调整和产品结构优化，提升了河南

省工业的核心竞争力。伴随新兴工业大省的确立，一些产业的竞争优势逐渐形成并在全国范围内得到强化，有色金属、食品、汽车配件等产业在全国经济发展中均占有重要地位，许多企业走向国际市场。并且，河南省增强自主创新能力，培育以名牌产品为龙头、具有较强竞争力的跨地区跨行业企业集团，提高河南省高端、高附加值产品的市场占有率。这些都有力地促进了全省经济的发展。①

21世纪以来，为缓解日益加大的资源约束和生态环境压力，河南省摒弃了高投入、高消耗、高污染、低产出的传统发展模式，选择以信息化带动工业化，走一条科技含量高、经济效益好、资源消耗低、环境污染少、人力资源优势得到充分发挥的新型工业化的道路，建立科技依赖型、资源节约型和生态环保型的现代发展模式，强力推进火电、建材、有色、钢铁、煤炭、化工、造纸、皮革等高耗能、高排放重点行业的节能减排，加快淘汰落后产能和落后设备，突出抓好重点流域和重点区域环境综合整治，使火电行业"上大压小"和脱硫设施建设、水泥行业淘汰机立窑水泥、污水垃圾处理厂（场）建设等工作走在了全国前列。同时，循环经济示范区、生态园区、产业集聚区的建设和发展，为河南省推进节能减排起到了很好的示范作用和推广价值。工业发展模式的转变，促进了河南省环境质量好转、可持续发展能力增强。

四、集约节约利用土地

耕地是农业发展最重要的条件。只有保护耕地才能从根本上保障粮食安全和农业发展。而工业化的空间结果表现为企业增多和工业占地规模扩大，工业化带动的城镇化也必然使占地需求增加，还有兴建高速公路、高速铁路等公共设施，扩大土地占用是不可避免的，这就产生了工业发展与农业发展的内在矛盾和冲突。如何寻求工业扩张、城镇扩大、基本建设与农田保护之间的合理平衡点，是三化协调发展面临的一大难题。

---

① 喻新安、陈明星：《工农业互动协调发展的内在机理与实证分析——基于河南省"以农兴工、以工促农"的实践》，《中州学刊》2007年第6期。

为了破解这一难题，河南省根据人多地少的基本省情，以集约节约利用土地为主线，坚决落实国家最严格的耕地保护制度，各县乡村都明确了基本农田保护边界，立碑明确。河南省规定，国家下达的用地指标主要用于事关国计民生的重点项目，一般项目从建设多层标准厂房和盘活存量用地中解决。全省上下坚持节约集约用地，推进企业布局集中、产业向园区集聚，尽可能减少项目建设的耕地占用。根据现实中存量建设用地的粗放利用、有的甚至是闲置浪费的现象，省委、省政府明确提出，要从新增建设用地中"抠"地、从存量建设用地中"盘"地、从严管严查中"挖"地、从土地整理中"增"地、从多层标准化厂房中"节"地，积极推动土地再开发，发掘土地再利用的潜力。通过集约利用土地、清理盘活闲置土地等多种途径挖潜土地资源，使河南省在工业化和城镇化用地不断增加的情况下仍然实现了耕地面积的增加。

1999年以来，河南省不断加大耕地开垦费收缴使用力度，大力开展土地整理，积极实施"空心村"、黏土砖瓦窑厂、工矿废弃地等土地复垦，有条件地开发土地后备资源，通过实施占补平衡项目补充耕地，到"十一五"末，耕地保有量高出国家下达任务100多万亩，使粮食播种面积稳定在1.3亿亩以上，为粮食和农业发展提供了坚实保障。据统计，仅2010年河南省占补平衡项目就投资12.82亿元。近年来，国家明确了确保18亿亩耕地红线的战略目标，河南省更加感到确保中原大地良田安全的历史责任，开始探讨"工业出城、工厂靠山"的工业发展新模式，在郑州、洛阳、焦作、济源等地，出现了开发整理浅山丘岭、乱石滩地发展工业的新经验。河南省正在探索既不占用耕地又能大力发展工业的新路子。河南省的实践表明：保护耕地不是反对用地，不是反对工业化、城镇化，而是要合理用地、科学用地、文明用地，这是工业化城镇化发展的必要保障。①

五、增强科技创新能力

多年来，河南省积极转变农业发展方式，加大农业研发和科技推广力

---

① 刘道兴、吴海峰主编：《转型升级——郑洛工业走廊发展研究》，河南人民出版社2010年版。

度，把"主攻单产、提质提效"作为粮食稳定增产和农业发展的重要举措，不断提升粮食和农业生产的科技含量，不断提高农业机械化和水利化的水平。一方面，河南省依托农业的规模优势，将培育适合本省自然条件、适应农业和农产品加工业发展要求的高质量农业新品种作为重点，建立了高效的农业研发体系。河南省农科系统选育出了郑麦9023、豫麦34、郑单958、浚单20等一大批全国知名新品种，其中郑麦9023已成为国产食用小麦首次出口品种和郑州商品交易所优质强筋小麦期货交易的首选品种。河南省不断涌现出亩产超过700公斤的高产田，其中大多出自"粮食丰产科技工程"的超高产攻关田，在攻关田的新品种选育起到了非常重要的作用。河南省的小麦、玉米优良品种培育分别获得两个国家科技进步一等奖。另一方面，河南省建立了较为完善的农业科技推广体系，重点推广农作物优良品种、测土配方施肥、秸秆还田与地力培肥、精量半精量播种、节水灌溉、病虫草害综合防治等先进实用技术。目前，全省小麦良种覆盖率达到98%；全省共有110个县实施了测土配方施肥项目，培养了地力，又节省了肥料；全省多数县实施了科技入户项目，提高了农民科学种田的技术水平。

农业科技水平的不断提高和科技成果转化机制的日臻完善，为河南省粮食和农业的持续增产起到了保驾护航作用。河南省农科院培育的优良品种郑麦9023和郑单958，成为全国推广面积最大的授权品种，连续三年位居全国小麦、玉米推广面积第一位，为全国的粮食增产作出了重大贡献。河南省许多粮食产量大县通过引导农民繁育优良品种，进一步提高了农民收入。如今，河南省已成为全国粮食生产用种大省和供种大省。河南省农副产品加工业的快速发展同样依靠科技。双汇集团坚持用先进技术和设备改造传统肉类加工业，高起点培育研发队伍，使企业的研发能力和技术创新能力不断提高。现在，双汇的产品已由单一产品发展到600多种肉制品、200多种冷鲜肉和相关产品。科技在支撑河南省食品工业迅猛发展的同时，也使这个农业大省实现了从"卖原料"到"卖产品"的深刻变革。

当代科技进步与创新日益成为工业化的决定性因素。20世纪90年代以来，河南省把推进工业化的重点转移到依靠自主创新、科技进步和提高劳动者素质的轨道上来，把自主创新作为工业发展的重中之重，把增强自主创新能力作为调整产业结构、转变增长方式、实现科学发展的中心环节，大力实施自主创新跨越发展战略。全省上下坚持以市场为导向、调整为主线、创新为动力，推动企业的技术创新体系建立，通过技术创新提高企业的竞争力。河南省制定了一系列财税扶持政策和金融扶持政策，鼓励企业不断增加技术开发费用的投入，加大科研创新的力度。许多企业适应国内外市场需求和工业生产升级的要求，不断推出新产品、新技术、新工艺，使河南省企业的产品在国际国内市场占有了一席之地，不少领域里的技术创新走在国内前列，例如，多晶硅产业化、纯低温余热发电等关键技术，输变电装备、电解铝、客车等产业技术，达到了国内领先水平。通过积极实施名牌战略，引导企业加大研发力度，努力掌握高端核心技术，提高产品质量水平，增强了工业品牌的核心竞争力。目前，河南省发明专利年授权量处于中西部地区前列，自主创新能力和科技综合实力达到中西部地区先进水平，科技力量日益增强，产品科技含量日益提高，自主创新能力不断提高，带动了工业结构不断优化，有力地促进了河南省由新兴工业大省向工业强省跨越的步伐。

第十三章
统筹兼顾：实现协调发展的科学运作

统筹兼顾是实现科学发展的根本方法。说到底，就是要在发展过程中做到总揽全局、科学筹划、协调发展、兼顾各方。具体到实践中，就是要实现党的十六届三中全会提出的统筹城乡发展、统筹区域发展、统筹经济社会发展、统筹人与自然和谐发展、统筹国内发展和对外开放"五个统筹"。改革开放以来特别是近年来，河南省在中国特色社会主义的实践中，高度重视并努力做到统筹兼顾，坚持协调发展的科学运作，使中原大地出现了持续、稳定、协调发展的良好局面。

第一节　统筹城乡发展

河南省作为传统的农业和人口大省，长期以来"三农"问题和城乡二元结构矛盾，一直是一道"剪不断，理还乱"的发展难题。近些年来，在中央和河南省委构建和谐社会、城乡统筹发展、建设社会主义新农村等战略思想指导下，河南省全省"三农"问题正在寻求突破，城乡二元结构矛盾正趋缓解，城乡统筹协调发展的态势正在形成。

一、不断强化城乡统筹发展理念

党的十一届三中全会的召开，吹响了中国改革开放的号角。河南省委、省政府积极响应中央号召，以普遍推行农村家庭联产承包责任制为标志，率先在全省农村实施经济体制改革，提出了"一高一低"的发展战略，河南省农业和农村进入了一个快速发展期，由此也带来了农民活动空间的扩大，生产积极性的提高，进一步出现了城乡市场的对接势头。但是，由于当时的总体发展方针依然是以牺牲农村和优先发展城市为导向，在整个改革开放初期的 20 世纪 80 年代，河南省全省的城乡二元结构矛盾改善并不明显，城市居民的利益继续占据主导地位，统筹城乡协调发展的理念还不明确。

20 世纪 90 年代初期，随着新一轮市场经济体制改革的全面深入铺开，一些地方出现统筹城乡发展的迹象。河南省委、省政府基于省情考虑开始在统筹兼顾农民利益上作出努力，出台一些减少农民负担的相关政策，大幅度提高粮食等农副产品的收购价格，鼓励农民生产农副产品。在确保市场农产品供给稳定的同时，开始高度重视农民的收入问题。自此，统筹城乡发展的理念在河南省开始显现。

1998 年，全国第二轮土地经营权的承包全面实施展开。河南省委、省政府对此高度重视，并大力推进这一稳定农民和农村根本的政策，同时提出"围绕农业办工业，办好工业促农业"的统筹城乡发展新思路。随着土地经营权的稳定，农民的种植预期亦趋稳定，思想也进一步解放，大量的农民开始寻求在农业之外的增收之道。统筹城乡的发展理念在广大农村自我萌生、发展、壮大，与上层政策形成良性呼应。

党的十六大首次明确提出"统筹城乡经济社会发展"。十六届三中全会进一步提出"五个统筹"的要求。十六届五中全会提出了建设社会主义新农村的重大历史任务。这些表明，城乡统筹发展的理念已经彻底理清，并已经有了明确的顶层设计。河南省委、省政府认真学习贯彻中央精神，高度重视城乡统筹发展的底层创造和基层实践。把建设社会主义新农村，促进城乡一体化发展作为全省经济社会发展的重要方针，实施了"以工补农、以城带乡"的战略导向，制定了"以农兴工、以工促农、农工互动、协调发展"的发展思路。2005 年，河南省率先取消了农业税，迈出了城乡统筹发展的实质性步伐。

《国务院关于支持河南省建设中原经济区的指导意见》明确指出，中原经济区的定位之一是"全国工业化、城镇化和农业现代化协调发展示范

区"。做到三化协调，关键是建立健全以工促农、以城带乡长效机制，在协调中促发展，在发展中促协调。河南省委、省政府按照《指导意见》要求，全面深入谋划全省城乡统筹发展问题，提出了以新型城镇化为引领，以新型农村社区建设为突破口，推进三化协调。河南省委九次党代会要求，"强化新型城镇化引领、统筹城乡发展、推进城乡一体"，就是要通过新型城镇化来拓宽农村人口转移的渠道，解决农村劳动力亟待转移与城镇承载能力不强的矛盾；通过新型城镇化来促进和推动城乡一体化发展进程，改善农场生产生活条件，来逐步解决城乡差距大、二元结构矛盾突出的问题；通过统筹推进大中小城市、小城镇和新型农村社区建设，构建符合河南省实际和具有河南特色的城乡一体的现代城镇体系。至此，统筹城乡一体化的发展理念获得全省上下的广泛共识。

二、推进农村富余劳动力有序转移

河南省总人口接近 1 个亿，人均耕地面积只有一亩多一点。在人多地少的情况下，农村富余劳动力数量巨大，农民就业问题十分突出。要消除城乡二元结构，增加农民收入，改善农民生活，首要的就是要解决好农村"人往哪里去"的问题。改革开放以来，河南省农村富余劳动力从自发外出务工，到政府推动转移就业，再到政府引导本地化就业，经历了一个长期的演变过程。农村富余劳动力的转移在为城市发展提供动力和活力的同时，也促进了广大农村地区经济社会的快速发展，成为城乡统筹发展方略中最具活力、最深入人心的一项政策举措。

河南省实行家庭联产承包责任制后，解放了农村生产力，同时也暴露了全省耕地资源少，承载能力有限的矛盾。这一时期，农村富余劳动力以农民自发外出为主，根据有限的市场信息，亲朋好友结伙而行，去城市和较发达的地区打工，具有明显的无序性和盲目性。20 世纪 80 年代中期，在省委、省政府的重视和支持下，一部分地、市开始成立劳务输出管理机构，各级劳动部门开办了职业介绍所，开始有组织地引导农村富余劳动力外出转移。随着农业技术进步和农村劳动生产率的大幅度提高，全省农业发展对富余劳动力由农业向非农产业转移形成巨大推力，农村富余劳动力转移成为突出矛盾。从 20 世纪 90 年代开始，为解决农村劳动力向外转移问题，一些地、市开始在外出务工人员比较集中的地方设立驻外办事处，为外出务工人员提供各类保障服务，有力地推动了全省农村富余劳动力的转移输出。在这期间，最典型的是林州的"五子登科"。林州自 20 世纪 60 年代修建红旗渠以来，一直被称为"建筑之乡"。从 20 世纪 90 年代初期开始，林州每年外出建筑业务工人数均在 12 万人以上，劳务纯收入累计达 200 亿元，全市各项存款余额 20 多年来一直位居河南省百县（市）之首。林州人把建筑业的作用概括为"三个 70%"，即，农民人均纯收入的 70% 来自建筑业，农村强壮劳动力的 70% 从事建筑业，银行存款余额的 70% 得益于建筑业。时任河南省委书记的李长春同志曾对此概括为"五子登科"，即，"挣了票子，饱了肚子，换了脑子，有了点子，走出了致富的路子。"当时林州人流传一句话："出路，出路，走出去才有路。"

进入 21 世纪，河南省委、省政府更加重视对农村富余劳动力转移的规范、引导与支持。在省劳动和社会保障厅成立劳务输出服务处，健全了组织管理机构；出台了全国第一部农民工权益保护法——《河南省进城务工人员权益保护办法》，完善了扶持农民外出务工的系列政策措施。信阳、周口、驻马店等一些地、市则把劳务输出作为一项支柱产业来抓，全方位来推动农村富余劳动力的转移，取得了显著成效。一些市、县和乡镇都成立了劳动力转移就业服务和管理机构，通过发展中介组织来服务转移就业。

近些年来，根据全面建设小康社会的要求以及和谐社会的建设需要，河南省委、省政府高度关注改善农民工生存质量问题，通过加强农民工就业前培训，强化农民工党组织建设等工作，不断提高农民工素质。特别是针对沿海地区出现的"民工荒"和"民工回流"现象，适时提出"就近就地转移"的新举措来帮助农民工实现转移就业。随着全省产业集聚区的建设和新型农村社区的建设不断推进，大量的农民就地转移就业、就地市民化。近几年，河南省全省范围内的省内转移就业人数和省外转移就业人数基本实现平衡。农村的劳动力资源优势，正在转化成为促进城乡统筹协调发展的推动力。

三、推进新型城镇化建设

城镇化水平低是河南省经济社会发展诸多矛盾和问题的聚焦点，是导致群众收入水平一般、产业结构不合理、总体经济效益低、对外竞争力不强的根本所在。改革开放以来特别是 20 世纪 90 年代以来，河南省全省城镇体系建设取得了长足发展，城镇化步伐不断加快，各类城市（镇）数量逐渐增多，城市建成区面积逐年增大，城市功能愈发完善，城市品位明显提升。近年来，河南省委、省政府又确定以新型城镇化引领三化协调发展，统筹推进大中小城市、小城镇和新型农村社区建设，构建符合河南省实际、具有河南省特色的现代城镇体系。其中，把新型农村社区建设纳入城镇建设范畴，成为河南省在统筹城乡发展方面的重大理论创新和实践创举。

20 世纪 80 年代中后期，国家在生产力布局规划中突出了产业带和区域性产业基地的作用。为适应形势发展的需要，河南省在 1990 年制定"八五"计划时，提出了发展"中原城市群体"的概念，目的是发挥城市对乡村的辐射带动作用，实现城乡优势互补、统筹协调发展。随着全省工业化、城镇化进程的逐年加快，在制定"十五"发展规划时，省委、省政府又将平顶山、许昌两市纳入中原城市群重点推进，并通过大力发展以高速公路为主组成的交通网络体系建设，使得中原城市群的原有 7 市之间，以及 7 市与漯河、济源之间的经济联系日益紧密，城市发展和产业布局在空间上日趋紧凑，以郑州为中心的区域产业城市群初露端倪。

2003 年，河南省委、省政府出台《河南省全面建设小康社会规划纲要》，对全省城镇化建设有了新要求，提出"以中原城市群等为重点，形成支撑经济发展和人口集聚的城市群，带动周边地区发展"。从而形成了河南省城镇化建设的全新发展模式。这期间，河南省开展了创建国家园林城市、国家卫生城市、国家环保模范城市和全国文明城市等的"四城联创"活动，大力提升全省城市的功能和品位。由于措施得力，组织健全，责任明确，重点工程建设有序展开，河南省的"四城联创"工作呈现出良好势头。

近年来，河南省在建设中原经济区的实践中，进一步提出新型城镇化是以"城乡统筹、城乡一体、产城互动、节约集约、生态宜居、和谐发展"为基本特征的城镇化。要求全省上下创新城镇化的发展思路和路径，强化新型城镇化引领三化协调发展，增强中心城市的辐射带动作用、县域城镇的承载承接作用和新型农村社区的战略基点作用，构建城乡一体的发展新格局。这一全新理念最突出的亮点，是把新型农村社区纳入城镇体系，第一次把城市规划、城市文明及社会公共服务全面推进到农村，把城镇的基础设施和各种配套服务延伸到农村。在实施过程中，河南省坚持用城市思维和办法来谋划和解决农村问题，要求规划先行，以城市的标准来建设农村，形成较为完善的基础设施和公共服务，实现农村基础设施城镇化、生活服务社区化、生活方式市民化。

四、推进城乡公共服务均等化

城乡之间发展的不协调性，除了城乡间经济发展的不均衡外，在社会保障和福利、公共卫生和医疗条件、受教育的机会和就业机会等方面存在较大差距。针对这一顽症，改革开放30多年来，河南省委、省政府一直以推进城乡基本公共服务均等化为抓手，进行了大量的实践探索，推动农村公共服务水平不断提升。

国家启动农村改革后的相当长一段时期内，由于受计划经济时代固有发展模式的影响，河南省农村公共财力不强，无力有效支撑农村公共事业的全面发展。再加之在全省公共开支的分配上，又明显地向城市倾斜，农民只能获得很低水平的公共产品。为重点解决这些问题，2006年，河南省出台了《关于加快推进城乡一体化试点工作的指导意见》，指出要以缩小城乡差距和提高城乡居民生活水平为目标，以加快城镇化为核心，以构建城乡统一的基础设施、公共服务体系为着力点，打破城乡二元结构，确定在7个市开展城乡一体化试点工作。公安、劳动保障、民政、教育、农业和计生等相关部门就试点市的户籍制度改革、统筹城乡就业等出台了相关改革意见。2007年，河南省委、省政府又明确要求在试点市全面推进户籍登记制度改革、完善义务教育全免学杂费政策、健全城乡居民医疗保

障制度、完善城乡低保政策、加快建立城乡居民就业培训和服务体系等重点改革工作，把城乡公共服务均等化的进程向深层次推进。

近年来，河南省结合中原经济区建设，继续实施城乡一体化发展战略，推行城乡服务均等化。2010年，河南省出台了《河南省社区服务体系建设规划（2011—2015年）》，计划到2015年，基本公共服务将覆盖所有城乡社区，力争到"十二五"末，河南省全省的4085个城镇社区、47.6个建制村（社区），城镇社综合服务设施覆盖率达到90%以上，农村社区综合服务设施覆盖率达到60%以上，每百户居民拥有的社区服务设施面积不低于20平方米，全省基本建立公共服务、志愿互助服务、商业性便民利民服务有效衔接的社区服务体系。在建设中原经济区，推进新型农村社区建设的同时，河南省把城市公共服务设施不断向农村社区延伸。目前，在全省已初步建成的300个新型农村社区中，以及在建的1400多个新型农村社区中，不仅道路、供电、供水、通讯、网络、有线电视、垃圾污水处理等各类基础设施基本齐备，而且教育、医疗卫生、文化体育、商业网点、金融、邮电和市政基础等各种公共服务设施也统一规划、一应俱全，河南省在推进城乡统筹发展和城乡公共服务均等化方面上又迈出了坚实的步伐。

第二节　统筹区域协调发展

统筹区域协调发展，是实践科学发展观的重要方面，也是实现全面建设小康社会目标的重要途径。改革开放以来，河南省区域经济发展布局的变迁，集中反映了由计划经济时代的低效非均衡发展模式，到改革开放后的高效非均衡发展模式，再到21世纪以来的统筹兼顾、区域协调科学发展之路的演变轨迹。

一、区域协调发展之路的逐步成型

在改革开放以前，我国经济仿照苏联模式的计划经济时代，河南省也被列为国家重点建设的省份之一，并以国家"一五"时期 156 项重点建设项目中布局河南省的部分重大项目建设奠定了河南省的工业格局。在此基础上，河南省形成了省域范围内的非均衡发展路径。

"二五"时期，由于"大跃进"的提出，河南省全省的基建项目大规模、高速度地上马，同质项目重复建设严重，产业结构比例失调加剧。从区域发展整体来看，工业项目较多地考虑了集中、集群的布局，而且过于注重交通运输线路在整个项目选址上的因素，致使整个工业格局完全是按照点—轴的方式渐次展开，其结果就是河南省的新兴工业城市和重要市镇都散布在沿京广铁路和陇海铁路线上，形成了区域经济发展中独特的"十"字形非均衡架构。

"三五"时期，伴随全国范围内展开的"三线建设"高潮，大批沿海工业企业内迁，给河南省内其他地区如南阳等市带来很大发展机遇，全省区域经济非均衡发展的模式显现出向均衡模式发展的苗头。随着国家各类重大建设项目的渐次展开和有序推进，很自然，处在"十"字形铁路沿线上的城市也得到了国家的大量投资，河南省的区域经济又重回非均衡的发展老路。

改革开放以后，随着全国工业化进程的加快，市场体系的完备，国家产业发展布局又出现了新的导向。在改革开放初期的 20 世纪 80 年代，全国的食品和轻纺工业出现补偿性发展，这使得作为农业大省和原材料大省的河南省获益颇多，一批重大轻工业项目布局开始向处于"十"字形铁路沿线外的豫东、豫南等农副产品原材料产地倾斜，这一态势一直延续到 90 年代中期。这样，河南省就逐渐形成了以农副产品加工业为重要支柱，以县（市）（包括小城镇）聚集区的轻工业布局为依托的区域经济发展新格局。与此同时，由于投资主体的多元化和资金来源的多样性，各类非国有经济成分企业纷纷成立，这些新成立的各类企业大多散布在原有的大中型项目基地的周围，使得河南省的区域经济发展又一次呈现协调均衡的迹象。

进入 20 世纪 90 年代中后期以后，中国经济全面进入重化工业阶段，一大批交通、水利、电力、装备制造等大中型项目相继进入投资高峰期，特别是在汽车工业和电子工业等高新技术产业方面，伴随一大批经济技术

开发区和高新技术产业园区的设立，河南省区域经济发展态势呈现出了强化增长极的非均衡发展新趋向。

进入 21 世纪，河南省开始系统梳理统筹区域发展的思路，初步理清全省各个区域内地、市的同步协调发展路径。提出要以郑州市为中心，以洛阳、开封等市为重要支撑的中原城市群建设，并通过建设中原城市群来增强其对周边地区的辐射带动作用；还提出要在豫南、豫北、豫西南发展若干区域性中心城市，以实现全省区域经济的同步协调发展。2003 年，河南省委、省政府发布《全面建设小康社会规划纲要》，将全省 18 个地、市分为四大经济板块，即中原城市群地区、豫北经济板块、豫西和豫西南经济板块以及黄淮四市经济板块，直面河南省区域经济发展差异过大的现实，提出有效针对性举措，正式开启了河南省在全省层面上探索区域统筹协调发展之路的新篇章。

此后，河南省全省上下在关于区域经济统筹协调发展之路上，持续探索，持续实践，持续总结，持续提升。2007 年，河南省出台了《关于加快黄淮四市发展若干政策的意见》，提出要把黄淮四市建设成为全国重要的现代农业基地和以农副产品精深加工为主的加工制造业基地。2009 年，河南省提出中原城市群建设的新空间布局——"一极两圈三层"。"一极"即构建带动全省经济社会发展的核心增长极——"郑汴新区"；"两圈"是指在全省形成以郑州综合交通枢纽为中心的"半小时交通圈"和"一小时交通圈"，"半小时交通圈"就是以城际快速轨道交通和高速铁路为纽带，实现以郑州为中心、半小时通达开封、洛阳、平顶山、新乡、焦作、许昌、漯河、济源 8 个省辖市，"一小时交通圈"就是以高速铁路为依托，形成以郑州为中心、一小时通达安阳、鹤壁、濮阳、三门峡、南阳、商丘、信阳、周口、驻马店 9 市的快速交通格局；"三层"即中原城市群核心层、紧密层、辐射层。核心层指郑汴一体化区域，包括郑州、开封两市区域；紧密层包括洛阳、新乡、焦作、许昌、平顶山、漯河、济源 7 个省辖市区域；辐射层包括安阳、鹤壁、濮阳、三门峡、南阳、商丘、信阳、周口、驻马店 9 个省辖市市区。

2011 年，国务院《指导意见》正式出台，对河南省的区域统筹发展思路提出了新的部署。河南省九次党代会在落实《指导意见》时指出，统筹区域协调发展，必须遵循区域经济发展的科学规律，按照"核心带动、轴带发展、节点提升、对接周边"的原则，构建放射状、网络化、板块式的区域协调发展新格局。这一全新的区域统筹发展理念要求各省辖市准确定位、主动融入、互动联动、协力推进，形成各自优势充分发挥、板块优势充分彰显的良好局面，构建统筹城乡、统筹区域的一体化发展新格局。至此，河南省全省上下历经多年艰苦探索，终于找到了关于统筹区域协调发展的科学之路。

二、实施中心城市带动战略

实施中心城市带动战略是河南省在统筹区域经济协调发展方面的早期有效探索，这一探索对后来的中原经济区建设积累了丰富的实践经验。所谓中心城市带动战略，就是通过建设以郑州为中心的中原城市群，充分发挥其对周边地区的辐射带动作用为主题的区域发展战略。

20世纪90年代初，河南省根据国家区域发展的政策，在研究制定"八五"计划时，提出了构建以郑州为中心，包括洛阳、焦作、新乡、开封在内的核心经济区的初步设想，逐步形成了"中原城市群体"的概念，成为河南省统筹区域协调发展的萌芽。编制"九五"计划时，河南省又进一步提出，要统一规划协调中原城市群重大基础设施、产业布局、城镇体系和生态环境建设，让中原城市群在全省经济振兴中发挥辐射带动作用，促进区域内城市和产业加快发展，统筹区域协调发展的概念初步明晰。"十五"期间，河南省又根据发展实际，实事求是地将平顶山和许昌两市纳入中原城市群的框架，并借助推进全省小康社会建设的时机，大大加强了中原城市群与漯河和济源两市的联系。2003年，《河南省全面建设小康社会规划纲要》将中原城市群的范围又加以调整，提出中原城市群经济隆起带是以郑州为中心，包括洛阳、开封、新乡、焦作、许昌、平顶山、漯河、济源在内的城市密集区，要加快这一区域的发展步伐，从整体上率先实现全面建设小康社会的目标，使之成为带动全省经济发展的核心增长区。随后，国家出台《关于促进中部地区崛起的若干意见》进一步明确，"以中原城市群等为重点，形成支撑经济发展和人口集聚的城市群，

带动周边地区发展"。由此，标志着河南省有关中原城市群建设的统筹区域协调发展路子，正式进入了国家区域发展战略的视野，获得中央的认可与支持。

中原城市群发展战略确立后，为加强对中原城市群的引导和培育，河南省于2005年组织编制了《中原城市群总体发展规划纲要》及其配套的专项规划。2006年，河南省政府正式下发了《关于实施中原城市群总体发展规划纲要的通知》，使中原城市群建设正式拉开帷幕。随后，"郑汴一体化"迅速进入具体实施阶段，作为"郑汴一体化"标志的郑开大道正式建成通车，成为河南省的第一条城际公交线路，对中原城市群城际公共交通网络建设起到了先导效应。同时，河南省编制了《郑汴产业带总体规划》，按照规划，到2020年，郑开大道两侧的大楼不会低于40米，建成区面积将达到110.08平方公里，人口规模116万人左右，也即在郑州东部将要崛起一座"新城"。紧随"郑汴一体化"的步伐，郑许（昌）、郑洛（阳）、郑新（乡）等的一体化也在加速，许昌、新乡、洛阳等市从发展定位、规划编制、产业布局、项目建设、生态建设等方面，积极推进与郑州发展对接。2011年，国务院《指导意见》指出："实施中心城市带动战略，提升郑州作为我国中部地区重要的中心城市地位，发挥洛阳区域副中心城市作用，加强各城市间分工合作，推进交通一体、产业链接、服务共享、生态共建，形成具有较强竞争力的开放型城市群。"中原城市群建设进入了一个全面提升和深化的发展阶段。河南省九次党代会进一步指出，"要增强郑州的龙头作用和重心作用，推进郑汴一体化发展，建设郑洛三工业走廊，促进郑州、开封、洛阳、平顶山、新乡、焦作、许昌、漯河、济源融合发展，努力打造中原经济区核心增长板块。"更进一步深化和提升了河南省在探索统筹区域经济协调发展之路中提出的中心城市带动发展战略。

三、统筹其他区域协调发展

在实施中心城市带动战略，发挥中原城市群辐射带动作用的同时，河南省高度重视其他区域的统筹发展，在综合考虑自然禀赋、地域特征、区位优势、发展阶段等因素的基础上，科学规划发展空间和产业布局，不断总结、提升"促强扶弱"的区域统筹协调发展政策，彰显各个区域的产业特色和后发优势，实现科学发展之路。

2003年，《河南省全面建设小康社会规划纲要》按照发展水平和地理区位将全省划分为四大经济板块，其中，除中原城市群外的豫北经济板块、豫西和豫西南经济板块，以及黄淮四市经济板块等三大板块的发展相对落后，成为河南省在新时期统筹区域协调发展的重点。

豫北经济板块是指河南省北部的安阳、鹤壁、濮阳3个省辖市，位于我国的几何中心，地处四省交界，与中原城市群、山东半岛城市群、京津冀城市群相接壤，资源丰富。早在1985年，河南省就批准豫北地区加入由相邻省份地、市组成的"中原经济协作区"，并成为"中原经济协作区"的地理中心，但由于缺乏相关的政策支持和有效的工作机制，使这项合作浮于表面，缺少实质性内容，豫北的发展优势并没有得到真正彰显。进入21世纪以来，针对豫北经济板块特殊的地理区位、难得的资源禀赋以及与省外其他经济板块的互补性和内在联系紧密性等特点，《河南省全面建设小康社会规划纲要》明确提出了建设豫北经济区的战略，指出要充分发挥该经济板块地区的工农业基础较好，油气、煤炭资源比较丰富的优势，逐步建成全省重要的钢铁、煤化工和石油化工、装备制造业、电子信息产业基地。经过多年的发展，整个豫北经济板块的一些产业特色和资源优势逐渐显现出来。

豫西和豫西南经济板块主要是指河南省的三门峡、南阳两市，它们与山西省、陕西省和湖北省相邻，土地面积为3.71万平方公里，占全省土地面积达22.3%。《河南省全面建设小康社会规划纲要》把豫西和豫西南定位为全省四个经济板块之一，提出了针对性极强的一系列政策和举措。要求豫西地区的三门峡市发挥矿产、林果等资源丰富的优势，搞好精深加工，建成全省重要的煤化工、黄金生产加工、铝工业和林果业生产加工基地；要求豫西南地区的南阳市加快发展，形成中药生产、纺织基地和以非金属矿产开发利用、农副产品加工为主的产业带，确保如期实现全面建设小康的目标。针对南阳在全省面积最大、人口最多，是全省重要的粮食核心生产区和南水北调中线工程重要水源地的现实情况，

河南省在 2011 年出台了《关于支持南阳市经济社会加快发展的若干意见》，支持南阳市建设河南省高效生态经济示范区、豫鄂陕省际区域性中心城市、新能源、光电和重大装备制造基地，以推动南阳市经济社会跨越式发展。

黄淮经济板块是指河南省东、南部的商丘、信阳、周口和驻马店市四市。由于历史条件、地理环境和资源禀赋等因素，该地区虽然农业生产增加值历年来总是在总量上位居全省首位。但也正因如此，该地区的整体经济发展较为落后，与河南省其他地区的差距逐年增大。河南省委、省政府于 2007 年出台了《关于加快黄淮四市发展若干政策的意见》，提出要支持黄淮四市建设现代农业基地，加快工业化进程，加大对该地区的财政支持力度，支持改善基础设施条件，加快该地区的社会服务体系建设和第三产业发展等，从多个方位全面支持黄淮四市差异化发展，以补长河南省区域经济协调发展的"短腿"，促其尽早形成落后农业大市的追赶型发展模式。2008 年，《国家粮食战略工程河南省粮食核心区建设规划纲要》再次重申，要把该地区打造成为全国一流的粮食基地，强化其在全省粮食生产中的重要地位。同时，加快农村地区的工业化进程，以农产品的精深加工为重点，以培养龙头企业为关键，探索一条跨越式发展的农区新型工业路子。随后，黄淮四市通过拉大城市框架，大力推行招商引资，加强劳动力培训，发挥劳务经济等举措，在统筹城乡、统筹区域协调发展方面进行了有力的实践探索。

2011 年，国务院《指导意见》正式出台，河南省委、省政府在落实《指导意见》时提出，豫北地区主要是促进安阳、鹤壁、濮阳联动发展，凸显其在晋冀鲁豫毗邻地区的优势，成为中原经济区与环渤海经济圈衔接联系的前沿；把豫西的三门峡市融入"郑洛三工业走廊"建设，成为重要经济区核心增长板块的紧密外缘，强化洛阳、三门峡、济源、焦作协同发展；把南阳市融入黄淮四市经济板块中一体化发展，增强其在豫皖鄂陕毗邻地区和淮海经济协作区中的影响力。这一新的区域统筹发展理念，既是河南省委、省政府在新形势下，审时度势、通盘考虑，统筹全省区域经济协调发展作出的科学判断，也是河南省人民多年来在探索统筹区域发展实践上的最新理论总结和升华。

四、做强做大县域经济板块

河南省委、省政府清醒地认识到，统筹区域经济协调发展，破解"三农"难题，加快中原崛起河南省振兴，重点在县域，难点也在县域。河南省与东部沿海发达地区的差别，主要不在中心城市的差距，而是在于县域经济发展水平的差距。可以说，河南省从一个人口多、底子薄、起点低的内陆农业大省建设成为工业和经济大省，正是归功于县域经济板块的做大做强。

从20世纪90年代起，河南省就把发展和壮大县域经济作为推动河南省经济社会发展的重大战略决策，把发展县域经济和中心城市带动作为统领河南省发展全局的两大战略。1992年，河南省确定了巩义、偃师、禹州等综合实力排名前18位的县（市）进行特别试点，扩大县在经济发展中的审批权，稳定党政"一把手"的任职期限，并提升为省委组织部直管干部，掀起了广为人知的"十八罗汉闹中原"大潮，拉开了河南省县域经济大发展的帷幕。1996年，河南省又提出"两头抓，带中间"，即"一手抓18个综合改革试点县（市），一手抓34个贫困县，分类指导，积极开展创建小康乡、小康县活动，大力推动县域经济的发展。"全省县域经济呈现出生机盎然的活力局面，为实现河南省由传统农业大省向全国重要的经济大省和新兴工业大省的历史性转变奠定了基础。

2003年，河南省适时提出县域经济发展突破战略，并把它作为全省实现跨越式发展的重大战略组成。2004年、2006年，河南省先后两次召开全省县域经济工作会议，对全省县域经济板块的做大做强，进行动员部署，制定具体实施措施。2004年召开的河南省首次县域经济工作会议，把发展壮大县域经济明确定位为实现中原崛起的重要支撑，强调县域经济发展是实现中原崛起的基石，并扩大了30个县市的经济管理权限。2006年全省县域经济工作会议后，河南省委、省政府又新增中牟等12个扩权县，全省县域经济发展活力达到一个新的高度。到2007年，河南省县域经济生产总值比2003年增长82.3%，四年间年均增长16.2%，高出全省经济平均增速2个百分点；县域生产总值占全省的比重高达70.6%，三分

天下有其二；对全省经济增长的贡献率高达77%，比2003年提高了19.2个百分点。

随着中原经济区建设的逐步展开，河南省高度重视县域经济的承载承接作用，提出要充分发挥县（市）在统筹城乡和统筹区域发展方面的重要节点作用，强化产业支撑，完善公共服务体系，加强基础设施建设，增强承载能力，形成产业集聚区、老城区、新城区联动发展的新格局。县域经济已经成为中原崛起河南振兴的重要支撑力量。

第三节　统筹经济与社会发展

社会发展是经济发展的归宿，为经济发展提供精神动力、智力支持和必要条件。改革开放以来，河南省在经济快速发展、成为全国重要经济大省并向经济强省跨越的进程中，着力发展与人民生活休戚相关的社会事业，使社会发展同样进入了快车道。

一、把民生问题摆在更加突出位置

20世纪80年代中期和90年代，由生产力发展水平所决定，我国实行"效率优先，兼顾公平"的发展战略。不仅较短的时间内解决了贫困和温饱问题，而且有力地推动了中国现代化进程和市场经济体制的建立。尽管在操作层面将经济效率、经济增长摆在绝对优先位置，社会公平问题被有意无意地忽略，产生了"一条腿长、一条腿短"的问题，但在消除贫困、解决温饱、告别短缺到基本实现小康的艰苦历程中，河南省始终不忘关注和改善民生，最大限度地满足人民群众的物质文化生活需要，解决了一些与人民群众衣食住行相关的突出问题。从20世纪80年代的"菜篮子"首长负责制工程、科教兴豫战略的实施，再到城市住房分配货币化的实行、三级医疗预防保健体系建立，这些实实在在的举措，无不体现了各级党委政府对民生的极大关注以及艰苦卓绝的努力。

党的十六届六中全会作出《关于构建社会主义和谐社会若干重大问题

的决定》后，河南省委、省政府紧密结合河南省实际，在八次党代会上提出了"努力推进和谐中原建设"的伟大构想，明确了构建和谐中原的目标和任务，制定了"加强社会事业建设，促进经济社会协调发展"等一系列战略举措。根据中央和省委、省政府的部署，全省上下坚持以科学发展观统领经济社会发展全局，"把解决民生问题当作最大的政治，把改善民生状况作为最大的政绩，认真解决群众最关心、最直接、最迫切的利益问题，扎实推进和谐中原建设。"特别是统筹考虑全省人民的共同愿望、实际需要和政府财力，从2005年开始，每年坚持倾力为人民群众办好"十件实事"。以此为标志，全省上下推动发展的理念进入全新的阶段。

近年来，河南省认真贯彻落实科学发展观，致力于加强社会建设、关注和改善民生，特别是在谋划和推进中原经济区建设进程中，始终坚持"重在统筹"，把社会建设和社会发展摆上更加突出的位置：集中财力实施"十项民生工程"，逐步健全城乡社会保障体系，全面实现免费义务教育，城乡基本医疗保险实现了全覆盖，推动了各项社会事业的发展和民生的改善。2011年，全省财政用于与人民群众日常生活密切相关的民生支出2815亿元，占财政支出的66.3%，其中用于"十项重点民生工程"超过700亿元，经济社会发展协调性增强。

二、统筹各项社会事业发展

改革开放以来，河南省把教育摆在优先发展的战略地位，相继实施了"科教兴豫"战略、"人才强省"战略，通过解放思想，深化改革，优化结构，狠抓质量，着力破解"学有所教"这一难题。基础教育从希望工程，到普及九年义务教育，再到"两免一补"，全面免除学杂费、课本费等政策的实施，真正实现了基础教育由人民办到政府办的跨越。1996年，出台了《河南省普及九年义务教育评估验收暂行办法》，建立了各级政府负责、"以县为主"的农村义务教育管理体制，使全省新增教育经费80%用于农村，解决了农村办学难、学生上学难的问题。2011年，全省小学净入学率已达到99.94%，普通初中净入学率已达到99.60%。针对河南省高等教育基础薄弱，学校规模小、办学层次低，校舍陈旧老化，设备仪器

缺乏，宿舍食堂拥挤，教师住房困难等问题，从1999年起在省级财政支出中逐年增加高等教育经费所占比例，同时积极鼓励和帮助高校利用举债发展，使河南省高校数量迅速增加，办学条件不断提高，招生规模逐年增加，实现了高教事业由精英教育向大众教育的转变。目前每万人口中接受高等教育在校生数达到227人，省内高等教育毛入学率为24.63%。职业教育投入也在不断加大，从1978—1984年的恢复起步，到1985—1990年的结构调整，再到1991—1998年规模发展，形成了21世纪以来的集团化发展格局，实现了由小到大，从弱到强的转变。目前，全省职教集团已经发展到20家，2011年各类成人非学历教育结业人数35.24万人次，注册学生5.17万人。

针对普遍存在的看病难、看病贵的问题，河南省进一步加大医疗卫生硬件投入，发展全面医疗保健体系，使医疗卫生事业呈现了前所未有的蓬勃发展态势。2005年河南省委、省政府把看病难、看病贵的问题列入为民承诺的"十件实事"之一；2006年又把解决这个问题列为行业纠风工作的"一号工程"。农村医疗卫生针对过去县、乡（镇）、村三级医疗卫生网络存在的缺少经济支撑、服务面狭窄等问题，先后实施了重点乡镇卫生院建设、中心卫生院建设和国债乡镇卫生院建设项目。从2003年开始河南省按照中央要求开展新型农村合作医疗试点工作，2011年全省参加新型农村合作医疗已有7678.62万人，参合率达到96.7%，农民住院费用补偿最高可达到10万元，千万农民的健康有了靠山。城镇职工基本医疗保险，城镇居民基本医疗保险也逐步展开。从1999年《河南省建立城镇职工基本医疗保险制度实施意见》颁布实施，到2007年颁布《河南省人民政府关于建立城镇居民基本医疗保险制度的实施意见》，河南省逐渐加大公共财政对城镇居民医疗的补贴，城镇居民基本合作医疗递增补贴目前人均已达80元，2010年全省居民医疗保险将基本覆盖城镇所有人员，2011年全省城镇基本医保参保率达到93.8%。

建立社会保障体系，是河南省委、省政府统筹经济社会发展的重点举措之一。近年来，河南省认真贯彻落实十七大提出的"加快建立覆盖城乡居民的社会保障体系，保障人民基本生活"的战略任务，努力推进建立覆盖城乡居民的养老保障体系，逐步实现由城镇为主向城乡统筹、由城镇职工为主向覆盖城乡居民的重大转变。尤其在"新农保"的基金筹集上，立足全省经济发展实际和有限的财力，坚持"个人缴费为主、集体补助为辅、政府予以适当补贴，权利与义务对等"的原则，探索出了一条"保基本、广覆盖、有弹性、能转移、可持续"的新型农村社会养老保障路子。据省人社厅统计，目前河南省开展新农保和城镇居民社会养老保险试点的县（市、区）分别达到 101 个和 98 个，超过全国 60% 的平均覆盖水平。全省城镇医疗保险参保率达到 93.8%，从制度上实现了基本医疗保险制度对城乡居民的全覆盖。城乡居民社会养老保险参保人数突破 3000 万人，有500 万符合条件的老人领取了养老金，社会保险的覆盖面和普惠性进一步扩大和增强。在此基础上，河南省还将继续提高保障水平，调整退休人员养老金待遇水平，结合实际提高医疗、失业、工伤保险待遇标准，探索建立社会保险待遇正常调整机制。同时，重点解决好进城务工人员参加社会保险等问题，并探索将各类关闭破产困难企业人员纳入城镇职工医疗保险覆盖范围。

三、努力改善居民生活和人居条件

在推动经济发展的进程中，河南省委、省政府坚持群众利益无小事，始终把维护群众利益、解决人民群众的衣食住行问题作为大事来抓，使城乡居民的收入稳步增长，居住条件发生了翻天覆地的变化，膳食结构实现了由吃得饱到吃得好的转变，全省人民群众的居住和生活条件得到很大改善。

20 世纪 80 年代后期，随着粮食产量的不断增加，老百姓填饱肚子已经不成问题，如何吃得好开始越来越受到人们的关注。从 1988 年开始，河南省不断加大"菜篮子工程"生产基地和批发市场体系的建设力度，全面落实了"菜篮子工程"行政首长负责制，及时了解和解决生产发展、市场供应和市场监管等方面突出问题，从而使河南省"菜篮子"生产不但总量迅速增加，而且生产结构、品种结构也不断趋于优化。到 2000 年，全省蔬菜总产量以达 3981.8 万吨，肉类、禽蛋分别为 571 万吨和 270 万吨，均居全国第三位，全省人均占有量高于全国平均水平；除时令蔬菜、反季

蔬菜外，还出现了长期在全国叫响的"双汇"冷鲜肉、"花花牛"系列奶品、"三全"水饺等膳食品牌，形成了豫北蛋肉鸡、豫南水禽、豫西肉羊、南阳肉牛等生产布局。

就业问题一直受到省委、省政府和全社会的高度重视，从统包统配到逐步打破"铁饭碗"，从自谋职业、自主择业到市场化就业为主，再到鼓励支持全民创业，积极探索促进就业方式的脚步一直没有停息。近年来，全省培训下岗失业人员 5 万多名，其中 60% 的人创办了自己的小企业，吸纳安置再就业人员 11 万人；发放小额担保贷款帮助和扶持近 10 万名下岗职工实现自主创业、自谋职业，带动再就业 30 万人。在扩大就业、以创业带动就业的形势下，使人口大省的就业难问题在一定程度上实现了战略性转变，城乡居民收入的途径不断得到拓展。与此同时，按照中央的精神逐步推进和完善分配制度改革，有效地调整了各种经济主体之间的利益关系，特别是通过采取提高工资、恢复奖励制度、增加各种津贴、农副产品价格放开等措施，增加居民财产性收入，使居民收入渠道不断拓宽，收入来源日益趋向多元化。2011 年，全年城镇新增就业人员 141.1 万人，失业人员实现再就业 42 万人，困难人员实现再就业 19.7 万人；新增农村劳动力转移就业 102 万人。城镇居民人均可支配收入、农民人均纯收入分别达到 18000 元、6500 元，扣除价格因素实际增长 8% 和 11% 左右，比 1949 年增长 19 倍，平均每年递增 5% 以上。居民消费水平不断提高，城镇居民的恩格尔系数由 1980 年的 57.5% 下降到 2011 年的 34.1%，农村居民的恩格尔系数也由 2008 年的 38.3% 下降到 2011 年的 36.1%。

在推动老百姓提高收入，实现吃得饱向吃得好转变的同时，省委、省政府一直非常关心和重视解决群众的住房问题。改革开放以来，各级党委政府始终把安居工作当作党和政府密切联系群众、为群众办实事和好事以及维护社会稳定、发展经济的大事来抓，出台了多种多样的措施和保障，使广大人民群众的住房条件得到了极大改善。从农村居住条件看，通过社会主义新农村建设，加大了农村旧村改造和村庄整理力度。特别是随着新型城镇化战略的实施，新型农村社区建设进入了新的高潮，成为改善农民居住条件重要途径，全省 18 个省辖市均制定了新型农村社区建设规划，全省新型社区建设已在全面推开，目前已经规划新型农村社区近万个，启动试点近 2000 个，初步建成 400 个左右。从城镇居民居住条件看，伴随着国家住房体制改革的步伐，河南省也出台了一系列的政策措施，努力向实现"居者有其屋"的目标迈进，使城镇居民的居住条件发生了质的飞跃。2010 年，全省城镇居民现住房总建筑面积为人均 33.27 平方米，47.8% 的房子有装修，较 2005 年有所增加和提高。2011 年，省财政安排保障性住房配套资金 23.71 亿元，是 2010 年的 3 倍，占当年建设任务所需资金的 37.6%；保障性安居工程建设开工 45.12 万套，建成 22.63 万套，总量居全国第四、中部六省第一。

第四节　统筹经济发展与生态建设

经济和社会、资源和环境是不可分割、紧密相连的系统。改革开放以来，河南省在推动经济社会发展的同时，加大环境资源的保护力度，高度重视生态环境建设，针对经济增长对资源能源的依赖性较强，增长方式比较粗放，环境污染比较严重等一系列突出的矛盾和问题，初步探索出一条生态效益与经济效益统筹协调，人与自然和谐相处的发展之路。

一、不断重视和加强生态环境建设

改革开放之初，长期束缚的活力被释放，工厂、企业雨后春笋般涌现出来，河南大地几乎出现了"乡乡点火，村村冒烟"的局面。由于没有任何排污处理设施，导致大量工业废水、废气和废渣直接排出，造成了极大的污染。1984 年，河南省第一次环境保护会议确定了贯彻实施国家有关环境保护方针、政策的措施和办法，环境保护工作开始从单纯的工业污染点源治理向"以防为主，以管促治，综合治理污染"的阶段转化，标志着环境保护开始列入各级党委、政府的议事日程。1986 年随着全省第二次环境保护会议召开，环境保护工作进一步得到重视，工业污染防治、城市环境综合整治、自然生态保护等各项工作逐步展开，环境保护机构得到加强，由原环境保护办公室（处级）升格为河南省环境保护局（副厅级），

多数地、市、县建立了环境保护办公室，标志着河南省委、省政府的环保理念的再一次提升。1991年5月，随着全省第三次环境保护会议召开，环境保护法制建设得到进一步完善，各级领导和广大人民群众的环境保护意识大大提高，各级、各部门参与环境保护的积极性空前提升，全省工业污染防治、城市环境综合整治和自然生态保护工作均取得进展。1996年，河南省第四次环境保护会议明确了全省跨世纪的环境保护目标和任务，开始推行污染物排放总量控制制度，河南省环境管理工作从定性管理转向定量管理，进入了深化发展阶段。

21世纪以来，全省上下进一步认识到，生态环境建设不仅关系可持续发展问题，而且涉及人民群众的幸福安康。2002年5月，全省第五次环境保护会议制定了推动全省环保工作的重大措施，解决了全省环境保护领域的一些重大问题，进一步提高了环境保护在全省国民经济和社会发展中的战略地位。2006年6月，河南省建立了党委政府节能减排"一票否决"制和问责制、政府环保目标责任制，标志着环境保护进入经济社会发展的主战场，全省环保事业迈进加快实现历史性转变的新时期。2011年召开的河南省九次党代会明确要求："树立绿色、低碳、可持续发展理念，落实主体功能区规划，加快生态省建设，努力构建资源节约、环境友好的生产方式和消费模式。突出抓好重点企业、重点领域节能减排，全面推进节地、节水、节材和资源综合利用，加快推进循环经济试点省建设。统筹安排矿产资源开发和保护，增加资源战略性储备。加大污染治理力度，着力解决好饮用水不安全和空气、土壤、重金属污染等损害群众健康的突出问题。提高森林覆盖率和固碳能力，加强生态保护和修复。"

二、加大节能减排和环境治理力度

在节能减排上，为防止新建项目对环境产生污染，1978年开始，河南省开始实行环境影响评价制度，重点对大气污染、水污染和噪声污染等污染物开始进行综合防治，这期间集中关停和搬迁了一部分污染严重的企业，一些企业也开始对"三废"进行综合开发利用，同时先后颁布了《河南省基本建设技术措施工程环境保护条例》、《关于结合技术改造防治工业污染的通知》和《河南省征收排污费实施办法》等一系列环境保护的法规和条例，使环境保护工作有法可依，强化了环境保护的功能和力度。1992年实施全面改革开放以来，随着国家可持续发展战略的实施，河南省环境保护工作力度进一步加大，明确提出要从传统"三高一低"的"黑色发展"模式中跳出来，努力在经济发展与资源环境相协调中实现永续发展。近年来，河南省又把加快经济发展方式转变作为主线，突出解决生产领域的环境污染问题，有力地推进了电力行业脱硝、钢铁烧结机脱硫、规模化畜禽养殖污染治理，以及全省重点行业污染治理等主要污染物减排项目建设。"十一五"期间，全省共有 210 台装机容量 4265 万千瓦燃煤机组建成脱硫设施，形成二氧化硫年减排能力 65.52 万吨；对全省 3615 家企业实施了限期治理、停产治理和深度治理，对电力、钢铁、化工、造纸等重污染行业的 338 家重点排污企业实施了清洁生产审核。2010 年全省工业和生活中化学需氧量和二氧化硫年排放量，分别比 2005 年下降 14.02% 和 17.59%，圆满完成了国家下达的减排任务。

在环境治理上，20 世纪 90 年代，围绕国家提出的"一控双达标"计划，河南省组织实施了环境污染综合治理"8242 工程"（即 8 条河流、2 个重点污染行业、400 平方公里烟尘控制区、200 家重污染企业的限期治理），同时有步骤、有重点地实施了几次大规模的污染防治行动，包括 1996 年的关停取缔"15 小土"行动、1997 年的淮河"九七达标"行动、1998 年的大气污染限期治理行动、1999 年的"九九黄河达标"行动，全省工业污染防治、城市环境综合整治工作取得了一定的进展。进入 21 世纪，为切实解决危害群众健康和影响可持续发展的环境问题，省委、省政府又把重点流域区域环境综合整治作为向人民群众承诺办好的"十大实事"的内容之一，每年都确定几个污染严重的流域、区域、行业进行环境综合整治。"十一五"期间，重点整治了污染严重、关系群众切身利益的 9 个重点流域、15 个重点区域、15 个重点行业以及高速公路沿线国道两侧、郑西高铁河南省段沿线、风景名胜区周围敏感区、城市集中式饮用水水源地等区域，短期内有效改善了局部环境质量，优化了区域产业结构和布局，为全省经济社会发展腾出了环境容量。与此同时，出台了《河南省水污染防治条例》、《河南省制浆造纸工业水污染物排放标准》等地方性法规和标

准，实施了全流域水环境生态补偿、排污权交易试点等环境经济政策，全面启动农村小康环保行动计划，完成了生态保护规划、生态环境功能区划等编制工作。特别是创新运用优化发电调度、大机组补偿小机组、发电量交易等措施推进落实"上大压小"政策，被国家称为"河南模式"并在全国推广。

三、加强生态体系建设

河南省地处南北气候和山区向平原的双重过渡地带，随着人们活动的不断频繁加剧，水土流失十分严重，建设生态文明必须水土保持先行。党的十一届三中全会以后，河南省健全了水土保持机构，恢复了省水保委员会，省水利厅增设了水保处，成立了省水保科研所，全省按类型区设置了 7 个水土保持科学试验站。自 1982 年开始，按照"以蓄水保土为基础，以经济效益为中心，以脱贫致富为目的"的指导思想，省财政每年安排1050 万元专项经费用于全省水土流失治理，同时发扬"自力更生，艰苦创业，团结协作，无私奉献"的红旗渠精神，开展了持久、大规模的以小流域为单元的水土保持治山治水运动。近 10 年来，先后编制了《国家水土保持重点建设工程河南省 2008—2012 年建设规划》、《河南省黄土高原地区水土保持淤地坝规划》、《河南省水土保持生态修复规划》，开展了大别山、桐柏山、太行山区国家水土保持重点建设工程项目，黄河流域的 6个重点支流综合治理项目，形成了独具特色的"河南模式"。据统计，已累计初步治理水土流失面积 3.4 万平方公里，其中发展坡改梯 67.58 万公顷，水保林 176.77 万公顷，经济林 42.92 万公顷，种草 7.58 万公顷，生态修复 7.55 万公顷，建设淤地坝 2000 余座，兴建各类小型水利水保工程180 万处，风沙区沙地改农田 47.7 万公顷，累计增产粮食 100 多亿公斤。2011 年，中央召开了最高规格的水利工作会议，对水土保持工作作出了重要部署，新《水土保持法》随之颁布实施。河南省及时对全省水土保持工作进行了再动员、再部署，由此使河南省水土保持工作进入了一个全新的发展时期。

为了扭转林业砍多种少的局面，国家在 1981 年至 1983 年间开展了稳定山权林权、划定自留山、确定林业生产责任制的"林业三定"工作。但是由于农民担心国家林业政策随时都会变，所以滥砍滥伐的现象依然严重，到1984年《中华人民共和国森林法》的颁布和实施，乱砍滥伐现象才一定程度上得到遏制。随着林业生态观念的进一步深入人心，河南省在20世纪90年代启动的退耕还林、天然林保护与自然保护区建设等的基础上，进一步加大了造林和建设自然保护区的力度。2007年，建设林业生态省战略目标的确立，按照宜林地面积和国家林业生态工程建设技术规程确定的造林标准，确定全省各县（市、区）的造林规模，自下而上编制了省、市、县三级林业生态建设规划，提出自2008年开始5年投资405亿元造林2750万亩；在继续抓好天然林保护、退耕还林、重点地区防护林、野生动植物保护和自然保护区、速生丰产用材林基地五大国家重点生态工程的同时，突出抓好一批省级重点生态工程建设。据统计，2008年至2010年全省共完成投资236.72亿元，完成工程造林1508.6万亩，是前3年工程造林面积的3.3倍。

目前，森林生态功能的年价值达4376亿元，现有林业资源每年吸收固定二氧化碳7984万吨，相当于全省工业用燃煤二氧化碳排放量的1/4。值得一提的是，近年来河南省农村生态文明建设也取得了显著成效。20世纪90年代以来，河南省环保、农牧部门安排了一批不同类型的生态农业试点，涌现了一批不同类型的生态农业模式。近年来，又不断加强农村生态示范创建工作，目前已建设159个省级生态乡镇、1036个省级生态村。

第五节　统筹对内和对外开放

党的十一届三中全会确定了经济体制改革和对外开放的总方针。身处内陆地区的河南省也与全国一道，打破封闭自守，走上了开放之路。经过不懈的努力，已经呈现利用外资和引进技术、输出劳务和技术、对外承包工程、跨国投资等方面全面发展的新格局。同时，打破在某些行业和领域的封闭、垄断，冲破旧的体制机制束缚，允许国内外资本、技术、人才进入，有力地推动了全省经济社会发展。

一、不断扩大对外开放

河南省对外开放是在思想上不断解放、观念逐步转变、意识不断提升中启动和不断深化的。从 1989 年《关于深入开展生产力标准和沿海地区经济发展战略大讨论》的通知带来的改革开放启蒙，到 2012 年省十一届人大五次会议"对外开放是基本省策"的提出，走过了从初始起步，到全面推进，再到拓展深化的不平凡历程。

随着改革经济体制，实行对外开放，河南省也逐步打开了省门。1989 年 2 月召开的河南省委工作会议提出，要"加快对外开放步伐，广泛开展横向联合"。1991 年首次召开了全省对外开放会议，形成了《加快全省对外开放工作的决定》和 14 个配套性政策文件，提出了破除因循守旧、僵化保守思想，树立改革开放、开拓进取观念；破除小农经济、产品经济思想，树立有计划的商品经济观念；破除自我封闭、自成体系思想，树立互惠互利、全面对外开放观念；破除消极畏难、无所作为思想，树立勇于拼搏、敢打必胜观念；破除故步自封、盲目自满思想，树立学先进、找差距、努力改变落后面貌的"五破五树"要求，对全省解放思想、转变观念，推动对外开放工作起到了巨大的促进作用，标志着河南省的对外开放开始进入了新的阶段。以邓小平同志南方谈话为起点，河南省的开放工作进入快速发展的阶段。1992 年 2 月河南省委常委召开会议，专题研究进一步加快全省对外开放工作，要求要"思想再解放一些，胆子再大一些，步子再快一些，效果再好一些。"在 1992 年以后的省委五届五次、六次全会上，都对对外开放作出了专题的安排部署，要求加快形成多层次、多渠道、全方位对外开放格局，努力提高利用外资的规模和水平。1998 年，河南省召开了第二次对外开放会议，出台了《关于提高利用外资水平，进一步扩大对外开放的意见》，讨论了《鼓励外商投资优惠政策》、《关于鼓励扩大出口、对外经济技术合作的若干政策》等配套文件，标志着河南省把引进外资作为对外开放的重头戏，开始多渠道、多形式地引进外资，全省外商投资企业的发展呈现前所未有的高速度发展的局面。

面临世界范围的发展机遇和挑战，开放逐步向全方位、多层次、宽领域转变，河南省正式提出实施"走出去"战略。2003 年到 2004 年，河南省分别召开了第三、第四次对外开放工作会议，讨论修改了《关于进一步扩大对外开放的决定》，出台了《中共河南省委、河南省人民政府关于加快发展开放型经济的若干意见》，同时把"强力实施开放带动，不断扩大东引西进"作为重大战略举措写入了《河南省全面建设小康社会规划纲要》。2006 年，省委、省政府下发了《河南省加快实施开放带动主战略指导意见》，进一步明确了加快实施开放带动主战略的指导思想、总体要求、目标任务、工作重点以及保障措施。2008 年，全省第五次对外开放会议提出了"必须把解放思想作为先导工程，必须把重点工作作为主攻方向，必须把创新载体作为主要抓手，必须把优化环境作为重要保障"，实现对外开放大跨越的战略，体现了省委、省政府对对外开放工作的高度重视，体现了河南省实施开放带动主战略的坚定信心。2012 年，河南省十一届人大五次会议明确提出"对外开放是基本省策，是决定河南省前途命运的关键抉择"，以此为标志，河南省对外开放已经呈现出了全方位、多层次、宽领域的发展格局，正坚定不移地向纵深开放迈进。

二、强力实施"东引西进"

1999 年，中央作出了实施西部大开发的战略决定，并以此作为我国 21 世纪发展的一项战略任务。面对发达的东部和即将开发的西部，地处中部不是"东"、"西"的河南省怎么办？河南省委、省政府果断决策，及时提出了"东引西进"的对内开放战略。

河南省不仅在地理位置上处于东部与西部的中间地带，而且在经济社会发展程度上也处在东高西低、梯度倾斜的过渡地带。与东部相比，河南省资源较为丰富，但在资金、技术、管理、人才、开放程度、思想观念、市场机制、信息等方面都存在一定差距。与西部相比，河南省的资源开发较早，开放程度较高，在加工技术、管理、人才、信息等方面又具有一定优势，在历史上与西部联系也较多。在东部早已开放、西部大开发正着手实施的态势下，河南省必须充分发挥河南省区位、市场、劳动力资源丰富等优势，吸引东部产业、技术、资金、人才、项目、管理经验和机制，加

快传统产业的技术改造，推动河南省产业改组、改造和升级，走出一条"东引"之路；必须积极参与西部大开发，加强河南省与西部省区的经济技术合作，大力开拓中西部市场，努力提高河南省农产品、工业消费品、农业生产资料及冶金、建材、农业机械、大型成套设备等投资类产品在西部市场的占有份额，开辟一条"西进"之道。

为确保"东引西进"战略的顺利实施，河南省从产业投资政策、土地政策、税收政策、人才政策以及如何改进政府工作、提高办事效率等方面实施了若干政策措施。在产业投资政策方面，出台了东中西部省区在河南省投资建设项目所在地政府简化审批手续、优先审批，符合工业结构调整条件的项目调整资金优先安排等一系列措施和优惠政策。在土地政策方面，对向西部转移和进城务工经商的人口保持土地承包和宅基地的稳定性，对东中西部省区在河南省兴办开发性农业、林业、牧业和基础设施、公益性事业项目，予以划拨使用土地等。在税收政策方面，实施了东中西部省区在河南省经济不发达、贫困地区兴办投资企业，经主管税务机关批准，可以3年内免征企业所得税，期满后5年内所得税额的15%—30%返还给企业等系列优惠政策。在人才政策方面，提出东中西部省区在河南省企业所在地，可按一定的投资额为准不收取城市人口增容费，并优先安排住房和子女入学、入托，等等。除此之外，还规定东中西部省区在河南省企业，工商、税务、海关等单位在工商注册、税务登记、海关报关等方面提供优先服务，简化有关手续等相关措施；东中西部省区企业在企业和产品认定、资质评审、经营权限审批、项目招投标、业务承接以及上市公司申报、企业债券发行、银行信贷、行业信息服务等方面与省内企业享有同等待遇。

实施"东引西进"战略以来，河南省凭借特殊的区位优势，吸引了东部企业，开拓了西部市场，取得了骄人的成就。在1999年实行的豫粤经济技术合作和2000年举行的豫沪经济合作洽谈会上，河南省先后引进了一批知名品牌和高新技术项目。上海和广东作为河南省"东引"的重头戏，到2004年年底豫沪双方共签订合作项目232个，资金总额209.35亿元。豫粤双方共签订合作项目182个，资金总额149.56亿元。河南省的粮食、煤炭、铝等资源支援了广东建设，而河南省面向广东的劳务输出与人才交流呈现良好发展态势，真正实现了"优势互补、互惠互利、平等自愿、共同发展"。新疆是河南省"西进"的重点合作对象，自1999年以来，河南省已连续在新疆举办了两届河南省产品（乌鲁木齐）展销会，4次组成河南省代表团参加"乌洽会"，参展企业3000多家，参展产品几千种，共实现贸易成交额323.16亿元，签订经济技术合作项目160个，金额47.77亿元。随着河南省企业大举"西进"，各类河南省名优产品开始为河南省制造"正名"，来自河南省的汽车、冰箱、冷藏车、电线电缆、食品饮料、面粉大米等，在西部已逐步受到了当地消费者的认可和喜爱。

三、着力实施"走出去"战略

进入21世纪，河南省对外开放的广度和深度进一步扩展，特别是我国加入WTO以后，河南省正式提出并全面实施"走出去"战略，对外开放的一切工作开始与国际接轨，一些尚在国际市场门外的河南省企业，正在积极叩响国际市场的大门。三全食品股份有限公司、新郑奥星实业有限公司等一批河南省企业，正在积极漂洋过海，一步步走向国际市场。

经过多年的改革开放，河南省经济得到快速发展，但由于河南省资源人均占有量较低，部分战略资源严重短缺，已经成为制约经济持续快速增长的瓶颈，必须争取更多地利用国外的资源和市场；河南省产业结构不合理，层次较低的问题比较严重，必须在更广阔的空间里进行经济结构调整和资源优化配置。特别是当代科学技术的突飞猛进为国际分工的深化和生产要素的流动提供了便利，跨国公司和国际经济组织为经济全球化充当着推波助澜的载体作用，各国市场间的互补和相互依存关系因此日益密切。为了适应新形势、趋利避害，河南省必须顺应世界经济发展趋势和国际潮流，主动"走出去"，参与国际经济竞争与合作，充分利用国际分工，在资金、市场、资源的全球化配置中获益，从而不断增强全省的综合实力。为此，2006年河南省制定并实施了出国门、富万家"521工程"，计划通过3到5年时间，在全省重点培育5家外派劳务企业、20个外派劳务基地县和10个外派劳务专业基地，实现外派劳务的跨越式发展。与此同时，河南省还建立了境外投资企业跟踪服务制，加强对境外投资重点项目的跟

踪服务，利用各部门的政策资源支持外派劳务发展，以全力抓好外派劳务基地县、专业基地和培训中心的软件、硬件建设。

"走出去"战略取得了不俗的成就，海外的"河南力量"正在逐步壮大，河南省在海外的市场正在赢得更多的关注。1990年，河南省对外承包工程和劳务合作新签合同只有36项、签订合同金额只有2466万美元，完成营业额只有2410万美元，派出人次只有814人。到2002年，河南省"走出去"战略初见成效，全年全省签订对外承包工程合同金额3.2亿美元，是1990年的13倍；完成营业额近1亿美元，是1990年的4倍；派出人次近1.3万人，是1990年的5倍多。到2004年，河南省外经合同额和营业额两项指标在全国排名分别由1997年的第24、第22位，提升到第10、第16位。到2011年，河南省对外承包工程和劳务合作已完成营业额29亿美元，外派劳务60588人次，已在境外设立相关企业37家；同时农业积极"走出去"也初显成效，有代表性的项目为吉尔吉斯斯坦养殖、屠宰项目和澳大利亚养殖与奶粉生产项目。目前河南省正向着2020年全省对外投资存量总额将达到20亿美元，对外承包工程营业额将达到20亿美元，当年外派各类劳务人员总数将达到4万人的发展目标迈进。

第六节　经验与启示

河南省改革开放以来的发展实践及所取得的成绩和积累的经验，已经有力地证明，只有全面贯彻落实科学发展观，努力实现"五个统筹"，才能不断推进改革开放和现代化建设的伟大进程，才能实现全面建设小康社会的宏伟目标。在新的历史起点上，要进一步加快建设中原经济区、实现中原崛起河南振兴，仍必须坚持"五个统筹"，实现全面协调可持续发展。

一、必须高度重视"三农"问题，全面推进城乡一体发展

城乡统筹是实现城乡社会经济全面协调发展的客观要求。河南省作为

人口大省和传统农业大省，农业经济落后工业经济、农村发展滞后城市发展，城乡社会事业发展不协调、基础设施建设不平衡、社会保障不同步、居民收入差距拉大等问题，一直是影响和制约河南省科学发展的主要障碍。在此背景下，河南省始终坚持从实际出发，提升发展理念，持续探索，不断缩小城乡差距，有力推动了全省城乡一体化发展。一方面，不断确立城乡一体化的新观念、城乡市场化的新观念、工农并重的新观念，以及市场机制运作的新观念，使城乡一体化发展的理念深入人心；另一方面，正确处理城市化与农村现代化的关系，坚持规划一体化、基础设施一体化、经济社会发展一体化、科教文化事业一体化，促进了人口、经济、社会的协调发展；再一方面，坚持按经济规律和自然规律办事，把增加农民收入、推进农业现代化作为基本目标，把转变农业增长方式，发展优质、高产、高效农业作为核心，激发了农村的发展活力和动力。最为重要的是，近年来把以新型城镇化为引领、大力推进新农村社区建设，作为推动城乡一体化发展的突破口，使农民居住条件、户籍制度、劳务输出、医疗保障等方面发生了重大变化，正向着城乡优势互补、互相促进、共同发展的方向迈进，初步展现了一幅城乡共荣的现代化新农村美好蓝图。从河南省统筹城乡发展的实践不难看出，要解决工业与农业、城市与农村协调发展这些历史性课题，就必须继续强力实施工业反哺农业、城市支持农村的战略，充分发挥工业对农业的支撑作用、城市对农村的带动作用，形成以工补农、以城带乡、工农互惠、城乡一体的新型工农、城乡关系；就必须持续坚持"多予、少取、放活"的方针，扩大公共财政覆盖农村的范围，集中力量搞好农村基础设施建设，改善农民的生产生活条件，切实让农民得到实惠；就必须把遵循客观规律与尊重农民意愿结合起来，依靠农民辛勤劳动、国家扶持和社会力量的广泛参与，使新型城镇化成为全社会的共同行动，努力营造全社会关心、支持和参与建设城乡一体化的浓厚氛围。

二、必须树立发展的全局意识，推进区域间全面协调发展

统筹区域发展是科学发展观应有之义和内在要求。河南省在30多年的发展历程中，也和全国其他地区一样，经历了从改革开放之初区域非均

衡发展，到"九五"之后区域协调发展，再到"十一五"以来区域统筹发展的历史演进。这些演进的背后，是河南省委、省政府不断提升对经济发展规律认识，不断深化对全省发展布局和定位认识。从《河南省全面建设小康社会规划纲要》出台，到"十一五"发展规划制定、再到中原经济区和"十二五"发展规划谋划，都坚持把推进区域协调发展作为主题，科学定位全省产业和空间布局，推动河南省逐步进入区域协调发展良性轨道。"十一五"期间，河南省全面实施中心城市、中心城镇带动战略，辐射带动周边地区特别是农村经济社会快速发展，形成了中原城市群经济隆起带、豫北、豫西和豫西南地区的板块和黄淮地区的发展板块；发挥县级城市在县域经济发展中的带动作用，发挥了县域经济在全省经济社会发展中的支撑作用。近几年来，随着中原经济区上升为国家战略，又立足区域自然条件、资源环境承载能力和经济社会发展基础，统筹安排城镇建设、产业集聚、农田保护、生态涵养等空间布局，致力于构建以中原城市群为重点的城市化战略格局，构建以粮食生产核心区为重点的农业战略格局，构建以"四区两带"为重点的生态功能格局，以布局的优化推动三化协调科学发展。这些统筹区域发展的经验证明，要实现地方经济社会全面发展，就必须牢固树立均衡发展的理念，明确自己的发展定位，厘清自己的发展思路，努力破除影响区域发展的体制性障碍，要鼓励有条件的地方、有优势的地方、基础好的地方加快发展，以带动辐射周边的发展；就必须立足本地实际情况，把握各区域的区位优势、自然资源和人文条件，科学规划产业布局和空间布局，构建特色明显、优势彰显的板块经济，形成各展所长、优势互补、相互融合、竞相发展的格局；就必须大力发展县域经济，调整优化经济结构，培育壮大优势产业，增强县域经济综合实力和竞争力，使县域经济成为地方经济发展的重要支撑。

三、必须坚持以人为本发展理念，让人民充分享受发展成果

人民群众既是发展的推动者，也是发展成果的受益者。统筹经济社会发展，最终是要落脚到实现人的全面发展上，落脚到人们生产生活条件的改善上。在改革开放以来河南省30多年的发展历程中，河南省虽然跨入

经济大省的行列，但是社会事业发展不足、社会保障体系不完善等问题日益显现，特别是上学、就医、劳动就业、社会保障等问题比较突出，"一条腿短，一条腿长"的现象还没有得到有效改善。对此，河南省逐步把发展社会事业，关注改善民生摆到更加突出的位置。一方面不断加大财政对教育发展、卫生事业和社会保障、公共医疗等项投入，使各项社会事业不断发展，使经济社会进入了协调发展的新阶段。另一方面，坚持民生利益无小事，着力解决老百姓的衣食住行问题，多年以来一直把民生"十件实事"作为最重要抓手，使人民群众的居住和生活条件不断改善。特别是近年来，各级政府始终坚持把人民群众的根本利益作为出发点和落脚点，牢固坚持一切为了人、一切满足人、一切提高人的理念，致力于推进经济与社会协调发展，使中原大地出现了政通人和、平安和谐的发展局面。河南省统筹经济社会发展的经验说明，实现经济社会又好又快发展，就必须坚持从人民群众根本利益出发谋发展、促发展，不断实现好、维护好、发展好最广大人民的根本利益；就必须最充分地调动人民群众的积极性、主动性和创造性，最大限度地集中人民群众的智慧和力量，最广泛地动员和组织人民群众为实现全面建设小康社会的宏伟目标而奋斗；就必须坚持以群众利益作为决策的依据，在决策的制定和落实的各个环节中，要广泛征询群众意见，充分考虑各方面群众的切身利益和社会承受能力，努力兼顾各方面利益、切实照顾各方面关切，使人民群众不断获得切实的经济、政治、文化利益；就必须从人民群众最关心、最直接、最现实的利益问题入手，更加注重社会公平和公正，真正使人民共享改革发展的成果。

四、必须注重人与自然和谐相处，进一步推进生态文明建设

随着人类认识和改造自然的能力大大提升，并取得巨大成果的同时，也先后出现了人口问题、资源问题、环境问题和生态问题，人与自然和谐相处问题更加突出地表现出来。但是，人类与自然的和谐相处，绝不是要恢复到过去人们在自然面前消极顺从、无所作为的状态，而是要进一步解放和发展生产力，同时转变发展方式，尽可能减少对自然的破坏，实现生产发展、生活富裕、生态良好相统一。在河南省改革开放以来的发展实践

中，对人口、资源、环境的重视一直没有放松，在不同时期、不同阶段，先后采取了相应的环境约束和整治措施。一方面，坚持把生态环境目标和经济发展目标结合起来，适时出台相关扶持政策，建立健全相关约束机制，加强科学决策和立法，用调控手段引导环境资源保护，为生态建设和环境保护提供法制保障。另一方面，加大农业结构的调整和升级，逐步形成具有河南省特色的现代生态农业发展模式；引导企业节能降耗，积极发展循环企业，减少废弃物和污染物的排放，为生态建设和环境保护提供产业保障。再一方面，着力建设和保护好森林、湿地等自然生态，持续开展水土保持工作，构建结构合理、功能协调的生态体系，满足全社会对生态产品的巨大需求。30多年来河南省生态和环境建设的经验告诉我们，要实现"建设生态文明，基本形成节约能源资源和保护生态环境的产业结构、增长方式、消费模式"目标，就必须提升理念、转变观念，从生态文明建设的高度人与自然和谐问题、环境保护问题，资源节约利用问题，坚定不移地必须走出一条全面、协调、可持续发展之路；就必须加快经济发展方式转变，大力推进新型工业化和农业现代化，减少资源消耗、减少污染排放，走出一条既能节约资源，又能使人与环境友好相处的经济发展之路；就必须尊重自然规律和经济规律，大力加强自然生态建设，着力建设和保护好森林、湿地、沙漠等生态系统，构建结构合理、功能协调的生态体系。

五、必须继续实施对内对外开放，不断激发各方面发展活力

统筹对内对外开放，是全面提高对外开放水平，进一步发展开放型经济的现实需要，也是一个地区优先发展的重要条件。党的十一届三中全会以来，河南省开放型经济发展取得了令人瞩目的成就，形成了全方位、多层次、宽领域的对内对外开放格局。一是立足内陆省份的实际，把对外开放作为发展的永恒主题，作为全面建设小康社会的战略举措，以积极的姿态面向世界，构建全方位、多层次、宽领域的对外开放格局，在"走出去"中大力发展开放型经济，在外资、外贸和外经三个主要层面均取得了较大成就，促进经济结构优化和国民经济素质提高，为全省经济社会又好

又快发展作出了巨大贡献。二是把加快对内开放作为扩大内需的一项重要
举措，出台了一系列扩大民间投资的相关政策，坚持"东引西进"战略，
对外资开放的领域，对内资也一样开放，清除对内开放的隐形壁垒。三是
扩大跨地区、跨行业、跨所有制的联手与合作，与中部地区各省份之间建
立了协作机制，并借助中原经济区建设的机遇，进一步扩大与周边地区的
深度合作。河南省对内对外开放经验启示我们，作为一个内陆省份，要在
新一轮发展中赢得主动，就必须坚定不移地扩大对外开放，继续强力实施
"引进来"和"走出去"相结合的战略，力求使外部机遇为我所用，不断
提高参与国际竞争和合作的能力；就必须加快转变对外经济增长方式，加
快调整和优化进出口结构，引导加工贸易转型升级，更好地利用国外的资
金、资源和市场；就必须鼓励和吸引跨国公司来我国设立生产制造基地、
产业配套基地、服务业外包基地、培训基地以及更多的采购中心、研发中
心和地区总部；就必须扩大区域间的协同与合作，既加强对外开放力度，
又扩大对内开放领域，更好地抢占内需市场。

第十四章
底层突破：源自实践一线的改革创新

邓小平同志说过："农村搞家庭联产承包，这个发明权是农民的。农村改革中的好多东西，都是基层创造出来，我们把它拿来加工提高作为全国的指导。"①2008 年 12 月 18 日，胡锦涛同志在纪念党的十一届三中全会召开 30 周年大会上的讲话中强调，党领导改革开放取得成功的一条基本经验就是把尊重人民首创精神同加强和改善党的领导结合起来，"在人民的实践创造中吸取营养，丰富和完善党的主张"。② 纵观河南省改革开放 30 多年的历程，可以说，从乡镇企业异军突起、农民工进城到新型农村社区建设，从国企改革、民营企业勃兴到开放型市场经济体系初步形成，从基层民主建设到社会管理创新，人民群众的首创精神推动了一次又一次制度创新和实践创新，成为改革开放的"原动力"。

第一节　告别村落文明的希冀与探索

村落文明是农耕社会的产物。随着蒸汽机的发明，全球范围内掀起了工业化的浪潮，拉开了现代化的帷幕。自此，人们的生产生活方式开始发生了新的质的变化，关于这种变化，早在 100 多年前马克思就深刻指

① 《邓小平文选》第三卷，人民出版社 1993 年版，第 382 页。
② 胡锦涛：《在纪念党的十一届三中全会召开 30 周年大会上的讲话》，人民出版社 2008 年版，第 12 页。

出："现代的历史是乡村城市化"①。河南省是中国的缩影，制约全省经济社会持续快速发展最大的省情是农村、农业、农民问题。"三农问题"的根本解决，最终要靠工业化、城市化。新中国成立以来，特别是改革开放以来，在党和政府有计划有步骤地破解城乡二元结构，不断推进工业化、城市化的进程中，全省广大农民群众追求现代美好生活所迸发的积极性、主动性和创造性超乎想象，在中原大地上创造了一个又一个成功的范例。

一、工业化征程中浴火重生的回郭镇

回郭镇位于巩义市西南部，南依嵩山，北濒洛水，地处郑洛工业走廊中心位置，全镇总面积约 50 平方公里，耕地 3.7 万亩，常住人口 8.5 万人，辖 21 个村。2011 年全镇实现 GDP71.1 亿元，规模工业增加值 57 亿元，工业营业收入 388 亿元，工商税收近 4.7 亿元，地方财政收入 1.61 亿元；固定资产投资完成 51 亿元；农民人均收入达到 13500 元，居全市第一。连年来经济总量居河南省乡镇前列，综合实力为全省十强。

作为全国乡镇企业的发源地，回郭镇是我国农村工业化进程的活标本。20 世纪 70 年代初，回郭镇人冒着被"割"资本主义尾巴的政治风险，在全国率先大搞社队企业，形成了"围绕农业办工业，办好工业促农业"的发展模式。到 1974 年，回郭镇的社队企业已发展到了 57 个，还在山上修建了提灌站，农村浇地、耕田基本实现了机械化。回郭镇的典型事迹被省里发现并由《河南日报》进行报道后，受到毛泽东、邓小平等中央领导的高度重视。1975 年 10 月 11 日，《人民日报》以《伟大的光明灿烂的希望——河南省巩县回郭镇公社围绕农业办工业，办好工业促农业的调查》为题，头版头条转发了河南省的报道，指出"回郭镇人为中国农村经济发展找到了康庄大道"，把回郭镇的先进经验推向全国。在此后两年多时间内，先后有 50 多个国家和地区的 1000 多位外宾来回郭镇参观考察。今天，我们在"温州模式"、"苏南模式"里仍能看到回郭镇当年的影子。

然而，随着家庭联产承包责任制的推广，个体经营的冲击波动摇了回

---

① 《马克思恩格斯文集》第 8 卷，人民出版社 2009 年版，第 131 页。

郭镇兴办社队企业的思想基础。再加上 1982 年，一场突如其来的大雨给回郭镇社队企业带来了灭顶之灾。那一年 8 月，连日的暴雨使洛河水漫堤岸。整个回郭镇一片汪洋，7 个行政村被淹，4000 多间民房倒塌，数万人无家可归，社队企业的所有工厂几乎全被大水冲毁了。

不过，回郭镇人并没有被灾难击倒。这场天灾对于回郭镇人，与其说是毁灭，不如说是新生。他们利用在社队企业学到的技术、积累的资金、培养的人才，在废墟上盖起了厂房，办起了工厂，开始了以家庭为单位的工业化发展模式。自此，历经改革开放思想解放春风的洗礼，以灾后重建为契机，回郭镇一举打破农村工业只能集体办的思维定式，创造出了谁办归谁的非公有制经济雏形，开启了股份制改造和发展私营合伙企业的先河。此后，回郭镇的个体私营经济迅猛发展，其中化纤、化工、轻纺、电线电缆等大小工厂发展到 2000 多家，仅生产电线的个体厂家就有 1000 多个，全镇呈现出了"家家办工厂、户户机器响、老少齐上阵、妇孺闯市场"的动人景象。1984 年，全镇工农业总产值在全省率先突破亿元大关，其中工业产值 8792 万元，成为全国百强乡镇之一。

市场的无序竞争和对利益最大化的强烈追求，使回郭镇一些小工厂不惜压低成本，牺牲作为企业之生命的质量。回郭镇在发展前景一片光明的情况下跌了一个大跟头。1992 年，这是改革开放进程中一个至关重要的年份，也是让回郭镇人刻骨铭心不能忘记的年份。这一年，邓小平的南方谈话给改革开放注入了强劲的活力。当全国人民都在热火朝天地谋发展的时候，回郭镇因生产劣质电线被"中国质量万里行"曝光。一时间，各种非议和斥责铺天盖地而来，回郭镇处在了滔滔舆论的风口浪尖。之后就是停业整顿，工厂关门了，镇子上一派萧条破败的景象。

1993 年 5 月，时任河南省委书记李长春对回郭镇的发展作了全面批示："回郭镇要杀回马枪，变成优质电线电缆生产基地，成为全省一颗新星。"这个批示，指明了回郭镇的发展方向。回郭镇在全省率先提出了在乡镇一级创办工业商贸园区的设想，第一次叫出了"人口向城镇集中、企业向园区集中"，让"生产工业化、生活城市化"的响亮口号，建立起优质电线电缆生产基地，并在海南省设立办事处，与省内知名企业联合办厂。当年回郭镇工农业总产值就突破十亿元大关。

然而，到了 1995 年，又一次严峻的考验扑面而来。当时因为一家企业生产氨水，对大气造成极大污染，回郭镇李邵村村民在抗辩无力的情况下，选择了千人集体卧轨抗议，致使国家铁路动脉停运十几个小时，震动全国。回郭镇引以为戒，封杀了所有可能带来污染的企业。人民群众对青山绿水的迫切诉求形成了强大的倒逼机制，开始推动回郭镇的工业化进程迈出了转型发展的坚定步伐。1999 年，一个外地企业家辗转赶到回郭镇考察，他发现这里经济要素活跃，政府"爱企如子"，于是决定投资建厂，但最终因会造成污染被拒绝。回郭镇的态度是"土地宁可荒着，也不能被污染了。"

之后，随着国家宏观调控政策的实施及城网农网改造工程的结束，回郭镇的主导产业——电线电缆行业走入了低谷。然而，办法总比困难多。聪明勤奋的回郭镇人把目光投向了铝加工业。他们依托中原地带铝、电资源丰富的优势，采取民间融资、股份合作的形式办起了铝加工企业。明泰铝业有限公司建成了国内第一条拥有独立知识产权的"1+4"热连轧生产线，填补了国内空白。榜样的力量是无穷的。在明泰铝业的辐射带动下，回郭镇铝加工业迅速膨胀壮大，顺源铝业、鑫泰铝业、万达铝业、安隆铝业等一批铝加工大型企业先后建厂投产，产品由原来的铝板扩展至铝带、铝箔、PS 板基等几十个品种。目前，回郭镇民营企业总数达 3817 家，其中工业企业 1028 家，共有铝板带箔加工企业 25 家，年铝加工能力达 100 万吨，一举成为全国最大的普通铝板带箔生产基地，年销售收入达 205 亿元。

回顾回郭镇在工业化征程中起起伏伏的曲折经历，我们最深切的感受是来自底层的伟大创造力和突破力。40 年前，回郭镇是"伟大的光明灿烂的希望"所在；40 年后的今天，回郭镇依然是中国工业化进程中民营经济发展的典范。

二、共同致富的新兴中原名镇竹林镇

竹林镇位于河南省巩义市东部，历史上因"两山相夹，泉甘土肥，竹翠林茂"而得名。"爱竹林、比贡献、谋发展、永创业、讲文明、共富裕"

的竹林精神激励竹林人开拓进取、与时俱进，逐步发展壮大，1994 年由村变为镇。之后，竹林镇历经三次区划，目前全镇总面积 27 平方公里，城镇建成区面积 5.2 平方公里，下辖 7 个社区居委会，常住人口 2 万人。竹林镇现有 82 家工商企业，太龙药业是河南省医药行业首家上市企业。2011 年全镇完成社会总产值 37 亿元，上缴国家税金 1.6 亿元，财政收入 5300 万元，人均收入 15600 元。

有首歌谣这样唱竹林："春天霜盖山，夏天山冒烟，秋旱竹叶黄，冬风卵石卷，跑遍竹林无水泉，打井座座是干眼，十里以外去挑水，老爹挑水腰压弯，老娘盼水泪哭干，少女嫁到他乡去，小伙熬成光棍汉……"这说的是清嘉庆以后的竹林。由于生态环境资源遭破坏，竹林水源枯竭，"泉甘土肥"的旧貌不再。20 世纪 70 年代，竹林大队依旧是山高石厚土薄，水源奇缺，地表植被稀少；竹林人仍然过着"红薯汤，红薯馍，离了红薯不能活，过年过节想尝鲜，红薯面皮包菜团"的艰苦生活；队里最好的建筑还是那座改作学堂的只有 9 平方米的砖瓦小庙。

党的十一届三中全会后，在改革开放春风的吹拂下，1983 年 7 月，竹林大队党支部召集党员干部和群众代表，围绕如何甩掉竹林的穷帽子，一连开了七天七夜会议，定下了"发展集体经济，走共同富裕的道路"的发展思路。经过短短 4 年的大干苦干，竹林人均年收入增长了近 10 倍，固定资产发展到了 470 万元。温饱问题解决了，竹林人进取的脚步并没有停下。在党的政策引领下，竹林人务实重干，奋力推进经济发展，到 1991 年年底，村集体企业已达 19 家，形成了耐火材料、医药、化工三大支柱产业，固定资产 3800 多万元，社会总产值 6300 多万元，创利税 840 万元，村民人均收入 1600 元，竹林村迈入河南省首批小康村行列。

1992 年，邓小平南方谈话给竹林人带来了新的希望。竹林村认真学习小平同志谈话精神，统一了思想，决定抢抓机遇，"借鸡生蛋、借船出海、借梯上楼"，上大项目、上新项目、上科技含量高的项目，推动经济实现新的腾飞。为了解决企业发展所需的资金问题，竹林人开始了村内最早的股份制和股份合作制的试验，他们对内发动村民投资入股办企业，对外招商引资搞合作。当年，竹林村一口气新上 8 个项目，竹林安特、竹林众生、竹林庆州、竹林精工等一大批新型企业迅猛崛起。时任省委书记李

洛阳周王城广场一角

出口埃塞俄比亚的东方红拖拉机

长春看到竹林村日新月异的变化，提出了"并村建镇"的设想。1994 年11 月 28 日，竹林经河南省人民政府批准撤村建镇，揭开了向村落文明告别的新纪元。

1995 年 12 月，竹林镇成为国家社会发展综合实验区，后改为国家可持续发展实验区。按照实验区发展要求，竹林镇注重城镇生产功能和生活功能的协调发展，加强生态、人居环境保护，走出了一条可持续发展的城镇道路。一方面，竹林镇从提高小城镇的生产功能入手，加快产品产业结构调整，提高经济运行的质量和效益。他们根据要素资源合理集中的原则，调整产业布局，建立了竹林镇区经济园区和郑州开发区竹林经济园区，并按照区域性形成了工业区、居住区和服务区。结合行业特点组建了耐材、医药、机械、建材、高科等八大集团公司，实现了规模化、集约化经营。另一方面，竹林镇以创建国家卫生镇为载体，对镇区发展初始阶段的企业进行污染治理，将南北两座荒山建成了景色迷人的休闲公园。同时，竹林镇还先后投资 100 多万元绿化美化环境，栽种大树 10 万多棵，培育小林场 6 个，栽种竹子 5 万多株，种植草坪 10 多平方米，全镇人均绿化面积超过 30%。

1996 年，竹林镇被国家发改委列为全国小城镇综合改革试点。之后，竹林镇对户籍管理制度、土地使用制度和企业运行机制等进行了多方面的探索。在户籍方面，竹林镇进行了整建制改革，将本镇 5000 多人和外籍职工 2000 多人全部转为非农业户口，探索了农村剩余劳动力向小城镇转移的有效途径。在土地方面，竹林镇打破个人承包方式，实行土地由集体统一规划、统一管理。根据"企业高度集中、居住高度集中，带动第三产业协调发展"的"两高一带"战略规划小城镇建设，并把土地用于绿化美化改善环境，取消传统的农业耕种，全部实现退耕还林。在企业方面，针对企业实际，深化企业改革，转换经营机制，由产品经营向资本运营方面发展，逐步实现股份制改造。1999 年，"竹林众生"股票实现了成功上市；2007 年，竹林镇所有企业完成股份制改造任务；2010 年，竹林镇全面实现了"村改居"，成为全省首个"全居民镇"。

竹林由村变镇，发展成为共同富裕的新兴名镇，一路走来，一路辉煌。1998 年，竹林成为国家级卫生镇、2002 年获得"全国首届人居环境

范例奖"、2003 年被授予联合国可持续发展"全球百佳"人居环境范例奖。此后，更多的荣誉接踵而至：全国重点镇、联合国可持续发展中国小城镇项目试点、全国文明镇、联合国改善人居环境最佳范例奖、中国首届改善人居环境范例奖，等等，不胜枚举。这些荣誉，浸透了竹林人辛勤奋斗的汗水；这些荣誉，激励着竹林人砥砺前行的脚步。

今天的竹林镇，坚持以新型城镇化为引领，以新型工业化为主导，形成了以第二产业为主，推动一三产业协调发展的新格局。目前，竹林镇拥有工商企业 82 家，产品横跨 10 多个行业、出口到 10 多个国家和地区。新型城镇化建设节约的土地，打破了竹林发展水利事业、植树造林、恢复生态的土地瓶颈，推动了生态养殖业、生态旅游业等现代农业的发展。近年来，竹林镇在北山创办了大中型生态养殖场两家，在南山开辟了以长寿山景区为龙头的生态旅游区，开设"农家乐"配套服务。以长寿山为代表的竹林景区被定为国家 AAA 级旅游景区、全国农业旅游示范点，年接待游客超过 20 万人次。

三、依靠工贸起家的商贸重镇小冀镇

新乡县小冀镇，位于新乡市西南 16 公里处，地处豫北平原的京广铁路、京深高速公路、新荷铁路三角交会地带，镇区青年路、青龙路直通 107 国道，距郑州机场 60 公里，区位优势明显。全镇总面积 28 平方公里，辖 19 个行政村，常住人口 4.5 万人，建成区面积 7 平方公里。2011 年 1—9 月，规模以上工业总产值完成 40.5 亿元，规模以上工业实现利润 17832 万元，500 万元以上投资完成 64106 万元，工业投资完成 42756 万元，完成财政一般预算收入 3196 万元，农民人均现金收入 1—9 月为 7560 元。

小冀镇的起步要从一个村民组说起——小冀镇东街五组。这个村民组的男人全都做过队长，但是始终没有摆脱吃苦受穷的日子。1972 年的冬天，一场艰难的选举，闷坐了两天两夜，没能选出哪怕一个愿意再干队长这个苦差事的男子汉。"没人干，我来干！"72 户社员终于有了他们的带头人。巾帼不让须眉的刘志华肩负起让这个仅有四头瘦牛、一辆破车的村民小组全部成员吃饱饭的重担。

　　刘志华以一个弱女子之身，同男劳力干同样的重活，带领社员翻地、拉土、施肥。她还天不亮起身，往返十几里路拉氨水浇地。一年、两年，社员们终于吃饱了肚皮。温饱问题解决了，刘志华心劲更足了。她不满足，她要带领大伙往富路上奔。她带领社员们打草绳、做石棉瓦，一年挣得5万元。这时，党的十一届三中全会送来思想解放的春风。刘志华深刻领会中央推动经济发展的精神实质，她要做更大的文章。1980年，小冀镇东街五组以集体几年来积攒的辛苦钱为资本，利用当地黄豆资源丰富的特点，创办了第一家厂子——腐竹厂。在村民的共同努力下，腐竹厂的发展非常顺利。1983年，他们又以腐竹厂为龙头，陆续开办了豆浆晶厂、罐头厂、日化厂等6个厂子。

　　20世纪80年代，我国出现乡镇企业"三分天下有其一"的局面。小冀镇村民五组赶上了国家大力发展乡镇企业的好时候。经过快速发展，1988年，他们初步形成了工业集团——京华，即今天的河南省京华实业公司。到1990年，京华工业集团共创产值1460万元，户均20万元，人均4万元，人均纯收入3800元。京华人过上了小康生活，这里成为远近闻名的乡村都市，小冀镇被河南省建设厅命名为"中州名镇"。

　　接下来几年，在河南省京华实业公司的带动和辐射下，小冀镇走上快速发展轨道。1995年，小冀镇被建设部列为"全国小城镇建设试点镇"，被原国家体改委等11部委列为"全国小城镇综合改革试点"，被省体改委等11厅局委列为"河南省改革发展建设综合试点镇"。1996年，小冀镇又被中国农村小康建设促进会命名为"小康示范镇"。

　　2000年6月，《中共中央、国务院关于促进小城镇健康发展的若干意见》提出了小城镇建设应当遵循的一些基本原则，即尊重规律，循序渐进；因地制宜，科学规划；深化改革，创新机制；统筹兼顾，协调发展。小冀镇抓住国家大力发展小城镇的历史机遇，按照中央关于小城镇建设的原则要求，修订了《小冀镇总体规划》，不断加大城镇基础设施建设，使城镇功能日益完善。到2002年，小冀镇镇区就初步形成"七纵七横"的交通道路格局；电信、通信方面总装机量已达到11000门，电话入户率达到80%；镇区设立了50部IC卡公用电话，成为全省率先普及IC卡电话的乡镇；有线电视入户率达52%；全镇已完成农村低高压电网改造工程；

100%的村完成了新村规划；全镇生活用水全部用上了达到国家标准的自来水。镇区绿化投资 20 余万元，主要街道基本上种植了以黑槐、冬青、剑麻为主的绿化品种。全镇人口、企业呈向镇区快速流动的趋势，镇区常住人口 3.14 万人，占总人口的 60%，每年以 3.5% 的速度递增，镇区企业占总数的 68%；镇容镇貌整洁优美、窗口行业优质服务，执法部门文明执法，呈现出欣欣向荣的景象。

之后，又经过 10 年的快速发展。目前，小冀镇工业基础雄厚，有各类民营企业 400 家，形成振动机械、机械加工、纺织为主导产业的工业体系。京华实业公司、中联总公司、太行振动机械股份有限公司、油科所新乡实验厂、长明冶炼公司、六通化工公司、锅炉制造公司等企业在市场竞争中勇立潮头。其中，太行振动机械股份有限公司生产的振动设备是全国冶金行业的排头兵，该企业的三个项目分别列入国家"863"计划、火炬计划、省高新技术产业化项目。常住镇区的高科技人员 39 名，其中享受国务院特殊津贴的专家 5 名、博士生导师 2 名、研究生 30 余名。

小冀镇工业的快速发展带来了第三产业的持续繁荣。目前，小冀镇区建有新乡县规模最大的超市和蔬菜水果批发市场。京华贸易市场面积达 8 万平方米，年交易额上亿元；有上千平方米的大型超市 2 家，宾馆、饭店等各类固定商户 1000 多家，镇区店铺林立，商贾云集。京华实业公司创建的京华园、京华宾馆、京华度假村已成为闻名遐迩的旅游胜地，每年吸引大批游客，为无山无水的小镇增添了无限风采，并带动了全镇服务行业的发展。

四、率先融入都市生活的城中村宋砦

宋砦隶属于郑州市金水区东风路街道办事处，2005 年由村改建为社区，所辖面积 0.6 平方公里，常住人口 3100 户，9000 人，流动人口 20000 余人。辖区内汇聚了多家省、市、区知名企业、学校，如郑州金苑面粉厂、郑州丰乐园大酒店、弘润华夏大酒店、省实验中学思达外国语小学、省实验幼儿园分园等。

20 世纪 80 年代，宋砦还是一个集体经济几乎为零的近郊穷村。600

多村民几乎全靠种粮卖菜维持生计，人均年纯收入不足 800 元。当时，村民居住在低矮狭小的平房或瓦房里，部分村民甚至还居住着草房，村民们诙谐地自嘲说居住是草房、瓦房、平房"三房鼎立"。村里的道路"下雨天是水泥路，晴天是洋灰（扬灰）路"，意思是说下雨天到处是泥和水，晴天里尘土飞扬。此外，一条横穿全村的污水沟长年散发着腥臭味。可以毫不夸张地说，贫穷、落后、脏乱是当时宋砦村的真实写照。

人心思变，人心思富。村民渴望融入近在咫尺的郑州市，过上城市人的生活。

1987 年，时任宋砦村经联社主任的宋丰年，组织村里一批人赴辽宁营口参观学习，买回了一大批葡萄幼苗，决定试种葡萄。令他们惊喜的是，1988 年的秋天，几百亩葡萄硕果盈枝。亩产 1500 公斤左右的葡萄，让村民们初次尝到了结构调整的甜头。这一年，宋砦村的村民们推举他们心目中的致富能人宋丰年为村委会主任。宋丰年上任后，提出了"以发展工业为主导，以第三产业为推动，以机制和人才为突破口，多业并举，多轮驱动"的发展思路。但是，巧妇难为无米之炊。面对当时村集体家底几乎为零的窘迫境地，面对全村父老乡亲的殷切期望，宋丰年拿出了自家的"米"，毅然将自己办了九年拥有 100 多万元资产的中州油漆厂无偿交给村集体，又出资 4 万元办起了福利化工厂，并以此为基础创办了一批村办企业，使宋砦走上了工业化的新路。

1992 年，邓小平发表南方谈话，要求"改革开放胆子要大一些，敢于试验，不能像小脚女人一样。看准了的，就大胆地试，大胆地闯。"宋砦人深刻领会小平同志谈话精神，积极寻求更大的发展机遇。他们在推动村子发展上敢闯敢冒，决定大胆试、大胆干，大力发展生产高附加值的工业产品，把宋砦村的经济发展提高到一个新的层次。在缺资金、缺技术、缺人才的情况下，宋砦人解放思想，开动脑筋，确定"三借四以"的发展策略，即"借贷发展、借船过河、借才生财"和"以土地换资金、以产权引项目、以经营权招人才、以亲情聚人心"。此后，凡带资金来宋砦合资、合作办企业的，都可以无偿使用村里的土地；凡外地客商带项目与宋砦合办的企业，一律实行股份制，村里投资占大头，但产权只占 40%，大头的产权划归客商；只要有技术、会管理，英雄不问出处，人才不分内外，

到村里工作一律委以重任,甚至可以被授予企业经营权;凡对宋砦发展有贡献的外聘人才,统统授予"荣誉村民"称号,享受村民的一切福利待遇。于是,发展中面临的各种困难都迎刃而解,当年宋砦村就创办各种企业达8家之多。

从1988年工业化起步算起,短短5年时间,宋砦就成功完成了由农业村向工业村的转变,实现了从小农经济到工业经济的历史性跨越。到1993年,宋砦仅引进外资折合人民币就达5000多万元,引进外来人员8000多人,其中各类高、中级专业技术人员980多名;创办企业30多家,其中股份合作企业就有22家,总生产能力达到20亿元。这一年,宋砦农工商贸易公司的基础上组建的亨达企业集团也正式成立。之后几年,宋砦村各种荣誉接踵而至:1993年成为市小康村,1994年被评为省明星村,1996年被列为省综合改革试点村、郑州市都市村庄规划建设试点村,1997年被省委列为市场经济新农村,1999年被评为全国文明村,2004年被评为全国十佳小康村。

宋砦人并没有被荣誉冲昏头脑,他们开始谋划怎么与城市接轨,融入都市生活。1995年,面对富起来后渴望建新房的村民,宋砦村出台了一项奇怪的政策:一律不批宅基地。原来,他们考虑得更长远。他们要自觉按照城市规划的要求,自行进行全面的旧村改造。此后,宋砦村拆除了旧村商业、民用房及企业用房7.6万多平方米,损失5000多万元;下马8家污染企业,直接经济损失1.5亿多元;投入1700万元,兴建了容量为630万KVA的宋砦变电站;封闭了2000多米长的污水沟;自筹资金1000多万元修通了6条辖区内的市政规划道路,共占地200多亩;还无偿为城市提供土地150多亩用于兴建绿地、广场、游园。

1997年,宋砦村建成了水、电、暖、通信、有线电视、卫生院、商业网点、图书馆、小学、幼儿园、小游园等基础设施完善、功能齐全、物业管理先进的居民小区第一家园,村民们像城里人一样住上了单元楼。2004年,宋砦又成功开发了一项富民工程——"第二家园",共建设38栋、21万平方米的商住楼群——郑州丰乐五金机电城。全村几乎每户都分有一个门栋、面积多达1000多平方米的七层商住两用楼房,几乎家家都拥有价值几百万元的房产。宋砦成了户户腰缠万贯的"富豪村"。2007年12

月，在欢庆的鞭炮声中，宋砦村民领到了盼望已久的房产证。村民宅基地集体办理房产证，不仅开创了郑州市、河南省的先例，在全国也尚属首次。房产的确权和丰乐五金机电市场的创办，不仅让宋砦人拥有了合法的固定资产，而且彻底解决了村民今后的就业和生活保障等问题。

今天的宋砦，全村固定资产 8 亿多元，全年实现营业收入近 10 亿元，利税 7000 多万元，村民人均纯收入 3 万多元。丰乐园大酒店、台利铝型材、金苑面粉、亨达装饰等知名的品牌企业已成为支柱产业，带动着全村经济的科学发展。在生活方面，宋砦人已经成为真正意义上的城市居民。他们社区内漂漂亮亮的住宅楼一幢连着一幢，绿树成荫、花草繁盛，健身、娱乐场所一应俱全。社区外，倾心打造的中华名吃城、中华历代名人雕像展、灯饰一条街等，可以为忙于经营销售业务的居民们提供休闲的空间和高层次的精神享受。

五、全国第一个"村级市"西辛庄

西辛庄村位于河南省濮阳县庆祖镇，共有 172 户人家，680 口人。耕地只有 970 亩，企业 20 家。村内有完善的基础设施和公共服务，全村已全部通气、通水、通电话、通有线电视、通互联网。一组关于西辛庄村招商引资的公开数据显示，2011 年，西辛庄村产值 10 多亿元，利税 1.2 亿元，人均收入 2.6 万元，解决就业人口 9000 多人。2012 年 5 月 8 日，西辛庄正式挂牌为河南省濮阳县庆祖镇西辛庄市（筹），成为中国首个"村级市"。

西辛庄原来是一个贫穷落后的平原农村小村落。党的十一届三中全会后，虽然包产到户了，由于这里是盐碱地，庄稼收成不好，家家户户收入依然很低。1983 年，中原油田在濮阳进行大规模开发，当时蔬菜比较紧缺，西辛庄村农民李连成抓住机遇上了三个蔬菜大棚，成为村里首富。1991 年，李连成被推选为西辛庄村党支部书记。他当上支部书记后，发挥自己的特长号召全村靠搞蔬菜大棚富起来。当年，西辛庄村新建蔬菜大棚几十个，第二年又发展了几十个。两年后，全村人均增收了 500 多元。

为了发展农村经济，1994 年，濮阳市五县一区都在推广"白色工程"，也就是塑料大棚和日光温室的建设。西辛庄村的带头人李连成思谋着物以

稀为贵，大家都来搞，蔬菜大棚利润就会降得很低。他开始琢磨着村子里
怎么转型发展。这一年，西辛庄召开村民大会号召全村搞股份制，发展涉
农企业。当时，只有13户人家参与，凑集了21万元。他们办起了西辛庄
第一个股份合作制企业——再生纸厂。当年，每股分红12.7万元。两年时
间，纸厂固定资产即达100万元，利润突破200万元。村子里的其他人家
看到企业发展红火都想入股。作为村党支部书记的李连成想，"致富思源，
不能忘本。13户富了还不算共同富。共产党人的现实职责就是带领群众
实现共同富裕。"他召集股东开会，提出把价值百万元的纸厂作价68万元
转卖给全村村民，使家家有股、户户分红。提议立即遭到其他12户股东
的强烈反对。通过耐心细致的工作，李连成说服了其他股东，厂子按提议
办，每户村民再以1万元重新入股。这一年，他们不仅改建了造纸厂，还
新建了1家再生纸厂。从此，西辛庄村走上了实现全村共同富裕的道路。

2006年4月，看到外地电光源企业的发展，李连成决定自己也试着
搞一个，又在村里找了两户懂技术的村民，经过协商，每家出10万元建
了一个自己的电光源产品加工车间。由于缺少经验，这个小型的产品加工
车间在最初的几个月里亏损了不少资金。后来，大家总结经验教训，齐心
协力拼命干，企业终于走出了困境，年底分红非常可观。企业成功后，李
连成首先想到的还是西辛庄村的村民，他说："我们搞实验就是为了全村
人，现在咱们实验成功了，就应该让全村人都尝到这个实惠。"于是，西
辛庄建立了自己的新企业——天成科技照明有限责任公司。此后几年，西
辛庄村又从上海星华集团引资3000万元建设了南星科技照明有限公司，
从温州引资3000万元建设了神光电子有限公司，从安徽引资500万元建
设了天成节能灯生产项目。此外，西辛庄还吸引了一家台商投资1.1亿元
建设照明器材生产企业。目前，西辛庄已发展成为电光源产业集群基地。

经济发展了，生活富裕了，西辛庄就想着改变村民的生活。"让农民
过上市民的生活"，成了李连成的朴素愿景。1998年，西辛庄开始创建村
子里有史以来的第一所学校。2002年，学校重新翻盖了三层教学楼。现
在的西辛庄小学有舞蹈室、微机房、操场和种满杏树和兰草的花园。除了
本村的30多个孩子，学校又接纳了另外520名学生，他们的父母有的是
相邻村庄的村民，有的是在西辛庄工厂上班的工人，还有在附近庆祖镇上

做买卖的外地人。

2009 年，西辛庄村集体投资 9000 多万元建设了一所"大医院"。这家占地 6 万多平方米、建筑面积 2.6 万平方米的村级医院，坐落在村子中心地带。尽管医院周围被西辛庄村小学、村委会和村民的房屋"包围"，这座宏伟的建筑在整个村子里依然十分显眼。作为乡村医院，西辛庄村民生医院的医疗条件一点也不比城市差。干净舒适、现代化的病房内，空调、暖气、卫生间一应俱全；配有美国 GE 公司生产的价值 600 万元的 16 排螺旋 CT、彩色 B 超等先进医疗设备；普外科、心内科、神经内科、妇产科、手术麻醉科等临床、医技科室应有尽有；住院部设计床位 300 张，日接诊能力达 500 人。这个价格比市里医院要便宜许多的民生医院，已经惠及了方圆 150 公里以内的村镇群众。

看到西辛庄村条件越来越好，周边很多村庄的干部与群众产生了并入西辛庄的念头，希望一起发展。到 2011 年年底，已有 15 个村的村民签名按手印要求加入西辛庄。联想起省九次党代会提出的建设新型农村社区的号召，并将新型农村社区纳入新型城镇化体系，李连成有了一个大胆的设想，他要建中国第一个村级市。在李连成心目中的"村级市"就是"有学校、有医院、有宾馆、有超市、有水电气暖、有下水管道"。这些西辛庄目前都有了。"城市有啥咱有啥，为啥不能建市?"李连成说，"市就是一个符号，说到底就是一个由附近 15 个村组成的大型农村社区。""三农"问题专家李昌平认为，所谓"村级市"，本质上是一个"村民经济共同体"，它符合小城市、小城镇优先的现代化战略。

第二节　驾驭市场经济的追求与创造

新中国成立前，河南省处于封闭的农业社会状态，工业企业几乎都是手工作坊和工场，只有零散的几家近代工商企业分布在少数几座城市中。新中国成立后，特别是进入 20 世纪 90 年代以来，全省改革开放进一步深化，在不断巩固农业基础的前提下，工业主导地位更加突出，市场在资源配置中的基础性作用日益显现，企业逐步成为自主经营、自我发展、自我

约束、自负盈亏的市场经营主体，凭借驾驭市场经济的主动精神和创新意识取得了新的历史条件下的辉煌成就。

一、世界最大的客车生产基地宇通集团

郑州宇通集团有限公司（简称"宇通集团"）是一家涵盖客车、工程机械、汽车零部件、房地产开发等行业，集制造、科研、投资、贸易于一体的，跨区域、多元化、高科技、国际化的大型企业集团。宇通集团核心企业郑州宇通客车股份有限公司(下称"宇通客车")位于郑州宇通工业园，占地面积 1700 亩，稳定日产整车达 210 台以上，目前已发展成为世界规模最大、工艺技术条件最先进的大中型客车生产基地。2011 年，宇通集团实现销售额 258.58 亿元，较 2010 年同比增长 24.1%，企业规模、销售业绩继续位列行业第一。

宇通集团的历史最早可追溯到原郑州轻工机械厂，当时其主要产品仅限于轻工机械、五金等，后来业务扩展到客车修配，改称郑州客车修配厂。客车修配业产品附加值低且同行竞争激烈，公司又开展了客车组装及零部件制造业务，厂名也随之改为郑州客车厂。20 世纪 80 年代末，郑州客车厂一度被市场经济的浪潮"呛"得喘不过气来，从前隐藏的各种矛盾、弊端逐渐显露并且日趋严重：以"老样式、老设计、老标准"为特点的"三老"产品没有销路，现金流动不畅，资金无法周转，职工工资难以按时发放，两年的产值只有 1800 万元。

面对困境，企业领导层审时度势，反复论证，走上了体制改革之路。企业提出了转换经营机制、进行资产重组和股份制改造的方案。1993 年12 月 11 日，由原郑州客车厂、中国公路机械车辆总公司、郑州旅行车厂3 家联合发起，以定向募集方式组建了郑州宇通客车股份有限公司。随后，公司按照《中华人民共和国公司法》和建立现代企业制度的要求，对管理体制进行了大刀阔斧的改革。一是通过股权多元化推进了国有产权结构的调整，建立了以国家控股、法人参股、职工持股的制度框架；二是重新规范政企关系，使企业真正成为市场的主体；三是成立了由股东大会、董事会、监事会和经营管理层构成的法人治理结构并加以规范；四是推进

以 3 项制度改革为主要内容的企业内部机制创新，建立起高效灵活的运行机制。企业从此逐步走上持续、快速、健康发展的道路。

1997 年 5 月 8 日，宇通客车在上海证券交易所上市，成为国内大客车行业首家上市公司，一次募集资金 3.5 亿元。面对当时日益增长的市场需求，宇通董事会果断提出建造大型客车生产基地的决策。1998 年 10 月 28 日，亚洲最大的客车生产基地宇通工业园竣工投产。到 2002 年年底，公司已拥有年生产 8000 辆客车和 4000 辆专用客车底盘的生产能力。2003 年，宇通客车通过发挥自身优势，输出资本和管理，在扩大企业规模上大显身手，先后兼并重组了河南省水机厂、重庆宇通、兰州宇通和宇通重工，并成功进军汽车零部件、公路运输和房地产等行业，初步形成了涵盖客车、工程机械、汽车零部件、运输、房地产等行业的产业布局。当年 9 月 11 日，郑州宇通企业集团成立。

2005 年，宇通集团仅向古巴出口的大型客车已达 1108 台，成为国内客车工业最大宗的出口订单，海外市场的销售和服务体系已经日趋完善。2006 年，宇通集团被商务部、国家发改委授予"国家汽车整车出口基地企业"称号，出口的宇通牌客车产品通过国家质量检验检疫总局的专项审查，宇通成为客车行业首家获得"进出口商品免验证书"的企业。2008 年 7 月，宇通集团被国家科技部、国务院国资委和中华全国总工会联合授予首批国家"创新型企业"称号。2010 年 12 月，在由国家工商总局、国家质检总局、中央电视台等共同主办的"2010 中国年度品牌发布"活动中，宇通客车成为客车行业唯一入选"2010 中国年度品牌"的企业，荣获"中国骄傲"荣誉称号。

在激烈的市场竞争环境下，宇通集团总能保持"处处领先一步"的优势，永葆青春活力，不断发展壮大，重视技术创新是关键，正是依靠着技术创新，宇通经历了从单一的产品类型发展到多层次、各级别的完整产品链，从普通车为主发展到高档车为主，从采用外购底盘为主到采用自制底盘为主，从充满"乡土气息"到"豪华、高档"，从悄悄地进入公交行业到一举成为行业佼佼者的历程。强化品牌建设是宇通集团持续健康发展的又一关键。宇通集团在发展的过程中十分重视品牌的培育和维护，注重建立强大的行销网络和售后体系。在宇通集团的组建过程中，采取了多元化

的发展战略，不仅围绕客车链条的上下游延伸，更向一些与客车行业相关度不大的行业进军，如房地产、工程机械制造、金融担保等领域。这些多元化战略都取得了成功，没有陷入大型企业的"多元化"陷阱。其中很大一部分原因就是，宇通集团十分重视品牌的建立、输出和维护。扩大推行国际化战略是宇通集团企业提升的根本举措。通过产品的大量出口，宇通发现海外市场对于产品的要求千差万别，围绕这些要求对产品进行适应性改进的过程，也是不断学习的过程。推行国际化战略，给宇通集团内部带来了思想意识上的开放，使集团上下都有了国际化的视野，激发了企业的活力与冲劲儿，促进了企业的快速成长。

二、创造人类光明生存空间的许继集团

许继集团有限公司是国家电网公司直属的电力装备行业大型骨干和龙头企业。产品覆盖发电、输电、配用电等电力系统各环节，横跨一次及二次装备、交流及直流装备领域，是国内综合配套能力最强、最具竞争力的电力装备制造商及系统解决方案提供商。2010年，许继实现销售收入近100亿元（含税），利润接近8亿元，分别比上年增长了11.1%和21.8%，创史上最好水平。

许继集团的前身为1946年组建的为东北野战军生产军用步话机的兵工厂。新中国成立后，在国家的"一五"计划中，被列为苏联援建的156个重点项目工程之一。1970年，工厂从黑龙江阿城迁至河南省许昌，成立许昌继电器厂，为我国研制生产了第一代新型保护继电器及其装置。1985年，许继电器在同行业中率先进行三项制度改革，走出了一条国有企业面向市场经济的改革发展之路。1993年，许昌继电器厂改组成立许继电气股份有限公司。1996年，许继电气进一步成立母子型的许继集团公司。1997年，"许继电气"在深圳证券交易所挂牌上市。2005年，"许继"商标被正式认定为"中国驰名商标"。2007年，许继集团荣获"中国工业大奖表彰奖"。2008年，许继集团成功引入战略投资者，成为中国平安集团的全资子公司。

许继集团始终驾驭国内外科学技术发展的潮流，坚持"生产一代、研

制一代、储备一代"的新产品开发方针。国际上，许继集团先后与西门子、ABB、微软、施耐德、德理施尔等国际著名公司建立了广泛的技术合作；在国内，许继集团先后与中国电力科学院、清华大学、西安交大、上海交大等国内十多所著名的科研院所和高校开展合作。通过在国际和国内建立广泛的技术创新联盟，不断调整产品结构和拓宽产业领域，提高技术创新的起点，掌握核心技术，确保公司主导产品处于领先地位。与此同时，大力推动企业信息化建设。通过信息化建设，改造生产工艺，改善企业经营管理，改变营销手段，真正做到生产过程自动化，管理方式系统化，知识管理网络化，商务运营电子化，企业整体的竞争能力得以提升。

目前，许继在特高压输电、智能电网、新能源、电力电子、轨道交通等领域开发出新产品94项，其中11项为国家重点新产品，拥有核心技术的科研成果20项，并拥有专利234项，其中发明专利81项，拥有软件著作权15项。主持参与制定国家标准40项、行业标准87项。许继研制的特（超）高压直流输电换流阀及控制保护系统、超大机组保护、大功率电力电子型静止功率补偿装置、智能变电站、智能配电网自动化、智能电网故障信息处理系统、自适应光学电流互感器、风力发电机组及主控系统等10多项具有完全自主知识产权、达到世界先进或领先水平的科研成果，有力地提升了我国民族装备工业的水平。

在工程装备方面，许继以自身的产品优势和集成能力，先后为"西电东送"、"西气东输"、"南水北调"工程及核电建设、铁路建设等国家大型工程项目提供成套设备。其中，为10条高铁提供了100%的控制保护、70%的气体绝缘开关，为中国1/3的电厂、1/4的变电站、近千座城市、近万家工厂提供了电气及自动化设备。同时，许继不断加大在海外EPC电力工程的总包、电气产品的成套供货以及与国外企业的合资合作等业务拓展，目前，许继的电气装备已遍布世界各地，成为中国在海外电力工程的一支重要力量。

三、世界最大的制冷铜管企业金龙铜管

金龙精密铜管集团股份有限公司是一家国际精密铜管领域的领军企

业，是一家高科技股份制企业。作为世界最大的精密铜管制造企业，主导产品为高精度光面铜管、高效内螺纹铜管、高效外翅片铜管等系列产品。2011年实现销售收入350亿元，位居中国企业500强第323位、中国制造业企业500强第170位。

金龙集团的前身是一家集体企业，新乡无氧铜厂。1987年，通过引进芬兰上引法无氧铜杆生产线，建立了新乡无氧铜材总厂。1994年，中国第一条、世界第二条铸轧法ACR铜管生产线——国家级重点计划项目及国家重点新产品计划项目在企业建成投产，1997年通过ISO9002质量体系认证。1998年，企业开始扩张，收购山东龙口市精密铜管厂。1999年，建成投产河南省高新技术产业化重点项目、国家重点新产品计划项目内螺纹铜盘管生产线。1999年企业被河南省经贸委认定企业技术中心。2000年正式改制成立河南省金龙精密铜管股份有限公司，并被国家科技部认定为国家火炬计划重点高新技术企业。

2001年，金龙集团引进外资成了中日合资上海龙阳精密复合铜管有限公司。同年，与中国科学院合作设立中国科学院精密铜管工程研究中心，并完成国家级重点技术改造计划项目（第三批国债专项资金项目——内螺纹管及ACR铜管），建成投产河南省高新技术产业化重点项目及国家级火炬计划项目——无氟高清洁冰箱管生产线。2003年，河南省发改委批准在金龙集团设立河南省新能源材料工程研究中心，同年，国家人事部认定企业的博士后科研工作站在金龙集团设立，并完成国家重点技术改造计划项目（第七批国债专项资金项目——外翅片强化传热铜管）。2004年，金龙集团控股江苏仓环铜业，并更名为金龙精密铜管集团股份有限公司。2005年，金龙又收购山东日辉铜业有限公司。2006年，金龙集团设立龙口市龙蓬精密铜管有限公司和重庆龙煜精密铜管有限公司，开始新一轮的扩张步伐。

2007年，金龙集团走出国门，设立金龙铜管（美国）股份有限公司、金龙铜管（荷兰）有限责任公司、金龙墨西哥有限公司、金龙墨西哥服务有限公司、金龙集团（香港）国际有限公司。同年9月，金龙精密铜管集团股份有限公司技术中心被国家五部委列为国家认定企业技术中心。

之后，公司进一步加大在国内的扩张步伐，2008年设立新乡市龙翔精密铜管有限公司、新乡市龙腾有色金属有限公司，以及洛阳金龙精密铝材有限公司。2009 年，设立苏州龙跃锂动车辆有限公司。目前来看，为保住企业的规模优势和竞争优势，金龙并未停止或放缓企业的扩张步伐。

铜管产业作为家电制造产业链条上的一个环节，一方面受到国际市场上铜价的波动和上涨压力的逼迫，另一方面深受家电市场行情大环境的影响。金龙铜管由一个濒临倒闭的集体小厂发展成为全球最大的铜管企业，首先得益于推进国际战略合作。金龙铜管从小企业做起，逐步击败北美市场的 Wolerine，打垮铜管业鼻祖奥拓昆普，并于 2005 年超越德国 KME 公司成为世界上最大的铜管生产企业，关键就是长期实施的国际战略伙伴深入合作计划。通过与美国的约克、特灵公司，韩国的 LG、三星公司，日本的夏普、松下、富士通公司，以及国内的海尔、格力、美的、科龙等著名企业结为长期战略合作伙伴，不仅避免了恶性竞争，同时也有助于合作双方企业的长期稳定发展。加速扩大生产规模是金龙集团制胜的又一法宝。目前金龙集团生产规模超过日本全国的生产规模 10 万吨。而在这背后，占有世界市场"一大半的江山"，并以年递增 200% 的速度批量出口到美国、日本、韩国、印度、澳大利亚、欧洲、中东及东南亚地区。正是依靠着企业的不断兼并和规模的不断扩大，金龙铜管才能始终在市场中站稳脚跟，顶得住来自上下游产业链条的市场冲击和成本压力。创新技术与提升品质是金龙集团抗御风险的杀手铜。近年来，金龙集团不惜血本进行技术创新，每年投入研发的资金均在 1.5 亿元左右，并因此取得了 600 多项技术成果、60 项专利技术和 6 项国家行业标准的起草权。对尖端技术的独家掌控，使得金龙集团的对外依存度大大削减，而且在国际市场上的话语权也大大提升，确保了企业的长期战略利益。

四、"植根中原造福百姓"的建业住宅集团

1992 年邓小平南方谈话开启了一个新的时代，与此同时，河南省开始谋划"中原崛起"战略，为民营企业打开发展之门。也正是在这一年，河南人胡葆森以"港商"的身份回到家乡，面对众多的投资机会，毅然选择了创立当时河南省第一家中外合资房地产综合开发企业——建业。

　　当时，中国的房地产市场刚刚起步，房地产投资的热点是南部沿海地区。20 世纪 90 年代的河南省不仅经济发展滞后，市场发育程度也不高。但就是在这样一片"盐碱地"上，建业开始了第一个项目"金水花园"的筹划。然而，出师未捷便遭遇全国地产市场大萎缩，随后趋紧的宏观调控、恶劣的市场环境、激烈的市场竞争考验着初创时期的建业人。"坚忍图成"的建业在资源整合与模式创新中持续求进，奠定了发展基础，面对激烈的市场竞争环境，最终确立进军中高档商品房市场的差异化道路。很快，建业地产在河南省建立了品牌，确立了河南省地产业龙头的地位。

　　随着建业发展蒸蒸日上，经营利润日趋丰厚，"向何处去？"成了建业集团亟待思考的问题。由于房地产市场的快速发展，许多本土起家的实力房企羽翼渐丰，便开始心怀四方、布局外埠，在全国市场攻城略地，这几乎已经成为内地房企的思维定势。"面壁十年图破壁"，经过长时间的考察、分析、论证，基于对国家发展大势的精准把握、河南省情的深刻洞察、中原地产市场的深入了解、企业比较优势的清醒认识，以及对报效家乡情怀的坚定，建业最终确定了"立足河南、扎根中原"的省域化发展战略。

　　十年探路，十年躬耕，建业省域化战略的谋划与实施，开创了享誉国内地产界的"建业模式"，归纳起来可以概括为"一个理念，三个耦合"，即以"根植中原、造福百姓"的核心价值观为根本理念，坚持省域化与国际化耦合、企业使命与区域发展耦合、利润追求与社会担当耦合。在坚忍图成、开疆拓土的征程中，建业省域化发展战略成就了广受赞誉的"建业效应"。

　　建业坚守省域化战略，不盲从、不浮躁，赢得了企业的稳健发展。20 年累计开发量达到 900 万平方米，全省客户规模逾 5 万户，2011 年 3 月，建业以稳健的经营风格和财务表现，荣登 2010 年"稳健性 TOP10 企业"榜单。在 2011 年全国楼市一片萧瑟中依托省域化战略逆势上扬，销售额增长 24%，纳税额增长 65%。同时，建业在推行省域化战略中坚持践行"大树"回报哲学，助推企业公民建设树立了思想和行为的标杆。除此之外，建业还将设计、开发、营销、服务等方面诸多创新，实行标准化、规范化推广，推出的森林半岛、联盟新城、壹号城邦等系列产品，成为当地房地产企业学习、借鉴、模仿的样本。所谓"全国发展学万科，区域发展学建业"，建业已成为区域地产行业当之无愧的引领者。

在坚守省域化战略的同时，建业在保障建筑质量、承担社会责任、引导行业风气等方面，树立了阳光地产形象，得到众多国际资本市场投资者的认可。"为当地老百姓创造一种新型生活方式"是建业的庄重承诺，为客户提供领先的生活方式和与其匹配的优质服务，长期以来被建业摆在最重要的位置上，从全省第一家客户俱乐部"建业会"到CRM体系的导入，从拥有千万中原球迷的建业足球队到遍布全省的"小哈佛"幼儿园，建业始终以行动实践着"居住改变河南"的追求。

20年来，建业选择和坚守的省域化战略，不仅开创了备受业界赞誉的"建业模式"，而且为其向社会输出了超越物质的财富，也使得"建业模式"具有了远远超越企业乃至行业层面的案例价值，提振了企业植根中原的信心，引领商界重塑商业信仰。建业20年的发展历程，折射出一个非公企业在中原崛起中的成长与担当。一位知名学者考察建业后感慨地说："建业已经做、正在做、打算做的事情，很多国有企业做不了，也不打算做。"建业的担当精神、自律精神、开拓勇气、创新毅力，远远超出了人们的想象。无论从河南省还是全国来看，一大批像建业这样优秀企业的快速成长，充分表明了非公企业已经成为推动经济社会发展的核心动力。中原经济区建设任重道远，需要更多行业和领域的非公企业发展壮大，成为中原经济区建设的中坚力量。

五、民营动漫企业的领头雁郑州小樱桃

1998年，爱好漫画创作的杨尚君，在看到国内动漫产业背后隐藏的巨大商机后，毅然放弃杂志社的稳定工作，辞职自创"小樱桃"动漫图书品牌。在经过市场预热后，她和丈夫张国晓筹资3万元，于2000年9月创立了中国第一家民营动漫企业小樱桃卡通公司，成为中国民营动漫领域的先驱者。

作为中国领先的动漫出版发行商，小樱桃卡通公司一直致力于自主知识产权动漫出版物的研发销售，同时进口优秀海外动漫出版物开拓中国动漫市场。创立之初，小樱桃就将打造中国人自己的动漫品牌作为奋斗目

标。2000 年起，小樱桃漫画图书开始批量上市，之后迅速占领中国漫画市场，成为中国最主要的动漫产品提供商。小樱桃动画片先后在中央电视台、凤凰卫视等数十家电视台播放。经过十多年的发展壮大，目前已形成拥有郑州小樱桃卡通公司、郑州小樱桃动漫品牌管理公司、广东佛山小樱桃动漫饮料公司、河南省嵩海动漫产业公司和新世界（郑州）文化传媒公司 5 家控股和参股公司、三个研发中心、一个国家级动漫产业基地的原创动漫企业集群。2003 年，小樱桃成功申办第六届世界动漫大会，使中国动漫大规模进入全球视野；2005 年，小樱桃作为中国动漫品牌的杰出代表，走上国际舞台，产品打入了马来西亚、韩国、越南、阿联酋、中国香港、中国澳门等多个国家和地区市场。在中国首创了以漫画明星形象为核心的商业模式，走出了一条具有中国特色的新型动漫产业化之路。从只有几个人的小型工作室，到现在拥有三百多人的股份有限公司，从初创时的 3 万元启动资金，到如今投资 6 亿元的动漫城，从出版小漫画册子到如今形成庞大的产业链，"小樱桃"这个幽默可爱的小女生，正带着中国动漫产业的梦想走向更广阔的世界。

然而，小樱桃能够在动漫业不景气的困境中异军突起绝非偶然。早在 2003 年，小樱桃卡通公司就已经意识到不可能仅仅靠一两个漫画形象改变中国动漫的落后状态，动漫必须做成产业，才能赢得更长远的发展。小樱桃卡通公司将市场化和产业化作为企业发展主旨，开始制定立体化品牌开发战略。近 10 年来，小樱桃不仅单纯在原创动漫图书市场上拥有可观阵地，而且随着漫画市场的进一步成熟，公司全面启动小樱桃动漫娱乐文化产业体系，以出版、影视、网络传播、周边产品四大产业板块为基础，施行文化经营、商品经营、无形资产经营于一体的立体经营模式，实现品牌拓展和产业升级的战略决策。随着中国大陆漫画市场的进一步成熟，以及省委、省政府提出的文化产业要"整合资源，走集团化发展之路"的要求，"小樱桃动漫娱乐文化产业体系"全面启动，以"小樱桃"等漫画形象为品牌，以出版、IT、影视、周边产品四大产业板块为基础，施行文化经营、商品经营、无形资产经营于一体的立体经营模式，是以青少年为主体并带动家庭消费的文化产业体系。

市场经济条件下，品牌就是市场，品牌就是竞争力，品牌就是效益。

对于动漫产业来说，品牌更是关键。中国原创动漫起步晚、发展慢，同时受到资金和市场双重制约，动漫产业的制作和传播从整体上看基本上是亏损的，赢利主要是在衍生产品的开发上。所以，品牌的影响力成为决定动画片及衍生产品市场开发和潜力的关键因素。小樱桃在创作中非常注重企业品牌文化的锤炼。创牌伊始，就将公司愿景定位为"打造中国的迪士尼"。传承民族精神、振兴动漫文化一直是小樱桃持之以恒的发展方向。积极的文化取向直接影响到创意开发与品牌推广，无论是品牌形象还是产品策划，无论是企业精神还是经营理念，都充裕着诚信乐观，积极进取的人文精神，注重产品内容的德化作用，勇于担当社会责任。

2011年11月22日，走过13年奋斗历程的动漫明星小樱桃，昂首迈入一个崭新的发展阶段——河南省小樱桃动漫集团正式成立。集团依托河南省小樱桃动漫集团有限公司及其控股参股企业组建而成，着力打造动画、漫画、出版物、消费品、国家动漫基地五大业务板块。小樱桃动漫集团的成立是加快河南省动漫产业规模化、集约化、集团化发展的有益尝试，对促进中原经济区动漫产业资源共享和深度整合，凸显河南省动漫在全国的重要地位和作用，促进新兴文化业态快速发展具有重要的意义。同时，对增强发展合力，改造提升传统文化产业，调整河南省文化产业结构，加快华夏历史文明传承区建设具有重要的作用。

六、郑州商品交易所与"郑州价格"体系

春风化雨，党的十一届三中全会的召开，极大地调动了农民的生产积极性。改革开放的扩大，使得粮食生产得到较快发展，但与此同时，市场调节也造成粮食与价格的矛盾日益突出。为了加强国家粮食宏观调控和健全粮食市场体系，逐步实现"由现货起步，向期货发展"的目标，1990年10月12日郑州粮食批发市场正式成立，从而拉开了我国现代粮食批发市场发展的序幕。中国郑州粮食批发市场按照国家确立的"由现货交易起步，引进期货机制，向期货市场发展"的目标，于1993年5月在现货交易成功运行两年多的基础上推出规范化的期货交易，同时启用中国郑州商品交易所名称（简称"郑交所"）。目前郑交所上市交易的期货品种有小

麦（包括优质强筋小麦和硬白小麦）、棉花、白糖、精对苯二甲酸、菜籽油、早籼稻、甲醇等品种。其中，郑州小麦和棉花期货已纳入全球报价体系，在发现未来价格、套期保值等方面发挥积极作用。"郑州价格"已成为全球小麦和棉花价格的重要指标。2011年，郑交所共成交期货合约40639.07万手，成交金额334185.15亿元，较上年分别增长-18.04%和8.1%，分别占全国期货市场的38.55%和24.30%。

20世纪90年代初，我国社会主义市场经济体制尚未确立，改革开放备受世界瞩目的关键阶段，郑州商品交易所的成立被誉为中国"发展市场经济的里程碑"。郑交所的成功运行引起了国际社会的广泛关注，美国学者杰弗里·威廉斯在对郑交所进行了长达4年的跟踪研究后中肯地评价，郑交所是"近几十年来世界上建立的为数不多的成功的农产品交易所"。1996年郑交所加入"世界期权协会"，1997年参与创建"世界期货协会"，与世界50多家交易所签订了友好合作协议，定期交换市场信息，进一步扩大了郑交所在国际上的影响力。面对2008年的世界性金融危机，国内期货市场突发系统性风险，郑交所及时采取各种措施，加强各类预案，做到了早发现、早预防，有效防范和化解了市场风险，保持了市场平稳运行，实现了没有执行一次强制减仓，没有形成一次交易风险事件。

作为一个包括郑州粮食批发市场粮油批发价格、全国粮油批发价格指数、郑交所期货价格在内的完整价格体系，"郑州价格"的产生结束了中国没有粮油批发价格的历史，填补了国内价格指数应有的空白。2000年上半年，郑交所成功预测当年粮食市场将走出连续四年价格下跌的低谷；2003年关于国内粮食供求将出现转折的观点，引起高层领导关注，并进一步引发了粮食安全问题的大讨论。2002年12月，路透社首次将郑州小麦期货价格列入世界最有影响力的全球报价系统，"郑州价格"体系赢得了中国粮食市场价格"晴雨表"和"风向标"的美誉。20多年来，"郑州价格"以其准确及时的预测、公开透明的特色、健全完善的手段，为政府部门与企业提供了重要的决策参考。

郑交所20多年来的发展经验是我国粮食市场发展之路的成功探索。作为国家重要的粮食核心区，河南省不仅是全国最大的粮食生产大省，也是全国第一粮食加工转化大省和全国最大的面粉及面制品生产基地，粮食加工能力和市场占有率均居全国第一，因此郑交所的成立和发展与河南省作为粮食大省的地位密不可分。郑交所自成立之初，就确立了统一性、公开性、公正性和服务性的市场运行原则，制定了中国第一部规范化的粮食现货交易规则，形成了新型市场规范运作的框架；制定了我国第一部商品期货交易规则，构筑了新中国成立后期货市场的基本运行机制，其示范效应带动了全国粮食批发市场、期货市场和电子商务的发展，为我国现代粮食市场体系建设探索了一条新路。

除此之外，郑交所的强麦期货价格，是企业与农户签订单的重要参考，期市的套期保值为企业拓展了盈利空间。比如在河南省延津县，优质专用小麦种植面积占全县麦播总面积的95%以上，形成规模种植，与期货标准对小麦品质的提升和龙头企业积极参与期货交易密切相关。从某种程度来看，期货市场深刻改变了农户、加工企业、粮食经销商在市场中的地位，整个种植产业链都受益于这一金融工具。

2011年10月，国务院《指导意见》将"支持郑州商品交易所增加期货品种，建成全国农产品期货交易中心、价格中心和信息中心"列为健全农业社会化服务体系的重要方面。国外成熟市场发展实践表明，期货市场对促进金融中心建设发挥着积极作用。期货市场可以推动地区交易和定价中心的形成，提升所在区域在国内、国际经济贸易中的知名度，吸引金融机构的入驻，带动区域相关产业发展。同时，期货市场的资金聚集和经济辐射效应可以为金融中心建设提供强有力的支撑，也能为地方财政收入提供重要来源。中原经济区上升为国家战略对郑交所提出了更高要求。

七、中国一流的证券服务商——中原证券股份有限公司

中原证券股份有限公司成立于2002年11月8日，是在河南省财政证券公司、安阳市信托投资公司证券营业部合并重组的基础上，联合其他符合条件的公司增资扩股组建而成。2008年1月15日，经中国证监会核准，中原证券股份有限公司增资扩股至20.33亿元人民币。截至2011年年底，公司总资产107.29亿元，净资产36.7亿元，净资本27.6亿元，管理客户总资产1337.87亿元。

自成立以来，中原证券坚持规范发展、稳健经营的指导思想，严格执行中国证监会《客户交易结算资金管理办法》的规定，杜绝挪用客户资产，确保客户资产安全；坚持以人为本的发展战略，大规模引进了一批有真才实学的人才，较好地调整了人才结构；公司资产质量良好；融合了国内一流券商先进的管理经验，全面搭建起了综合券商的管理框架，建立了以研究为支撑、各项主体业务全面协同发展的盈利模式，呈现良好的发展势头。

从2006年起，随着国内证券市场开始走出熊市，并于2007年迎来井喷行情，中原证券的净利润也从1.95亿元攀至10.83亿元。其后，中原证券进行了增资扩股，股本由原来的10亿元左右，增至20.33亿元，为公司扩张和增强打下发展基础。同时，由于强化合规经营，保证了中原证券的"体质"健康。因此，当2008年金融危机爆发，A股市场跌幅超过70%的大熊市来临，尽管经纪业务大幅下滑，投资业务陷入低迷，整个市面一片萧条，但中原证券仍能从容应对。

伴随中央启动了庞大的经济刺激计划，A股市场单边上扬，面对这一大好形势，中原证券趁势推进转型发展。即经纪业务由通道型向理财和咨询驱动型转变；加快构建大投行发展框架，力求中央突破；尽量争取各种业务资格，积极布局创新业务；在全面发展基础上，积极酝酿上市。随着经纪业务转型持续推进，中原证券围绕做深做透河南省市场的发展战略，进一步拓展和完善了公司的机构网络。

中原证券在转型发展中的第一个闪光点就是主承销公司债券的发行。2009年4月15日和24日，中原证券先后主承销成功了宇通客车5亿元企业债，联合长江证券为省投资集团发债15亿元，成为中原证券成立以来首次主承销发行企业债券项目。2009年8月，中原证券为瑞贝卡发行不超过5亿元公司债券的申请也获得了中国证监会的批准，实现了公司债券的零突破。2009年11月，中原证券又进一步获得全国银行间同业拆借市场成员资格和上交所固定收益证券一级交易商资格，进一步夯实了在固定收益领域的基础地位。

中原证券在转型发展中的第二个闪光点就是在股票发行与承销方面取得长足进展。随着中原证券保荐代表人实力的增强，中原证券不但在拟上市企业储备方面狠下硬功，还着眼于中国资本市场未来发展布局，争取到了三板主办券商的资格。目前，中原证券已经具备了企业赴主板、创业板和三板市场上市的保荐人资格，从而具备了全方位、多层次地为河南省企业提供融资服务的资格和能力。

中原证券在转型发展中的第三个闪光点就是担纲一些重量级企业重组的财务顾问。2008年年底，河南省重点国有企业永煤集团、焦煤集团、中原大化等的"五合一"为河南省煤化工集团，平煤集团、神马集团"两合一"为中国平煤神马集团的战略重组工作，以及义煤集团的改制，均由中原证券担任财务顾问。表明中原证券投行业务能力和影响力获得进一步的提升。

中原证券自成立以来，坚持"规范发展、稳健经营"的指导方针。针对国内券商出现的在路演中过多包装吹捧现象，中原证券从上到下严格控制每个环节，严禁出现欺诈投资者的行为，宁肯不推荐也不与发行人沆瀣一气，确保公司的诚信经营，获得市场的好评和认可。同时。中原证券作为一家在内陆地区的本土综合券商企业，为更好服务河南省资本市场，致力于打造一流证券服务商，从创新和高效两个方面狠下苦功。在产品创新和服务创新上，通过在上海陆家嘴金融中心设立证券研究所，吸引大批博士、硕士和海外归国人员，确保研发能力在国内的领先水平。在高效服务上，通过大力开展对顾客的周到及时服务，建立快速响应服务机制，提供高效、安全的交易平台，形成颇具市场竞争力的服务定价机制。

目前，中原券商正在抢抓机遇、加快发展，努力建立一个开放的、根植中原的、在中国境内有举足轻重影响的大型综合证券公司，助力河南省资本市场的发展繁荣。

第三节　打造文明社会的愿景与奋斗

改革开放以来，河南省成功实现了由贫穷落后的农业大省向全国重要经济大省、工业大省的转变，整体已进入工业化中期阶段。国际经验和发展实践表明，这一时期，既是社会发展的黄金期，又是社会矛盾的突显

期，发展目标从主要是经济建设向经济建设和社会建设同步并进过渡。在党和政府的高度重视和大力支持下，河南省各地群众充分发挥社会建设主体的作用，在文明社会建设的方方面面大胆探索，勇于创新，取得了可喜的成绩。

一、名扬国内的城市社区鑫苑名家

位于郑州市东风渠畔的鑫苑名家，是一个名副其实的"名区、名盘"。为了建设一个高度市场化、商品化、社会化的新型社区，鑫苑人秉承"创建美好家园是我们的共同心愿"的理念，倡导人本化住宅，建设亲情化社区，努力满足业主物质和精神文化方面的需求，为居民创造了方便舒适、幸福愉快、温馨和谐的生活环境，成为中原地区的样板社区。"只有文化的，才是经典的"。鑫苑名家成"名区、名盘"，主要归功于鑫苑文化的建设。具体表现为"一个面向"、"三个回归"。"一个面向"即面向社区的文化理念。"三个回归"是在空间设计上，实现社区的人性回归，彻底摆脱以物为中心的传统地产观念和物业观念，高度重视业主的人性化需求，使整个社区的建设和管理回归到满足业主的人性化需求上。今日的鑫苑名家，优美的生态环境、智能化的服务系统、健全的社区组织，以及幼儿园、小学、书店、商店、饭店、邮局、医院、银行、家政、超市，等等，一应俱全，除了房子之外，配套多达60个系统。

在人的相处观念上，实现亲情的回归；鑫苑公司在整个社区努力营造和谐融洽的亲情关系，全方位地推进人与人之间的沟通、交流、理解与融合，给住在社区的每一位业主、每一位居民以家的感受，使他们都有一种亲情感和归属感，让整个小区充满关爱。广场、步行街、运动场、健身房、多功能会所，以及鑫苑人热情周到、亲如家人的服务，都在见证着曾经的和正在进行的亲情回归。

在设计管理的构建上，实现了艺术的回归。鑫苑公司在生活方式和生活环境的构建上，努力营造一种美轮美奂、令人神往的艺术氛围。漫步在鑫苑名家，小桥流水，石廊步道，雕塑木刻，绿茵奇树，花坛喷泉，亭台楼阁，以及那随处可见且充满文学韵味的"温馨提示"指示牌，都在向我们动听地诉说着亲切浪漫的艺术世界。

在人居环境方面按照"四个统一"的要求超前规划，即"室内环境与室外环境相统一，家庭生活与小区生活相统一，自然环境与人文社会环境相统一，社区管理服务与业主民主管理、政府行政管理相统一"。

鑫苑公司从建设鑫苑名家开始，就明确提出：我们不只是建设一个项目，不是要赚一把就走，更重要的是要通过鑫苑名家这个项目，锻造一个负责任的企业，一个有社会责任感的企业，一个立志做百年的企业；我们不只是造一片房子，而是要为城市居民建设美好家园。公司的目标是通过鑫苑名家的实践、探索和提升，为居民创造一种全新的生活方式，并且努力为社会、为国家、为百姓打造尽可能多的"鑫苑名家"。这种为市民建设美好家园的企业愿景，既是对所有鑫苑业主负责，也是对鑫苑员工负责；既是对所在城市负责，也是对各级政府负责，实际上也是对国家和民族负责。

许多业主都称赞鑫苑名家是"理想的家园"、"诗意的栖居地"，原因就在于鑫苑人将刻板冰冷的管理融入了真情，提升到了文化的层面，创造了一种充满人文关怀的物业管理模式。2007年5月1日，中共中央总书记、国家主席胡锦涛莅临鑫苑名家视察，对鑫苑名家的社区环境、社区文化、社区党建、社区服务等给予了充分肯定。在此前的几年时间内，中共中央政治局委员、中宣部部长刘云山，全国人大常委会原副委员长彭珮云等领导同志，以及来自全国各地的上百个考察团，先后到该社区参观考察。作为中原和谐社区的首创者和典范，鑫苑名家环境之和美、居住之和谐、心情之和顺、氛围之和畅、邻里之和气、感觉之和乐，在中原地产界乃至中国地产界独占鳌头。

鑫苑名家的成功经验也不禁引发我们的深思，当国家正在迅速加快城市化进程，怎样才能打牢城市社会的文化根基，怎样才能为涌入城市的人们真正构建起精神家园和灵魂寄托；我国的房地产业正在快速发展，怎样才能在建房者与买房者之间建立起互信和友谊，怎样才能培育出具有中国特色的和谐房地产业；我国的物业管理服务产业正在全面铺开，怎样才能在物业与业主之间形成永恒的互敬和亲情，怎样才能让物业服务成为促进社会和谐的纽带，这些都是我国建设现代化国家与构建和谐社会亟待破解的难题。

二、探索合村节地之路的沁阳市袁屯社区

作为新兴工业大省，河南省人口多、人均占有耕地少，人地矛盾异常突出，已经成为制约全省新型城镇化、新型工业化、新型农业现代化三化协调发展的重要"瓶颈"。沁阳市袁屯社区通过盘活土地资源，把新型农村社区建设与土地节约集约经营有机结合起来，探索出一条破解用地"瓶颈"、促进经济社会持续、快速发展的特色之路，给全省乃至全国同类地区的现代化发展提供了鲜活经验。

袁屯社区的前身是袁屯村，位于沁阳市南郊，由袁屯、藕庵、小李庄3个自然村组成。全村共160户，总人口666人，总土地面积958.86亩，其中耕地700亩，现有住宅面积258.86亩。过去，袁屯村160户村民分散居住，宅基地户均占地1.7亩，弃置房多，无序翻建、重建房屋浪费严重。

这种居住模式使当时的袁屯村发展在总体上看面临着三个方面的突出问题。一是居住分散，管理困难。由于村民们散居在三个自然村，而且这三个村子相距较远，这就给村民日常生活生产和交流管理带来了诸多不便。居住距离的延伸也相应地增加了各项社会事业和公共设施的投入成本，给村集体经济发展和村民生活水平的提高带来了阻碍。二是土地资源管理粗放，浪费严重。由于袁屯村全村居民散居在三个自然村，而且当时对宅基地的审批管理和住宅建设管理处于无序状态，村民们在建新房时大多将房子建在临近乡村公路的村外可耕地，村内部分宅基地的闲置荒芜造成全村户均占有宅基地1.7亩。三是交通优势、区位优势以及土地优势难以得到有效发挥。袁屯村地处沁阳市郊区，紧邻长济高速，太行大道穿村而过。应该说，无论是交通条件、区位环境，还是土地增值空间，袁屯村都有着相对明显的优势。但是，由于土地不能集约节约利用，致使一些有心在袁屯村落户的企业、项目等落不了地。这样就使袁屯村的优势"不优"，特别在土地方面，甚至成为了短板。

为了破解土地制约难题，2007年4月，袁屯村根据《沁阳市土地利用总体规划》的精神要求，开始酝酿解决土地利用率低下的问题。他们的想法是合村建社区以节约土地资源。在广泛征求意见和外出考察借鉴先进经验的基础上，召开村两委会议确立了"以宅基地换单元楼"的合村节地运作模式。决定将袁屯、藕庵、小李庄合并建设袁屯社区，并收回全部宅基地和耕地由村委会统一规划、统一筹资、统一建设、统一管理。在宣传发动阶段，村组干部走村入户向村民说明白土地集约节约的好处和意义。最后，袁屯村召开了村民代表大会，发放公决书让村民对这一举措进行公决，每户出 1 名代表在公决书上签字，并根据村民公决意见，将全村土地统一收归村集体，整理开发，分步建设新型农村社区。

2008 年 3 月，袁屯村新型住宅一期工程开工建设。社区规划严格按照"节约土地、集约开发、绿色环保、适宜人居"的现代理念进行。之后，联排式居民住宅楼在袁屯新村拔地而起。袁屯社区一期工程合并三个自然村，节约土地 157.84 亩。按照国家城乡建设用地增减挂钩、土地综合整治等政策，节约的土地指标可以"漂移"，农民每亩宅基地可获政府补贴10 多万元。因此，袁屯社区每户居民只需缴纳 4 万元就能住上 258 平方米的楼房。

袁屯村将建设新型农村社区节约的土地拿来招商引资，目前已有 7 家企业落户袁屯。住进新型农村社区后，村子里大部分农民不再依靠土地收入，而是到距离村子不远的超威电池厂等企业就业，每月可以领到 1000多元到 2000 多元不等的工资。截至 2011 年年底，袁屯村村集体经济年收入不仅实现了零的突破，而且增加到了 380 万元；村民人均年收入达10500 元。收入的提高也改善了袁屯村的居住环境和生活条件。走在袁屯村新型社区的道路上，白墙蓝瓦，欧式铁艺栅栏，联排的两层别墅透风透光，此外还可以看到文化广场、活动中心、演艺舞台等文化基础设施。村民家中沙发、空调、电脑、液晶电视、现代炊具、热水器应有尽有，从生活质量来看，与城市人并无两样。

袁屯村通过整合宅基地换新房、整合村庄建设新型社区，走出了一条集约利用土地，推进三化协调发展的新路子，改善了农民居住环境，实现了土地增值。当地人这样形容袁屯村的发展之路："土地增值，建设不愁钱；土地流转，耕地不减少；农民住楼，生活改善大；多元发展，人人腰包鼓"。据悉，目前袁屯村的和谐家园、水岸花园等社区已开始建设。按

照计划，袁屯村将在 3 年之内发展成为一个整合 14 个行政村、聚集人口规模 1.8 万人、节约建设用地 2000 多亩的焦作一流的巨型农村社区。

三、"三区"协调发展的滑县锦和新城社区

滑县锦和新城是由河南省委书记卢展工亲自题名的新型农村社区，也是目前河南省规模最大的省级新型农村社区建设试点。按照现在的建设规划，锦和新城社区共整合 33 个村，可容纳 5.4 万人居住。一期工程投资 12 亿元，建设面积 96.4 万平方米，整合 18 个村 1.9 万人居住。二期工程预计投资 22 亿元，建设面积 113.3 万平方米，整合 15 个村 2.2 万人居住。

为了推动三化协调发展，滑县决定按照"政策引导、群众自愿、保障生活、节约土地、资源共享、改善环境"的原则，以"以社区建设为突破、以产业发展为支撑、以人文关怀为纽带、以文明建设为保证"为建设方针，通过对村庄、土地进行双整合，实现人口向社区集中，土地向农业公司（农业大户、农民合作社）集中，从而使工业园区、农业园区、农村社区三区互动发展，使农民增收在园区（工业园区和农业园区）、保障在社区。

在广泛征求民意、聘请专家论证的基础上，2009 年 2 月，滑县决定以土地流转为突破口，对滑县产业集聚区所辖的 18 个行政村进行村庄整合、有序合并、统一规划、集中建设。按照当时的规划，产业聚集区所辖的苏庄、三里庄、五里铺、大井庄、小井庄、韩庄、朱庄、前屯、中屯、后屯、村庄、暴庄、马前游坊、后游坊、双楼、郭庄、八里庄、孙王庄 18 个行政村、4737 户（人口总数 17988 人）村民，将被合并为一个社区——锦和苑社区。

2009 年 6 月，在滑县产业集聚区的协助下，成立了滑县新鑫田园开发公司，由该公司负责对村庄和土地合并进行土地流转和开发。新鑫田园开发公司将 18 个行政村的 17099 亩耕地规划为大小不等的 43 块，最大地块 1100 亩，最小 200 亩。同时，新鑫田园开发公司还将不同的土地功能分别定位为高产农业园区、高效农业园区、畜牧养殖园区。高产农业园区主要种植优质小麦、玉米、花生等农作物；高效农业园区主要种植一年四季的瓜果蔬菜和栽种成片果林；畜牧养殖园区以规模养牛、养猪、养鸡为

主。2009 年 9 月，新鑫田园开发公司专门聘请濮阳金伯利拍卖公司对所有土地使用权进行公开拍卖。随着拍卖师一次次槌起槌落，已被划分为43 块的原属 18 个村的 17099 亩耕地，被 6 家区内企业和周边以及区内村庄 37 个种粮、种菜大户拍得使用权。

2009 年 12 月，滑县产业集聚区管委会成立了村庄合并安置办公室，组织人员对 18 个行政村逐村调查摸底。在充分调查研究的基础上，产业集聚区管委会结合该区实际，制定了《滑县集聚区村庄合并奖励办法》以激励村民主动投入到新型农村社区建设中来。同时，他们还召开村支部书记会、村"两委"会、村民代表会、信访听证会等不同层次的会议，对建设锦和苑社区进行深入宣传发动。2009 年年底，锦和苑社区项目开工建设。

锦和苑社区紧邻县城和产业集聚区，农民入住后在医疗服务、文化教育、休闲购物等方面要比村庄整合前便利许多。社区内建有学校、幼儿园、医院、超市、敬老院、公园、社区活动服务中心，水、电、暖等基础配套设施齐全。这样的规划设计可以使农民不出社区就能满足就近购物、就医、就学、休闲娱乐等生活需求，既丰富了群众的物质文化生活，也解除了农民的后顾之忧，让农民真正过上了梦寐以求的美好城市生活。

滑县产业集聚区管委会副主任韩旭波介绍说："合地以后，土地承包权还在农民手里，流转的只是土地经营权，农民的土地收益不减少，每年可得到每亩 1000 斤小麦的承包费，农民土地流转后，通过进入产业聚集区企业务工、自主创业、从事第三产业、现代农业园区打工等途径实现就业，土地收益加上务工收入，实现农民'离地不失权'，'离地而增利'，成为'带着土地的新市民'。"

2011 年 1 月，省委书记卢展工到滑县对气魄宏大的正在建设中的锦和苑社区调研时，认为这是在建一座新城，并指出河南省要持续探索走一条不以牺牲农业和粮食、生态和环境为代价三化协调科学发展的路子，一定要以新型城镇化为引领，以新型社区建设为城乡统筹的结合点、城乡一体化的切入点，锦和新城的建设就是在这方面进行的有益探索。

据了解，按照新的规划，锦和新城进行了大规模的扩张，共整合 33 个村。原来建设的锦和苑社区只是锦和新城的一期工程。这个整合 18 个

行政村，投资 12.08 亿元，建筑面积 96.4 万平方米的一期工程，目前投资基本完成，预计今年年底前可全部入住。锦和新城二期规划将再整合 15 个行政村，计划投资 20.96 亿元，设计建筑面积 113.3 万平方米，目前已经开工建设，预计 2013 年 7 月可建成投用。

建设锦和新城社区，实现了村庄、土地的双整合。33 个村庄整合后，占地面积由 9500 亩减少到 3925 亩，节约土地 5575 亩；土地整合后，统一流转土地 2.5 万亩。这些土地有效地解除了三化协调发展的土地制约问题。节约的土地，为企业发展提供了必要的空间，产业集聚区利用这些土地吸引入驻企业 185 家，累计投资达 141.5 亿元。流转的土地，为现代农业示范区建设铺好了发展之路，一个总投资 5.8 亿元的现代农业示范园区正在建设之中。锦和新城社区的建设实践为全省推动三化协调发展提供了很好的典型示范。

四、农民拥有房产证的舞钢市张庄社区

2012 年 4 月 6 日，应该是一个可以载入中国农村发展史册的特殊日子。这一天，有 21 户中国农民领到了房屋所有权证和集体土地使用证。农民在自家宅基地上的建房获颁房产证，这在国内还属首次。这件具有历史意义的事情，发生在舞钢市张庄社区。

张庄社区地处舞钢市尹集镇政府西 3 公里处，位于 17 平方公里的舞钢市龙凤湖旅游度假区内。该社区是舞钢市率先启动的中心社区之一，南依螃背山，北临石漫滩水库，占地面积 510 亩，建成后可容纳 1100 户，4000 人。

2009 年，由于出行不便，盘古山下的尹集镇张庄村西岗村民组的 36 户村民，写了一份要从泥泞闭塞的老村组整体搬迁的申请。政府接到申请后四处取经，观摩了洛阳、长垣、新乡、宝丰、郏县等的新型农村社区建设模式，最终决定在张庄依靠周围龙凤湖旅游度假区建设新型农村社区，请清华大学设计院、天津设计院等专家做了户型设计。

随后，当地按照"四个坚持"的要求开始了张庄社区的施工建设。"坚持高标准规划设计"。按照"以人为本、生态文明、适度超前"的理念，

对社区建设进行高标准规划。社区规划定位建成集生活居住、休闲娱乐、观光度假为一体的旅游服务型社区。

"坚持建新拆旧，节约土地"。为建新拆旧，其一，整合资金，完善设施，增强社区吸纳力，提高群众搬迁入住积极性。整合新农村建设、扶贫、移民、水利、交通等各类项目资金用于社区基础设施等配套建设，发挥了项目资金的聚合效益，以优美的人居环境吸引农户。其二，用政策激励，鼓励搬迁。制定奖补政策，对整村整组搬迁的农户加大奖补力度；对部分缺少资金农户，政府协调小额贷款；对低保户、五保户等弱势群众村委集中建设小户型房屋，无偿搬迁入住，确保实现整村搬迁。其三，制定措施，规范程序，严格审核。与搬迁农户签订搬迁入住协议，并成立了审核小组，坚持一户一宅，实行一户一档，原房屋拆前有证明、影像等资料，拆后有验收等手续，杜绝违规套房现象，确保农户搬得出、住得上、拆得了。整个社区建成后可节约土地400余亩。

"坚持突出特色，培育主导产业"。依托社区的区位优势，编制产业规划，以其优美的环境和龙凤湖度假区整体开发优势，确立了以发展"农家乐"为主的旅游服务业和林果种植、采摘项目，将部分民居户型设计为"农家乐"户型，并兴建了沿河商业一条街，着力把张庄中心社区建成集吃、住、游、娱为一体的旅游服务型社区。现已建成农家饭店、农家宾馆8家，流转土地种植林果。

"坚持创新发展，不断探索社区建设新路子"。一方面坚持基层组织创新，将拟搬迁的4个村支部联合成立了张庄中心社区党总支；并围绕张庄中心社区"农家乐"特色产业，成立了社区"农家乐"协会和"农家乐"协会党支部，深入开展"推进两集中，党员当先锋"主题实践活动，充分发挥基层组织的作用。另一方面，坚持社区建设模式创新。社区二期工程建设中按照"政府主导、市场运作、自求平衡、突破自负"的原则，与有实力的公司合作，采取市场化运作的办法建设社区，有效解决了社区建设资金短缺的问题。

2011年6月，张庄社区一期工程已经建成新型民居235套，商住楼25套。远远望去，整个社区如一座现代化的大花园，社区规划整齐，绿化优美，一排排宽敞的别墅在道路两旁拔地而起，一条条水泥路整洁宽

阔。社区内，给排水、供电、通信和绿化美化等与城市同一标准，社区服务中心内，卫生室、警务室、老年活动室、图书阅览室等一应俱全。规划中张庄社区整合的四个行政村的村民自愿入住社区。截至2012年9月，一期工程已有117户农民入住。他们住进社区后靠发展旅游服务业改善了生活。

"土坯房、茅草房，鸡屁股是农户小银行，吃粮靠统销，花钱靠救济，姑娘向外嫁，小伙愁新娘"；"风景墙、别墅房，青山绿水变银行，家家有项目，户户奔小康，社区栽下梧桐树，满天飞来金凤凰"。这两首截然不同的歌谣记录了舞钢市张庄社区三年多来天翻地覆的发展变化。

五、第一所民办高校黄河科技学院

一个辅导班，一个从破产工厂租赁的车间，再加上几名教师和100多名学生，便是28年前黄河科技学院真实的写照。1985年4月，黄河科技学院迎来了一个发展契机：辅导班143名学员首次参加全省自学考试并取得优异成绩。同年6月6日，《郑州晚报》报道学校参加自学考试的学员成绩突出，平均合格率达87%，大大超过全省自学考试的总体水平，在社会上引起巨大反响。2000人……5000人……8000人，到1988年，学校专业由两个发展到十几个，教学点也由一个发展到30个，遍布郑州市的各个角落，被称为"没有围墙的大学"。1994年2月，黄河科技专科学院经国家教育部批准实施高等专科学历教育。2000年3月，经国家教育部批准实施本科学历教育。更名为黄河科技学院，成为全国第一所民办本科普通高等学校，被教育部树立为中国民办高校的一面旗帜。

民办高校作为改革开放的新生事物，可以说是在创新中产生，在创新中发展。黄河科技学院从1984年创办至今，28年光阴，从全国第一所专科学历教育的民办高校，到全国第一所少数民族预科教育基地，从全国第一所接收外国留学生的民办高校，到全国第一所民办普通本科高校，学校完成了令人瞩目的跨越发展。黄河科技学院用自己坚实的脚步，充分证明了民办教育无禁区，教育改革无禁区，思维创造无禁区。

合抱之木，生于毫末；九层之台，起于垒土。黄河科技学院注重教学设施建设，力争打造一流教育平台。学校建有四星级标准的国际交流中心、河南省唯一的大型专业音乐厅，可容纳5000余人的多功能体育馆、国内高校一流的26000平方米图书信息大楼等现代化的教学设施，其中图书馆拥有藏书77万余册，电子图书41万册，电子期刊10000余种。校园网与中国三大主干网络之一的中国教育和科研计算机网光纤连接，在民办高校中率先实现了"千兆进楼宇、百兆到桌面"的信息化工程。

"订单式"培养是黄河科技学院人才培养的一大特色。正如创办人胡大白所说，企业招聘要求毕业生"来之能战"，而一些传统地方高校以学历教育为主，人才培养与社会脱节，满足不了企业需求。而黄科院的"订单式"人才联合培养模式，不仅为企业提供了急需的专业人才，也很好地促进了学生的职业定位与就业工作，成为该校服务地方经济发展的重要举措。1997年，黄河科技学院成为全国第一个将人才市场引进校园的大学。在校外，学院积极与企业之间展开多种合作，形成了一个长期稳定的用人单位信息网络，先后在河南省、广东、福建、浙江、上海、江苏、北京等地设立510个就业实习基地，并与全国3500家企事业单位合作建立了长期的用人关系。同时，学院还不断加强对就业工作和就业市场的投入，提供充足的条件与设备，为毕业生就业实行终身服务。2005年3月，学校创办人、著名教育家、全国人大代表胡大白做客央视《对话》栏目就大学生就业问题接受专访，黄河科技学院高达97%的就业率令在场的观众表示惊叹。这一傲人的成绩也证明了"订单式"人才培养模式在解决"就业难"和"用工荒"等社会问题方面所取得的显著成效。

主动服务地方经济建设，将学校从"象牙塔"变成经济社会发展的"发动机"，这一鲜明的办学理念，始终贯穿于黄河科技学院的发展历程，学院在学科专业设置、课程体系改革、科学研究、师资培养等方面大胆探索、不断创新，形成了"本科学历教育与职业技能教育相结合"的独具特色人才培养模式，取得了良好的成绩，为中国民办高校创新教育的发展提供了可资借鉴的样本。2011年9月，《国务院关于支持河南省加快建设中原经济区的指导意见》明确指出"坚持人才优先发展，显著提升人口综合素质，把人口压力转化为人力资源优势，努力建设全国人力资源高地。调整高等学校、职业院校布局和学科专业结构，支持探索构建现代职业教育

体系。建设国家职业教育改革试验区，加强职业教育基础能力建设，改革创新职业教育体制机制和人才培养模式"。随着中原经济区上升为国家战略，河南省将进入加速实现中原崛起的关键时期，大力发展民办高等教育势在必行。在中原经济区建设这波澜壮阔的舞台上，教育承载着振兴河南省的希望，肩负着中原儿女的期盼。建设中原经济区，教育大有可为，亦必有作为。

六、社会管理创新的"新郑模式"

随着经济社会的快速发展，社会问题不断增多，各种矛盾错综复杂。为了维护国家的长治久安，党的十七大明确提出把加强社会管理创新作为党和政府的一项重要任务来抓。新郑市是中央政法委确定的全国社会管理创新试点城市，后又被确定为中央政治局常委、中央政法委书记周永康同志参加全国政法系统"发扬传统、坚定信念、执法为民"主题教育实践活动联系点。近年来，新郑市在社会管理创新方面进行了积极探索，以民生问题为突破口，创新社会管理的方式方法，形成了社会管理创新的"新郑模式"。

"新郑模式"的内涵包括：整合部门资源，以"一办十中心"为平台，按照"党委领导、政府负责、社会协同、公众参与"的原则，该市紧紧围绕"最大限度激发社会活力、最大限度增加和谐因素、最大限度减少不和谐因素"的总要求，坚持以改善民生、完善服务为导向，推出了"十个所有惠民生"的政策措施，从广大人民群众最迫切的要求出发，从经济社会发展最突出的问题入手，从社会管理最薄弱的环节着力，扎实推进社会管理创新工作，努力把试点、联系点建成示范点、样板点，创造社会管理"民生化"的新模式。

"新郑模式"的核心在于以民生为重心，将工作重心下移，以解决基层问题，化解基层矛盾为重点，主要表现在以下六个方面：从源头治理入手，创新民生优先机制。周永康同志在新郑调研时指出："民生是社会管理的基础。民生问题解决好了，社会矛盾机会减少，社会管理就顺了，创新就有好的基础了。"在社会管理创新的过程中，新郑市坚持把民生优先的要求贯穿于社会管理创新工作中，在全市推行了"让所有孩子都能接受十二年的免费教育；所有有劳动能力的人实现创业就业、社保统筹；所有60岁以上老人享受免费乘车、老有所养；所有弱势群体得到及时救济、应保尽保；所有城乡居民吃水安全、食品卫生；所有城乡居民住房宽敞、安居乐业；所有居民享受城乡新型医保、大病救助；所有村通上柏油路和公交车；所有井灌区农田基本实现旱涝保收；所有社会公益事业都有专管队伍"等"十个所有"惠民生政策措施。

"新郑模式"的具体做法是从项目建设入手，创新工作推动机制。为了避免社会管理创新工作流于口头，新郑市将各项工作细化为具体的项目，分工落实到各个单位，把社会管理创新分解为人防、技防、基层基础、大调解等8类工程、20个重点项目，整合资源，强力推进。

——积极推广视频监控平台、平安互助网、网域联网报警等实用技防设施，着力构建街面防控网、农村（社区）防控网、单位内部防控网、城乡重点部位视频监控网、区域警民协作网、虚拟社会防控网六张网。

——从统筹城乡入手，创新公共服务机制。针对城乡公共服务不均衡的社会现实，新郑市着力将公共资源向农村倾斜、公共服务向农村延伸、公共服务向农村辐射。探索成立市110服务中心，变警务服务为民生服务。按照"统一指挥调度、统一工作流程、统一协调处理、统一跟踪监督、统一绩效考核"的原则，集中解决群众反映的水、电、路、气、暖等涉及民生的急难险问题，努力破解单个部门管不了、管不好的难题。

——从"两新"管理入手，创新公众参与机制。在新经济组织方面，以建立劳动关系协调协商机制为重点，推动建立健全企业经营管理者、工会、员工共同参与的员工工资集体协商机制、正常增长机制、支付保障机制，建立非公有制经济组织与员工利益共享机制，构建和谐劳动关系；在新社会组织方面，坚持培育发展和管理监督并重，设立高校工作联络机构，对学校青年社团组织多关注、多扶持、管理好，引导其健康有序发展。

——从矛盾化解入手，创新"三调联动"机制。新郑市连续10年没有发生因信访、治安问题引发的重大群体性事件，在预防和化解社会矛盾方面采取了一系列行之有效的措施，在全市成立了333个村级人民调解委

员会，选聘了 1000 名专职调解员，建立健全完善人民调解、行政调解和司法调解"三调联动"机制，提出"下访接访早防范、三调联动早化解、案结事了早救助"等措施，让老百姓有苦有处诉、有事有人办、有难有人帮，把大量矛盾纠纷化解在基层和萌芽状态。

——从健全体制入手，创新综合保障机制。新郑市本着"先行先试、率先突破"的原则，从人员编制、机构队伍上对政法委班子队伍全面优化加强，把社会管理的关口前移，由事后治理转变为事前引导、事中监督、事后管理。成立市社会管理综合治理办公室、110 服务中心、矛盾纠纷调解中心、社会困难群体救助中心、老年人服务中心、青少年违法犯罪教育培训中心。把社会管理创新工作经费投入纳入市财政年度预算，按照年一般预算收入增长比例逐年提高，市财政每年用于社会管理创新的经费不少于 1 亿元。对社会管理创新目标细化量化、层层分解。定期开展评优评差，不断把社会管理创新综合试点工作纵深推进。

新郑市的社会管理创新，从根本上说就是立足民生，全面推进社会建设，夯实社会管理创新的基础。它是基层一线在社会管理方面不懈探索和改革创新的生动体现。从新郑的社会管理实践看，任何政策措施，只要以民生为出发点和落脚点，最大程度的为人民谋福祉，就一定能够得到群众的拥护和支持。从这个意义上说，新郑模式是基层干部群众的创新突破，为全省乃至全国的社会管理创新提供了一条可供参考的成功范例。

第四节　向为改革开放探路的先驱者致敬

改革是一场深刻的革命。同全国一样，河南省一大批基层一线的单位和个人积极响应党的号召，解放思想，敢闯敢冒，或是打破陈规陋习激发区域发展活力，或是大刀阔斧地发展民营经济，或是坚定不移地推进国企改革，取得了耀人眼目的成就，谱写了一个又一个当代传奇。但是，多年处在经济社会发展的风口浪尖，注定了其中一些单位和个人的悲壮结局。从某种意义上来说，这些改革的"先驱者"的成败得失，早已超越了单纯的个体成败得失，而与一个时代的发展有着千丝万缕的联系。因此，从结局看，他们是失败者，但从过程看，他们乃是"失败的英雄"。

一、亚细亚与中原商战的影响

1988 年，出现了席卷全国的抢购风。这一年，刚刚 30 出头的王遂舟从空军转业后，毛遂自荐成为郑州第一个大型股份制商厦——德化商场（亚细亚商场）的总经理。当时的商场造价 4255 万元，绝大部分是河南省建行贷款，还本付息压力很大，再加上国有商业主渠道大军压境，没有多少人看好他。

但王遂舟认为亚细亚的劣势恰恰是它的优势：没有国有"管家"，产权关系简单；1300 多名员工平均年龄不超过 24 岁，没有旧体制下的陈规陋习，可以更彻底地贯彻市场观念、"顾客至上"观念和公关广告观念，构造优美的购物环境，而这些都优于其他国营商业企业的"大锅饭"体制和僵化的经营方式。

王遂舟的第一大手笔是做广告。当时，中国百货业尚无做广告先例。而在郑州，各大国有企业的宣传费用都有严格的额度限制，也很少做广告。1988 年年底，商场尚未开业，王遂舟就拿出 10 万元，在中央电视台投放广告。一时间，"中原之行哪里去——郑州亚细亚"叫响全国，在国人的记忆中，"亚细亚"这三个字，开始跟百货联系在一起。

1989 年 5 月 6 日，营业面积达 1.2 万平方米的郑州亚细亚商场正式开业。亚细亚开业当天的盛况，后来被认为是中国百货零售业改革的一座里程碑。

这个新商场绝对不像传统国营商场那样暮气沉沉。作为我国最早的股份制商业企业，亚细亚商场以灵活的机制、"顾客至上"的服务理念和出奇制胜的公关营销术，连续在中国商业领域创造着一个又一个的"第一"：第一个设立商场迎宾小姐、电梯小姐；第一个设立琴台；第一个创立自己的仪仗队；第一个升国旗；第一个在中央电视台做广告。

1990 年，亚细亚的营业额达到 1.86 亿元，一举名列全国大型商场第35 位，成为上升速度最快的一匹黑马。此后 3 年，亚细亚的营业额以年均 30% 以上的速度递增，稳居河南省第一。

亚细亚的出现打破郑州二七广场商业圈的平静。其后，亚细亚、商城

大厦、华联商厦等六大商场互派人员暗抄商品底价、互挖人才、竞拼有奖促销，一时之间闹得烽火连天，商战渐次升级。著名经济学家萧灼基对此评论说："中原商战的实质是两种体制之战。"

王遂舟成为了中国商业改革的先锋人物。1992年10月，王遂舟当选为"第三届全国十大杰出青年"，稍后被选为第八届全国人大代表。1993年2月，河南省人民政府特别发布嘉奖令，对王遂舟个人通令嘉奖。

但是，面对成功王遂舟并不满足，立志要做与国际巨头沃尔玛、家乐福相抗衡的中国"八佰伴"，要打造"中国零售连锁帝国"。为此，先后在河南省南阳、开封、许昌等城市开设了6家"亚细亚商厦"，这让亚细亚迅速拉开了与其他商场的距离。

1994年，在省内的连锁店遍地开花后，亚细亚进军省外，在北京、上海、广州、成都、西安等大中城市开设了9家"仟村百货"。

尽管王遂舟注重以"商业文化"视角系统总结亚细亚的创新试验，但盲目求大求新却屏蔽了理性的审视，当时的王遂舟，在听取下属和外聘专家对公司的建议时，判断标准如下：第一，这个想法是不是第一个；第二，这个想法能否在全国引起轰动，满足这两点，就点头拍板。短短几年内，亚细亚以4千万元的自有资本进行了一场投资将近20亿元的疯狂扩张。在雄心勃勃对外扩张的同时，亚细亚的内部管理越来越混乱，特别是人才储备跟不上。还要看到，恶性商战也是断送亚细亚的原因之一。在1992年前后，亚细亚挑头引起"郑州商战"，大打价格战，尤其是拼红了眼的正面价格竞争。这种商战的后果，使参战的六大商场无不遭受严重亏损。而且，当时整个百货业都从卖方市场变成了买方市场的大环境也给亚细亚的发展雪上加霜。在这种内外夹击下，亚细亚开始走下坡路。

1997年3月，商战的灵魂人物王遂舟抱病出走。是年8月，300多家供货厂家代表围堵亚细亚商场大门，要求清偿货款，这家曾独领商战风骚的商场，爆发全面危机，并迅速走向没落。

不过，失败的王遂舟和亚细亚不应当被忘记。郑州原市长陈义初评价道："亚细亚率先走出了市场经济的路子。"时至今天，郑州商界在硬件设施建设、服务水平、经营管理理念等方面都不逊于沿海发达城市，有的甚至继续在国内保持领先，这都与亚细亚和"中原商战"及其延绵不息的精神传承有关。

二、"春都"与食品工业大省的崛起

春都集团的前身是洛阳肉联厂，主要从事生猪收购和屠宰。在企业负责人高凤来的果断决策下，1986 年，洛阳肉联厂引进了火腿肠生产大国日本的一台火腿肠灌装机，投资上马火腿肠生产项目。1987 年，中国第一根被命名为"春都"的火腿肠在洛阳诞生。1990 年央视春晚，一则跳动的火腿肠广告吸引了很多人的注意。很多人从未见过火腿肠，生产红衣火腿肠的洛阳春都用这则仅投入了数十万元的广告，换来了大量订单，销售额从最初的 2 亿多元猛增到 20 多亿元，年创利润 2 亿多元，甚至一度不得不发布声明："订单请提前预约付款，否则无货可供。"春都狂飙突进带动了整个火腿肠产业在国内迅速崛起，并迅速形成了强大的产业群体优势。

作为国内第一家火腿肠生产企业，春都从 1987 年开始投产到 1995 年达到了顶峰。纵观春都的成功史，可以发现两个重要环节：一个是得益于高凤来的眼光，选择了火腿肠这种有着广泛市场前景的新产品；再一个就是得益于高凤来的胆量，花费巨资在中央电视台做广告，使得春都在几个月之后立刻红遍大江南北，成为家喻户晓的知名品牌。

但是，伴随着成功，春都的经营者头脑开始膨胀发热，当地领导也要求春都尽快"做大做强"，起了推波助澜的作用。于是洛阳当地制革厂、饮料厂、药厂、木材厂等一大堆负债累累、与肉食加工不相干的亏损企业被一股脑儿归于春都名下。

通过几年的扩张，春都资产平均每年以近 6 倍的速度递增，由 1987 年的 3950 万元迅速膨胀到 29.69 亿元。然而，扩张不但没有为春都带来多少收益，还使企业背上了沉重的包袱。由于战线过长，春都兼并和收购的 17 家企业中，半数以上亏损，近半数关门停产；对 20 多家企业参股和控股的巨大投资也有去无回。

春都发家于火腿肠，但在多元化战略下，这一看家本领却被忽视。在人才、技术、设备上有着明显优势、对企业至关重要的屠宰工序，却被春

都淘汰给了原料供应商们，主营业务大幅萎缩。为在价格竞争中取胜，春都竟然通过降低产品质量来降低生产成本，含肉量一度从 85% 降到 15%，以致春都职工把自己生产的火腿肠戏称为"面棍"。春都很快为此付出了惨重代价，销量直线下滑，市场占有率从最高时的 70% 狂跌到不足 10%。

春都巨大的资金黑洞和摆谱充阔更让人吃惊。公司斥资 3000 万元在远离生产区的市区收购了旋宫大厦酒店，用作办公场所，还为各科室和中层以上干部分别配备了专车。春都与新西兰一家公司搞旅游项目合作，一张白条掷出 7 万美元，结果项目没搞成，钱也没了踪影。投资外地一家药厂的 200 多万元资金，对方没忘记，春都的账上却找不到记载。

春都经营者曾强烈意识到人才的重要，并一度向社会发出呼唤："只要是大学生，不管学什么的，统统要！"一些被春都事业吸引的大学生纷纷前来投奔，大学生、研究生一度达到 2000 多人。但是，这些研究生、大学生进厂后大多和临时工一样被分配到车间拉板车、干粗活，杀猪卖肉。尤其荒唐的是，为了弥补经营管理能力上的缺陷，春都的决策者竟在一些顾问的介绍下，从全国各地物色了一批"算命大师"作为智囊团，为其"出谋划策"，指点迷津。

1993 年 8 月，春都在原洛阳肉联厂的基础上进行股份制改造，组建春都集团股份有限公司，向社会 432 家股东定向募集法人股 1 亿股，募集资金近 2 亿元。春都把这笔钱用来搞多元化发展，先是投资 1000 多万元对 8 家企业进行参股经营，后又投资 1.5 亿元对 16 家企业进行控股经营。结果改制改成了一个个累赘，春都与这次发展的大好良机失之交臂。

1994 年 9 月，春都与美国宝星投资公司等 5 家外商合资，吸引外资折合人民币 2.9 亿元。但合资后外方发现春都的问题，于 1997 年寻找理由提出撤资。按照协议，本息加上红利，春都一次损失 1 亿多元。

1996 年，春都在原来股份制的基础上进行新的改制和资产重组。从股份公司中分离了国有独资的春都有限责任公司作为母公司，再分离成立了 14 个子公司。疲于改制占用了大量人力物力，遍地开花的技改、新上项目不是停滞，就是夭折。

1998 年 12 月，已是亏损累累的春都集团决定选择集团公司部分资产重组上市，募集资金 4.24 亿元。大股东春都集团和上市公司春都食品股份实际上是一套人马，两块牌子，人员、资产、财务根本没有分开。上市后的第三个月，春都集团就从上市公司抽走募集资金 1.9 亿元用于偿还其他债务，此后又陆续"有偿占用"上市公司数笔资金，合计高达 3.3 亿元，占上市公司募集资金总数的 80%，从而造成上市公司对公众承诺的 10 大投资项目成为一纸空谈。

2000 年 5 月，中国证监会郑州特派办向股份有限公司提出整改要求，限其在 2000 年年底解决大股东资金占用问题，同时向有关领导机构通报了春都股份有限公司在机制转换、募集资金使用、资产质量较差、重大信息披露不充分等方面存在的问题。此时的春都已经跌入了困境之中。之后，春都从资产重组到引进战略投资者乃至尝试中外合营，都一一作了尝试，却依然没能阻止其走入困境的步伐，到 2012 年 3 月，春都老厂区停产，5 月，已完成建设的春都食品工业园区，被泰国正大集团以洛阳正大食品公司的名义托管，至此，一个曾经创造历史的品牌谢幕了。

作为企业的春都进入了历史，但是由春都发轫的河南省食品工业却方兴未艾。20 世纪 80 年代末，河南省这个农业大省还被来自广东等地的深加工食品企业占据着大量市场，正是春都的首先"试水"并取得成功，开创了一个新的行业。经过多年的精心打造，河南省的食品工业已长成一棵参天大树：2011 年全省食品工业规模以上企业的主营收入达 6674 亿元，成为河南省第一大支柱产业；全国排位先后超越江苏、广东等 5 个省份，位居全国第二；所生产的火腿肠、生鲜分割肉、面粉、挂面、方便面、速冻食品等粮食深加工产品，在市场占有率方面，均是"全国冠军"。

三、"郑百文"演绎的兴衰成败

"郑百文"的前身是国有的郑州市百货文化用品批发站。1988 年 12 月，郑百文改制成功并首次向社会公开发行股票，此后，郑百文一路走红，1996 年 4 月，经中国证监会批准，郑百文成为郑州市的第一家上市企业和河南省首家商业股票上市公司。1997 年每股收益 0.448 元、以净资产收益率 19.97% 的业绩，成为中国商业类上市公司第一。郑百文称：1986—

1996 年的 10 年间，其销售收入增长 45 倍，利润增长 36 倍；1996 年实现销售收入 41 亿元，全员劳动生产率 470 万元，这些数字当时均名列全国同行业前茅。按照郑百文公布的数字，1997 年其主营规模和资产收益率等指标在深沪上市的所有商业公司中均排序第一，进入了国内上市企业 100 强。

"郑百文"的骄人业绩成为当地企业界耀眼的改革新星和率先建立现代企业制度的典型。各级领导频频造访，各种荣誉纷至沓来。1997 年 7 月，郑州市委、市政府召开全市大会，把郑百文树为全市国有企业改革的一面红旗。河南省有关部门把它定为全省商业企业学习的榜样。同年 10 月，郑百文经验被大张旗鼓地推向全国。公司领导也相继获得全国"五一"劳动奖章、全国劳动模范、全国优秀企业家等一系列殊荣。

"郑百文"的快速崛起得益于两个方面，一是深化国企改革，推行股份制率先建立现代企业制度，企业活力初步显现。二是所谓的"工、贸、银"资金运营模式。即郑百文家电公司与四川长虹和原中国建设银行郑州分行之间建立一种三角信用关系，郑百文购进长虹产品，不需支付现金，而是由原建行郑州分行对四川长虹开具 6 个月的承兑汇票，将郑百文所欠货款直接付给长虹，郑百文在售出长虹产品后再还款给建行。当时，郑百文领导为这种三角合作的关系赋予了高深的内涵，说商业银行的信誉、生产商的信誉和销售商的信誉加在一起，就是中国市场经济的基本框架。郑州建行更认为，依靠银行承兑这种先进的信用工具，支持企业扩大票据融资，是很有意义的探索。

这种模式 1996 年起步后业务量一路攀升，1997 年，建行为郑百文开具承兑总额突破 50 亿元，郑百文一举买断长虹两条生产线的经营权。这种模式后被推广到郑百文与其他厂家的业务中。三角关系建立后，家电公司立即成为郑百文下属各专业分公司中的"大哥大"和业务量增长的主体。然而事实很快表明，在市场经济初级阶段市场信誉普遍较低的背景下，这种彼此之间没有任何制约关系的银企合作，最终的风险都转嫁给了银行。一方面，银行无法保证郑百文能按承兑的期限把货卖完；另一方面，即使按时卖完货，郑百文也把货款大量挪作他用。1998 年春节刚过，建设银行郑州分行就发现开给郑百文的承兑汇票出现回收难，此后的半年间，累计垫款 486 笔，垫款金额 17.24 亿元。中国人民银行调查发现，原建行郑州分行与郑百文签订的所有承兑协议，不但没有任何保证金，而且申请人和担保人都是郑百文，担保形同虚设。总额达 100 多亿元的银行资金，就这样被源源不断地套出。

在被推举为改革典型的第二年，郑百文即在中国股市创下每股净亏 2.54 元的最高纪录，而上一年它还宣称每股盈利 0.448 元。1999 年，郑百文一年亏掉 9.8 亿元，再创沪深股市亏损之最。

郑百文的大起大落，折射出中国市场经济构建过程的曲折历程，一是先天不足。郑百文其实根本不具备上市资格，为了达到上市募集资金的目的，公司硬是把亏损做成盈利报上去，最后蒙混过关。为了上市，公司几度组建专门的做假账班子，把各种指标准备得一应俱全。郑百文变亏为"赢"的常用招数是，让厂家以欠商品返利的形式向郑百文打欠条，然后以应收款的名目做成赢利入账。为防止法律纠纷，外加一个补充说明——所打欠条只供郑百文做账，不作还款依据。二是后天失调。郑百文利用上市后经营自主权扩大带来的方便，使其更多、更严重的违背经济规律甚至违法乱纪行为大行其道。郑百文上市募集的资金数以亿计地被公司领导以投资、合作为名拆借、挪用出去，总计 10 多家公司拆借的近 2 亿元资金不仅有去无归，还使郑百文陷入了一桩又一桩追款讨债的官司中。由于郑百文的账目极为混乱，真实性和完整性不能保证，1998 和 1999 年度，郑州华为会计师事务所和北京天健会计师事务所连续两年拒绝为其年报出具审计意见。1998 年，企业已举步维艰。年终出财务报表时，公司领导聚首深圳商讨对策，决策者的意见仍然是"要赢利"。但窟窿已经包不住了，一番争论之后，郑百文首次公布了重大亏损的实情，成为震撼全国的"郑百文事件"。

经过艰难的重组，2003 年 7 月 18 日，郑百文恢复上市。但是从这一天起，郑百文正式更名三联商社。

郑百文的兴衰，不仅对河南省，而且对全国国企改革和市场经济体系建设都有重要的借鉴价值，它的价值在于启发人们，单项改革（如产权）并非医治国企病症的唯一灵丹妙药，而深化配套改革与科学管理相结合，才是搞活企业的关键。

第五节　经验与启示

人民群众是历史的创造者，是变革时代的真英雄。30多年来的许多改革都遵循着"群众创造、地方突破、中央规范"的轨迹。正是人民群众的首创精神，在波澜壮阔的改革进程中，迸发出澎湃的探索激情和无穷的创新活力，将改革潮头一次又一次推向新的高度，成为推动生产力和生产关系不断变革最活跃、最积极的因素。可以说，改革开放30多年来，我们党对中国特色社会主义实践和认识的每一次突破和进展，无不来自群众的创造和推动。同时，人民群众的实践又是检验党的路线、方针、政策正确与否的唯一标准。

就河南省的情况看，如果说，在改革开放之初，人民群众迫于生活的压力，为了自救而闯新路，那么，越到后来，他们就越来越自觉地为创造新生活而奋斗，越来越成为自觉的历史创造者。正是因为人民群众的创新实践，才使大量农村富余劳动力主动转移，人口大省的资源优势逐步显现，加快了全省工业化、城镇化的进程，成为位居全国第五的经济大省；才使农业产业化、现代化迈出新的步伐，农业大省的优势得到发挥，成为全国的产粮大省和食品加工大省，在保证国家粮食安全中担当起重任；才使河南省文化产业的快速发展，历史文化资源不断得到开发利用，文化"软实力"进一步增强，崭新的区域形象得以确立，在中部崛起发挥着"排头兵"的作用。

30多年来，广大人民群众在改革开放的实践中学习，增长才干，在发展经济的同时，也促进了社会的变革，涌现出了新的社会阶层和群体，这些新的社会阶层和群体，都是在改革开放的实践中闯出来的。他们是富有闯劲、富有创造性的人群。在河南省改革开放的"群英谱"中，有敢冒风险，冲破人民公社旧体制，实践"大包干"的农民；有顶着"弃农经商"、走资本主义道路的大帽子，勇敢创办乡镇企业的农村干部；有勇于实践，敢于试验创新的改革闯将；有克服重重困难，创办民营企业的企业家；等等。他们是改革开放潮头的弄潮儿，是人民群众创造历史的生动体现者。

历史是人民群众创造的。人民群众的积极性和创造性，只有得到正确的引导，才能更有效地发挥出来。30多年来，河南省各级党委政府充分尊重人民群众的首创精神，深入群众，体察民情，了解民意，珍惜民力，虚心向人民群众学习，及时掌握人民群众在发展实践中创造出的新思路、新做法、新模式，把中央精神与人民群众的生动实践有机地结合起来，创新发展思路、创新政策措施，并坚持用创新成果宣传、动员、指导人民群众从事新的实践，从而形成了中原经济区建设总体战略，找到了"两不三新"区域科学发展道路，开创了中原崛起河南省振兴的新局面。

当前，河南省正处在全面建设中原经济区，加快中原崛起河南省振兴的关键时期，人口多、底子薄、基础弱、人均水平很低、发展不平衡的基本省情没有变，各种利益、矛盾碰撞加剧，新老"四难"亟待破解。在这种形势下，把改革开放推向前进，需要更好地发挥人民的主体作用和首创精神，需要尊重人民改造世界、创造幸福生活的实践和他们在实践中所表达的时代先声，尊重人民在实践中创造的新经验和对理论发展提出的新需求，尊重人民群众作为历史主体的各种愿望和人民当家作主的各项权益。

第一，充分尊重人民群众的创新实践。人民群众的实践创新是我们各项事业兴旺发达的动力和源泉。站在人民群众的立场上，一切为了人民、一切依靠人民，是中国特色社会主义理论体系的根本出发点和落脚点。因此，尊重群众的首创精神，应该贯穿我们所做工作的全过程，自始至终，而不是想起来就尊重，想不起来就不尊重，有的事情上尊重，有的事情上不尊重，如果这样，不仅不能在群众的伟大实践中获取智慧的养分，反而会挫伤群众创新的积极性，让我们失去工作的原动力。全省各级领导干部要清除"官本位"思想，彻底摒弃形式主义、官僚主义，深入基层，拜人民为师。要培养海纳百川的胸襟，听得进、装得下来自底层的不同声音，坚持问政于民、问需于民、问计于民，真诚倾听群众呼声，真实反映群众愿望，真情关心群众疾苦，在与群众朝夕相处中增进对群众的思想感情，增强服务群众的本领。要充分相信人民群众，把政治智慧的增长、执政本领的增强深深扎根于人民的创造性实践之中，积极吸纳人民群众的创新成果，审时度势形成重大决策，并依照法定程序形成法律法规，确保人民群众首创精神在改革开放进程中发挥出重要的推动作用。

第二，正确引导人民群众的创新实践。群众创造性的发挥，既有赖于人的主观因素，又与其所处的环境密切相关，特别是各级领导部门和领导干部的作用尤为重要。在起步时期，细心呵护，可以少走弯路；在成功阶段，戒骄戒躁，能够永葆活力。要善于用政策文件引导人民群众首创实践，用法律法规提升人民群众首创精神，用巨大理论勇气释放人民群众首创意愿。要在为人民群众创造性发挥营造政策和服务环境上解放思想，不断提高各级党委政府和全省党员干部的服务意识，把重视创新、引导创新的各项举措真正落到实处，努力营造一个平等自由竞争的、宽容宽厚宽松的良好的创新环境。

第三，切实保护人民群众的创新实践。胡锦涛总书记在庆祝神舟七号载人航天飞行圆满成功大会上的讲话中指出："倡导敢于创新、勇于竞争、诚信合作、宽容失败，使改革创新精神在全社会蔚然成风。"①建设中原经济区是关系 1 亿多人口福祉的宏大事业，要凝聚创造合力，鼓励创新，奖励创业，让一切创业创新的激情充分迸发，让一切创造财富的活力充分涌流。同时，建设中原经济区也是前无古人的事业，没有现成的经验或样板可资借鉴，要求一蹴而就是违背事物发展规律的。同样，创新的事业，创造性的工作，都意味着从无到有、开风气之先，总要伴随着风险。挫折、失败在所难免。因此，对各种创新实践要允许失误、宽容失败，只要符合党的大政方针，符合科学发展观的要求，符合人民群众的利益，就要鼓励大家去闯、去试，努力形成依靠创新求突破、以创新促发展的良好氛围。

第四，积极总结和运用人民群众的创新实践。人民群众的经验创造，总是和一些具体的建议、办法、见解联系在一起的，只有适时地将一个个具体的突破与改革经验加以总结、提炼和升华，把一个个基层首创的局部探索加以完善和丰富，才能用来指导更大范围的改革创新。因此，要摒弃那种只关注物质结果，不重视精神创造的庸俗政绩观，对群众在不同时期、不同领域的经验创造都要认真总结、提炼和推广。改革开放以来，河南省人民在干事创业的伟大实践中，已经积累了许多切实而宝贵的经验，

---

① 胡锦涛：《在庆祝神舟七号载人航天飞行圆满成功大会上的讲话》，人民出版社 2008 年版，第 8 页。

成为指导新时期实践创新的宝贵财富。我们必须充分尊重并认真总结和继承这笔宝贵财富，不断形成规律性的科学认识，用来指导新的实践。尤其是当前中原经济区建设正处于关键阶段，我们更要满腔热情对待人民群众的首创精神，一旦发现群众中的新创造、新经验，都要及时予以支持、总结和归纳，不断提高和放大群众的创造成果，为未来更深入的实践提供科学的参考和支持。

第五，大力提升人民群众的创新能力。早在 20 世纪 80 年代，邓小平同志就富有远见地指出："我们国家，国力的强弱，经济发展后劲的大小，越来越取决于劳动者的素质，取决于知识分子的数量和质量。"① 河南省的经济和社会发展到今天的水平，下一步的发展，如何提高人的素质的问题，显得更为重要而迫切了，特别是提高人的创新能力尤为关键。要在全社会提倡创新意识，开展创新教育，坚持以人为本，大力发展素质教育，切实提高全省特别是青少年创新能力，早日实现人口大省向人力资源强省的转变。

---

① 《邓小平文选》第三卷，人民出版社 1993 年版，第 120 页。

第十五章
社会建设：改善民生促进社会和谐的核心任务

党的十七大把经济建设、政治建设、文化建设、社会建设"四位一体"的战略布局写进了新党章。社会建设理论的提出，完善了中国特色社会主义社会事业的总体布局，是中国共产党治国理政思路的重大转变，体现了党对建设中国特色社会主义规律的新认识，标志着中国已经进入到全面加强社会建设的崭新阶段。社会建设与群众利益密切相关，而教育、就业、收入分配、社会保障、医疗卫生等民生事业更是与百姓利益息息相关。

第一节　优先发展教育

教育涉及千家万户，惠及子孙后代，关系广大人民群众的切身利益。实现河南省振兴的目标，关键在人才，根本在教育。改革开放以来，河南省委、省政府高度重视教育发展，始终把教育摆在优先发展的战略地位，采取了一系列卓有成效的措施，全省教育事业呈现出良好的发展态势。

一、农村教育在改革中不断深化

30 多年来,河南省农村教育事业亮点纷呈,突出表现在以下五个方面:

（一）实现了"两基"目标

1982 年 5 月，中共中央、国务院发出通知，要求要加强和改革农村学校教育。1983 年 8 月，河南省教育工作会议召开，要求要"建立一个合理的教育体系；加快发展高等教育；加快中等教育结构改革；把普及小学教育当作当前教育工作的重点。"2003 年，全省农村教育工作会议在郑州召开，农村义务教育管理体制改革取得突破性进展，"以县为主"的农村义务教育管理新体制基本确立，农村中小学办学条件发生了巨大变化，为实现"两基"目标奠定了基础。截至 2007 年底，全省小学、初中适龄儿童少年入学率分别达到 99.94% 和 98.79%，连续 10 年处于全国领先水平。进城务工农民同住子女入学率达到 99.2%。全省壮年文盲率降至 1%，国民平均受教育年限达到 8.5 年，"两基"目标顺利实现。

（二）落实了"两免一补"

从 2005 年开始，河南省对农村学生实施"两免一补"。从最初对贫困学生免学杂费、免费提供教科书、补贴生活费，逐渐扩大为免除所有学生的学杂费、免费提供教科书。河南省是全国补贴资金额度最大、受益人数最多的省份。据悉，"两免一补"政策共惠及农村中小学生 107 万人次。截至 2007 年，仅免学杂费和免课本费这两项，平均每个小学生每年减负 275 元，初中生减负 465 元；享受"一补"的小学生由原来的每人每天补助 1 元提高到 2 元，初中生每天补助 3 元。

（三）保障了教师工资

2001 年，省政府办公厅下发《关于实行农村中小学教师工资县（市）级管理的通知》，决定从 2002 年 1 月起，全省农村中小学教师工资实行县级统一管理，并建立和完善了教职工工资保障机制，落实各级政府主要领导负责制，并纳入省政府对各省辖市政府工作目标考核体系。省政府不断加大转移支付力度，补助困难县的工资发放，确保全省农村中小学教职工工资自 2004 年 1 月 1 日起，按国家实行的工资标准按时足额发放，并于 2009 年起全面实施绩效工资。

（四）加强了危房改造

2003 年，为切实做好农村中小学危房改造工作，省政府转发了《河南省农村中小学危房改造工程实施方案》，主要任务是用 3 年或稍长一些时间，支持各地完成对农村中小学现存 D 级危房的改造任务。农村中小学现存的 B 级、C 级危房及以后新产生的危房，主要由市、县两级政府

负责核查、制订规划、落实资金并承担改造责任。截至 2007 年 11 月份，全省农村中小学危房改造任务提前一年超额完成，各级政府实际投资 27.9 亿元，改造农村中小学校 16666 所，消除 D 级危房 596.9 万平方米；比规划多投入资金 7.3 亿元，多改造学校 5201 所，多消除 D 级危房 116 万平方米，并且全部通过了省政府组织的检查验收。

（五）实施了布局调整

随着越来越多的农民进城务工，使得不少农村中小学出现"空心化"，农村教育整体萎缩。2004 年，河南省加快调整农村中小学布局，以优化资源配置，提高规模效益，减轻财政支付压力。2006 年，全省再次启动农村中小学布局调整。通过撤并规模较小的学校，告别村村办小学的历史。按照相对集中、规模适度的原则，适时合理调整小学布局，逐步形成中心小学、完全小学、教学点相互关联的网络结构。积极推进山区寄宿制学校建设。初中向乡镇所在地集中，农村初中布局调整原则上每 2 万—3 万人设一所初中，推进农村初中向乡镇所在地集中。采取先建设后撤并的原则，布局调整计划五年完成，防止因中小学布局不合理而造成资源浪费以及学生上学难的问题。

二、义务教育在免费中走向均衡

（一）城乡义务教育逐步免费

1986 年，《中华人民共和国义务教育法》颁布，真正确立普及义务教育制度。2002 年，《国务院办公厅关于完善农村义务教育管理体制的通知》中，明确了各级政府对发展农村义务教育的责任。农村义务教育的办学主体由乡村转到县级，经费来源主渠道由农民转到财政。2006 年春季学期，西部农村地区免除了义务教育学杂费。2007 年春季学期，河南省全部免除农村义务教育阶段学杂费。2008 年 9 月，全部免除城市义务教育学杂费。自此，河南省城乡义务教育全部免除了学杂费，义务教育实现了由人民办到政府办的跨越。

（二）大力促进义务教育均衡

河南省是全国第一教育人口大省，义务教育阶段在校生约占全国的十分之一。省委、省政府高度重视义务教育均衡发展，分别于 2007 年、2011 年先后出台了《关于推进义务教育均衡发展的意见》、《关于进一步推进义务教育均衡发展促进教育公平的意见》，构建了教育均衡发展制度机制。积极推进县（市、区）域内率先实现义务教育均衡发展，依法保证每个适龄儿童接受义务教育的基本权利和享有均等的受教育机会，不断提高公共财政保障水平，均衡配置公共教育资源。2011 年，全省义务教育均衡发展取得新进展，围绕新型城镇化建设需要，加快中小学布局调整，城镇中小学增加 11.20%，农村中小学减少 22.60%。累计投入 30 多亿元加强农村薄弱学校改造和县镇学校扩容建设，投入 112.5 亿元推进中小学校舍安全工程。通过国培计划、省培计划、特岗教师计划等，加强了农村师资队伍建设。

（三）切实解决进城务工人员子女入学

1996 年，国家教委印发了《城镇流动人口中适龄儿童少年就学办法》，1998 年，又颁发了《流动人口儿童少年就学暂行办法》。2006 年，河南省教育厅发布了《关于进一步做好进城务工就业农民子女接受义务教育工作的意见》，提出了各地要落实责任，保障条件、消除障碍，完善服务、公平对待，一视同仁等意见。2010 年，河南省下发了《关于进一步做好进城务工农民随迁子女义务教育工作的意见》，把农民工子女入学的责任圈定在"流入地政府"，要求把进城务工农民随迁子女义务教育纳入公共教育体系，与城市学生统一编班、统一教学，不准向农民工子女收借读费，保证了绝大多数儿童在父母流入地顺利入学。

三、职业教育在挑战中持续攻坚

改革开放以来，河南省职业教育呈现出良好发展态势，取得了重要的阶段性成果，服务发展全局的综合效应正在显现。2008 年，全省有各类中等职业学校 1173 所，在校生 171.75 万人，分别是 1978 年的 2.85 倍和 27.13 倍，占高中阶段在校生的比例由 1978 年的 4.8% 提高到 45.32%。进入 21 世纪以来，河南省职业教育"以服务为宗旨，以就业为导向"，坚持"校企合作、工学结合"，着力培养学生的职业技能和就业能力。实施了

"河南省农村骨干中等职业学校和示范性乡（镇）成人学校建设工程"等，改善了办学条件。紧紧围绕岗位培训、再就业、农村劳动力转移做文章，组建职教集团，提升综合实力，把学校与企业、行业、城镇学校与农村学校、中部地区学校与东西部地区学校、用人单位与培养人单位等联合起来，有力地促进了职教的快速发展。2011年，全省职业教育攻坚取得新突破，中职招生数和在校生数分别占高中阶段教育的51.28%和49.36%，实现高中阶段教育招生职普比大体相当的目标。校企合作更加深入，涌现出一大批与企业深度合作的品牌专业、品牌职业院校。多元化办学体制不断完善，社会资金持续投入民办职业教育，去年共吸纳社会资金26亿元，催生了一大批动力足、活力强的民办职业院校。

同时，也要清醒地看到，目前全省职业教育发展仍处于转型发展之中，还没有完全脱离普教模式，职业教育发展的体制机制还不完善，还有不少突出问题需要解决。如，部分职业学校教材良莠不齐，内容陈旧；很多职业学校教师占着事业编制，拿着财政工资却没有学生上课。今后，要以市场需要作为专业导向，以企业需求作为就业指向，重组教育资源，提高农村职业教育的教学质量，促进学生全面就业；在推进职业教育大发展中，通过订单培养、校企联合来培养大批的农村技术人才，吸引大企业大集团来农村投资办厂，助推农村产业集聚区和新型农村社区建设，发挥职业教育效能。

四、高等教育在扩张中注重内涵

30多年来，河南省高等教育实现了精英教育、大众化教育、内涵式发展的跨越。2008年，全省普通高校发展到84所，较1978年增加60所；总规模达215.25万人，其中普通本、专科在校生125.02万人，较1978年增长27.3倍；在学研究生达到2.36万人，较1978年的138人增长169.72倍；校均规模由1978年的892人，发展到2008年的1.31万人，高等教育毛入学率提高到20.5%。教育教学改革逐步深化，教育质量不断提高，"人才强校工程"、"教育教学质量工程"大见成效。

2011年，高等教育有了新发展，高等教育毛入学率和录取率明显提高，郑州大学"211工程"三期建设进展顺利，启动了河南省大学百年名校振兴计划，新增 3 所省部（局）共建高校，共建高校总数达到 8 所，高校国家重点实验室实现零的突破，高校新增博士、硕士学位授权一级学科点 34 个、179 个，新增数量分别是过去总量的 3 倍和 1.8 倍。高等教育的大众化发展促进了教育公平，提升了国民素质，为河南省的经济社会发展作出了重大贡献。据统计，过去 10 年来，河南省普通高校数量增加了一倍多，毛入学率从 6.8% 猛增到 24.63%，真正实现了高等教育的大众化、低门槛。展望未来，要以学科专业建设和高校协同创新计划为总抓手，推进高等教育发展上水平。

五、民办教育在市场中迅速崛起

众所周知，河南省承载着全国近十分之一的教育人口，穷省办大教育的现实是优质教育资源严重不足。对此，省委、省政府明确提出，要充分利用国内外优质教育资源发展河南省教育，要广泛动员大力支持民办教育和社会力量办学。改革开放 30 多年来，河南省的民办教育、社会力量办学和中外合作办学迅速发展，成为河南省教育发展新的增长极，成为河南省教育体系中的重要组成部分。

截至 2011 年，全省各级各类民办学校 10539 所，比 2007 年增加 5377 所，在校生总数达 374.02 万人，比上年增加 55.59 万人，增长 17.46%。其中，民办幼儿园 8222 所，在园幼儿 151.42 万人；民办普通小学 1242 所，在校生 93.22 万人；民办普通初中 572 所，在校生 52.8 万人；民办普通高中 174 所，在校生 22.08 万人；民办中等职业学校 254 所，在校生 28.59 万人；民办普通高等学校 33 所，在校生 25.89 万人，占普通高等教育在校生总数的 17.26%，与上年基本持平。短短五年间，各类民办学校总数翻了一番。

第二节　实施扩大就业的发展战略

多年来，历届省委、省政府高度重视就业工作，通过大力实施积极的

就业政策，就业人员总量稳步增加，就业规模不断扩大，就业结构优化步伐明显加快，城镇就业比重迅速上升，第二、第三产业就业人员比重持续提高，农乡村富余劳动力向城镇转移步伐加快，劳动就业法律政策体系日益完善，人口大省的劳动就业工作取得了显著成就，为构建和谐中原奠定了坚实的基础。

一、从"统包统配"走向多项选择

我国就业制度从计划走向市场，从统包统配转向自主择业、双向选择，至今已走过了20多年。1980年，国家提出在国家统筹规划和指导下，实行劳动部门介绍就业、自愿组织起来就业和自谋职业相结合的"三结合"就业方针。1981年，中共中央又作出《关于广开门路、搞活经济、解决城镇就业问题的若干规定》，进一步明确多渠道解决就业问题的政策。"三结合"的就业方针，实质上是党的十一届三中全会提出的多种经济形式并存的经济政策在就业工作上的具体体现，是我国就业政策的重大突破，标志着我国开始了就业管理体制的改革。

1992年，党的十四届三中全会通过《中共中央关于建立社会主义市场经济体制若干问题的决定》，第一次明确提出了培育和发展劳动力市场，劳动就业制度的改革也进入了新的阶段。此后，《全民所有制工业企业转换经营机制条例》和《劳动法》等一系列配套法规相继颁布，养老保险制度初步建立，企业用工自主权进一步落实，全员劳动合同制全面推行，高校毕业生"双向选择"分配制度的实施，我国就业体制的改革全面走向市场化的轨道，逐步使市场在劳动力资源配置方面发挥基础作用。1998年6月，中共中央提出了"劳动者自主择业、市场调节就业、政府促进就业"的新时期就业方针。这一方针明确了政府在市场经济条件下促进就业的作用，确定了建立以市场为导向的就业机制。

二、就业规模不断扩大

就业总量稳步增加。"十一五"时期，河南省全省每年新增城镇就业都在 100 万人以上，城镇登记失业率始终控制在 4% 以下的合理水平。其中，2011 年全省城镇新增就业 141.1 万人，失业人员再就业 42 万人，就业困难人员再就业 19.7 万人，分别完成年度目标的 141.1%、120%、131.3%；城镇登记失业率 3.35%，低于 4.5% 的控制目标。截至 2011 年年底，河南省农村劳动力实现转移就业 2465 万人，其中，省内转移 1258 万人，省内就业超过省外就业 51 万人。

高校毕业生就业保持稳定。2011 年，河南省共有高校毕业生 44.6 万人，较上年增加 4 万多人，普通中专毕业生近 20 万人，毕业生就业工作任务繁重。省委、省政府全面贯彻落实国务院关于进一步做好高校毕业生就业工作的通知精神，坚持把高校毕业生就业放在就业工作的首位，积极开发岗位，落实相关政策、鼓励创业、强化就业服务，应届高校毕业生就业率达到 86.5%，高于上年同期水平。

农村劳动力转移数量进一步增加。随着国家一系列扩大内需政策措施及针对农民工的各种增加就业措施的实施，农民就业机会增多，农村劳动力转移数量进一步增加。2010 年，全省 4915 万农村劳动力中实现转移的人数约 1843 万人，比 2005 年增加 483.2 万人，增长 35.5%，年均增长 6.3%。截至 2011 年年底，河南省农村劳动力转移就业总量达 2465 万人，其中省内转移 1268 万人，省外输出 1197 万人（含国外劳务输出 7 万人），省内转移人数首次超过了省外。全年新增农村劳动力转移就业 102 万人，省内转移占到了 89%。同时，随着河南省承接产业转移的步伐加快，如以富士康、海马汽车、格力电器等为代表的产业转移项目的落实，这对促进农村劳动力转移产生了积极作用。

三、劳动就业政策法律体系日益完善

劳动就业法律、法规相继出台。2009 年 3 月，河南省人大审议通过了《河南省就业促进条例》，标志着河南省就业工作的法制化建设更加完善，依法促进就业的工作机制基本形成。《河南省就业促进条例》，是全国第一个针对就业工作出台的地方性法规，该条例的主要特色：一是将鼓励和支持高校毕业生就业的部分优惠政策，扩大到所有大中专毕业生。

二是规定县级以上人民政府应当建立小额贷款担保服务体系，设立小额贷款担保基金，为登记失业人员、回乡创业农民工、大中专毕业生、复员转业军人、残疾人、被征地农民等自主创业人员提供小额贷款担保和贴息扶持，为劳动密集型小企业提供贷款担保服务。三是鼓励和支持高校毕业生到城乡基层、非公有制企业和中小企业就业；登记失业人员和残疾人从事个体经营的，一样享受"三免"优惠政策。目前，河南省已形成以《劳动法》为基础、以《就业促进法》为主干、以《残疾人就业条例》和《失业保险条例》等法律法规为配套的促进就业法律体系，切实保障劳动者就业的基本权益，为人口大省的就业工作提供了强有力的法律法规保障。

创业促进就业取得突破。河南省认真落实促进全民创业的扶持政策，加快推进创业示范基地建设、创业孵化园区建设、创业型城市创建工作，特别是加大小额担保贷款发放力度。2011 年，全省发放小额担保贷款 103.4 亿元，比上年增长 161.6%，解决了 15.5 万户小微企业融资难问题，其中：为 7.5 万多名返乡创业农民工发放贷款 33 亿元；为 1116 家劳动密集型小企业发放贷款 22.6 亿元；为 4400 多名高校毕业生发放贷款 2.4 亿元。据河南省人力资源和社会保障厅统计，2011 年年底全省家庭服务企业已经达到 1.3 万多家，吸纳农村劳动力 30 余万人；通过放宽进城农民落户条件，共为 46.6 万名进城务工农民解决了城镇落户问题。2011 年全省当年新增发放小额贷款 98.6 亿元，总量继续保持全国第一，扶持创业 15 万人，带动就业和小企业吸纳就业已近 50 万人。

促进就业的责任体系和工作机制日益完善。河南省各级政府始终把扩大就业作为重要的政策导向。从 2005 年开始，全省建立了就业和再就业的年度目标考核责任制度。省政府分解任务指标，把增加就业岗位、落实再就业政策、强化再就业服务、加大再就业资金投入、帮助困难群体就业等方面的工作任务进行细化、量化，建立目标责任制、定期通报制、责任追究制三项制度，要求做到工作责任到位、政策落实到位、资金投入到位、措施保障到位。建立就业的责任体系和工作机制，极大地推动了全省的就业和再就业工作。

四、统筹城乡的公共就业服务体系基本形成

近年来，河南省在稳定城镇就业的同时，积极促进农村劳动力转移就业。通过放宽进城农民落户条件，共为46.6万名进城务工农民解决了城镇落户问题。2011年，全省当年新增发放小额贷款98.6亿元，总量继续保持全国第一，扶持创业15万人，带动就业和小企业吸纳就业已近50万人，农村劳动力转移就业总量达2465万人。全年新增农村劳动力转移就业102万人，省内转移占到了89%。

五、劳动力市场的基础作用不断加强

劳动者和用人单位的主体地位得以确立。在国家法律法规规范下的市场双向选择机制的逐步形成，劳动力市场建设取得实质性进展，市场机制在人力资源配置方面的基础性作用不断加强；将统筹城乡就业和促进农村劳动力转移纳入国民经济和社会发展中长期规划和年度计划，在编制城市发展规划、制定公共政策、建设公用设施时，统筹考虑务工人员对公共服务的需要；通过劳动保障工作平台建设，全省80%以上的乡镇都建立了劳动保障工作机构，基本形成市、区县、街道（乡镇）、社区四级公共就业服务网络。

就业渠道实现多元化。个人自主创业、从事自由职业的劳动者越来越多，非全日制就业、季节性就业、兼职就业、家庭就业、自由职业者等多种就业形式的出现，适应了企业灵活用工和劳动者灵活就业的需要，提高了劳动力资源的配置效率。尤其是作为农业大省和人口大省，绝对不能主要依靠往城市转移劳动力来解决就业问题，最主要的途径还是要在农村地区大力发展非农产业，就地就近转移劳动力。要通过大力发展非农产业实现劳动力的转移。1990年至2012年，全省第一产业就业人数下降29.7%，第二、第三产业就业人数分别上升9.5%、20.4%。

全民创业取得新进展。目前，河南省18个省辖市全部成立了创业服务指导中心，免费为创业者提供项目支持、开业指导、创业培训、政

策咨询等一系列服务。近几年，河南省全省公共就业服务机构免费职业介绍都在 100 万人次，成功就业率超过 60%。认真组织开展"春季就业援助行动"、"春风行动"、"民营企业招聘周"等专项服务活动，帮助城镇新失业人员、高校毕业生、进城务工人员等 80 多万人实现就业；各地街道、乡镇和社区基层劳动保障工作机构通过大力开发社区就业岗位，开展创建充分就业社区活动，对零就业家庭和就业困难人员进行帮助。

六、人口大省破解就业难题任重道远

（一）人口大省面临的就业难题

1.劳动力供给和就业的总量矛盾

河南省是全国人口大省，也是人力资源大省，户籍人口超过 1 亿，其中劳动年龄人口超过 6000 万人，农村富余劳动力需要转移就业的有 1000 多万人。在今后相当长的一个时期内，劳动力供给和就业的总量矛盾依旧会非常突出。

人口总量大。目前，河南省人口自然增长率已经从 20 世纪 50—60 年代的 20‰多下降到近阶段的 5‰，但由于人口基数过于庞大，河南省的人口总量仍有较大幅度的增长。

农村劳动力供给规模大。河南省是一个农业大省，城市化水平不高，农村人口的比例大，农村劳动力资源丰富，农村劳动力供给量大。目前，河南省农村劳动力的规模在 4800 万人以上。

劳动参与率高。劳动参与率是指经济活动人口（包括就业者和失业者）占劳动年龄人口的比率，是用来衡量人们参与经济活动状况的指标。其中，经济活动人口是指 16 岁及以上为各种经济生产和服务活动提供劳动力供给的人口，经济活动人口实际上就是劳动力人口。2010 年，河南省的名义劳动参与率已经大于 100%，达到 104%；实际的劳动参与率也超过 80%，达到 83.6%。名义劳动率高于 100%，说明不在劳动年龄段的人口参与社会经济活动的比例较高。这既与河南省经济发展水平和居民的收入水平低有关，也一定程度上反映了青年人口整体受教育时间不足的现实状况。

总之，在人力资源丰富的前提下，如果劳动参与率比较高的话，劳动力供给量也就会非常大，社会的就业压力也就随之增大。

2. 就业结构性矛盾突出

结构性矛盾突出表现在劳动力市场出现的部分企业"招工难"和部分劳动者"就业难"的两难困境。河南省总体上说不是全省劳动力资源不足，而是劳动力素质与市场需求之间的不对称。

劳动力技能水平偏低。全省近 1000 万城镇从业人员中，技能人才仅占三分之一。在技能人才中，初级工和中级工占 80% 左右；高级工占比在 15% 以下；技师和高级技师占比只有百分之几。高级工以上人员占技术工人的比例低于 20%，低于全国平均水平近 4 个百分点。在已经转移就业的农村劳动力中，小学文化程度及文盲占 10.84%，初中文化程度的占 61.44%，高中文化程度及以上占 7.66%。其中，受到技能培训人员约占 23.5%。在城镇新增劳动力中，中等职业学校毕业生仅占 10% 左右，尤其是作为技术工人重要来源的技工学校发展缓慢，制约了高技能人才的增长。河南省近几年职业供求状况表明，各技术等级的求人倍率均大于 1，技术工人需求大于供给，其中高级工程师、高级技师和高技能人员的求人倍率都在 1.5 以上，"有人没活干"与"有活没人干"并存的现象仍然比较普遍。

劳动力文化程度明显偏低。据抽样调查统计，在劳动年龄人口中，大专以上学历的占 5.6%；高中及同等学力的占 15.21%；初中学历的占 55.7%，小学以下学历的占 3.19%。

产业结构与就业结构失衡。2010 年，河南省第三产业从业人员达 1577 万人，仅占 26%，低于全国平均水平 11 个百分点。这也折射出第三产业发展滞后、吸纳就业能力弱、公共服务水平低等问题。全省技能性劳动者 388 万人，占城镇从业人员的 39.7%，高技能人才仅占技能人才的 19.5%，均低于全国平均水平。总体上看，河南省就业结构还是比较落后，第一产业就业人数过多，第二产业就业比重不足，第三产业就业比重滞后。从城乡就业结构看，城乡就业比例失衡；从技术就业结构看，专业上表现为结构性失业问题严重，层次上表现为技术结构水

平低。

农村劳动力向城市转移步伐将会进一步加快。目前，河南省农村劳动力总量约为 4820 万人，耕地面积 1.1 亿亩，按每个劳动力平均耕种 7 亩地测算，农业仅需劳动力 1571 万人，农村还富余劳动力 3200 多万人。2010 年，河南省实现转移就业 2465 万人，至少还有将近 800 多万的农村劳动力需要转移就业。随着农村经营形式的变换和农业技术的发展，原有农业吸纳的劳动力也会进一步释放，实际农村富余劳动力总量要比测算的数据大得多。

3. 重点群体、就业困难人员就业难度大

高校毕业生就业形势严峻。2012 年，河南省高校毕业生总量大，2011 年应届高校毕业生有 44.6 万人，加上往年尚未就业的 10 万人，总量为 55 万人，占全省城镇需要就业人员总量的四分之一。

被征地农民职业转换问题突出。目前，全省被征地农民累计达 400 万人，已实现职业转换的近 200 万人，还有 200 多万人需要职业转换，这部分被征地农民普遍缺乏一技之长，加之相关的配套政策跟进相对滞后，他们的职业和身份转换难度将会很大。

城镇就业困难群体就业难。全省每年帮助 15 万以上"4050"人员、"零就业家庭"、残疾人等就业困难人员实现就业。但由于相关扶持政策陆续到期，安置渠道越来越窄，公益性岗位开发潜力有限，岗位退出机制不健全等，加上企业招工普遍年轻化，大龄人员、"零就业家庭"等就业困难群体就业的难度仍然很大。

（二）把扩大就业摆在更加突出的位置

解决好河南省的就业问题，需要用创新思路和办法，充分利用中原经济区正式上升为国家战略机遇，认真贯彻落实就业优先的发展战略，把促进就业作为经济社会发展的优先目标，实施更加积极的就业政策，努力形成经济发展与扩大就业良性互动的长效机制。

既要推动经济发展，又要实现就业增长。"十二五"时期，河南省要紧紧抓住东部地区产业转移和中原经济区建设的难得机遇，妥善处理经济增长与就业增长、经济结构调整与就业结构调整、城镇化水平提高与城镇就业增长的关系，明确把促进就业作为经济社会发展的重要政策目标，建立经济增长与就业扩大共进的发展模式，努力实现全省经济增长、结构调整和增加就业的同步发展。大力发展就业容量大的劳动密集型产业，特别是以服务业为主体的第三产业，注重扶持中小企业，发展非公有制经济，创造更多的就业岗位。

既要靠政府促进就业，又要靠市场调节就业。目前，河南省一些有条件的大、中城市都建立了公共就业服务制度，由政府开发或购买公益型岗位安置就业，尽可能为下岗失业人员实行就业服务。另一方面，要充分发挥市场调节就业的作用，逐步加快培育和发展劳动力市场，完善就业服务体系，建立以劳动者自主就业为主导、以市场调节就业为基础、以政府促进就业为动力的就业机制。对下岗失业人员的再就业，要坚持市场导向的就业机制，引导他们通过劳动力市场自主择业、自主创业，实现再就业。实践证明，越是劳动力市场化程度高的地区，就业压力就越小。

既要安置帮扶就业，又要鼓励自主就业。对待特殊困难群体，政府要出面直接创造就业机会，提供托底安置。政府的资金和政策，要集中用于帮助最困难的群众实现再就业，开发公益性就业岗位，并采取提供就业援助、社会保险补贴和岗位补贴等更加优惠的扶持政策。同时，在市场经济条件下，政府的就业政策要逐步实现由安置型就业向开发型就业的转变，这是解决就业难题的关键。创业是最大的就业，也是富民之源。解决就业问题，不应是一个被动安置现有劳动人口的过程。对于我们这样一个劳动力供给大国来说，培养创业型人才，扩张创业的就业倍增效应，才是解决就业问题的根本出路。

既要实行稳定就业，又要发展弹性就业。目前，我省无业可就与有业不就两种现象并存。其中一个重要原因是，人们认为，只有稳定就业即"铁饭碗"才算就业。其实，稳定就业只是就业的一种形式，随着社会和市场的多元发展，弹性就业和灵活就业将成为更为普遍的就业方式。在市场经济发达的国家，非全日制就业和灵活就业已占就业总量的30%，社区服务从业人员占全社会服务人员的比重高达30%到40%。随着老龄化社会的到来，我省城镇对社区服务的需求会不断增加。引导人们转变就业观念，从政策上鼓励无业人员从事社区服务和季节工、临时工、钟点工等弹性灵活的工作，是今后解决就业出路的一个重点。

第三节　增加城乡居民收入

党的十七大报告提出："要逐步提高居民收入在国民收入分配中的比重，提高劳动报酬在初次分配中的比重。"国家"十二五"规划也提出："要努力实现居民收入增长和经济发展同步，劳动报酬增长和劳动生产率提高同步。"近年来，河南省积极贯彻落实中央精神，通过经济快速发展和政策财力倾斜的双轮驱动，努力调整财政支出结构，促使城乡居民收入较大幅度增长，有效地促进了和谐中原建设。

一、城乡居民收入分配调节机制在改革中逐步形成

改革开放以来，我国在将按劳分配和按生产要素分配相结合的收入分配制度的改革过程中，逐渐克服了改革开放前收入分配中的平均主义倾向，逐步建立了与社会主义市场经济体制相适应的收入分配制度，从而调动了人民群众的劳动积极性。此后，在积极应对社会矛盾凸显期诸多挑战的过程中，市场、政府、社会三位一体的居民收入分配调节机制也随着改革的不断深化而逐步形成。

（一）市场机制对收入分配的调节效能不断完善

在市场经济条件下，收入分配首先是受市场机制调节，收入分配作为社会劳动及其成果的交换，必然表现为市场机制调节的经济效益的交换。近年来，河南省通过深化市场经济体制改革，不断完善制度建设，充分发挥了市场机制对收入分配的调节作用，其调节的原则和策略如下：一是健全和发展市场主体，规范市场行为，明确公平竞争规则，保证竞争起点和机会均等合理。二是建立健全统一、开放、竞争、有序的现代市场体系，特别是生产要素市场体系及价格形成机制。三是整顿和规范市场秩序，健全现代市场经济的社会信用体系，为市场经济运行提供所需要的秩序和规则。四是贯彻落实《反不正当竞争法》、《反垄断法》等法律法规，打破区域垄断和行业垄断等。上述得当举措促使"收入按照投入要素的数量、质

量和市场价格进行分配，要素收入与要素投入相对称"的市场公平分配原则得以实施。

（二）政府对收入分配的调节作用不断加强

政府机制对收入分配的调节主要体现在：首先，利用制度建设来规范市场秩序。政府在收入分配领域充当市场"守夜人"角色，其职能包括：清除市场壁垒，创造公平的市场竞争环境，缩小行业间的收入分配差距；加强收入分配基础性制度建设，如收入记录制度、收入申报制度、财产申报制度；依法严厉制裁非法侵害国家和他人利益来牟取暴利行为；转变发展战略，缩小地区差距。其次，借助最低工资保障线、工资指导线和个人所得税起征线对企业分配进行宏观调控。1995 年，河南省第一次建立最低工资标准制度，此后分别于 1997 年、1999 年、2003 年、2005 年、2007 年、2010 年、2011 年多次调整了最低工资标准。为进一步加强对企业工资分配的宏观调控，积极推行工资集体协商制度，促使普通职工工资水平保持合理增长，河南省从 2004 年开始发布工资指导线。这一时期，国家也先后 4 次调整了个人所得税免征起点，通过对高收入者征收高额的个人所得税，来贴补低收入者，以实现收入的再分配，进而缩小高低收入者之间的收入分配差距。国家这种及时出台的政策措施对河南省建立公平合理的收入分配机制产生重要影响。最后，建立和完善覆盖城乡居民的社会保障体系。近年来，河南省政府通过采取完善社会保障体系、均衡各类企业支出等措施，有效调节收入分配差距，从而在促进社会公平的同时，也为经济发展平稳较快发展打下坚实的社会基础。从 2005 年开始，河南省已连续 7 年提高企业退休人员养老金水平。目前，全省企业退休人员月人均养老金已达 1465 元，与 2005 年的 617 元相比，翻了一番多。

（三）社会机制对收入分配的调节作用持续加强

社会对收入分配的调节作用主要是通过慈善公益事业。从经济意义上讲，慈善公益事业被称为社会的"第三次分配"；从社会意义上讲，慈善公益事业又是社会保障的重要补充。慈善公益事业在完善我国再分配制度、缩小收入差距，增强社会凝聚力、促进社会整合、推动"小政府、大社会"管理格局的实现等方面，发挥了十分重要的作用。近年来，河南省大力发展慈善事业，全省性慈善类团体、基金会发展到 70 多家，小额冠

名爱心基金达 3000 多个。[①] 慈善组织的长足发展、扶危济困意识的不断强化和慈善救助活动的蓬勃开展，不仅发挥了巩固和加强社会机制对收入分配的调节作用，而且对社会团结起到了凝心聚力的作用。

二、增加城乡居民收入的各项政策逐步落实

进入 21 世纪以来，河南省坚持以加快发展带动各级财力不断增强，通过不断做大"蛋糕"，为分好蛋糕进而促进城乡居民增收提供有力的经济支撑。2004 年，河南省人均生产总值突破 1000 美元；2005 年，河南省生产总值突破 1 万亿元，成为全国第五个经济总量超万亿元的省份；2011 年，河南省生产总值达到 27232.04 亿元，是 2001 年生产总值的 4.8 倍。

经济发展是实现城乡居民收入增加的根本途径，是构建"和谐中原"的物质基础。只有依靠经济发展实力的支撑，增加城乡居民收入的各项政策才能落到实处。2005 年以来，河南省委、省政府以履行"每年为全省人民群众办实事"的承诺作为切入点和突破口，建立起不断改善民生的长效机制，连续 8 年推进全省"十项重点民生工程"建设，累计筹措资金超过 4000 亿元。大量真金白银的投入，使各项惠民政策真正得到了贯彻落实，从而也直接或间接地促进了全省城乡居民实际收入的增加和生活水平的提高。

扩大就业是促进城乡居民家庭增收的主要途径。自国家颁布《就业促进法》后，河南省于 2009 年在全国首个出台《河南省就业促进条例》，这一地方性法规以立法的方式将促进就业确立为政府的责任，并把就业作为政府政绩考核的重要指标。以法律法规为依据，河南省树立就业优先理念，全面实施就业优先战略，通过实施更加积极的就业政策，千方百计扩大就业规模。为此，河南省采取了一系列有效的政策措施，如加大农民工培训力度、强化农民工就业服务、扶持返乡农民工创业、发挥重点项目建设带动就业作用、帮助就业困难群体实现就业，等等。据河南省人力资源

---

① 刘亚辉：《河南慈善事业获得长足发展》，《河南日报》2012 年 6 月 11 日。

和社会保障厅的统计数据显示，截至 2011 年底，全省城镇新增就业 141.1 万人，失业人员再就业 42 万人，农村劳动力转移就业累计达 2465 万人，全省当年新增发放小额贷款 98.6 亿元，扶持创业 15 万人，带动就业和小企业吸纳就业近 50 万人。[①]

（一）加大支农惠农力度，以促进农民增收

从 2005 年起，河南省响应国家号召，对全省所有县（市）全部免征农业税，让已经延续了几千年的"皇粮国税"成为历史。此后又分别实施了粮食直补、农资综合直补、良种补贴、农机具购置补贴、家电下乡、汽车以旧换新和汽车摩托车下乡等政策，充分调动了农民的生产积极性，促进了农民增收。2011 年，河南省财政惠农补贴力度进一步加大。全省兑现惠农补贴 167.8 亿元，比上年增加 18.6 亿元。扣除物价因素，农民人均纯收入实际增长 11% 左右，高于城镇居民人均可支配收入增幅。筹措家电下乡补贴 30 亿元、摩托车下乡补贴 17.9 亿元，支持农民购买家电 875 万台、摩托车 34 万辆。[②]

（二）实施改善民生政策，以解城乡低收入群体之困

提高社会保障水平。建立了覆盖城乡的居民社会养老保险、农村五保、最低生活保障制度，使人数众多的低收入群体免除了后顾之忧；建立了社会救助和保障标准与物价上涨挂钩联动机制，使低收入群体的基本生活质量得到有效保障。截至 2012 年 7 月 30 日，河南省参与社会养老保险人数和领取养老金待遇人数分别达到 4680 万人和 1060 万人，居全国第一，参保率达到 90%，高出全国平均水平约 10 个百分点，实现了养老保险全覆盖。[③]

提高城乡教育水平。在基础教育上，为保障每个孩子都有学上，河南省出台了一系列惠及广大学子的政策措施。"希望工程"、普及九年义务教育、"两免一补"等一系列惠民教育政策的实施，真正实现了基础教育由

---

① 梁鹏：《2011 年河南城镇新增就业逾 141 万人》，新华网，2012 年 1 月 9 日。

② 河南省财政厅：《2011—2012 年河南省财政形势分析与展望》，河南省统计网，2012 年 3 月 12 日。

③ 曲昌荣：《河南提前实现养老保险全覆盖　参保和领取人数第一》，《人民日报》2012 年 8 月 1 日。

人民办到政府办的跨越。对中职学校家庭经济困难学生和涉农专业学生免收学费、落实高校奖学金、助学金和高中、中职助学金等政策更是为困难家庭分忧解愁，为提高城乡教育水平竭诚服务。

加大医疗卫生投入。2011 年，全省财政医疗卫生支出 358.9 亿元，增长 32.8%。这一年，新型农村合作医疗、城镇居民基本医疗保险参加人数分别达到 7804 万人和 2106 万人，财政补助标准由年人均 120 元提高到 200 元，最高支付限额和报销比例进一步提高；基本公共卫生服务财政补助标准由年人均 15 元提高到 25 元。基本药物制度实现了全覆盖，减轻了患者的药品负担。①

加大保障性住房建设。为加大廉租房、经济适用房、农村危房的建设与改造力度，河南省政府有关部门出台了《河南省公共租赁住房专项资金奖补办法》、《保障性住房建设导则（试行)》等，并且适时制定针对廉租房和经济适用房的分配制度，建立了省级融资平台支持市县保障性住房建设融资的新渠道。2011 年，全省财政住房保障支出 140.7 亿元，增长 82.1%。目前，28 万户家庭享受廉租房租赁补贴，4.5 万户家庭享受廉租房实物配租，新开工保障性住房 45.12 万套，建成 22.63 万套。②

加大对困难群体救助和扶贫开发力度。临时救助制度在平顶山、驻马店、济源等地实行试点之后，河南省有关部门及时面向全省普及和推广了这项制度。在地处豫南革命老区的信阳，正式启动了河南省城乡困难群众大病救助试点。此外，河南省还在全省不断加大扶贫开发力度，通过整村推进、搬迁扶贫、信贷支持、技能培训、转移就业等办法，使全省贫困人口的收入明显增加。

三、城乡居民收入明显提升

近年来，随着经济的快速发展，河南省城乡居民收入逐步得到增加，

---

① 河南省财政厅：《2011—2012 年河南省财政形势分析与展望》，河南省统计网，2012 年 3 月 12 日。

② 河南省财政厅：《2011—2012 年河南省财政形势分析与展望》，河南省统计网，2012 年 3 月 12 日。

人民生活水平日益得到改善。特别是近 10 年来，河南省出台了一系列调整居民收入分配的政策，对进一步提高城乡居民收入水平和消除社会贫困现象起到了积极作用。2001 年以来，河南省城乡居民收入基本一直保持较高的增速，是河南省城乡居民收入增长最快，群众得到实惠最多的时期。到 2011 年，全省城镇居民人均可支配收入和农村居民人均纯收入分别达到 18195 元和 6604 元，年均分别增长 8.4% 和 12.7%。农村居民收入增长明显高于城镇居民，但二者的绝对值差距却越来越大。由此可见，进一步缩短城乡居民之间收入差距势在必行。

当然，与全国平均水平相比，河南省城乡居民收入水平依然处于较低位置。据国家统计局公布的数据显示，2011 年全国城镇居民人均可支配收入为 21810 元，河南省城镇居民人均可支配收入低于全国平均水平 3615 元，低于全国最高的上海市 36230 元约一倍，位居全国第 20 位即中等偏下位置。[1]2011 年全国农民人均纯收入 6977 元，河南省农村居民人均纯收入低于全国平均水平 373 元，低于全国最高的上海市 9450 元，位居全国第 16 位即中等位置。

第四节　建立健全覆盖河南省城乡居民的社会保障体系

社会保障是国家或社会依法建立的、具有经济福利性的、社会化的国民生活保障系统。[2] 通过社会保障对社会财富进行再分配，能避免贫富悬殊，并且使社会成员的基本生活得到保障。改革开放以来尤其是进入 21 世纪以来，河南省通过建立健全养老保险、医疗保险、失业保险、住房保障、最低生活保障等制度体系，为中原经济区建设打下了坚实的社会基础。

---

① 《2011 年城镇居民人均可支配收入榜单出炉，河南排第 20 名》，《大河报》2012 年 7 月 13 日。

② 郑功成：《社会保障学》，中国劳动社会保障出版社 2005 年版，第 68 页。

一、从单位保障全面走向社会保障

改革开放以前，与全国其他地区一样，河南省在社会保障方面是一种典型的国家—单位保障制。在此种制度安排下，国家直接承担着统一制定社会保障政策、直接供款和组织实施有关社会保障事务的责任，城镇企业单位负责缴纳职工的劳动保险费用，农村集体单位则承担着救济"五保户"和优待烈军属等责任。1951—1958 年，政府相继颁布《国家劳动保险条例》、《国家工作人员公费医疗预防实施办法》、《国家机关工作人员退休和退职处理暂行办法》、《关于工人、职员退休处理和退职处理的暂行规定》；1956—1962 年，面向农村孤老残幼的"五保"制度、合作医疗制度在广大农村得到确立。至此，以劳动保险为核心，以公费医疗、退休退职、农村"五保"和合作医疗等为内容的国家—单位保障制度体系初步形成。这一保障体系，虽在一定时期内对于解决河南省城乡居民基本生活问题发挥了重要作用，但在计划经济条件下，它也存在着城乡分割、包办代替、封闭运行、缺乏效率等缺陷，并且呈现自我封闭的单位化倾向。改革开放以后，河南省社会保障进入国家与社会各方共担责任的全面提高时期。这一时期，也是河南省社会保障制度在改革中不断发展的时期，它大致可以被划分为以下四个发展阶段：

恢复和重建阶段（1978—1985 年）。1978 年，河南省重设民政厅，负责社会救济、社会福利等项工作。同年，伴随国务院颁布《关于工人退休、退职的暂行办法》，河南省劳动部门的工作亦开始恢复正常。在这一阶段，河南省委、省政府就全省农村"五保"户供养工作、扶贫工作及提高城乡贫困户救济费标准、完善劳动保险制度等问题分别作出规定，使全省社会保障事业在经济发展基础上得以恢复和重建。

初步改革的探索阶段（1986—1992 年）。1986—1992 年，国务院及其职能部门相继颁布《国营企业实行劳动合同制暂行规定》、《关于企业职工养老保险制度改革的决定》等政策法规。1986 年，河南省农村"五保"供给开始推行乡筹乡管；1992 年，全国《县级农村社会养老保险基本方案（试行）》公布实施。这一阶段，依据相关政策法规，河南省社会保障建设的重点在城镇主要是为国有企业改革配套，在农村则是把扶贫、救灾、开发三者结合起来，帮助农民脱贫致富。

深化改革的攻坚阶段（1993—1997 年）。1993 年，中共十四届三中全会作出《关于建立社会主义市场经济体制若干问题的决议》，明确了建立多层次社会保障体系的目标及原则，这就预示着以社会保障社会化替代社会保障单位化已成为改革追求的重要目标。这一时期，《关于职工医疗制度改革的试点意见》、《关于深化企业职工养老保险制度改革的通知》、《关于在全国建立城市居民最低生活保障制度的通知》等政策法规纷纷出台。在贯彻落实这些政策法规的过程中，河南省新型社会保障体制机制得以形成，并且成为维系市场经济体系正常运行的重要支柱。

确立和完善阶段（1998 年以来）。1998 年以来，国务院先后颁布《关于建立城镇职工基本医疗保险制度的决定》、《失业保险条例》、《城市居民最低生活保障条例》、《工伤保险条例》等法规，为使社会保障逐步成为一项社会制度打下坚实基础。2004 年 3 月，建设与经济发展水平相适应的社会保障制度被写进了《宪法》。在贯彻落实国家确立和完善社会保障制度各种法规的进程中，河南省社会保障全面走向社会化和去单位化，全省城乡居民的社会保障观念发生巨大变化，他们的受保障程度得到全面提升。

二、覆盖城乡居民的社会保障体系基本形成

进入 21 世纪以来，河南省政府相继下发《关于实行企业职工基本养老保险市级统筹的通知》、《河南省工伤保险条例》、《关于全面建立农村医疗救助制度的通知》、《关于全面建立城市医疗救助制度的通知》、《关于建立健全全省城乡社会救助体系的意见》、《关于全面建立和实施农村居民最低生活保障制度的通知》等政策法规，为促使覆盖河南省城乡居民的社会保障体系框架的基本形成，提供了合理的制度安排。尤其是近年来，河南省社会保障进展迅速，在制度建设上始终坚持"广覆盖、保基本、多层次、可持续"的方针，[1] 一个以养老、医疗、失业、工伤、"低保"等制度保险

---

[1]　全国人大常委会办公厅：《社会保险法（草案）》，《人民日报》2008 年 12 月 28 日。

为核心的覆盖全省城乡居民的社会保障体系框架已基本形成。

2002 年，河南省街区劳动保障平台建设取得积极进展，社会保障的具体业务延伸到社区，使离退休人员及下岗失业人员真正实现了社会化管理。这就使符合条件的下岗职工得以及时享受失业保险待遇，使符合"低保"条件的失业人员得以及时与城市"低保"制度衔接。2004 年，河南省多层次医疗保障政策体系进一步完善，医疗保障服务管理进一步加强，失业保险基金管理更加规范，失业调控和失业保险保障能力监测预警制度初步建立。2006 年，河南省被列为全国城镇职工养老保险个人账户八个试点地区之一；同年，全省城乡居民最低生活保障制度开始全面实施。2007 年，河南省成立社会养老保险事业管理局，负责全省基本养老保险事业发展规划、规章、制度的组织实施；这一年，新型农村合作医疗制度在全省基本建立，农村"五保"对象基本实现应保尽保、按标施保。2009 年，河南省城乡"低保"标准和农村"五保"集中供养标准得到大幅度提高，城市"低保"对象实现应保尽保，农村"低保"基本实现应保尽保，农村"五保"集中供养条件得到大幅度改善，城乡居民医疗救助范围不断扩大。2010 年，河南省新型农村社会保险工作进展顺利，全省参保人数、领取保金人数、信息化管理水平等在全国名列前茅。同年，河南省全民"医保"体系初步形成，城镇职工基本医疗保险、城镇居民医疗保险、农村新型合作医疗这三条保障线，从制度上实现了对全省城乡居民的全覆盖。2011 年，河南省城乡"低保"人均补差水平和农村"五保"供养标准进一步得到提高，新型农村合作医疗的报销比例再次提高且报销门槛有所降低，城镇无职业老人的养老保障开始实施。2012 年，河南省"十项民生工程"已进入第八个年头，八年累计投入资金 4045 亿元。在历年的全省"十项民生工程"中，提高城乡居民社会保障水平年年成为其中的重要内容。

纵观覆盖全省城乡居民的社会保障体系框架基本形成的历程，可以深切感受到党和政府在加快建立覆盖城乡的社会保障体系和完善社会保障制度方面的倾心投入。河南省城乡居民社会保障体系框架的基本形成，对经济发展能起到"减震器"和社会"稳定器"的作用，对于推动中原经济区建设的顺利进展，意义甚大。

三、城镇居民社会保障水平持续提高

改革开放进入深化发展阶段以来，河南省城镇居民社会保障水平持续提高，成为维护中原社会和谐发展的重要因素。

城镇居民养老保险取得长足进展。早在 20 世纪 90 年代，河南省按照国务院《关于深化企业职工养老保险制度改革的通知》的要求，在全省养老保险制度改革上实现由企业保险到社会保险再到社会统筹与个人账户相结合的三步跨越，基本形成广覆盖、多层次的养老保险体系。2005 年以来，河南省企业退休人员养老金按时足额发放率一直保持在 100%；2010年，调整后的全省企业退休人员平均养老金升至 1277.91 元。2011 年，全省集体企业 65.5 万应保未保人员实现老有所养，并且全省城镇无职业老人的养老保障开始实施，在年底其覆盖范围达到 60%。2012 年 7 月 31 日，随着河南省 159 个县（市、区）全部被纳入国家社会养老保险试点范围，全省城镇居民社会养老保险制度实现全覆盖。[①]据统计，2005—2011 年河南省城镇职工参加养老保险人数逐年增加，在解除他们后顾之忧的同时，也增强了他们抵御现代社会风险的能力。

城镇居民医疗保险成绩斐然。自 1992 年开始，河南省各地陆续对公费医疗进行改革，积极探索并实施新的医疗保障模式——基本医疗保险制度。1994 年，全省开始进行企业职工大病统筹费用和离退休人员费用社会统筹试点工作。1997 年，全省医疗保险社会统筹与个人账户相结合的新机制正式启动。1999 年，河南省就建立城镇职工医疗保险制度进行尝试。2003 年，河南省城镇灵活就业人员开始参加基本医疗保险。2004 年，河南省公费医疗开始向社会统筹过渡。2006 年，河南省启动全民"医保"试点，使"医保"对象从城镇职工扩大到城镇居民。2008 年，河南省成为全国 15 个全省被纳入城镇居民"医保"试点范围的省份之一。2009 年，河南省有 600 万城镇居民已能享受到全民"医保"待遇。2005—2011 年，

---

① 杨欣欣：《河南省实现城乡居民社会养老保险制度全覆盖》，《河南日报》2012 年 8 月
29 日。

随着河南省城镇职工参加医疗保险人数逐年较大幅度的增加，医疗保险基本覆盖全省城镇所有人员，多层次、全方位的城镇居民医疗保障体系总体框架初步形成。纵观河南省在提高城镇居民医疗保险水平方面的不懈努力，它对于保障城镇居民身心健康、减轻其经济负担且提高其劳动效能，具有重要意义。

城镇居民"低保"标准和住房保障程度不断提高。1997年，河南省政府在《关于在全省建立城镇居民最低生活保障制度的通知》中要求：1998年6月底以前，全省所有地级市要建立起这项制度；1998年年底以前，全省所有县级市要建立起这项制度；1999年年底以前，全省所有县政府所在地的镇要建立起这项制度。近些年来，全省各级政府大力加强城镇低保规范化管理工作，确保实现动态管理下的应保尽保和城镇低保金社会化发放，并且逐步提高了城镇居民"低保"标准。2012年，全省城镇居民"低保"标准又被提高到人均每月260元，[1]受惠城镇居民约149万人。2011年，全省强力推进保障房项目建设，完成投资260多亿元，新开工45.12万套，建成22.63万套。[2]"十二五"期间，河南省将基本实现全省城镇居民"居有所居"。

城镇居民社会保障水平的持续提高，是河南省改革开放事业兴旺发达的重要标志。现阶段，河南省在提升全省城镇居民社会保障水平方面的不懈努力和持续求进，不仅集中体现公平正义和文明进步的时代价值，而且充分发挥了凝心聚力的社会效应。随着河南省新型城镇化进程步伐的加快，全省城镇居民社会保障水平必将被提升至新的层次，成为中原经济区建设成效的显著体现。

四、农村居民社会保障水平明显提升

改革开放以来，农村经济社会发展势头迅猛，"三农"问题逐步得到解决，农民普遍受益，其重要标志之一就是农民社会保障程度的明显提升。

---

① 芦瑞：《河南再提城乡低保水平》，《河南日报》2012年4月10日。
② 郭庚茂：《2012年河南省人民政府工作报告》，《河南日报》2012年1月9日。

新型农村社会养老保险生机勃勃。长期以来，河南省农村养老以家庭养老为主，但是，随着农村老龄化态势的加重及未富先老特征的凸显，社会化养老被提到议事日程。2006 年，河南省委、省政府提出在全省"逐步建立适合农民特点和需求的农村社会养老保险制度（简称"新农保"）"。2009 年，河南省在信阳市平桥区率先进行"新农保"试点，稍后又在全省 10% 的地区进行这一试点。2011 年，河南省政府在《关于开展城乡居民社会养老保险试点工作的实施意见》中提出："将新型农村社会养老保险和城镇居民社会养老保险制度合并实施，开展城乡居民社会养老保险试点工作。"自开展"新农保"试点以来，河南省已有 101 个县（市、区）被纳入国家试点，覆盖人口 6100 万。2012 年，河南省在全省已实现城乡居民社会养老保险制度全覆盖，比国务院确定的时间表提前了 2 个月。在"社保"制度设计上，打破城乡二元分割体制且率先实现城乡统筹，这是轰动全国的创新之举，它必将为河南省走好以新型城镇化为引领的三化协调科学发展之路打下坚实基础。

新型农村合作医疗遍地开花。早在 1956 年，河南省农村合作医疗就初露端倪，以后一直到 1978 年，这一由农民自创的医疗制度对于解决全省广大农村缺医少药问题发挥了重要作用。1978—1982 年，农村合作医疗遭遇大面积解体，其覆盖面一度萎缩至 5% 左右。2003 年，河南省政府提出用 3 至 5 年时间建立起基本覆盖全省农村居民的新型农村合作医疗制度（简称"新农合"）。2003 年，全省 25 个试点县首批推行该制度，次年，该制度的试点县增至 64 个。2008 年，全省 157 个有农业人口的县（市、区）全部建立"新农合"，参合农民达 7249 万人，占全省农民的九成以上。2011 年，河南省在全国率先实现"新农合"跨区域即时结报。2012 年，河南省"新农合"住院费用补偿封顶线达 15 万元，居全国第一；乡、县、市、省级医院报销比例分别提高到 90%、80%、70%、65%；全省参合农民达 7965 万人，参合率 97.65%，在全国名列榜首。至此，在河南省遍地开花的"新农合"对确保农民基本生活、实现农民基本权利、推动农民脱贫致富、缩小城乡差距、维护农村社会稳定等发挥了重要作用。

农村"低保"制度与扶贫开发政策有效衔接。2005 年，河南省首次在 62 个县（市、区）开展农村"低保"试点工作。2006 年，河南省在全

省普遍建立并实施农村居民"低保"制度，将全省150万农村特困人口转入农村"低保"，并且完成对新增50万农村"低保"对象的调查、认定、发证工作。2009年，河南省对农村"低保"提标扩面，开始提高其标准、补助水平及扩大其覆盖面。2006—2011年，河南省6年累计发放农村"低保"金117.4亿元。2005—2011年，河南省享受农村"低保"的居民人数逐年增加且年"低保"标准及年人均补助逐步提高。1978—1995年，河南省农村贫困人口减少近2000万人，贫困人口比重下降到10%以下；2001—2011年，河南省贫困村农民人均纯收入占全省农民人均纯收入比重由2000年的8.8%提高到2010年的56.9%；全省农村贫困人口从830万人减少到224万人。① 从2006年起，河南省开始在全省农村以实现农村"低保"制度与扶贫开发政策有效衔接为基础，以实施"雨露计划"为载体，② 积极探索瞄准贫困对象的新机制。

目前，河南省在建立健全覆盖河南省城乡居民的社会保障体系方面虽然已经获得突破性进展和标志性成就，但是，社会保障的目标总是发展变化的，人民群众对于社会保障的需求也是不断提高的。这就要求全省社会各界要同心协力，在提高社会保障制度建设能力、提高城乡居民社会保障一体化程度、提高以社会保障促进经济发展的功能等方面，付诸进一步的努力。

第五节　建立基本医疗卫生制度

多年来，河南省努力维护和增进城乡居民健康，积极推进医药卫生体制改革，医药卫生事业得到了快速发展，城乡居民健康水平进一步提高，在建立健全基本医疗卫生制度工作方面成效显著，为保障人民健康、服务社会经济建设作出了积极贡献。

---

① 王思俊：《新世纪河南扶贫开发，10年827万人脱贫》，《郑州日报》2011年6月24日。
② "雨露计划"是由政府主导实施的一项扶贫开发措施，目的是扶助农村贫困人口提高整体素质和发展能力。

一、公共卫生服务体系不断健全

近年来，特别是深化医药卫生体制改革以来，河南省按照"保基本、强基层、建机制"的原则，大力推进公共卫生服务体系建设，全面实施基本公共卫生服务项目和重大公共卫生服务项目，公共卫生服务水平不断提高，基本公共卫生服务均等化水平持续提升，公共卫生服务体系不断健全，建设成效显著。

（一）疾病预防控制体系建设进一步加强，能力显著提高

疾控体系逐步健全，基础设施建设不断完善。河南省按照国家公共卫生服务体系建设规划的要求，相继投入近 17 亿元建设了省、市、县 130 个疾病预防控制机构，134 个传染病医院或传染病区，18 个采供血服务机构，装备疾控中心实验室，完成了市、县两级儿科重症监护病房建设；并从 2011 年起投入 4 亿元，拟用 3 年时间改善 18 个省辖市疾控中心和 108 个县（市）疾控中心实验室条件。疾控机构服务能力不断提升，疫情信息网络不断完善。河南省县级以上医疗机构（含县）疫情网络直报覆盖率达到 100%，乡镇卫生院疫情网络直报覆盖率达 95% 以上，均高于全国平均水平。①

河南省对重大疾病的预防控制能力不断提升，成效显著。河南省传染病的总体发病率和死亡率都呈逐年递减的趋势。河南省积极实施国家扩大免疫规划，免费接种 12 类疫苗，可以预防 15 种疾病。儿童免疫规划疫苗接种率达到了 98.09%，全省保持了无脊髓灰质炎和白喉病例报告，形成了以"一个机制、三大体系"（艾滋病防治工作领导机制、预防控制体系、医疗救治体系、帮扶救助体系）为主要内容的河南省艾滋病防治模式，赢得国际社会普遍好评。实施现代结核病控制策略，覆盖率达到 100%，新涂阳病人发现率达到 70%，治愈率达 85% 以上。地方病防治力度也不断加大，成功实现了消除碘缺乏病的目标。

---

① 李旭兵、杨力勇、赵炜:《让公共卫生的阳光洒遍中原大地——我省公共卫生惠及城乡居民》,《河南日报》2011 年 10 月 26 日。

（二）建立了具有河南特色的基本公共卫生服务提供模式

2009 年，河南省结合实际，借鉴国内外经验，组织和指导武陟、宜阳、息县、清丰、汝州 5 个县（市）开展了政府购买基本公共卫生服务研究和试点工作。把购买服务作为建立基本公共卫生服务有效运行机制、实现均等化的突破口，通过制定基本公共卫生服务包，建立服务准入、绩效考核、服务监管、绩效支付等运行机制，为均等化改革探路。在不到 2 年的时间内，5 个项目县（市）在全省率先实现了基本公共卫生服务全覆盖的试点目标，探索形成了"政府购买、服务同质、合同管理、乡村一体、绩效支付"的基本公共卫生服务提供新模式，被世界卫生组织官员誉为基本公共卫生服务均等化的"河南省模式"，卫生部副部长陈啸宏要求全国学习借鉴我省经验。[①]2011 年，基本公共卫生服务河南省模式正式在全省推广。

（三）城乡居民健康水平显著提高

截至 2010 年年底，全省居民人均预期寿命达到 73 岁。我省孕产妇死亡率、5 岁以下儿童死亡率和婴儿死亡率分别降至 15.2/10 万人、8.69‰和 7.12‰，比 1999 年分别下降了 76%、69% 和 73%。[②]河南省居民健康水平的主要指标已居全国中等以上水平。

二、医疗服务体系进一步完善

多年来，河南省十分重视医疗服务体系的建设，特别是基层医疗卫生服务体系的建设，坚持优先发展县级医院，将全省约四分之一的县医院改造成了达到三级医院标准的医院，极大促进了优质卫生资源向农村的转移，缩小了城乡医院的差距，推进了卫生资源的均等化。

（一）医疗卫生资源总量显著增加

截至 2011 年年底，全省共有医疗卫生机构（含行政村卫生室）76201

① 苑海震、申婧：《公共卫生服务均等化"河南模式"受关注》，《河南日报》2010 年 12 月 9 日。

② 根据《河南年鉴 2000》第 401 页，和河南省人民政府《河南省"十二五"卫生事业发展规划》相关数据整理得出。

个，卫生机构床位数 34.9 万张，比 1992 年增长 84.56%；每千人口医院和卫生院床位数 3.1 张，比 1992 年增加 1.17 张；卫生技术人员（含行政村卫生室）39.5 万人，比 1992 年增长 65.2%；执业（助理）医师 15.6 万人、注册护士 13.7 万人；每千人口拥有医生数达到 1.66 人。截至 2010 年，全省医疗卫生经费财政投入累计达 281 亿元，是 2005 年的 3.6 倍，年均增长 29.2%；全省卫生部门资产总量达 668 亿元，是 2005 年的 2.3 倍，年均增长 18%。

（二）城市医疗服务体系进一步完善

河南省全省 500 张床位以上城市综合医院新建或改扩建总建筑面积超过 150 万平方米，新增床位近 2 万张，总投资超过 60 亿元，城市医疗机构的综合实力、服务能力和科研水平大幅度提高。为了配合郑汴新区等城市新区规划实施，河南省启动建设了河南省人民医院心血管疾病诊疗中心、郑州大学第一附属医院郑东新区医院、河南省洛阳正骨医院郑州医院、河南省职工医学院附属医院、河南省科技大学第一附属医院新区医院、河南省公共卫生医疗中心等一批重点项目建设，极大促进了优质医疗资源的均衡配置。城市社区卫生服务机构标准化建设成效显著。据有关资料显示：截至 2010 年，同步推进转型、改造和新建社区卫生服务机构 1314 个，重点建设改造社区卫生服务中心 212 个、装备 305 个，城市社区卫生服务网络进一步完善。

（三）农村医疗服务体系不断健全

河南省从 2008 年起开始实施"五大工程"建设，拟用 5 年时间完成。一是农村卫生体系建设"五年百亿"工程。筹集近百亿元，重点支持建好县级"三院一所两中心"（县医院、县中医院、县妇幼保健院和县卫生监督所以及县疾控中心、县"120"指挥中心），建设和改造了 109 个县级医院、734 所乡镇卫生院、3.1 万个行政村卫生室，装备了 26 个县级中医院、1823 个乡镇卫生院（含 600 所乡镇中心卫生院）和 24181 个行政村卫生室。二是农村卫生人才队伍建设"51111"工程。计划用 5 年时间，投资 4 亿多元免费为县级医疗卫生机构培养 1000 名研究生，为县级医疗卫生机构和中心乡镇卫生院培养 1 万名本科生，为乡镇卫生院培养 1 万名专科生，同时，将全省 10 万名注册乡村医生全部免费轮训一遍。三是城市医师支

农工程。城市二级以上医院医师在晋升中级或副高职称前，必须到农村连续服务 1 年；另外，还有卫生科技创新型人才培养工程和医药卫生体制改革试点工程等。河南省以"五大工程"建设为抓手，以县医院建设为"龙头"，带动了农村医疗服务能力的全面提升，基本实现了"小伤小病不出村、一般疾病不出乡、大病基本不出县"的目标。

（四）医药卫生体制改革稳步推进

河南省积极推进公立医院改革试点。一是加快推进了县级公立医院改革试点。在郑州、洛阳、平顶山、焦作、漯河、鹤壁、三门峡、驻马店、济源 9 个省辖市所属 30 个县（市）及巩义等 10 个省直管试点县（市）开展县级公立医院综合改革试点。二是拓展深化了城市公立医院改革试点。在洛阳、漯河、濮阳等公立医院改革试点城市，围绕政事分开、管办分开、医药分开、营利性和公益性分开的原则，破除"以药养医"的机制，改革补偿机制，建立现代医院管理制度，深化体制机制创新，提高效率和服务质量，逐步形成了改革的基本模式。三是积极鼓励和引导社会资本举办各类医疗机构。全省民办医疗机构达到了 345 所，一批实力雄厚、特色鲜明的民办医院逐步发展壮大起来。

三、覆盖城乡的医疗保障体系初步建成

多年来，河南省积极稳妥地推行基本医疗保障制度改革，按照"广覆盖、保基本、多层次、可持续"的原则，逐步建立起了由城镇职工基本医疗保险、城镇居民基本医疗保险、新型农村合作医疗和城乡医疗救助共同组成的基本医疗保障体系，为满足人民群众的基本医疗需求发挥了积极作用。

（一）覆盖全省的新农合制度基本建立

河南省从 2003 年起开展新农合试点，随后进入了由点到面、迅速铺开、稳定发展的时期。目前，全省 157 个有农业人口的县（市、区）都已建立起新农合制度。[1] 截至 2010 年，河南省新型农村合作医疗（以下简

---

① 代志明：《河南省新农合制度存在的问题与对策研究》，《卫生经济研究》2010 年 5 月。

称新农合）参合农民达到 7651.48 万人，参合率 96.51%。新农合筹资水平从 2005 年的人均 30 元提高到 150 元，政策范围内住院补偿比例达到 58.96%，最高补偿额度达到 6 万元以上，累计补偿参合农民达到 2.22 亿人次，补偿医疗费用突破 228 亿元。[①]

河南省的新农合制度推进实施 10 年来，创造了诸多"全国第一"：覆盖面全国第一。2012 年，参合农民 7965.11 万人，参合率 97.65%，在全国率先实现跨区域即时结报，参合农民在省、市、县、乡所有定点医院住院费用实现即时报销；住院费用补偿封顶线全国第一。2011 年达到 10 万元，2012 年提高到 15 万元；报销比例全国第一。2012 年，在乡、县、市和省级医院住院报销比例分别提高到 90%、80%、70%、65%。[②]

（二）城镇基本医疗保险覆盖面扩展迅速

1999 年，河南省颁布了《河南省建立城镇职工基本医疗保险制度实施意见》。2007 年，河南省颁布了《河南省人民政府关于建立城镇居民基本医疗保险制度的实施意见》。这对于指导全省城镇职工、居民医疗保险制度的实施，提供了法律依据。2007 年，郑州、洛阳、南阳、济源 4 个城市被确定为全国城镇居民医保试点城市。2008 年，又有 14 个城市被确定为试点城市。河南省已成为全国 15 个全省纳入试点范围的省份之一，城镇基本医疗保险在河南省实现了全覆盖。[③]我省城镇基本医疗保险覆盖面扩展迅速，2011 年参保人数达 2122.26 万人，比 2005 年增长 231%。2010 年，全省城镇职工和城镇居民医保参保人数达到 2064.83 万人，参保率 92.3%。

（三）城乡医疗救助制度逐步完善

2005 年，河南省民政厅、卫生厅、财政厅联合颁布了《关于全面建立农村医疗救助制度的通知》，农村医疗救助制度逐步建立起来。2006 年，河南省城市医疗救助制度在全省 158 个市(县、区) 全面建立起来。[④]

① 河南省人民政府：《河南省"十二五"卫生事业发展规划》，河南省政府官方网站。

② 王天定：《新农合：让农民看病更省钱》，《河南日报》2012 年 9 月 21 日。

③ 河南省社会科学院：《河南改革开放 30 年》，河南人民出版社 2008 年版，第 282—286 页。

④ 陈永君：《河南全面建立城市贫困居民医疗救助制度》，《河南商报》2006 年 6 月 6 日。

截至 2010 年 10 月，河南省已发放医疗救助资金达 3.78 亿元，惠及城乡困难群众 323 万多人，有效缓解了城乡困难群众就医难问题。同时，还对 34.1 万人次城乡困难群众实施了住院和门诊医疗救助，发放救助资金 29617.9 万元。①2011 年，河南省划拨城乡医疗救助资金 5.22 亿元，加上提前预拨 2.96 亿元，河南省全年共下拨 8.18 亿元用于城乡医疗救助。其中，农村医疗救助资金 6.09 亿元，城市医疗救助资金 2.09 亿元。切实缓解了全省 149.7 万城市低保对象、370.9 万农村低保对象和 47.7 万五保户因病致贫、因病返贫问题。②

四、药品供应保障体系逐步建立

河南省高度重视药品供应保障体系的建设，稳步推行和建立国家基本药物制度，规范药品生产流通，建立基本药物目录，完善价格形成机制和动态调整机制，加强药品生产管理，整顿药品流通秩序，规范药品集中采购和医疗机构合理用药。河南省的药品供应保障体系已初步建立，为人民群众的安全用药、实惠用药提供了保障。

（一）国家基本药物制度逐步建立

2010 年 3 月 1 日、2011 年 1 月 1 日和 6 月 30 日，河南省分 3 批在 18 个省辖市 159 个县（市、区）2243 所政府办基层医疗卫生机构全面实施国家基本药物制度，全部配备和使用国家基本药物和省增补药物。③ 目前，河南省实施国家基本药物制度县（市、区）的比例已达到 61%。507 种国家基本药物和省定基本药物全部纳入基本医疗保障药物报销目录，实行以省为单位药品网上集中招标采购、统一配送、零差率销售。④2010

---

① 裴蕾：《河南省医疗救助覆盖城乡逾 323 万居民》，《郑州晚报》2010 年 12 月 6 日。
② 芦瑞、马剑平、李文煜：《河南省：2011 年下拨 8.18 亿元用于城乡医疗救助》，《河南日报》2012 年 8 月 31 日。
③ 梅遂章等：《河南省基层医疗卫生机构实施国家基本药物制度前后 1 年的调查分析》，《中国药房》2011 年第 48 期。
④ 代志明：《河南省国家基本药物制度实施的现状与问题分析》，《卫生经济研究》2011 年 6 月。

年均次门诊费用和均次住院费用、日均住院费用较 2009 年分别下降 11.24%、7.19% 和 6.09%；均次门诊药品费用和均次住院药品费用降幅更为明显，分别下降 17.55% 和 11.01%。2010 年，试点地区群众受益超过 6 亿元。

（二）基本药物目录优化完善

河南省基本药物工作委员会办公室增补了省级补充药物 200 种，其中化学药品和生物制品 134 种、中成药 66 种，另外增补国家基本药物剂型 38 种。[①] 同时，遴选确定了河南省二级以上医疗机构基本药物目录，包括化学药品和生物制品（551 种）、中成药（256 种）及中药饮片三部分，全部纳入省、市、县三级新农合定点医疗机构报销范围。确定了二级医院基本药物使用比例（以销售额计）：综合医疗机构不低于 65%，传染病、肿瘤专科医疗机构不低于 65%，妇幼保健专科医疗机构不低于 40%；三级医疗机构使用比例：综合医疗机构不低于 50%，儿童专科医疗机构不低于 50%，传染病专科医疗机构不低于 53%，胸科医疗机构不低于 45%，肿瘤专科医疗机构不低于 40%，妇幼保健专科医疗机构不低于 30%。[②]

（三）基本药物集中招标采购制度不断完善

河南省建立了省级基本药物网上集中采购平台，实现了基本药物统一采购、统一配送、统一价格，使基本药物价格明显下降，药品采购配送更加规范，药品质量更有保障。一是建立了省级统一招标选择配送企业制度。采取客观评价与专家评审相结合的招标方式，根据综合评审结果选择配送企业，招标一年一次。同时，鼓励其他医疗机构和零售药店参加基本药物统一配送。[③] 二是建立采购资金专户管理制度。县级财政部门设立"基本药物采购资金专户"，对采购资金进行统一归集和支付，并实行专账分

---

① 河南省卫生厅：《国家基本药物河南省增补非目录药品管理办法（暂行）》，2010 年 1 月 19 日。

② 武宁、杨洪伟、应亚珍、许东霞、傅鸿鹏：《河南省实施基本药物制度的进展、问题及建议》，《卫生经济研究》2012 年 1 月。

③ 河南省卫生厅：《河南省基本药物统一配送实施办法（试行）》，2010 年 1 月 20 日。

户核算，确保从交货验收到付款时间不超过 30 天。①

五、努力提高城乡居民的健康水平

河南省始终坚持"预防为主"、"制度先行"的卫生工作方针，全面加强公共卫生服务体系建设，建立健全疾病预防控制、健康教育等专业公共卫生服务网络；进一步完善医疗服务体系，大力发展农村医疗卫生服务体系，完善以社区卫生服务为基础的新型城市医疗卫生服务体系，积极稳妥地推进公立医院改革；加快建设医疗保障体系，坚持广覆盖、保基本、可持续原则，加快建立和完善覆盖城乡居民的多层次医疗保障体系；加快建立健全药品供应保障体系，保障群众安全用药，确保城乡居民逐步享有均等化基本公共卫生服务，努力保障人民群众身体健康，提高身体素质水平。

在河南省委、省政府的高度重视、正确领导下，河南省基本医疗卫生制度建设取得了可喜的成就，在许多方面都走在了全国前列，河南省的公共卫生服务体系不断健全，医疗服务体系进一步完善，覆盖城乡的医疗保障体系初步建成，药品供应保障体系逐步建立。随着新医改的逐步实施，医药卫生体制改革的不断深入，广大群众"看病难"、"看病贵"的问题也正在逐步得到解决，人人病有所医，全面提升河南省城乡居民健康水平的愿望也逐步得到实现。

河南省将始终立足实际，以建设符合我省省情的基本医疗卫生制度为核心，坚持把基本医疗卫生制度作为公共产品向人民群众提供的核心理念，围绕"保基本、强基层、建机制"的基本原则，继续深化医药卫生体制改革，着力在加快健全全民医保体系、巩固完善基本药物制度和基层医疗卫生机构运行新机制、积极推进公立医院改革等方面进行重点突破，统筹推进相关领域改革，保持医改良好势头，为提高河南省城乡居民的健康水平而继续努力。

---

① 武宁、杨洪伟、应亚珍、许东霞、傅鸿鹏：《河南省实施基本药物制度的进展、问题及建议》，《卫生经济研究》2012 年 1 月。

第六节　完善和创新河南省社会管理体系

河南省委、省政府高度重视社会管理，紧抓良机，将加强和创新社会管理纳入全省经济社会发展总体规划，大力推进城乡社区社会管理创新实践，取得了显著成效，全省城乡社会管理面貌焕然一新，有力助推了中原经济区建设，中原崛起稳步前行。

一、社会管理服务体制日益完善

坚持党建统领社会管理。一是秉持党建统领社会建设原则，不断提升基层组织建设水平。在各地市建立社区党建工作指导委员会，加强非公有制党建工作，强化社区党组织建设和机制建设，建构了"纵向到底、横向到边、上下贯通、条块结合"的组织运行机制，初步形成了以党组织为核心、以群众自治组织为主体、社会各方广泛参与的社会管理新格局。目前，全省"一社区一支部（总支、党委）率"达100%，[1] 实现了社区党建全覆盖。二是不断创新群众组织形式，变革管理模式。如，安阳市殷都区"开门搞党建"，实施"四个60%"工作法，大力依靠群众参与，在基层党组织发展党员，评议村组干部，真正放权于民，让群众自我管理；数万名"十大员"[2] 积极参与社会管理，以《每日民情》形式将需要解决的问题呈报于主要领导，之后，殷都区在成熟的"十大员"组织中建立300余个工会，[3] 充分发挥群众组织的监管作用，实现政府"问政于民、问计于民"。"殷都实验"创新了群众组织形式，推进了社会管理创新进程，为中原经济区建设营造了良好发展环境。

---

① 本文中的实证资料和数据，除特殊说明外，均来源于调研报告《加强城乡社区建设　构建平安和谐社区——河南省加强城乡社区社会管理创新机制研究》，2012年8月。

② "十大员"，即社会问题调研员、党政工作监督员、卫生秩序协管员等，拥有知情权、参与权、管理权、监督权、建议权等权利。

③ 殷晓章等：《社会管理创新开河南先河》，《东方今报》2012年9月28日。

强化政府对社区自治的规划引领和制度保障。一是制定实施《关于加强和创新社会管理的意见》、《河南省社区服务体系建设规划（2011—2015)》，提出具体目标要求，各地市结合实际制定专项规划，形成了较为完备的规划体系，为社会管理服务创新指明了方向。二是强化制度建设和监督检查职能。完善选举决策制度和监督考核制度，建立社情民意登记制度，落实居务公开制度；稳妥推进区街管理体制改革，积极探索社会自(善)治管理模式，引导居民实现自我管理、自我教育和自我服务。三是着力实践创新，建构富有河南省特色的社会管理模式。南阳的"四议两公开"工作法、三门峡的"群众工作法"等已彰显出独特优势。

实行网格化管理模式。各地市以城市社区、行政村为单元科学划分网格，一个网格配备一名专职人员，一员多能，一岗多责，及时排查、梳理和上报网格内的困难、问题，做好跟踪、反馈工作，实现"服务管理无死角、矛盾就地解决不上交"，初步形成了社区管理、服务与自治有效衔接、互为支撑的治理结构，有效落实了政府在基层的社会管理、公共服务和市场监管等职责。不断健全社会管理综合治理工作机制，强化组织领导、协调配合及督导检查等机制建设，全面提升了社会管理科学化水平。

二、社会管理服务水平不断提高

坚持"以人为本"，创新管理服务理念。河南省一改过去的"管控、管制"思想、整治命令以及政府"包打天下"、"统管一切"的"全能式"管理方式，秉持人本理念，服务至上，坚持"民生优先、服务为先、基层在先"，"寓管理于服务中"，以完善、提高服务水平引领社会管理创新。

创新管理服务模式，强化社会服务体系建设。一是理顺服务机制，完善社会服务体系。完善社会服务设施，壮大服务队伍，充实服务内容，基本建立了公共服务、志愿互助服务和商业性便民利民服务有效衔接的社会服务体系；强化社区硬件基础设施建设，制度统一标准，多方筹资，全面改善办公服务设施，最大限度解决好群众最关心、最直接、最现实的利益问题。目前，河南省已建立了覆盖市区街居的社区服务体系，在全省4085个城镇社区中，97%的社区办公和服务用房，其中面积在300平方米以上的占41%，57.3%的拥有图书馆，57%有1处以上的居民公共活动场所，绝大多数街道、社区配备有电子办公设备。二是不断创新管理服务模式，构建综合服务联合体。构建服务中心，为社区居民提供科教文卫、心理咨询、法律援助、环境保护等服务；搭建服务平台，开展"星级社区"创建活动，举办"老年节"、"文化节"等活动，满足居民多元需求。

倡导精细化管理理念，创造社会管理创新的"精细化模式"。全省倡导精细化管理理念，各辖区实施"分片包块"、专人专管，创造了社会管理创新的"精细化模式"，并在全省推广精细化管理服务经验；运用市场手段，采取政府购买服务方式，通过无偿、低偿、有偿服务等方式，扶持发展社区服务业，实行"一站式"、"一窗式"服务，打造"10分钟服务圈"，"居家养老"等新型服务方式日益增多，政府购买服务受益面不断扩大；开发综合性电子民生服务系统，建立全省统一的社区管理服务综合信息平台，引导、鼓励社区采用信息化手段，打造"便民惠民"管理服务新模式，提升了服务质量和管理效率，实现了政府、居民、社会良性互动发展。

三、社会管理服务资源得到有效整合

不断优化管理服务资源。一是强化城乡社区组织领导体系建设，优化管理资源。河南省委、省政府高度重视管理体制建设，成立社区建设工作协调会议制度，加强社区党组织和自治组织建设，初步建立了以社区基层党组织为核心，以社区成员代表会议为民主决策机构，以社区议事协商会议为议事机构，以社区居委会为执行机构的社区管理新体制，政府、居民、居委会和社区组织等共同参与管理，有效发挥了多元主体管理优势。二是构建支持网络，优化服务资源。全省各地以多样形式为载体，搭建政府、居委会、社团、辖区单位等部门协作，公务员、社区居民、社区工作者、志愿者、专家学者等共同参与的社会支持网络，充分利用各主体的独特优势，有效整合行政、科技、文体卫、环保、司法等资源，发挥合力效应，开展多种服务，深化服务内涵，有效整合了服务资源。

不断壮大管理服务队伍。河南省重视人才队伍建设，不断强化居委会

队伍建设，大力推进居委会干部队伍"多元化"。各地市下派后备干部到社区挂职锻炼，同时面向社会公开招聘文化程度较高的社区工作者，形成了年龄、能力和知识结构相对合理的社区干部队伍，较好优化了管理人员队伍。同时，着力强化服务队伍建设。注重壮大志愿者服务队伍，积极推进志愿互助服务，服务中心和从业人员数量大增，专业社工素养不断提升。目前，全省社区服务中心有6.8万从业人员，开展1.66万个服务项目；全省社会组织18934个，其中志愿性服务组织6800多个，志愿者高达190多万人，[①] 在全省4085个城镇社区中，社区志愿者已达23.7万人，初步形成了由专兼职工作人员、社区志愿者、社工共同组建的服务队伍，服务质量日益提高。

积极引导、鼓励社会力量参与管理服务。河南省重视社会力量在管理服务中的协同作用，大力扶持社会组织，因地制宜地引导社区组织、志愿服务组织、民众服务团体以及企业、个人等兴办服务业，开展多样化的服务活动，丰富服务内容，满足居民需求，增强居民的社区认同感和归属感，拓展参与渠道，激发其参与管理服务的动力。如，一些社区动员社会力量，实行社区共建"九联"机制，[②] 实现管理与服务的有机融合，取得较好效果；许昌市光明社区的老妈妈志愿服务队，目前已发展到40余人，为辖区驻军官兵义务服务20多年，先后10多次荣获省、市"拥军模范组织"。社会力量协同社会管理服务的良好效应，正在日益彰显。

四、新型农村社区建设管理富有成效

河南省以新型农村社区建设为载体，把新型农村社区建设作为新型城镇化的战略基点，不断提升农村社区社会管理服务工作整体效能，真正实现了城乡统筹，新型农村社区社会管理成效显著。

制定政策，规划专项资金。大力推进政府公共管理服务、城市社区

---

① 中共河南省委宣传部：《加强和创新社会管理》，河南人民出版社2012年版，第141页。
② "九联"机制，即党组织联创，治安联防，环境联治，困难居民联帮，矛盾纠纷联调，思想教育联做，文娱活动联欢，文明社区联建，中介群团居委会联合。

基础设施建设向农村延伸，逐步实现城乡社区管理服务均等化，城乡社区得以统筹发展。河南省将新型农村社区建设纳入现代城镇体系，城镇的文教卫等基本公共服务同步延伸至农村。2011年，省财政投入5亿元专项资金，郑州市投入2亿元建设专款，用于建设新型农村社区基础设施和公共服务设施。濮阳市则规定，从2012年起，市级财政每年列支8000万元专款，以后每年按不低于30%的增幅递增，各区县每年列支不少于2000万元，以后每年按不低于20%的增幅递增。三门峡则加快基层社区管理服务中心建设步伐，使义马市的梁沟和千秋社区成为新型农村社区建设的典范。

转变农村管理模式，不断完善新型农村社区管理体制和服务体系。河南省转变农村管理模式，将新型农村社区作为城市社区管理的最前沿，采纳"集中管理、条块结合、扩展网络、延伸服务"思路，成立社区综合服务管理站，有力提升了农村社区管理效率；完善农村服务体系，采取多种举措着力解决新型农村社区规模偏小、分布较散、投入困难、发展缓慢、服务较差等问题。如，成立新型农村社区养老保险管理中心，为入住社区的农民全部办理新型农村养老保险，将符合条件的农户纳入城市低保范畴；全部免除新型农村社区农民社区建房的行政性收费，如市政配套费、建筑工程质量质检费等；为在社区内经商农户免费办理工商登记手续，减免有关收费项目等；安排专项资金，建设新型农村社区的道路、供排水、垃圾处理、沼气建设等基础设施和社区服务中心、标准化卫生室、幼儿园、健身广场等公共服务设施，真正给农民以实惠和便利。

探索多元筹资方式，拓展管理服务融资渠道。河南省在加大财政扶持的同时，倡导、引导、鼓励金融机构、企事业单位、个人等社会各界参与管理，提供服务，捐资捐物，投工投劳，实现资金滚动发展，有效破解管理服务资金难题。金融、银行、信用等机构创新担保抵押方式，降低借贷门槛，大力支持新型农村社区建设管理。如，2012年，商丘市政府与中国农业银行河南省分行签订战略合作协议，在未来5年里，农行河南省分行将提供80亿元信用额度，支持商丘市新型农村社区建设，成为地方利用金融渠道融资建设的典范。

五、平安河南省建设稳步推进

2006 年，河南省就提出建设平安河南省的目标任务，制定"平安河南省建设纲要"，重点工作取得了新突破，基层基础建设获得新进展。如，郑州市于 2007 年 11 月启动"万民进社区，为民保平安"活动，到 2008 年 12 月初，全市民警累计走进社区家庭达到 1683287 人次，全市公共安全感指数提高了 2.54%。[1] 这一警务创新活动备受群众称赞，公安部给予充分肯定，将其扩展为全国范围内的"公安民警大走访"爱民实践活动。[2] 新乡市大力推进公安管理体制机制改革，交警、巡特警、治安警、刑警"四警合一"，提高了快速反应能力和执法效果；全市警力重心下移，基层民警达到 1300 多人，仅阳光社区警务大队就有 30 多人，提高了服务民众的质量和效率，群众安全感和满意度大增，高达 95.5% 和 92.7%。[3] 同时，结合全省社会流动加快、流动人口增多的现实，河南省创新流动人口管理服务机制，积极推动流动人口管理制度化和服务均等化，出台《郑州市流动人口基本公共服务均等化实施方案》、《关于加强和创新流动人口服务管理工作的意见》等文件[4]，"以证管人"、"以业管人"，强化了对流动人口的管理，促进了流动人口与其工作城市的有机融合。如，郑州市的 300 多万外来流动人口基本权利得到保障，积极投身于中原经济区建设中，河南省社会得以稳定发展。根据新时期的新情况，河南于 2012 年 9 月召开全省社会管理综合治理工作会议，讨论审议《全省社会管理创新试点工作方案》和省综治委的《议事规则》，研讨社会管理创新实践工作。全省综治工作一直走在全国前列，河南省连年被评为全国综合治理工作优秀省份。

---

① 参见郑州市公安局"以警务创新推动社会治安和警民关系持续好转"资料，2008 年 12 月 3 日。
② 苏林：《河南社会发展与变迁》，河南人民出版社 2009 年版，第 209 页。
③ 陈苗：《卢展工新乡调研：以新型城镇化带动"三化"协调发展》，《河南日报》2010 年 9 月 17 日。
④ 刘道兴、牛苏林：《河南社会形势分析与预测》，社会科学文献出版社 2012 年版，第 223 页。

2012 年，在全国综治工作考核中河南省综合成绩名列第二，[①] 多项工作受到中央领导高度评价。

平安河南省建设稳步推进，有力确保了河南省经济平稳较快发展，一亿民众安居乐业，社会大局和谐稳定，为中原经济区建设营造了良好发展环境。

六、中原经济区建设要不断提高社会管理科学化水平

加强社会管理，推进社会管理创新实践，不断提升社会管理科学化水平，已成为"十二五"时期河南省经济社会全面发展、构建和谐河南省的重要任务与基本要求，也是推进中原经济区建设、加快中原崛起进程的迫切需要。

一是要正确认识管理与服务、管理与控制的关系。创新社会管理服务理念，借鉴中外优秀管理成果，"以人为本"、"服务为先"，礼法合治，建立"党委领导，政府负责，社会协同，公众参与"的社会管理新格局。二是要创新参与制度，完善服务体系。建构互构性的解释机制和法理机制，[②] 在国家与社会之间搭建"上下情互达"渠道，实现"社会喻于利，国家喻于权"；健全服务机制，实现服务社会化和个性化，满足居民多元化需求；拓展参与渠道，提升公众参与能力，实现公众"当家作主"，从而激发民众、社会组织等多元主体参与管理的原动力和热情。三是要强化制度保障，完善法规体系。引入市场化机制，合理配置社会资源和机会，构建适度普惠型福利制度，使全民均"有感于社会发展的成果"，增强百姓幸福感和对制度安排、管理服务的认可，提高管理效应；健全法规制度和公共安全机制，加强应急应对能力，提高政府、社会和公众防范、抵御、治理社会风险能力。四是要强化基层建设，创新城乡社区管理服务体制。要优化管理结构，整合服务资源，实现社区管理扁平化、服务最优

---

① 张建新：《突出"三先"理念　创新社会管理为中原经济区建设营造良好环境》，《河南日报》2012 年 9 月 19 日。

② 郑杭生、杨敏：《社会与国家关系在当代中国的互构》，《南京社会科学》2010 年，第 1 期，第 62—67 页。

化；健全社区自治机制，创新群众组织形式；健全人才机制，优化队伍建设，完善用人机制；培育志愿者组织，壮大管理服务队伍，提高社工职业化、专业化素养；推进网格化管理，完善管理环节，建构横向到边、纵向到底的管理工作新格局。五是要扩大党建覆盖面，提升执政党社会管理能力。健全以党组织为核心的社会组织体系，在非公有制组织中扩大党员队伍，实现党建全覆盖，以党建带动社会建设；不断完善顶层设计，立足现实，系统总结地方经验，加以提炼升华，建构具有中国特色、河南省特点的社会管理新格局。

第七节　经验与启示

经过多年的探索实践，河南省在加快经济发展的同时，大力发展社会事业，改革完善社会体制，切实保障改善民生，积极促进社会和谐，社会各项事业有了长足发展，为构建和谐中原积累了十分宝贵的经验。

一、既要抓好经济发展，又要抓好社会建设

随着改革发展深入推进，社会建设的重要性日益突出。进入 21 世纪以来，党中央相继提出了"以人为本"、"改善民生"、"社会建设"等一系列新概念、新理论。党的十七大更把经济建设、政治建设、文化建设、社会建设"四位一体"的战略布局写进了新党章。社会建设理论的提出，完善了中国特色社会主义社会事业的总体布局，是中国共产党治国理政思路的重大转变。从"发展是硬道理"到"科学发展观"、从"以经济建设为中心"到"经济、政治、文化、社会全面发展"、从"以人为本"到"改善民生"，体现了党对建设中国特色社会主义的规律的新认识，标志着中国已经进入到全面加强社会建设的崭新阶段。

多年来，我国经济社会发展的一个突出特点，就是经济持续快速发展、政治保持总体稳定、社会发展则长期滞后于经济发展，呈现出"经济一条腿长、社会一条腿短"的尴尬局面，已严重影响到经济社会的协调发

展乃至社会和谐稳定。针对我国经济社会发展的这一突出矛盾，党的十七大把社会建设放在更加突出的位置，明确提出社会建设的目标是"着力保障和改善民生，推进社会体制改革，扩大公共服务，完善社会管理，促进社会公平正义"。党的十七届五中全会通过的《中共中央关于制定国民经济和社会发展第十二个五年规划的建议》，要求"十二五"时期要坚持把保障和改善民生作为加快转变经济发展方式的根本出发点和落脚点，把民生事业和社会管理放在更加突出的位置。这一系列重大战略目标任务和理论构想的提出，将成为我国今后一个时期推动社会建设的指导思想。

近年来，河南省不断加大对社会事业的投入力度，保障和改善民生成效显著，但与基本公共服务均等化的发展目标仍有较大差距。当前是我省全面建设小康社会的关键时期，社会事业亟须更好更快发展。在继续抓经济建设的同时，必须树立统筹协调发展的理念，着力解决发展不平衡问题，更加切实地重视社会建设，更加有效地发展社会事业，建立和完善经济建设和社会建设良性互动的机制，实现基本公共服务均等化，推动经济社会协调发展。

二、既要着力改善民生，又要维护社会公平

经过 30 多年的改革发展，中国已经进入社会建设的新阶段，这必然要求把改善民生摆在更加突出的位置。民生问题已经不仅仅是经济问题、社会问题，也是重大的政治问题。"以民为本"、"改善民生"，已经成为时代话语，成为改革发展的重要指向。让老百姓过上好日子，是发展的最终目的。

近年来，河南省委、省政府坚持把改善民生作为加快推进社会建设的重点，以办好"十大实事"为载体，从就学、就业、就医、社会保障和住房保障等问题入手，坚持每年为人民群众办好"十大实事"。5 年来，财政共投入资金 2000 多亿元，改善民生的力度不断加大，关乎百姓利益的内容不断拓宽，惠民利民的政策不断完善，初步形成了改善民生的长效机制。总体来看，十件实事具有涉及面广、投入大、效果好、受益多的鲜明特点，解决了不少社会发展中的难题和广大群众生活中的困难，推动了科

学发展，促进了社会和谐，维护了社会稳定，成效显著、影响深远，对推动全省社会和谐发展和改善民生发挥了重大的积极作用。同时，也必须看到，人口多、底子薄、基础差、社会事业发展滞后的基本省情，依然是制约河南省经济社会协调发展的短板。上学难、看病难、就业难、住房难、社会保障水平低、城镇化发展滞后、公共服务水平低等问题，始终是制约河南省可持续发展的重要问题。

维护社会公平正义，对于协调社会关系，化解社会矛盾，发展社会事业，具有不可替代的重要作用。加快推进以改善民生为重点的社会建设的同时，要把维护社会公平正义作为社会政策的重要取向。在国家大的政策框架内，河南省应当重点完善收入分配政策、公共财政政策、社会保障政策等社会政策。完善收入分配政策的着力点，就是要提高低收入者水平、逐步扩大中等收入者比重，有效调节过高收入，坚决取缔非法收入。完善公共财政政策的着力点，就是要调整财政支出结构，提高财政的公共性，增加公共产品和公共服务的供给，提高对基本公共服务和公共服务的保障能力。完善社会保障政策的着力点，就是要加快构建社会保险、社会救助、社会福利和慈善事业相衔接、覆盖城乡居民的社会保障体系，充分保障群众基本生活。

三、既要坚持改革发展，又要促进和谐稳定

发展是执政兴国的"第一要务"，只有经济和社会事业发展了，一些相应的问题才能得到解决。因此，保持经济平稳较快发展依然是各项工作的首要任务，也是中原经济建设必须长期坚持的指导方针。但发展需要有稳定的社会环境。不稳定，甚至人心骚乱、社会动荡，经济就不能顺利发展，更无法保证又好又快地发展。确保社会稳定，是保障改革发展顺利推进的重要前提，是保障人民群众安居乐业的共同需要，是促进社会和谐的必然要求。只有社会稳定、国家安定，人民才能安居乐业，党和政府才能带领人民一心一意谋发展，聚精会神搞建设，加快缩短与发达国家的发展差距，中原崛起的宏伟目标才能实现。社会稳定，是国家、民族和全体人民之福，也是我们共同的最大利益。因此，各级党委和政府必须认真履行

好维护稳定这个"第一责任"。

改革开放的实践表明，稳定不仅为发展提供良好的环境，同时也是促进发展的动力。稳定的社会环境不仅会产生强大的凝聚力，而且还会产生对外部的吸引力和辐射力。有了稳定，人民群众才有创新创业的激情，社会财富才能持续增长，人民生活得到显著改善，综合国力得以大大增强；有了稳定，招商引资才卓有成效，国际资本才会源源流入，河南省的经济才会快速发展。

始终把维护社会稳定放在突出重要的位置，把促进改革发展同保持社会稳定结合起来，坚持改革力度、发展速度和社会可承受程度的统一，确保社会稳定，是改革开放以来的一条根本经验。在全面建设小康社会、为早日实现中原崛起而奋斗的今天，要继续坚持这条根本经验，倍加顾全大局，倍加珍惜来之不易的稳定的社会环境，进一步增强维护稳定的自觉性和坚定性，按照科学发展观和建设和谐社会的要求，加大力度保稳定，多做有利于社会稳定的事情。

四、既要改革社会体制，又要创新社会管理

目前，我国的社会建设已进入到以社会体制改革为重要内容的新阶段。从改革全局看，社会体制改革也是中国改革的重要组成部分，社会体制改革是经济体制改革的深化。没有社会体制改革或社会体制改革滞后，经济体制、政治体制和文化体制改革会步履维艰。党的十七届五中全会明确提出，要"更加重视改革顶层设计和总体规划"，"大力推进经济体制改革，积极稳妥推进政治体制改革，加快推进文化体制、社会体制改革，不断完善社会主义市场经济体制"。毫无疑问，我国现代化快速发展的今天，加快社会管理体制的改革，已经成为我国深化改革与构建和谐社会的一项必然选择。按照中央的新要求，加强和创新社会管理，将成为实现党和国家长治久安的重大战略。

河南省地处中原，地理位置重要，又是农业和人口大省，社会管理任务尤其繁重，社会稳定事关全国大局。当前河南省社会管理面临的挑战主要表现为：社会组织和公众协同参与作用未能充分发挥，社会管理

多元治理格局难以有效运行；全省人均发展水平和人均公共服务水平较低，改善民生任务繁重；流动人口带来的社会问题诸如家庭性迁移、计划生育、就业、社会保障、子女教育、社会管理等社会问题日益突出，对"社会人"的管理压力日益加大；社会矛盾叠加特征凸显，征地拆迁成为社会冲突主要诱因；公共安全成为社会热点，食品安全、安全生产监管任务繁重，社会治安管理压力加大；对城乡社区、城中村、城乡结合部、流动人口、虚拟社会的服务与管理难度加大，社会管理的盲点难点增多。

针对上述情况，中原经济区建设要做好创新社会管理这篇大文章，应着重从以下方面入手：一是加强社会管理能力建设，构建社会管理源头治理、动态监控和应急处置有效机制，全面提高社会管理科学化水平。二是加快城乡社区服务设施建设，完善基层社会管理和服务体系，创新社区管理服务体制，健全多元投入和运行经费保障机制。三是支持各类社会组织发展，推动政府部门向社会组织转移职能，加快建立和完善政府向社会组织购买服务的制度。四是加强法治政府和服务型政府建设，促进公平司法、公正司法，建立健全科学的利益协调机制、诉求表达机制、矛盾调处机制和权益保障机制。五是加强公共安全体系建设，严格食品药品安全和安全生产监管。探索建立人口均衡发展的政策和服务体系。改革和调整户口迁移政策，创新流动人口管理机制。要注重解决社会管理的紧迫问题与薄弱环节，强化公共安全监管，进一步提高城市安全水平；加强和改进流动人口服务管理，完善实有人口全覆盖管理和服务机制；加强虚拟社会管理，建立网上网下一体化管理体系，完善网上舆情引导机制，第一时间回应社会关切。

五、既要转变政府职能，又要激发社会活力

当前，社会管理创新呈现出了社会化、基层化、综合化、互动化的趋势，这表明今后社会管理创新的重要方面和关键领域，主要体现在政府职能转变、培育社会组织、提供公共服务、扩大基层参与等领域。

我国的社会建设经历了由政府发起到政府主导的过程，政府在社会治

理中的作用日益凸显，尤其是在提供基本保障和培育社会力量方面，政府依然具有市场和社会无法取代的角色。发展社会事业在强调政府责任主体的同时，又要警惕政府责任泛化。注重发挥社会组织和公民在社会治理中的积极作用，是社会治理的本质要求。从这个意义上说，社会建设，一方面要加强政府对社会力量（包括社会组织和公民）的培育以及在基础设施和公共财政方面的保障作用；另一方面，又要充分发挥社会自我组织、自我管理、自我服务的自治自律功能，完善政府与社会互动式的参与合作治理模式。

深化社会体制改革，转变社会事业发展方式，归根到底就是要让更多的市场主体参与到社会公共服务的提供中来，在社会公共服务提供中更多地引入市场机制，尤其是在教育、医疗卫生、公共文化等领域，政府通过公办民营、民办公助、购买服务等形式吸引更多民间力量的介入，使社会事业呈现出多元参与、互相促进的发展格局。目前，就政府而言，政府在社会治理中仍然存在"缺位"、"越位"和"错位"等问题；就社会而言，社会组织发育不成熟，社会力量十分薄弱，公众参与热情不高，参与渠道不畅，社会资源开发和利用仍然有限，社会网络体系不健全。因此，加强社会建设和社会管理创新，必须根植于服务型政府建设的基本出发点，改革和转变传统的管理方式和方法，努力实现从"代民做主"到"让民做主"，从"直接管理"到"主动服务"、从"被动参与"到"主动参与"的转变。

当前，尤其要发挥社会组织的协同作用。要大力扶持发展社会服务性、公益性、互助性社会组织，逐步构建政府服务机制同民间服务机制互联、政府服务功能同民间服务功能互补、政府服务力量同民间服务力量互动的公共服务网络，充分发挥社会组织在参与社会管理中"反映诉求、规范行为、提供服务"的积极作用，为社会组织发展提供良好的制度环境和广阔的发展空间。

第十六章
文化强省：提升区域文化软实力的必由之路

在中国革命、建设和改革开放的各个历史时期，党和政府都高度重视文化工作，重视运用先进文化引领前进方向，团结广大群众，凝聚奋斗力量，不断以思想文化新觉醒、理论创造新成果、文化建设新成就，推动党和人民事业不断发展，取得了中国特色社会主义文化建设的新胜利。河南省委、省政府结合河南省发展实际，坚持物质文明和精神文明两手抓，文化事业与文化产业一起推，积极稳妥地推进各项文化建设，不断提升区域文化软实力，走出了一条具有河南省风貌和时代特色的文化强省之路。

第一节　从文化资源大省到文化强省

建设文化强省，是河南省面对世界文化经济化、经济文化化和文化经济一体化历史发展大势的战略选择，也是河南省应对区域文化竞争、推进文化大发展大繁荣、实现科学发展的现实选择。

一、文化强省战略的提出与确立

党的十六大以来，河南省加快了文化发展的步伐。2004 年 12 月，省委工作会议首次提出建设文化强省的设想，标志着河南省决策层开始把文化强省建设提上重要议事日程。为解决"如何建设文化强省"这一问题，2005 年 2 至 4 月间，河南省委牵头，组织多个调研组开始内摸"家底"、外出"取经"。2005年6月2日，河南省委中心组学习会召开，会议围绕"深化文化体制改革、大力发展文化产业、努力提高建设先进文化能力"进行讨论，并就加快实现由文化资源大省到文化产业强省的历史性跨越，统一了思想，达成了共识。2005年7月，河南文化产业发展和文化体制改革工作会议召开，这是河南省有史以来规格最高、规模最大的文化工作会议。会议描绘了河南省文化发展的"路线图"，即《关于大力发展文化产业的意见》和《文化强省建设规划纲要（2005—2020)》被正式确定下来。2005年9月，《河南省建设文化强省规划纲要（2005—2020)》出台，明确了建设文化强省的总体目标和发展战略。2006年10月，河南省第八次党代会第一次提出了河南加快经济大省向经济强省的跨越和文化资源大省向文化强省的跨越，即"两大跨越"的发展战略。至此，文化强省上升为指导河南省未来发展的两大战略之一。实现经济与文化"两大跨越"战略的提出，反映了河南省在发展理念、发展思路和发展方式上的重大变化，拉开了河南省实现文化强省的序幕。

二、文化强省建设的实践与探索

长期以来，河南省受人口多、底子薄、基础弱、发展不平衡、人均水平低等因素的影响，经济发展相对缓慢，致使对文化的发展形成了强力制约。文化建设投入少，文化发展水平低，成为很长一个时期河南省文化发展的常态。这种状况，不仅影响了河南省的文化建设，而且制约了经济发展。河南省要发展，要走在中部崛起的前列，就必须在大力发展经济的同时，积极推进文化发展。河南省在2005年适时提出文化强省，就是河南省结合自身实际，在推进经济社会持续发展的过程中不断探索的必然选择。近年来，河南省文化强省建设在实践中不断前行，走出了一条既具地方特色又符合科学发展观要求的文化事业和文化产业协调发展之路。

以体制改革和机制创新为动力，不断增强文化发展活力。按照中央的统一部署，河南省积极推进文化体制改革和机制创新，坚持试点先行、以点带面，不断推进文化体制改革向纵深发展。选择河南省日报报业集团、河南省文化影视集团等13个单位以及郑州市、开封市、洛阳市、安阳市、

商丘市5个省辖市作为改革试点单位和地区，先行先试，积累经验，逐步推开，先后改制组建了河南日报报业集团、中原出版传媒集团、河南省文化影视集团、河南省影视制作集团、河南省有线电视网络集团、河南省歌舞演艺集团等大型文化企业，形成了河南省文化强省的生力军。2008年年底，为应对全球性金融危机，河南省委、省政府决定将开封、登封、禹州、镇平等8个县市设立为省级文化改革发展试验区，为全省文化改革发展探索新路子、创造新模式，为文化强省建设寻求新的突破。实践证明，体制改革大大激发了文化强省建设的活力。

着力公共文化服务体系建设，全方位推进文化事业发展。通过实施一系列文化惠民工程，使文化服务向最基层延伸。重点实施了广播电视村村通、乡镇和社区综合文化站、文化信息资源共享、农村电影放映、农家书屋建设等工程，极大地缓解了基层群众看书难、看戏难、看电影难、文化活动少的状况，初步实现了文化共享。在国家还没有设立"文化遗产日"的时候，2005年河南省在全国率先举办了"文化遗产日"活动，随后逐步免费开放了各级博物馆、美术馆、纪念馆、图书馆和文化馆，较好地发挥了文化遗产和文化设施的作用。通过实施"河南省文化精品工程"，每年推出一批在思想性、艺术性、观赏性方面有较好基础和潜力的重点剧目，其中豫剧《程婴救孤》、《铡刀下的红梅》、《清风亭上》、《香魂女》、《常香玉》以及舞剧《风中少林》连续六年名列国家舞台艺术十大精品剧目，成为全国唯一的"六连中"省份，并多次获得"文华大奖"和入选全国"五个一工程"。电影《铡刀下的红梅》、电视剧《湖光山色》、豫剧《苏武牧羊》、舞剧《水月洛神》、歌曲《家的牵挂》、广播剧《农民工司令》及图书《焦裕禄》，在全国第十二届精神文明建设"五个一工程"奖评选中荣获大奖，展示了河南省文化精品工程的实绩。

打造知名文化品牌，推动文化产业集聚发展。文化产业是文化强省建设的重要支撑。河南省每年确定一批重点文化产业项目，以此为依托融合资源、市场、资本和技术，推动文化产业快速集聚发展。目前，已建成1个国家级文化产业园区（开封宋都古城文化产业园区）、7个国家级文化产业示范基地，形成了浚县石雕产业集聚区、禹州钧瓷产业园区、镇平国际玉城、淮阳伏羲文化旅游产业集聚区等一批以文化产业为主导产业的文化产业园区和集聚区，催生了一批以《禅宗少林·音乐大典》、《大宋·东京梦华》、"梨园春"、"武林风"和动漫"小樱桃"等为代表的具有中原特色的文化产业品牌集群。

培育特色文化产业和新兴文化产业，提升产业发展层次。河南省注重发挥文化资源优势，着力发展特色文化产业，涌现出宝丰魔术、民权画虎、平乐牡丹画等一批文化强县、文化强村，形成了富有活力的特色文化产业集群。在做大做强传统文化产业的同时，河南省大力发展新兴文化产业，形成了国家动漫产业发展基地（河南基地）、郑州动漫产业基地、华强文化科技产业基地3个动漫产业基地。动漫产品畅销全国各地及20多个国家和地区，动漫衍生品突破2000个品种。手机报、移动电视、手机广播电视等新媒体得到迅速发展，河南省手机报用户超过150万人，位居全国省级手机报前列。

设立省级重点社科研究基地，为文化强省建设提供理论支持。对区域文化的深入研究是文化强省的重要前提。无论是建设一个"文化强的省"，还是通过文化建设来实现强省，都必须建立在对区域文化深入研究的基础上。河南省注重对中原文化的发掘整理和研究，在文化强省战略提出之后，分别在河南省社会科学院和郑州大学挂牌成立了河南省中原文化研究重点基地，强化中原文化研究；作为省级重点社科研究基地，河南省中原文化研究重点基地立足河南省历史文化优势，确立重大课题，开展学术研讨，推进中原文化研究向纵深发展，取得了一些有影响的重要成果，为河南文化强省建设提供了有力的理论支持。

三、文化强省建设的显著成就

虽然河南省至今仍不能称之为文化强省，但文化强省战略的实施，还是极大地促进了河南省的文化建设，取得了显著成就。主要表现在全省上下的文化自觉意识和公民思想道德水平得到显著提升，文化在经济社会发展中的地位得到显著提升，中原文化影响力和河南省整体形象得到显著提升。

文化自觉意识得到显著提升。河南在文化强省战略提出之初，就提出

"文化搭台、经济唱戏"的文化发展理念。随着文化强省战略的深入推进，人们对文化作用和功能的认识逐步深入，尤其是"两大跨越"战略的提出，极大地提升了全省干部群众对文化发展重要性的认识。2007年以来，对中原文化持续深入的解读和研究，使全省上下对中原文化有了更为深刻的认识；中原经济区把华夏历史文明作为五大战略定位之一，更进一步提升了人们的文化观念，许多干部群众从思想上确立了"文化是根、文化是魂、文化是力、文化是效"的理念，在实践中掀起"敬畏文化、学习文化、振兴文化和服务文化"的热潮。在党的十七届六中全会和河南省委九届二次全会精神的指引下，人们的文化自觉意识随着华夏历史文明传承创新区建设渐次展开而逐步提升，人们的文化自信观念在文化强省的进程中逐步加强，人们的文化自强信念越来越强烈。所有这些，都将转化为文化强省的强大动力，会进一步助推文化强省建设的历史进程。

公民思想道德水平得到显著提升。在文化强省建设中，河南省深入开展社会主义核心价值体系的学习、宣传和教育活动，全面提升全省人民的思想道德素质和文明程度。近年来，河南大地英才辈出，"感动中国十大人物"和"全国道德模范"中的任长霞、魏青刚、洪战辉、李学生、谢延信、王百姓等河南籍先进典型，不仅以感人的事迹传递了河南人勤劳朴实、诚信守信、见义勇为、自强不息的传统人文精神，而且不断丰富和弘扬了新时期河南人文精神。他们身上所体现出来的"平凡之中的伟大追求、平静之中的满腔热血、平常之中的极强烈责任感"的新时期"三平精神"，则进一步丰富和充实了中原人文精神，成为新时代的中原人文精神。"普普通通河南人、踏踏实实河南人、不畏艰险河南人、侠肝义胆河南人、包容宽厚河南人、忍辱负重河南人、自尊自强河南人、能拼会赢的河南人"，正在成为河南人不断展示的良好形象。

中原文化影响力得到显著提升。自实施文化强省战略以来，河南致力于繁荣文化事业，发展文化产业，文化软实力得到显著提升。围绕根亲文化、元典文化、文字沿革和功夫文化等具有中原特色的优势文化资源，强化开发利用，推进文化强省建设，展现出中原文化的多姿多彩。如，新郑黄帝故里拜祖大典、淮阳伏羲姓氏文化节、中国郑州国际武术节等大型文化节会、安阳中国文字博物馆等大型文化设施建设等，在海内外都广受好评。而且，在文化强省建设过程中，河南省已经形成一批富有示范带动效应和广泛影响的文化品牌，推出一批独具特色的"文化名片"。

第二节　积极推进公共文化服务体系建设

改革开放 30 多年来特别是党的十六大以来，党中央、国务院非常重视公共文化服务体系建设，人民群众文化权益的保障受到前所未有的关注。河南省在推进文化强省建设中，将构建公共文化服务体系提上重要的议事日程，公共文化服务体系建设在国民经济和社会发展规划中占有重要的位置。

一、加快公共文化服务体系建设的历程

2002 年，党的十六大首次将文化事业和文化产业分别开来，标志着我国的文化发展进入了一个全新的阶段，文化建设成为全面建设小康社会过程中政治、经济、文化、社会"四位一体"中的重要组成部分。2005年 10 月，党的十六届五中全会通过《中共中央关于制定国民经济和社会发展第十一个五年规划的建议》提出，要"加大政府对文化事业的投入、逐步形成覆盖全社会的比较完备的公共文化服务体系"的政策表述，由此"公共文化服务体系"首次正式提出。2006 年颁布的《国家"十一五"时期文化发展规划纲要》对"公共文化服务体系"作了专门论述；2007 年下发的《关于加强公共文化服务体系建设的若干意见》，对"如何建立与健全公共文化服务体系"提出了具体要求。党的十七大报告则把建设"覆盖全社会的公共文化服务体系"作为实现全面建设小康社会的重要目标之一，党的十七届五中全会、十七届六中全会都对建立"覆盖全社会的公共文化服务体系"进行了重点部署。公共文化服务体系建设，从此进入了快速发展时期。

加快推进公共文化服务体系建设进程。积极推进公共文化服务体系建设，保障人民群众共享改革发展的文化成果。统计显示，2004 年河南省

人均 GDP 已超过 1000 美元，经济社会跨入了新的发展阶段，由于居民收入的增加，消费结构发生了明显变化，消费重心开始向精神文化产品消费领域转移。然而，由于河南省公共服务制度改革滞后于经济发展，城乡二元结构导致文化发展也很不均衡，建设完善公共文化服务体系，已经成为一项急迫的任务。河南省结合自身实际，积极推进公共文化服务体系建设，并形成了自身的经验和特色。2006 年，河南省八次党代会将实现"两大跨越"确定为奋斗目标，河南省的文化建设尤其是公共文化服务体系建设步伐开始加快。

加强公共文化服务体系建设的政策与制度保障。河南省委、省政府相继制定出台了《河南省建设文化强省规划纲要（2005—2020 年）》、《贯彻落实〈中共中央、国务院关于深化文化体制改革的若干意见〉的实施意见》、《关于进一步加强农村文化建设的意见》、《河南省贯彻落实〈国家"十一五"时期文化发展规划纲要〉的实施意见》、《关于加快文化资源大省向文化强省跨越的若干意见》等一批重要的规范性文件。上述规范性政策文件，都针对河南省构建公共文化服务体系提出了具体目标与要求。中原经济区建设上升为国家战略以后，《河南省建设中原经济区纲要》也明确提出要"加快省辖市级图书馆、文化馆、博物馆、档案馆等文化惠民工程，广泛开展群众性文化活动，构建公共文化服务体系和现代传播体系"。河南省九次党代会报告提出，"加大政府投入力度，继续实施重点文化惠民工程，加强城乡基层文化设施建设，广泛开展群众性文化活动，构建公共文化服务体系和现代传播体系，让群众广泛享有免费或优惠的基本文化服务"。河南省委九届二次全会通过的《关于贯彻落实〈中共中央关于深化文化体制改革　推动社会主义文化大发展大繁荣若干重大问题的决定〉的实施意见》，提出了"大力推进公共文化服务体系建设，加快城乡文化一体化发展"的战略。所有这些，都为河南省加快推进公共文化服务体系建设营造了有利的政策与制度环境。

二、公共文化服务体系建设的实践与探索

河南省始终将公共文化服务体系建设作为推动文化强省建设、促进河

南文化大发展大繁荣、实现城乡居民基本文化权益的重要举措。不断加大公共文化服务体系建设力度，不断进行实践探索，以满足人民群众多样化精神文化需求，保障人民群众文化权益。

健全公共文化服务体系的财政投入机制。改革开放以来，河南省经济持续快速健康发展。从 2004 年开始，河南省的经济社会跨入了新的发展阶段，居民文化消费结构开始明显增多。然而，河南省的文化事业经费占财政支出的比重连续多年居于全国倒数位次，远远低于全国 0.40% 的平均水平。针对这些情况，河南省加大了对公共文化体系建设的财政投入力度，对实施重大公共文化工程、购买重要公共文化产品、开展重要公共文化活动所必需的资金，提供切实保障。2005 年以来，先后以河南省委、省政府或其办公厅名义下发的涉及文化资源保护和开发财政支持政策的文件就有 10 多个；河南省财政厅、省发改委、省地方税务局、省文化厅等相关部门针对公共文化体系建设的财政投入，相继下发文件予以支持。从 2006 年开始，河南省级财政每年从宣传文化发展专项资金和文化事业建设费中各安排 1000 万元，每年筹集 2000 万元，设立专项基金，采取补助、贴息、奖励等方式，支持发展势头好、经济和社会效益明显的文化单位和具有高成长性的重点文化产业项目，引导和带动社会力量兴办文化产业，这在一定程度上促进了公共文化服务体系建设。

统筹规划公共文化基础设施建设。文化基础设施是公共文化服务体系的重要载体。河南省以大中城市公共文化设施为骨干，以县、乡（镇）和社区基层文化设施为基础，统筹规划，合理布局，加强各类文化馆（站）、博物馆、图书馆、美术馆、艺术馆、纪念馆和广播电视台（站）、互联网的公共信息服务点及卫星接收设施等公共文化服务设施建设，优化社区和乡村公共文化资源配置，形成覆盖城乡、结构合理、功能健全、实用高效的公共文化设施网络。"十一五"期间，河南省财政累计拨付文化建设资金 14.8 亿元，相继建成了河南省艺术中心、中国文字博物馆、河南省出版中心、河南省广播电视发射新塔、河南省体育中心等重大标志性文化基础设施网络，进一步提升了河南省的整体文化形象和文化品位。在基层文化实施建设方面，完善图书馆、文化馆、博物馆等公益性文化单位设备设置和维修改造，新建、扩建一批图书馆、文化馆、博物馆，特别是着力建

设村文化大院。河南省共完成 1800 多个乡镇文化站的建设，基本上建立了以乡镇文化站为标志的公共文化基础设施，省、市、县、乡、村五级公共文化设施的数量、种类、规模符合国家要求。此外，还积极推进"新农村书屋工程"建设与"农民体育健身工程"建设。

整合公共资源搭建文化服务平台。近年来，河南省将主要公共文化产品和服务项目、公益性文化活动纳入公共财政经常性支出预算，采取政府采购、项目补贴、定向资助、贷款贴息、税收减免等政策措施，鼓励各类文化企业参与公共文化服务，鼓励国家投资、资助或拥有版权的文化产品无偿用于公共文化服务。截至 2011 年年底，全省启动开放国家专项资金补助美术馆、文化馆、图书馆、乡镇综合文化站及街道办事处文化中心等"三馆一站"的免费开放；实施乡镇（街道）综合文化站（文化中心）、社区文化活动室设施配备和基层图书馆图书配送工作。2011 年，文化部和财政部联合开展国家公共文化服务体系示范区（项目）创建工作，在全国创建一批网络健全、结构合理、发展均衡、运行有效的公共文化服务体系示范区。郑州市积极创建国家公共文化服务体系示范区，加大公共文化设施投入，完善基础设施建设，不断创新公共文化服务机制，大力提升群众文化活动水平，促进公共文化服务体系建设再上新台阶。周口市"周末公益性剧场演出活动"、邓州市"文化茶馆"等项目成为创建国家公共文化服务体系示范项目。焦作市实行投资主体多元化，鼓励集体、企业、个人和社会各方面的力量资助文化事业。沁阳市在农村文化中心建设过程中，市政府采取市直各单位同村、街"结对子、一援一"的方式共建农村文化中心。同时，河南省重点抓好公益演出活动，充分利用现代传播方式，打造群众文化活动品牌，开展诸如"春满中原"、"品味中原"、"公益无限"、"多彩中原"等系列公益文化活动，并命名 20 个"河南省民间文化艺术之乡"，争创 4 个"中国民间文化艺术之乡"，大力开展"文化下乡"与文化进社区、进校园、进军营、进企业，确保公共文化设施用之于民、服务于民、惠及于民。

借助现代科技提升公共文化服务能力。河南省借助现代科技，重点推进广播电视"村村通"工程建设、农村电影放映"2131"工程建设，2010年基本建成覆盖城乡的文化信息资源共享工程服务网络。1998 年，广播电视"村村通"工程正式启动。截至 2006 年，中央和地方各级政府累计投入资金 36 亿元，基本解决了全国已通电的 11.7 万个行政村和 10 万个 50 户以上自然村近亿农民群众收听收看广播电视的问题。"十一五"期间，河南省共完成了 14316 个 20 户以上已通电自然村的广播电视村村通工程建设，比国家下达的建设任务多完成 2320 个，解决了河南省 270.6 万偏远地区农民收听收看广播电视问题。全省建成资源适用、技术合理、服务便捷、覆盖城乡的数字文化服务体系，基本实现了"村村通"的目标。河南省有线电视数字化整体转换工程正在推进，新浪河南网、大象网的点击率和知名度显著提升，移动多媒体广播电视和流媒体手机广播电视进一步融合，河南省 CMMB 用户已突破 80 万人，用户规模居全国第六。河南省的文化遗产保护蓬勃开展，成功开展了"国际古迹遗址日（河南省）系列活动"、"中国文化遗产日"等相关活动，公布了河南省第五批历史文化名镇名村，成立登封"天地之中"历史建筑群世界文化遗产监测中心。近年来，河南省不断提高运用现代科技手段提供公共文化服务的能力，在推动改革文化设施建设、文化传承和传播体系构建、非物质文化遗产保护与古籍保护、文化市场监督体系构建中，发挥了科技的支撑作用和提升作用。同时，不断推进现代科技与文艺创作特别是演艺创造、生产相结合，提升演艺作品的表现力，并进而扩大其影响力。

三、公共文化服务体系建设成效显著

改革开放以来，尤其是党的十六大以来，河南省委、省政府采取有力措施加快公共文化服务体系建设，保障人民群众共享改革开放和社会主义现代化建设的文化成果，取得了显著成就。

公共文化设施网络基本形成。河南省加大公共文化服务体系建设力度，初步形成了公共文化服务设施网络。"十五"期间，河南省投资额在 1000 万元以上的有河南省博物院、郑州博物馆、郑州美术馆、郑州杂技馆、洛阳市图书馆、平顶山艺术中心、安阳群艺馆、南阳艺术学校等 20 多个项目，共新建、扩建、改建基层图书馆、文化馆 49 个，总面积达 10 万多平方米。"十一五"期间，公共文化服务体系建设的速度进一步加快，仅

2010 年就安排中央和省级财政文化建设资金 28205.25 万元，安阳市图书馆博物馆综合大楼、洛阳大剧院、洛阳博物馆新馆、平顶山博物馆、周口市文化中心等一批市级重点文化设施相继建成，修建改造了 20 个县级图书馆，建成乡镇综合文化站 361 个。截至 2012 年，河南省的公共文化设施网络已经基本形成，中国文字博物馆、河南省艺术中心、中原福塔等一大批省市大型公共文化标志性建筑建成投入使用，河南省图书馆新馆、河南省博物院二期等重点工程开始筹建；焦作市、信阳市图书馆及群艺馆，洛阳市、濮阳市、三门峡市群艺馆等达到国家建设标准并对社会开放，文化设施成为城市的地标；1876 个乡镇综合文化站建设项目全部完成，5 万个行政村基本上都有了文化大院、文化中心，建有 2.5 万个农村书屋。河南省 158 个县(市、区) 都按照标准建成了文化信息资源共享工程中心，全省 4.7 万多个行政村建设成了文化信息资源共享工程村级服务点，一个覆盖省、市、县（区）、乡、村五级的公共文化服务网络正在中原大地形成。

公共文化服务效能逐步提升。河南省通过加大投入、管理机制创新和建立绩效考评机制，不断拓展服务领域，提高公共文化服务水平。"十五"期间，河南省列入国家计委支持项目 47 个（其中县图书馆 22 个，县文化馆 25 个），列入中央宣传部、文明委补助计划的宣传文化中心 8 个。自 2003 年起，河南省每年增加投入 370 万元作为基层文化设施建设配套资金，建成了文化信息资源共享工程升级中心和 31 个市、县级中心平台。截至 2011 年，中央和省财政用于文化建设的投入多达 12.1 亿元；在文化管理和服务方面，制定并实施图书馆、文化馆、博物馆、乡镇综合文化站等工作规范和考评办法，强化从业人员业务技能培训，进一步明确和规范公共文化单位的服务内容和服务标准；初步完成了河南省数字图书馆平台基本建设，国家数字图书馆的优秀文化信息资源已传输到全省 159 个县（市、区）级图书馆。充分利用文化信息资源共享工程网络，依托公共图书馆、文化馆和乡镇综合文化站、村文化活动室、社区文化活动中心(室)，建立标准化的公共电子阅览室。在全国率先举办了"文化遗产日"活动，完善公共文化设施长期免费开放机制，逐步推动公共美术馆、科技馆、图书馆、青少年宫等免费开放，郑州市美术馆、公共图书馆、文化馆、博物馆、乡镇文化站、公共电子阅览室等公共文化设施实现零门槛进入，极大地丰富了群众的文化生活。

"文化惠民工程"成效显著。据统计，2005 年河南省仅有公共图书馆 136 个，图书购置费在 1 万元以下的图书馆有 24 个，全省 198 个艺术表演团体全年无演出场次的剧团 33 个。到了 2011 年年末，河南省共有艺术表演团体 199 个，文化馆 184 个，公共图书馆 148 个，博物馆 151 个。全国重点文物保护单位 189 处 198 项，全省博物馆、纪念馆免费开放 106 座。通过"舞台艺术送农民"活动，省、市、县三级国有文艺院团和部分优秀民营院团全年共为基层农民免费演出 3000 多场。广场文化、社区文化、企业文化、机关文化、校园文化、节庆文化等群众性文化活动蓬勃开展；全省广播人口覆盖率多达 97.7%，电视人口覆盖率 97.8%，广播电视村村通、乡镇和社区综合文化站、文化信息资源共享、农村电影放映、农家书屋建设等工程初步得到完善，基本实现了文化共享。

"文化精品工程"硕果累累。2003 年年初，河南省委组织郑州市、开封市、洛阳市的文化部门共同参与打造"郑汴洛文艺精品工程"，为河南省改变单一文化格局、提升河南省的文化品位奠定了坚实基础。从 2006 年开始，河南省文化厅决定每年推出一批在思想性、艺术性、观赏性方面有较好基础和潜力的重点剧目，作为"文化精品工程"进行打造。先后创作推出了《风中少林》、《清明上河图》、《木兰诗篇》、《村官李天成》、《风·情·河之南》、《苏武牧羊》、《红旗渠》等一批精品剧目。豫剧《程婴救孤》、《铡刀下的红梅》、《清风亭上》、《香魂女》、《常香玉》以及舞剧《风中少林》连续六年名列国家"十大精品剧目"，成为全国唯一的"六连中"省份。《红旗渠》、《焦裕禄》等一批优秀剧目广受群众好评，《苏武牧羊》被李长春同志盛赞为"爱国主义教育的好教材"。在新近评出的全国第十二届"五个一工程"奖中，河南省又有 7 部作品榜上有名，再一次显示了河南省文化精品工程的实绩。

第三节　快速发展的文化产业

河南省委、省政府在高度的文化自觉和文化自信的基础上，深化文化

体制改革，注重发挥中原文化资源优势，推动河南省成为全国重要的文化产业发展基地，推动文化产业转变成为河南省国民经济的支柱性产业。

一、河南省文化产业发展的背景与历程

党的十五大报告中明确提出了"深化文化体制改革，落实和完善文化经济政策"。党的十六大报告在国内首次提出"文化产业"，对文化事业和文化产业进行了明确区分，并提出了"发展文化产业是市场经济条件下繁荣社会主义文化、满足人民群众精神文化需求的重要途径。完善文化产业政策，支持文化产业发展，增强我国文化产业的整体实力和竞争力"的要求。党的十七届六中全会，明确提出了"推动文化产业成为国民经济支柱性产业"的发展目标。党和国家对文化产业发展的高度重视和大力支持，成为河南省发展文化产业的宏观背景。

河南省地处中原，是中华民族的发祥地，华夏文明的起源地，具有极为丰富且特色鲜明的历史文化资源，拥有发展文化产业的先天优势条件。但由于文化观念落后、文化产业基础薄弱等原因，在相当长的一段时间内，河南省文化产业发展程度一直落后于北京、江苏、广东、云南、湖南等省市。如，2010年，北京、江苏、广东、云南、湖南等近10个省市，文化产业增加值占GDP的比重已超过了5%，成为当地新的经济增长点和支柱产业，而河南省文化产业增加值仅有367.13亿元，占GDP的比重仅为1.6%。文化产业核心竞争力低、文化资源产业化水平低、科技对文化产业贡献率低等原因，造成了河南省文化产业水平整体不高。问题所在，也是动力所在。河南省针对文化产业发展缓慢的现实，先后推出了一系列鼓励文化产业发展的政策，加大文化产业发展力度，努力使文化产业成为国民经济支柱性产业。

河南省文化产业的发展大致可以分为两个阶段，即以2004年12月河南文化强省战略的提出为分界线。"文化产业"尽管在河南省文化建设中提出较晚，但利用文化拉动经济发展，河南省却并不落后。早在1982年电影《少林寺》的上映，就极大地拉动了登封文化旅游产业的发展。在20世纪90年代，开封、郑州、洛阳"三点一线"黄金旅游线路便开始形

成；2001 年《河南省政府工作报告》在对回顾"九五"工作时指出，"旅游业投入大幅度增加，'三点一线'等重点旅游线路建设初见成效"，并在工作安排中提出了"开发利用我省文化资源，弘扬传统优秀文化，扩大对外文化交流"的要求。2002 年，党的十六大报告提出，要"积极发展文化事业和文化产业"，对文化事业和文化产业作出明确区分之后，河南省委、省政府积极推动文化产业发展并与 2004 年 12 月首次提出建设文化强省。河南省第八次党代会报告则进一步提出，要"实现由文化资源大省向文化强省的跨越"，并把发展文化产业作为文化强省的重要推动力。

文化强省理念的提出，标志着河南省进入了自觉发展文化产业的新阶段。2005 年省政府工作报告明确提出，"深化文化体制改革，充分开发利用中原文化资源，实施文化精品工程，加快文化事业和文化产业发展"。2005 年 10 月发布的《河南省建设文化强省规划纲要（2005—2020 年)》，把发展文化产业作为文化强省建设的重要内容。2006 年河南省第八次代表大会把"加快文化资源大省向文化强省跨越"作为"两大跨越"之一，为河南省文化产业发展注入了强大的动力。2011 年 9 月，中原经济区上升为国家战略，华夏历史文明传承创新区作为中原经济区的五大战略定位之一，为河南省加速文化产业发展提供了重要契机。河南省牢牢抓住这一历史机遇，提出"大力推进现代文化产业发展，增强河南省文化的整体实力"，通过构建现代内涵产业体系、推动文化产业集聚发展和培育具有中原特质的文化品牌，来推动河南省文化产业快速发展。[①] 河南省的文化产业发展开始驶入了快车道。

二、推动文化产业发展的实践与探索

出台一系列文化产业扶持政策。强有力的健全完善的扶持政策，是文化产业快速发展的重要支撑力和推动力。自 2006 年河南省提出文化强省战略之后，河南省委、省政府便出台了一系列支持文化产业发展的政策，

---

① 参见中共河南省委九届二次全会通过的《关于贯彻落实〈中共中央关于加快文化体制改革 推动社会主义文化大发展大繁荣若干重大问题的决定〉的实施意见》。

主要包括：《关于大力发展文化产业的意见》、《河南省建设文化强省规划纲要（2005—2020年）》、《河南省国土资源厅关于大力支持文化产业发展的意见》、《关于加快文化资源大省向文化强省跨越的若干意见》、《关于进一步深化文化体制改革　加快文化产业发展的若干意见》、《关于支持省级文化改革发展实验区建设的若干意见》、《关于促进动漫产业发展的意见》、《中共河南省委关于贯彻落实〈中共中央关于深化文化体制改革　推动社会主义文化大发展大繁荣若干重大问题的决定〉的实施意见》等。同时，国家出台的系列政策也对河南省文化产业发展提供了支撑，如《国务院关于支持河南省加快建设中原经济区的指导意见》等。这些政策从体制机制改革、资金投入、税收优惠、土地使用、投融资机制、文化人才培养、文化与科技融合等多个层面，对河南省文化产业的发展提供了全方位的支撑。如果在政策具体落实中，能够有效解决政策棚架现象，并根据文化产业发展需要及时完善相关政策，将会为河南省文化产业发展提供更为有力的政策保障。

实施重大文化产业项目战略。依托文化产业项目，整合文化资源，融合市场、资本和技术，壮大文化企业，是文化产业快速发展的重要抓手。自2008年以来，河南省每年确定一批省级重点文化产业项目，有力带动了文化产业的发展。同时，河南省各地市根据地方文化特色和文化产业发展需要，也都积极规划并实施了一批文化产业项目。如，漯河在2012年3月引进豫中宏源包装有限公司新增项目投资4500万元，新建厂房1500平米，将于2013年6月投产；引进香港雄峰达发展有限公司3.8亿元彩印包装项目，2012年7月份开工建设；2012年许昌谋划了30个文化产业项目，尤其是打造三国文化产业园项目，计划投资40亿元；平顶山推动重点文化产业项目、文化产业园区建设，宝丰文化创意产业园、大香山国学文化园等，截至2012年4月底完成投资3亿多元；周口遴选建立了文化产业项目库，计划"十二五"期间共建文化产业项目92个。可见，重大文化产业项目战略在河南省文化产业发展中发挥了巨大的带动力作用。

推动文化产业投融资多元化。多元的融资渠道和充裕的资金，是文化产业发展的重要保障。河南省为推动文化产业的快速发展，已经初步形成了多元化的投融资体系。一是政府投融资。由省财政注入资本金1亿元，成立河南省文化产业投资公司，搭建文化产业发展融资平台；并筹措专门资金，支持文化产业投资公司、河南省歌舞演艺集团和有线电视网络集团等加快发展。二是政策投资。自2006年起，设立河南省文化产业发展专项资金2000万元，2008年开始增加至3000万元；2011年3月，河南省文化厅分别与中国工商银行河南省分行、中国农业银行河南省分行、中国建设银行河南省分行签订河南省文化产业政银战略合作协议，按照协议规定，三家银行在未来三到五年内将为河南省文化产业发展提供300亿元的综合意向授信。三是市场融资。通过鼓励社会资本进入文化产业领域，有力推动了河南省文化产业的发展。由河南省兆腾投资有限公司、北京天人文化传播有限公司、广西维尼纶集团和中国嵩山少林寺四家股东组成的郑州市天人文化旅游投资有限公司共同投资3.5亿元，打造出旅游演艺精品《禅宗少林·音乐大典》；由开封市人民政府与海南置地集团联合投资1.9亿多元，兴建了大型宋代历史文化主题公园——清明上河园，并成功打造了实景演出《大宋·东京梦华》；深圳华强文化科技集团股份有限公司投资25亿元，已成功推出郑州华强文化科技产业基地一期工程·方特欢乐世界主题公园；通过第八届中国国际文化产业博览交易会的平台，签约25个项目，投资额达196.39亿元。如果能够进一步完善政府投融资机制、规范和加强市场投融资的基础地位等，构建出健全高效的投融资体系，将会为河南省文化产业发展注入强大的经济支持，实现河南省文化产业的跨越发展。

积极培育新兴文化产业业态。新兴文化业态，主要是指以新媒体技术、数字技术、信息技术等高新科技为依托的新媒体产业和多媒体数字内容产业。近年来，河南省通过积极推进文化与科技的融合发展，新兴文化业态已经逐步成长起来，主要包括移动电视、手机报、手机广播电视、动漫、网络平台等，且成效显著。移动多媒体广播电视（CMMB）和流媒体手机广播电视进一步融合，河南省CMMB用户已突破80万人，用户规模位居全国第六；《河南手机报》突破150万份，成为读者最多、影响力最大的省级手机报之一；动漫产业方面，全省动漫企业数量已接近100家，其中郑州小樱桃卡通公司、河南省天乐动画影视发展公司等6家企业通过了国家认定，《独脚乐园》被认定为国家"重点动漫产品"，创办了国

内第一份动漫类报纸《动漫报》；网络新媒体建设成绩喜人，2011 年 7 月
大河报与河南省联通联手打造的"大河·沃 3G 生活门户"上线，2011 年
8 月大河报与腾讯公司联手推出的腾讯·大豫网正式上线运行；新浪河南
网、大象网的点击率和知名度显著提升等等。河南省新兴文化业态的蓬勃
发展，有力推动了河南省文化产业结构的调整和经济增长方式的转变。随
着河南省文化科技融合发展的深化，新兴文化业态必将成为河南省文化产
业发展的新亮点。

三、文化产业发展成就显著

规模效益逐步提升。根据相关统计资料显示：自 2006 年至 2009 年，
文化产业增加值由 2006 年的 395.04 亿元提高至 2009 年的 623.31 亿元，
呈逐年增加的趋势。这就充分证明，河南省的文化产业在"十一五"期间
规模得到了不断发展扩大。再从文化产业法人单位数量来看，同样如此。
截至 2010 年年底，全省文化产业法人单位 17196 个，比 2008 年增加 951
家；从业人员 46.03 万人，比 2008 年增加 4.22 万人。法人单位从业人员
年增长 4.97%，高于全社会从业人员 1.3%的增长速度；占全社会从业人
员的比重为 0.76%，比 2008 年提高了 0.06 个百分点。法人单位的数量和
从业人员数量的增加，都反映出河南省文化产业的规模在进一步扩大。

产业结构渐趋优化。依据文化产业内部结构核心层、外围层与相关层
三个层次的划分，2006 年至 2010 年河南省文化产业结构正在逐步优化，
核心层与外围层的增加值逐年上升，所占全省文化产业增加值的比重也在
逐步提升。这充分表明，核心层和外围层作为文化产业的主体构成，其竞
争力在逐步提升，现代文化产业贡献的增加值份额在逐步提高，正在凸显
出主体的作用。而相关层，作为文化产业发展的有效补充，由于科技含量
低、文化附加值低等因素，虽然增加值提升速度相较于核心层和外围层而
言不快，但目前仍然是文化产业的重要构成。

项目带动效果显著。河南省每年都要确定一批重点文化产业项目，通
过项目进行招商引资、整合资源、拓展市场和革新技术，从而发挥出巨大
的项目带动作用。一是壮大了文化企业主体。通过实施集团化战略所组建

的河南日报报业集团、中原出版传媒集团、河南文化影视集团、河南影视制作集团、河南省有线电视网络集团、河南省歌舞演艺集团等一批实力雄厚、具有较强竞争力和影响力的文化企业集团进一步发展壮大，进一步发挥了龙头带动作用。二是打造了众多文化精品。通过重大项目招商，引导非公有制资本投入文化领域，推动适宜于产业化的文化资源的开发，是项目带动战略的又一突出成效。三是拉动了产业技术升级。河南中光学集团有限公司研制并掌握背投彩电的核心技术，光学引擎实现批量生产，年产达23万台，结束了中国作为彩电生产大国而不掌握核心技术的历史，2010年集团销售收入10.2亿元。另外，国家动漫产业发展基地（河南基地）、安阳凯瑞数码有限公司等重大项目，也是通过项目实现科技提升，从而带动了新兴文化业态的发展。

集聚发展特色鲜明。为充分发挥文化资源的软实力作用，将文化软实力转变为经济硬实力，河南省采取了积极有效的措施进行资源整合开发利用，推动集聚发展，打造特色产业。一是打造了河南省唯一的一个国家级文化产业示范园区——开封宋都古城文化产业园区。宋都古城文化产业园区是依托开封的宋文化，整合开封现存宋文化资源——相国寺、龙亭、开封府等物质依存，融入开封的特色饮食和众多非物质文化遗产；依托张择端的名作《清明上河图》打造的"清明上河园"，有效带动了开封文化产业的发展，从而将文化旅游、旅游演艺、饮食文化、收藏文化等融为一体。开封宋都古城文化产业园区不仅将宋文化打造成为开封独具特色的城市文化名片，而且通过积聚开发宋文化资源从而为中原文化资源的整合利用进行了积极探索。

第四节　文化改革发展试验区建设

党的十七届六中全会审议通过的《中共中央关于深化文化体制改革　推动社会主义文化大发展大繁荣若干重大问题的决定》提出，要"加快推进文化体制改革，建立健全党委领导、政府管理、行业自律、社会监督、企事业单位依法运营的文化管理体制和富有活力的文化产品生产经营

机制，发挥市场在文化资源配置中的积极作用，创新文化走出去模式，为文化繁荣发展提供强大动力。"河南省在 2008 年年底设立的文化改革发展试验区，正是对深化文化体制改革和繁荣发展文化事业、文化产业的积极探索。

一、文化改革发展试验区的提出与确立

河南省文化资源丰富，近年来文化产业发展迅速，但总体上看文化产业发展规模还不够大，发展层次还不够高，与文化资源的丰裕程度还不相称。因此，河南省委、省政府决定选择若干文化资源独特、产业化发展条件较好的地方，建立文化改革发展试验区，力求在文化体制改革、公共文化服务体系建设和文化产业发展方面闯出一条新路子，创造一种新模式，带动各项文化事业全面发展，为文化强省建设寻求新的突破。

在 2008 年河南省文化产业发展和文化体制改革工作会议上，时任河南省委书记、省人大常委会主任的徐光春提出，以 3 至 5 个县或者有特色的乡镇，如平顶山的宝丰、鹤壁的浚县、周口的淮阳、信阳的新县，像国家搞经济特区一样搞几个"文化发展试验区"，争取闯出一条新路来，创造出一个模式来。2008 年 12 月 26 日，全省文化改革发展试验区建设工作会议在郑州召开。开封市、登封市、禹州市、淮阳县、新县、浚县、宝丰县、镇平县 8 个文化资源独特、产业化发展条件较好的市县被确立为河南省第一批"文化改革发展试验区"。2009 年 9 月 29 日，河南省委、省政府将信阳鸡公山文化旅游综合开发试验区和濮阳市区纳入省文化改革发展试验区，全省文化改革发展试验区达到 10 个。

设立河南省文化改革发展试验区的目的，就是紧紧围绕"两大跨越"目标，深化文化体制改革，发挥文化资源优势，彰显地域文化特色，做大做强文化产业，完善公共文化服务；就是要坚持政府引导和市场机制相结合，地域文化特色和对外开放相促进，内容创新和形式创新相结合，实现文化事业、文化产业又好又快发展。就是根据各试验区的文化资源特色，对其进行不同的发展定位，以期最大限度地发挥其发展优势。

二、文化改革发展试验区的探索之路

2008 年以来，10 个文化改革发展试验区坚持以改革发展为动力，以市场为导向，注重体制机制创新，强化文化与科技融合发展，在实践中不断探索推动河南省文化建设又好又快发展的新路径。

突出"文化特区"的特点，出台一系列特殊优惠政策。2009 年，河南省委、省政府制定出台了《关于支持省级文化改革发展试验区建设的若干意见》，从加快文化体制改革、促进产业集聚发展、加大财税支持力度、扩大部分经济管理权限、强化智力支持 5 个方面对试验区的文化发展给予了特殊的政策倾斜。正是这些扶持政策，进一步推动了各试验区文化体制改革和文化产业的进一步发展。如，在文化体制改革中提出支持试验区艺术表演团体改革，对试验区艺术表演团体等特殊行业的转企改制实行"新人新办法、老人老办法"。

突出规划的引导力，对试验区进行高质量规划。科学的、高水平的规划是实现文化产业稳步发展的前提，也是确定文化发展定位的前提。同时，好的规划可以通过创意策划，激发潜在优势。从 2009 年年初开始，历时半年，各试验区以突出地方文化特色为根本，高质量完成了规划编制工作。10 个文化改革发展试验区均对文化产业发展做了一个比较长远的规划。这些规划，既有近期目标，又有中期目标和远期目标，对各个试验区文化事业和文化产业的发展能起到比较好的引领作用。

突出产业的带动力，变特色文化资源优势为文化产业优势。推动文化发展，突出特色是根本。10 个文化改革发展试验区都拥有特色鲜明的文化资源，而试验区的建立和定位，更强化了这种特色。各试验区都紧紧抓住被确定为全省文化产业发展和文化体制改革试点市县的大好机遇，及时转变传统观念，充分挖掘自身文化资源优势，努力使文化资源优势转化为文化产业优势。

突出创新推动力，着力塑造和提升知名文化品牌。"少林寺"作为河南省的知名文化品牌，正是通过持续创新和立体式开发，进一步提升了品牌的形象和知名度。此外，一些试验区还通过高层次的展会进一步提升知

名度，培育文化品牌。如，神垕镇成功举办了规模和影响空前的第六届禹州·中国钧瓷文化旅游节和"钧瓷文化台湾行"、"钧瓷文化香港行"两次大型钧瓷文化展，积极开拓国内外市场，展示神垕古镇和钧瓷文化的无穷魅力，扩大了禹州钧瓷品牌的影响力。

三、文化改革发展试验区建设的成效

特色文化产业集群初步形成。各试验区围绕发展规划，通过产业基地和园区建设，积极推进各地文化产业集聚发展。如，开封宋都古城文化产业园区、镇平县石佛寺镇玉文化产业园区、禹州市（神垕）钧瓷文化产业园区、浚县石雕产业集聚区、淮阳伏羲文化旅游产业集聚区等一批文化产业园区、集聚区建设已初步形成；其中，开封宋都古城文化产业园区、镇平县石佛寺镇玉文化产业园区和禹州市（神垕）钧瓷文化产业园区被评为首批"河南省文化产业示范园区"，尤其值得一提的是开封宋都古城文化产业园区在 2011 年晋升为国家级文化产业示范园区。通过文化改革发展试验区的建设，这些特色文化资源在集聚发展中形成了河南省文化新的知名品牌，如少林武术、宝丰魔术、禹州钧瓷、濮阳杂技、镇平玉雕等。这些优秀品牌，已经成为展示河南形象的"新名片"。

文化体制改革先行先试成效初显。2009 年，河南省政府出台了《河南省人民政府关于支持省级文化改革发展试验区建设的若干意见》，各试验区在政策支持下，选准突破点实行改革。将文化、广电、新闻出版三局合一，分别组建成立了文广新局和文化市场综合执法机构，解决了文化资源多头管理的问题。如今，这种改革已经根据中央文化体制改革的总体部署全面展开，各试验区通过文化体制改革组建了文化广电新闻出版局，成立了文化市场综合执法大队，完成了艺术院团、电影公司、新闻出版、广电服务等经营性文化事业单位转企改制。另外，一些试验区在投融资体制方面也进行积极探索。如，开封清明上河园和登封的嵩山风景区都在体制改革和机制创新方面作出了积极探索，从而实现了较好的社会效益和经济效益。

文化项目招商引资成果丰硕，项目建设稳步推进。试验区实行重大项

目带动战略，成功引进一批战略投资者，港中旅、山东志高等一批国内知名企业纷纷落户试验区。目前，各试验区文化项目稳步推进。如，信阳市仅在 2010 就有 6 个大项目落地，协议投资总额近 200 亿元，到位资金 5 亿元，其中利用外资 1010 万美元，实现历史上利用外资零的突破。禹州引导民间资本投资文化旅游服务业建设，将素有"中原潘家园"之称的神垕古玩市场升级为"神垕古玩城"，实现了由室外转入室内的转变，古玩市场形象得到规范提升，吸引力、辐射力进一步增强。

文化旅游得到进一步提升。随着人们生活水平和文化水平的不断提高，文化旅游正成为一种备受青睐的旅游形式，各旅游目的地越来越重视满足人们在旅游中对文化因素的需求。河南省设立的 10 个文化改革发展试验区，都具有独特的文化资源优势。它们通过文化与旅游的结合，积极打造良好的旅游条件和丰富的旅游项目，培育文化旅游品牌。如，开封的清明上河园，从一期工程中大量的民俗表演，到二期工程中对宋文化的深层次发掘，尤其是大型实景演出《大宋·东京梦华》更是把北宋文化和现代旅游有机地结合在一起，充分利用水系景观、人文演出和历史背景吸引游客前来观赏、品味、体验、休闲。

第五节　弘扬中原人文精神

中原文化在漫长的发展演进过程中所形成的"兼容并蓄，刚柔相济，革故鼎新，生生不息"的传统人文精神，在当代社会发展实践中得到了进一步的丰富和提升，从而形成富有时代精神的当代中原人文精神，为中原经济区建设提供了精神支撑，为构建中华民族共有的精神家园奠定了基础。

一、中原人文精神的内涵与当代价值

（一）中原人文精神的文化渊源
作为中原文化的核心内容，中原人文精神有着深厚的文化渊源。先

秦时期，以老子、庄子为代表的道家思想，主张"天人合一"，强调人与自然的和谐；以墨子为代表的墨家，主张"兼爱非攻"，博爱尚同，反对趋利，反对战争；法家学派李悝、商鞅、韩非等，主张依法治国、以法强国；与河南省有着千丝万缕联系的先秦儒家所主张的"仁者爱人"，"尽善尽美"等，以及后世作为儒、道、佛禅合流形成的宋明理学倡导的理想人格等，均是中原人文精神的思想渊源。中原文化中的圣贤文化，则是以其独特的人格精神直接汇入中原人文精神之中。如，魏晋南北朝时期中原士人的积极进取、奋发向上、心系天下、忧国忧民；宋代范仲淹的"先天下之忧而忧，后天下之乐而乐"等，表现出对民族、对民众无限忠诚和热爱的深厚感情以及优秀的爱国主义精神品质。中原文学艺术则展现了中原文化中的诗性精神、继承和创新精神等，并将中原人文精神以形象的方式展现出来，传播开去。另外，天文文化、医药文化等所蕴含的力求创新、大胆探索的精神，教育文化、武术文化等所包孕的躬亲精神等，均是中原人文精神的重要内涵与构成部分。中原传统文化中所蕴含的丰富的人文精神，深深植根于中原大地，千百年来绵延发展，并在现代社会主义建设实践中凝聚为富有时代特征的新的中原人文精神。如，在社会主义建设时期和改革开放的现代化进程中，中原人民在努力改变贫穷落后面貌、建设社会主义新河南的同时，创造了新时代的愚公移山精神、红旗渠精神和焦裕禄精神，创造了新时期的"三平精神"，则进一步丰富了当代中原人文精神的时代内涵。

（二）中原人文精神的主要内涵

中原人文精神不仅是中原文化的核心，而且是中华文化和中华民族精神的核心和主要内容，集中体现了华夏历史文明的精髓所在，具有雄浑深厚的历史积淀和博大精深的文化内涵。何谓中原人文精神？历来是众说纷纭，见仁见智。有论者认为，"中原文化精神，直到目前，总的特征，主要表现为一种较为平和、平稳、后发的精神"①。有论者则指出："质朴自然，宽容忍让，吃苦耐劳，积极进取，百折不挠，愈挫愈奋，是中原文化

---

① 杨翰卿、徐初霞：《中国先进文化继承创新论》，中共中央党校出版社 2004 年版，第 274—278 页。

精神的核心内容。质朴自然，宽容忍让，吃苦耐劳，体现出的是中原文化对待个人与自然、个人与他人的基本态度；而积极进取，百折不挠，愈挫愈奋，则是以积极的人生态度协调个人与社会、个人与时代的关系，表现出一种主动的用世精神。在长期的发展演进过程中，中原文化精神随社会、政治、经济及传统文化的变化而变化，并因社会、政治、经济等大文化背景的不同而有不同的表现和侧重。"[1] 还有论者认为，"中原知识分子对自由、民主、女权、自然等人学主题的关注，形成了中原文化特有的人文精神"[2]。

尽管这些观点各具特色，自成一说，但总的来看，仍具有相通之处。因为中原人文精神是中原人民在长期的社会历史进程中逐渐积淀形成的，并且一直绵延至今，流淌在中原人民的血脉之中，影响着当代河南人的生活。传统中原人文精神与时代精神相结合，在当下的社会实践中熔铸进新的内容，形成以社会主义核心价值观为引领，以愚公移山精神、焦裕禄精神、红旗渠精神为主要内容，以务实创新精神和"三平精神"为核心构成，以外来文化的优秀成果、现代科学精神作为有益补充的当代中原人文精神。这是一种以爱国主义的民族精神、自强不息的奋斗精神、中庸尚和的人生境界、勤劳俭朴的优良作风、百折不挠的实践精神、严于律己的慎独精神等为内涵的核心价值体系，是当代中原人文精神的主要特征。

（三）中原人文精神的当代价值

弘扬中原人文精神，是时代发出的要求。中原经济区建设需要中原人文精神的支撑和引领，文化多样化和人们精神文化需求的多样性也需要人文精神的引领；消解中原传统文化中的消极因素和负面影响，化解思想文化领域的不和谐因素，同样需要弘扬优秀中原人文精神。中原人文精神对河南省经济社会发展及中原经济区建设具有重要价值。一是为中原经济区建设提供强大精神动力。大力弘扬红旗渠精神、焦裕禄精神，在亿万中原人心中树立起崇高的理想和坚定的信念，可以构筑起"精神支柱"和"共同理想"，以应对种种未知的严峻挑战。二是为打造"华夏历史文明传承

---

① 卫绍生：《魏晋文学与中原文化》，学苑出版社2004年版，第402—403页。
② 李庚香、卢焱：《中原文化精神》，新疆大学出版社1997年版，第302页。

创新区"提供文化支撑。将传统文化作为当代中原文化建设的基石，深度
发掘中原历史文化资源的当代价值，传承优秀中原人文精神，充分发挥传
统文化在当代社会发展中的支撑力；以创新文化内容与形式作为传统文化
当代发展的助推器，实现历史文明与现代文明的对接，充分发挥传统文化
在当代社会发展中的引领力。三是为构建中华民族共有的精神家园提供支
撑。中原文化具有鲜明的根源性，不仅拥有联结海内外中华儿女、增强民
族凝聚力的精神纽带的始祖文化与姓氏文化，而且拥有蕴含丰富的普世性
价值理念的元典文化，对于中华儿女的精神还乡，将中原打造成为中华民
族精神家园具有重要意义。四是为提升河南人形象提供支撑。中原人文精
神有一种引导人们向上的力量，可以影响每一位河南人，内化为每个人的
道德自律、理想信念和素质修养，外化为每个人的言行举止、精神面貌，
形成河南人昂扬向上、同心同德的精气神，全面提升河南人的整体素质，
全面展现河南人甘于奉献、勇于竞争、创新务实、积极进取的优秀品格，
能进一步提升河南人的良好形象。

二、中原人文精神的当代实践

在中国特色社会主义的伟大实践中，当代中原人文精神不论作为内在
力量还是作为外化行为，都在无声地推动着河南省经济社会的发展，彰显
着河南人"平凡之中的伟大追求、平静之中的满腔热血、平常之中的极强
烈责任感"，培育出了许许多多感动河南、感动中国的英雄群像。

（一）新时期的愚公移山精神

愚公移山精神，自 1945 年 6 月 11 日，毛泽东同志在中国共产党第
七次全国代表大会闭幕词《愚公移山》中提出以来，在中国革命和社会
主义建设过程中已经发展成为中华民族的精神财富，并发展出了大庆精
神、焦裕禄精神、红旗渠精神等。愚公移山精神，作为中原传统文化所孕
育的优秀人文精神，自然也是河南省当代经济社会建设的重要精神动力。
1995 年，在《愚公移山》发表 50 周年之际，江泽民同志题写了"愚公移
山、坚忍不拔、开拓进取、振兴中华"，号召学习愚公移山精神，推进社
会主义建设。到了 2005 年发表 60 周年之际，河南省举行了重要学习活动，

时任河南省委书记的徐光春同志明确提出："愚公移山精神和焦裕禄精神、红旗渠精神作为我们民族精神的重要组成部分，都是中华民族宝贵的精神财富，是河南人民实现崛起、再创辉煌的强大动力"，"我们学习纪念《愚公移山》这一不朽篇章，就要大力弘扬愚公移山精神，赋予愚公移山精神新的时代内涵，努力做到敢想敢干、开拓进取、坚韧不拔、团结奋斗，加快推进实现中原崛起的伟大进程"。

2011 年 9 月，国务院在《关于支持河南省加快建设中原经济区的指导意见》中明确要求，河南省要"发扬愚公移山精神、焦裕禄精神和红旗渠精神"，"树立中原发展新形象"。2011 年 10 月，在中共河南省第九次党代会上，省委书记卢展工同志明确提出："大力弘扬愚公移山精神、焦裕禄精神、红旗渠精神和新时期'三平'精神，树立'普普通通、踏踏实实、不畏艰险、侠肝义胆、包容宽厚、忍辱负重、自尊自强、能拼会赢'的河南人形象。"

愚公移山精神历久弥新，在新的历史时期已经成为河南人民实现中原崛起、河南振兴的强大精神力量，并在中原崛起的伟大实践中孕育出史来贺、常香玉、张荣锁等一大批愚公移山精神的传人。

（二）焦裕禄精神

焦裕禄精神，是指焦裕禄同志在兰考县委任书记期间，所集中形成和体现出来的亲民爱民、艰苦奋斗、科学求实、迎难而上和无私奉献的精神，既继承和发扬了传统的中原人文精神，又体现出鲜明的时代特征。尤其是对广大党员干部而言，焦裕禄已经成为党员干部学习的楷模和榜样，焦裕禄精神成为河南省广大干部带领广大人民群众建设美好中原的强大动力和支撑。

为学习和弘扬焦裕禄精神，1994 年 5 月 13 日，在焦裕禄逝世 30 周年纪念日前夕，兰考县举行了"焦裕禄同志纪念馆"落成暨焦裕禄铜像揭幕仪式，时任中央政治局常委、书记处书记的胡锦涛同志受时任总书记的江泽民同志的委托参加了纪念馆落成仪式。2007 年 9 月 21 日，河南省成立了"焦裕禄精神研究会"，以推动焦裕禄精神的发扬光大。2009 年，在焦裕禄同志逝世 45 周年之际，国家副主席习近平专程赶赴焦裕禄纪念园，瞻仰焦裕禄同志纪念碑，参观焦裕禄同志事迹展，向焦裕禄同志陵墓敬献

花篮。为进一步学习弘扬焦裕禄精神，河南省委作出了《关于新形势下深入学习大力弘扬焦裕禄精神、加强党性修养、切实改进作风、推动科学发展的决定》，在全省开展学习弘扬焦裕禄精神活动。2012 年 4 月 13 日，国家副主席习近平在对《兰考县工作情况汇报》的重要批示中明确要求："大力弘扬焦裕禄精神，充分发挥各级党组织和广大党员干部的作用，牢牢把握好稳中求进的工作总基调，带领全县人民进一步振奋精神，更加扎实地工作，以推动科学发展的优异成绩迎接党的十八大胜利召开。"

焦裕禄精神一直是鼓舞和激励河南人民团结奋进、振兴河南，实现中原崛起的强大精神动力。诚如 2011 年 6 月河南省委书记卢展工在谈到电视剧《焦裕禄》拍摄时所指出的："《焦裕禄》电视剧的拍摄，对于我们在新时期继续学习焦裕禄先进事迹，弘扬焦裕禄精神，是一种很大的鼓舞和激励。河南省在贯彻落实科学发展观的过程中，在中原经济区建设过程中，需要更多的焦裕禄式的干部。"在河南省建设小康社会、推动经济社会又好又快发展、加快建设中原经济区的历史进程中，河南省涌现出了一批焦裕禄式的好干部，吴金印便是其中的典型。

（三）红旗渠精神

红旗渠，是林州人民在 1962 年 2 月至 1969 年 7 月"引漳入林"水利工程中，所修建的一条"人工天河"，被誉为"世界第八奇迹"。红旗渠精神是在 1990 年 3 月林县人民纪念红旗渠通水 25 周年时提出来的，"自力更生、艰苦创业、团结协作、无私奉献"是其主要内涵。红旗渠精神是中原人文精神在当代社会的生动实践和创新发展，是河南人民建设中国特色社会主义的精神动力，彰显了中原人文精神的时代特征。

为了更好地弘扬红旗渠精神，1990 年河南省委、省政府决定在全省开展农田水利基本建设"红旗渠精神杯"竞赛活动，发布了《关于开展农田水利基本建设"红旗渠精神杯"竞赛活动的决定》，该项活动一直持续至今，极大地推动了河南省水利事业的发展。自 20 世纪 90 年代开始，红旗渠精神已经在河南省广为传颂和弘扬，成为河南省各项事业建设的重要精神支撑。1995 年 4 月 14 日，时任中共中央常委、国家副主席的胡锦涛同志到红旗渠视察，对红旗渠精神进行了高度概括："红旗渠是一个典范，它体现的自力更生、艰苦创业、团结协作、无私奉献的可贵精神，不仅是林州的、河南的精神财富，也是我们整个国家和民族的精神财富。可以说，红旗渠精神是民族精神的时代体现。"由此，红旗渠精神不仅在中原大地上枝繁叶茂、开花结果，涌现出众多学习和践行红旗渠精神的优秀人物，而且在全国得到了广泛传播。

进入 21 世纪之后，在河南人民奋力实现中原崛起的历史进程中，红旗渠精神得到进一步丰富和发展，形成了当代红旗渠精神。正如 2011 年 10 月 16 日新华社播发的长篇通讯《守望精神家园的太行人——红旗渠精神当代传奇》中所报道的：经由"百姓福根"林州市临淇镇白泉村支书张福根、石板岩乡大垴村党支部书记许存山、东姚镇石大沟村支部书记郭变花、桃花嫂子申兰英、林州钢铁大王李广元、林州市人民医院院长秦周顺和林州市中生半导体硅材料有限公司董事长桑中升等一大批红旗渠精神的时代践行者们的丰富和发展，已经赋予了红旗渠精神以新的时代内涵，"成就了当代红旗渠精神，这就是——难而不惧，富而不惑，自强不已，奋斗不息。难而不惧，在理想召唤下排除千难万险；富而不惑，在物质大潮中坚守精神家园；自强不已，在激烈竞争中壮大发展，不断超越；奋斗不息，在复兴道路上奋力拼搏，永不停步。这就是我们时代的精神，更是中华民族的精神。"

当代红旗渠精神已经成为当代中原人文精神的重要组成部分，成为中原人民宝贵的精神财富，成为推进中原经济区建设的强大动力。

（四）新时期"三平"精神

2010 年全国"两会"期间，河南省委书记卢展工在与河南省进京务工人员座谈期间，将当代河南人的精神总结为"三平"精神，即："平凡之中的伟大追求，平静之中的满腔热血，平常之中的极强烈责任感"。"三平"精神是对中原人群体性格的精练概括，是河南精神内核的生动展现和总结。同时，"三平"精神极富辩证性地抓住了中原人民精神品质的最本质内核：即平凡与伟大，普通与高尚的辩证统一，外表的朴实与内在的崇高，对个人得失的淡泊平静与对理想、对事业、对社会利益的崇高追求、高度热情与强烈责任感的辩证统一。

"三平"精神提出后，得到了河南省各界人民群众的广泛认同，掀起了学习高潮。共青团河南省委专门开设了"河南青年'三平'精神激励榜"，

引导全省青年深入学习和持续践行"三平"精神,发挥先进青年典型的示范作用;全省教育系统则是将学习和践行"三平"精神与师德师风建设等有机结合在一起,在教育行业弘扬"三平"精神,为中原崛起提供智力支持。在学习"三平"精神活动中,许多在平凡岗位和平凡生活中一直默默无闻地践行着"三平"精神的时代典范被发现,革命老人李文祥就是其中的典型代表。

李文祥,1925年5月出生于河南省濮阳市范县白衣阁乡北街村,1947年12月参军入伍,1949年2月加入中国共产党,参加过济南战役、淮海战役、渡江战役等,荣立特等功、一等功、二等功等,获得"战斗英雄模范"荣誉称号。1956年转业到福建省建设厅建筑工程公司工作,1962年响应国家支农号召,主动要求回到河南省老家务农。之后,他便默默无闻地扎根农村,过着平凡的生活,带领村民挖水渠、复耕农田,为建设美好家乡奉献自己的力量。在回乡务农的几十年中,他从不炫耀自己的战功,从不向党和政府提要求。李文祥老人常说的话就是,"革命分工不同,在哪儿都是为人民服务";"一个老头子,没必要花钱,有这钱建设社会主义多好!";"当一名共产党员,说容易也容易,一心干革命,党叫干啥就干啥";"说不容易也不容易,啥事都要带头,都要比一般群众强,吃苦在前,享福在后"。李文祥的先进事迹充分体现了"三平"精神的本质内涵,以平和的心态坚守平常的岗位,脚踏实地、埋头苦干、甘于奉献,且敢于担当。李文祥的精神,集中体现了中原人的精神品格,体现了中原人文精神中平凡与伟大、普通与高尚、朴实与崇高的不同方面,以生动鲜活的事迹诠释了"三平"精神的时代内涵,成为河南省弘扬新时期"三平"精神的学习典范。

三、中原人文精神树起河南新形象

在传统中原人文精神基础上形成的当代中原人文精神,不仅成为中原崛起、河南振兴的强大精神力量,而且改善了河南人的形象,在推动经济社会发展和中原经济区建设的伟大实践中,逐渐树立起河南人务实创新、不畏艰难、自尊自强、能拼会赢的新形象。

（一）以中原人文精神为核心的"八种河南人"

长期的贫穷落后，曾经让人们形成了对河南人"古、土、苦"的印象。为了改变这种形象，河南人努力奋斗，不仅创造了红旗渠这样的人间奇迹，而且取得了经济社会快速发展的好成绩，经济总量在2004年就跃居全国第五位。经过不懈努力，河南省如今已经成为新兴工业大省、重要农业大省和有影响的文化大省。河南人的形象正在改变，河南人的形象已经改变。

2010年全国"两会"期间，河南省委书记卢展工在与河南省进京务工人员座谈时，总结了四种河南人形象：普普通通的河南人、踏踏实实的河南人、不畏艰难的河南人和侠肝义胆的河南人。2011年全国"两会"期间，他再次与河南省进京务工人员座谈时，又总结补充了四种河南人形象：包容宽厚的河南人、忍辱负重的河南人、自尊自强的河南人、能拼会赢的河南人。"八种河南人"是对以"三平"精神为内核的河南人民优秀精神品质具体表现的概括和提炼，是新时期河南人形象的群雕。其中，既有中原人民和历史传统一脉相承的朴实厚重、包容坚韧、正直勇敢、自尊自强等优秀品质，又有现代中原社会，特别是改革开放以来中原大地孕育出的开拓创新、开放竞争等思想精神。"八种河南人"，既是中原人文精神的当代鲜活体现，又是中原人文精神熔铸时代特征的现实实践。

（二）务实发展树立务实河南新形象

务实是当代中原人文精神的核心内容之一。务实与创新相结合，与时代精神相统一，形成了当代中原人文精神中的务实精神，成为促进河南省经济社会快速发展的重要精神支撑。务实发展成为河南人民的历史选择，也成为河南经济社会发展的主基调。河南人民勤劳朴实，踏实肯干，曾经创造了辉煌的中原文化。在社会主义建设实践中，在推进河南省经济社会发展的历史进程中，河南人民把务实精神熔铸于中原人文精神，形成了独特的文化品格。它既与传统的中原人文精神相一致，又与当代中原人文精神相契合，为河南省的务实发展提供了精神动力源。中原人民以务实精神推进改革开放伟大事业，推进小康社会建设，扎扎实实，一步一个脚印走来，涌现出刘庄、小冀等农村变革的先进典型，创造了许继、宇通等工业制造的奇迹，改变了世人对河南形象的看法，赢得了世人对河南人的尊

重，用务实发展树立起务实河南省的新形象。

河南省第九次党代会报告对务实发展的论述，体现了当代中原人文精神的主要内容："务实发展，就是解放思想、开拓进取，遵循规律、勇于创新；务实发展，就是真诚履职、尽心尽责，责随职走、心随责走；务实发展，就是注重持续、锲而不舍、保持韧劲、勇于担当；务实发展，就是关键在做，科学运作、有效运作、说到做到、说好做好，努力创造经得起实践、人民和历史检验的业绩。"报告所说的遵循规律、勇于创新、保持韧劲、勇于担当和说到做到、说好做好，都源自于中原人文精神，源自于中原人民的文化品格。

（三）践行中原人文精神的时代群像

河南人民是中原人文精神的实践者。在推进当代经济社会发展的丰富实践中，河南人民都在自觉地践行中原人文精神，各行各业、各个阶层都涌现出众多的道德模范和先进典型，形成了践行中原人文精神的时代群像。如，人民艺术家常香玉，脱贫致富的引路人史来贺，情系百姓的贴心人吴金印，肯吃亏的带路人李连成，公安英模任长霞，当代愚公张荣锁，航天女英雄刘洋，等等。他们身上表现出来的大爱精神、开拓创新精神、勇于担当精神，体现了当代中原人文精神的内涵与品质，让世人对河南人刮目相看。

2002 年开始的中央电视台"感动中国"10 大人物评选，迄今已经连续评选了 10 届，先后有张荣锁、任长霞、魏青刚、洪战辉、王百姓、谢延信、李剑英、李隆、武文斌、李灵等 11 位河南人成为"感动中国"的人物。河南人一次又一次感动中国，让世人一次又一次目睹了河南人的形象和风采。中原人杰地灵，英才辈出。是中原这方水土养育了中原人，是中原人文精神培育了中原人。

河南人民积极践行当代人文精神，以踏踏实实的行动和感人的事迹在社会上重新树立了河南人的良好形象。在建设中原经济区、打造华夏历史温暖传承创新区的伟大事业中，要充分发挥这些先进典型的示范引领作用，大力弘扬爱国主义和改革创新的时代精神，将先进文化建设中的爱国精神、创新精神与和谐精神融入群众性文化活动之中，培育出新时代的中原人文精神。

第六节　经验与启示

河南文化强省的发展历程和取得的成效告诉我们，文化的自觉、自信和自强，是提升文化软实力、增强区域综合竞争力、建设文化强省的基础和前提；建设中原经济区，打造华夏历史文明传承创新区，实现中原崛起河南振兴，必须以高度的责任感和紧迫感，提高文化自觉，增强文化自信，实现文化自强。

一、提高文化自觉，正确认识文化的地位和作用

文化是民族的血脉，是人民的精神家园，是推动社会发展的不竭动力。当今世界正处于大发展、大交流、大变革、大调整时期，世界多极化、经济文化化、文化经济化、经济文化一体化已经成为不可阻挡的历史潮流。各种思想文化的交流交融交锋越来越频繁，文化在综合国力竞争中的地位和作用越来越明显，文化在维护国家安全方面的地位和作用越来越重要，文化在经济社会发展中不可替代的地位和作用越来越突出。文化越来越成为经济社会发展的重要支撑，越来越成为民族凝聚力和创造力的重要源泉，越来越成为综合国力竞争的重要因素。文化是根，文化是魂，文化是力，文化是效。在中原经济社会的发展进程中，中原文化曾经发挥了巨大作用，留下了丰富的文化遗产。在中原经济区建设中，文化应该而且必须继续发挥引领作用、支撑作用和推动作用。这就要求各级领导必须深刻领会党的十七届六中全会《决定》、省委九次党代会报告和省委九届二次全会通过的《关于贯彻落实〈中共中央关于深化文化体制改革　推动社会主义文化大发展大繁荣若干重大问题的决定〉的实施意见》等政策文件精神，尽快提高对文化的认识，尽快补上对文化的重要性认识不足这一课，自觉地把文化建设放在全局工作重要的战略地位，在坚持以经济建设为中心、坚持发展是硬道理的同时，自觉自愿地把发展文化作为落实科学发展观的重要内容，自觉自愿地把文化发展繁荣作为发展是硬道理、发展

是党执政兴国第一要务的重要内容，自觉自愿地把文化建设作为推动当地经济社会全面发展的重要内容，自觉自愿地把文化建设的成就作为考核政绩的重要内容。只有观念真正转变了，思想真正认识到位了，发展文化才有可能成为自觉的行动。

二、增强文化自信，切实树立文化强省的自信心

长期以来，许多人片面理解"发展"，以为"发展是硬道理"就是发展经济是硬道理。在十几亿人民需要解决吃饭穿衣等基本生活需求的时代，这样的理解有其合理性。事实上，多年来，人们也就是这样理解的。但是，随着经济社会的发展和综合国力的提升，如何实现从温饱到小康，就成为人们普遍关心的问题。小康社会不仅仅是指经济指标的实现，还应该包括国民文明素质和文化水平的提升。正是因此，党的十七大报告明确提出，要加强文化建设，提高全民族文明素质。然而，长期形成的思想认识和思维习惯，使得一些领导干部抓经济有方法有套路也有成效，而对发展文化却无从下手，缺少推动文化大发展大繁荣的信心和勇气；一些领导干部在发展文化面前畏首畏尾，找不到感觉，缺少思路，没有办法；一些领导干部受 GDP 因素和传统的政绩观影响，不愿意也不敢在文化建设上费大心思、花大力气，唯恐影响任内政绩和仕途。即使是在党的十七大报告把文化建设纳入中国特色社会主义"五大建设"之中、党的十七届六中全会专门就深化文化体制改革和推动社会主义文化大发展大繁荣作出决定的背景下，一些同志仍然缺乏繁荣发展社会主义文化的自信心，对能否真正推动文化大发展大繁荣心中没底。因此，各级领导干部必须在提高对文化的地位和作用认识的前提下，切实增强发展文化的自信心，自觉肩负起深化文化体制改革、推动文化发展繁荣、建设文化强省的历史责任。

三、实现文化自强，切实担负起文化强省的使命

提高文化自觉，增强文化自信，目的则在于提高自觉性和自信心，进而实现文化自强。不论建设文化强省，还是建设社会主义文化强国，都不

是口号，而是需要实实在在的行动，需要每一个社会成员为之付出努力，更需要各级领导干部切实肩负起建设文化强省、打造华夏历史文明传承创新区的历史使命。要以强烈的责任感和历史担当，积极投身社会主义文化建设之中，学习文化、敬畏文化、创新文化、服务文化，不仅要成为有文化、懂文化的领导者，而且要成为善于谋划文化建设的领导者。对悠久厚重的中原文化，要立足于传承保护，着眼于创新发展，致力于创新创造。在推进文化强省和华夏历史文明传承创新区建设中，应坚持保护传承与创新创造相结合，坚持文化的先进性与普适性相一致，坚持文化事业与文化产业相促进，坚持社会效益与经济效益相统一，坚持走出去与请进来相协调，坚持文化软实力与经济硬实力相匹配。要做到在传承中创新，在创新中发展，在发展中提升。要注重文化创造的与时俱进，不断赋予中原文化新的解释、新的内涵、新的生命，使之成为具有河南省风貌、中原特质和时代特色的新文化，从而扩大中原文化的影响力，提升中原文化的引领力，增强中原文化的凝聚力，强化中原文化的吸引力。应精心组织，科学谋划，积极实施，圆满完成中央赋予中原经济区的文化使命，把中原打造成为华夏历史文明传承创新区，为延续中华文脉、保障国家文化安全、建设文化强国作出应有贡献。

四、建设文化强省，提升中原文化软实力

建设文化强省，各级领导干部首先必须提高文化自觉、增强文化自信，牢固树立文化是生产力的观念，自觉地肩负起建设文化强省的历史重任。要有责任、有信心、有办法去推动文化强省的各项工作。要坚持马克思主义、毛泽东思想、邓小平理论和"三个代表"重要思想指导地位不动摇，深入贯彻落实科学发展观，坚持以社会主义核心价值体系为引领，大力发展文化事业，进一步完善公共文化服务体系，统筹城乡文化一体化发展，保障人民群众的文化权益，让人民群众共享文化发展的成果；要树立精品意识和品牌意识，不断推出适应当代社会审美需求的文化产品，满足人民群众不断增长的多样化多层次精神文化需求；要大力发展文化产业，发挥文化资源优势，加大文化资源开发利用力度，通过项目带动、品牌带

动、龙头带动和文化创意，推动文化产业成为国民经济支柱性产业，为人民群众提供更多更好的精神文化产品。要在文化与现代科技的融合上下工夫。应创新传统文化的现代表达，赋予中原文化新的时代内涵，增强中原文化的现实感与时代感，丰富中原文化的表现形式，提升中原文化艺术感染力和审美影响力。要注重弘扬中原大文化。建设文化强省，应积极弘扬中原大文化，发挥文化的支撑力、引领力和助推力。中原文化在漫长的发展进程中形成了"刚柔相济、兼容并蓄、革故鼎新、生生不息"的特点，对华夏文明和中华民族的发展发挥了至关重要的作用。在新的历史时期，中原人民不畏艰险、团结奋斗、再创辉煌，形成了红旗渠精神、焦裕禄精神和"三平精神"。应注重融合历史，立足当下，塑造中原人文精神，弘扬中原大文化，为文化强省和中原经济区建设提供思想引领、文化支撑和精神动力。

文化是人类创造的财富，见证着人类社会发展的进程，记载着人类文明进步的轨迹，预示着人类社会发展的方向。重视发展文化，就是重视人类社会的发展，重视人类自身的发展，重视世界文明的发展。建设文化强省，是河南省推进文化建设的阶段性目的，也是保障人民群众基本文化权益、促进文化共享、提升中原文化软实力的路径选择。要紧紧抓住建设华夏历史文明传承创新区这一千载难逢的历史机遇，按照党的十七届六中全会精神和河南省委九届二次全会的要求，借助华夏历史文明传承创新区这一平台，强力推进文化强省建设，以文化强省促进华夏历史文明传承创新区建设，以打造华夏历史文明传承创新区助推文化强省建设，努力保障和实现人民群众的基本文化权益。

第十七章
党建先行：加快崛起固本强基的保障工程

在党中央的坚强领导下，历届河南省委高度重视党的建设，紧密联系本省改革开放和现代化建设实际，紧密联系党员干部队伍发展变化实际，牢牢把握执政能力和先进性建设这条主线，着力加强基层党组织建设，提高基层党组织的创造力、凝聚力、战斗力，充分发挥基层组织战斗堡垒作用和共产党员的先锋模范作用，全面推进固本强基工程，为中原崛起、河南省振兴提供了坚强的政治保证和组织保障。

第一节　强化科学理论武装

在奋力实现中原崛起的伟大征程中，河南省始终把思想理论建设摆在党的建设首位，始终坚持用马克思主义中国化的最新理论成果武装全省党员干部，围绕中心、服务发展、贴近实际，理论创新每前进一步，理论武装就跟进一步，以强化理论武装来推动党的建设，不断提高党领导中原崛起的创造力、凝聚力和战斗力。

一、深化邓小平理论学习，为"团结奋进、振兴河南"强化武装

河南省委高度重视党员干部队伍的科学理论武装，作为马克思主义中国化最新理论成果的邓小平理论武装全省党员干部，对于全面推进党的建

设新的伟大工程、加快中原崛起河南省振兴具有重要意义。因此，改革开放以来特别是邓小平发表南方谈话以来，河南省各级党组织认真组织全省广大党员干部学习邓小平理论，开启了用科学理论武装党员干部的新篇章。

党的十一届三中全会后，中国改革开放的总设计师邓小平解放思想、实事求是，坚持一切从实际出发，以巨大的政治勇气和理论勇气不断开拓马克思主义中国化和中国特色社会主义事业发展的新境界，集中全党的智慧，创立了邓小平理论。这一理论是当代中国的马克思主义，是指导中国人民胜利实现社会主义现代化的科学理论，是我们党必须长期坚持的指导思想。

在团结和带领全省人民推进改革开放和现代化建设的进程中，河南省委和各级党委认真组织全省党员干部学习邓小平理论，把用这一马克思主义中国化的最新成果武装党员干部摆在了突出位置。

1992年年初邓小平发表重要的南方谈话，同年2月28日中共中央下发《关于传达学习邓小平同志重要谈话的通知》。河南省委立即发出通知，要求全省各地把邓小平南方谈话精神传达到全体党员、干部，认真组织学习讨论。随后召开省委五届四中全会，对照邓小平视察南方谈话精神，联系本省实际，指出河南省存在10个方面的"左"的思想和小农经济旧观念。按照全会部署，全省上下认真学习贯彻邓小平南方谈话精神，掀起了新一轮解放思想的热潮。

1993年10月18日，河南省委书记李长春在《人民日报》发表重要文章，深刻阐述邓小平理论作为全党指导思想的历史地位，强调加强党的思想理论建设，关键是要学好这一理论，掌握它的主要内容、基本观点，抓住精髓，把握实质，联系实际，学以致用。李长春联系河南省思想实际，强调要转变观念换脑筋。他指出，"一'左'一旧"的思想曾使河南省丧失了多次发展的良机，至今仍是制约经济发展的重要因素。他强调指出："转变观念换脑筋，就是要用邓小平建设有中国特色社会主义理论换掉我们头脑中那些对社会主义的不科学的认识，以及其他种种不切实际和在计划经济条件下形成并沉淀下来的落后的传统观念"，"创造性地开展工作，走出一条符合当地实际的改革与发展道路。"①

---

① 李长春：《团结奋进　振兴河南》，中共中央党校出版社1997年版，第592页。

1993 年 11 月 2 日，《邓小平文选》第三卷出版发行。次日，河南省委书记李长春在《邓小平文选》第三卷河南省发行式上发表重要讲话，要求全省广大党员和干部，特别是县以上领导干部都要认真学好《邓小平文选》第三卷，切实把党的十四大提出的用邓小平建设有中国特色社会主义理论武装全党的战略任务认真落到实处。他对河南省关于《邓小平文选》第三卷的学习提出了具体要求。他特别强调要紧密联系改革开放和经济建设的实际，深刻领会邓小平同志关于社会主义的本质和根本任务、关于"三个有利于"的判断标准，关于"三步走"的发展战略，关于科学技术是第一生产力，关于社会主义和市场经济不存在根本矛盾；关于政治体制改革必须与经济体制改革相适应等一系列重要论述指导改革和建设的实践，"在经济发展中，既要有紧迫感，不丧失时机，又尊重客观规律，注重经济效益，扬长避短，真抓实干，富有成效地开展工作，加快发展步伐，千方百计把我省的经济建设搞上去，努力实现'一高一低'的奋斗目标。"[①]

为推动全省党员干部的理论学习，河南省相继举办了地厅级主要干部读书班、县（市委书记）研讨班、高校党委书记读书班等，组织地县级主要领导干部认真学习原著，深刻领会精神实质。

1997 年 9 月，党的十五大首次使用了"邓小平理论"的科学概念，大会不仅对其历史地位、指导意义进行了系统阐述，还把这一理论作为指引党继续前进的旗帜，确立为党的指导思想，并载入党章，明确规定中国共产党以马克思列宁主义、毛泽东思想、邓小平理论作为自己的行动指南。党的十五大闭幕后，河南省委及时在省委党校举办了两期领导干部轮训班，深入贯彻十五大精神，学习邓小平理论。全省 157 名地市、省直厅局的负责同志参加了学习。

旗帜问题至关紧要。旗帜就是方向，旗帜就是形象。对邓小平理论系统和深入的学习，强化了全省党员干部的理论武装，统一了全省党员干部的思想，更加坚定了全省党员干部在邓小平开辟的中国特色社会主义道路上团结奋进、振兴河南省的信心，为奋力实现中原崛起奠定了思想基础。

---

① 李长春：《团结奋进　振兴河南》，中共中央党校出版社 1997 年版，第 22 页。

二、开展"三讲"教育活动，为中原崛起锤炼中坚力量

党员领导干部是实现中原崛起的中坚力量。正确的路线和政策要靠党员领导干部去贯彻和落实，人民群众要靠党员领导干部去组织和动员，党内和社会上存在的各种影响中原崛起的问题要靠党员领导干部去研究和解决。在中原崛起的征途上，必须努力建设一支高素质的领导干部队伍。

1996 年 10 月，根据干部队伍的状况和存在的问题，党的十四届六中全会作出决定，在县级以上领导干部中深入进行以讲学习、讲政治、讲正气为主要内容的党性党风教育，要求县以上党政领导班子以整风的精神开展批评与自我批评，有针对性地解决自身存在的突出问题。1998 年 11 月，中共中央发布《关于在县级以上党政领导班子、领导干部中深入开展以"讲学习、讲政治、讲正气"为主要内容的党性党风教育的意见》，对开展以"讲学习、讲政治、讲正气"为主要内容的党性党风教育提出了明确的要求，作出了具体的部署。

河南省委对开展"三讲"教育予以高度重视，研究制定了《中共河南省委关于在县处级以上领导班子、领导干部中深入开展以"讲学习、讲政治、讲正气"为主要内容的党性党风教育的意见》，在总结试点经验的基础上，从 1999 年 4 月至 2000 年 12 月，自上而下、分期分批在 5420 个领导班子、27740 名领导干部中以整风的精神开展了"三讲"集中教育，使领导干部普遍受到了一次深刻的马克思主义再教育，一次生动的群众路线和群众观点再教育，一次严格的党内生活再教育。

河南省开展"三讲"集中教育活动的主要做法如下：

一是严于学习，用理论武装头脑。在思想发动、学习提高阶段，省级领导班子成员进行了为期 9 天的封闭式学习，规定了学习目标和纪律，要求大家做到"四有"、"四不"，即有学习计划、有学习笔记、有考勤制度、有发言记录；不带秘书、司机，不会客，不出差，无特殊情况不请假。在"自我剖析，听取意见"阶段，省委又选择了 14 篇约 55000 字的重点篇目，要求大家深刻理解学习理论与自我剖析的辩证关系，使认识再深入一层、思想再提高一步。

二是严格标准，坚持走群众路线。省委为广泛征求群众意见，召开了类型不同的座谈会114场次，派出4个调查组到各市地听取各方面的意见，并发放各种征求意见表（卡）1700多份，先后收集到2612条（次）的意见和建议。与此同时，省委还将省级四大班子的集体剖析材料及30份个人剖析材料分两次印发给省直单位，并向市地委、人大、政府、政协，中央驻豫单位，大型企业，高校主要负责同志征求意见，规定不满意率超过三分之一的不能转入下一阶段。

三是严格要求，以整改求实效。省委先后4次召开常委会，专题研究整改工作，明确提出对查摆出来的突出问题，有条件的要立即整改；需要费时日才能解决的，要列出题目，调查研究，制订方案，积极整改。整改期间，省委起草了《关于防止和纠正干部选拔任用工作中不正之风的意见》、《关于进一步转变工作作风提高工作效率的意见》、《党风廉政建设责任制考核办法》和《关于对违反〈关于实行党风廉政建设责任制的规定〉行为实施责任追究的办法》。

在这次"三讲"教育活动中，河南省上下认真贯彻整风精神，立足学习提高，着眼解决问题，严格按照"高、深、真、实、严"的要求组织实施，有力加强了各级党委班子和领导干部的理论武装，有效促进了全省干部队伍的思想建设、作风建设和组织建设。经历了"三讲"教育活动锤炼，河南省各级领导干部提高了从政治上认识问题、鉴别原则是非的能力，增强了从世界观、人生观、价值观角度剖析自己的自觉性。通过找准抓住、边整边改，这支推动中原崛起的中坚力量及时解决了诸多影响河南省改革发展稳定、影响领导班子整体合力、影响党群关系和干群关系的突出问题，为中原崛起战略的酝酿提出开拓了新前景。

三、学习实践"三个代表"重要思想，为中原崛起凝心聚力

2000年5月，河南省委办公厅发出《关于认真学习和贯彻落实江泽民同志关于"三个代表"重要思想的通知》，要求全省各级党组织和党员干部结合"三讲"教育，结合进一步加强党的建设，结合全面落实以经济建设为中心的方针，切实作好当前实际工作，认真学习、深刻理解、全面

落实"三个代表"重要思想。

2000 年 11 月中央决定用两年左右的时间，在全国县（市）部门、乡镇、村领导班子和基层干部中，有计划、有步骤地开展"三个代表"重要思想学习教育活动。2001 年 1 月河南省召开农村"三个代表"重要思想学习教育工作会议，省委书记陈奎元要求各级党委和党员领导干部充分认识在农村开展这次学习教育活动的重要性和必要性，着眼于提高农村基层干部队伍的素质，立足于推动农村各项工作，认真解决农村工作中存在的突出问题，扎扎实实把学习教育活动抓紧抓好，把广大农村基层干部的思想统一到"三个代表"的要求上来。根据中央和省委的统一部署，在取得试点经验的基础上，河南省农村"三个代表"重要思想学习教育活动从 2001 年 2 月上旬全面铺开。

为切实加强对学习教育活动的领导，河南省各级党组织成立了学习教育活动领导小组，组建了工作机构，层层建立了党员领导干部联系点。省委书记陈奎元春节过后做的第一件事就是深入到学习教育活动联系点县开展调查研究，与基层干部和农民群众共同商讨加快农村经济发展、提高农民收入的办法，听取对开展"三个代表"重要思想学习教育活动的意见和建议。省委 13 位常委和省政府 5 名党员副省长分别联系 1 个省辖市，并在该市确定 1 个县（市）作为联系点。村级"三个代表"学习教育活动开始后，省委每位常委又确定了 1 个村作为联系点。全省各级党员领导干部共建立联系点 8414 个，县（市、区）领导干部到联系点的工作时间都在 20 天以上。同时，省、市、县（市、区）逐级成立督查组，以覆盖全省的督查网络强化对该项工作的督查指导。

为确保学习教育活动扎实深入地进行，河南省委决定从 2001 年 3 月开始，在全省抽调厅级干部 144 人、县处级干部 2004 人、科级干部 18975 人、一般干部 22487 人组成驻村工作队，进驻 500 个乡（镇）的 1 万个后进村、贫困村、不稳定村进行为期 1 年的帮助工作。据不完全统计，工作队先后走访群众 898 万人，入户率普遍达到 50% 以上，有的村达到了 100%。各级工作队帮助所驻村引进帮扶资金 2.53 亿元，帮扶项目 12000 多个，举办各类农业实用技术培训班 22000 次，培训群众 576 万人次，为所驻村经济发展打下了良好基础。

2003 年 7 月 1 日，"三个代表"重要思想理论研讨会在北京召开，胡锦涛总书记发表了重要讲话，并对全党兴起学习贯彻"三个代表"重要思想新高潮作进一步动员。按照中央的决策和部署，河南省委于当年 7 月 21 日召开七届五次全会，对在全省兴起这一新高潮进行了动员和部署。全会要求全省各级领导班子切实加强自身建设，努力成为坚持贯彻"三个代表"重要思想的坚强领导集体，带领全体人民奋力实现中原崛起。

2003 年 8 月 22 日，省委书记李克强主持召开河南省委理论学习中心组集中学习研讨会。李克强指出，贯彻"三个代表"重要思想，必须紧紧抓住发展这个党执政兴国的第一要务。省委七届五次全会通过的《关于全面建设小康社会的规划纲要》，进一步明确了我省全面建设小康社会的奋斗目标，同时，《纲要》确定了全面建设小康社会的基本途径、发展布局、战略举措。这是河南省委根据本省的客观条件和现实状况作出的重大决策。他分析说，目前，河南省的经济总量居于中西部地区之首，一些重要的经济指标也大多居于中西部地区的前几位，其中，财政总收入、企业利税总额、利润总额居于中西部地区的首位。这说明，我们有条件在未来的发展中走在中西部地区的前列。但这并不是一件简单的事情。比如，我省的人均国内生产总值，在中西部地区还不在前列，有好几个兄弟省份比我们高。他着重指出："我们要实现中原崛起，必须坚持解放思想、实事求是、与时俱进，非有新思路、新举措不可。当然，也要看到有利条件，看到我们确定的目标既是一个雄心壮志的目标，又是一个实事求是的目标；看到在'三个代表'重要思想和十六大精神指引下，我省广大干部群众思发展、谋发展的劲头很足、热情很高。我们要善于把握群众的愿望和要求，坚持解放思想、实事求是、与时俱进，进一步加快发展步伐。"[1]

在广泛开展"三个代表"重要思想学习教育活动的过程中，河南省注重从人民群众最关心并且最能见到成效的干部作风建设抓起，精心组织、周密安排、及时指导、加强督促，坚持边学边改、边查边改，使广大党员干部受到了深刻教育、人民群众得到了更多实惠、各级党组织建设得到了

---

[1] 转引自贾立政、李杰：《始终坚持解放思想、实事求是、与时俱进——中共河南省委理论学习中心组学习实录》，《人民日报》2003 年 9 月 15 日。

明显加强，形成了全省人民万众一心为中原崛起而奋进的生动局面。

四、深入学习实践科学发展观，谱写中原崛起河南振兴新篇章

2004 年 9 月 21 日，河南省委召开常委扩大会议，传达学习党的十六届四中全会精神，省委书记李克强主持会议并讲话。会议要求全省各级党组织和广大党员干部要在以胡锦涛同志为总书记的党中央领导下，高举邓小平理论和"三个代表"重要思想伟大旗帜，学习好、贯彻好、落实好党的十六届四中全会精神，紧紧抓住发展这个第一要务，牢固树立和认真落实科学发展观，真抓实干、狠抓落实，为实现中原崛起的宏伟目标而努力奋斗。

2007 年 10 月，党的十七大作出了在全党开展深入学习实践科学发展观活动的重大决策。为把这次学习实践活动作为一项重大政治任务抓紧抓好，根据党中央的部署和要求，河南省委多次召开常委会研究部署，强调要充分认识学习实践活动对推动科学发展、实现十七大确定的宏伟蓝图、加快中原崛起的重要性，切实把学习实践活动组织好实施好。省委成立了以省委书记徐光春为组长的学习实践活动领导小组。按照中央精神，结合河南省实际，确定了"推动科学发展，加快中原崛起"的活动主题。

2008 年 10 月 6 日，河南省深入学习实践科学发展观活动动员大会暨市厅级主要领导干部专题研讨班开班式在郑州举行，会议传达学习胡锦涛总书记在全党深入学习实践科学发展观活动动员大会暨省部级主要领导干部专题研讨班上的重要讲话精神，安排部署全省开展深入学习实践科学发展观活动。省委书记徐光春作了题为《推动科学发展，加快中原崛起》的动员报告。他强调，全省各级党组织和广大党员干部要认真学习贯彻胡锦涛总书记在全党深入学习实践科学发展观活动动员大会暨省部级主要领导干部专题研讨班上的重要讲话精神，高举中国特色社会主义伟大旗帜，紧紧围绕"推动科学发展、加快中原崛起"这一主题，以更加开阔的视野、更加扎实的作风、更加有力的措施，扎实开展深入学习实践科学发展观活动，推动河南省经济社会发展实现新跨越、新崛起。

　　动员会结束以后，省委书记徐光春即主持召开省委学习实践活动领导小组会议，研究确定学习实践活动中需要破解的"十大难题"、需要创新的"十大机制"、需要剖析的"十大案例"。随后，他深入到联系点长垣县和三门峡渑池县等地调研指导，提出了"学习要求深、思想要求新、方法要求活、作风要求实，扎扎实实地开展好学习实践活动"的具体要求。省委常委和省级领导干部认真落实"十带头"的要求，带头学习，带头到联系点调研，带头参加讨论，带头作辅导报告，以其表率作用促进学习实践活动的顺利开展。

　　河南省委带头举办了 6 次中心组（扩大）学习报告会，徐光春、郭庚茂、陈全国等省委主要领导带头到省委党校上党课、作辅导报告。各单位共举办中心组学习 4200 多次，各级党员领导干部上党课、作辅导报告 1300 多次。

　　为切实加强对深入学习实践科学发展观活动的领导和指导，河南省委组织部抽调 50 多名干部组建省委学习实践活动领导小组办公室，研究制定活动实施意见等 10 个相关方案；抽调 84 人组成 21 个指导检查组，由厅级领导干部带队，对学习实践活动全程督察、指导；先后组织召开不同类型座谈会、汇报会 19 个，编发简报 100 多期，建立学习实践活动专题网站，在各类媒体发表稿件 350 多篇。河南省委还带头举办中心组（扩大）学习报告会 4 次，各单位共举办专题辅导报告会 530 多场。

　　2010 年 2 月 28 日在全省学习实践科学发展观活动电视电话总结大会上，河南省委书记卢展工在肯定这次学习实践活动的成绩时概括了其呈现的五个特点：一是着力理论学习，二是着力分类指导，三是着力丰富内涵，四是着力实践特色，五是着力创新机制。他强调指出，这次学习实践活动坚持边学边改、边查边改，下大力气解决了一大批影响和制约科学发展的突出问题、党员干部党性党风党纪方面群众反映强烈的突出问题，形成了经济社会发展综合评价、科技进步与自主创新、促进科学发展的领导班子和领导干部考核评价等"十大机制"，为贯彻落实科学发展观提供了制度保障。卢展工用"四个必须"总结了这次学习实践活动积累的宝贵经验：必须坚持加强理论武装与突出实践特色相结合，必须坚持立足当前与着眼长远相结合，必须坚持党要管党、从严治党与增强活力、提高能力相

结合，必须坚持调动党员干部积极性与凝聚群众智慧力量相结合。他要求
全省各级党组织和领导干部全面分析国际国内形势的发展变化，不断解放
思想、转变观念、改革创新，结合形势发展和河南省实际，更加积极主动
地贯彻落实科学发展观，真正把科学发展观贯穿在各项工作实践中、持续
在具体工作推进中、落实在经济社会发展中，为加快中原崛起、河南省振
兴提供重要保证。

第二节　着力增强基层党组织的向心力凝聚力带动力

20 世纪 90 年代以来，针对改革开放历史条件下基层党组织建设中出
现的新情况新问题，河南省先后开展了"三级联创"、保持共产党员先进
性教育、创先争优等活动，把增强基层党组织的向心力、凝聚力、带动力
作为出发点和落脚点，结合省情，分类施治，突出重点，合力推进，强化
了基层党组织的战斗堡垒作用和党员先锋模范作用，构建了"党员受教育，
群众得实惠"的长效机制，取得了显著成效，为奋力实现中原崛起、河南
省振兴提供了坚强保障。

一、着力选育干部，为基层党组织建设铸魂强筋

党的事业，根基在基层，关键在干部。"基础不牢，地动山摇"。党的
基层干部处于工作第一线，是贯彻落实党的路线方针政策的骨干，是党和
政府联系群众的桥梁和纽带。河南省高度重视培养和选育基层干部，经过
长期的努力，打造出了一支特别能吃苦、特别能战斗、特别能奉献的基层
干部队伍。

（一）按照"五好"要求，强化基层组织

1991 年年初，中共中央办公厅转发中央宣传部、中央组织部《关于
在农村普遍开展社会主义思想教育的意见》，部署在全国农村普遍开展社
会主义思想教育。河南省按照中央要求，积极开展社会主义思想教育活
动，并将对经济问题较多、治安不稳定的后进村党支部的整顿同教育活动

紧密结合起来。从 1991 年年初至 1992 年 7 月，河南省分 3 批对后进村基层组织进行整顿。整顿工作按照"有人办事、有钱办事、有章理事"的"三有"目标要求，重点抓好以村党支部为核心的村级组织配套建设。通过集中整顿，大多数的后进党支部有了明显转变，为落实"五好"要求奠定了良好基础。1994 年 11 月，中共中央印发《关于加强农村基层组织建设的通知》，提出了"建设一个好领导班子、培养锻炼一支好队伍、选准一条发展经济的好路子、完善一个好经营体制、健全一套好的管理制度"的"五好"要求。河南省认真落实中央精神，围绕党的基本路线，贯彻从严治党的方针，培育出一批能力突出、号召力强的基层干部队伍，增强了基层组织解决自身问题的能力，充分发挥了党组织在带领农民群众实现共同富裕和共同进步中的核心领导作用。

（二）实施"双强"工程，选育基层干部

2001 年以来，河南分两批在全省开展了"三个代表"重要思想学习教育活动。为巩固扩大学习教育活动成果，省委大力实施以培养选拔"带头致富能力强、带领群众共同致富能力强"的"双强"村党支部书记为重点的"双强"工程，探索了"让干部经常受教育、使农民长期得实惠"的工作机制。通过夯实基础育"双强"、广开渠道选"双强"、从严管理促"双强"、落实责任抓"双强"的措施，河南省把优秀致富能手培养发展为党员，把党员培养成致富能手，把"双强"党员培养成村干部，把优秀"双强"党员干部培养成村党支部书记人选。对本村确无合适人选的，河南省在实践中打破了身份、行业、地域等界限，采取下派、外引等办法，从乡村企业骨干、新经济组织带头人、有领办创办经济实体经验的乡镇机关党员干部、退伍军人、回乡大中专毕业生中择优选配。目前，河南省已有 13 万名村"两委"干部成为"双强"带头人，占村"两委"成员总数的70.5％。"双强"工程的实施，提升了农村党员干部的整体素质，造就了一批带领群众致富奔小康的农村党支部书记群体，增强了村党支部的创造力、凝聚力和战斗力，密切了党群干群关系，促进了农村个体致富向群众共同致富的优势转化，有力地助推了河南省经济社会的快速发展。

（三）创新机制，探索公推直选乡镇党委书记

"公推直选"是党的十六大以来基层党内民主建设中最具标志性的创

新成果之一。所谓"公推直选",是对以扩大乡镇党委领导班子成员直接选举范围为主要内容的基层民主建设创新工作的一个概括性说法。2004年以来,河南省在18个省辖市选择不同类型的乡镇进行乡镇党委书记直接选举试点工作。公推直选乡镇党委书记,经过精心组织周密部署(制定公推直选的原则、范围、条件、程序和方法);宣传动员党员干部报名参加;参选者实地调研、公平竞争;公开推荐、考察产生候选人;党员投票、直接选举、产生党委书记。"公推直选"赢得了广大党员的信任和满意,党员参选率高达98.6%,这说明直选这一新探索,充分调动了广大党员的积极性,密切了干部群众的关系,凝聚了党心、民心,增强了党的执政基础。"公推直选"乡镇党委书记,引入了符合市场经济要求的竞争机制,促使基层党员干部进一步端正执政理念,树立起良好的执政作风;增强了基层党组织的公信力、凝聚力、吸引力和号召力,巩固了党在农村执政的组织基础;促使农村基层党组织增强发展党内民主的紧迫性和自觉性;树立了科学的、民主的选人、用人导向,激发了农村基层党员干部队伍的活力;打造了农村基层党组织的新形象,增强了乡镇党委权力来源的合法性基础。

(四)优化结构,实施大学生村官计划

面对一方面农村基层组织人才匮乏,亟须补充新鲜血液,另一方面大学生在城市扎堆,造成人才资源的闲置和浪费这种情况,鹤壁市委经过深入调查和研究决定,在全市范围内公开选拔大学毕业生,充实到农村"两委"班子。2002年4月,"大学生村官"计划首先在淇县进行试点。2003年在全市范围内正式启动这项计划。仅仅3年多时间,"大学生村官"计划的实施就取得了明显效果,既为农村干部队伍带来了生机和活力,促进了农村经济发展,也为大学毕业生提供了在广大农村施展才干、锻炼成长的舞台。这一做法引起了河南省委的高度重视。2005年7月制定了《关于实施大学生"村干部"的意见》,提出用3到5年时间,基本实现全省每个行政村至少有1名高校毕业生的目标。2008年出台了《关于进一步推进"大学生村干部"计划的实施意见》,要求紧紧围绕全省经济社会发展大局,坚持把引导和鼓励高校毕业生面向基层就业与建设社会主义新农村相结合,与加强党的基层组织建设和基层干部队伍建设相结合,与推进

高校毕业生就业、培养和造就优秀青年人才相结合，拓宽选拔渠道，创新使用机制，完善管理体系，努力造就一支年纪轻、文化水平高、综合能力强的村级干部队伍。

二、着力制度创新，为基层党组织建设提供保障

20世纪90年代以来，河南省始终把制度建设贯穿于基层党组织的思想建设、组织建设、作风建设和反腐倡廉建设之中，在基层党组织建设实践中不断进行制度创新，创造出许多行得通、做得到、管得住、用得好的制度。

（一）实施"三票评议"党员制度

2006年以来，河南省孟州市为了解决农村干部"难选、难干、难管"的三难问题，探索出新形势下加强农村基层组织建设的新方法——"三票评议"工作机制。一是群众评民意，就是让群众评价村"两委"干部岗位职责履行情况，了解其群众基础。二是党员评表率，就是让各村党员评价村"两委"干部在自富带富和为群众办实事等方面起表率作用的情况。三是组织评党性，就是让乡镇办事处党（工）委组织对各村党组织书记、村委会主任进行评议，对他们的大局观念、党性观念和驾驭全局的能力进行科学评价和准确定位。评议每年1月、7月各举行一次，结果进行公示。孟州市实施"三票评议"制度，加强了班子建设，夯实了基层基础，增强了农村基层干部的民主意识。实践证明，"三票评议"制度有利于密切党群干群关系，增强干群互信度，促进农村的和谐稳定，破解党群干群之间如何增进互信的问题；有利于推动经济发展，加快新农村建设步伐，破解在新农村建设中如何发挥农民的主体作用和可持续发展问题。

（二）推广实施"四议两公开"工作法

2005年以来，邓州市委在结合当地农村经济社会文化发展状况，认真分析研究农村基层组织建设与村民自治内在关系的基础上，在全市农村全面推行"四议两公开"工作法。"四议"，即党支部会提议、"两委"会商议、党员大会审议、村民代表会议或村民会议形成决议；"两公开"，即决议公开、实施结果公开。这一工作法实现了党的领导、人民当家作主与

依法办事的统一，在实践中取得了显著成效：构筑了党领导的充满活力的村民自治新机制，走出了一条加强农村基层党组织建设和民主建设的新路子。它的实施和运行，形成了党支部、村委会、党员和村民等各个权力主体之间的相互制约、监督关系，使农村党员干部学会了讲方法、讲程序、讲协商、讲民主。这一工作法的实施过程，其本身也是党员干部与村民交流沟通、增进彼此了解的过程。决议和实施结果的"两公开"，较充分地发挥了党员和村民的监督作用，使村民的监督权得到落实。群众称赞这个工作法是"支部提议好，体现党领导；'两委'商议到，决策科学了；党员审议清，完善要补充；代表决议行，公正又透明；事事公布到，群众不会闹；'四议两公开'，和谐真法宝。"2009 年 5 月，河南省委、省政府作出了《关于在全省村级组织推广邓州市农村党支部、村委会"4＋2"工作法的决定》。

（三）建立健全流动党员管理制度

河南省既是劳动力输出大省，又是新兴的工业大省，同时也是流动人口大省，流动党员数量在全国居于前列，信阳市就有流动党员 27000 人左右。2002 年信阳市委以光山、固始、商城等县为试点，在外出务工党员集中的地方建立党组织，2004 年 6 月下发《关于在外出务工经商党员集中地建立党组织实施"金桥"工程的意见》。目前，全市已在外出务工党员相对集中的北京、上海、广州、武汉、杭州等 20 多个城市，建立了 8 个党委，共 426 个党组织，把 88％的外出务工党员纳入党组织管理，初步形成了流动党员"离乡不离党，流动不流失，转岗不转向"的管理格局。南阳市为了加强对 18000 多名流动党员的管理，根据当地流动党员多以地域为主集体外出的特点，确定 3000 多名党建联络员，通过他们与分散的流动党员进行联系与沟通。目前，南阳市通过这些灵活的方式，已在全国各地共建立党组织 330 多个，以流出地和流入地双向共管的模式覆盖了 95％以上的流动党员。

三、着力载体建构，为基层党组织建设注入活力

近年来，河南省把党的基层组织建设摆在执政党建设的重要位置，作

为保持和发展党的先进性、巩固党的执政地位、完成党的历史使命的重要保证，着力基层组织建设载体建构工作，为党的基层组织工作注入新的活力。

（一）坚持不懈善始善终，集中整顿软弱涣散农村党支部

1994 年 9 月，党的十四届四中全会通过的《中共中央关于加强党的建设几个重大问题的决定》，明确提出要力争在 3 年内对处于软弱涣散和瘫痪状态的党支部分期分批进行整顿的任务。同年 11 月，中共中央发出《关于加强农村基层组织建设的通知》。随后，中共中央组织部下发《关于进一步整顿软弱涣散和瘫痪状态党支部的意见》，对农村党支部的集中整顿作出了具体部署。按照中央加强农村基层组织建设的要求，河南省委先后抽调近 50000 名机关干部，分 3 批对 9600 多个软弱涣散、瘫痪状态农村党支部进行了集中整顿。通过几年集中整顿和建设，河南省"农村基层组织的战斗力、凝聚力进一步增强，对促进农村的改革、发展、稳定起到了积极的作用"[①]。

（二）注重上下联动，深入开展"三级联创"活动

"三级联创"是 1998 年河南省郑州市为加强农村基层党组织建设，在县、乡镇和村三级党组织中开展的以"五个好"（领导班子好；党员干部队伍好；工作机制好；小康建设业绩好；农民群众反映好）村党组织、乡镇党委和农村基层组织建设先进县（落实责任制；制定创建规划；推进经济发展；搞好服务；抓好政治文明和精神文明）为主要内容的创建活动。1999 年年初，省委组织部制定下发了《关于在全省开展农村党建"三级联创"活动的意见》，要求在全省推开"三级联创"活动。2003 年 9 月，中共中央办公厅印发《关于深入开展农村党的建设"三级联创"活动的意见》，在全国农村普遍推开了由河南省首创的"三级联创"活动，并对该项活动作了进一步规范，对通过开展这项活动加强农村基层组织建设进行了安排部署。

（三）注重整合联合，深入开展"双增双联"活动

2004 年以来，荥阳市委以科学发展观为指导，以增收富民为目标，

[①] 李长春：《团结奋进　振兴河南》，中共中央党校出版社 1997 年版，第 44—45 页。

在全市农村全面推行以"支部联建、党员联户，增加农民收入、增进党群关系"为主要内容的"双联双增"活动。这一活动的突出特点，一是找准了党的农村基层组织建设与党在农村中心任务的结合点，架起了联结党的伟大事业和伟大工程的桥梁和通道；二是大胆创新党的基层组织设置形式和活动方式，实现了诸多资源的优化配置；三是抓住"谁联"、"联谁"这一关键环节，提高了党员联户的针对性、实效性和成功率；四是注重构建利益共同体，使活动能够保持持久的生命力。通过整合联建，荥阳市126个"五好"村党支部中有50个达到了"五好"示范村党支部标准，136个中间状态的村有了明显转变，20个后进村党支部弱、瘫、乱、散的问题得到了不同程度的解决，村两委班子建设和阵地建设得到了进一步加强。通过分类联户，共培养党员致富能手3610名、群众致富能手5470名、村后备干部528名。通过"双联双增"，使群众得到了看得见、摸得着的实惠，党群之间的"隔心墙"拆了，构建了新型的党群干群关系。"双联双增"得到了中组部领导的充分肯定和高度评价，其做法和经验在《求是》杂志刊发，全国也有多个市、县予以推广。

（四）注重示范引领，深入开展"双示范、双带动、双推进"活动

2006年以来，河南省新乡市为适应新形势、新任务要求，在全市农村开展了"双示范、双带动、双推进"活动。"双示范"就是先进乡镇党委示范、先进村党支部示范，在全市培育20个示范乡镇党委，200个示范村党支部，作为全市乡镇党委建设和农村基层组织建设的样板。"双带动"就是带动后进村、带动贫困户，全市200个示范党支部每个帮带1至2个后进党支部，全市20000名"双强"党员、"双强"干部每名帮带1至2个贫困户。"双推进"就是推进农村基层组织建设，推进社会主义新农村建设，通过3年左右的努力，使新乡市新农村建设达到一个新水平。扎实有效的"双示范、双带动、双推进"活动，使新乡基层党组织创造力、凝聚力、战斗力明显增强，党组织优势资源进一步整合，党组织活力进一步迸发，基层党组织的战斗堡垒作用得到较好发挥。目前，新乡市全市80%以上的乡镇党委达到"五个好"标准，75%以上的村党支部达到"五个好"标准，70%以上的村"两委"干部达到"双强"标准，60%以上的农村党员达到"双强"标准。

（五）注重激发活力，深入开展"创先争优"活动

2010 年 9 月，河南省委"创先争优"活动领导小组下发《关于在创先争优活动中推进农村重点工作的通知》，启动了"创先争优"活动。省委书记卢展工非常重视和关注全省创先争优活动，强调在开展创先争优活动中要切实增强基层党组织的带动力、创造力、凝聚力，始终注重先进性，始终注重实效性，始终注重持续性，永葆党的生机活力。他要求"各级党组织和党员干部把为民负责看重一点，群众高兴是工作最终目标，要以深入开展创先争优活动为契机，切实加强基层党组织建设和干部队伍建设，使党的建设的成效、创先争优活动的成果体现在中央和省委精神的贯彻落实上，体现在推动科学发展的生动实践上"[①]。全省各级党组织认真贯彻中央和省委的部署，紧紧围绕"推动科学发展、促进社会和谐、服务人民群众、加强基层组织"的总体目标，从全面推进中原经济区建设的实际出发，站位全局、紧扣主题，注重实践、求实求效，积极探索、有序推进，在全省形成了"组织创先进、党员争优秀、群众得实惠"的良好局面，为推进中原经济区建设、加快中原崛起河南省振兴注入了强大动力。

四、着力重心下沉，为基层党组织建设增添动力

基层组织建设贵在重心下沉，和群众打成一片。只有这样，才能真正了解群众的心声，才能建立对群众的深厚感情，才能想问题、办事情，自觉代表群众的利益。近年来，河南省在基层组织建设方面，采取了"驻村帮扶、选派第一书记、扶弱培强"等措施，推动了力量向基层倾斜，增强了基层组织的生机与活力。

（一）组建新农村建设驻村帮扶工作队

近年来，河南省委、省政府紧紧围绕"生产发展、生活宽裕、乡风文明、村容整洁、管理民主"的新农村建设的总要求，抽调省直机关干部，组成了新农村建设驻村帮扶工作队，入驻试点村和艾滋病防治救助重点村

---

① 转引自中央创先争优活动领导小组办公室：《河南省委书记卢展工深入联系点和基层单位点评创先争优活动》，《深入开展创先争优活动简报》第 766 期。

开展帮扶工作。经过持续帮扶，使帮扶村经济建设、政治建设、文化建设、社会建设和党的建设等方面呈现出全面发展。据统计，2006 年以来省、市、县（市、区）帮扶村 4700 多个，三级驻村帮扶工作队员 20000 多人，帮扶工作队共为帮扶村协调和引进资金 20984 万元，引进项目 905 个；投入生产生活设施建设资金 8006 万元；调整优质粮食面积 27.7 万亩；帮助新建乡村道路 1228 公里，新建学校 51 所，新打机井 1860 眼；推广优质畜禽 155 万只，发展优质果品面积 24000 亩，培养养殖种植专业户 7990 户；举办实用技术培训班 2093 期，受训群众 211395 人次；举办党员培训班 1829 期，培训党员 37326 人次，发展新党员 951 人，帮助协调民事纠纷 5036 件。驻村帮扶工作解决了困扰农村群众行路难、通讯难、吃水难、住房难、上学难、就医难等难题。通过干部驻村工作，农业增效了，农民增收了，热点、难点问题或解决或缓解了，党群关系融洽了。

（二）选派处级党员干部担任贫困村"第一书记"

全面推进中原经济区建设，农村和农业是难点也是重点。新型城镇化的路子，农村怎么走；新型农业现代化是基础，农民怎么做；特别是部分贫困村、难点村怎样跟上中原经济区建设步伐，共享全省经济社会发展成果？河南省委明确提出，建设中原经济区，必须让广大农村，尤其是贫困村、难点村跟上发展步伐，享受发展成果。2010 年 7 月省委决定从省、市、县选派优秀机关干部，到经济贫困村、基层组织薄弱村和新型农村社区建设试点村担任"第一书记"。省委书记卢展工对此项工作高度重视，他强调指出："下派村党组织'第一书记'是农村基层组织建设的关键、农村工作机制的创新、密切党群干群关系思路的拓展、互动联动一体运作的实践，也是锻炼干部、培养干部的重要途径。"[①] 为精心选派优秀干部，省委组织部、省委农办、省扶贫办联合下发实施方案，各级党委高度重视。洛阳市对选派干部进行竞聘面试，通过自我陈述和考察平时表现，把最适合驻村的干部选拔出来。河南省积极为派驻农村的"第一书记"们创造良好

---

① 卢展工：《下派村党支部第一书记工作是农村基层组织建设的关键 农村工作机制的创新 密切党群干群关系思路的拓展 互动联动一体运作的实践》，《党的生活》2011 年第 6 期。

的工作环境。省委组织部明确"干部当代表、单位做后盾、领导负总责"，派驻单位与驻地实行"双管理"。这些"第一书记"们进村后帮助当地发展经济，促进了农民增收，推动和改善了民生建设，加强了基层民主政治建设，取得了显著成效。不少地方，"第一书记"到任后，通过帮助培养后备干部、转变村组干部作风、加速村级经济发展，从根本上促进"后进村"的转变。

（三）实施"扶弱培强"工程，统筹城乡基层党建

2010 年，商丘市在全市农村实施以扶持 100 个弱村、培育 100 个强村为主要内容的"扶弱培强"工程。采取定点帮扶的方法，以实现弱村变强、强村更强、强弱互动、统筹提升。从市直单位，市管各企事业单位选派优秀县处级后备干部驻村，担任科学发展指导员或党组织第一书记，精心挑选出 1302 名优秀党员干部到对口扶持的村庄开展工作。围绕"四治"扶持弱村：即治散、治穷、治差、治乱；围绕建设四个"示范村"培育强村，即党建示范村、发展示范村、新农村建设示范村、和谐示范村。力争达到四个目标，即党建目标、发展目标、民生目标、和谐目标。通过三年努力，实现农村基层组织坚强有力，农村经济持续协调发展，农村民生环境明显改善，农村基层和谐文明。永城市按照分部门、分类别，因村施治，因地制宜，实行一对一帮扶和对口帮扶：党群部门重点帮扶软弱涣散村，经济部门重点帮扶经济落后村，政法部门重点帮扶治安混乱村，涉农部门重点帮扶特色产业村，提高"扶弱培强"工程的针对性和有效性。同时，永城还以开展"清洁家园行动"为抓手，把"扶弱培强"工程与推进城镇化进程结合起来，搞好村镇规划，建好新型农村社区，改变了城乡面貌。

第三节　为中原崛起河南振兴选任德才兼备干部

干部队伍素质的优劣，直接关系人心向背，关系事业兴衰。适应改革开放和现代化建设的要求，这些年来，河南省各级党组织按照"革命化、年轻化、知识化、专业化"的要求，解放思想，大胆探索，采取积极措施，选拔任用了大批优秀年轻干部，为中原崛起和河南省振兴提供了坚强的组

织保证。

一、坚持德才兼备标准，正确选拔任用干部

1990 年 8 月，河南省委组织部结合班子换届、干部交流、年终考评等工作，组织力量对全省 17 个市地和半数以上的厅局的班子进行了考察，其中，对 600 余名地厅级干部进行了重点考察。在考察中，对干部坚持全面地看、历史地看、辩证地看。不是单纯看其所在地区和单位完成经济指标的情况，而是深入细致地了解这个干部工作成绩的总和，尤其要考察一个干部取得政绩的途径和手段是否正当，是不是真正凭党性实实在在干出来的。同时，对干部的政治立场、思想品质、廉洁情况以及用人方面的表现等，也都进行了深入细致的考察了解。省委组织部为 1200 名地厅级干部建立了考核档案。

与此同时，河南省委常委多次深入市地县和省直一些基层单位调查研究，听取基层干部群众的意见和呼声。他们突出地感到：要使河南省各项事业健康发展起来，干部是决定的因素。用人，必须赏功罚过，大胆提拔重用党性强、政绩突出的干部，把干部的精力引导到干工作、比贡献，为振兴河南省建功立业上来。在达成上述共识的基础上，同年 11 月中共河南省委第五次代表大会确定了"凭党性干工作，看政绩用干部"的干部工作指导方针。这一重要指导方针，既为改革开放新的历史时期河南省选拔任用干部确立了重要原则，又为新时期河南省选拔任用干部确立了正确导向，受到了江泽民总书记的充分肯定。

1994 年 9 月召开的党的十四届四中全会向全党提出了抓紧培养和选拔优秀年轻干部，努力造就大批能够跨世纪担当重任的领导人才的战略任务。为贯彻落实这次中央全会精神，河南省委明确提出，要把各级领导班子建设成为中央所要求的那样的坚强领导集体，必须按照干部"四化"方针和德才兼备原则正确选人用人，并且着重强调了几个方面：一是注重实绩，坚持用贯彻党的基本路线的实绩来检验和衡量干部的德才。1995 年 1 月，省委书记李长春在全省组织工作会议上的讲话中指出，重实绩就是要克服论资排辈、求全责备、迁就照顾等旧的观念和思想障碍，在实绩面前不拘一格选拔人才。对那些在改革开放和现代化建设中政绩突出、群众信任的年轻干部，要大胆使用，安排到各级领导班子里面来。那些干不成事，只会评论、挑毛病甚至造谣中伤的人，不能让他们进领导班子。二是注重从实践中选人，重视选拔通过实践锻炼成长起来的干部。李长春指出，选拔干部要重视通过实践锻炼成长起来的干部，就是在第一线挑过重担、经过考验的人。他强调说，是骡子是马拉出来遛遛，给他压上重担看看。对年轻干部要让他们学会"带兵打仗，取得战功"，然后再接受党和人民的选择。要坚持选择那些有丰富实践经验的干部，尤其要重视县、大中型企业这两个位置的经历。三是注重群众公认，挑选在群众中有威信的、信得过的干部。李长春指出，我们选择的每一个干部如果在群众中都有威信，整个班子就有了凝聚力、战斗力。在考核选用干部时要扩大考核面，研究通过一种方式进行民意测验，广泛听取意见，充分发扬民主，真正了解他在群众中形象如何，有没有威信。这样也就可以避免个别心术不正的人，只对决定他命运的少数上司负责，而不对广大群众负责。四是注重五湖四海，广开进贤之路。李长春强调，选拔任用干部要拓宽选人视野，克服关起门来选人，广开进贤之路，不要只在自己熟悉的范围内去选择干部。河南省是一个农业省，要加快工业化进程，需要熟悉现代工业、现代经济的人才。五是注重发展潜力和后劲，着眼未来选用干部。李长春说，看干部不能看表面，要看他的功底、实践经验，看他的知识水平、思维能力，总之看有没有后劲。一个同志虽然当前不错，但没有潜力、后劲，各方面因素制约着他，作为正常提拔不是不可以，但作为面向 21 世纪重点培养的就不妥了。六是注重优化领导班子整体结构，提高领导班子整体功能。领导班子是一个集合体。李长春指出，当前班子建设的一个突出问题就是优化年龄结构，在年龄上拉开档次。凡是有条件的必须争取在核心层，在书记中有个年轻的。在知识结构上也面临着优化的问题。

　　按照这一选任干部的原则和思路，全省各级领导班子陆续进行了换届或调整。经过调整和换届，一大批德才兼备、政绩突出、群众公认的优秀干部相继走上各级领导岗位，全省多数领导班子形成了比较合理的梯次配备。

　　进入 21 世纪，河南省面临重大发展机遇。为加快河南振兴步伐，河

南省委七届五次全会正式确立了中原崛起战略。实现中原崛起关键在党，关键在各级领导干部。这就对选人用人提出了新要求。适应这一新要求，河南省委对选拔任用干部工作作出了新的部署。省委书记李克强指出，现在河南省实现中原崛起的奋斗目标和发展思路已经明确，关键在选人用人，配好各级领导班子，团结带领全省人民齐心协力地干事创业。他强调指出，要坚持正确的用人导向，守原则、讲公道、扬正气，把肯干事、能干事、干成事、埋头苦干的干部选拔到重要领导岗位上来。要通过切实有效的措施，把求真务实的精神弘扬起来，把求真务实的作风发扬光大，推进河南省各项事业健康发展，推进中原崛起目标的顺利实现。

2009 年 7 月，省委书记徐光春强调，要使广大干部在推动科学发展、加快中原崛起中发挥骨干带头作用，关键是建立起一个客观公正的干部综合考核评价体系，形成正确的用人导向。他提出，科学评价干部要"五看"：一看坚持科学发展的意识牢不牢；二看加快发展促进崛起的实绩优不优；三看维护社会和谐稳定的能力强不强；四看为官处事的作风正不正；五看干部群众的口碑好不好。

在探索新型三化协调科学发展路子的过程中，河南省持续、延伸、拓展、深化历届省委省政府关于河南省发展特别是中原崛起重大决策的基础上，提出了建设中原经济区、加快中原崛起河南省振兴的战略构想。

为推进中原经济区建设，实现中原崛起、河南省振兴，河南省委把树好导向用好人、打造执政骨干摆在突出位置。围绕怎么看人、如何选人、用什么人，省委鲜明地提出要坚持做到"五重五不简单"，即：重群众公认，但不简单以推荐票取人；重干部"四化""德才"，但不简单以求全和年龄文凭取人；重干部政绩，但不简单以一时一事的数字取人；重公开选拔，但不简单以笔试和面试取人；重干部资历，但不简单以任职年限取人。

2010 年 9 月，河南省出台坚持"五重五不简单"、建立选人用人公正机制的《若干意见》，对建立选人用人公正机制作出部署：在重群众公认但不简单以推荐票取人方面，进一步完善民主推荐制度，规范干部选拔任用提名制度，探索实行地方党委常委会酝酿干部工作；在重干部"四化""德才"但不简单以求全和年龄文凭取人方面，坚持德才兼备以德为先、不断改进干部任职考察，探索解决县乡领导干部任职年龄层层递减和"一刀切"问题；在重干部政绩但不简单以一时一事的数字取人方面，着力完善干部考核评价机制；在重公开选拔但不简单以笔试和面试取人方面，切实改进竞争性选拔干部工作，推行差额选拔干部制度；在重干部资历但不简单以任职年限取人方面，加大推进干部能上能下工作力度，坚持和完善从基层一线选拔干部。

2010年9月21日，坚持"五重五不简单"建立选人用人公正机制工作会议在郑州召开。会议强调，要按照"五重五不简单"的要求，切实解决领导班子、干部队伍建设中的重点难点问题和干部群众反映强烈的突出问题，真正选出好的干部，树立好的导向，弘扬好的风气，提高群众对干部选拔任用工作的满意度。省委组织部确定在各省辖市、部分省直单位、高校、企业、县（市、区）等50个单位开展试点，要求各试点单位增强试点意识，按照中央精神和省委要求，结合各自实际，积极探索坚持"五重五不简单"、建立选人用人公正机制的新途径：一要深化对"五重五不简单"理解认识，增强贯彻落实的自觉性；二要按照"五重五不简单"的要求，在明晰选人用人标准、创新选人用人方式、规范选人用人程序、严肃选人用人纪律等方面探索创新，增强贯彻落实的操作性；三要建立"五重五不简单"长效机制，把试点中的新经验、好做法转化为制度成果，探索一条提高选人用人规范化、制度化的新路子。

"五重五不简单"是河南省选任干部工作经验的传承与提升。党的十七大以来，河南省干部人事制度改革不断向纵深推进，选人用人公信度不断提升，创造了在科学发展实践中了解、识别、任用干部的一系列新鲜经验。"五重五不简单"科学把握干部人事制度改革的规律，提出了一系列新思路、新办法、新措施，对干部选任工作进行了改革深化、创新提升，激发了干部干事创业的激情、干劲和活力。"五重五不简单"又是破解识人难、察人难的积极探索。以防止选人用人中的片面化、简单化为着力点，把"重"的政策性、"不简单"的灵活性与解决问题的针对性结合起来，为各级组织部门选好人、用好人开辟了实践途径。

二、积极推进干部选拔任用制度改革

1994 年 9 月，党的十四届四中全会通过的《关于加强党的建设几个重大问题的决定》强调要加快党政领导干部选拔任用制度改革，扩大选拔任用领导干部工作中的民主。为贯彻这次中央全会精神，河南省委书记李长春在全省组织工作会议上明确提出，要加大干部选拔任用制度改革力度。他指出，应当看到，我们在干部制度上仍然存在着很多弊端，还要继续改革。他指出，在这次干部制度改革所要解决的几个主要问题之后，要着重加大三个领域的改革力度："县乡干部人事制度改革的步伐要加快；国有企业要加大干部制度改革力度；省、市（地）、县、乡党政机关要扩大干部人事制度改革试点，在非选举的职务上，即在委任的职务上，要适度地引入竞争机制和实行聘任制。比如省里准备拿出八个厅局公开招聘副职，也准备在处一级实行聘任。"①

1996 年 8 月，省委书记李长春提出了"建立竞争激励机制，积极推进干部选拔任用制度改革"的任务。他指出："必须进一步扩大选用干部工作中的民主坚持和完善民主推荐、民意测验、民主评议等制度，让人民群众更多地参与。要完善干部考核制度，改进考核办法，加强年度考核和届中考察，并与干部的任免奖惩挂钩。要推进干部交流工作，加大市地、县和有关部门干部交流的力度，使领导干部在多种环境和岗位上经受磨练。要积极进行公开选拔领导干部试点工作，积极进行民主选举、招标聘任、竞争上岗等改革试验。通过改革，逐步形成优秀人才能够脱颖而出、富有生机和活力的用人机制。要下决心解决跑官、要官等问题，通过完善制度，有效防止和克服干部人事工作中的不正之风。"②

在选拔任用干部的实践中，省委逐步实行了党政领导干部聘任制、试用期制度、交流制和中层干部竞争上岗；在企业单位推行招聘、选聘等改革措施，民主选择企业经营者，扩大了群众对干部选拔任用的参与程度；

---

① 李长春：《团结奋进　振兴河南》，中共中央党校出版社 1997 年版，第 615 页。

② 李长春：《团结奋进　振兴河南》，中共中央党校出版社 1997 年版，第 600—601 页。

面向海内外选拔副厅级干部，指导各地公开选拔县处级领导干部，使公开选拔领导干部逐步成为选任干部的一个重要渠道。省委先后制定了《关于进一步严格领导班子职数管理的意见》、《进一步加强县（市、区）党政正职队伍建设的实施意见》等文件，并加大对后备干部的培养力度；并在全国率先用全委会"票决制"调整干部。经过历次班子调整和换届，一大批坚持改革开放、群众公认、政绩突出的优秀干部走上领导岗位，各级领导班子逐步形成了比较合理的梯次配备。领导班子的知识结构、专业结构也有不同程度的改善，妇女干部、非党干部和少数民族干部在领导班子中所占比例有了明显提高，领导班子的整体结构更加合理。

2005 年 8 月，经省委同意，河南省委组织部根据中央和中组部有关要求，着眼于建立科学的干部选拔任用机制，推进干部人事工作的科学化、民主化和制度化，制定下发了《关于创新干部选拔任用方式的试点意见》，强调要创新干部选拔任用方式，要着眼于加强党的先进性建设、提高党的执政能力，推进干部人事工作的科学化、民主化、制度化，建立健全科学的干部选拔任用机制，树立正确的用人导向，促使优秀人才脱颖而出，建设一支政治上靠得住、工作上有本事、作风上过得硬的高素质干部队伍，为全面建设小康社会、实现中原崛起提供坚强的组织保证和人才支持。

票决制是河南省在干部选拔任用制度改革实践中的一种新探索。近年来，河南省委把推行"票决制"作为扩大党内民主的一个重要突破口，对领导干部选拔任用制度进行了一系列的改革。2008 年 3 月 19 日，河南省委八届七次全会采取无记名投票的方式，对 81 名正市厅级领导干部人选进行了无记名投票表决。在此后的改革实践中，干部任用"票决制"的对象，逐步由省辖市党政正职扩大到省直单位、省管高校和各省辖市县(市、区)党政正职。

2010 年 9 月，省委书记卢展工对坚持和完善全委会票决制度提出了明确要求。他指出，全委会票决党政重要岗位的领导干部是坚持党管干部、充分发扬党内民主、形成公正选人用人机制的重要举措和制度保证，要在以往形成好经验的基础上持之以恒地加以坚持。"各级党组织要认真思考、积极探索如何更好坚持党管干部原则、如何靠制度化和规范化来发扬党内民主、如何改进民主形式、如何规范相关制度和程序等问题。干部

制度建设得怎么样、干部工作做得怎么样，归根结底要看选人用人是不是公道、公正，看是不是体现了我们党的干部标准，看选出来的干部是不是具有承担党和人民赋予职责的能力和素质。干部选得准不准、干得行不行，关键要看工作的实效如何、群众是否满意。要通过总结、创新、规范、完善，更好体现制度和程序的严肃性和规范性，体现党的干部标准，体现人民的意愿。"①

公开选拔领导干部，是推进干部人事制度改革的重要内容。从1986年开始到2012年，河南省前后共进行了6次公选。2008年，河南省面向全国公开选拔60名省直副厅级和高校校级领导干部，这是河南省规模最大、范围最广的一次公开选拔。整个公选工作都在"阳光下操作"：邀请纪检监察部门全程参与，接受社会各方面监督。整个公选过程严格贯彻了公开、公平、公正的原则，使一批优秀的年轻干部脱颖而出，受到了中组部的肯定和社会各界的好评。

经省委同意，2012年河南省面向全省公开选拔20名省直副厅级领导干部，明确选拔职位、实行定岗公选，而且公选职位中涉及重要部门，体现了省委深化干部人事制度改革的决心。这次公选落实"五重五不简单"的要求，坚持民主、公开、竞争、择优，放宽年龄要求，注重调动不同年龄段干部的积极性，放宽学历要求，更加重视干部的真才实学，对高知识层次人才在资格条件上放宽，把具备领导素质的高知识层次人才纳入选拔视野，共吸引5176人报名，其中通过资格初审的4944人，是我省历次公选中数量最多的一次。

三、坚决纠正干部选拔任用中的不正之风

1995年2月中共中央印发《党政领导干部选拔任用工作暂行条例》后，河南省各级党组织按照坚持干部队伍"四化"方针和德才兼备原则，选拔任用了大批优秀干部，领导干部队伍的整体素质有了明显提高，领导班子

---

① 转引自平萍、宋华茹：《卢展工主持河南省委会议 票决11名地市及省直正职》，《河南日报》2010年9月30日。

的结构有了较大改善，为振兴河南省提供了强有力的组织保证。但是在干部选拔任用工作中，也出现了一些不容忽视的问题，突出地表现在：有的人为个人职务升迁，向组织伸手要官，甚至采取不正当手段拉推荐票、拉选票，等等。这些问题虽然发生在少数地方和个别人身上，但它败坏党的形象，损害党的事业，在干部群众中造成了恶劣的影响。河南省委对此高度重视，并下决心予以解决。

2001年2月河南省委组织部发出《关于在省辖市换届和干部调整工作中严格执行干部人事工作纪律的通知》，要求各级党委、组织部门和各级领导干部要严格遵守组织人事工作纪律，务必做到以下"五个坚持"：一是坚持德才兼备原则，全面准确地衡量领导干部的德才素质，把思想政治素质放在首位，认真考察评价干部，选拔那些政治坚定、政绩突出、勤政廉洁、群众公认、具有全局意识和战略思维能力的优秀干部担当重任。二是坚持任人唯贤，严格按照有关制度规定办事，不准封官许愿、搞亲亲疏疏，拉小圈子，自觉抵制以不正当手段谋取职务升迁或职务变动的行为；不准为跑官要官者提供方便，不准在工作中掺杂个人好恶或者讲人情，看关系，不准搞个人或少数人说了算，不准泄露干部考察情况、任免调配的讨论情况和尚未公布的任免调配决定。三是坚持按程序办事，广泛听取群众意见，经过民主推荐，由同级党委或组织部门提出考察对象；组织人事部门认真考察，并按规定，征求有关部门、有关领导意见；经党委（党组）集体讨论决定。按干部管理权限需要上报的，必须按照规定程序及时上报；待上级组织人事部门进一步考察后，提请同级党委集体讨论决定。四是坚持干部职务安排由组织决定的原则，每个领导干部都要讲政治、讲党性、顾大局、守纪律，正确对待名权位，坚持谋事业不谋权位，讲奉献不求索取，破除"官本位"思想，自觉服从组织的安排，坚决抵制跑官要官、拉推荐票、在选举中搞非组织活动等恶劣习气。五是坚持违纪必查。对个人主义严重、伸手要官的人，要严词拒绝，绝不允许其得逞，并要严肃批评教育；情节严重的要认真查处，公开处理。对在民主推荐和选举中利用打招呼、搞串联，拉票争官的人，一经发现按照规定程序，坚决取消其被推荐、考察和作为候选人的资格，并记录在案，不予提拔重用；情节严重的要给予党纪政纪处分。对经查实确属使用不正当手段谋取

到领导职务的，要坚决予以撤销，决不姑息迁就。对不坚持原则，不按程序办事，违反干部人事工作纪律，造成用人严重失察、失误的，要追究有关责任人的责任。

2003年11月，省委书记李克强在全省领导班子思想政治建设座谈会上强调，要大力选拔任用政治坚定，有真才实学，肯干事、能干事、干成事，不事张扬、不跑不要的干部，旗帜鲜明地鼓励开拓、支持实干。要守原则、讲公道、扬正气，坚决刹住跑官要官的不正之风。他要求"各级领导班子的'一把手'要谋全局、抓大事、善协调、做表率，有宽广的胸怀，有驾驭全局的能力。在政治上、工作上和生活上都要严格要求自己，注重加强自身修养，严于律己，以身作则"①。

2005年2月，为进一步加大纠正干部选拔任用工作中的不正之风，河南省委组织部发出通知，提出了10项措施：严厉整治"跑官要官"、"买官卖官"；坚决防止杜绝干部"带病上岗"、"带病提职"；坚决查处民主推荐和选举中搞拉选票等非组织活动；严肃处理违反《干部任用条例》行为；严格领导班子职数管理；进一步加大干部交流力度；建立领导干部述职述廉制度；强化对领导干部的经济责任审计；拓宽信访举报监督渠道；实行选拔任用干部责任追究制。

2005年11月在省委七届十次全会闭幕式上，省委书记徐光春严厉批评了一些干部中存在的不正之风，并代表省委重申，在选拔任用干部工作中要坚持正确的用人导向。他说："干部干部，是干出来的，是干部靠素质和才干干出来的，是组织根据工作需要，按照严格的程序，并听取各方面的意见来确定的，并不是干部自己跑出来、说出来的。否则就不叫'干部'，而叫'跑部'、'说部'了。"他强调说："该提的不跑不说也会提，不该提的再跑再说也不能提，跑跑说说，反而给组织上留下不好印象，而且把风气搞坏！该了解情况的，组织上会下去广泛听取意见，来自非组织渠道的打招呼、说好话，一概不听！"②

<hr>

① 转引自吴烨：《河南省委书记李克强：坚决刹住跑官要官不正之风》，《河南日报》2003年11月24日。
② 转引自李杰、王明浩：《徐光春：干部不是"跑部"、"说部"》，《人民日报》2005年11月2日。

2006 年 4 月，河南省委组织部印发《关于干部选拔任用工作中存在问题的整改意见》，要求全省各级组织部门、组工干部要以公道正派的作风保证《干部任用条例》的贯彻落实。一要严格按照《干部任用条例》规定的程序、条件选拔任用干部，做到坚持程序一步不缺，履行程序一步不错，使程序成为选准用好干部的有力保证，成为防止用人上不正之风的一道屏障。二要严格落实中央和省委有关干部选拔任用工作的各项规定，不断提高干部选拔任用工作的质量。三要严格遵守政治纪律、组织人事纪律和保密纪律，自觉做到"六不"，即不为亲朋好友和"跑官要官"者说情、打招呼；不在干部考察时隐瞒或歪曲事实真相；不泄露酝酿讨论干部任免的情况；不任人唯亲、搞亲亲疏疏；不封官许愿、为"跑官要官"者提供方便；不利用职务之便谋取私利。四要进一步加强对组工干部执行干部人事纪律情况的监督，发现问题，及时批评教育；问题严重的，要严肃处理；不适合在组织部门工作的干部，要坚决调离，决不姑息迁就。

为健全干部选拔任用工作监督机制，深入整治用人上的不正之风，进一步提高干部选拔任用工作的科学化、规范化水平，2010 年 3 月 31 日中央办公厅印发了《党政领导干部选拔任用工作责任追究办法（试行）》，同时，中组部制定了《党政领导干部选拔任用工作有关事项报告办法（试行）》、《地方党委常委会向全委会报告干部选拔任用工作并接受民主评议办法（试行）》、《市县党委书记履行干部选拔任用工作职责离任检查办法（试行）》。这 3 个办法与《责任追究办法》配套衔接，共同构成事前要报告、事后要评议、离任要检查、违规失责要追究的干部选拔任用监督体系，统称"干部选拔任用工作四项监督制度"。同年 4 月 16 日，河南省委组织部印发通知，要求各级各地要认真学习宣传、严格遵照执行中央"干部选拔任用工作四项监督制度"，加强督促考核，确保取得实效，进一步匡正选人用人风气，不断提高选人用人公信度。

2011 年河南省市县乡四级党委集中换届。1 月 30 日，省委书记卢展工在省纪委八届六次全体会议上的讲话中强调，要搞好换届就必须有严格的纪律作保证。他要求各级纪检监察机关"要同组织部门紧密配合，严肃换届纪律，加强监督检查，加大执行力度，坚决纠正选人用人上的不正之风，坚决惩治请客送礼、跑官要官、买官卖官、拉票贿选和突击提拔干部

等行为，确保换届工作健康顺利"。

2011年5月10日，省委书记卢展工在《人民日报》发表署名文章，指出："领导班子集中换届，是对每一位党员领导干部党性作风的重要考验。搞好换届工作实际上就是要做好两件事情，一件是人事安排，一件是工作谋划。要抓住换届的有利时机，坚持'五重五不简单'，真正把用人导向搞好，把用人风气搞正，为加快中原崛起、河南省振兴提供坚强保证。"他着重强调，要"着力匡正风气。搞好换届，加强班子、凝聚人心、增强活力、推动发展，必须有严格的纪律作保证。各级纪检监察机关和组织部门要密切配合，严肃换届纪律，加强监督检查，加大执行力度，坚决纠正选人用人上的不正之风，坚决惩治请客送礼、拉票贿选、跑官要官、买官卖官和突击提拔干部等行为，以铁的纪律保证换届风清气正，确保换届工作顺利进行。"[1]

第四节　以优良作风保障科学发展

党的作风体现着党的宗旨，关系党的形象，关系人心向背，关系事业成败。河南省各级党组织以思想教育、完善制度、集中整顿、严肃纪律为抓手，以加强党性修养为重要基础和动力，下大气力解决党员干部作风方面存在的突出问题，党员干部的思想观念、工作方式、工作作风持续转变，学习之风、创新之风、务实之风、为民之风日益浓厚，有力地推动了解放思想和科学发展，为实现中原崛起提供了作风保证和精神动力。

一、坚持"三防四实"，凝神聚力振兴河南

1990年11月河南省第五次党代会明确提出了"团结奋进，振兴河南"的指导思想，要求全省各级党组织要统一思想认识，转变作风，振奋精神，求真务实，艰苦奋斗，带领全省人民努力把河南省的改革开放事业不

---

[1]　卢展工：《把用人导向搞好　风气搞正》，《人民日报》2011年5月10日。

断推向前进。基于"前车之鉴"这次党代会明确要求各级党组织要树立"三防四实"（防止主观主义、防止形式主义、防止官僚主义，鼓实劲、办实事、抓落实、求实效）的思想作风。

1995年3月在河南省农村工作会议上，省委书记李长春指出："省五次党代会以来，全省广大干部高举'团结奋进，振兴河南省'的旗帜，按照'三防四实'的要求，解放思想，艰苦奋斗，开拓进取，干事创业，思想观念有了很大进步，整体素质不断提高，精神状态是好的，工作是有成绩的，这是全省干部队伍的主流。"在此基础上，李长春又着重强调指出："必须清醒地看到，当前少数地方弄虚作假、虚报浮夸现象有所抬头，已经成为干部群众反映较大的一个问题。尽管发生在个别人身上，但是影响很坏。"李长春明确提出要求："全省各级党委、政府必须高度重视，充分认识虚报浮夸也是腐败，要旗帜鲜明地加以反对，采取坚决措施，把问题解决在苗头阶段，绝不允许滋生蔓延。"[1]

1995年12月省委书记李长春在河南省第六次党代会第一次全体会议上要求新一届省委要切实转变工作作风，"继续倡导'三防四实'的思想作风，多办实事，少说空话，下决心解决会议多、文件多、应酬多的问题。要进一步抓好党政机关的思想作风整顿，克服人浮于事、办事拖拉、推诿扯皮等现象，增强各级干部的事业心和责任感"[2]。他要求全省各级领导干部要增强拒腐防变的能力，经受住改革开放、市场经济和执政的考验。他着重指出："对于共产党人来说，不论职务高低都是人民的勤务员，只有全心全意为人民服务的义务，没有在生活上搞特殊化的权力。全体省委委员，特别是省委常委，要强化自律意识，凡是要求下级做到的，自己首先作出表率；凡是要求下级不做的，自己首先不做。"[3]

2002年12月河南省委七届三次全会召开。全会要求全省各级党组织要以保持党同人民群众的血肉联系为核心，着力解决思想作风、工作作风、领导作风、学风和干部生活作风等方面存在的突出问题。全会强调，

① 李长春：《团结奋进　振兴河南》，中共中央党校出版社1997年版，第270页。
② 李长春：《团结奋进　振兴河南》，中共中央党校出版社1997年版，第624—625页。
③ 李长春：《团结奋进　振兴河南》，中共中央党校出版社1997年版，第625页。

各级党组织和广大党员必须始终保持奋发有为的精神状态，始终保持共产党人的蓬勃朝气、昂扬锐气和浩然正气，发扬党的优良传统，务必保持谦虚、谨慎、不骄、不躁的作风，务必保持艰苦奋斗的作风，敢于正视困难，勇于克服和解决困难，抓住机遇而不可丧失机遇，开拓进取而不可因循守旧，把奋发有为的进取精神和求真务实的科学态度结合起来①。

20 世纪 90 年代以来，河南省几届省委班子始终以"三防四实"为抓手，坚持不懈地加强领导干部作风建设。"三防四实"思想作风的树立，犹如一股浩然正气注于河南省的领导干部队伍之中。正是有了这股"浩然正气"，广大领导干部的思想观念有了很大进步，带领全省人民在"团结奋进，振兴河南"的旗帜下开拓进取，干事创业，为各项工作顺利开展提供了保障。

二、保持和发展先进性，奋力实现中原崛起

2004 年 11 月 7 日，中共中央下发了《中共中央关于在全党开展以实践"三个代表"重要思想为主要内容的保持共产党员先进性教育活动的意见》，决定从 2005 年 1 月开始，用一年半左右的时间，在全党开展以实践"三个代表"重要思想为主要内容的保持共产党员先进性教育活动。按照中央的部署和要求，河南省牢牢把握学习实践"三个代表"重要思想这一主题，用一年半的时间有组织、有步骤、有重点地在 18 万多个基层党组织、423 万多名党员、56 万多名入党积极分子中，深入开展了保持共产党员先进性教育活动。

为使这次教育活动扎实深入、取得实效，河南省委明确提出，先进性教育活动要围绕学习实践"三个代表"重要思想这条主线，突出学习贯彻落实科学发展观、学习贯彻党章、构建和谐社会、建设社会主义新农村、树立社会主义荣辱观 5 个重点，认真解决影响基层党组织和党员队伍中存在的突出问题、解决影响改革发展稳定的重点问题、解决涉及群众切身利

---

① 吴烨：《中共河南省委七届三次全会在郑召开 陈奎元作重要讲话》，《河南日报》2002 年 12 月 24 日。

益的实际问题，以先进性教育活动为动力，推动工作、加快发展、科学发展，努力使河南省走在中部崛起的前列。

省委书记徐光春多次深入企业、学校、农村进行调研指导，强调要使先进性教育活动真正成为"群众满意工程"，形成察民情、解民忧、帮民富、保民安的长效机制。省委先进性教育活动领导小组分层次分类别召开座谈会、到全省各地调查研究，在吃透情况、把握全局的情况下，及时研究部署工作。省、市、县党组织分三批派出督导组 21068 个、督导人员72000 多名，对先进性教育活动全过程进行督促、检查、指导。

在省委和各级党组织的坚强领导下，不同领域、不同行业分门别类地提出了不同的教育重点和需要解决的突出问题，使先进性教育活动各有任务、各有目标、各有特点，既有声有色，又扎扎实实。

在这次先进性教育活动中，河南省牢牢把握的一个原则，就是不仅要使党员受教育，而且要使广大群众得实惠。得实惠就是要解决群众最盼望解决的问题，解决群众最急需解决的问题，在解决问题的过程中实现好、维护好、发展好最广大人民群众的根本利益。全省各级党组织按照省委、省政府的要求，结合本地本单位实际，为人民群众办了大量的好事、实事，全省上下形成了为人民群众办好事、干实事、解难事的浓厚氛围，给群众带来了实惠。据统计，全省各级党组织公开承诺办实事 50 多万件，解决群众关心的热点难点问题 45 万多个，群众对先进性教育活动的满意率达到 98.98%。

通过这次先进性教育活动，河南省各级党组织和党员服务群众的行动更加自觉，党员干部的作风进一步改进，人民群众关心的一些重点问题得到初步解决，党群干群关系进一步密切。围绕胡锦涛总书记视察河南省时提出的"实现跨越式发展，在促进中部地区崛起中发挥更大作用，走在中部地区前列"的要求，把思想统一到胡锦涛总书记重要讲话精神上来，把精力集中到推动河南省实现跨越式发展上来，全省上下形成了聚精会神搞建设、一心一意谋发展的良好局面，使河南省经济社会各方面发展站在一个新的历史起点上，初步呈现中原崛起的良好态势。

三、讲正气、树新风，助推"两大跨越、两大建设"

为加强和改进党的作风建设，河南省委决定从 2007 年 4 月开始集中两个月的时间，在全省各级党组织和党员领导干部中深入开展以学习贯彻胡锦涛同志在中央纪委七次全会上的重要讲话精神，加强领导干部五个方面的作风建设、树立八个方面的良好风气为主要内容的"讲正气、树新风"主题教育活动，通过这次主题教育活动，进一步弘扬新风正气，抵制歪风邪气，着力解决突出问题，实现干部作风转变，为加快"两大跨越"、推进"两大建设"提供有力保障。

省委常委会率先垂范，就作风建设问题召开专题民主生活会，剖析作风建设方面存在的问题，提出了转变作风的具体措施，制定了省委常委会加强作风建设的"约法十章"，要求省委常委要做到"十带头、十坚持"。省委书记徐光春多次听取主题教育活动各阶段工作情况汇报，并深入许昌、周口等地开展调研督导，对主题教育活动给予有力指导。省四大班子党员领导干部认真履行"一岗双责"，深入各地各部门调研督导。各级党委把主题教育活动作为一项事关长远的重要政治任务摆上突出位置，成立领导小组和办事机构，全省上下形成"一把手"负总责、亲自抓，分管领导具体抓的工作格局。

各地各部门在认真落实学习内容、健全学习制度的基础上，普遍采取精读与通读相结合、个人自学与集中学习相结合的办法，使学习形式灵活多样：新乡市委班子吸收社会知名人士参加，开展"集中学习日"活动；济源开展演讲比赛知识测试；南阳要求"读议写讲"相结合，深化了学习效果。全省举办先进事迹报告会 6000 多场次，杨正超、陈艳芳、白洁、吴如等先进典型和身边的优秀共产党员的事迹，感染、激励着广大党员干部奋发有为；召开警示教育大会 6400 多场次，集中通报了一批领导干部违法违纪的典型案件，组织职务犯罪人员现身说法、以案说法，在广大党员干部中引起强烈震撼。各地还充分发挥宣传教育基地的阵地作用，开展优良传统教育和警示教育，收到了良好的效果。

经过全省各级党组织和广大党员干部的共同努力，为期两个月的"讲正气、树新风"主题教育活动达到了学习求深、查摆求真、整改求实、执纪求严、面貌求新的预期目的，得到了人民群众的大力支持和广泛认可。据省委巡回督查组对省管 192 个单位的群众满意度测评，68 个单位为 90%—99%，119 个单位达到 100%。在这次活动中，广大党员干部素质进一步提高，一些突出问题得到有效解决，作风建设的长效机制逐步建立健全，促进了各项工作开展。胡锦涛总书记在 2007 年 "五一" 期间视察河南省时，对这一做法给予了充分肯定。

四、讲党性修养、树良好作风、促科学发展

为了深入贯彻胡锦涛总书记在十七届中央纪委三次全会上的重要讲话精神，大力加强新形势下党员领导干部党性修养、树立和弘扬优良作风、促进科学发展，河南省委决定从 2009 年 4 月开始，集中 3 个月时间，在全省各级党组织和党员干部中深入开展 "讲党性修养、树良好作风、促科学发展" 教育活动。

徐光春对开展好这项活动提出了具体要求。一是抓好党执政为民的根本问题。只有抓住理想信念、党性修养和为民宗旨这些根本问题，才能确保活动有方向、有分量、有成效。二是抓好影响科学发展、影响党性党风党纪的重大问题，即重点解决贪大求洋、追求奢华、奢侈浪费的奢靡之风，急功近利、脱离实际、弄虚作假的浮躁之风，贪图享受、贪图钱财、贪图美色的贪占之风和跑官要官、买官卖官、醉心当官的跑要之风这 "四股歪风"。三是抓好群众反映强烈的突出问题，各地、各单位、各领域的党组织面临问题并不完全一样，一定要结合本地区、本部门、本领域实际，有针对性地解决群众反映强烈的突出问题。

省委多次召开省委常委会对 "讲、树、促" 教育活动进行专题研究，强调要把教育活动作为加强新形势下党员干部队伍思想作风建设和反腐倡廉建设的重要载体，作为巩固深化学习实践科学发展观活动成果的重要内容，作为应对危机、化危为机、保持经济平稳较快发展的重要举措，切实组织好、实施好。

全省各级各部门紧紧围绕 "党性强起来、作风正起来、发展好起来"

的总体要求，周密安排部署，精心组织实施，认真抓好学习提高、检查评议、整改建制三个阶段的工作，教育活动进展顺利、发展健康。

在教育活动中，各地各部门坚持"规定动作"与"自选动作"相结合、专题辅导与在岗自学相结合、座谈讨论与实地观摩相结合，认真学习十七届中央纪委三次全会精神，学习胡锦涛等中央领导同志一系列重要讲话精神，学习省领导小组办公室编发的辅导教材，切实做到了学习内容、资料、时间、效果"四到位"。各地各部门还普遍开展了看一部电影《焦裕禄》、读一篇文章《县委书记的榜样——焦裕禄》、访一次兰考（瞻仰焦裕禄纪念园、观看焦裕禄同志事迹展览）活动，掀起了学习焦裕禄精神的热潮。不少单位还采取职务犯罪人现身说法、观看警示教育光盘等方式，使广大党员干部的心灵深受触动。

坚持边学边改、边查边改、边整边改，及时解决影响制约科学发展的突出问题、党员干部党性党风党纪方面的突出问题、群众反映强烈的突出问题，是此次教育活动的一个显著特点。通过教育活动的开展，广大党员干部受到了一次深刻的党性党风党纪教育，奢靡、浮躁、贪占、跑要"四股歪风"得到有效遏制，党性党风党纪方面群众反映强烈的突出问题得到及时解决，为在科学发展观指导下、全面建设小康社会、实现中原崛起提供了作风保证和精神动力。

五、加快领导方式转变，务实推动中原经济区建设

2010年6月3日，河南省委书记卢展工在《人民日报》发表署名文章，从执政为民的高度阐述了用领导方式转变加快发展方式转变的重大意义，指出："破解经济社会发展中的矛盾和问题，根本途径在于加快经济发展方式转变。加快转变讲起来很简单，做起来不容易。讲转变，首先要从党委、政府和领导干部转变开始，思考自己怎么转、怎么做。"他要求各级领导干部必须明确发展目的。他说："为民不是一句空话，需要我们在具体的发展实践中体现对人民负责。比如，领导干部比较关注 GDP，但老百姓不太关心；领导干部比较关心产值，甚至少数人认为环境、资源问题可以放一下，但老百姓却不赞成。个别干部比较喜欢拍脑袋、大呼

隆、一风吹、一刀切，一会儿一个思路、一会儿一个战略，但基层干部怎么想？老百姓怎么想？有多少东西老百姓能够记得住？所以，人民群众反映强烈的问题，与人民群众切身利益有关的问题，正是加快经济发展方式转变中需要认真研究和加以解决的问题。"他要求各级"领导干部要跟上中央决策的步伐、适应加快转变的要求，认真研究转变政府职能、转变领导方式、转变工作方法的问题，做到谋划多一点、服务多一点、创造条件多一点、依法依规多一点、求实求效多一点，真正肩负起加快转变的领导责任，在创新中提高领导水平"①。

2011年2月14日，河南省委书记卢展工再次在《人民日报》发表署名文章，深刻地阐述了转变领导干部作风在转变领导方式中的地位和作用。他指出："当好领导干部讲起来很复杂，其实也很简单，我认为，两件事做好就行：一个是要把风气搞正，一个是要把工作做实。这就需要转变领导作风。"他批评少数领导干部"经不起权力的诱惑，太把自己当个官，甚至今天任命书一宣布，第二天走路都不一样了"。他着重指出："为什么现在日子越来越好过，群众却有那么多的意见，说到底是跟风气有关，与腐败有关。"卢展工着重强调了转变领导干部作风对于转变经济发展方式的重要意义，指出："风正才能气顺，气顺才能和谐。领导观念转变不了，领导方式转变不了，工作方式转变不了，经济发展方式也就无从转变，发展和为民就会变成一纸空谈。真正对人民负责是不容易的，我们要不断强化公仆意识、服务意识，消除拍脑袋决策的概念，淡化官的概念，要尊重科学、尊重规律、尊重老百姓，一切从人民利益出发，一切从实际出发，真正按规律办事，真正对事业负责，对人民负责。我们更要通过提升为民认识、突出为民发展、健全为民机制、树立为民形象，教育引导广大党员干部时刻牢记为民宗旨，始终保持党同人民群众的血肉联系，为经济社会发展和中原经济区建设营造一个好的环境、好的氛围、好的风气。"②

省委书记卢展工以用领导方式转变加快发展方式转变为河南省加快经

---

① 卢展工：《用领导方式转变加快发展方式转变》，《人民日报》2010年6月3日。

② 卢展工：《把风气搞正 把工作做实》，《人民日报》2011年2月14日。

济发展方式转变提供了明确的解题思路，为转变经济发展方式指出了重要切入点。一石激起千层浪。卢展工的重要论述在全省乃至全国引起了广泛的关注。从"九论十八谈"到"新十八谈"、"十八谈映象版"再到"新九论"，从少数人的参与到多数人的参与，从媒体的先行参与到各地各部门的广泛参与，由此在中原大地上静悄悄地兴起了一场思想解放和实践创新活动。

这次思想解放和实践创新活动紧扣务实发展和务实河南省建设，着力推动领导作风转变。在这次思想解放和实践创新活动中，各级领导干部结合自己的工作实实在在找差距，认认真真抓整改，为加快领导方式转变、促进经济发展方式转变提供了重要保证。

作风连着党风，带着政风，影响民风。省领导率先淡化当官意识，强化公仆意识。省里召开的重要会议，省委、省政府领导都提前到场，发言提出见解，出行不搞接送，市内不用警车，下乡不定路线。省委书记卢展工工作再忙，总要挤出时间下乡搞调研，少则三五天，多则一周时间；安排群众座谈会，常常三四个小时不休息；他还以"卢老汉"身份应聘遭拒，感受"4050"人员的就业难；与客商合影站后排，其礼贤下士的人格魅力着实让客商感动。

河南省各地纷纷出台措施，把作风转变作为领导方式转变的关键之举，把为民作为本质、根本、责任和标准。如何问政于民？郑州市委规定"两个绝不允许"，要求各级干部主动"下访"，工作当中绝不允许发现不了问题，绝不允许发现问题解决不了又不报告。大到青年的就业培训，小到学校门口的一条斑马线，仅团市委就上报市委、市政府200多条问题，90%都得到了解决。在济源，市委书记赵素萍每天打开电脑第一件事就是处理政府网站"领导信箱"的群众来信。在商丘，现代科技畅通群众信访渠道，群众在任何一个视频终端都可向市、县公安局长当场"喊冤"，全市针对公安行为的越级信访总量连续3年下降，与上年同比分别下降37.5%、20%、11%。

没有大轰大嗡，没有大起大落，力戒形式主义，反对急功近利。一年多来，河南省领导方式转变静悄悄，一种新的学习之风、科学之风、务实之风、为民之风正在逐渐形成。领导方式转变像一把钥匙，开启了河南省经济发展方式转变的大门，像一台助推器为经济发展方式转变提供了持续的动力。在近两年宏观经济复杂严峻的形势下，河南省经济发展进入了历史上最好的时期。全省地区生产总值连续多年稳居全国第五位、中部地区首位，近两年的增速分别高于全国平均水平 1.9 个和 2.4 个百分点，规模以上工业增加值的增速分别高于全国平均水平 3.3 个和 5.7 个百分点。特别令人欣喜的是，河南省这个过去曾以封闭保守而著称的内陆省份，如今成了内外客商竞相投资的热土。2011 年全省实际利用外商直接投资突破 100 亿美元，增长 60%，实际到位省外资金突破 4000 亿元，增长 46%，进出口总值达到 326.42 亿美元，增长 80% 以上。2012 年上半年全省地区生产总值 13530.55 亿元，同比增长 10.3%，增速高出全国 GDP 增速 2.5 个百分点。1—5 月，规模以上工业增加值增速高于全国平均水平 4.9 个百分点；出口总值增长 106.4%；进出口总值达 183.3 亿美元，较上年同期增长 93.5%。

第五节　筑牢反腐倡廉坚固防线

邓小平南方谈话发表 20 年来，河南省委和各级纪检监察机关按照中央的部署和要求，切实加强反腐倡廉宣传教育，加强对党员干部的监督，加强反腐倡廉制度建设，坚决依法惩治腐败分子，推动党风廉政建设和反腐败斗争不断取得新成果，为河南省的改革开放和现代化建设提供了重要保证。

一、打牢反腐倡廉教育基础，构筑拒腐防变思想防线

1990 年 8 月中央纪委下发《党的纪律检查机关党风党纪教育工作纲要（试行）》，明确了党风党纪教育的工作任务。河南省各级纪委既配合有关部门进行党的基本知识、基本理论、基本路线的教育，又结合纪检工作实际突出抓了党的优良传统作风、反腐倡廉教育。全省还广泛开展了以党章、《准则》和党纪条规为主要内容的党规党法教育，各级党委、纪委组织广大党员干部深入学习党的纪律知识和党规党法，受教育面达 80%

以上。

1994 年 4 月，省委书记李长春在河南省纪委五届六次全会上深刻阐明了反腐倡廉教育的基础地位。他指出："反腐倡廉，教育是基础。要通过各种形式，对广大党员干部进行全心全意为人民服务宗旨的教育，进行艰苦奋斗、廉洁奉公、勤政为民的教育，进行法治和纪律的教育，增强广大干部抵制拜金主义、享乐主义和极端个人主义等腐朽思想侵蚀的能力，增强保持廉洁的自觉性。"① 李长春还要求把反面典型的警示教育与先进典型的正面教育结合起来。他说："在对那些影响较大的反面典型有选择地内部通报或公开曝光的同时，要大力宣传和表彰廉洁奉公、勤政为民、勇于同腐败分子作斗争的先进典型。"②

1996 年，党的十四届六中全会作出决定，对县处级以上领导干部进行一次以讲学习、讲政治、讲正气为主要内容的党性党风教育。河南省委对这次教育活动高度重视，研究制定了省委关于深入开展"三讲"教育的意见，在总结试点经验的基础上，自 1999 年 4 月至 2000 年 12 月，采取党内的批评和自我批评相结合的方式，自上而下、分期分批在 5420 个领导班子、27740 名领导干部中以整风的精神开展了"三讲"集中教育，使全省党员干部受到了一次深刻的党性党风教育，达到了预期的效果。

2003 年 2 月 28 日，省委书记李克强在河南省纪委第三次全体会议上，突出阐明了反腐倡廉教育的着力点和基本要求，指出："要在全省党员领导干部中大力开展以立党为公、执政为民为主题的权力观教育活动，进一步提高干部的思想政治素质，增强执政为民的意识。教育和引导全省广大党员干部用'三个代表'重要思想武装头脑，牢固树立正确的世界观、人生观、价值观。各级领导干部要带头执行各项规定，做廉洁自律的表率。要求别人做到的自己首先做到，禁止别人做的自己坚决不做，时时自重、自省、自警、自励，处处慎权、慎欲、慎微、慎独，警钟长鸣，防微杜渐，永葆共产党人的先进本色。"③

---

① 李长春：《团结奋进 振兴河南》，中共中央党校出版社 1997 年版，第 662—663 页。
② 李长春：《团结奋进 振兴河南》，中共中央党校出版社 1997 年版，第 663 页。
③ 转引自王明浩：《李克强：必须加大对领导干部的监督力度》，《河南日报》2003 年 3 月 1 日。

2005 年 1 月中共中央发布《建立健全教育、制度、监督并重的惩治和预防腐败体系实施纲要》后，河南省委、省政府制定了贯彻落实《实施纲要》的具体意见，强调要切实加强反腐倡廉宣传教育，筑牢拒腐防变的思想道德防线，提出要以领导干部为重点，抓好对市厅级、县处级及乡科级领导干部的反腐倡廉教育，增强各级领导干部廉洁从政意识。要把反腐倡廉教育纳入保持共产党员先进性教育活动，并长期坚持。要把反腐倡廉理论作为各级党委（党组）理论学习中心组学习的重要内容。省委党校和其他干部培训机构都要开设反腐倡廉课，党政主要负责同志要坚持讲廉政党课。坚持对新任职领导干部进行廉政培训。干部提拔或轮岗、交流上岗前，要进行廉政教育谈话①。

2008 年 11 月 18 日，在省委中心组（扩大）集中学习第四次专题报告会上，省委书记徐光春强调要抓廉政教育，做到警钟长鸣。要强化教育，坚持集中教育与日常教育相结合，自我教育与组织教育相结合，岗位教育与社会教育相结合，把教育贯穿于领导干部的培养、选拔、管理和使用等各个方面，真正做到廉政教育长流水、不断线。要创新教育，不断丰富教育内容、方法、载体、手段，善于运用正反两方面的典型和现代科技手段，增强教育的说服力和感染力，提高教育的针对性和有效性。要扩大教育，形成反腐倡廉的舆论氛围。

2010 年 1 月 20 日，省委书记卢展工在河南省纪委八届五次全会明确提出，新形势下加强党风廉政建设和反腐败斗争，要坚持"四个重在"，首先是要坚持重在持续。"要持续已有的好做法好经验。认真总结我省在反腐倡廉教育、制度、监督等方面创造的行之有效的办法，坚持下去，并对效果不明显的措施和做法及时加以改进、不断进行完善。"②

2011 年 12 月，河南省首次启动以"清风中原、廉洁新春"为主题的廉政集中教育月活动。有资料显示，河南省纪委近年来查办的贿赂案件大多数发生在国庆、中秋或元旦、春节这两个"双节"期间。根据要求，这

---

① 中共河南省委、河南省人民政府：《贯彻落实〈建立健全教育、制度、监督并重的惩治和预防腐败体系实施纲要〉的具体意见》（豫发〔2005〕11 号）。

② 转引自平萍、郭海方：《河南省纪委八届五次全会召开 卢展工讲话》，《河南日报》2010 年 1 月 21 日。

次廉政集中教育月活动中，各级纪检监察机关给党员领导干部寄发一封廉政提醒信；各级各部门党政主要领导同志为所属党员干部上一次廉政党课；省、市、县三级结合"中原清风杯"优秀廉政戏剧双季巡演活动，在活动期间组织党政领导干部观看一台廉政戏剧；读一本《廉政集中教育月资料汇编》；展播一批廉政公益广告；组织全省领导干部观看省纪委制作的《忏悔录》警示教育片；各级纪委、妇联按照干部管理权限，联合有关部门，组织领导干部配偶开展一次廉政座谈会；各级党委面向全社会发出公开信，倡导文明廉洁过"双节"；面向全省组织廉政楹联征集活动，精选部分优秀廉政楹联在省内党报党刊上刊登；所有领导干部在活动期间学唱廉政歌曲——《吃亏歌》，在全省干部中叫响"当干部就应该能吃亏，当干部就应该肯吃亏，当干部就应该常吃亏，当干部就应该多吃亏"的口号。

二、强化领导干部监督，有效制约权力运行

加强对领导干部的监督是有效预防腐败的关键。在奋力实现中原崛起的20年的历程中，河南省始终把干部监督工作摆在重要位置来抓，突出强调加强干部监督机制建设。

1994年4月在省纪委五届六次全会上，省委书记李长春强调要发挥社会各方面的监督作用，指出："司法、行政执法、经济管理等部门和垄断性较强的行业，特别是直接与群众打交道的基层单位，要继续实行'两公开'制度，置于广大群众的监督之下。各级人大要组织人大代表，对一些重点部门和行业进行民主评议，切实发挥权力机关的法律监督职能。要充分发挥各民主党派、群众团体、无党派人士的作用，组织他们参与反腐败斗争有关任务的实施，多听取他们的意见和建议。要注意发挥新闻部门的舆论监督作用，扶正祛邪，抑恶扬善。"[1]

1995年12月在河南省第六次党代会上，省委书记李长春强调："加强各级党组织和纪律检查机关以及人民群众、新闻舆论和民主党派对党员

---

① 李长春：《团结奋进　振兴河南》，中共中央党校出版社1997年版，第663页。

干部的监督，逐步建立起有效防范腐败行为的约束机制。"次年 8 月，他在省委机关刊物《党的生活》杂志上撰文指出："要进一步严格党内生活，加强党内监督。坚持党员领导干部民主生活会制度，认真开展批评与自我批评，强化领导班子内部的相互监督。充分发挥纪检监察机关的作用，加强党纪政纪监督。认真组织人大代表、人民群众评议领导班子和领导干部，组织下级部门评议上级部门，把党组织监督同群众监督、舆论监督、法律监督、社会监督结合起来。"①

1996 年 1 月在省直机关党建工作座谈会上，省委书记李长春强调在改革开放的历史条件下，党组织的监督职能只能加强，不能削弱。"每一位党员、党员干部，不论职位高低，资历深浅，都必须自觉接受党内监督。在改革开放中，鼓励党员、干部解放思想，转变观念，大胆改革，但这并不意味着党员干部可以不接受党内纪律的约束，降低对党员干部的要求，而应当对党员干部提出更高的要求，大力加强党内监督，严格党的纪律。"②

党的十六大后，河南省各级党组织按照中央的部署和要求，着力加强对领导干部行使权力的全方位、全过程监督，同时把党内监督与人大监督、政府专门机关监督、政协民主监督、司法监督、群众监督、舆论监督等结合起来，发挥各方面监督的积极作用，使对权力运行的制约监督进一步得到加强。

2004 年 2 月，省委书记李克强在省十届人大二次会议闭幕时的讲话中指出："我们手中所拥有的权力都应该用来为人民服务，用来为河南人民造福，用来促进河南省的改革发展和稳定。所有党员干部和国家公务人员都要牢固树立服务意识，干事就是要服务，服务就要讲效能，能否高效服务，也是对是否下决心真抓实干的一种检验。"为此，他提出"要加强对干部的监督，加强党内监督、法律监督、民主监督和社会监督，建立健全监督机制，强化责任追究机制，有效防止和及时纠正违背求真务实精神的各种错误做法。各级各部门都要采取有效措施，切实推进干部作风的转

---

① 李长春：《团结奋进　振兴河南》，中共中央党校出版社 1997 年版，第 601 页。
② 李长春：《团结奋进　振兴河南》，中共中央党校出版社 1997 年版，第 634—635 页。

变，为实现中原崛起提供强有力的保证。"①

2004 年 7 月在河南省委常委会议上，省委常委们公开向全省人民承诺：带头执行廉洁自律各项规定，自觉接受党组织、广大党员干部和人民群众的监督。省委书记李克强强调，要认真执行廉洁自律的各项规定，带头履行廉政承诺，要求别人做到的自己首先做到，禁止别人做的自己坚决不做，绝不用手中的权力谋取个人私利，诚恳接受党组织、广大党员干部和全省人民的监督！

2011 年 1 月 31 日，省委书记卢展工在省会新闻媒体座谈会上充分肯定舆论监督的作用，指出：舆论监督不能叫负面报道，而应是正面报道。"舆论监督只要是真实客观的，我们就要认真地整改。"他强调说，正是这种监督推动了科学发展主题的显现，推动了加快经济发展方式的转变②。同年 12 月，省委书记卢展工在河南省第九次党代会上着力强调指出："坚持党内监督与党外监督、专门机关监督与群众监督相结合，发挥好舆论监督作用，增强监督合力和实效。"③

三、加强反腐倡廉制度建设，在实践中推进制度创新

1993 年 8 月在党内民主生活会上的发言中，省委书记李长春就加强法规制度建设发表意见指出："从根本上遏制腐败现象的滋长，关键在于深化改革，加快社会主义市场经济体制的建立和完善的进程。要围绕反腐败斗争暴露出来的问题，加强立法工作，抓紧建立和完善有关廉政建设的地方性法规和各项规章制度，尽快把反腐败斗争纳入法制化的轨道，以有效遏制违纪违法行为的发生。"④

① 李克强：《大兴求真务实之风 奋力实现中原崛起——在省十届人大二次会议闭幕时的讲话》，《决策探索（上半月）》2004 年第 3 期。
② 转引自韩俊杰：《卢展工：媒体是第一给力源 舆论监督也是正面报道》，《中国青年报》2011 年 2 月 1 日。
③ 卢展工：《在中国共产党河南省第九次代表大会上的报告》，《河南日报》2011 年 12 月 7 日。
④ 李长春：《团结奋进 振兴河南》，中共中央党校出版社 1997 年版，第 668 页。

1994 年 4 月，省委书记李长春在省纪委五届六次全会上深刻阐明了加强法规制度建设的极端重要性，指出："各种消极腐败现象和不正之风的发生，大都与权力的滥用和行政行为不规范有关。治标与治本相结合，必须边反边改，边反边建，从法规制度上堵塞漏洞。"在此基础上，他提出了制约和规范权力运行的要求，指出："不受制约的权力是腐败现象滋生的温床，要逐步实现行政管理法制化、规章化，最大限度地减少日常的一事一批，约束不规则的行政行为。重点部门和行业都要针对本系统、本行业存在的不正之风，从规章制度上提出制约和解决的办法。"①与此同时，李长春还要求"在自查自纠的基础上，进一步加强制度建设。要进一步建立和健全县以上单位党委（党组）民主生活会制度，群众民主评议领导干部制度。通过建立约束机制，要把领导干部廉洁自律逐步引上规范化、制度化的轨道。"②

2003 年 2 月在河南省纪委第三次全会上，省委书记李克强深刻阐明了加强制度建设与体制机制创新的重要性，要求加大源头治理力度，不断铲除滋生腐败的土壤和条件。他结合河南省实际提出了加强制度建设、推进体制机制创新的思路，指出：要从深化改革和制度创新入手，抓住容易产生腐败现象的关键部位和薄弱环节，认真研究解决问题的对策和措施。要继续以行政审批制度改革为突破口，深化行政管理体制改革，进一步转变政府职能。以减少审批事项为重点，对行政审批事项进行彻底清理，该取消的要坚决取消，该由市场调节的要通过市场机制来处理。要提高审批的透明度，努力消除多头审批和"暗箱操作"等问题。要深化财政管理制度改革，强化对资金的监管，严格执行"收支两条线"的管理规定。要深化干部人事制度改革，推进干部人事工作的科学化、民主化和制度化。要严格按照《党政领导干部选拔任用工作条例》的规定选任干部，增加干部工作的透明度。积极稳妥地推进司法体制改革，加快现代企业制度建设，继续抓好纠正部门和行业不正之风工作，整治企业经营环境，通过综合治理不断优化发展环境。

① 李长春：《团结奋进　振兴河南》，中共中央党校出版社 1997 年版，第 662—663 页。
② 李长春：《团结奋进　振兴河南》，中共中央党校出版社 1997 年版，第 661 页。

　　2005 年 1 月，省委书记徐光春在河南省纪委五次全会上强调加强反腐倡廉建设，努力形成用制度规范从政行为、按制度办事、靠制度管人的机制。一是完善科学决策制度，重点是完善重大决策事项、重要人事任免、重大项目安排和大额度资金使用的决策机制，规范决策程序，建立健全决策失误责任追究制和纠错改正机制。二是完善党内民主制度，以保障党员民主权利为基础，以完善党的代表大会制度和党的委员会制度为重点，建立健全反映党员和党组织意愿的党内民主制度。三是完善巡视制度，着力形成巡视成果转化运用机制，切实发挥巡视工作在干部考察、选拔、监督中的作用。四是推进和完善政务、村务和厂务公开制度，防止公共权力滥用。五是认真落实省委关于领导干部廉洁从政的 12 条规定。

　　2011 年 11 月在河南省第九次党代会上的报告中，省委书记卢展工要求切实加强反腐倡廉制度创新。他指出："坚持以改革的精神推动预防腐败各项工作，加强反腐倡廉制度创新，逐步形成内容科学、程序严密、配套完备、有效管用的反腐倡廉制度体系。"①

　　这些年来，河南省各地把中央和省委的指示精神同本地反腐倡廉建设的具体实际结合起来，创造性地开展工作，在具体实践中探索形成了许多反腐倡廉的好制度。这些好的制度不仅在促进本地反腐倡廉建设中发挥了重要作用，而且有的在全国产生重大影响，得到中央领导的充分肯定，并在全国范围内得到推广。限于篇幅，这里仅举党风廉政建设责任制一例。

　　早在 1997 年，河南省濮阳市在探索实践中首创了建立党风廉政建设责任制，形成了一套好的工作机制和好的经验与做法。这一制度是关于各级党委（党组）、政府（行政）及其职能部门的领导班子、领导干部在党风廉政建设中应当承担责任的制度。按照这一制度规定，党风廉政建设的责任主体为各级党政领导班子及其成员，各级党政领导班子中的正职为本地区、本部门、本单位党风廉政建设第一责任人。随后，这个市的经验和做法随后在全省各地逐步推开。在吸收和借鉴河南省创造的这一宝贵经验

① 卢展工：《在中国共产党河南省第九次代表大会上的报告》，《河南日报》2011 年 11 月 7 日。

的基础上，中共中央、国务院于 1998 年 11 月 21 日印发了适用于全国各级党的机关、人大机关、行政机关、政协机关、审判机关、检察机关的领导班子和领导干部的《关于实行党风廉政建设责任制的规定》。

四、始终保持高压态势，不断加大惩治力度

加大惩治腐败分子力度，严肃查处腐败案件，是反腐败最有力的措施，是惩治腐败分子最重要的手段。从改革开放一开始，河南省就对腐败分子保持了高度警惕，并始终保持着高压的态势。奋力实现中原崛起 20 年来，河南省不断加大惩处腐败分子的力度，取得了显著成绩。

20 世纪 90 年代，社会主义市场经济体制初步建立，新旧体制转换加剧，腐败现象在一些领域有蔓延之势。1994 年 4 月，省委书记李长春在河南省纪委五届六次全会上强调要严肃查处大案要案，指出："各级党委、政府要加强对案件查办工作的领导，建立查处大案要案责任制。不管涉及哪一级的干部，都要坚决查处，绝不手软；对严重违法乱纪的腐败分子，要坚决清除，依法惩治，绝不姑息养奸；对揭露出来的大案要案，决不允许搞官官相护、地方保护主义、单位保护主义；对瞒案不报、压案不办、阻挠和拖延案件查处的，要追究有关人员的责任，对袒护犯罪的，要绳之以党纪国法。"①

2003 年 2 月，省委书记李克强在河南省纪委第三次全会上强调指出，要严肃查处违纪违法大案要案，集中力量突破一批重大疑难案件和有影响的典型案件，始终保持对腐败分子的高压态势。发现一起、查处一起，查必深究、究必从严；对瞒案不报、压案不查、查而不处的错误行为，要给予严肃处理。要坚持党纪国法面前人人平等的原则，不论是谁，只要违反了党纪国法，该受纪律处分的一定要给予纪律处分，该追究法律责任的一定要及时移交司法机关处理。

2009 年 1 月，省委书记徐光春在河南省纪委八届四次全会上指出："要在加强查处上下工夫。继续加大查办案件的力度，始终保持对腐败分

① 李长春：《团结奋进 振兴河南》，中共中央党校出版社 1997 年版，第 662 页。

子的高压态势，严肃查处领导机关和领导干部中滥用职权、贪污贿赂、腐化堕落、失职渎职的案件；完善查办案件工作组织协调机制，形成查办案件的整体合力。"①

2011年6月30日，省委书记卢展工在河南省庆祝中国共产党成立90周年大会上强调指出："要坚定不移地推进反腐倡廉建设，旗帜鲜明地同一切腐败现象作斗争，坚决纠正损害群众利益的不正之风，坚决惩治各类腐败行为。"②

近20年来，在严肃查处腐败案件、保持惩治腐败分子高压态势方面，历届河南省委、省政府是一以贯之的。这些年来，河南省始终坚持把查处党员干部违纪违法案件，作为从严治党、惩治腐败的中心环节来抓，以查办党政领导机关、行政执法机关、司法机关、经济管理部门和县（处）级以上领导干部的违纪违法案件为重点，集中精力查办了一批大案要案，先后严肃查处了河南省保险公司原经理周华孚、周口地区原行署专员曾锦城、新乡市委原书记祝友文、省水利厅原厅长张海钦、省安全生产监督管理局原局长李九成等一批严重违纪违法分子。

近几年，河南省持续查办案件工作的良好态势，持续加大查办案件的力度。2009年全省各级纪检监察机关共接受信访举报59506件（次），立案14153件，结案14190件，立案数和结案数分别同比上升6%、6.6%，给予党政纪处分15467人，其中，市厅级干部27人，县处级干部390人，乡科级干部2644人③。2010年，全省纪检监察机关受理信访举报63798件，立案14834件，结案14833件，给予党政纪处分16032人，其中市厅级干部23人，县处级干部393人，乡科级干部2557人，移交司法机关处理171人④。2011年全省共受理信访举报53601件（次），立案14358件，结

① 徐光春：《在中共河南省第八届纪律检查委员会第四次全体会议上的讲话》，新华网2009年1月21日。
② 转引自平萍、熊飞、路红：《卢展工：中原经济区靠广大党员干部和群众实干》，《大河报》2011年7月1日。
③ 郭海方：《2009年河南省纪检监察机关查办案件1.4万余起》，《河南日报》2010年1月19日。
④ 郭海方：《2010年河南省纪检监察一年处分16032人》，《河南日报》2011年1月30日。

案 14241 件，党政纪处分 15393 人，其中市厅级干部 23 人[1]。调查结果显示，近年来，人民群众对河南省党风廉政状况满意度稳步提升，2010 年人民群众对反腐倡廉工作的满意率达到了 77.8%[2]。

第六节　经验与启示

改革开放以来特别是近 20 年来，河南省按照中央的部署和要求，始终不渝地用科学理论武装全省广大党员干部，一以贯之地加强基层党组织建设，持之以恒地抓好党员干部作风建设，坚持不懈地推进反腐倡廉建设，全面推进党的建设新的伟大工程，为全省改革开放和现代化建设提供了坚强的政治保证和组织保证。在这些年党的建设实践中，河南省探索和积累了一些宝贵的经验，这些经验为新的历史条件下继续推进党的建设提供了重要的启示。

一、河南省党的建设实践探索和积累的宝贵经验

（一）党的建设必须围绕中心、服务大局

党的建设从来就不是游离于党所领导的伟大事业之外，而是同党所领导的伟大事业紧密联系在一起的。新时期推进党的建设新的伟大工程，必须要同发展中国特色社会主义事业紧密结合起来，紧紧围绕和服务党的中心任务来展开。发展是事关中原崛起河南省振兴、事关河南省 1 亿人民福祉的第一要务，是解决河南省所有问题的根本出路所在。新时期全省各级党委和政府的中心工作，就是推动经济社会科学发展，其他各个方面和各项工作都必须服从于和服务于这个大局。河南省党的建设必须紧紧围绕这个中心、自觉服务这个大局来进行。把推进党的建设同推进河南省发展紧

---

[1]　张建新：《河南省 2011 年党政纪处分 15393 人　含 23 名市厅级干部》，《河南日报》2012 年 1 月 17 日。

[2]　宋华茹、冯芸：《河南：党建凝聚崛起力量》，《河南日报》2011 年 10 月 24 日。

密结合起来，为全面建成小康社会、实现中原崛起河南省振兴提供根本保证。

（二）党的建设必须抓住根本、把握主线

把河南省的事情办好，关键在党，关键在加强党的建设。必须紧紧抓住加强党的先进性建设这个根本和加强党的执政能力建设这个关键。牢牢把握党的执政能力建设和先进性建设这条主线，全面推进党的思想建设、组织建设、作风建设、反腐倡廉建设和制度建设。加强党的执政能力建设和先进性建设，必须紧紧围绕在改革开放条件下建设什么样的党、怎样建设党这个根本问题来进行，贯穿于党的思想建设、组织建设、作风建设和制度建设和反腐倡廉建设之中，服从服务于科学发展的中心任务，统一于推动科学发展、实现中原崛起河南省振兴的伟大实践。始终坚持马克思主义科学理论指导，把党的执政能力建设和先进性建设摆在突出位置，着力转变思想观念、转变领导方式、转变工作作风，不断保持和发展各级党组织和党员的先进性，不断增强各级领导班子和领导干部的执政能力。

（三）党的建设必须着力基层、夯实基础

党的基层组织是党的全部工作和战斗力的基础，担负着直接联系群众、宣传群众、组织群众、团结群众，把党的路线方针政策落实到基层的重要责任。改革的推进、经济的发展和社会的稳定，都要依靠基层党组织战斗堡垒作用和广大党员先锋模范作用的发挥。基础不牢，地动山摇。加强和改进党的建设，关键在基层。越是改革发展任务艰巨，越要重视抓基层、打基础。全面推进基层党组织建设，不断增强基层党组织的创造力、凝聚力、战斗力，更好地团结带领广大群众为全面建设小康社会、实现中原崛起河南省振兴而奋斗。把党建工作的着眼点、着力点放在基层，着力加强全省党员队伍建设。建立健全教育、管理、服务党员的长效机制，积极探索党员发挥作用的途径和办法，引导广大党员不断增强党员意识、先进意识，作推动发展、服务群众、凝聚人心、促进和谐的表率。

（四）党的建设必须注重持续、不断创新

持续是科学发展观的重要内涵和核心内容，反映了党的建设等各项事业发展的客观规律。党的建设是一项长期、复杂和艰巨的伟大工程。推进这项伟大工程，必须探索规律、遵循规律，注重持续、贵在持续。持续党

要管党、从严治党意识，居安思危、清醒忧患，常怀忧党之心，恪尽兴党之责，不断提高管党治党水平。持续已被党的建设实践证明是有效管用的好思路、好做法，把行之有效的经验和办法一以贯之地坚持下去。坚持以改革创新精神加强和改进党的建设，不断提高党的建设科学化水平。坚持解放思想、实事求是、与时俱进，着力研究和解决党的建设面临的新情况、新问题，善于充分运用党的建设历史经验，及时总结党的建设新鲜经验，不断深化对加强和改进新形势下党的建设的规律性认识，努力在以科学理论指导党的建设、以科学制度保障党的建设、以科学方法推进党的建设上见到实效。

二、河南党的建设实践给予我们的主要启示

（一）坚持正确的理想信念，始终把教育全党坚定不移地为发展中国特色社会主义而奋斗作为党的建设的根本任务

中国特色社会主义是当代中国发展进步的旗帜，是全党全国各族人民团结奋斗的旗帜。中国特色社会主义道路，是我们党在长期社会主义建设实践中，历经艰辛探索而逐步开辟出来的，是一条实现中国繁荣富强和中国人民幸福安康的正确道路。河南省是中国的缩影。中原地区在中国最有代表性、最有典型性。改革开放 30 年来特别是近 20 年来河南省发生的沧桑巨变，有力地印证了中国特色社会主义理论体系和中国特色社会主义道路的科学性、正确性，同时也以自己的实践丰富了中国特色社会主义的理论和实践。这些年来历届省委持续探索的新型三化协调科学发展的路子，反映了中国特色社会主义道路的内在要求和规律。河南省之所以能够探索出这条发展路子，取得令世人瞩目的发展成就，是同全省各级党组织、党员干部和广大共产党员充分发挥战斗堡垒作用、骨干带头作用、先锋模范作用分不开的。这些作用的发挥，表明河南省的党组织和广大党员干部是有着坚定的理想信念的，表明河南省的党员教育工作是卓有成效的。河南省要赢得更大的发展与进步，仍然要靠全省各级党组织、党员干部和广大共产党员战斗堡垒作用、骨干带头作用、先锋模范作用的充分发挥，仍然必须把教育广大党员干部坚持正确的理想信念、坚定不移地为发展中国特

色社会主义而奋斗作为根本任务，摆在突出位置。

（二）坚持以人为本、执政为民，始终把实现好、维护好、发展好最广大人民的根本利益作为党的建设的核心价值

河南省改革开放以来 30 多年的发展历史，是一部广大党员干部忠实践行党的根本宗旨、全心全意为河南人民谋福祉的奋斗史。在过去 30 多年的发展实践中，以史来贺、吴金印、任长霞、李连成、陈新庄等为代表的全省广大党员干部，牢记使命、勇于担当，锐意进取、开拓奋进，艰苦奋斗、无私奉献，在中原大地上竖起了一面高高飘扬的旗帜，在人民群众心目中铸起了一座座不朽的历史丰碑。中原大地上之所以会出现如此群英璀璨的优秀党员干部群体，离不开厚重的中原文化的熏陶、浸染作用，离不开这些先进英模人物自身的主观努力，更离不开党组织的教育培养。这些年来，河南坚持不懈地对全省党员干部进行党的宗旨教育，引导广大党员干部牢记党的宗旨，心系群众、服务人民，团结和带领人民群众为实现自己的根本利益而奋斗。今天，建设中原经济区、加快中原崛起河南振兴的崇高使命，要求各级党组织把党的宗旨教育放在党建工作的突出位置切实抓紧抓好，继续教育和引导全省广大党员干部在思想上牢固树立以人为本、执政为民理念，在具体实践中把以人为本、执政为民作为自己一切活动的最高标准，深怀爱民之心，恪守为民之责，善谋富民之策，多办利民之事，紧紧依靠人民，切实造福人民，让人民群众切切实实得到实惠，真正做到权为民所用、情为民所系、利为民所谋。

（三）坚持在实践中培养造就干部，始终把提高各级领导班子和领导干部的领导水平和执政能力作为党建工作的关键环节

政治路线确定之后，干部就是决定的因素。改革开放以来，河南省高度重视干部队伍建设，始终把培养造就成千上万德才兼备的干部作为一项战略任务切实抓紧抓好。特别是近 20 年来，河南省坚持正确用人导向，以提高素质、优化结构、改进作风和增强团结为重点，积极推进干部人事制度改革，着力提高各级领导班子和领导干部的领导水平和执政能力，为改革发展提供了坚强的组织保证和人才支持。可以说，没有这一组织保证和人才支撑，就不可能有中原大地欣欣向荣、蓬勃发展的大好局面。现在，河南省进入了建设中原经济区、加快中原崛起河南振兴的关键时期。

全面建成小康社会，实现中原崛起河南省振兴，关键在人。三化协调科学发展的路子能不能越走越宽广，古老的中原大地能不能全面振兴，要看能不能不断培养造就大批优秀人才，更要看能不能让各方面优秀人才脱颖而出、施展才华。要以更宽的视野、更高的境界、更大的气魄，广开进贤之路，把各方面优秀干部及时发现出来、合理使用起来。树立科学选人和公正用人的正确导向，真正把那些政治坚定、有真才实学、实绩突出、群众公认、履职尽责的干部选拔上来。要以全面提高领导水平和执政能力为核心内容加强领导班子建设，为中原经济区建设、中原崛起河南省振兴打造一支能够担当大任、经得起风浪考验的高素质干部队伍。

（四）坚持抓基层、打基础，始终把增强基层党组织的创造力、凝聚力、战斗力作为党的建设的基础工程

改革开放30多年来特别是近20年来河南省的发展实践证明，党的基层组织是党的全部工作和战斗力的基础。抓好基层、打好基础，是我们应对各种困难和风险的重要法宝。必须清醒地看到，新时期新阶段我们党所处的历史方位和执政条件、党员队伍组成结构都发生了重大变化，来自外部的风险前所未有，党的建设方面特别是党员、干部队伍出现了许多亟待解决的突出问题。如果这些问题得不到有效及时解决，党的基层组织和党员不能发挥战斗堡垒作用和先锋模范作用，就会影响上级党委领导核心作用的发挥，影响上级组织和领导机关决策的贯彻执行。全省各级党委要高度重视、一以贯之地坚持抓基层、打基础，把增强基层党组织的凝聚力、战斗力作为党的建设的基础工作，着力推进基层党组织建设。要坚持围绕中心、服务大局、拓宽领域、强化功能，更多地着眼基层、依靠基层、着力基层、服务基层，扎实推进基层党建工作创新，不断增强基层党组织的向心力、凝聚力、带动力和基层党组织内部的合力、活力、运作力。要始终注重先进性、注重实效性、注重持续性，引导基层党组织履职尽责创先进、广大党员立足岗位争优秀，把创先争优活动的开展更好地融入到中原经济区建设的伟大实践之中去，使每一个党的基层组织都成为一个坚强的战斗堡垒，每一个共产党员都成为一面鲜艳的光辉旗帜。

第十八章
关键在人：书写中原崛起的绚丽篇章

中原大地钟灵毓秀，精英名流层出不穷，灿若星河，涌现出许多名垂千古、彪炳千秋的杰出人物。改革开放以来，中原大地涌现出史来贺、吴金印、常香玉、任长霞、李连成、张荣锁、李文祥等一大批优秀共产党员和英雄模范人物，挺起了河南人的脊梁。中原大地的沧桑巨变，最根本的是河南人发生的变化，是河南人思想观念的变化，是河南人精气神的变化。正是中原人民精神面貌的巨大变化，带来了中原大地的历史变革，谱写了中原崛起的绚丽篇章。

第一节　改革开放征途上艰苦奋斗的河南人

河南是中华民族和中华文明的重要发源地，中国自古以来就有"得中原者得天下"的说法。然而在这片平原广袤、气候适宜的土地上生活的人们，却饱受兵燹战乱之灾、水旱蝗汤之苦。新中国成立以后，特别是改革开放以来，勤劳朴实的河南人以艰苦奋斗、开拓进取的精神风貌，不畏艰难、百折不挠的坚韧品格，奋发图强、勇挑重担的历史担当，使中原大地焕发出勃勃生机，河南省发生了翻天覆地的巨变，经济社会全面进步，人民生活水平和质量显著提高，迎来了中原崛起河南振兴的光明前景。

一、河南人吹响奋发图强的前进号角

河南人的精神与气质浸润着中原文化的精髓。中原文化中所蕴含的天人合一的和谐理念、中庸尚和的和合思想、仁者爱人的人道意识以及民为邦本的民本观念，奠定了河南人的内在特质、人文精神和价值取向的底色。在此基础之上，经过历史的积淀和长期发展，河南人的人格禀赋逐渐蕴含了精忠报国的爱国传统与奋发图强的拼搏精神。这种带有中原特色、体现中原风貌的精神品格，一代又一代地传承与发展着，这对于中华民族奋发向上、自强不息、爱国爱家爱民族品格的形成具有深远影响。

素有"人工天河"之称的红旗渠，是 20 世纪 60 年代河南省林县人民历时 10 年建造的"引漳入林"工程，是林县人民用血肉之躯乃至生命代价谱写的英雄赞歌。红旗渠英雄群体不仅创造了伟大的奇迹，而且铸就的"自力更生、艰苦创业、团结协作、无私奉献"的红旗渠精神，更成为河南人民乃至全国人民宝贵的精神财富。"县委书记的好榜样"焦裕禄，在带领兰考人民封沙、治水、改地的奋发中，以实际行动展现了一个优秀共产党员和优秀县委书记的光辉形象，铸就了亲民爱民、艰苦奋斗、科学求实、迎难而上、无私奉献的焦裕禄精神。焦裕禄精神的影响，早已跨越兰考，跨越河南，激励着全国各条战线上的焦裕禄式的好干部。"愚公移山"是一个流传久远的寓言故事，而它蕴含的精神价值亦承传千年。在 1945 年 6 月 11 日中共"七大"闭幕式上，毛泽东以《愚公移山》为题发表了闭幕词，要求大家"下定决心，不怕牺牲，排除万难，去争取胜利。"自此，愚公移山精神成为激励全党全国人民克服困难、争取胜利的强大精神力量，而"敢想敢干、开拓进取、坚韧不拔、团结奋斗"则成为这个古老寓言阐发出的富有时代特色的当代精神。愚公移山精神和 20 世纪形成于中原大地的红旗渠精神、焦裕禄精神，不仅是河南人的精神财富，也成为中华民族的精神财富，成为河南人艰苦创业、不懈奋斗的动力源泉。

受农耕文明和传统文化中消极因素的影响，生活在中原热土上的人们，往往依据自身的生存环境、生产实践和生活方式，进行价值判断和现实选择，并在漫长的历史发展进程中形成了封闭保守的思维方式、知足常

乐的价值观念，小富即安的文化心态和守乡眷土的地域性格。这在一定程度上影响了河南省的发展，影响了河南人的全面发展。新中国成立以后，河南省与全国一样先后遭受了"大跃进"时期的"浮夸风"和三年自然灾害的严峻考验，接下来是十年"文化大革命"的疯狂，潮起潮落、风风雨雨，给河南人的身心带来了极其严重的创伤，给河南省经济社会的发展带来了前所未有的困难。1978年召开的党的十一届三中全会，作出了把党和国家工作中心转移到经济建设上来、实行改革开放的重大历史抉择，开辟了中国特色社会主义道路，实现了新中国成立以来我们党历史上具有深远意义的伟大转折。乘着改革开放的东风，河南人同全国人民一道跨入了改革开放的历史新时期。

经历了无数磨难的河南人民，对改革开放抱以极大的热情，按照党中央指出的正确方向，坚定执著、义无反顾地踏上了改革开放之路。河南人绝大部分是农民，改革率先在农村破题，从"包产到组"到实行家庭联产承包责任制，让河南省农民积蓄已久的生产能量迸发出来，农业呈现快速发展态势，河南省迎来了农村改革发展的新局面。党的十二届三中全会以后，经济体制改革踏上了新的征程，河南省的改革重点按照中央要求从农村转移到城市，国有企业走上了改革振兴之路。1983年，改革开放之后河南省第一家中外合资企业诞生，打开了对外开放的大门。伴随着改革开放，古老的中原大地开始告别贫穷与灾难，开启了跨越发展、实现崛起的新时代。亿万中原儿女沿着改革开放的道路艰苦奋斗、团结奋进、阔步前行。

二、河南农民艰苦奋斗的时代印记

家庭联产承包责任制作为农村经济体制改革第一步，打破了"一大二公"与"大锅饭"的旧体制，充分调动了农民生产的积极性，解放了农村生产力。随着家庭联产承包责任制在全国的普遍推行，河南省广大农民长期以来被僵化体制压抑束缚的积极性、创造性和生产能力得到了巨大的释放，推动着河南省农村贫困落后的面貌迅速改变。1980年2月，中共河南省委、河南省人民政府发出《关于农村经济政策的若干规定（试行草

772

案)》，对河南省农村生产队自主权、建立生产责任制、收益分配、社队企业、自留地、家庭副业等问题作了具体规定。一向贫穷落后的豫东平原地区，由于普遍实行了各种形式的农业生产责任制，两年后农民收入就超过了全省平均水平，基本上结束了"糠菜、红薯半年粮"的贫困生活。此后，河南省委、省政府不断稳固和完善家庭联产承包责任制，鼓励农民发展多种经营，使河南省广大农村逐步摘掉贫困落后的帽子，开始走上富裕之路。

实行家庭联产承包责任制，让河南省亿万农民以前所未有的热情投入到建设河南省的伟大事业中，一批致富带头人在农村经济体制改革中脱颖而出，形成了河南省农村改革的一道亮丽风景。

新乡刘庄的领头人史来贺，带领乡亲们将荒地改造成了现代化农业园区，刘庄一跃成为全国的先进典型。改革开放以后，他带领群众建起全国最大的生产肌苷的制药厂，使刘庄走上了农业现代化、生活城市化、管理民主化的社会主义新农村的发展轨道。

"乡镇党委书记的榜样"吴金印，多次放弃上调机关工作的机会，40多年深深扎根基层，与卫辉人民群众同甘共苦，带领群众治穷致富。改革开放以后，他带领群众建起了万亩林果园、万亩蔬菜田，兴办了无氧铜杆厂、电厂、水泥厂等企业，使当地的经济插上了腾飞的翅膀。

竹林镇的赵明恩，最初在"借鸡下蛋、借梯上楼、借人发展"朴素的经营理念引领下，确立了竹林镇以厂带村、以工促农、以科技促发展的发展思路，使昔日贫穷的竹林镇一举迈入河南省首批小康村行列，成为河南省农业战线的"十面红旗"之一。

巾帼不让须眉的刘志华，带领新乡小冀群众靠打草绳起家创建了京华实业公司，从40年前的贫穷落后、人心涣散的生产队变为全国闻名的乡村都市。目前，京华实业公司拥有有色金属深加工、旅游区、疗养院、宾馆、房地产、学校等多项产业，固定资产多达十几亿元，村民享有20多项集体福利待遇。

"吃亏书记"李连成，自1983年种植大棚蔬菜起家，坚定"当干部就要带头、带吃苦的头、带吃亏的头"的信念，带领濮阳西辛庄农民一心一意谋发展、聚精会神搞建设，将昔日的贫困村变成了一个全国闻名的富裕

村、文明村。

改革开放之初，河南省农村涌现出的一批致富带头人，他们以超乎常人的勇气与担当，成为带领乡亲脱贫致富、与时代同行、勇于开拓进取的先行者。他们深知群众的所思所想，以帮扶群众脱贫致富为使命，志存高远、成就卓越，在中原崛起的道路上留下了鲜明的时代印记。

三、知识分子迎来大展宏图的春天

1978 年，河南省科学大会召开，号召全省人民特别是广大科技工作者向科学技术现代化进军。此后，党的干部政策与知识分子政策逐步得到了落实，十年浩劫所造成的大批"冤假错案"得到了平反昭雪。河南省开始加快选拔优秀中青年干部的步伐，培养接班人的工作成为重中之重。之后，又相继提出了科教兴豫、人才强省方略，尊重知识、尊重人才的理念成为共识，一批教育、科研部门相继恢复建立，河南省知识分子迎来了报效祖国、大展宏图的春天。1985 年至 1992 年，河南省先后出台了改革科技拨款制度、开拓技术市场、强化企业技术开发与吸收能力、改革科技管理制度和人员管理办法等一系列文件，以多种形式推动全省科技力量进入经济建设主战场。在"科技是第一生产力"的感召下，河南省知识分子以更加积极的主体意识投身于改革开放事业，展示出了崭新的精神风貌，河南省的各项科技事业日益步入快速发展的轨道。

作为农业大省的河南省，涌现出了许多学有所成的知识分子。一些农业科技专家崭露头角：玉米育种专家程相文，在玉米品种选育、试验研究和示范推广工作中，先后荣获科技成果奖 47 项，其中国家和省部级 9 项。他以对河南省大地深厚的感情，践行着一位农业科学家的诺言。此外，出现了包括王义波、赵全花、薛国典、郑天存、王治安、王一钧、李迎廷、郭荣华、李才法、李复兴等在内的素质过硬的专家队伍，为河南省的农业经济发展作出了巨大贡献。在河南省工业科技方面，王梦恕、杨尚礼、胡新向、申长雨、高峰、刘祖德、司尚琐等工业技术创新专家，为河南省工业企业在改革开放之后异军突起，立下了汗马功劳。

河南省科技、教育、文艺等社会各界精英荟萃，为河南省赢得了荣誉与骄傲。"当代毕昇"王永民，王码汉字键盘输入法的发明者。他研究发明的"五笔字型"首破了世界上汉字输入电脑每分钟百字大关，"98 规范王码"、世界首个汉字键盘输入的"全面解决方案"及系列软件，在我国汉字输入技术发展应用史上具有里程碑意义。胡大白，河南省民办教育的先行者。他身残志坚创办黄河科技学院，成为全国第一所被批准实施本科教育的民办高校，以知识分子的情怀为河南省的人才培养作出了积极贡献。从 1982 年开始，河南省首次招收博士研究生，1991 年河南省第一个博士后科研流动站正式建立。与此同时，河南省文学创作出现了繁荣局面，形成了第二次高潮，河南省作家张一弓、张有德、叶文玲、田中禾、乔典运等开始在全国文坛产生影响。

改革开放极大地解放和发展了生产力，为河南省经济社会发展带来了不竭动力。河南省科技、教育、文化、卫生等社会各界的知识分子，积极投身改革开放的伟大事业，创造力得到空前释放和激发，谱写了河南省改革开放的壮丽诗篇，推动了河南省经济社会健康发展，奠定了中原崛起河南振兴的现实基础。

第二节　商品经济大潮中自强不息的河南人

社会主义市场经济的提出，不仅使河南省的经济运行体制发生了根本性变化，而且带来了经济成分与社会生活方式的多样化，带来了经济结构和社会关系的新变化。在商品经济大潮中，河南人始终以厚德载物、自强不息的精神优势，将建设新河南的热情和追求幸福生活的强烈愿望，转化为推动经济社会发展的动力，对加快中原崛起步伐产生了重要影响。

一、描绘壮美发展蓝图的河南人

1993 年 11 月，党的十四届三中全会召开，审议通过了《关于建立社会主义市场经济体制若干问题的决定》，确立了建立社会主义市场经济体制这项前无古人的开创性事业。河南省自此开始进入全面推进改革开放、

建立社会主义市场经济体制新阶段。在这一时期，中原大地大力发展县域经济的大戏红火开场，上演了一幕"十八罗汉闹中原"的动人活剧；郑州"商战"风生水起，如火如荼，不仅曾经引领了中国现代商业的潮流，影响了中国现代商业的发展历程，而且成为中原商业发展的里程碑；在建立社会主义市场经济体制的进程中，河南省国有企业顺利完成脱困目标，逐步建立了现代企业制度；农村土地延包30年不变的政策，给农业大省的河南省农民吃了"定心丸"；科教兴豫、开放带动和可持续发展等战略的实施，使各种生产要素活力竞相迸发，河南省经济社会发展按照"一高一低"的态势顺利推进，河南人民生活水平在努力从温饱到小康的历史性跨越中稳步提高。

在这一时期，河南省的科技水平上了一个新的台阶。经过河南省科技界的努力，河南人的科技成果第一次作为商品摆上了拍卖台；河南省安阳人研制的彩色显像管玻壳，结束了中国不能制造大型屏幕彩色玻壳的历史；河南人生产的"新飞"、"莲花"、"双汇"、"白鸽"商标被认定为国内驰名商标；郑州新郑机场投入运营，结束了河南省没有大型民用飞机场，不能起降大型飞机的历史。随着社会主义市场经济体制的确立，河南人的思想观念和精神状态发生了最为可贵、最为显著的变化，彰显了开放包容的秉性，自信豁达的气度、雍容恢宏的气魄、海纳百川的精神、天下一家的胸怀。安阳建筑、长垣厨师、遂平家政、唐河保安、栾川渔工等豫字号"劳务品牌"叫响全国，郑纺机、许继、东方红、郑煤机等国有企业自信而顽强、踏实而坚毅地走上可持续发展之路。河南人一往无前、知难而进、顽强拼搏，用自己勤劳智慧的双手，描绘着河南省经济社会发展的壮美蓝图。

河南省的发展曾经受到很多因素的制约，许多客观原因造成了河南省的贫困与落后。历史上的河南省，战乱频繁，黄河多次决堤，以及不断的天灾人祸，造成许多河南人背井离乡、外出逃难，河南人似乎总是与逃难、逃荒、乞讨、贫穷结伴而行。改革开放之后，河南人虽然在努力改变贫穷落后的面貌，经济社会有了长足的发展，但是与沿海地区的蓬勃发展势头相比，作为内陆省份的河南依旧属于欠发达地区。河南人深刻反省，以强烈的进取精神和批判意识，进一步探索河南发展规律，进一步科学谋划河南省发展前景。河南人民以时不我待的精神状态勇于变革，抢抓机遇，以发展为第一要务，通过发展甩掉贫穷落后的帽子，把发展蓝图逐步变为现实，使河南省坚定地走上创造富裕繁荣的征程，河南开始聚精会神地描绘壮美的发展蓝图。

二、英才荟萃奏响中原崛起的前奏曲

建设社会主义市场经济体制，激发了河南人爱国爱乡、顾全大局、团结互助、群策群力的文化精神，唤醒了河南人自省自律、自强不息、吃苦耐劳、艰苦奋斗的文化传统，彰显了河南人开拓进取、求实创新、尊重科学、与时俱进的时代精神。中原大地英才荟萃，中原儿女勇立潮头，在市场经济大潮中奏响了一曲曲动人乐章。

"爱国艺人"常香玉，为支援抗美援朝率领剧社在西北、中南等地区义演，以演出全部收入捐献"香玉剧社号"战斗机一架，国务院授予她"人民艺术家"的荣誉称号。新时期以来，常香玉不顾年老多病多次参与社会公益事业，以高度的爱国主义情怀与精益求精、博采众长的艺术造诣，与人民同呼吸共命运，是河南人的楷模，赢得了全国人民的尊重与爱戴。

驻豫某部通讯连班长徐洪刚，在回云南探亲途中挺身而出与4名抢劫、侮辱妇女的歹徒进行殊死搏斗，被歹徒连捅14刀，身负重伤。他强忍着剧痛，继续与歹徒搏斗，谱写了一曲见义勇为的英雄颂歌。济南军区授予徐洪刚"见义勇为英雄战士"光荣称号，党和国家领导人题词并号召向徐洪刚学习。徐洪刚的这种英雄主义精神，既富有道德情感又充满理性良知，激励着中原儿女矢志不渝地投身于中原崛起大业中。

"太行赤子"张荣锁，带领全村干部群众在悬崖绝壁上修筑公路，开凿了千米隧道，结束了山区群众行路难的历史，改变了村里的贫穷落后面貌。为了修路，他平了自己的祖坟，耗尽了自己的所有家产。张荣锁带领乡亲们修的不仅仅是一条通往外面世界的道路，更是连接与承载乡亲们对新生活的理想与希望的通途。

王玉荣，郑州市公安局一名普通的女警官，在歹徒持炸药包劫持幼儿园儿童与教师的千钧一发之际，临危受命，冒着生命危险，沉着冷静地与

歹徒斗智斗勇，将其当场击毙，救出了所有人质，保护了人民群众的生命财产安全。

还有"焦裕禄式的好干部"田良贵，化工科技专家刘佑全等，一大批奋战在各行各业的河南人，在市场经济的春潮席卷中原大地之时，勇于挺立潮头，敢想敢干，积极进取，顽强拼搏，甘于奉献，创造了一个又一个传奇。

随着知识经济在全球勃然兴起，知识创新成为主要的经济内驱力。作为知识创新的承载者和推动者，河南省各类英才为经济社会的发展作出了突出贡献。国家实施的"百千万人才工程"、两院院士制度，高层次人才培养选拔制度等人才政策，为河南省人才的脱颖而出提供了良好的政策环境。1995 年 9 月 19 日，中原人才市场在郑州盛大开业，河南省拥有了第一个固定的省级人才交流市场。随着东西部地区经济技术合作的推进，河南省抓住国家支持中西部地区发展和实施西部大开发的战略机遇，在实施产业转移、技术转让、联合开发的同时，更加注重人才的交流与劳动力的流动。1999 年，郑州大学成为河南省唯一入选"211 工程"的高等院校，之后不久，新郑州大学、河南大学相继成立，为河南省实施科教兴豫战略提供了人才保障；2002 年，河南省大学科技园在郑州高新技术开发区成立，由郑州大学、解放军信息工程大学、河南农业大学、郑州工程学院等首批入园高校和郑州高新区共同组成，成为河南省培养科技人才的重要摇篮。2005 年，河南省科技界再创辉煌，郑州大学国家橡塑模具研究中心受解放军总装备部航天所委托，承担了宇航员出舱头盔面窗的研制任务，经过反复实验，宇航员出舱头盔面窗项目顺利完成，解决了我国航天领域重要产品的国产化问题。

河南省积极实施人才强省和科教兴豫战略，一批河南本土培养的高层次人才快速成长。郑州大学吴养洁教授成为河南培养的第一位中科院院士，平煤集团张铁岗教授级高级工程师成为河南第一位本土培养出的中国工程院院士。此后，入选河南省首批"中原学者"的郑州大学校长申长雨教授、河南农科院副院长张改平研究员，分别当选为中国科学院院士和中国工程院院士。河南作家群开始以"文学豫军"的团体形象出现，在中国文坛上发挥着重要影响。河南人在社会主义市场经济大潮中，通过艰苦卓绝的奋斗和努力，让地处内陆地区、传统色彩非常浓厚的河南省，从自立走向自强，从封闭走向开放，奏响了中原崛起的前奏曲。

三、商品经济浪潮中的河南"弄潮儿"

河南是一块具有数千年商业文化历史的古老土地，河南人很早就具有比较自觉的商业意识，中华商业文化中的许多"第一"就诞生于中原这片沃土。商代的王亥因"肇牵车牛远服贾"，被奉为商业鼻祖。第一位儒商子贡，不仅能做官，而且善于经商致富。商圣范蠡帮助越王勾践灭吴复国之后，悄然引退，致力于经商，财聚百万，富甲一方。爱国商人弦高，在经商途中遇到了秦师入侵，以自己的十五头牛为代价智退秦军。在中国早期的商帮文化中，豫商曾经独领风骚，处于领袖群雄的地位。

进入社会主义市场经济时代，商品经济和市场机制为河南人在商战中再次雄起提供了适宜的市场环境和文化环境，一批新一代豫商在商品经济大潮中脱颖而出，各领风骚。特别是 20 世纪 90 年代，河南省作为全国重要的商品集散地，省会郑州具有明显的区位和交通优势，位居郑州核心地段的"二七商圈"集城市中心与商业中心、文化中心为一体，郑州商界的"五朵金花"华联商厦、郑州百货大楼、商业大厦、商城大厦、紫荆山百货大楼以及属于股份制企业的亚细亚均聚集在此，郑州的商业发展由此进入空前繁荣时期，一时间曾经吸引了全国大批商界人士到此参观访问，各大厂家均以能否在郑州占有一席之地，作为其产品能否行销的重要参考标准。

为解决大中型企业面临的发展难题，促使经济上新台阶，河南省政府于 1994 年确定实施"552211 工程"，即为：选择 50 户左右在近期年工业销售产值可望达到和超过 5 亿元的地方国有企业（集团），给予重点支持，到 20 世纪末，争取户均新增工业销售产值达到 20 亿元以上，利税 2 亿元以上；50 户地方国有企业（集团）年新增工业销售产值合计达到 1000 亿元上，利税 100 亿元以上。此后，郑百文、焦作万方、河南冰熊、河南思达 4 家企业发行 A 股股票并上市。近年来，河南省继续加大对国有小型企业的改革力度。郑州、洛阳等老工业基地开始针对煤炭、纺织、军工行

业等国有经济布局开始了重新调整；一批企业茁壮成长，许继、双汇、春都、莲花、仰韶、一拖、安钢、新飞、平煤、洛阳石化、洛阳玻璃、洛阳铜加工等企业集团成为河南省企业界的先锋。在河南省经济迅速发展的同时，河南省也培养出了一批高素质的企业经营管理者，如"新飞"的刘炳银、"双汇"的万隆、"许继"的王纪年、"安玻"的李留恩、"莲花"的李怀清、"神马"的宋春迎等等。他们都在各自的岗位上通过科学、有效的管理，带领企业迈上了一个新台阶，取得了引人注目的成绩，有的企业还进入了全国500强之列。

河南人在社会主义市场经济大潮中之所以表现出强大的活力和鲜明的特征，原因之一就是他们对悠久厚重的中原商业文明的传承。他们秉承豫商精神，以更加开放包容的姿态，诚实守信、精进敬业，不断助推迈上中原崛起、河南振兴的新征程。经过市场经济的洗礼，豫商已成为河南省经济发展的中坚力量，很多企业逐渐成长为全国乃至世界各个行业的翘楚，如"三全"、"思念"让河南省牢固掌握了速冻食品的行业话语权；"双汇"的万隆，做成了中国最具影响力的肉类品牌，河南省形成了庞大的肉类加工产业集群；"金星"的张铁山，将河南省的啤酒打造成了全国知名品牌，在业界独树一帜。"宇通"在汤玉祥的掌舵下，从一个小型的汽车装备厂发展成为亚洲最大的客车制造商，宇通汽车成了河南人引以为荣的流动名片。此外，"许继"的王纪年、"银鸽"的杨松贺、"白象"的姚忠亮、"安钢"的王子亮、"皖西制药"的孙耀志、"众品"的朱献福、"金龙"的李长杰、"郑州日产"的郭振甫、"瑞贝卡"的郑全友、"天明"的姜明、"新飞"的李根、"神火"的李崇等等，一批市场经济大潮中的"弄潮儿"、企业先锋、商界精英，引领着河南省各个行业前行的脚步，成为中原崛起进程中一道亮丽的风景。

这一时期，河南人发扬传统的豫商精神，坚持明礼诚信、爱岗敬业，以清晰的发展目标、朴素的价值理念、忘我的工作热情、认真的负责态度，勇敢地搏击市场经济大潮，展现出中原人特有的品质修养和人格魅力。他们不仅在区域经济发展中发挥着排头兵和领头雁作用，而且以其辉煌业绩展现出河南人对市场经济的适应与驾驭能力。

第三节　小康社会建设中开拓创新的河南人

党的十六大在准确把握国内外形势和我国发展水平的基础上，提出了在 21 世纪头二十年全面建设小康社会的奋斗目标。这一目标符合我国国情、顺应时代要求、凝聚全国人民的共同意志，展示了我国现代化建设的壮丽前景，具有强烈的感召力和凝聚力。"明者因时而变，知者随事而制，强者乘势而进"。豪情满怀、开拓创新的河南人民正是借建设小康社会的东风，与时俱进、开拓创新，奋发进取、克难攻坚，勇于担当、勇挑重担，加倍努力、加快发展，中原大地涌现出许多可歌可泣、开拓创新的时代楷模。

一、站在历史新起点上的中原儿女

《诗经》有"民亦劳止，汔可小康"的诗句，《礼记·礼运》则描述了作为一种社会模式的"小康"状态。古代思想家对理想的小康社会做过许多想象与设计，但都不过是一种建立在落后生产力基础上自给自足的小农社会，都有其历史局限性。进入 21 世纪，"小康社会"被赋予了新的科学内涵，成为描述"中国式现代化"的代名词，成为国民经济和社会发展的阶段性标志。

作为拥有一亿多人口的发展中大省，河南省要实现这一宏伟目标，可谓任务艰巨而光荣。为动员和组织广大人民群众的智慧和力量，2003 年召开的河南省委七届五次全会规划了河南省全面建设小康社会的蓝图，向全省人民发出了"奋力实现中原崛起"的号召，制定了《河南省全面建设小康社会规划纲要》，描绘出河南省建设小康社会的宏伟蓝图，让亿万河南人民对这片中原沃土充满了憧憬与期待。实现小康社会奋斗目标，是历史和时代赋予河南人民的庄严使命，也是全体河南人民共同面临的巨大挑战。中原儿女只有解放思想、实事求是，不断与时俱进，勇于开拓创新，全面建设小康社会的奋斗目标才可能早日实现。面对选定的发展目标，中

原儿女别无选择，只有勇往直前，经过不断的磨砺与考验，让自身的潜能与智慧得到充分发掘，才能以发展赢得尊重、以奋斗赢得发展。

英国心理学家穆勒认为："希望是人们基于对美好状态或美好事物的预期和描绘而带来的一种自我提升或者一种从困境中自我释放的感觉，是一种个人感觉自己可胜任、可应对的能力感和心理上的满意度，一种人们对生活的目标感、意义感的体验以及对生活中充满无限的'可能性'的感觉"。可见，人生一旦有了憧憬未来的美好希望，就可以转化为前进的动机，为实践活动提供了强大的动力。中原崛起是全面建设小康社会在河南省的生动实践，为河南人民展示了一个美好的未来。经过改革开放30多年的洗礼，站在新的历史起点上，中原儿女与生俱来的使命感与责任感又一次被唤醒。他们庆幸自己能够赶上这个伟大的时代，怀揣"中原崛起"的希望，在这片沃土上留下自己为家乡、为国家、为民族而努力奋斗的足迹。

河南省全面建设小康社会，不仅要实现量的扩张与质的提升、大而强与富而美的统一，还要实现文化"软实力"与经济"硬实力"的统一；不仅要推进物质文明加快发展，还要推进政治文明、精神文明和生态文明共同发展；不仅要以发展生产力、实现共同富裕为目的，还要以提高人民素质、实现人的全面发展为最终目标。可以说，全面建设小康社会要求更高，任务更重，挑战更多，难度更大。要实现建设小康社会的伟大事业，归根到底要依靠河南省亿万人民和各类英才，充分尊重最广大人民群众的市场主体地位，尊重他们的首创精神和劳动成果，通过法治的保障和民主的完善，让他们始终坚定改革开放的信心和决心，带着强烈的责任感和主人翁意识，进一步谱写加快中原经济区建设、中原崛起河南振兴的新乐章。

二、勇于开拓创新的时代领跑者

"苟日新，日日新，又日新"。河南经济社会的发展，是与时俱进与改革创新的结果。亿万中原儿女始终保持与时俱进与开拓创新的精神状态，永不自满、永不僵化、永不停滞，永葆生机与活力。经过多年的努力奋斗，河南省实现了由一个经济落后省份向全国重要经济大省的转变，由一个温饱不足的省份向全国第一粮食生产大省的转变，由传统农业省份向新兴工业大省的转变，由文化资源大省向全国有影响的文化大省的转变。这些成绩的取得，离不开河南省亿万人民群众的辛勤劳动和无私奉献，更离不开为实现小康目标而勇于创新、开拓进取的时代领跑者的艰辛努力。

"农民工司令"张全收，凭着诚实守信、顽强拼搏、勇于创新、敢于创新的时代精神，于2004年创立了深圳市全顺人力资源开发有限公司。他凭借超前的意识与敏锐独到的眼光，不断开拓进取，率领着公司上万名吃苦耐劳的河南农民，创造了农村劳动力转移与农民工各项权益保障的新模式，为解决东南沿海地区持续的"民工荒"和"招工难"问题进行了大胆而有益的探索，为各合作企业营造了一个高度灵活、低成本、低风险的劳务用工平台，为广大农民工营造了一个温馨和谐的港湾，也为河南家乡的经济建设作出了应有的贡献。张全收在关注企业的效益和农民工的权益保障的同时，肩负起应有的社会责任，先后投资扩建了"全收希望小学"和"全收敬老院"；他慷慨捐助社会公益事业、资助贫困大学生和困难群众。"5·12汶川大地震"后，张全收携全体公司员工共向地震灾区捐助善款100多万元。近年来，共捐赠各类资金达500多万元。

自古中原多豪杰，在奔赴实现小康社会的伟大征程中，河南省的企业家总是志存高远，厚积薄发。建业住宅集团（中国）有限公司掌门人胡葆森就是他们中的代表之一。创业伊始，他即以"根植中原、造福百姓"为企业核心价值观，以敏锐的战略眼光和卓越的判断力，在中原崛起的宏观背景下，结合河南省城镇化建设快速发展的趋势，果断确立"河南省域化地产发展战略"。纵观建业集团20年的发展历程，2001年竞拍郑州亚细亚五彩购物广场成功，直接推动了郑州"二七商圈"的复活；2002年启动了"建业小康住宅计划"，以"品牌化、规模化、区域化、系列化康居示范住宅开发销售"，倡导自然、健康、和谐、文明的生活方式，为省域化地产发展拉开了序幕。此后，河南省开始构建大服务体系，在为客户创造价值中打造起建业的宏伟蓝图。"建业模式"对于带动河南省房地产业和城市建设水平的提高，引领城市居民提升居住生活品质，推动河南省城市化进程和全面建设小康社会产生了深远影响。

　　河南省是全国粮食生产大省，对粮食开发利用是本土企业的巨大优势。陈泽民看到了其中的商机，并敏感地认识到，速冻食品将成长为一个新兴庞大的产业。继1990年研制出中国的第一颗速冻汤圆，到2003年吸引外资成立中外合资三全食品股份有限公司，直至2008年成为中国速冻食品行业第一个在国内A股上市的上市公司，十几年的时间，"三全"发展成为拥有员工数万人、几十条现代化生产线、几万吨低温冷库的大型速冻食品生产企业。这一切都与陈泽民积极的创新精神、深厚的文化底蕴、超凡的经营能力和法治意识是分不开的。目前，"三全"食品在全国速冻食品行业已连续数年雄居市场占有率榜首，并带动了专业种植、养殖基地的迅速形成，解决了40万农民的增收问题。陈泽民以战略家的卓越眼光引导着中国速冻食品产业的发展，为提升中原本土产业的竞争力作出了特殊的贡献。

　　河南人不事张扬、踏实肯干，敢为天下先。宇通客车总裁汤玉祥，成就了宇通客车在世界客车产业格局中不可或缺的地位，他所开创的"宇通模式"综合了宇通客车对市场的深刻理解与技术能力、资金实力以及敢为人先的创新意识，通过整合营销和整合传播方案，把产品信息、品牌信息、产品形象传达给客户，使口碑成为宇通客车最好的品牌和广告。同时，汤玉祥还是一位勇担社会责任的"孺子牛"，他始终把企业发展与社会发展结合起来，把追求个人价值实现与回报服务社会结合起来。作为全国人大代表的他，为促进校车全面进入学生生活，尽快扩大受益群体，积极奔走呼告，表现出强烈的责任感。

　　河南文化影视集团总裁王大同，借鉴国际酒店业中的托管经营经验，利用品牌优势，输入管理，由开发商自主投资建设星级影城，托管经营，利益双方共同划分，由此带领河南奥斯卡东驱西进，势如破竹。目前，河南奥斯卡已形成根植中原、承东启西、接南连北的全国性放映网络格局，成为全国最强势院线之一。

　　"境由心造，事在人为"。人是生产力中最活跃、最革命的因素，人的思想潜力是无限的，创造能力是无穷的。思想解放、开风气之先，就能后来居上、引领时代；思想僵化、不能与时俱进，难免不进则退、被动落伍。市场经济瞬息万变，高瞻远瞩、敢于改革的河南企业家往往是有条件要加快发展，没有条件创造条件也要加快发展。华兰生物董事长安康通过十几年的努力，靠着自主创新，引领着华兰生物工程股份有限公司历经了几次跨越性发展，从建立之初注册资金500万元的小厂发展到今天拥有20多个子公司、市值过200亿元的上市公司。"华兰"的成功理念就是：以技术创新带动产品创新，以机制创新促进自主创新，以资源配置支持自主创新，以引智引技推进自主创新，以培养人才保证自主创新，以产品创新赢得市场。

在开拓创新方面，河南省有一支优秀的民营企业家队伍。他们敢为人先，勇于创新，是名副其实的"拓荒者"。蹬槽集团的袁占国，广贤工贸的魏丙贤，栾川钨钼企业的梁建锋、李建立，汇源化工的杨根水，永兴钢铁的常永芳，豫北金铅的唐成河，金龙的李长杰，新谊医药的穆来安，心连心化工的刘兴旭，孟电集团的范海涛，昊华宇航化工的徐何红，金山化工的杨玉琛，黄河实业的乔秋生，龙成集团的朱书成，西保冶材的李书成，桐柏安棚碱矿的王胜利，宛西制药的孙耀志，商丘市丰源铝电的郭海军，财鑫集团的仵树仁，项城纺织的闫汝敬，鞋城皮革的崔明杰，蓝天集团的李新华，昊华骏化的汤广斌，济源钢铁的李玉田，等等，这些民营企业的领头人都有一股抢抓机遇、加快发展的干劲和闯劲，导演了一出出"无中生有"、"借鸡下蛋"、"借脑生财"的大戏、好戏，不少企业家创造了化危为机、逆势而上的奇迹。他们干事创业的历程与经验，为河南省全面建设小康社会，涂上了浓墨重彩的一笔，增添了亮丽的色彩。

三、感动中国与感动中原的河南人

发展是解决河南省所有问题的关键，也是提升河南社会形象的根本所在。确立建设小康社会的总体目标之后，河南人牢固树立"用发展赢得尊重"的理念，扭住发展不放松，开拓进取、真抓实干，努力将一个发展快、效益好、后劲足的河南形象展现在世人面前。"吃苦耐劳、诚实守信、见义勇为、乐于助人、大度包容、开放创新、忠诚爱国、奋发进取"的新形象，在河南人身上得到了展现。

江海腾蛟龙，时势造英雄。连续多年在"感动中国"人物榜中出现的

河南人，让世人不得不把尊重的目光投向河南这片神奇的土地。"人民的好卫士"任长霞，是河南省公安系统有史以来的第一位女公安局长，始终把人民群众的疾苦和安危放在心上，年仅40岁不幸因公殉职，被公安部追授为"全国公安系统一级英雄模范"称号。13年来一直带着妹妹求学的洪战辉，靠做小生意和打零工来维持生活，到湖南读大学后他把妹妹带在身边住在宿舍的楼道下，而这个妹妹却是他爸爸捡来的一个弃婴，竟然与她没有任何血缘关系。"一诺至孝三十载"的谢延信，是一位普通的中原汉子，结婚仅仅一年妻子便去世，为了妻子去世前的嘱托，谢延信一诺千金，32年来一直默默照顾经受悲惨命运的一家人。对瘫痪18年的岳父，他却从来没有过别的念头，大孝至爱，感动中国。此外，"当代愚公"张荣锁、"舍己救人英雄"魏青刚、"排爆专家"王百姓、"长空利剑铸英魂"的李剑英、"新时期的钢铁战士"武文斌、"血与火炼就的英雄"李隆、"最美乡村女教师"李灵等，他们大部分来自草根阶层，而他们的名字却由于高尚的情操与感人的事迹镌刻在"感动中国"的人物榜上。他们每一个人都是掷地有声、气贯长虹的英雄，有着英勇无畏的铮铮铁骨与刚直勇毅、朴实厚重的情怀。他们满怀着对中原沃土的赤子深情，在各自的工作岗位上全心全意致力于中原崛起河南振兴的盛举伟业。

从2005年开始，河南省开始举办"感动中原"人物评选活动，旨在为中原崛起提供强大的精神动力，助推开拓进取、勇于创新的热潮，奏响改革开放、加快发展的最强音，谱写自强不息、奋发图强的雄浑乐章。"草根英雄"李学生，面对呼啸而来的列车奋不顾身救出在铁轨上玩耍的男童，当他再次冲上铁道救另一个孩子时，被火车撞飞不幸牺牲；"背起妈妈上学"的张尚昀，一边照顾生活无法自理的母亲，一边读书打工；赵俊方靠在窑场打工，资助贫困生，其中14人已考上清华、北大和人大等著名学府。为"老李热线"倾力付出的李全芳、"金牌矿工"吴如、"走万里路弘扬焦裕禄精神"的田洪林、"城市美容师"朱和平、"世界植物蛋白改性纤维第一人"李官奇、"中国最美女记者"曹爱文、全国模范女检察官白洁、乡村女教师王生英，为了这片承载厚重历史的古老大地再次焕发生机与活力，为了让生于斯长于斯的兄弟姐妹过上幸福安康、美满和谐的生活，这些名不见经传的河南人，不惜挥洒智慧和勇气点燃青春和热情、追逐光荣与梦想，助推着建设中原崛起的新步伐。这些普普通通却"感动中原"的河南人，还有好军嫂吴新芬、"救群众于水火"的消防兵徐军、优秀农民工楷模黄久生、"送光明"的雷军伟、创造中国矿山救援史上奇迹的"7·29"英雄群体、"华都集团"的周国允、九江断桥拦车救人集体太康农民、辉县裴寨村村主任裴春亮、高级工程师张爱民、"敢死队长"李隆、"托起生命天使"的张菊新、"五一劳动奖章"获得者邵均克、"山村文明播火者"付殿晓、"懂感恩、重情义"的于顺德、"为碧水蓝天倾尽资产"的范海涛，以及王淑贞、白国周、李海景、李高峰、周国平、祁兴磊、朱振华、永贵能源所属救援队等。他们的事迹平凡而伟大，他们的情怀高尚而博大！

这些河南人中的个体或群体以自身的人格魅力铸就的辉煌，对中原乃至中国的公众不仅是一种感动和感佩，更是一种启迪与激励。无论是"感动中国"还是"感动中原"，他们都是普普通通的人物，他们有血有肉，有喜怒哀乐，他们以极其强烈的社会责任感和历史担当，为时代发展默默提供着自己的能量，奉献着自己的绵薄之力，但他们却用自己的实际行动，为河南省赢得了荣誉、赢得了尊重。

第四节　中原崛起实践中务实发展的河南人

务实是中国传统文化注重现实、崇尚实干精神的体现。务实精神作为传统美德，今天依旧在中原沃土上熠熠生辉，支撑着中原崛起战略实践中每一位辛勤奋斗的河南人。无论是面对千载难逢的机遇，还是应对突如其来的危机，河南人民务实发展的精神，让中原崛起这项伟大的事业始终保持着好的趋势、好的态势和好的气势，推动着我们的各项工作不断迈上崭新的台阶。

一、中原崛起河南振兴正当其时

在"十一五"与"十二五"两个五年规划的交替之际，河南省作出了

全面推进中原经济区建设、加快中原崛起河南省振兴的重要战略抉择。这是对河南省过去发展实践的科学总结，是顺应时代潮流、符合河南省实际的又一次重大战略抉择。中原经济区是中原崛起战略的延伸和深化，必将推动国民经济新的增长板块的形成，成为中国未来20年乃至30年持续发展的强力支撑。

机遇是事物发展到一定时期所累积叠加的、推动实践飞跃的各种因素的总和。在事物发展过程中，外因要通过内因起作用，只有当外部客观条件与人的主观努力相结合，"机遇"才能真正成为机遇。全面推进中原经济区建设，加快中原崛起河南振兴这一千载难逢的历史机遇，来自于中央对河南省发展寄予的厚望，来自于河南省委、省政府的审时度势、科学决策，来自于河南省拥有的独特的区位优势、人口优势、文化优势、农业优势、基础优势和后发优势，来自于中部崛起的优势持续放大。全面建设中原经济区，寄托着中原儿女的梦想和希望，凝结着干部群众的实践和汗水，闪耀着社会各界的智慧和关爱，离不开河南人民的努力奋斗。建设中原经济区是中原人民必须努力完成的一项伟业，需要亿万河南人凝心聚力、群策群力，继续发扬务实进取、勇往直前的精神，在中原大地上再谱新篇章，再创新辉煌。

中原经济区建设的宏伟蓝图变为现实美景，需要亿万中原儿女一步一个脚印、踏踏实实去干。必须抢抓机遇、争取主动、勇于创新，切实把重要机遇期转化为黄金发展期，牢牢掌控发展的主动权。必须把亲民爱民、艰苦奋斗、求真务实、迎难而上、无私奉献的焦裕禄精神，转化为河南省各级领导干部的自觉行动。从2010年开始，河南省从全省相关单位选派党员领导干部到贫困村任"第一书记"，以村"两委"班子"班长"的身份，发挥党建工作第一责任人作用，加强基层组织建设，与全村百姓同吃同住，共谋发展，实现农村工作的"高位嫁接"，密切干群关系，为群众解决实际问题。征程任重道远，形象凝聚力量，河南省的各级党员领导干部率先认识到，建设中原经济区必须树立"对人民负责"、"推动工作"、"清正廉洁"的形象，必须学习到位、谋划到位、运作到位、务实到位，必须踏踏实实干事、清正廉洁，精心谋划、统筹推进，才能发挥总揽大局的引领力、团结群众的凝聚力、激励进取的号召力，努力谱写加快中原崛起河南振兴的华美篇章。电视专题节目《"十八谈"映象版》立足全国视野，以国家战略的全局眼光来分析研究河南省十八个地市的实际工作，是河南省地市主要领导的一次集体亮相。各地的发展战略、各地的发展特色、各地的发展思路，通过电视节目生动地展现在河南省广大干部群众面前，搭建了政府与百姓沟通的平台，推动了思想观念的转变，让务实发展成为了一种追求、一种品格、一种责任、一种气魄，让中原经济区建设更加深入人心。

二、中原儿女务实发展再谱新篇

昔日，河南省曾经被外界称为"区域发展洼地"。如今，河南省已经发展成为一个经济大省、新型工业大省和全国重要的经济增长板块。富士康电子、格力电器等一批科技含量高、带动能力强的龙头企业和项目相继落户中原，中原经济区建设正扬帆起航。中原儿女推进中原经济区建设，靠的是务实发展、科学运作、有效运作；靠的是解放思想、尊重规律、以领导方式转变加快经济发展方式转变；靠的是重在持续、贵在持续。所有这些，都已经成为新时期河南人推进区域发展的重要法宝。

2011 年，对于全体河南人而言，是非常重要且具有特别意义的一年。这一年的 9 月 28 日，中原经济区经国务院批准正式上升为国家战略，河南省迎来了实现中原崛起河南省振兴征程中的关键性机遇。伟大的事业需要伟大的精神，伟大的精神支撑和推动着伟大的事业。中原经济区上升为国家战略，成为河南省跨越发展的里程碑、中原崛起的新起点。河南人面对新的历史发展机遇，继续以务实发展、奋勇拼搏的优秀精神品质，脚踏实地埋头苦干，持续不断地狠抓落实，一步一个脚印地推动发展，续写着中原崛起的新篇章。中原证券的石保上，科迪集团的王宇骅，郑煤机的焦承尧，卫华集团的韩宪保，双汇实业的游牧，国际合作集团的王建新，春江集团的裴春亮，洁石集团的王杰士，痴情倾注玉米种植的鹤壁市农业科学院院长、玉米育种专家程相文，励精图治、探索农机企业革新发展的河南森源集团总裁楚金甫，新能源自主创新企业的多氟多化工股份有限公司董事长李世江，辅仁药业集团有限公司董事长朱文臣，缔造中国女裤第一

品牌的郑州领秀服饰有限公司董事长陈勇斌，百货巨头丹尼斯百货有限公司董事长王仁生，中国石油化工股份有限公司洛阳分公司总经理赵振辉，中信重工机械股份有限公司董事长任沁新，等等，都是中原经济区建设者的杰出代表。他们以务实低调、踏实肯干、积极进取的精神，从"跟跑"到"领跑"，不甘人后、力争上游、勇闯新路，在推进中原经济区建设的征程中书写了新的华章。

河南省目前正处于经济发展方式转变的深刻变革期，推动中原经济区建设、努力实现中原崛起河南振兴的关键时期。在建设中原经济区的伟大事业中，中原大地上相继涌现出了一大批以务实精神推动务实发展的先进人物，如潜心发明、无私奉献社会的吕胜战，教书科研、干一行爱一行的许群，意志坚强、赤脚跑完比赛的程施丹丽，热心公益、不求回报的李志平，不离不弃、换回儿子新生的刘桂芳，身残志坚、把幸福传向四方的赵仁伟，常年献血、用奉献谱写生命乐章的孙建洲，"最勇敢女记者"陈小莉，战争年代立下赫赫战功、和平年代的拥军模范刘景瑞，无私为贫困地区的白内障患者送去光明的眼科专家雷方，用生命守护基层司法行政工作的代表王运宏，免费为农民工提供纯净水的"送水哥"李老发，泌阳"好人"张喜凤，用爱创造生命奇迹的女人王菊红，"80后"钢铁战士李鹏，"最美奶奶"柴小女，战争年代出生入死、和平年代安贫乐道的革命功臣李文祥；用生命铸就金色盾牌的沈战东，以及敢于作战、护佑一方平安的河南省煤化集团焦煤赵固矿区抗洪抢险集体和致力于帮助贫困大学生与贫困儿童的爱心组织"爱心接力微公益联盟"，都在各自的岗位上为中原经济区建设的伟大事业默默地奉献着。他们中间有大学教师、新闻记者、有保安、有普通工人、解放军战士和农村妇女，都是中原大地上"普普通通、踏踏实实、不畏艰险、侠肝义胆、包容宽厚、忍辱负重、自尊自强、能拼会赢"的河南人，他们成为当代河南人的新典范与生动写照，真实地展现了河南人的时代精神风貌。他们展示出了河南人的集体群像，成为"平凡之中的伟大追求、平静之中的满腔热血、平常之中的极强烈责任感"的"三平精神"的生动写照。他们身上体现出来的新时期"三平精神"，传承着中原优秀传统文化的精髓，与愚公移山精神、红旗渠精神、焦裕禄精神一脉相承，成为当代中原人文精神的核心，激励着中原儿女在中原经济区建设的伟大实践中阔步前行。

三、中原经济区壮丽画卷渐次展开

作为中华民族的发祥地和华夏历史文明的起源地，中原地区不仅长期是中国的政治文化中心，而且成为各种力量角逐的重要场所，中原大地历经了太多的历史沧桑与血雨腥风。这片广阔的土地，孕育与守护着中华民族的文明血脉；生活在这里的英雄儿女，无怨无悔地承受着无尽的磨难，责无旁贷地担当起历史的重任，义无反顾地推动着时代的进步。经过了千百年的岁月锤炼，明礼重义、仁爱忠信的核心价值观，天人合一的高远境界，循道立德的理性品质，自强不息的奋斗精神，中和辩证的思维理念等，积淀为中原儿女的内在品格和外在风貌，成为中原儿女攻坚克难、积极进取的强大精神动力之所在。改革开放30多年来，中原优秀传统文化仍然在深刻地影响着河南人，崇尚仁爱滋润着河南人的心灵，守信践诺化作了河南人的气质，力行勤勉渗入了河南人的血液，刚直勇毅生长进了河南人的骨肉。河南人不仅继承了中原文化包容和谐、自强不息、精忠报国的精神特质，而且与时俱进，不断发扬光大，使之与社会主义革命建设时期形成的愚公移山精神、红旗渠精神和焦裕禄精神相融合，与推进中原崛起进程中形成的"三平精神"相契合，汇聚凝结成当代中原人文精神，成为中原崛起的"根之所系、脉之所维"，成为推进中原经济区建设的文化土壤与精神动力。

中原大地的沧桑巨变，铸就了一个个不朽的传奇。河南人从"面朝黄土背朝天"的农耕时代，大踏步迈入工业化、信息化社会。这是亘古未有的人间奇迹，是河南人民团结奋斗创立的丰功伟绩。多年来，河南人民为了一个共同的目标，把汗水和心血洒向中原大地，推动河南省从落后走向进步、从贫穷走向富裕、从封闭走向开放。成就彪炳史册，历史昭示未来。中原经济区正式确立为国家战略，河南人民迎来了新的发展机遇与历史挑战，迎来了大有作为的新时代。河南人更加自觉地将个人的理想追求与中原崛起河南省振兴的美好前景紧密结合起来，把崇高的理想信念和昂扬的精神风貌融入到建设中原经济区的伟大事业之中，为中原经济区建设

增砖添瓦、奉献力量。

在推进中原经济区建设的伟大事业中，河南人民不论是坚持"四个重在"的实践要领，还是坚持"三具两基一抓手"的工作方法；不论是坚持"四个明白"的工作要求，还是坚持选人用人上的"五重五不简单"，都是在坚持以人为本这个核心，坚持发展是第一要务，积极推进中原经济区建设。河南省以产业集聚区建设为抓手，以培育产业集群、完善综合配套、推进产城互动、促进集约节约为工作重点，采取强化集群培育、提升配套能力、创新保障机制、理顺管理体制四大举措，持续提升集聚区发展水平，积极推进产业集聚区建设；郑州航空经济综合试验区的设立，成为中原经济区建设的重要平台。郑州航空经济综合实验区围绕"打造大产业，形成大枢纽，塑造大都市"的总体思路，坚持"货运优先、以货带客；干线优先、铁公集疏；国际优先、以外促内"的原则，加快建设速度，力争通过5年左右的建设，基本确立郑州国内大型航空枢纽地位，初步形成国际航空货运集散中心，以航空港区为核心，以电子信息制造业和现代物流业为支撑的航空城建设初具规模；为实现打造华夏历史文明传承创新区的战略定位，有关方面积极组织高层文化论坛，为华夏历史文明传承创新区建设献计献策。河南省政府和中华人民共和国文化部、国家文物局签署三方战略合作协议，加快推进华夏历史文明传承创新区建设；各地市积极主动寻找在中原经济区建设中的定位，主动担当更多的责任，主动挑起更重的担子，表现出强烈的责任担当意识。河南人民站在中原崛起河南省振兴新的历史起点上，为建设一个经济更加繁荣、社会更加和谐、生活更加美好的新河南而齐心协力、同心同德、共同奋进，一幅绚丽多彩的河南繁荣发展的美好画卷正在中原大地渐次展开！

第五节　经验与启示

美国社会学家英格尔斯曾经在《人的现代化》一书中指出：在整个国家现代化发展的过程中，人是一个基本因素，也并不是现代化过程结束后的副产品，而是现代化制度与经济赖以长期发展并取得成功的先决条件。

河南人在推进中原崛起河南省振兴的历史征程中，最根本目的是靠发展生产力，提高人民生活水平，实现人的全面发展。而要实现这一根本目的，调动人民群众的积极性、激发人民群众的创造力，则是关键之关键。

一、充分依靠群众，尊重群众的首创精神

"民之所欲，天必从之"。中华民族的优良传统就其主流而言，是以人为中心、以人为根本，非常重视人的主体作用。人作为生产力诸要素中最活跃、最革命的要素，其素质高低将直接影响着可持续发展的后劲与进程。中原崛起之路，是河南人的思想、心理和行为方式适应现代社会发展之路；是河南人破除种种束缚，以更大的自主权与主动权，发挥自身积极性与创造性之路。人民群众的智慧和创造力是改革开放的原动力，当人民群众"敢为天下先"的首创精神与百折不挠的实践勇气，呈现星火燎原之势的时候，中原崛起河南省振兴伟大实践就有了广泛的群众基础。

河南省的发展必须依靠改革，而改革必须依靠人民群众。家庭联产承包责任制是一项"农民的伟大创举"，它突破了中国农村长期以来的"一大二公"的旧体制，调动了农民的积极性和创造性，激发了农民群众中蕴藏的生产潜力，显示巨大的优越性，受到了广大农民的衷心拥护，对中国农村改革发挥了示范带动作用。家庭联产承包责任制经过不断总结与完善，最终形成了以家庭联产承包为主、统分结合的双层经营体制，这是在中国共产党领导下广大农民对社会主义制度的创新创造，显示出中国农民的首创精神。乡镇企业的兴起是继"大包干"以后河南农民首创精神再次焕发出的夺目光彩。改革进程越趋向纵深，人民群众首创精神就越发显现出坚韧与智慧。中原崛起河南振兴的过程，是不断破旧立新的过程，也是不断发挥人民群众首创精神的过程。新时期河南省一些地方先行先试，勇于探索，把建设新型农村社区作为统筹城乡协调发展的突破口，走出了一条统筹城乡发展的新路子。河南省委、省政府尊重农民群众的首创精神，作出了建设新型农村社区的重大抉择，在尊重农民意愿、保障群众利益的前提下，推动农村人口就近、就地城镇化，初步探索出一条在农村人口比重大、"三农"问题突出地区加快推进城镇化、实现城乡协调发展的新路

子。河南农民的首创精神得到集中体现，受到了充分尊重。

纵观河南省改革发展的历史进程，从思想观念到社会实践，从经济社会发展到基层民主政治，各个领域的制度改革与创新，无一不是源自人民群众的首创精神。人民群众闪烁着勇气与智慧光芒的无数创新实践，像一颗颗饱满的种子播撒在中原大地，不断生根、发芽、开花、结果。河南省委、省政府在波澜壮阔的改革进程中，因势利导，顺应时势，明确人民群众在改革发展中的主体地位、充分依靠人民群众，充分尊重人民群众的首创精神，使人民群众澎湃的改革激情和无穷的创造活力得以迸发，为人民群众突破体制桎梏创造了条件，一道道发展难题在人民群众的首创精神面前迎刃而解。

二、树立时代楷模，发挥典型的示范作用

榜样的力量是无穷的。先进典型人物本身就是一部催人奋进的生动教科书，他们的事迹发人深省，催人奋进。热情歌颂时代典型，借助榜样的力量，把精神的感召变成具体的行动，对于振奋精神、促进经济发展和社会进步，将起到巨大的推动作用。人是社会的人，人的发展总是与社会的发展和国家的命运联系在一起。河南省改革开放的发展历程，造就了不同时期的楷模和典型。这些先进典型都是新思想、新事物的实践者和代表者，体现了特定历史时期的社会发展方向。

时代楷模与典型人物，都是在长期实践中经过不断自我锤炼、自我反省、自我批评、自我加强的道德素养中逐步形成的。河南省的时代精英与先进典型，无论是焦裕禄、常香玉、任长霞、史来贺、吴金印、李连成，还是洪战辉、魏青刚、王百姓、谢延信、李学生、李文祥，都在以他们的行动自觉地践行着社会主义核心价值体系。他们的成长背景、奋斗历程、感人事迹、突出贡献、社会价值与高尚情操，具有强烈的吸引力和感染力，对许多人都是一种激励和示范。树立这些时代楷模，不仅可以有效地发挥榜样的力量，发挥典型的示范带头作用，提高人们明辨是非、善恶、美丑的能力，而且还可以通过树立榜样弘扬正气、传承时代精神，从而在中原大地上产生巨大的精神力量，使人们学有榜样，赶有目标，始终保持

高昂的士气和旺盛的斗志，爱岗敬业，勤奋工作，努力拼搏，为促进河南省科学发展、跨越发展凝心聚力、提振精神。

当前，河南省正处在建设中原经济区、实现中原崛起河南振兴的关键时期，社会生活多样、多元、多变的特征日益凸显，各种思想观念相互交织、相互影响、相互激荡，大力树立和推广符合科学发展观，符合和谐社会要求的思想道德、行为规范的先进典型，显得尤为迫切和重要。社会形象是一种软实力，河南省的社会形象尤其是河南人的形象作为展示自我的窗口，对于河南省的发展振兴有着至关重要的作用。时代楷模与典型人物是新时期河南形象的代言人。要善于发现典型、树立典型、宣传典型，在深入调查研究的基础上，发现、挖掘那些过得硬、叫得响、推得开的典型人物，并及时进行培育与宣传。要从群众反响最强烈、最能引起共鸣的角度切入，抓住人民群众最关心的问题，对河南人中那些能够体现社会责任的要求、体现改革创新精神、体现以人为本理念、体现时代文明风尚的先进典型进行发掘、提升，用体现时代精神的先进事迹来吸引人、感召人、鼓舞人。

三、坚持以人为本，维护人民群众根本利益

历史唯物主义认为，人民群众是历史的主人，是社会发展的决定性力量。人民群众的利益、意志、愿望和要求，从根本上体现了社会发展的趋势和方向。实现好、维护好、发展好最广大人民的根本利益，是衡量改革发展的根本性标准。因此，中原崛起河南振兴，要始终坚持以人为本，把实现好、维护好、发展好最广大人民的根本利益，作为推进河南省改革开放的出发点和落脚点，切实做到改革开放为了人民、依靠人民，改革开放成果由人民共享，继续充分发挥广大人民群众参与改革开放的积极性、主动性、创造性，依靠人民群众的巨大力量和无穷智慧，创造深化改革、扩大开放、持续发展的新成就。

纵观河南的发展历史不难发现，无论是改革开放之初的农村家庭联产承包责任制，还是大力发展乡镇企业；无论是确立社会主义市场经济体制之初的国有企业改制，还是民营企业的蓬勃发展；无论是以新型城镇化为

引领的三化协调发展，还是推进新型农村社区建设，都是坚持以人为本，努力实现最广大人民群众的根本利益；都是始终把实现最广大人民的根本利益作为奋斗目标，把立党为公、执政为民、为最广大人民群众谋利益、全心全意为人民服务作为根本宗旨和价值追求；都是始终坚持最广大人民群众的利益，维护最广大人民的根本利益。现阶段实现和维护最广大人民群众的利益，就是努力使工人、农民、知识分子和其他劳动群众共同享受到改革开放和经济社会发展的成果。各级领导干部想问题、办事情、做决策，都要以是否符合最广大人民群众的根本利益为最高衡量标准，以满足最广大人民群众的利益为根本出发点。在实现中原崛起河南振兴进程中，各级领导干部都要怀着对人民群众的深厚感情，时刻把他们的安危冷暖放在心上，关心群众疾苦，关注民生建设，帮助群众克服各种困难，切实维护好人民群众的根本利益。

河南省的经济社会发展已经取得了显著成就。但是，随着经济社会的发展，人民群众会不断产生新的需求与要求，解决利益格局中不断出现的新问题、新矛盾，迫切需要始终以实现人民群众根本利益为最高要求，不断加快经济社会发展的步伐。经验告诉我们，越是到了经济社会发展的关键时期，就越要关注民生，越要注重做好群众工作，越要建立血浓于水的党群关系，越要形成同心同德干事创业的良好局面。因此，应切实增强群众观念、坚持群众路线，把人民群众的理解支持作为各项决策和决策执行的根本前提，凡是对群众有利、群众拥护的事情就全力去做，凡是对群众不利、群众不赞成的事情就坚决不做。这是推进中原经济区建设、加快中原崛起河南振兴的关键所在。

四、制定人才战略，营造良好的人才成长环境

当今世界正处在大发展、大变革、大调整时期，世界多极化、经济全球化深入发展，科技进步日新月异，知识经济方兴未艾。加快人才发展，重视人才培养，是在激烈的国际竞争中赢得主动的重大战略选择。河南省的改革开放进程，就是不断贯彻实践"科学技术是第一生产力"、"干部队伍要革命化、年轻化、知识化、专业化"、"尊重劳动、尊重知识、尊重人

才、尊重创造"、"人才资源是第一资源"等人才理念的进程，就是深入贯穿落实科学人才观的进程。

社会前进的速度和发展的质量，很大程度上取决于作为社会发展主体的人的发展状况。人才是社会文明进步和国家繁荣昌盛的最终决定力量。邓小平关于"经济能不能发展，关键在于人"的思想，强调要发展培养高层次人才，调动人的积极性。人才强国战略的提出，充分彰显了国家对人才的高度重视。从拨乱反正、平反冤假错案，到重新定位知识分子的属性、落实以知识分子为主体的各项人才政策；从出台人才流动政策，到建立完善的人才市场服务体系，一系列人才发展战略的实施表明，改革开放是强国富民的必由之路，科技进步和创新是生产力发展的关键因素，而人才则是推动改革开放、促进科技创新的根本因素。

目前，河南省正处在改革发展的关键阶段，中原经济区建设为各类人才施展才干提供了新的舞台和难得机遇。在新的历史条件下，要深入贯彻落实科学的人才发展观，制定适合本阶段经济社会发展需要的人才发展战略，以全面推进经济建设、政治建设、文化建设、社会建设以及生态文明建设，推动城镇化引领三化协调发展，实现建设小康社会的战略目标。要大力提高全省人民的整体综合素质，营造以政策吸引人才、用项目聚集人才、靠环境留住人才的良好社会环境，将各种生产要素特别是人才进行优化配置，吸引和凝聚更多的优秀人才加入到中原崛起河南振兴的队伍中来，培养和打造相对稳定的高层次科技创新团队与管理团队。要不断建立和完善有利于高层次人才自主创新的管理机制，充分激发高素质人员的创新潜能，为人才的脱颖而出创造良好的外部条件。要让高层次人才的创造性劳动、技术、管理等参与分配，得到合理的报酬。要在继续发挥河南省人力资源的优势基础上，加快形成人才竞争的比较优势，逐步实现由人力资源大省向人才强省的转变，为中原经济区建设提供强有力的人才支撑。

参考文献

[1] [美] 阿历克斯·英格尔斯等:《人的现代化》，殷陆君译，四川人民出版社 1985 年版。

[2] 安江林:《统筹区域发展的重要战略方式——建设增长极体系》，《开发研究》2004 年第 5 期。

[3] 蔡昉:《中国经济转型 30 年》，社会科学文献出版社 2009 年版。

[4] 曾茂林:《关于建国以来影响人发展因素研究的述评》，《江苏教育研究》2009 年第 8 期。

[5] 陈奎元:《高举邓小平理论伟大旗帜　全面贯彻"三个代表"重要思想努力开创河南社会主义现代化建设新局面（摘要)》，《农村·农业·农民》2001 年第 11 期。

[6] 陈平秀:《"关键在人"——现代化视域中的邓小平人才思想》，《常德师范学院学报》2001 年第 4 期。

[7] 陈锡文:《城乡统筹解决三农问题》，《改革与理》2003 年第 3 期。

[8] 仇保兴:《国外工业化、城镇化的主要教训》，《城市规划》2004 年第 4 期。

[9] 崔大树、张国平:《我国现阶段统筹区域发展的结构和模式》，《财经论丛（浙江财经学院学报)》2004 年第 6 期。

[10] 邓小平:《邓小平文选》第 2 卷，人民出版社 1994 年版。

[11] 邓小平:《邓小平文选》第 3 卷，人民出版社 1993 年版。

[12] 丁元竹、江汛清:《创新社会管理理念与完善社会发展资源管理体制》，《学习时报》2006 年 5 月 10 日。

[13] 丁元竹:《中国社会管理的理论建构》，《学术月刊》2008 年第 2

期。

[14] 范方志:《我国高房价的政治经济学分析》,《中央财经大学学报》2011年第3期。

[15] 封进、李珍珍:《中国农村医疗保障制度的补偿模式研究》,《经济研究》2009年第4期。

[16] 冯诚于、长洪:《走适合我国国情的城市医疗卫生之路——河南、甘肃、天津三省市城市医疗改革的调查与思考》,《社科纵横》1990年第3期。

[17] 龚绍东:《河南制造》,河南人民出版社2007年版。

[18] 龚维斌:《深化社会管理体制改革——建立以政府为主导的多元化的社会管理新格局》,《行政管理改革》2010年第4期。

[19] 河南省商务厅:《关于世界500强企业在豫投资情况的分析报告》,2012年8月23日,见 http://henan. mofcom.gov.cn/aarticle/sjgongzuo-dy/201208/20120808300230.html。

[20] 郭俊民:《构建河南公共文化服务体系的思考》,《学习论坛》2007年第3期。

[21] 国家林业局中国森林生态系统定位研究网络中心、北京林业大学、河南省林业科学研究院:《2011年河南省林业生态效益公报》2012年。

[22] 韩俊:《巴西城市化过程中贫民窟问题及对我国的启示》,《中国经济时报》2005年6月27日。

[23] 河南省地方史志编撰委员会:《中原崛起之路:河南省60年发展回顾》,文心出版社2009年版。

[24] 河南省人民政府办公厅:《河南省工业转型升级"十二五"规划》,2012年。

[25] 河南省人民政府:《河南林业生态省建设规划》,2007年。

[26] 河南省社会科学院:《河南改革开放30年》,河南人民出版社2008年版。

[27] 河南省社会科学院课题组:《中原崛起与中国特色社会主义道路》,《中国社会科学报》2012年9月24日。

[28] 河南省社会科学院课题组:《论务实河南》,《河南日报》2011年

10 月 21 日。

[29] 河南省社会科学院课题组：《探索区域科学发展的时代命题——河南省坚持走新型"三化"协调之路的认识与思考》，《河南日报》2012年8月13日。

[30] 河南省委宣传部课题组：《践行科学发展观的重要思想成果——从"四个重在"到"四个明白"》，《河南日报》2012年9月28日。

[31] 河南统计网：《改革开放30年河南区域经济快速发展》，2009年1月6日，见http://www.ha.stats.gov.cn/ hntj/tjfw/tjfx/qsfx/ztfx/webin-fo/2009/01/1231232510628530.htm。

[32] 河南统计信息网：《2008年河南省全面小康社会进程统计监测报告》，2009年。

[33] 侯宗宾：《团结奋进 振兴河南 为夺取社会主义现代化事业的新胜利而奋斗》，1990年11月。

[34] 胡锦涛：《高举中国特色社会主义伟大旗帜为夺取全面建设小康社会新胜利而奋斗》，人民出版社2007年版。

[35] 胡锦涛：《坚持把教育摆在优先发展战略地位 努力办好让人民群众满意的教育》，《中国教育报》2006年8月31日。

[36] 黄汉权：《美国、巴西工业化、城镇化和小城镇发展的经验及启示》，《中国农村经济》2004年第1期。

[37] 黄启乐：《关于政策创新的几点思考》，《中国行政管理》2010年第2期。

[38] 江娜：《城镇化建设中如何保护耕地》，《农民日报》2010年3月10日。

[39] 姜太碧：《统筹城乡协调发展的内涵和动力》，《农村经济》2005年第6期。

[40] 冷溶、汪作玲主编：《邓小平年谱（1975—1997）》，中央文献出版社2004年版。

[41] 李庚香、卢焱：《中原文化精神》，新疆大学出版社1997年版。

[42] 李君如：《中国特色社会主义和十六大以来党的理论创新》，《学习日报》2007年7月17日。

[43] 李培林:《积极稳妥地推进社会体制改革和创新》,《人民日报》2007 年 1 月 15 日。

[44] 李强:《地方政策创新的规律和重点》,《人民论坛》2010 年第 2 期。

[45] 李清林、李柏拴:《加快中原崛起的纲领性文件》,《河南日报》2006 年 11 月 10 日。

[46] 李欣欣:《社会保障体系进展与短板》,《瞭望》2010 年第 7 期。

[47] 李长春:《努力实现我省社会主义现代化建设第二步战略目标 为胜利跨入二十一世纪而奋斗——中国共产党河南省第六次代表大会的报告》,1995 年 12 月 18 日。

[48] 梁丹、丁晓:《河南省经济发展阶段定位和经济贸易发展战略优化》,《学习论坛》2010 年第 3 期。

[49] 梁丹:《河南打造内陆经济开放高地的对策建议》,《中州学刊》2011 年第 6 期。

[50] 梁周敏、王奎清:《河南精神与中原崛起》,《学习论坛》2005 年第 12 期。

[51] 林海:《国外城镇化发展的主要经验与借鉴》,《理论动态》2010 年第 14 期。

[52] 林宪斋、闫德民主编:《河南政治发展与进步》,河南人民出版社 2009 年版。

[53] 林毅夫:《自生能力、经济发展与转型:理论与实证》,北京大学出版社 2004 年版。

[54] 刘成纪、杨云香:《中原文化与中华民族》,河南人民出版社 2012 年版。

[55] 刘道兴、吴海峰、陈明星:《改革开放以来河南农业的历史性巨变》,《中州学刊》2008 年第 6 期。

[56] 刘道兴、吴海峰主编:《转型升级——郑洛工业走廊发展研究》,河南人民出版社 2010 年版。

[57] 刘健、程瑞:《"统筹区域发展"战略的四维视阈》,《当代财经》2005 年第 2 期。

[58] 刘健、李国平:《统筹区域发展问题研究综述》,《南京社会科学》

2005 年第 1 期。

[59] 刘永奇主编：《河南省情研究》，河南人民出版社 2008 年版。

[60] 卢展工：《深入贯彻落实科学发展观 全面推进中原经济区建设 为加快中原崛起、河南振兴而努力奋斗——在中国共产党河南省第九次代 表大会上的报告》，2011 年 10 月 26 日。

[61] 陆大道：《区域发展及其空间结构》，科学出版社 1995 年版。

[62] 陆铭：《十字路口的中国经济》，中信出版社 2010 年版。

[63] 罗盘、曲昌荣：《河南务实发展静悄悄》，《人民日报》2011 年 8 月 9 日。

[64] 罗盘、曲昌荣：《河南务实发展稳步前行》，《人民日报》2012 年 4 月 9 日。

[65] 罗盘、曲昌荣：《务实河南，坚实崛起》，《人民日报》2012 年 8 月 21 日。

[66] 罗盘、曲昌荣：《中原旧貌换新颜》，《人民日报》2012 年 8 月 8 日。

[67] 马正跃：《关于文化强省建设问题》，《河南社会科学》2008 年第 1 期。

[68] 梅遂章等：《河南省基层医疗卫生机构实施国家基本药物制度前 后 1 年的调查分析》，《中国药房》2011 年第 48 期。

[69] 牛苏林：《河南社会发展与变迁》，河南人民出版社 2009 年版。

[70] 庞爱玲：《浅析河南民营科技企业的发展》，《现代经济信息》 2008 年第 1 期。

[71] 平萍、尹江勇：《科技创新是动力 科技创新是活力 科技创新是 民生 科技创新是未来》，《河南日报》2011 年 3 月 30 日。

[72] 邱东：《中国经济体制改革与发展研究》，中国人民大学出版社 2009 年版。

[73] 任晓莉：《金融危机背景下实现河南开放型经济新突破研究》， 《中部蓝皮书》，社会科学文献出版社 2010 年版。

[74] 商兆鑫：《论提高党员干部识别和把握机遇的能力》，《前进》 2011 年第 6 期。

[75] 沈荣华、钟伟军：《中国地方政府体制创新路经研究》，中国社

会科学出版社 2009 年版。

[76] 省委政策研究室:《"两大跨越"谱写中原崛起新篇章》,《河南日报》2009 年 10 月 9 日。

[77] 宋群:《"十二五"我国经济社会发展处于新的转型期》,《中国经贸导刊》2010 年第 3 期。

[78] 唐军、吴力子:《中国经验:改革开放 30 年的社会建设实践》,陕西人民出版社 2008 年版。

[79] 陶文昭:《论中国特色社会主义理论与发挥人民首创精神》,《中国井冈山干部学院学报》2012 年第 2 期。

[80] 王光鹏主编:《走向 21 世纪的河南经济》,中国统计出版社 1998年版。

[81] 王建国、完世伟、赵苏阳:《河南城乡区域协调发展研究》,河南人民出版社 2009 年版。

[82] 王丽娜:《变迁路径·演进机制·体系框架——改革开放以来中国人才政策的历史演进分析》,《华北电力大学学报》2012 年第 1 期。

[83] 王林昌、宣海林、郑鸣:《外商独资企业数量增加及相关影响》,《改革》2002 年第 1 期。

[84] 王梦奎:《关于统筹城乡发展和统筹区域发展》,《管理世界》2004 年第 4 期。

[85] 王荣斌、覃成林:《科技资源开发与区域经济增长研究——以河南为例》,《中国·人口资源与环境》2004 年第 4 期。

[86] 王伟光:《切实尊重人民的主体地位和首创精神》,《求是》2011年第 24 期。

[87] 王晓梅:《河南工业园区建设的作用、问题和治理对策》,《集团经济研究》2007 年第 2 期。

[88] 卫绍生:《魏晋文学与中原文化》,学苑出版社 2004 年版。

[89] 吴海峰、郑鑫:《河南工农业互动协调发展模式研究》,《经济研究参考》2008 年第 71 期。

[90] 吴海峰:《用工业化城镇化推进新农村建设》,《农村经济》2006年第 6 期。

[91] 吴海峰:《河南新农村建设"三化"合力推进的思考》,《郑州航空工业管理学院学报》2008 年第 3 期。

[92] 吴海峰:《加强南水北调、城镇环境保护和绿地系统建设》,《"探索环境保护新道路 推动河南生态省建设"高峰论坛》2010 年 6 月 4 日。

[93] 吴海峰:《推进城市化必须与农业发展相协调》,《红旗文稿》2004 年第 11 期。

[94] 吴红英:《重庆新定位:中国内陆开放高地》,《中国外资》2008 年第 8 期。

[95] 吴洪涛、杨建平、顾美华:《构建公立医疗服务体系的意义及作用》,《江苏卫生事业管理》2009 年第 3 期。

[96] 吴圣刚:《论当代河南的精神生态》,《河南社会科学》2006 年第 3 期。

[97] 吴小建、王家峰:《政策创新的类型及其诠释——知识与行动的聚合视角》,《四川行政学院学报》2012 年第 1 期。

[98] 武宁等:《河南省实施基本药物制度的进展、问题及建议》,《卫生经济研究》2012 年第 1 期。

[99]《新十八谈之开放篇:举省开放促崛起》,《河南日报》2012 年 1 月 30 日。

[100] 徐光春:《全面贯彻落实科学发展观为加快中原崛起而努力奋斗——在中国共产党河南省第八次代表大会上的报告》,2006 年 10 月 23 日。

[101] 宣讯:《城乡统筹论》,博士学位论文,西南财经大学,2004 年。

[102] 杨翰卿、徐初霞:《中国先进文化继承创新论》,中共中央党校出版社 2004 年版。

[103] 余远牧:《打造内陆开放高地 实现东西合作共赢》,《西部大开发》2010 年第 5 期。

[104] 喻新安、陈明星:《工农业互动协调发展的内在机理与实证分析——基于河南省"以农兴工、以工促农"的实践》,《中州学刊》2007 年第 6 期。

[105] 喻新安等:《工农业协调发展的河南模式》,河南人民出版社

2009 版。

[106] 喻新安、顾永东主编：《中原经济区策论》，经济管理出版社 2011 年版。

[107] 喻新安：《中原崛起的实践与探索》，河南人民出版社 2009 年版。

[108] 喻新安：《转型发展：河南十二五经济社会发展的主旋律》，《地域研究与开发》2010 年第 6 期。

[109] 喻新安：《中原经济区顶层设计的背景、历程与经验》，《中州学刊》2011 年第 2 期。

[110] 喻新安：《中原经济区建设的意义和路径》，《郑州日报》2010 年 8 月 13 日。

[111] 喻新安：《中原经济区研究》，河南人民出版社 2010 年版。

[112] 喻新安等：《中国新城区建设研究：郑州的实践与探索》，社会科学文献出版社 2010 年出版。

[113] 岳经纶、邓智平：《社会管理创新的理论与行动框架——以社会政策学为视角》，《探索与争鸣》2011 年第 10 期。

[114] 张建军、刘健：《统筹区域发展的新理念思辨》，《当代经济科学》2006 年第 2 期。

[115] 张可云、胡乃武：《中国重要的区域问题与统筹区域发展研究》，《首都经济贸易大学学报》2004 年第 2 期。

[116] 张平、刘霞辉、王宏淼：《中国经济增长前沿》，中国社会科学出版社 2011 年版。

[117] 张锐、卫绍生、毛兵：《河南文化发展与繁荣》，河南人民出版社 2009 年版。

[118] 张向东：《河洛文化与河南人》，《社会科学家》2005 年第 2 期。

[119] 张延生、袁继贤：《把握机遇 提高领导科学发展能力》，《长白学刊》2010 年第 5 期。

[120] 张幼文等：《新开放观——对外开放理论与战略再探索》，人民出版社 2007 年版。

[121] 赵凌云、杨明杏、董慧丽：《深化湖北省情认识与战略展开》，

《学习月刊》2011年第13期。

[122] 赵振杰、杨凌:《建设"实验区"时机已成熟》,《河南日报》2012年8月9日。

[123] 赵振杰、杨凌:《为什么发展航空经济》,《河南日报》2012年8月9日。

[124] 赵振杰、杨凌:《我省打造中原起飞平台》,《河南日报》2012年8月9日。

[125] 郑杭生、杨敏:《社会与国家关系在当代中国的互构——社会建设的一种新视野》,《南京社会科学》2010年第1期。

[126] 郑杭生:《社会建设和社会管理与中国社会学使命》,《社会学研究》2011年第4期。

[127] 河南省商务厅:《郑州市人民政府关于郑州市承接产业转移南下招商情况的报告》,2009年8月25日,见 http://www.mofcom.gov.cn/aarticle/difang/ak/200908/20090806478450.html。

[128] 中共中央文献研究室:《十六大以来重要文献选编》上,中央文献出版社2005年版。

[129] 中共中央文献研究室:《十六大以来重要文献选编》下,中央文献出版社2008年版。

[130] 中共中央文献研究室:《十七大以来重要文献选编》中,中央文献出版社2006年版。

[131] 周全德:《彰显中原伦理精神构建河南和谐社会》,《学习论坛》2005年第9期。

[132] 周洋:《论改革开放以来河南省工业化进程与经验》,《现代商贸工业》2009年第24期。

[133] 周振华:《体制创新与政策选择》,格致出版社、上海人民出版社2009年版。

[134] 朱杰堂:《论中原经济区政府间合作机制的构建》,《中州学刊》2012年第2期。

后　记

近年来，河南省深入贯彻落实科学发展观，持续、延伸、拓展、深化中原崛起战略，形成了一个战略、一条路子、一个要领、一个形象的发展思路。一个战略，就是中原经济区发展战略；一条路子，就是持续探索走一条不以牺牲农业和粮食、生态和环境为代价的以新型城镇化为引领、以新型工业化为主导、以新型农业现代化为基础的三化协调科学发展的路子；一个要领，就是坚持重在持续、重在提升、重在统筹、重在为民的实践要领；一个形象，就是以务实发展树立起务实河南的形象。随着中原经济区上升为国家战略，河南省在全国大局中的定位更加明晰、优势更加彰显。作为人口大省、农业大省、新兴工业大省、有影响的文化大省，河南省是中国的缩影，河南省的发展变化在全国具有典型意义。中原巨变再次昭示世人：中国特色社会主义道路前程广阔，中国特色社会主义理论体系魅力无限，中国特色社会主义制度优越凸显！

为了充分发挥理论先行、理论引领、理论破难、理论聚力的重要作用，河南省委宣传部组织编写了"中国特色社会主义道路河南实践系列丛书"，本书是系列丛书之七。该书全景式地记述了改革开放以来特别是20世纪90年代以来中原大省河南所发生的巨大变化，通过丰富的史料、案例和数据，详尽地介绍了河南省历届省委省政府一届接着一届干、一张蓝图绘到底、一以贯之谋发展的生动实践，深刻揭示了中原巨变的社会背景、深层原因和全局意义。撰写这本书的初衷，就是试图通过中原崛起的路径、成效、经验等，全方位地反映中国特色社会主义的河南实践及其成效，充分彰显我们党以人为本、执政为民的执政理念和执政能力，充分显示中国特色社会主义道路的巨大生命力，充分展示中国特色社会主义制度

的巨大优越性，充分证明中国特色社会主义理论体系的正确性，充分证明改革开放是决定当代中国命运的重大抉择，充分证明只有社会主义才能救中国、只有中国特色社会主义才能发展中国这样一个道理。

本书由河南省社会科学院院长喻新安担任主编，河南省社会科学院副院长刘道兴、丁同民、谷建全担任副主编。赵保佑同志审阅了部分书稿并提出了重要修改意见。袁凯声、完世伟、吴海峰、王玲杰、龚绍东、阎德民、王建国、毛兵、卫绍生、张新斌、牛苏林、张林海、李太淼、高秀昌、王景全、任晓莉、周全德、樊万选、曹明、张富禄、闫德亮、李立新、陈明星、王宏源、李怀玉、赵西三、李娟、陈东辉、唐晓旺、杨兰桥、郭小燕、刘晓萍等同志多次参加本书提纲讨论和有关调研工作，提出了许多宝贵的建设性意见。

参加本书撰稿的有：第一章：喻新安（第一、五、六节）、赵然（第二至四节）；第二章：王景全（第一节、第三至七节）、陈东辉（第二节）；第三章：唐晓旺（第一至三节）、袁金星（第四节）、完世伟（第五节）；第四章：陈明星；第五章：李太淼（第一至三节、七节）、包世琦（第四节）、李怀玉（第五节）、靳瑞霞（第六节）；第六章：任晓莉（第一至三节、七节）、王玲杰（第四至六节）；第七章：袁金星（第一节）、刘晓萍、赵然（第二节）、谷建全、杨志波（第三节）、任晓莉、李斌（第四节）、谷建全（第五节）；第八章：杨兰桥（第一节）、郭小燕（第二节）、韩鹏（第三节）、王新涛（第四节）、李建华（第五节）、王建国修改全章；第九章：赵西三（第一、三、八节）、王中亚（第二、六节）、宋歌（第四、五、七节）；第十章：林凤霞（第一至三节）、龚绍东（第四、六节）、赵西三（第五节）；第十一章：唐海峰（第一至三节）、樊万选（第四至六节）；第十二章：吴海峰；第十三章：侯红昌（第一、二节）、万银峰（第三至六节）；第十四章：陈东辉（第一节）、侯红昌、李孟舜（第二节），杨旭东、李孟舜（第三节）、毛兵（第四、五节）；第十五章：崔学华（第一节）、牛苏林（第二、七节）、冯庆林（第三节）、周全德（第四节）、张侃（第五节）、罗英豪（第六节）；第十六章：宋艳琴（第一、四节）、李娟（第二节）、席格（第三节）、卫绍生（第五、六节）；第十七章：包世琦（第一节）、陈东辉（第二节）、闫德民（第三、五、六节）、马欣（第四节）；第十八章：李娟（第一、二、五节），王运慧、李娟（第三、四节）。另外，王宏源、李宏伟、曹明、海文卫等参加了部分章节初稿的起草工作。

由于水平所限，书中难免有差错和不妥之处，恳请读者批评指正。

作 者
2012 年 10 月